Friedrich Kießling
Europa im Zeitalter des Imperialismus 1890–1918

Grundriss der Geschichte

Herausgegeben von Hans Beck, Karl-Joachim Hölkeskamp, Achim Landwehr, Steffen Patzold und Benedikt Stuchtey

Band 53

Friedrich Kießling

Europa im Zeitalter des Imperialismus 1890–1918

—

ISBN 978-3-486-76385-0
e-ISBN (PDF) 978-3-11-125073-1
e-ISBN (EPUB) 978-3-11-125451-7
ISSN 2190-2976

Library of Congress Control Number: 2023936381

Bibliografische Information der Deutschen Nationalbibliothek
Die Deutsche Nationalbibliothek verzeichnet diese Publikation in der
Deutschen Nationalbibliografie; detaillierte bibliografische Daten
sind im Internet über http://dnb.dnb.de abrufbar.

© 2024 Walter de Gruyter GmbH, Berlin/Boston
Satz: bsix information exchange GmbH, Braunschweig
Druck und Bindung: CPI books GmbH, Leck

www.degruyter.com

Vorwort der Herausgeber

Die Reihe *Oldenbourg Grundriss der Geschichte* dient seit 1978 als wichtiges Mittel der Orientierung, sowohl für Studierende wie für Lehrende. Sie löst seither ein, was ihr Titel verspricht: ein Grundriss zu sein, also einen Plan zur Verfügung zu stellen, der aus der Vogelschau Einsichten gewährt, die aus anderen Perspektiven schwerlich zu gewinnen wären.

Seit ihren Anfängen ist die Reihe bei ihren wesentlichen Anliegen geblieben. In einer bewährten Dreiteilung wollen ihre Bände in einem ersten Teil einen Überblick über den jeweiligen historischen Gegenstand geben. Ein zweiter Teil wird bestimmt durch einen ausgiebigen Forschungsüberblick, der nicht nur den Studierenden in einem historischen Forschungsgebiet eine Übersicht über gegenwärtige wie vergangene thematische Schwerpunkte und vor allem Debatten gibt. Denn angesichts der Komplexität, Internationalität sowie der zeitlichen Tiefe, die für solche Diskussionen kennzeichnend sind, stellt es auch für Wissenschaftler eine zunehmende Herausforderung dar, über die wesentlichen Bereiche einer Forschungsdebatte informiert zu bleiben. Hier leistet die Reihe eine wesentliche Hilfestellung – und hier lässt sich auch das Merkmal identifizieren, das sie von anderen Publikationsvorhaben dieser Art deutlich abhebt. Eine umfangreiche Bibliographie rundet als dritter Teil die jeweiligen Bände ab.

Im Laufe ihrer eigenen Historie hat der *Oldenbourg Grundriss der Geschichte* auf die Veränderungen in geschichtswissenschaftlichen Diskussionen und im Geschichtsstudium reagiert. Sie hat sich nach und nach neue Themenfelder erschlossen. Es geht der Reihe in ihrer Gesamtheit nicht mehr ausschließlich darum, in der griechisch-römischen Antike zu beginnen, um das europäische Mittelalter zu durchschreiten und schließlich in der Neuzeit als unserer erweiterten Gegenwart anzukommen. Dieser Gang durch die Chronologie der deutschen und europäischen Geschichte ist für die Orientierung im historischen Geschehen weiterhin grundlegend; er wird aber zunehmend erweitert durch Bände zu nicht europäischen Themen und zu thematischen Schwerpunkten. Die Reihe dokumentiert damit die inhaltlichen Veränderungen, die sich in den Geschichtswissenschaften international beständig vollziehen.

Mit diesen Inhalten wendet sich die Reihe einerseits an Studierende, die sich die Komplexität eines Themenfeldes nicht nur inhaltlich, sondern auch forschungsgeschichtlich erschließen wollen. Andererseits sollen Lehrende in ihrem Anliegen unterstützt werden, Themengebiete in Vorlesungen und Seminaren vermitteln zu können. Im Mittelpunkt steht aber immer der Versuch zu zeigen, wie Geschichte in ihren Ereignissen und Strukturen durch Wissenschaft gemacht wird und damit selbst historisch gewachsen ist.

Hans Beck
Karl-Joachim Hölkeskamp
Achim Landwehr
Steffen Patzold
Benedikt Stuchtey

Vorwort

Die Geschichte Europas in den Jahren zwischen 1890 und 1918 stellt Historikerinnen und Historiker vor besondere Herausforderungen. So haben sie es in diesen Jahrzehnten mit verschiedenen fundamentalen Wandlungsprozessen zu tun. Diese betrafen die Art und Weise, wie Menschen kommunizierten und sich „ihr" Bild von der Welt machten, aber zum Beispiel auch die Formen von Politik, die sich europaweit erheblich wandelten. Die in immer mehr Teilen Europas voll ausgeprägte Industriegesellschaft gestaltete Lebens- und Arbeitswelten massiv um und veränderte auch die Beziehungen zwischen Mensch und Umwelt bzw. Mensch und Natur. Das „Zeitalter des Imperialismus" bedeutete aber ebenso einen neuen Abschnitt im Verhältnis Europas zur außereuropäischen Welt. Die noch einmal verstärkte Intensität der europäischen Expansionsbestrebungen brachte nicht nur Gesellschaften in Afrika oder Asien massive Eingriffe, Zerstörung und Gewalt, sie hatte auch erhebliche Konsequenzen für Europa selbst. Vieles von dem geschah innerhalb von wenigen Jahrzehnten ab den 1880er Jahren und erreichte zumindest teilweise im Ersten Weltkrieg einen weiteren Höhepunkt. Gleichzeitig blieben die europäischen Gesellschaften am Ende des 19. und zu Beginn des 20. Jahrhunderts aber auch äußerst heterogen. Während in den großen Metropolen des Kontinents die industrielle Moderne nun vollen Einzug hielt, fanden sich in anderen Regionen – und keineswegs nur in den großen multiethnischen Reichen Ost- und Südosteuropas – weiterhin ganz andere Alltags- und Arbeitsformen.

Eine einbändige Darstellung der Geschichte Europas in den drei Jahrzehnten nach 1890 kann selbstverständlich nicht alle diese Entwicklungen im Detail nachzeichnen. Ziel ist es aber doch, die angedeuteten übergreifenden Wandlungsprozesse im „Zeitalter des Imperialismus" in ihren Grundzügen verständlich zu machen, gleichzeitig aber den Leserinnen und Lesern ebenso die vielen Abweichungen, Modifikationen oder Anverwandlungen präsent zu halten. Europäische Geschichte gibt es nie nur im Singular und so waren es auch im „Zeitalter des Imperialismus" viele Geschichten, die den Kontinent prägten. Ein drittes Ziel des Bandes besteht darin, neben den Gemeinsamkeiten und Unterschieden deutlich zu machen, inwieweit die Entwicklungen in den unterschiedlichen Teilen

Europas miteinander zusammenhingen. Der europäische Kontinent war in den Jahrzehnten um 1900 ohne Zweifel (und teilweise war es längst auch die Welt) ein gemeinsamer Handlungsraum, der durch viele Wechselwirkungen zwischen Regionen, Gesellschaften oder politischen Systemen bestimmt war.

Die historische Forschung hat sich sofort nach dessen Ende sehr intensiv mit dem „Zeitalter des Imperialismus" auseinandergesetzt. Bereits in der Zeit zwischen den Weltkriegen stand dabei häufig die Frage im Zentrum, wie es zu einem Krieg wie dem Ersten Weltkrieg hatte kommen können. Insbesondere seit den 60er Jahren des 20. Jahrhunderts kamen stärker sozialhistorische Fragen hinzu. Im Zentrum stand nun vielfach die Klassenstruktur der Gesellschaften vor und im Ersten Weltkrieg. Das späte 20. und das beginnende 21. Jahrhundert brachten wiederum neue Perspektiven auf die Epoche. Nun waren es – wiederum in Verbindung mit neuen methodischen Überlegungen im Fach – etwa die beginnende Globalisierung bzw. Vernetzung der Welt um 1900, die das Interesse der Forschung auf sich zog. Hinzu kam, ausgelöst nicht zuletzt durch die „postcolonial studies", eine neue Aufmerksamkeit für die Folgen des europäischen Imperialismus, einschließlich seiner Auswirkungen bis zu unserer Gegenwart. Zur Faszination, die die Epoche um 1900 inklusive des Ersten Weltkriegs in der Forschung ausübt, gehört auch diese besondere Aktualität bis heute.

Neben der Darstellung der historischen Grundzüge der Epoche in Teil I werden solche wichtigen Schwerpunkte der Forschung entsprechend der Konzeption der Reihe in Teil II ausführlich behandelt. Ohne ältere Forschungsdebatten völlig zu vernachlässigen, liegt der Schwerpunkt hier dennoch auf den Forschungsdiskussionen seit der Wende vom 20. zum 21. Jahrhundert. Beide Abschnitte ergänzen sich aber auch in wichtigen Aspekten. Erst Teil I und II zusammengenommen ergeben das ganze Bild. Einige Passagen beruhen dabei weiterhin auf der 5. Auflage von Band 15 des Oldenbourg Grundrisses der Geschichte „Das Zeitalter des Imperialismus" von 2009. Der ganz überwiegende Teil des Textes wurde aber für diesen Band neu verfasst.

Die Mitarbeiterinnen und Mitarbeiter des Verlages De Gruyter Oldenbourg sowie des Lehrstuhls für Neuere und Neueste Geschichte der Universität Bonn haben die Erstellung von Manuskript und Bibliographie durch ihre vielfältige Hilfe erst möglich gemacht. Dafür möchte ich mich ganz herzlich bedanken. Mein besonderer

Dank gilt zudem meinem akademischen Lehrer Gregor Schöllgen, der nicht nur den ursprünglichen Band dieses Lehrbuchs verfasste, sondern ohne den es auch diesen Oldenbourg Grundriss zu „Europa im Zeitalter des Imperialismus" nicht gäbe.

Bonn und Erlangen, Dezember 2022　　　　　Friedrich Kießling

Inhaltsverzeichnis

Vorwort der Herausgeber —— V

Vorwort —— VII

I	**Darstellung** —— 1	
1	Imperialismus und Beginn der Hochmoderne: Der Charakter der Epoche —— 1	
2	Bevölkerung und ökonomische Entwicklung: Soziale Grunddaten und wirtschaftliche Dynamik —— 5	
3	Klassen und andere soziale Gruppen: Gesellschaftliche Entwicklung im Industriezeitalter —— 18	
4	Kunst, Kultur und Wissenschaft: Zukunftsoptimismus und kulturelle Verunsicherung im Zeichen der Moderne —— 33	
5	Der Wandel der Politik im Zeitalter des Imperialismus —— 43	
6	Europa und die Welt: Der Hochimperialismus und die europäischen Gesellschaften in den Jahrzehnten vor dem Ersten Weltkrieg —— 66	
7	Dem Krieg entgegen? Internationale Beziehungen 1890 bis 1914 —— 92	
8	*Finis Europae*? Der Erste Weltkrieg als Wendepunkt der europäischen Geschichte —— 117	
II	**Forschung** —— 141	
1	Die Einheit der Epoche: Übergeordnete Fragestellungen und Interpretationen —— 141	
2	Politik, soziale Beziehungen und beginnende Demokratisierung: Die innere Entwicklung der europäischen Staaten —— 153	
3	Wachstum und internationale Verflechtung: Die ökonomische Entwicklung —— 186	
4	Koloniale Kultur, Gewalt und Rückwirkungen auf Europa: Der Imperialismus —— 198	
5	Diplomatie, Außenpolitik und Kriegsursachenforschung: Internationale Beziehungen und Staatensystem —— 218	

6		Epochenbruch oder „Katalysator": Der Erste Weltkrieg —— **238**
III		**Quellen und Literatur —— 261**
1		Amtliche Aktenpublikationen —— **261**
2		Memoiren, Briefwechsel, Tagebücher, Reden —— **262**
3		Editionen, Dokumentationen, Statistiken, Quellenportale im Internet —— **265**
4		Übergreifende Darstellungen —— **270**
	4.1	Gesamtdarstellungen des Zeitalters —— **270**
	4.2	Darstellungen einzelner Länder und Regionen, Biografien —— **271**
	4.3	Deutungen und Interpretationen —— **275**
5		Innere Entwicklung —— **277**
	5.1	Bevölkerung, Mobilität und Migration —— **277**
	5.2	Politische Systeme, Verfassungen, Parlamente und Wahlen —— **279**
	5.3	Parteien, Verbände, Vereine —— **283**
	5.4	Gesellschaftliche Gruppen und Sozialpolitik —— **287**
	5.5	Stadt-, Lokal- und Alltagsgeschichte —— **295**
	5.6	Öffentliche Meinung, Kommunikation, Medien —— **296**
	5.7	Ideen, Kultur, Bildung, Wissenschaft —— **298**
6		Wirtschaft —— **301**
	6.1	Allgemeines —— **301**
	6.2	Wirtschaftsentwicklung einzelner Staaten —— **303**
	6.3	Internationale und globale Wirtschaftsbeziehungen —— **306**
7		Imperialismus und Kolonialpolitik —— **309**
	7.1	Allgemeines, theoretische Ansätze —— **309**
	7.2	Imperialismus einzelner Länder —— **311**
	7.3	Koloniale Rivalitäten, koloniale Gewalt —— **315**
	7.4	Koloniale Kultur und Herrschaftspraxis, Nachgeschichte des Imperialismus —— **316**
8		Internationale Beziehungen —— **319**
	8.1	Allgemeines —— **319**
	8.2	Außenpolitik einzelner Länder —— **320**

	8.3	Bilaterale und multilaterale Beziehungen —— **323**
	8.4	Außenpolitische Verfahren, Diplomatie —— **326**
	8.5	Militärische Planungen, Rüstung —— **327**
	8.6	Vorgeschichte des Ersten Weltkrieges, Julikrise —— **329**
9	Der Erste Weltkrieg —— **330**	
	9.1	Übergreifende Darstellungen —— **330**
	9.2	Militärgeschichte, militärischer Verlauf, Kriegsalltag —— **332**
	9.3	Politik im Krieg, Kriegsziele, Kriegswirtschaft —— **335**
	9.4	Innere Entwicklung der europäischen Staaten —— **337**

Zeittafel —— **341**

Abkürzungen —— **353**

Personenregister —— **355**

Ortsregister —— **369**

Sachregister —— **375**

Oldenbourg Grundriss der Geschichte —— **381**

I Darstellung

1 Imperialismus und Beginn der Hochmoderne: Der Charakter der Epoche

Die knapp drei Jahrzehnte zwischen 1890 und dem Ende des Ersten Weltkriegs brachten für Europa eine ganze Reihe von enormen, nicht selten revolutionären Veränderungen mit sich. Dazu gehörten die sprunghafte Verbesserung der Kommunikations- und Verkehrsnetze ebenso wie der Aufschwung neuer Wirtschaftszweige, etwa der Elektro- und Chemieindustrie, oder die massiven Veränderungen im Bereich von Politik und Öffentlichkeit. Am Vorabend des Ersten Weltkriegs gab es eine Massenpresse mit Millionen von Leserinnen und Lesern, es gab Hunderttausende von Telefonanschlüssen, in den großen Städten des Kontinents fuhren elektrische Straßenbahnen und in den Kinos waren erste bewegte Bilder von aktuellen Ereignissen zu sehen. Auf der anderen Seite sollte man sich von solchen Entwicklungen auch nicht täuschen lassen. In nicht wenigen Dingen änderte sich für viele Europäerinnen und Europäer in ihrem alltäglichen Leben weit weniger, als es solche spektakulären Prozesse vermuten lassen. Weiterhin lebten die allermeisten von ihnen auf und von dem Land. Herkömmliche, in unserem heutigen Verständnis vormoderne Sozialbeziehungen blieben noch lange erhalten. Armut in einem existentiellen Sinne stellte für weit mehr Menschen eine Lebensrealität dar, als es in den meisten heutigen Konsum- und Wohlstandsgesellschaften trotz aller weiterbestehenden sozialen und ökonomischen Probleme der Fall ist. Der Zeitraum zwischen 1890 und 1918 zeichnet sich so durch ein eigentümliches Doppelgesicht aus: Zum einen scheinen uns die Jahrzehnte um 1900 sehr nah zu sein. Sie stehen am Beginn dessen, was wir heute als unsere moderne Welt begreifen. Zum anderen bleiben uns viele Phänomene aber auch fern. Andere, ältere Zeitschichten reichen in die vermeintlich bereits moderne Welt der vorletzten Jahrhundertwende hinein. Dieser doppelte Befund hat Konsequenzen für den historischen Blick auf die Epoche. Wir meinen, die Menschen der Jahre zwischen 1890 und dem Ersten Weltkrieg grundsätzlich zu verstehen. Schon die Sprache, die uns in den Quellen der Zeit entgegentritt, bietet meist viel weniger Verständnisprobleme, als es bei Zeugnissen der Fall ist, die nur wenige Jahrzehnte zu-

Doppelgesicht der Epoche

vor entstanden sind. Doch hinter der vermeintlichen Zugänglichkeit verbirgt sich oft eine andere Welt, die es bei der historischen Analyse erst zu entschlüsseln gilt. Es ist diese besondere Mischung aus Nähe und Ferne, die die Jahrzehnte zwischen 1890 und 1918 für viele Historikerinnen und Historiker so faszinierend macht und die dazu beiträgt, dass das „Zeitalter des Imperialismus" bis heute zu den am meisten untersuchten Perioden der Neueren und Neuesten Geschichte zählt.

Neue Globalität

Zu den aus heutiger Perspektive sehr modernen Charakteristika der Epoche gehört die erstaunliche und schnell wachsende Globalität der Jahrzehnte um 1900. Das Zeitalter des Imperialismus war neben dem Wettbewerb um Einflusssphären auch eine Epoche steigender Kontakte zwischen Regionen, Nationen und Kontinenten. Es war ein Zeitalter, in dem die Welt in bis dahin nicht gekanntem Tempo und Ausmaß zusammenwuchs. In den letzten Jahrzehnten des 19. Jahrhunderts löste das Dampfschiff endgültig die Vorherrschaft der Segelschiffe ab, deren Masten bis dahin das Bild der Seefahrt auf den Meeren und in den Häfen bestimmt hatten. Immer mehr Unterseekabel für die Kommunikation via Telegrafie verbanden die Kontinente, nachdem es 1866 zum ersten Mal gelungen war, eine solche Verbindung dauerhaft zwischen Europa und Nordamerika zu installieren. Sorgte die Dampfschifffahrt (neben dem weiter – und nun zunehmend weltweit – expandierenden Eisenbahnnetz) dafür, dass die Transportkosten für Waren sanken und die Märkte zusammenrückten, minimierte die Entwicklung der Telekommunikationsnetze die Übertragungsdauer von Nachrichten überall auf der Welt. In der „Julikrise", der politisch-diplomatischen Krise, die dem Kriegsausbruch von 1914 vorausging, telefonierten die Entscheidungsträger innerhalb der europäischen Hauptstädte bereits miteinander. Die verbesserten Transport- und Telekommunikationsmöglichkeiten ließen aber auch – und nicht nur bei den Eliten – das Bewusstsein für die globalen Zusammenhänge auf der Erde wachsen; ein Bewusstsein, das sich aufs Ganze gesehen im Verlauf des 20. Jahrhunderts sukzessive verstärken sollte.

Fundamentalpolitisierung

Die verbesserten Kommunikationsmöglichkeiten hatten ebenso Einfluss auf das innere Gefüge der Staaten. Vor allem veränderten sie die Art und Weise, wie Politik betrieben wurde beziehungsweise wie sie betrieben werden musste. Durch die Entstehung von Massenmedien, vor allem von auflagenstarken Zeitungen, sowie pluralistischer Öffentlichkeiten wurden immer mehr Menschen in das politische System einbezogen. Die Ausweitung des Wahlrechts in vielen Ländern sowie die grundsätzliche Bedeutungszunahme von Parlamenten taten ein Übriges, dass sich Politik an eine immer größere Zahl von Menschen zu richten hatte. Es setzte eine Entwicklung ein, die in der Forschung als eine neuartige „Fundamentalpolitisierung", als die Entstehung eines „politischen Massenmarktes" oder auch als zunehmende Demokratisierung bezeichnet worden ist und zu der ebenso eine wachsende Zahl von mitgliederstarken Interessengruppen und Lobbyorganisationen gehörte. Im Ergebnis wandelten sich nicht nur die Inhalte, sondern auch die Formen des Politischen erheblich.

Basis vieler Entwicklungen war ein soziales Gefüge, das sich vor allem durch ausgeprägte Gegensätze auszeichnete. Dabei stand eine zunehmend selbstbewusste Arbeiterschaft einem nicht weniger selbstbewussten Bürgertum gegenüber. Während Erstere auf größere ökonomische und politische Teilhabe drängte und damit zumindest in Ansätzen in den letzten Jahrzehnten vor dem Ersten Weltkrieg auch erfolgreich war, prägte das Bürgertum vor allem mit seiner spezifischen Vorstellungs- und Wertewelt, wie Häuslichkeit und Bildungsorientierung, auch insgesamt die Epoche. Grundsätzlich blieben die Gesellschaften vor 1914 aber durch enorme soziale Gegensätze charakterisiert, zu denen neben dem Unterschied zwischen Arbeitern und Bürgern bzw. Mittelklassen (wie es in der internationalen Forschung meist heißt) auch der zwischen Land und Stadt, zwischen den Geschlechtern und denen diesen zugeschriebenen Rollen oder der zwischen Konfessionen gehörte. *Soziale Unterschiede*

Ökonomisch waren die meisten europäischen Volkswirtschaften bis zum Ersten Weltkrieg von einem nicht völlig gleichmäßigen, aber insgesamt doch erkennbaren Aufschwung geprägt. Nach den sozialen Härten der vorangegangenen Phasen der Industrialisierung begannen sich ganz allmählich die Lebensumstände auch breiterer Bevölkerungsgruppen zu bessern. Dazu trug eine Ausweitung staatlicher Aktivitäten bei, die zu den übergeordneten Kennzeichen der Epoche gehört und die sich in der Sozialpolitik besonders zeigte. Zu den Entwicklungslinien des Zeitalters gehört damit der Beginn moderner Sozialstaatlichkeit. Wichtige Länder Europas traten zudem nach den stürmischen Prozessen der Jahrzehnte zuvor nun in eine Phase ein, in der sie als entwickelte Industriegesellschaften bezeichnet werden können – mit all den sozialen, ökonomischen, aber zum Beispiel auch ökologischen Folgen, die dies bis heute hat. *Moderne Sozialstaatlichkeit*

Imperialismus

Im Verhältnis Europas zur außereuropäischen Welt war der für diesen Band titelgebende Imperialismus sicherlich die wichtigste Entwicklung. Imperialismus trat dabei in unterschiedlichen Formen und Wirkungen auf. Es ging um direkte Kontrolle außereuropäischer Gebiete ebenso wie um indirekte politisch-ökonomische Einflussnahme, aber auch um die Übertragung der eigenen Vorstellungen und Ordnungen auf andere Gesellschaften. Der Imperialismus hatte aber zugleich Auswirkungen auf Europa selbst. Auch in Ländern, die zuvor nicht oder nur kaum an der europäischen Expansion teilgenommen hatten, wurde er nun ein wichtiges politisches Thema oder beeinflusste die jeweiligen Identitäten. Imperialismus war damit beileibe keine Einbahnstraße, bei der lediglich Europa die außereuropäische Welt beeinflusste. Er wirkte auch auf den eigenen Kontinent zurück.

Internationale Beziehungen

Zur Bedeutung des Imperialismus zählt dessen Einfluss auf die internationalen Beziehungen der Zeit. Das Verhältnis wichtiger Länder zueinander wurde durch ihre Beziehungen in der außereuropäischen Welt stark geprägt. Internationale Krisen nahmen oftmals ihren Ausgang in Spannungen in der kolonialen Welt. Gerade für die entscheidende Phase der internationalen Beziehungen vor dem Ersten Weltkrieg hat die Forschung aber auch von einer „Rückwendung nach Europa" gesprochen. Innereuropäische Spannungen waren am Ende vermutlich doch wichtiger als koloniale Rivalitäten. Darüber hinaus blieb die Außenpolitik von den allgemeinen Veränderungen der Politik in den Jahrzehnten um 1900 nicht unbeeinflusst. Auf dem Feld der Außenbeziehungen spielten Presse und Öffentlichkeit eine größere Rolle als zuvor, konnten sich Diplomaten und Außenpolitiker, selbst wenn sie es versuchten, von grundsätzlichen politischen und gesellschaftlichen Entwicklungen nicht abschotten. Das Staatensystem war vor 1914 nicht nur von wiederkehrenden internationalen Krisen sowie von einer zunehmend konfrontativen Bündnissituation geprägt, sondern ebenso von erheblichen strukturellen Veränderungen. Einen automatischen Weg in den Ersten Weltkrieg hat es dennoch, so große Teile der jüngeren Forschung, nicht gegeben.

Ideologien

Zu den hervorstechenden Merkmalen der Epoche gehört nicht zuletzt eine voranschreitende Ideologisierung. Nationalismus gab es natürlich bereits zuvor, nun aber machte sich gerade in Europa eine neue, radikalere Variante breit, die vielfach mit einem verstärkten Rassismus und Antisemitismus einherging. Im linken politischen Spektrum breiteten sich sozialrevolutionäre Hoffnungen aus. 1905 kam es zu einem ersten Revolutionsversuch in Russland. Aber auch andere „Ismen", darunter so unterschiedliche Phänomene wie der Anarchismus, der Internationalismus oder der Futurismus, prägten die Ideen- und Kulturgeschichte der Zeit.

Viele der hier als Merkmale der Epoche skizzierten Entwicklungen erreichten im Ersten Weltkrieg einen Höhepunkt oder prägten dessen Charakter als ersten im vollen Sinne modernen Krieg entscheidend mit. Insofern ist es gut begründet, wie es in diesem Band geschieht, den Ersten Weltkrieg von 1914 bis 1918 zusammen mit den zweieinhalb Jahrzehnten zuvor zu behandeln. Zeitlich nach hinten, zu den Jahren vor 1890 fällt die Abgrenzung schwerer. Phänomene wie der radikalisierte Nationalismus, die zunehmende politische Teilhabe breiter Bevölkerungsteile, der Übergang zur Industriegesellschaft und selbst der Übergang zum Hochimperialismus lassen sich nur schwer an bestimmten Jahreszahlen festmachen – zumal für einen ganzen Kontinent wie Europa, für den große nationale wie regionale Unterschiede zu berücksichtigen sind. Dennoch: Wie die zeitlichen Grenzen im Einzelnen auch immer gezogen werden mögen, ist die Geschichtswissenschaft sich doch weitgehend einig, dass in den Jahrzehnten um 1900 viele der hier eingangs skizzierten Entwicklungen kulminierten. Zusammengenommen lassen sie das „Zeitalter des Imperialismus" als die Epoche einer neuen Modernität erscheinen. Die Zeit der „Hochmoderne" oder auch die der „klassischen Moderne" hatte begonnen.

Erster Weltkrieg

2 Bevölkerung und ökonomische Entwicklung: Soziale Grunddaten und wirtschaftliche Dynamik

Im Jahr 1890 existierten in Europa, einige Kleinststaaten nicht mitgezählt, 19 unabhängige Staaten. Die im Vergleich zu den heutigen über 40 Staaten deutlich geringere Zahl erklärt sich vor allem daraus, dass in Ost- beziehungsweise Mittelosteuropa bis in die Endphase des Ersten Weltkriegs hinein mit Russland, dem Deutschen Reich und Österreich-Ungarn lediglich drei Staaten bestanden, die dementsprechend auch direkt aneinander grenzten. Im lange vom Osmanischen Reich beherrschten Südosteuropa hatten mit Rumänien, Serbien und Montenegro dagegen drei Länder nicht allzu lange

Staatliche Gliederung und Bevölkerung

Zeit zuvor, nämlich im Jahr 1878, die volle Unabhängigkeit erlangt. Bis zum Ersten Weltkrieg folgten noch Bulgarien sowie Albanien. Eine weitere Veränderung bestand darin, dass sich Norwegen 1905 in einem friedlichen Prozess aus der seit 1814 bestehenden Union mit Schweden löste und damit ebenfalls die vollständige Unabhängigkeit erreichte. Die Ausdifferenzierung der Staatenwelt, einer der großen Prozesse des 19. und 20. Jahrhunderts, war bis zum Ersten Weltkrieg erheblich vorangekommen. Abgeschlossen war sie allerdings noch nicht.

Innerhalb dieser europäischen Staaten lebten 1890 beinahe 400 Millionen Menschen. Bis zum Ersten Weltkrieg stieg die Zahl auf fast 470 Millionen an. Weltweit gesehen war Europa damit der bei weitem am schnellsten aus sich selbst heraus wachsende Kontinent der Zeit. Die noch höheren Steigerungsraten in Nord- und Südamerika gingen wiederum zu einem großen Teil auf die europäische Einwanderung zurück. Mehr als ein Viertel aller Menschen lebte am Vorabend des Ersten Weltkriegs in Europa. Das stellte den höchsten je gemessenen Anteil an der Weltbevölkerung dar und war deutlich mehr als zu Beginn des 19. Jahrhunderts oder auch in den ersten Jahrzehnten des 21. Jahrhunderts, als der Wert unter die Marke von 10 % der Weltbevölkerung sank. Zu Beginn des rasanten Bevölkerungswachstums in Europa in der 2. Hälfte des 18. Jahrhundert hatte der Wert bei etwa 20 % gelegen.

Das mit weitem Abstand bevölkerungsreichste Land Europas war 1914 mit über 130 Millionen Einwohnern allein in seinen europäischen Teilen Russland, gefolgt von Deutschland mit etwa 67 Millionen sowie Österreich-Ungarn mit ca. 55 Millionen Bewohnern. Russland und Deutschland gehörten dabei, wie etwa auch Großbritannien mit seinen gut 45 Millionen Einwohnern vor dem Ersten Weltkrieg, zu den Ländern, die zwischen dem letzten Drittel des 19. Jahrhunderts und 1914 stärker als der europäische Durchschnitt gewachsen waren. Die Bevölkerungen in Italien, Spanien und – besonders ausgeprägt – in Frankreich mit knapp 40 Millionen Einwohnern im Jahr 1914 wuchsen dagegen unterdurchschnittlich. Aufs Ganze gesehen verschoben hatte sich der Hauptgrund für das Bevölkerungswachstum. Hatte in der ersten Hälfte des 19. Jahrhunderts vor allem eine gestiegene Geburtenrate das Wachstum begründet, schob sich nun das Absinken der Sterberate in den Vordergrund. Die Geburtenrate dagegen begann in vielen Staaten Europas seit dem letzten Drittel des 19. Jahrhunderts zu sinken. Auch wenn das Bevölkerungswachstum in Europa insgesamt zwischen 1890 und 1914 seinen Höhepunkt erlebte, gab es einzelne Länder, in denen der Anstieg nun geringer wurde.

Dennoch: Fragt man, mit welcher Art von Bevölkerung wir es in den Jahrzehnten vor dem Ersten Weltkrieg zu tun haben, handelte es sich gerade im Vergleich zu heute um spektakulär junge Gesellschaften. Für das Deutsche Reich etwa weisen die Statistiken vor 1914 einen Anteil von 32 % unter 15jährigen an der Gesamtbevölkerung aus. Bereits Ende der 1930er Jahre war dieser Wert auf unter 25 % gefallen. 2020 lag er laut europäischer Statistikbehörde bei 13,7 %. Über 64 Jahre alt waren dagegen im Jahr 1914 nur 4,5 bis 5 Prozent der Menschen in Deutschland, 2020 waren es fast 22 %. Deutlich verbessert hatte sich im Vergleich zu früheren Epochen der Bildungsstand der Bevölkerung. In Deutschland, Großbritannien und Skandinavien erreichte die Alphabetisierungsquote an die 90 % oder sogar noch mehr. Die Schulpflicht, häufig schon seit Jahrzehnten oder noch länger eingeführt, war nun auch tatsächlich durchgesetzt. In Ost- und Südeuropa lag die Alphabetisierungsrate erheblich unter diesen Werten, allerdings zeigten sich jetzt auch hier deutliche Fortschritte, häufig zuerst in den Städten und naturgemäß bei der jüngeren Bevölkerung. Das Weltwissen wurde mit dieser Entwicklung nach und nach überall ein anderes, nicht nur durch die Schulbildung, sondern auch durch die damit verbundene Ausweitung und Veränderung von Lektüre im weiteren Lebensverlauf. Höhere Bildung, der Besuch eines Gymnasiums oder einer vergleichbaren Einrichtung beziehungsweise einer Universität, blieben dagegen bis zum Ersten Weltkrieg (und eigentlich bis zur Zeit nach 1945) Sache einer verschwindenden Minderheit. Nirgends in Europa stieg der Anteil derjenigen, die eine Universität besuchten, weit über 2 % der Bevölkerung.

Demographische Strukturen

Die Mehrzahl der Europäerinnen und Europäer lebte auch 1914 noch auf dem Land. Und auch dort, wo die Landbevölkerung nicht mehr die Mehrheit stellte, war deren Anteil immer noch beträchtlich und übten gesamtgesellschaftlich entsprechend ländliche Eliten großen Einfluss aus oder hatten agrarische Lebensweisen erhebliche Bedeutung. Sehr stark zurückgegangen war die ländliche Bevölkerung am Anfang des 20. Jahrhunderts zum Beispiel in Großbritannien, Belgien und den Niederlanden. Setzt man die Stadtgrenze bei einer Gemeindegröße von mindestens 5.000 Einwohnern an, lebten dort 1910 nur noch 25, 43 beziehungsweise 47 % der Bevölkerung in

Landbevölkerung

ländlichen Gemeinden. 60 Jahre zuvor waren es 50, 66 beziehungsweise 64 % gewesen. Vergleichsweise hoch war die Verstädterung ebenso in Italien. In Deutschland lebten in den Jahren vor dem Ersten Weltkrieg etwa die Hälfte der Menschen auf dem Land. In Frankreich, Spanien oder der Schweiz immer noch um die 60 %. In Russland, Rumänien, aber auch Portugal oder Serbien lag die Quote derjenigen, die in ländlichen Siedlungen lebten, bei 80 % oder sogar etwas mehr. Insgesamt ist berechnet worden, dass 1910 eine klare Mehrheit von 64 % der europäischen Bevölkerung in Gemeinden unter 5.000 Einwohnern lebte.

Urbanisierung 1850 waren es allerdings noch über 80 % gewesen und damit ist die Urbanisierung einer der großen Prozesse der Zeit, die – bezogen auf Europa insgesamt – sich vor allem zwischen 1880 und dem Ersten Weltkrieg im Vergleich zu den Jahrzehnten zuvor noch einmal beschleunigte. Bei der Interpretation sind allerdings gleich mehrere Dinge zu berücksichtigen: So sind hier, wie im Übrigen auch in anderen Zusammenhängen, rein nationale Daten nur von begrenzter Aussagekraft. In vielen Staaten standen die städtischen Regionen auch 1914 noch weiterhin ausgedehnten, stark ländlich geprägten Landesteilen gegenüber. Eine regionale Betrachtungsweise scheint vielfach angemessener als die nationale. Darüber hinaus ist eine allgemeine Urbanisierung, die auch Klein- und Mittelstädte umfasst, von der Bildung großer Metropolen mit einer Millionenbevölkerung zu unterscheiden. Städte wie St. Petersburg oder Wien, deren Einwohnerzahlen sich zwischen 1850 und 1910 in etwa verfünffachten (wie auch die Berlins), konnten in überwiegend ländlich-agrarischen Gesellschaften Wirkungen entfalten, die über die reinen Daten des nationalen Urbanisierungsgrades hinausgingen. Schließlich ist zu fragen, welche Konsequenzen die Verstädterung für die einzelnen Menschen hatte. Auf der einen Seite ist davon auszugehen, dass die Unterschiede zwischen Stadt und Land am Anfang des 20. Jahrhunderts deutlich größer waren als in späteren Phasen des Jahrhunderts, als die Bildung von ausgedehnten Vorstädten, Individualverkehr oder auch neue mediale Veränderungen die Stadt-Land-Differenzen tendenziell einebneten. Auf der anderen Seite wissen wir inzwischen, dass nicht wenige Menschen anfangs zwischen Stadt und Land hin- und herzogen. Der Abschied vom Land musste zunächst einmal kein endgültiger sein. Soziale und alltägliche Bindungen blieben zumindest für eine Übergangszeit erhalten.

Die reinen Zahlen des Städtewachstums sind aber auch bei Berücksichtigung solcher Faktoren (sowie möglicher Veränderungen der Gemeindegrenzen) beeindruckend. Sie finden sich zudem tatsächlich fast überall in Europa. Im Deutschen Reich z. B. gab es 1871 acht Städte mit mehr als 100.000 Einwohnern, 1910 waren es bereits 48. Nimmt man den Zeitraum zwischen 1880 und 1910/11, wuchs Berlin von 1.122.000 auf 2.071.000 Einwohner an. In Frankfurt, Köln oder Breslau stieg die Bevölkerung im gleichen Zeitraum um deutlich mehr als das Doppelte. Leipzig wuchs von 149.000 auf knapp 600.000 Einwohner. Sieht man von dem Sonderfall der USA ab, deren Städte in dieser Zeit insgesamt noch schneller wuchsen als die der alten Welt, lassen sich den deutschen vergleichbare Zahlen noch für die großen russischen Städte wie Moskau, Riga oder St. Petersburg ermitteln. Nicht ganz so stürmisch, aber immer noch enorm war das Wachstum in den nordenglischen Ballungszentren wie Birmingham oder Liverpool. In London, der damals bei weitem größten Stadt Europas, stieg die Einwohnerzahl in den drei Jahrzehnten vor 1910 von 4.770.000 auf 7.256.000. Ähnliche Entwicklungen gab es auch in den Großstädten anderer europäischer Länder wie Brüssel, Amsterdam oder Mailand. Hingegen expandierten die französischen Städte, ähnlich wie die Gesamtbevölkerung, in vergleichsweise geringem Maße. Warschau dagegen wuchs von 252.000 auf 856.000 Menschen, Budapest von 371.000 auf 880.000. Hinter solchen Zahlen steht eine ausgeprägte Binnenmigration. Zusammen mit der anhaltenden Massenmigration der Zeit über Grenzen hinweg sorgte sie dafür, dass ländliche Regionen trotz des starken allgemeinen Bevölkerungszuwachses sogar Einwohner verlieren konnten.

Die damit angesprochene Migration ist eines der ganz großen Themen europäischer Sozial- und Gesellschaftsgeschichte der Jahrzehnte um 1900. Es ist geschätzt worden, dass in der zweiten Hälfte des 19. Jahrhunderts in Deutschland, Großbritannien, Italien oder Belgien über die Hälfte der Bevölkerung nicht dort lebte, wo sie geboren worden war. Historisch gesehen sind das bemerkenswerte Zahlen, wobei sich die Reichweite solcher Binnenmigration im Verlauf der Industrialisierung geografisch, aber auch sozial ausweitete. Beides gilt ebenso für die Migration über Grenzen hinweg, die in der zweiten Hälfte des 19. Jahrhunderts endgültig zur transkontinentalen Massenmigration wurde. Schätzungen zur europäischen Überseeauswanderung belaufen sich auf 50–65 Millionen Men-

Migration

schen, die von der ersten Hälfte des 19. Jahrhunderts bis in die Zeit nach dem Ersten Weltkrieg Europa in Richtung Übersee verließen. Ihren Höhepunkt erreichte diese bis dahin nicht gekannte Massen-(fern-)migration in den jeweils drei Jahrzehnten vor und nach der Jahrhundertwende von 1900, als – unterbrochen allerdings durch den Ersten Weltkrieg – zeitweise deutlich mehr als eine Million Europäer und Europäerinnen pro Jahr ihren Kontinent verließen. Hauptzielland waren und blieben mit großem Abstand die USA, schon seit den 1870er Jahren wurde aber auch Südamerika wichtiger. Die europäischen Kolonien stellten dagegen über den gesamten Zeitraum hinweg keinen Schwerpunkt dieser Massenmigration dar. Lediglich Kanada sowie Australien bildeten Ausnahmen und erreichten zumindest mit den großen südamerikanischen Staaten vergleichbare Zahlen. Zu einer erheblichen Migrationsbewegung kam es schließlich zwischen den europäischen und asiatischen Teilen Russlands. Zwischen 1890 und dem Ersten Weltkrieg verließen mehrere Millionen Menschen in einer Mischung aus Binnenmigration und transkontinentaler Wanderung innerhalb des russischen Reichs Europa in Richtung Asien. Der ganz überwiegende Teil von ihnen waren Bauern, die neues Siedlungsland suchten.

Reiseverkehr und Tourismus

Nicht nur Migrationsbewegungen, auch ganz allgemein der internationale Reiseverkehr nahm durch Eisenbahnen und Dampfschifffahrtslinien noch einmal zu. 1913 reisten zum Beispiel 380.000 Kabinenpassagiere von Europa in die USA, bei denen es sich angesichts der Reiseklasse allem Anschein nach nicht um Auswanderer, sondern Geschäftsleute, Wissenschaftler:innen oder andere Eliten handelte. Auch der in der zweiten Hälfte des 19. Jahrhundert entstandene moderne Tourismus nahm – mit der Etablierung von Reisebüros, die Kreuzfahrten und Reisen in die großen europäischen Metropolen, in Kur- und Badeorte organisierten – internationale Formen an. Dabei handelte es sich freilich um ein Phänomen der Oberschicht, teilweise der gehobenen Mittelschichten. Das galt auch für die in den Jahrzehnten vor 1914 geradezu explodierende Zahl von internationalen Experten- und Wissenschaftskonferenzen. Es entstand eine sehr mobile, international gut vernetzte Schicht von Geschäftsleuten, Wissenschaftler:innen, Intellektuellen, Journalist:innen, Parlamentariern sowie technischen oder juristischen Expert:innen, wie sie es zuvor höchstens in der Aristokratie oder bei einer beschränkten Zahl von europäisch tätigen Künstler:innen gegeben hatte.

Auch wenn sich die Anfänge eines tatsächlichen Massentourismus mit jährlichen Übernachtungszahlen, die in einzelnen Orten in die Hunderttausende oder sogar Millionen ging, vor 1914 noch auf Ziele innerhalb des eigenen Landes beschränkten, wurde die rasante Zunahme der internationalen Kontakte auf allen Ebenen bereits von Zeitgenossen häufig kommentiert. Überhaupt ist die mediale Seite der gesellschaftlichen Kontakte von großer Bedeutung. Zeitungen und Zeitschriften berichteten in großem Ausmaß über andere Länder und Kontinente. Im Zeitalter der beginnenden Massenpresse bedeute dies, dass das Wissen über Grenzen hinweg sowie die Vorstellungen und Bilder voneinander so vielfältig waren, wie nie zuvor. Der Journalist und Publizist Max Nordau, der selbst längere Zeit u. a. in Wien, Paris, Madrid und London gelebt hatte, beschrieb die Wirkungen 1892 folgendermaßen: „Der letzte Dorfbewohner hat heute einen weitern geographischen Gesichtskreis, zahlreichere und verwickeltere geistige Interessen als vor einem Jahrhundert der erste Minister eines kleinen und selbst mittleren Staates; wenn er blos [sic!] seine Zeitung, und wäre es das harmloseste Kreisblättchen, liest, nimmt er doch neugierig verfolgend und empfangend, an tausend Ereignissen theil, die sich auf allen Punkten der Erde zutragen, und er kümmert sich gleichzeitig um den Verlauf einer Umwälzung in Chile, eines Buschkriegs in Deutsch-Ostafrika, eines Gemetzels in Nord-China, einer Hungersnoth in Russland, eines Straßenputsches in Südspanien und einer Weltausstellung in Nordamerika".[1]

„Weltwissen"

Gesteigerte Internationalität und Vernetzung gehören auch zu den wichtigen Aspekten bei einer Betrachtung der ökonomischen Entwicklungen in Europa zwischen 1890 und dem Ersten Weltkrieg. Diese für den ganzen Kontinent auf einen Nenner zu bringen, ist allerdings schwierig und höchstens in Annäherungen möglich. Das gilt für Konjunkturverläufe ebenso wie für strukturelle Veränderungen bei Produktionsweisen, Aufstieg und Abstieg bestimmter Branchen oder bei den Arbeitsverhältnissen. Zudem sind die meisten Statistiken der Jahre um 1900 national ausgerichtet. Angaben aus einem Land lassen sich häufig nicht einfach mit denen anderer Länder in Beziehung setzen. Auf der anderen Seite hingen die Volkswirtschaften vor 1914 – der Erste Weltkrieg bildete eine eigene Ökonomie aus – in erheblichem Maße zusammen. Entwicklungen

Wirtschaftliche Entwicklung Europas

---

1 Max Nordau, Entartung Bd. 1, Berlin 1892, S. 62 f.

an einer Stelle, seien sie konjunktureller oder struktureller Art, wirkten sich an anderer Stelle aus.

Doch trotz aller Unterschiede im Einzelnen: Konjunkturell befand sich Europa im ausgehenden 19. und beginnenden 20. Jahrhundert in einer der wichtigsten Wachstumsphasen der Neueren und Neuesten Geschichte. Was Ausmaß und Stetigkeit anbelangt, wurde diese nur von den beiden Jahrzehnten nach 1950 übertroffen, die in Deutschland die Jahre des Wirtschaftswunders genannt werden. Bei allen Unsicherheiten der Zahlen und unterschiedlichen Berechnungen ist davon auszugehen, dass das Bruttoinlandsprodukt in Europa zwischen 1890 und 1913 absolut durchschnittlich um bis zu 2,5 % im Jahr wuchs. Der angesichts des großen Bevölkerungswachstums noch wichtigere Wert pro Kopf lag bei bis zu 1,5 % jährliche Steigerung des Bruttoinlandsprodukts. Damit überstieg das Wachstum der knapp 25 Jahre vor 1914 noch einmal den Durchschnitt der insgesamt auch schon durch Wachstum geprägten Jahrzehnte zuvor.

Einzelne Länder   Unter den einzelnen Ländern hatte das Deutsche Reich Großbritannien im ersten Jahrzehnt des 20. Jahrhunderts beim Bruttoinlandsprodukt vom ersten Platz verdrängt und war damit, zumindest in absoluten Zahlen, zur größten Volkswirtschaft Europas geworden. Dabei nahm die industrielle Produktion in Deutschland gerade ab den 1890er Jahren einen weiteren enormen Aufschwung, womit das Reich nun im Begriff stand, mit England das Ursprungsland der industriellen Entwicklung auf den „Leitsektoren" Kohle, Eisen und Stahl einzuholen und schließlich im Bereich der Roheisen- und Stahlproduktion zu überflügeln. In der Stahlproduktion hatte die deutsche Industrie die englische schon vor der Jahrhundertwende, im Jahre 1893, eingeholt, auf dem Gebiet der Roheisenproduktion zehn Jahre darauf. Lediglich bei der Kohleförderung konnten die britischen Gruben vor Kriegsausbruch einen knappen Vorsprung vor den deutschen behaupten. Andere Industrienationen wie Belgien und Frankreich lagen auf allen diesen Gebieten schon zum Zeitpunkt der Reichsgründung hinter den deutschen Produktionsziffern zurück. Übertroffen wurden diese Zahlen nur noch von denjenigen der USA, die sich Ende des 19. Jahrhunderts anschickten, die europäischen Länder wirtschaftlich zu überflügeln und zur größten Volkswirtschaft der Erde zu werden. Auch der deutsche Handel konnte erhebliche Steigerungen vorweisen. Zwar war Großbritannien 1914 nach wie vor die führende Handelsnation. Aber immerhin hatte sich das Deutsche Reich beispielsweise bei der Dampfschifffahrtstonnage mit einem Anteil von fast 12 % an die zweite Stelle hinter England (44 %) vorgeschoben, gefolgt von den USA mit 4,6 %.

Den eigentlichen Vorsprung vor seinen europäischen Konkurrenten sicherten sich deutsche Unternehmen freilich auf eben jenen Sektoren, die verstärkt seit den 1890er Jahren das Bild der europäischen Industrielandschaft grundlegend zu verändern begannen. Neben der klassischen Schwerindustrie hatten sich mit der Automobilindustrie, die allerdings bei Kriegsausbruch noch in ihren Anfängen steckte, der Maschinenbauindustrie, der Elektroindustrie (Siemens, AEG u. a.) und insbesondere der Chemieindustrie (z. B. Bayer, Hoechst, BASF) schon seit den 1860er Jahren sehr zukunftweisende Industriezweige zu etablieren begonnen. 1900 stellte die deutsche Chemieindustrie dann 90 % der synthetischen Farbstoffe der Welt her, 1913 stand sie mit einem Umsatz von 2,4 Milliarden Mark an erster Stelle, gefolgt von den Vereinigten Staaten mit 1,5 Milliarden Mark. Vergleichbare Entwicklungen konnten also auch in diesen Bereichen, in gewisser Weise abgesehen von der chemischen Industrie der Schweiz, nur die USA vorweisen.

Deutsches Reich

Auf anderen Gebieten behielt Großbritannien seine Stellung als führende Volkswirtschaft. Das gilt neben dem bereits erwähnten Handel beispielsweise für die Arbeitsproduktivität in Europa (wobei hier andere Länder gleichfalls aufholten) und vor allem auch für das Bruttoinlandsprodukt, rechnet man dieses nicht absolut, sondern pro Kopf. Hier lag Großbritannien 1913 mit etwa 4.900 Dollar weit vor Deutschland oder Frankreich, die beide um die 3.500 Dollar erreichten. Überhaupt kann Großbritannien unter den großen Staaten Europas als das bei weitem wohlhabendste Land angesehen werden. Versucht man nach modernen Standards einen Wohlstandsindikator (Human Development Index) für die Zeit vor 1914 zu berechnen, der neben dem Einkommen Lebenserwartung und Bildungsstand einbezieht, erreichten Länder wie Deutschland und Frankreich nach einer Berechnung aus dem Jahr 2010 immerhin etwa 95 % des britischen Niveaus, Italien etwa 77 % (Cambridge Economic History of Modern Europe, Vol. 2, 2010, S. 112).

Großbritannien

Kaum zu überschätzen ist beim Blick auf die britische Wirtschaft die Rolle des Empires. Während bei fast allen anderen Ländern bei der Berechnung der Wirtschaftsleistung die Kolonien im Vergleich zu den Heimatmärkten nur eine untergeordnete Rolle

Kolonialreiche und nationale Wirtschaften

spielten, war das im britischen Fall anders. Hier überstieg das Bruttoinlandsprodukt der Kolonien das des Heimatlandes um etwa das Eineinhalbfache. Beides zusammengerechnet, übertraf die britische Wirtschaftsleistung so nicht nur die des Deutschen Reichs (einschließlich dessen Kolonialgebiete) vor dem Ersten Weltkrieg um das Doppelte. Sie überbot unter diesem Gesichtspunkt auch weiterhin die der USA. Dagegen erreichten im Falle Frankreichs oder Belgiens die im Vergleich zu den Mutterländern ebenfalls riesigen Kolonialgebiete, die die beiden Staaten auch nach Einwohnerzahl übertrafen, lediglich um die 20 % der heimatlichen Wirtschaftsleistung. Nur bei den Niederlanden übertraf die Wirtschaftsleistung der Kolonien die des Mutterlandes noch deutlicher als im britischen Fall. Wie stark die britische Wirtschaftskraft – und letztendlich auch die politische Stärke – auf dem Empire beruhte, lässt sich ebenso an den Außenhandelszahlen ablesen. Während der Anteil anderer europäischer Staaten an den Im- und Exporten der Länder auf dem Kontinent je nach Land und genauem Jahr auch im Zeitalter des Imperialismus zwischen 70 und 90 % schwankte, verhielt sich dies bei Großbritannien ganz anders. Hier gingen zum Beispiel 1910 lediglich 35 % der Exporte nach Europa, wobei die eigene Kolonie Indien das bei weitem größte Zielland außerhalb Europas darstellte.

Auslandsinvestitionen

Auch bei den finanziellen Investitionen im Ausland, konnte Großbritannien seine führende Stellung nicht nur halten, sondern sogar noch ausbauen. Und natürlich kam gerade diesen Investitionen im Zeitalter des Imperialismus eine erhebliche Bedeutung zu, bildeten sie doch eine wesentliche Voraussetzung für die wirtschaftliche und damit in der Konsequenz auch politische Einflussnahme insbesondere an der Peripherie Europas auf dem Wege der sogenannten „pénétration pacifique", der „friedlichen Durchdringung" fremder Gebiete. Dabei war es zunächst gleichgültig, ob es sich um direkte Investitionen beispielsweise in den Eisenbahnbau oder um Anleihen, also Kreditvergaben, handelte. Betrachtet man die ausländischen Kapitalanlagen Englands, aber auch die Frankreichs, im Jahre 1914, nehmen sich diejenigen des Deutschen Reichs fast bescheiden aus, obgleich sie immerhin noch jene der USA übertrafen: 43 % der gesamten erfassten Kapitalanlagen stammten aus Großbritannien, 20 % aus Frankreich, 13 % aus Deutschland und 8 % aus den Vereinigten Staaten. Hinzu kam, dass in deutlichem Gegensatz zu den britischen fast die Hälfte der deutschen Investitionen auf Europa, und hier vor allem auf Österreich-Ungarn, und weitere 20 % auf Nordamerika entfielen. Die Investitionen in Asien und in den deutschen Kolonien in Afrika rangierten hingegen am Ende der Skala, noch hinter denjenigen in Südamerika, namentlich in Argentinien und Brasilien. Alle diese Daten machen deutlich, dass beim Vergleich der großen Wirtschaftsnationen andere Länder zwar aufholten, Großbritannien insgesamt vor dem Ersten Weltkrieg aber führend blieb, wozu nicht zuletzt seine Stellung als wichtigste Kolonialmacht beitrug.

Richtet man den Blick über die großen Industrienationen hinaus, lassen sich unterschiedliche Zonen von Wirtschaftskraft und Wohlstand in Europa ausmachen. Die drei skandinavischen Länder Dänemark, Norwegen und Schweden etwa starteten in der Mitte des 19. Jahrhunderts von relativ niedrigen Ausgangspunkten. In den Jahrzehnten vor dem Ersten Weltkrieg durchliefen sie dann rasante Aufholprozesse bei Wirtschaftskraft und Wohlstand. In Mitteleuropa zeigte sich Ähnliches neben Deutschland und dem österreichischen Teil der Habsburgermonarchie vor allem in der Schweiz, die gemessen am Bruttoinlandsprodukt pro Kopf seit den 1870er Jahren einen stürmischen Aufschwung erlebte und mit Belgien und den Niederlanden vor dem Ersten Weltkrieg direkt hinter Großbritannien, aber noch vor den folgenden großen Industriestaaten Deutschland und Frankreich lag. Kaum Aufholprozesse gelangen dagegen über den gesamten Zeitraum hinweg Spanien und Portugal im europäischen Süden sowie in Südosteuropa Ländern wie Rumänien und Serbien, wobei allerdings zu bedenken ist, dass sich auch diese Staaten grundsätzlich in einer Wachstumsphase befanden. Weniger gut als vergleichbare Länder entwickelte sich Italien. Auch wenn dort in den letzten Jahren vor 1914 eine größere Dynamik einsetzte, blieb es doch bei den meisten Zahlen hinter den anderen Großmächten zurück.

Zonen wirtschaftlicher Entwicklung in Europa

Eine Sonderrolle bei der Wirtschaftsentwicklung in Europa in den Jahrzehnten vor dem Ersten Weltkrieg nimmt Russland ein. Hier setzte die Industrialisierung erst in den 1890er Jahren nachhaltig ein. Sie ging nicht zuletzt auf staatliche Initiative zurück. Deren treibende Kraft war Sergei Witte (wissenschaftliche Transliteration: Sergej Vitte), von 1892 bis 1903 russischer Finanzminister, der vor allem den Eisenbahnbau rapide vorantrieb. Allein in den Jahren 1893 bis 1900 wuchs das russische Eisenbahnnetz im Durchschnitt um etwa 2.700 km jährlich. Diese Entwicklung hatte natürlich auch

Situation in Russland

erhebliche Folgen für die russische Industrie: Der Gesamtbedarf der Eisenbahnen erreichte schließlich 65 Milliarden Pud Roheisen pro Jahr. Es ist daher kaum überraschend, dass sich die industrielle Produktion des Zarenreichs in dem Jahrzehnt von 1891 bis 1900 verdoppelte. Allerdings stammte das Kapital für den Aufbau der neuen russischen Industrien und den Ausbau des Eisenbahnnetzes zu großen Teilen aus dem Ausland. Im Jahre 1914 waren z. B. 35 % der Kapitalanlagen in der Industrie und 75 % der Staatsanleihen allein in französischer Hand, dem damit bei weitem wichtigsten Gläubiger. Bei den absoluten Zahlen hatte Russland im Übrigen beim Bruttoinlandsprodukt am Vorabend des Ersten Weltkriegs sogar Großbritannien (ohne das Empire) überholt und lag etwa gleichauf mit Deutschland. Ob daraus tatsächlich ein umfassenderer Aufholprozess der russischen Wirtschaft resultierte, bleibt umstritten. Das absolute Wachstum lag etwa trotz der beschriebenen Entwicklung in der Schwerindustrie immer noch zu einem großen Teil an der rasant wachsenden Bevölkerung. Pro Kopf blieb Russland eines der ärmsten Länder des Kontinents.

Regionale und transnationale Entwicklungen

Es ist bereits mehrfach darauf hingewiesen worden, dass der Blick auf die Entwicklungen der nationalen Volkswirtschaften und deren Vergleich bei der Darstellung der ökonomischen Prozesse nicht ausreicht. Er sollte durch die Berücksichtigung von regionalen Unterschieden innerhalb der einzelnen Länder ergänzt werden. Mindestens ebenso wichtig ist die inter- und transnationale sowie die globale Perspektive auf die europäische Ökonomie in den Jahrzehnten vor 1914. Auch wenn die USA inzwischen in fast allen Bereichen zur größten Volkswirtschaft aufgestiegen waren und über das tatsächliche Ausmaß einer weltweiten europäischen Dominanz im zweiten Teil dieses Buches noch zu sprechen sein wird, stellte Europa im Zeitalter des Imperialismus doch ohne Zweifel das ökonomische Zentrum der Welt dar. Fast 50 % des weltweiten Bruttoinlandsprodukts wurde am Vorabend des Ersten Weltkriegs in Europa erwirtschaftet. Bei den Auslandsinvestitionen oder beim globalen Handel fielen die Zahlen noch deutlich höher aus.

Europa in der Weltwirtschaft

Europa war dabei nicht nur Treiber, sondern auch Profiteur der zunehmenden ökonomischen Verflechtung der Welt vor 1914, die auch im historischen Längenvergleich bemerkenswert bleibt. Es ist geschätzt worden, dass die Exportquote der großen Volkswirtschaften in den Jahren vor dem Ersten Weltkrieg einen Anteil von 18 % am Bruttosozialprodukt ausmachte. Ein Wert, der erst in den

70er Jahren des 20. Jahrhunderts wieder erreicht wurde. Bestimmte Ziffern des Kapitalexports wurden vermutlich bis zum Beginn des 21. Jahrhunderts überhaupt nicht übertroffen. Auch wenn multinationale Unternehmen, wie sie die Weltwirtschaft des frühen 21. Jahrhunderts bestimmten, für das Zeitalter des Imperialismus noch nicht prägend waren und die Unternehmen vor allem mit weltweiten Zweigniederlassungen arbeiteten, lässt sich doch von einer bis dahin nicht gekannten Integration der Weltmärkte sprechen. Diese Entwicklung brachte es nicht nur mit sich, dass etwa der Welthandel deutlich stärker wuchs als die nationalen Bruttoinlandsprodukte (was allein schon als Globalisierungsmarker gelten kann), sondern dass sich zum Beispiel auch die Getreidepreise weltweit anglichen oder auf dem Feld der Auslandsinvestitionen immer wieder große internationale Banken- und Firmenkonsortien entstanden. Nicht zuletzt zwang sie im erheblichen Umfang zur weltweiten Standardisierung von Maß- und Gewichtseinheiten. Den Zeitgenossen war diese Tendenz im Übrigen durchaus bewusst, und sie war der Grund dafür, dass gerade viele Unternehmer die Folgen, die ein Krieg zwischen den europäischen Großmächten für die jeweiligen Volkswirtschaften bedeuten würde, für katastrophal hielten. Ökonomisch gesehen, war das „nationale" Zeitalter des Imperialismus gleichzeitig von einer bis dahin nicht gekannten internationalen Verflechtung gekennzeichnet.

Die Kehrseite der Integration von Waren- und Finanzströmen bestand in gegenseitigen Abhängigkeiten, die sich schon seit Mitte des 19. Jahrhunderts in mehreren Weltwirtschaftskrisen, aber auch in der zunehmend weltweiten Konkurrenzsituation bestimmter Branchen gezeigt hatten. Als Konsequenz daraus gingen seit den späten 1870er Jahren immer mehr Länder zu einer protektionistischen Außenwirtschaftspolitik über, nachdem in den Jahrzehnten zuvor Freihandelsrezepte die internationalen Wirtschaftsbeziehungen bestimmt hatten. Eines der ersten Länder, das die Zollschranken wieder erhöhte, war das Deutsche Reich, das 1879 Schutzzölle auf Agrar- und Industrieprodukte einführte, die in den folgenden Jahrzehnten noch mehrfach erhöht werden sollten. Schutzzölle führten aber auch Frankreich, Italien, Österreich-Ungarn, Russland oder die USA ein. Unter den großen Wirtschaftsnationen blieb bis zum Ersten Weltkrieg lediglich Großbritannien seiner Freihandelspolitik treu. Den großen Trend zur weltweiten ökonomischen Integration konnten die protektionistischen Maßnahmen aber nicht stoppen.

Gegenseitige Abhängigkeiten

3 Klassen und andere soziale Gruppen: Gesellschaftliche Entwicklung im Industriezeitalter

Kriterien von Industriegesellschaften

Wann ist eine Gesellschaft eine Industriegesellschaft? Angesichts der beschriebenen wirtschaftlichen Dynamiken stellte sich diese Frage für das späte 19. Jahrhundert für immer mehr europäische Gesellschaften. Als wichtiger Gradmesser gilt etwa der Anteil der im sekundären Sektor, also in Bergbau, Industrie und Energiegewinnung, Tätigen, gemessen an der Gesamtzahl der Beschäftigten. In Großbritannien waren bereits um 1850 über 50 % der Arbeitnehmer:innen hier tätig. Im später industrialisierten Deutschen Reich dauerte es erheblich länger. Hier arbeiteten seit den ersten Jahren des 20. Jahrhunderts mehr Menschen im sekundären als im primären Bereich aus Land- und Forstwirtschaft sowie der Fischerei. Ähnlich wie in Deutschland war die Entwicklung in Belgien und der Schweiz. In den allermeisten anderen Ländern blieb dagegen – auf nationaler Maßstabebene und nach Süd- sowie Osteuropa hin ausgeprägter – bis zum Ersten Weltkrieg der größte Teil der Bevölkerung in der Landwirtschaft beschäftigt. Allerdings nahm deren Anteil überall ab und stieg die Zahl derjenigen, die im industriellen Bereich beschäftigt waren. Gleichzeitig wuchs in ganz Europa der Anteil jener, die im tertiären Sektor, also in Handel, Verkehr, Banken und Dienstleistungen, tätig waren. In Frankreich etwa arbeiteten 1913 33 % der Menschen im sekundären Bereich gegenüber 41 % im primären Sektor. 1870 lag das Verhältnis bei 28 % zu etwa 50 %. Im tertiären Bereich war der Anteil von etwa 22 % auf immerhin 26 % gestiegen. Relativ stark war der Anteil der Industriebeschäftigten auch in Schweden gewachsen, wo 1913 knapp 32 % der Menschen statt 17 % 1870 im sekundären Sektor arbeiteten. Mit 16,1 % im letzten Jahr vor dem Ersten Weltkrieg war die Quote der Industriebeschäftigten in Russland dagegen immer noch niedrig. Eine weitere Ausnahme stellten die Niederlande dar. Dort war seit den späten 1880er Jahren allerdings nicht der sekundäre, sondern der tertiäre Sektor aus Dienstleistungen, Handel und Verkehr zum wichtigsten Beschäftigungszweig geworden. Vor dem Ersten Weltkrieg lag in den Niederlanden mit einem Drittel der Beschäftigten aber auch der sekundäre Bereich vor der Landwirtschaft mit gut 28 %. Nicht sehr viel anders stellt sich die Lage dar, nimmt man nicht den Anteil der Beschäftigten, sondern den Beitrag der drei Hauptsektoren zur wirtschaftlichen Gesamtleistung zum Maßstab. Auch hier war es zwar keineswegs so, dass Bergbau, Energie und Warenproduktion in ganz Europa zum größten Wirtschaftsbereich geworden waren. Doch überall gab es eine klare Verschiebung von dem Agrarsektor hin zur Industrie sowie – besonders ausgeprägt wiederum in den Niederlanden, aber auch in Großbritannien – zum tertiären Sektor. Und fast überall wurde die wirtschaftliche Gesamtlage nun nicht mehr von der Landwirtschaft, sondern von Industrie und Handel bestimmt. In diesen Bereichen spielte sich die gesamtwirtschaftliche Dynamik nun überwiegend ab.

Die Verschiebungen bei der Wirtschaftsstruktur gingen einher mit dem sozialen Wandel innerhalb der europäischen Gesellschaften. Dabei ist es wichtig zu betonen, dass zwar der Anteil der Industriearbeiter:innen auf Kosten der landwirtschaftlich Beschäftigten überall wuchs, dies aber nicht die einzige Verschiebung darstellte. Die Gesellschaften Europas vor 1914 gehen nicht in einer einfachen Gegenüberstellung von (industrieller) Arbeiterklasse auf der einen Seite und Bürgertum auf der anderen auf. Vielmehr ist die gesellschaftliche Entwicklung ebenso von einer Ausdifferenzierung gekennzeichnet, die sowohl innerhalb der großen sozialen Gruppen stattfand, als auch neue soziale Gruppen hervorbrachte. Grundsätzlich gilt dabei, dass in dieser Gesellschaft nicht mehr wie noch in der vormodernen Ständegesellschaft der durch Geburt festgelegte rechtliche Status über den Platz in der Gesellschaft entschied, sondern Beschäftigungsverhältnis sowie Einkommens- bzw. Vermögenssituation. Insofern trifft der von solchen materiellen Kriterien ausgehende Begriff der Klassengesellschaft immer noch einen wichtigen Aspekt der europäischen Gesellschaften vor 1914. Das gilt auch, wenn neben objektiven Größen wie Beschäftigungsverhältnis und Einkommenssituation subjektive Faktoren wie soziale Identitäten einbezogen werden. Die daraus resultierende Mischung aus Klassengegensätzen, sozialer Ausdifferenzierung und ausgeprägten subjektiven Zugehörigkeiten zeigte sich besonders deutlich im Bürgertum wie in der Arbeiterschaft. Aber auch andere Gruppen wie der Adel waren von entsprechenden sozialen Dynamiken betroffen.

Sozialer Wandel und soziale Gruppen

Bezogen auf die Aristokratie ist zunächst festzustellen, dass diese über Jahrhunderte hinweg führende soziale Schicht der europäischen Gesellschaft trotz ihrer auch im Zeitalter des Imperialismus insgesamt sinkenden Bedeutung in nicht wenigen Ländern nach

Aristokratie

wie vor großen politischen wie gesellschaftlichen Einfluss zu behaupten vermochte. Dabei gelang es dem Adel auf unterschiedliche Weisen, den Verlust der rechtlichen Sonderstellung, die die Auflösung der Ständegesellschaft mit sich gebracht hatte, zu kompensieren. In Monarchien bot der Fortbestand einer höfischen Gesellschaft Aristokraten, trotz aller konstitutionellen Beschränkungen, über den privilegierten Zugang zum Herrscher weiterhin gesellschaftliche und politische Machtchancen. Auf dem Land behielten adlige Grundbesitzer, gerade in Russland, den Staaten Südosteuropas, in gewisser Weise auch Österreich-Ungarn oder dem Deutschen Reich, namentlich in Preußen, auch nach dem Verlust ihrer rechtlichen Privilegien eine beherrschende soziale Stellung, die sich – bei Wahlen oder in der lokalen Verwaltung – immer noch in politische Macht ummünzen ließ. Auch in traditionellen aristokratischen Bastionen wie der Armee, der staatlichen Bürokratie, einschließlich der Kolonialverwaltungen, oder dem diplomatischen Dienst behielten Adlige gerade in den höheren Positionen eine beherrschende Stellung. Dieses Bemühen des Adels um die Erhaltung seiner Position im politischen Leben korrespondierte indessen im Allgemeinen nicht mit seiner tatsächlichen Bedeutung auf jenem Gebiet, das die innere Entwicklung der europäischen Staaten im Zeitalter des Imperialismus in vielerlei Hinsicht charakterisierte, dem des technischen und wirtschaftlichen Fortschritts. Lediglich die englische Aristokratie hatte rechtzeitig die Zeichen der Zeit erkannt und suchte mit einigem Erfolg Anschluss an die neuen Entwicklungen. Dagegen konzentrierte sich der kontinentaleuropäische Adel nach wie vor in erheblichem Maße auf die Bewirtschaftung seiner Ländereien und drängte die Regierungen angesichts des immer härter werdenden Konkurrenzkampfes und des daraus resultierenden Preisverfalls vor allem auf dem Getreidesektor zur Ergreifung protektionistischer Maßnahmen. In der immer wichtiger werdenden Parteipolitik spielte die Aristokratie dagegen insgesamt eine Nebenrolle, zumal adlige Politiker zunehmend in ihrer jeweiligen parteipolitischen Funktion und nicht als besondere soziale Gruppe agierten. Das hieß allerdings nicht, dass Vorstellungen von „Adligkeit" völlig an Bedeutung verloren hätten. Aristokratische Werte und Konzepte behielten auch im Zeitalter des Imperialismus Attraktivität und erlebten in Vorstellungen eines „Neuadels" oder einer „neuen Aristokratie" in radikalen Elitekonzepten der Zeit sogar eine gewisse Renaissance. Insgesamt blieben solche Konzepte aber ein

Randphänomen. Sie sind kein Vergleich zu der Wirkkraft, die als bürgerlich charakterisierte Werte und Verhaltensweisen gesamtgesellschaftlich im 19. und frühen 20. Jahrhundert zu entwickeln in der Lage waren und die der Epoche die Bezeichnung eines „bürgerlichen Zeitalters" eingebracht haben.

Die Geschichte des Bürgertums lässt sich im „langen 19. Jahrhundert" zwischen Französischer Revolution und Erstem Weltkrieg am besten in drei Aspekten fassen. Sozialhistorisch betrachtet, hatte sich das Bürgertum *erstens* lange vor dem Zeitalter des Imperialismus ausgebildet. Es hatte sich ein von seinen ständischen Vorgängerformen gelöstes, eigenständiges und selbstbewusstes Bürgertum in weiten Teilen Europas, insbesondere aber in West- und Mitteleuropa, bis in die Mitte des 19. Jahrhunderts etabliert. In anderen Ländern, in einigen Staaten Südosteuropas und der iberischen Halbinsel und nicht zuletzt in Russland, begann sich demgegenüber erst in den letzten Jahrzehnten vor Kriegsausbruch ein Bürgertum nach diesem Muster auszubilden. Ein langes „bürgerliches Zeitalter" im 19. Jahrhundert hat es in diesen Regionen so gar nicht gegeben. Neben den sozialhistorischen Befund treten *zweitens* wichtige kultur- und mentalitätshistorische Aspekte. Konzepte wie Fleiß, Leistungsbereitschaft, Bildungsstreben oder Häuslichkeit, verbunden mit dem Ziel ökonomischer Selbstbestimmung, bildeten einen „bürgerlichen Wertehimmel", der auf andere Bevölkerungsgruppen ausstrahlte und ganz offensichtlich auch für Adlige sowie Teile der Arbeiterschaft attraktiv war. Es ist diese Dimension, die noch mehr als der sozialhistorische Befund zu der Bezeichnung des „bürgerlichen Zeitalters" im „langen 19. Jahrhundert" geführt hat. Als bürgerlich wahrgenommene Werte und Lebensformen zu übernehmen, „Bürger" zu werden, das war gerade für Teile der Arbeiterschaft ganz offenbar attraktiv. *Drittens* hatten Bürgertum und Bürgerlichkeit ein klares geografisches Zentrum. Die bürgerliche Gesellschaft war in den Städten entstanden und blieb überwiegend an die Stadt gebunden. Hier pflegte sie ihre sozialen Formen in Vereinen und Gesellschaften oder engagierte sich für „ihre" Stadt mit kulturellen oder sozialen Stiftungen.

Die drei genannten Aspekte treffen grundsätzlich auch im späten 19. und frühen 20. Jahrhundert auf die Geschichte des Bürgertums in Europa zu. Gleichzeitig setzte sich aber eine Entwicklung fort, die schon zuvor zu erkennen gewesen war, nun aber noch einmal an Stärke gewann. Denn wer gehörte eigentlich zum „Bürger-

Marginalien: Bürgertum · „Bürgerlicher Wertehimmel" · Ausdifferenzierung der Mittelschichten

tum"? Diese Frage war gar nicht so leicht zu beantworten, da parallel zur Entstehung und Etablierung eines modernen Bürgertums ebenso ein Ausdifferenzierungsprozess eingesetzt hatte, der es zunehmend schwer machte, überhaupt von einer zumindest einigermaßen einheitlichen sozialen Gruppe zu sprechen. Diese reichte vom wirtschaftlichen Großbürgertum über Mitglieder der sogenannten freien Berufe – Rechtsanwälte, Ärzt:innen und Journalist:innen – zu Künstler:innen, der staatlichen Bürokratie bis hin zu Besitzern und Besitzerinnen von kleineren Läden oder Handwerksbetrieben. Selbst innerhalb dieser Gruppen waren die Unterschiede enorm, etwa zwischen der einfachen, der gehobenen sowie der höheren Beamtenschaft oder im hohen Wirtschaftsbürgertum zwischen dem Inhaber eines traditionsreichen Handelshauses in Amsterdam oder Hamburg und einem mittelenglischen oder sächsischen Fabrikbesitzer. Hinzu kam die gerade in den letzten Jahrzehnten vor 1914 besonders schnell wachsende Gruppe der Angestellten in Industrie, Handel und Banken. Diese war weder den genannten bürgerlichen Gruppen noch der Arbeiterschaft zuzuordnen und wiederum auch selbst rasch einem Prozess der Binnendifferenzierung ausgesetzt – von der einfachen Schreibkraft bis zu Angehörigen des Managements –, die aber eben auch nicht dem klassischen Bild eines Wirtschaftsbürgers entsprachen.

Betrachtet man solche Entwicklungen, gingen einerseits Teile des Bürgertums in jener neuen Schicht auf, welche das Bild der modernen Industriegesellschaft bis heute in einem wesentlichen Maße prägt, in der Mittelschicht, die jedoch keinesfalls eine geschlossene gesellschaftliche Gruppe war und sich überdies durch eine zunehmende soziale Mobilität auszeichnete. Schon zeitgenössisch bezeichnete der deutsche Philosoph und Soziologe Georg Simmel den Mittelstand in seinem 1900 erschienenen, in seiner Zeit sehr populären Buch „Philosophie des Geldes" entsprechend als den Stand der „Variabilität". Zu ihm zählten vor allem die Kaufleute und die Besitzer mittlerer und insbesondere kleiner Handwerksbetriebe, die sich – mit gewissen Ausnahmen in Deutschland und Frankreich – immer schwerer gegen die Konkurrenz der neuen Industriekonzerne zu behaupten vermochten. Hinzu kamen die kleine und mittlere Beamtenschaft, insbesondere der staatlichen Bürokratie, oder eben die Angestellten. Andererseits aber schälte sich eine mehr oder weniger exklusive Schicht des Großbürgertums heraus, das seine Basis in der Industrie, den Banken und im Handel hatte. Eben dieses

Neue Oberschicht

Großbürgertum verschmolz zunehmend mit einem Teil der Aristokratie und bildete gemeinsam mit diesem sowie der höchsten Beamtenschaft eine neue Oberschicht aus, die kaum noch etwas mit anderen Teilen des Bürgertums gemein hatte. Im Ergebnis verlor das Bürgertum im Zuge solcher Ausdifferenzierungsprozesse seit dem späten 19. Jahrhundert noch einmal an politischem und sozialem Zusammenhalt. Einheitlich erschien es damit weiterhin am ehesten in gemeinsamen Wertesystemen und Verhaltensnormen. Doch auch in diesem kultur- und mentalitätsgeschichtlichen Sinne begann das Bürgertum in den Jahrzehnten vor 1914 in die Defensive zu geraten. Kulturkritische Schriften stellten die traditionelle bürgerliche Welt in Frage oder sahen sie in einem unvermeidlichen Niedergang begriffen, Anhänger:innen von Lebensreform- und neuen Jugendbewegungen suchten nach alternativen Lebensentwürfen jenseits einer erstarrten und als leer empfundenen „Bürgerlichkeit". Der „bürgerliche Wertehimmel" überzeugte am Vorabend des Ersten Weltkriegs längst nicht mehr alle Europäer:innen.

Manche der an der Geschichte des Bürgertums gezeigten Entwicklungen treffen ebenso auf die Arbeiterschaft des ausgehenden 19. und frühen 20. Jahrhunderts zu. Auch bei Arbeiterinnen und Arbeitern fand ein Ausdifferenzierungsprozess statt und wie beim Bürgertum lassen sich Aspekte einer spezifischen „Arbeiterkultur" beschreiben, die die eigene Schicht nach außen abgrenzte und zur Bildung einer eigenen Identität beitrug.

Arbeiterschaft

Die Arbeiterschaft war dabei ebenso das Produkt der industriellen Entwicklung wie ihre Existenz die Voraussetzung für das Funktionieren des Industriebetriebes war und ist. In seiner berühmten Analyse „De la division du travail social" beschrieb der französische Soziologe Emile Durkheim 1893 die „Tendenzen" der „modernen" Industrie, wie sie sich für den zeitgenössischen Beobachter darstellten: „Sie wendet sich immer mehr den großen Mechanismen, den großen Kraft- und Kapitalballungen und folglich der äußersten Arbeitsteilung zu. Nicht nur innerhalb der Fabriken sind die Beschäftigungen getrennt und bis ins Unendliche spezialisiert, sondern jede Fabrik ist selbst eine Spezialität, die andere voraussetzt."[2] Unter solchen Umständen war die Nachfrage nach Arbeitskräften enorm. Schon die erste Hälfte des 19. Jahrhunderts hatte einen massenhaften Zustrom von Arbeitskräften in die großen

---

2 Emile Durkheim, Über soziale Arbeitsteilung, Frankfurt 1988, S. 83.

Ballungszentren der Industrie gesehen. Diese kamen zum großen Teil vom Lande, aber auch aus den Handwerksbetrieben und den kleineren und mittleren Gewerbebetrieben. Die Folge war ein deutliches Überangebot an Arbeitskräften, die für die Verwendung in den großen Industrieunternehmen zur Verfügung standen. Die zeitgenössische Sozialwissenschaft hat dafür den Begriff der „industriellen Reservearmee" geprägt. Eben weil wesentlich mehr Arbeitskräfte zur Verfügung standen, als effektiv benötigt wurden, konnten die Unternehmer zu teilweise menschenunwürdigen Bedingungen über sie verfügen. Diese Missstände, die besonders krass in England hervortraten, hatte Karl Marx vor Augen, als er das kapitalistische Wirtschaftssystem schlechthin anprangerte und das Proletariat zur Selbstorganisation und zur Überwindung der gegebenen Produktionsverhältnisse aufrief.

Soziale Lage der Arbeiter:innen

Tatsächlich ist in den drei Jahrzehnten vor Ausbruch des Krieges von manchen Verbesserungen an dieser Lage auszugehen. So sank zum Beispiel sowohl die Tages- als auch die Jahresarbeitszeit. Weitere Fortschritte gab es bei der Arbeitssicherheit. Die hohe Zahl der Arbeitsunfälle, die die frühen Fabriken für die dort Beschäftigten zu ziemlich gefährlichen Orten gemacht hatten, ging zurück. Die beginnende staatliche Sozialpolitik bewirkte, dass zum Beispiel das Risiko mit nachlassender Arbeitskraft im Alter in existentielle Not zu geraten, vermindert wurde. Erste Verbesserungen waren ebenso bei der Wohnsituation von Arbeiter:innen und ihren Familien zu erkennen. Die Reallöhne, wichtigster Gradmesser für die ökonomische Lage der Arbeiterschaft, stiegen in den Jahrzehnten vor 1914 fast überall an.

Dennoch, eine grundsätzliche Veränderung der Lebenssituation der Arbeiterschaft war trotz solcher Verbesserungen erst in Ansätzen zu registrieren. Die Wohnsituation blieb in den extrem verdichteten Arbeitervierteln der Industriestädte äußerst beengt. Auch größere Arbeiterfamilien bewohnten kleine Ein- oder Zweizimmerwohnungen, in denen an die in bürgerlichen Häusern längst verbreitete Ausdifferenzierung der Räume (Essen, Schlafen, Wohnen etc.) nicht zu denken war. Schlafgänger, d.h. familienfremde Personen, die in den Wohnungen lediglich einen Schlafplatz zur Verfügung hatten, oder die sogenannten Hängeböden für Hauspersonal blieben für viele Normalität. Häufige Arbeitsplatzwechsel, lange und körperlich auszehrende Arbeit, kein oder fast kein Urlaub sowie Löhne, die gerade die Grundbedürfnisse deckten, prägten weiterhin die Arbeitswelt.

Quantitativ stieg die Arbeiterschaft in den Jahrzehnten vor dem Ersten Weltkrieg weiter an. In Großbritannien wuchs beispielsweise die Zahl der in Bergbau und Industrie Beschäftigten männlichen und weiblichen Arbeitskräfte zwischen 1881 und 1911 von 5,3 auf 8,3 Millionen und im Deutschen Reich zwischen 1882 und 1907 von 5,3 auf 9,1 Millionen an. Arbeitslosigkeit wurde zeitweise durchaus zu einem Problem, auch wenn sie weit entfernt von den Ausmaßen der Zwischenkriegszeit blieb, sich die Entwicklung in den einzelnen Ländern wellenförmig, d. h. den konjunkturellen Schwankungen entsprechend, vollzog, und die Arbeitslosenziffern bis 1914 keineswegs stetig anstiegen. Was die Einkommensverhältnisse der Arbeiterhaushalte anbelangt, stiegen die Löhne, wie erwähnt, zwar in den Jahrzehnten vor 1914 auch real an, ein Abbau der Ungleichheit war damit aber nicht verbunden. Im Gegenteil, in fast allen europäischen Gesellschaften scheint die ökonomische Ungleichheit in den 30 Jahren vor dem Ersten Weltkrieg noch einmal zugenommen zu haben – und dies bei einem ohnehin schon sehr hohen Niveau. Für Großbritannien ist berechnet worden, dass die vermögendsten 10 % der Bevölkerung vor dem Ersten Weltkrieg 92 % des Gesamtwohlstands besaßen. Die Lohnquote, das heißt der Anteil der Arbeitnehmerlöhne an dem gesamten Volkseinkommen, betrug 1913 56 %. In den 1950er Jahren lagen diese Werte bei 79 bzw. 70,9 %. Bei solchen Zahlen, die im Einzelnen zwar umstritten sind, in der Tendenz aber eindeutig, gilt es zusätzlich zu berücksichtigen, dass von einer breiten, materiell relativ gesicherten Mittelschicht, wie sie in heutigen europäischen Gesellschaften existiert, nicht die Rede sein konnte. Und auch der Anteil derjenigen, die in einem existentiellen Sinne arm waren, blieb erheblich und betraf weiterhin auch Menschen, die einer Arbeit nachgingen. Zwar blieben Hungerkrisen aus, aber Armut konnte immer noch bedeuten, gerade das Nötigste für die Grundbedürfnisse – Wohnen und Essen – zu haben.

Arbeitslosigkeit und Einkommensentwicklung

Die starke ökonomisch-soziale Ungleichheit der Gesellschaften, verbunden mit einer hohen Sichtbarkeit der bestehenden Unterschiede, resultierte in zwei weiteren Entwicklungen, die für die Arbeitergeschichte des späteren 19. und des frühen 20. Jahrhunderts typisch sind: der weiteren Ausprägung einer spezifischen Arbeiterkultur sowie der Stärkung von Arbeiterorganisationen, die für die

Arbeiterkultur

Verbesserung der wirtschaftlichen und sozialen sowie nicht zuletzt der politischen Lage ihrer Standesgenossen kämpften.

Wie beim Bürgertum bedeutete die Zugehörigkeit zur Arbeiterschaft mehr als eine bestimmte Art von beruflicher Tätigkeit auszuüben oder einer bestimmten Einkommensgruppe anzugehören. Sie war verbunden mit der Annahme bestimmter Einstellungen, Weltsichten oder Verhaltensweisen. Kurz, neben einer objektiv messbaren sozioökonomischen Seite gehört zur Geschichte der Arbeiterschaft im späten 19. und frühen 20. Jahrhundert ebenso eine subjektive, eine kulturelle Dimension. So spielte sich das Leben in Arbeiterfamilien etwa sehr viel mehr auf der Straße oder in anderen öffentlichen Räumen ab, als dies im Bürgertum der Fall war. Was schon angesichts der beengten Wohnverhältnisse nicht überrascht, führte aber zum Beispiel dazu, dass für den bürgerlichen Wert der Häuslichkeit buchstäblich kaum Raum blieb. Weitgehend getrennt von der bürgerlichen Welt entwickelte sich auch die Freizeitkultur der Arbeiterschaft. In Sport-, Gesangs- oder Bildungsvereinen, aber auch beim Besuch der Kneipe (in der man etwas trank, aber normalerweise nichts aß) blieb man weitgehend unter sich. Dies heißt nicht, dass es nirgends Überschneidungen und Begegnungen gab. Nationale, konfessionelle oder regionale Zugehörigkeiten konnten Klassengrenzen auch überdecken. Die soziale Trennung bei Arbeit und Freizeit oder Wohnen blieb aber eine gesellschaftliche Grundtatsache, zumal die Klassenzugehörigkeiten schon an der Kleidung zu erkennen waren. Selbstzeugnissen von Arbeitern und Arbeiterinnen der Jahrzehnte um 1900 spiegeln auf der einen Seite die Härten der eigenen sozialen Lage sowie die Schwere der industriellen Arbeit vielfach wider. Gleichzeitig finden sich auf der anderen Seite aber auch Passagen, aus denen der Stolz auf die geleistete Tätigkeit im Betrieb sowie auf die Zugehörigkeit zur arbeitenden Klasse spricht.

Arbeiterorganisationen

Wenn sich die Situation der Arbeiter und Arbeiterinnen trotz allem in den Jahrzehnten vor dem Ersten Weltkrieg allmählich zu verbessern begann, lag dies neben der allgemeinen wirtschaftlichen Situation und der beginnenden staatlichen Sozialpolitik nicht zuletzt an einem Aufschwung der Organisationen aus der Arbeiterschaft selbst, die sich die Verbesserung der sozialen Lage auf die Fahnen geschrieben hatten. So war es in den drei letzten Jahrzehnten vor Kriegsausbruch in fast allen europäischen Ländern gelungen, das Recht auf Bildung von Gewerkschaften durchzusetzen, auch wenn dieses in einigen Fällen noch gesetzlichen Beschränkungen unterlag. Hatten die 1872 endgültig staatlich legalisierten Gewerkschaften in Großbritannien bereits 1892 1,5 Millionen Mitglieder, stieg deren Zahl im Jahre 1900 auf knapp 2 Millionen und im Jahre 1914 auf über 4 Millionen an. Überdies besaßen die englischen Gewerkschaften seit 1868 im jährlich zusammentretenden „Trades Union Congress" eine starke Zentralorganisation. Im Übrigen wurden in Großbritannien auch die ersten Versuche zu einer Organisation der Arbeiterinnen unternommen: Die 1874 gegründete „Women's Protective and Provident League" hatte sich den Zusammenschluss weiblicher Beschäftigter innerhalb von Männergewerkschaften zum Ziel gesetzt, wo immer dies möglich war, und in anderen Fällen zur Gründung eigener Frauengewerkschaften aufgerufen. In Frankreich, wo das Verbot von Gewerkschaften 1884 gefallen war, bildete sich kurz vor der Jahrhundertwende ein erster großer Zusammenschluss von Einzelgewerkschaften. Grundsätzlich blieb das Gewerkschaftswesen aber zersplittert sowie der Organisationsgrad der Arbeiterschaft relativ gering. In Deutschland kam es in den 1860er Jahren zu einer ersten größeren Welle von Gewerkschaftsgründungen. Der weitaus größere Aufschwung fand aber nach dem Ende des Sozialistengesetzes 1890 statt. Zu Beginn des Ersten Weltkriegs zählten die marxistisch bzw. sozialistisch orientierten „freien Gewerkschaften" im Reich ca. 2,5 Millionen Mitglieder. Etwa 500.000 Arbeiter und Arbeiterinnen gehörten darüber hinaus christlichen oder liberalen Gewerkschaften an.

Unter den im Kapitel zur Politik noch weiter zu besprechenden Arbeiterparteien ragten, was Größe und agitatorische Schlagkraft anbelangt, die deutschen Sozialisten europaweit heraus. Spätestens in den 1890er Jahren entwickelten sich diese zu einer Massenpartei, der vor dem Ersten Weltkrieg über 1 Millionen Mitglieder angehörten. Sozialistische Massenparteien bildeten sich im ausgehenden 19. Jahrhundert ebenso in Italien sowie in Frankreich. In Großbritannien mit seiner sehr starken Gewerkschaftstradition gelang es der 1900 gegründeten „Labour Party" bis zum Ersten Weltkrieg dagegen nur langsam Fuß zu fassen. Ihre große Zeit begann erst nach dem Ersten Weltkrieg, als sie die bis dahin das Mitte-links-Lager dominierende „Liberale Partei" als große Gegenspielerin der konservativen Torys ablöste. Bedeutendere Arbeiterparteien entstanden auch in der Schweiz oder in Österreich. Dagegen kamen die russischen Sozialisten bzw. Marxisten, natürlich auch wegen der Unterdrü-

Deutsche Sozialdemokratie

Arbeiterparteien in Europa

ckung durch die monarchische Staatsmacht, bis zur Revolution 1917 nicht über den Status von politischen Splittergruppen hinaus. Insgesamt blieben die Arbeiterparteien Außenseiter in den politischen Systemen Europas. Ein Bündnis mit den liberalen Kräften des Bürgertums kam nur in einzelnen Fällen zustande. Der Einfluss der parteipolitischen Arbeiterbewegungen über Medien, Öffentlichkeit, in den Parlamenten oder über Protestaktionen ist aber nicht zu unterschätzen. Er trug zur allmählichen Verbesserung der Situation von Arbeiter:innen und deren Familien bei.

Situation von Frauen

Letzteres gilt auch für die vor allem in West-, Nord- und Mitteleuropa entstehende Frauenbewegung. Diese reagierte auf die politische wie soziale und ökonomische Diskriminierung von Frauen in den europäischen Gesellschaften des 19. Jahrhunderts. Frauen durften bis Anfang des 20. Jahrhunderts nirgends wählen. Sie blieben de facto von der höheren Bildung ausgeschlossen. In der Ehe waren sie gesetzlich diskriminiert. Mit der Heirat ging das Entscheidungsrecht in beruflichen oder finanziellen Fragen, aber auch bei der Erziehung der Kinder, auf den Mann über. Dahinter standen Gesellschaftsbilder, in denen strikt zwischen männlichen und weiblichen Rollen unterschieden wurde und in denen Frauen der Platz zu Hause, im Privaten sowie bei der Versorgung der Kinder zugewiesen wurde. Für alle Kontakte nach außen – seien sie politisch, ökonomisch oder rechtlich – zeichnete letztendlich der Mann zuständig. Im Unterschied zu früheren Epochen wurde diese Trennung von weiblicher und männlicher Sphäre nun zunehmend biologisch legitimiert. Frauen galten aus biologischen Gründen als weniger rational und belastbar, als emotional ungefestigt bzw. – mit verbreiteten Modebegriffen der Zeit – als „neurasthenisch" oder „nervös". Auch wenn das „Ideal" der getrennten Sphären insbesondere in Arbeiterfamilien schon aus finanziellen Gründen in der Regel nicht eingehalten werden konnte, bestimmte es doch die Lebensrealitäten und auch die Selbstwahrnehmungen von Frauen wie Männern. Für erwerbstätige Arbeiterinnen oder auch für Bäuerinnen bedeutete dies eine drastische Doppelbelastung, da sie quasi „naturgemäß" (aus ihrer eigenen Sicht wie der anderen) neben der außerhäusigen auch die häusliche Arbeit zu übernehmen hatten. Für bessergestellte Frauen bedeutete die Heirat dagegen fast immer die Aufgabe des eigenen Berufs und – wenn vorhanden – die Überwachung der nun häufig ausschließlich weiblichen Hausangestellten. Die gefestigten

Geschlechterrollen sorgten mithin von Anfang an für unterschiedliche Lebenschancen und -wege von Frauen und Männern.

Die historische Forschung hat inzwischen vielfach gezeigt, dass die starren Rollenzuweisungen von den meisten Frauen geteilt wurden. Ausnahmen oder Ausbrüche aus der Geschlechterordnung hat es aber natürlich immer gegeben. Im Zeitalter des Imperialismus bot zum Beispiel der koloniale Raum die Chance, die europäische Geschlechterhierarchie hinter sich zu lassen; er bot damit die Möglichkeit zu größerer individueller Selbstbestimmung. Frauen, die in die koloniale Welt reisten, haben dies in Aufzeichnungen immer wieder auch reflektiert. Darüber waren Frauen zum Beispiel in den vielfältigen Organisationen und Vereinen der bürgerlichen Stadtgesellschaften Europas aktiv und gestalteten auf diese Weise den öffentlich-gesellschaftlichen Raum lange vor der politischen Gleichberechtigung sichtbar mit. Die erste große Welle der organisierten modernen Frauenbewegung entstand etwa seit der Mitte des 19. Jahrhunderts und erreichte in den beiden Jahrzehnten vor 1914 einen Höhepunkt. Auch wenn ihre Vertreterinnen häufig angefeindet wurden und sich Erfolge nur Stück für Stück einstellten, brachten Organisationen wie die 1882 gegründete „Ligue Française pour le Droit des Femmes" in Frankreich, der 1865 gegründete „Allgemeine Deutsche Frauenverein" in Deutschland oder auch die 1904 gegründete „International Woman Suffrage Alliance" Frauenrechte auf die gesellschaftliche und nach und nach auch auf die politische Tagesordnung. Bis zum Ersten Weltkrieg gelang es, in den meisten europäischen Ländern für Frauen den Zugang zum Universitätsstudium zu erkämpfen. In Deutschland durften Frauen ab 1908 politischen Parteien beitreten. Andere Rechte betrafen die schrittweise Gleichstellung mit Männern bei der Volljährigkeit, Eigentums- und Berufsrechte für Frauen oder rechtliche Verbesserungen bei Scheidungen sowie der juristischen Vertretung von Kindern durch ihre Mütter außerhalb der Ehe. Viele dieser Rechte waren allerdings regional sehr ungleich verteilt, wobei die skandinavischen Länder einen gewissen Vorreiterstatus besaßen, oder betrafen häufig zunächst nur unverheiratete Frauen. Das Wahlrecht blieb fast allen Frauen in Europa bis 1914 vorenthalten. Lediglich Finnland und Norwegen führten 1906 bzw. 1913 das Frauenwahlrecht auf zentraler Ebene ein. In Deutschland, Polen, Österreich oder – allerdings noch mit einer höheren Altersbeschränkung als bei den Männern – in Großbritannien erhielten Frauen dann 1918 das Wahlrecht. Im Ersten Welt-

Frauen in den Kolonien, Frauenbewegung, Wahlrecht

krieg war es in Dänemark und den Niederlanden, 1917 nach der Februarrevolution auch in Russland eingeführt worden. In Frankreich mussten Frauen aber noch bis 1944 warten, bis sie das Wahlrecht erhielten.

Außenseiter — Die soziale und ökonomische, aber ebenso politische Zerklüftung der europäischen Gesellschaften des ausgehenden 19. und des beginnenden 20. Jahrhunderts wird auch an der großen Zahl von Außenseitergruppen deutlich, die an den allgemeinen sozialen Veränderungen der Zeit nicht bzw. kaum teilnahmen oder die – seien es alten oder neuartigen – Diskriminierungen ausgesetzt waren. Das galt für unterbäuerliche Schichten auf dem Land ebenso wie für agrarische oder industrielle Wanderarbeiter, bei denen sich auch jetzt noch die Arbeits- und Lebensbedingungen wenig von denen früherer Jahrzehnte unterschieden. Tagelöhner, alte oder gebrechliche Menschen ohne festes Einkommen und ohne ausreichende staatliche oder familiäre Unterstützung waren häufig weiterhin auf das sogenannte improvisierte Wirtschaften von Tag zu Tag angewiesen. Innerhalb der Arbeiterschaft verschärfte sich im Zuge zunehmend verregelter Arbeitsbeziehungen noch einmal die Diskrepanz zwischen besser gestellten gelernten (Fach-)Arbeitern auf der einen Seite und den ungelernten Arbeitern auf der anderen Seite, die kaum an den sozialen Fortschritten oder rechtlichen Besserstellungen in den Arbeitsverträgen (Festgehalt statt Akkordlohn, Urlaubsanspruch usw.) teilhatten.

Nationale Minderheiten — Zu den Außenseitern der Jahrzehnte um 1900 gehörten aber auch die Angehörigen nationaler Minderheiten oder – blickt man auf die „Vielvölkerstaaten" Mittel- und Osteuropas – diejenigen, die keiner der innerhalb der multiethnischen Gesellschaften privilegierten nationalen Gruppen angehörten. Entsprechende Diskriminierungen trafen die polnische Bevölkerung in Deutschland und Russland, Ukrainer:innen bzw. „Ruthenen" oder „Kleinrussen" in Österreich-Ungarn und wiederum dem Zarenreich, Sinti und Roma fast überall in Europa oder die vielen Minderheiten, die im Zuge der Ablösung der osmanischen Herrschaft in Südosteuropa innerhalb der neuen Staaten von Griechenland über Serbien und Montenegro bis Bulgarien und Rumänien entstanden waren.

Jüdinnen und Juden — Ein komplexes Bild ergibt sich für die jüdische Bevölkerung in Europa. Diese hatte zu Beginn des Zeitalters des Imperialismus in West- und Mitteleuropa die rechtliche Gleichstellung mit allen anderen Staatsbürgern erreicht. Entsprechend groß war bei vielen Jüdinnen und Juden die Zuversicht, die jahrtausendealte Diskriminierung und Verfolgung nun endgültig überwinden zu können. Doch wie sich bald zeigen sollte, trog diese Hoffnung. Zwar blieben die erreichten Emanzipationsschritte bis zum Ersten Weltkrieg erhalten. Die traditionellen religiösen und ökonomischen Vorurteile gegenüber Jüdinnen und Juden bestanden aber nicht nur weiter, sie verbanden sich in den letzten Jahrzehnten des 19. Jahrhunderts auch zunehmend mit einem biologisch-rassistischen Antisemitismus. Dadurch dass dieser Juden als eigenständige ethnische Gruppe ansah, schloss er letztendlich deren Integration in die ebenfalls „rassisch" verstandene Gemeinschaft der Mehrheitsbevölkerung grundsätzlich aus. In dieser Weltsicht mussten Jüdinnen und Juden nicht nur immer „die anderen" bleiben, sie bedrohen durch die ihnen vom neuen wie dem traditionellen Antisemitismus zugeschriebenen negativen Eigenschaften die eigene Nation und mussten entsprechend bekämpft werden. Zwar blieb diese Art des radikalen biologischen Antisemitismus bis zum Ersten Weltkrieg politisch eine Minderheitenposition mit lediglich begrenzten Wahlerfolgen. Für die Betroffenen war er aber sehr wohl spürbar und beförderte mehr und mehr deren Zweifel an weiteren Integrationsschritten über die rechtliche Gleichstellung hinaus.

Antisemitismus

Von dieser Situation der jüdischen Bevölkerung in West- und Mitteleuropa, die zwischen Emanzipationserfolgen und sich abzeichnenden neuen Gefahren schwankte, ist die Lage in Teilen Osteuropas noch einmal zu unterscheiden. So hat es in Russland eine jüdische Emanzipation nur ansatzweise gegeben. In der zweiten Hälfte des 19. Jahrhunderts verschärfte sich die Lage für die große jüdische Bevölkerung, die vor allem in den westlichen Regionen des Zarenreichs lebte und dort teilweise bis zu 15 % und mehr der Gesamtbevölkerung ausmachte, erneut. Rechtliche Erleichterungen der Jahrhundertmitte, etwa beim Landbesitz oder dem Zugang zu Bildungseinrichtungen, wurden zurückgenommen bzw. sogar neue Diskriminierungen eingeführt. Damit einher ging eine massive antisemitische Agitation, die wie in ganz Europa jahrhundertealte antijüdische Stereotype mit neuen Vorwürfen, zum Beispiel dem der „ausländischen Agenten", verband. In den Jahren nach der Ermordung von Zar Alexander II. 1881 sowie noch einmal zwischen 1903 und 1906 kam es im Westen und Süden des Zarenreichs zu Wellen von Pogromen gegen die jüdische Bevölkerung. 1891 wurden die meisten Juden aus Moskau vertrieben. Zu gewalttätigen Ausschrei-

Situation in Osteuropa

tungen und Vertreibungen gegen die jüdische Bevölkerung kam es ebenso in Rumänien. Dort wurde die von den europäischen Mächten mit der rumänischen Unabhängigkeit von 1878 geforderte rechtliche Emanzipation nur sehr äußerlich gewährt. De facto gingen die antisemitischen Maßnahmen bis zum Ersten Weltkrieg weiter. In deren Zuge wurden Juden und Jüdinnen erneut von zahlreichen Berufen und Tätigkeiten, darunter die von Ärzten, Offizieren, Hebammen und Krankenschwestern oder Rechtsanwälten, ausgeschlossen. Ein Bauernaufstand von 1907 ging ebenso mit antisemitischer Gewalt einher.

Reaktionen auf den Antisemitismus

Die jüdische Bevölkerung in Europa reagierte auf den Antisemitismus des ausgehenden 19. und beginnenden 20. Jahrhunderts auf unterschiedliche Weise. Insbesondere aus dem Zarenreich und Rumänien setzte eine massive Auswanderungsbewegung ein. Millionen von Jüdinnen und Juden verließen in den Jahrzehnten vor 1914 ihre osteuropäische Heimat. Die übergroße Mehrheit von ihnen emigrierte in die USA, einige Hunderttausend auch nach West- und Mitteleuropa, viele davon nach Deutschland und Österreich-Ungarn, was wiederum die dortigen Antisemiten für ihre Agitation nutzten. Einige Zehntausend Juden und Jüdinnen gingen nach Palästina. Sie gehörten zumindest teilweise bereits in den Kontext einer eigenen jüdischen Nationalbewegung, mit der jüdische Intellektuelle wie der in Ungarn geborene Theodor Herzl oder der aus dem polnischen Teil des Zarenreichs stammende Leo Pinsker auf den anhaltenden bzw. verstärkten Antisemitismus ihrer Zeit reagierten. Ziel des damit entstehenden Zionismus war die Schaffung eines eigenen jüdischen Staates in Palästina. Wiederum andere Teile der jüdischen Bevölkerung reagierten mit einer verstärkten Bereitschaft zur Assimilation auf den antisemitischen Druck. Mit dem Übertritt zum Christentum und/oder durch die Annäherung an den Nationalismus der Mehrheitsgesellschaft hofften sie auf tatsächliche Akzeptanz. Für viele Jüdinnen und Juden war der eigene Glaube und die Zugehörigkeit zu einer der europäischen Nationen aber auch überhaupt kein Gegensatz. Das galt nicht zuletzt im Deutschen Reich, wo die Integration unter den europäischen Ländern mit am weitesten vorangekommen zu sein schien. Für Juden und Jüdinnen hieß dies: Sie waren aus dieser Sicht längst und trotz aller antisemitischen Anfeindungen Deutsche wie Protestanten oder Katholiken auch. Sie waren eben Deutsche jüdischen Glaubens.

4 Kunst, Kultur und Wissenschaft: Zukunftsoptimismus und kulturelle Verunsicherung im Zeichen der Moderne

Die große Dynamik, die die europäische Geschichte in den Jahrzehnten vor Ausbruch des Ersten Weltkrieges auf vielen Gebieten auszeichnete, zeigte sich auch im Bereich von Wissenschaft, Kunst und Kultur. Mit seiner Metropole Paris konnte dabei Frankreich weiterhin als führende Kulturnation des Kontinents gelten. Allerdings entwickelten sich um die Jahrhundertwende mit Wien und Berlin zwei weitere Hauptstädte zu vielbeachteten kulturellen Zentren. In Wien zeigte sich diese Entwicklung vor allem auf den Gebieten der Musik und der Literatur, und Berlin, das sich im Übrigen auch auf dem Theatersektor einen Namen machte, nahm in den Bereichen Bildung und Wissenschaft eine besondere Stellung ein. Das dokumentierte sich etwa im Ausbau des deutschen Hochschulwesens, der insbesondere durch Friedrich Althoff, 1882–1907 u. a. Ministerialdirektor im preußischen Kultusministerium, gezielt vorangetrieben wurde und der auch international als vorbildhaft erachtet wurde. Eine solche durchgreifende Bildungspolitik stellte sich in einer Zeit rapiden technischen und damit auch wirtschaftlichen und sozialen Wandels zunehmend als zwingende Notwendigkeit dar, die den weiteren Fortschritt fördern sollte. Eben dieser umfassende Wandel, der die innere Entwicklung der europäischen Staaten immer mehr bestimmte, löste aber ebenso Befürchtungen aus und führte gerade in den Jahrzehnten um 1900 verstärkt zu pessimistischen Gegenwartsbeschreibungen. Ein spezifisches „Leiden" an vielen Erscheinungen, die die moderne Welt mit sich brachte, bildete sich aus und fand sich auch in den Werken von Künstler:innen und in gewisser Weise ebenso in denen der Wissenschaft. Der deutsche Philosoph Friedrich Nietzsche hat diesem Krisenbewusstsein schon in den 70er und 80er Jahren des 19. Jahrhunderts in mehreren Werken Ausdruck verliehen. In den erhalten gebliebenen Notizen und Aphorismen für ein zeitweise geplantes Buch mit dem Titel „Der Wille zur Macht" heißt es: „Unsere ganze europäische Cultur bewegt sich seit langem schon mit einer Tortur der Spannung, die von Jahrzehnt zu Jahrzehnt wächst, wie auf eine Katastrophe los: unruhig, gewaltsam, überstürzt: wie ein Strom, der ans Ende will, der sich nicht mehr besinnt, der Furcht davor hat, sich

Allgemeine Entwicklungen

zu besinnen [...] Denn warum ist die Heraufkunft des Nihilismus nunmehr notwendig? Weil unsere bisherigen Werthe selbst es sind, die in ihm ihre letzte Folgerung ziehn; weil der Nihilism die zu Ende gedachte Logik unserer großen Werthe und Ideale ist, – weil wir den Nihilismus erst erleben müssen, um dahinter zu kommen, was eigentlich der Werth dieser ‚Werthe' war [...] Wir haben, irgendwann, neue Werthe nötig".[3]

Zeitdiagnosen und Epochenbewusstsein

Ob ins Positive gewendet oder skeptisch betrachtet, grundsätzlich gingen optimistische wie pessimistische Gegenwartsdiagnosen der Jahrzehnte vor 1914 von denselben Beobachtungen aus. Danach zeichnete sich die eigene Zeit durch eine bis dahin nicht gesehene Veränderung der Lebensumstände aus. Althergebrachte soziale Bindungen und Wirtschaftsformen lösten sich auf. Menschen vereinzelten oder wurden, vor allem in den städtischen Metropolen, aber auch in den großen Industriebetrieben, aus zeitgenössischer Perspektive zu einer nicht unterscheidbaren, gleichförmigen „Masse". Technische und wissenschaftliche Entwicklungen und Entdeckungen stellten bisherige Gewissheiten in Frage, sorgten aber auch für neue, bisher nicht für erreichbar gehaltene Möglichkeiten. Die neuartigen Transport- und Kommunikationswege verbanden die ganze Welt miteinander, schienen für den Einzelnen aber auch die Gefahr der Reizüberflutung und Überforderung zu bringen. Insgesamt lösten sich soziale, religiöse, auch alte politische und mentale Bindungen auf und führten zu einer Welt, die für die zeitgenössischen Beobachter kaum noch auf einen gemeinsamen Nenner zu bringen war und die sich überdies immer schneller zu verändern schien. Was historisch als Beginn der Hochmoderne mit ihren typischen gesellschaftlichen Pluralisierungs-, Ausdifferenzierungs- und Beschleunigungsprozessen gefasst werden kann, führte schon bei den damaligen Beobachtern zu einem spezifischen „modernen" Epochenbewusstsein, das auch in Kunst und Wissenschaften zu finden war. Typischer Ausdruck dessen waren die Bemühungen um neue Formen in Malerei, Literatur, aber auch Soziologie und Philosophie oder die verbreitete Vorstellung, dass es sich bei der eigenen Gegenwart um eine Zeit handele, die sich fundamental von früheren Epochen unterscheide. Viele Denkströmungen zeichnete sich zudem

---

3 Friedrich Nietzsche, Sämtliche Werke. Kritische Studienausgabe in 15 Einzelbänden. Bd. 13. Nachgelassene Fragmente 1887–1889. Hgg. von Giorgio Colli u. Mazzino Montinari, München 1988, S. 189 f.

durch eine neue Radikalität aus oder suchten nach Wegen zurück in eine unentfremdete, homogene Welt, die Einheitserfahrungen vermeintlich (wieder) möglich machte.

Die von Nietzsche angekündigte „Umwertung aller Werte" stand zum Beispiel in enger Verbindung mit einer Entwicklung, deren ganzes Ausmaß erst im Verlauf des 20. Jahrhunderts erkennbar wurde, nämlich einem anderen, einem neuen Verständnis von Wirklichkeit, das sich wohl am augenfälligsten im Bereich der Kultur und der Wissenschaften zeigte. Die Komplexität dieses Vorgangs lässt indessen keinen auch nur annähernd vollständigen Überblick zu: Eben weil es sich um eine Zeit des Aufbruchs und des Umbruchs handelte, zeichnete sich die kulturelle Landschaft dieser Jahrzehnte durch eine bis dahin nicht gekannte Vielfalt der Kunst- und Stilrichtungen aus.

„Umwertung aller Werte"

Immer drängender stellte sich dabei die Frage nach den Kriterien für das, was unter Wirklichkeit zu verstehen sei bzw. was letztendlich Realität konstituiere: In welcher Verbindung standen die objektiv-wirkliche, die physikalisch-reale Welt und die den Individuen gegebene phänomenale Anschauungswelt? Wie war überhaupt eine Existenz möglich, die sich auf eine der Anschauung nicht zugängliche Wirklichkeit bezog? Konstituierte möglicherweise das Subjekt die Wirklichkeit bzw. seine eigene Wirklichkeit? Welche Bedeutung kam der Sprache, den Wörtern in diesem Zusammenhang zu? Solche und andere Fragen mehr, die bis heute Wissenschaft und Kunst beschäftigen, zogen die Zeitgenossen seit den 70er und 80er Jahren des 19. Jahrhunderts verstärkt in ihren Bann. Und sie beschäftigten keineswegs nur die Philosophen der Zeit, sondern auch die bildenden Künste, Musik und Literatur.

Wirklichkeitsverlust

In der Philosophie entwickelten etwa Edmund Husserl auf der Basis solcher Fragen eine neuartige „Phänomenologie". Ernst Mach arbeitete an einem sogenannten „Immanenzpositivismus". Danach sollte sich Wissenschaft auf eine möglichst exakte und ökonomische Beschreibung des unmittelbar Gegebenen beschränken. Als gegeben aber galten nur qualitative Elemente bzw. „Empfindungen" wie Gerüche, Farben oder Töne. In der Malerei bahnte sich mit den Bildern Edouard Manets, Berthe Morisots, Claude Monets oder auch Pablo Picassos ein Umschwung an. Der Impressionismus brachte die Auflösung der Wirklichkeit der dargestellten Dinge, auch der Natur, in Licht und Farbe. Allerdings blieben die Gegenstände selbst vorerst noch erhalten, ja der Impressionismus wurde nicht selten

Phänomenologie und Impressionismus

als die letzte, die höchste Stufe realistischer Malerei verstanden. Den endgültigen Schritt zur „nichtgegenständlichen" Bildform unternahmen um 1910 unter anderem der tschechische Maler František Kupka, die Schwedin Hilma af Klingt und der russische Maler Wassily Kandinsky, der sich schließlich, nach dem Krieg, in seinen abstrakten Aquarellen auf eine strenge Geometrisierung zubewegen sollte.

Musik und Architektur   Vergleichbare Entwicklungen lassen sich auch auf anderen Gebieten ausmachen. In der Musik war es vor allem Arnold Schönberg, der seit 1906 in einem System freier, durch keine Regel festgelegter Atonalität komponierte, bevor er dann nach dem Krieg zu einer gebundenen Zwölftontechnik überging. In der Architektur Europas und der USA setzte sich nicht zuletzt unter dem Eindruck der sozialen Veränderungen der Zeit und in bewusster Kehrtwendung gegen den Historismus und die Stilimitation in der Baukunst ein neuer Funktionalismus durch. Dessen leitende Idee wurde von L. H. Sullivan und der sogenannten Chicagoer Schule seit 1890 in der Forderung zusammengefasst, dass sich die Form eines Baus nach seiner Funktion zu richten habe. Das galt sowohl für den Wohnungs- und Siedlungsbau als beispielsweise auch für Industrieanlagen und Verkehrsbauten. Die Verwendung neuer Materialien wie Stahlbeton leistete diesem Bauprinzip Vorschub. Eine unmittelbare Reaktion auf den Historismus des 19. Jahrhunderts stellte der europäische Jugendstil des „fin de siècle" dar. Die Tatsache, dass beide Stilrichtungen, Funktionalismus und Jugendstil, in etwa parallel entstanden, lässt erkennen, wie vielgestaltig die kulturellen Strömungen der Zeit waren und in welchem Maße sich die Entwicklung von einem einheitlichen Kulturbegriff und von einer für ihre Epoche jeweils verbindlichen Stilrichtung entfernt hatte, wie sie über Jahrhunderte hinweg für Europa mehr oder weniger bestimmend gewesen waren. Dem Jugendstil seinerseits lag im Übrigen ein umfassender Kunstbegriff zugrunde: Kunst durchdringt Leben, sie ist nicht mehr nur Abbild von Realität, sondern sie lässt Empfindungen zu und bringt sie zum Ausdruck.

Literatur   Auch die Literatur, und namentlich die Romanliteratur, erlebte in den Jahrzehnten vor Ausbruch des Ersten Weltkrieges eine große Blüte. Indessen sind für eine Zeit, die Namen wie Fjodor Dostojewski und Leo Tolstoi in Russland, Gustave Flaubert und Guy de Maupassant in Frankreich, die Dramatiker Henrik Ibsen in Norwegen oder August Strindberg in Schweden vorzuweisen hat, die vielfältigen Strömungen und Tendenzen auf knappem Raum kaum angemessen darzustellen. Die Literaturwissenschaft hat sich angesichts dieser Vielfalt häufig mit Sammelbegriffen wie „Stilpluralismus" oder „Literatur der Jahrhundertwende" beholfen. Das Spektrum literarischer Stilmittel und Ausdrucksformen der Zeit ist jedenfalls groß und vielseitig. Es beginnt mit realistischen bzw. naturalistischen Darstellungen sozialer Zustände, Bewegungen und Umbrüche, wobei der individuelle Zugang wiederum sehr unterschiedlich war. Zu nennen wären beispielsweise der sozialhistorisch angelegte und zugleich einem Naturdeterminismus verpflichtete Monumentalroman des Franzosen Emile Zola „Les Rougon-Macquart. Histoire naturelle et sociale d'une famille sous le Second Empire", dessen 20 Bände zwischen 1871 und 1893 erschienen, die Dramen seines deutschen Kollegen Gerhard Hauptmann wie „Die Weber" (1892) und „Die Ratten" (1911) oder Thomas Manns erster Roman „Buddenbrooks", der den Niedergang und Verfall einer Kaufmannsfamilie schildert. Das Spektrum solcher zeitgenössischer Literatur reicht hin bis zu den neuen Erzählformen des irischen Autors James Joyce, der seit 1914 an seinem epochemachenden Roman „Ulysses" schrieb, der britischen Autorin Virginia Woolf, die ihre ersten Romane im Ersten Weltkrieg veröffentlichte, oder des Franzosen Marcel Proust. Dieser entwickelte in seinen Romanen eine Technik des inneren Monologs und des Verknüpfens von gegenwärtigen mit historischen Bewusstseinsinhalten durch gedankliche Assoziation. Sein Roman „À la recherche du temps perdu", der 1913–1927 z. T. postum publiziert wurde, beschreibt auf diese Weise die Aristokratie und das Großbürgertum der Jahrhundertwende: Indem die verlorene Erinnerung zurückgeholt und belebt wird, wird auch die „verlorene Zeit" wiedergewonnen.

Wie andere Zeitgenossen war auch Proust in hohem Maße durch den Begriff der inneren Zeit (durée réelle) seines französischen Landsmannes und zeitweiligen Lehrers Henri Bergson beeinflusst. Dessen „Lebensphilosophie" markierte ihrerseits eine wichtige Stufe auf dem Weg zum philosophischen Irrationalismus des beginnenden 20. Jahrhunderts. Das Phänomen des Irrationalen beschäftigte ebenso Philosophen wie Wilhelm Dilthey oder Emil Lask und faszinierte Schriftsteller wie James Joyce, Marcel Proust oder Franz Kafka. Nicht zuletzt aber führte die Frage nach dem Wirken nicht-rationaler, auf den ersten Blick verborgener Kräfte zur Etablierung einer neuen Disziplin, der Psychoanalyse: Mit seiner im

Philosophie und Psychologie

Jahre 1900 publizierten Untersuchung „Die Traumdeutung" begab sich ihr Begründer, der Österreicher Sigmund Freud, auf die Suche nach den Eigengesetzlichkeiten des Unbewussten. Entwicklungen, die eine veränderte Sicht auf die Wirklichkeit bereithielten, vollzogen sich aber auch auf dem Gebiet der Naturwissenschaften im engeren Sinne. Erwähnt seien nur die Formulierung der Quantentheorie durch Max Planck im Jahre 1900 oder der speziellen Relativitätstheorie durch Albert Einstein im Jahre 1905, die zu einer fundamentalen Veränderung der traditionellen Anschauungen von Raum und Zeit führten. Die Verbindung zwischen der physikalisch-realen Welt und der Anschauungswelt zerbrach.

Soziologie Auch in den Geisteswissenschaften fand die allgemeine Situation ihren Niederschlag. Das gilt insbesondere für die neue Disziplin der Soziologie, die sich nicht zufällig zu einer Zeit entwickelte, als die Industrialisierung neue und gewaltige Probleme für die Struktur der Gesellschaft aufwarf. Zu nennen sind hier als ihre Begründer die Franzosen Auguste Comte, Emile Durkheim und Georges Sorel, der Engländer Herbert Spencer, die Italiener Gaetano Mosca und Vilfredo Pareto oder die Deutschen Georg Simmel und Max Weber. Die Arbeiten dieser Gelehrten bildeten nicht selten auch einen Spiegel der politischen und sozialen Verhältnisse ihrer Zeit. Im Zentrum der Studien Moscas und Paretos, aber auch im Mittelpunkt der Lehre Lenins von einer Parteielite aus Berufsrevolutionären, standen die herrschenden Eliten moderner Gesellschaften. Die beiden Italiener hatten dabei nicht zuletzt die Situation ihres Landes um die Jahrhundertwende vor Augen und beide präsentierten mit ihren Analysen zugleich eine fundamentale Kritik am parlamentarischen System ihrer Zeit. In seinen beiden Hauptwerken „Sulla teorica dei governi e sul governo parlamentare" (1884) und „Elementi di scienza politica" (1896) legte Mosca seine Theorie der „politischen Klasse" vor. Danach wird jedes stabile soziale System durch die Herrschaft einer organisierten und leistungsfähigen Minorität, eben der privilegierten politischen Klasse, über die Mehrheit bestimmt. Die Mehrheit sei zur Selbstregierung grundsätzlich unfähig. Das Wesen der Politik bestehe vor allem im permanenten Kampf potentieller Eliten um den Aufstieg zur herrschenden politischen Klasse. An eben diesem Punkt setzte Pareto mit seiner berühmten Theorie der Klassenzirkulation an: In seinem voluminösen Hauptwerk „Trattato di Sociologia Generale" aus dem Jahre 1916, das 1935 vollständig in einer vierbändigen amerikanischen Übersetzung publiziert wurde, ging der Italiener von der Annahme aus, dass sich keine „herrschende Klasse" dauerhaft an der Macht halten könne. Sie sei vielmehr „in einem Zustand fortwährender und langsamer Transformation" und laufe daher permanent Gefahr, von einer nachrückenden Elite abgelöst zu werden. Der Abstieg einer „herrschenden Klasse" vollziehe sich nie abrupt, sondern in Etappen. Die ersten „Stadien des Verfalls" zeichneten sich durch Konzessionen der herrschenden an die nachrückende Elite aus. Solche Konzessionen waren für Pareto mithin Ausdruck politischer Schwäche, und es war kein Zufall, dass er die noch zu erläuternde englische „Parliament Bill" vom August 1911 [vgl. Kap. I.4.] als typisches Beispiel politischer Dekadenz aufrief.

Solche und andere Beobachtungen und Theorien gehen von der Grundannahme aus, dass sich politische Herrschaft auf Gewalt gründet. Seine klassische und zugleich extreme Formulierung hat dieses Axiom in den „Réflexions sur la violence" des französischen Soziologen Georges Sorel gefunden, die 1908 publiziert wurden. Sorel entwickelte seine Theorie nicht zufällig am Beispiel des Generalstreiks, den er als charakteristischen Ausdruck des von ihm so genannten „sozialen Krieges" begriff. Dieser Ansatz war auch Ausdruck jenes sozialdarwinistischen Denkens, das in der zweiten Hälfte des 19. Jahrhunderts in fast allen Bereichen des politischen und sozialen Lebens spürbar wurde. In Anknüpfung und zugleich Abwandlung der naturwissenschaftlich angelegten Studien von Charles Darwin wurde der „Kampf ums Dasein", wurde der Lebenskampf als Grundform menschlicher Beziehungen identifiziert, und zwar sowohl zwischen Individuen als auch zwischen Gruppen, Staaten oder Völkern.

Gewalttheorie, Sozialdarwinismus, Rassismus

Das gilt auch für ein anderes Resultat wissenschaftlicher bzw. populärwissenschaftlicher Betätigung, das in der Mitte des 19. Jahrhunderts entwickelt wurde, seit dem letzten Drittel des Jahrhunderts an Stärke gewann und seine radikale Übersteigerung und Pervertierung in den 30er und 40er Jahren des 20. Jahrhunderts finden sollte: der Rassentheorie. In seinem mehrbändigen, erstmals 1853–1855 publizierten „Essai sur l'inégalité des races humaines", der 1898–1901 in einer vollständigen deutschen Übersetzung vorgelegt wurde, entwickelte der französische Dichter und Orientalist Graf Joseph Arthur Gobineau seine Rassenlehre. Diese enthielt vor allem die Warnung vor einem Kulturverfall durch die „Vermischung" mit nicht ebenbürtigen Rassen. Als die kulturell am höchsten entwickel-

"Neuer Nationalismus"

te Rasse galt Gobineau die „germanische" bzw. „arische". Solche Theorien waren erste, radikale Formulierungen von Gedanken, die gegen Ende des Jahrhunderts, auf dem Höhepunkt des imperialistischen Zeitalters, zusehends populärer wurden. Sozialdarwinismus wie Rassentheorie wurden Bestandteile eines verschärften, sogenannten Neuen Nationalismus. In ihm verbanden sich rassistische, antisemitische oder militaristische Elemente zu einem radikalisiert nationalistischem Denken, das die ethnisch verstandene eigene Nation zum höchsten Wert erklärte und diese in einem ständigen innen- wie außenpolitischen Kampf verstrickt sah.

Reiseliteratur und Ethnologie

Auf ihre Weise zur Ausbildung, Weiterentwicklung oder auch Modifizierung von Sozialdarwinismus und theoretisch begründetem Rassismus trug eine literarische Gattung bei, die im Zeitalter des Imperialismus eine enorme Blüte erlebte: die Reiseliteratur. In fast allen Ländern Europas, aber auch in den Vereinigten Staaten, erschien eine kaum überschaubare Fülle von Artikeln, Broschüren und Büchern über die neu „entdeckte", bereiste oder kolonisierte Welt. Ihre Verfasser waren Abenteurer, Missionare, Militärs, Diplomaten oder auch professionelle Forscher wie die englischen Afrikaforscher David Livingston („Missionary Travels and Researches in South Africa", 1858) oder Henry M. Stanley („Through the Dark Continent", 1878). Solche Berichte, zumeist mit zahlreichen Illustrationen versehen, bildeten zugleich Beiträge zur Anthropologie bzw. Ethnologie, die sich in dieser Zeit als selbständige Universitätsdisziplin etablierte. Auch die Gründung wissenschaftlicher ethnologischer Museen dokumentierte das wachsende Selbstbewusstsein und den neuen Anspruch der Anthropologie. Diese begriff sich häufig – nicht zuletzt weil eben viele ihrer Vertreter Rassentheorien zu ihren Grundlagen machten – als Zweig der Naturwissenschaft, wie z. B. das 1880–1900 in Deutschland publizierte „Handwörterbuch der Zoologie, Anthropologie und Ethnologie" (8 Bde., hrsg. von G. Jäger u. a.) zeigt, das als Teil der „Encyklopaedie der Naturwissenschaften" erschien.

Europa und außereuropäische Kulturen

Aber ganz gleich, wie sich nun die Verfasser von Reisebüchern, populärwissenschaftlichen „Rassekunden" oder streng wissenschaftlich angelegten ethnologischen Pionierarbeiten ihrem Thema näherten, eines haben alle diese Arbeiten gemeinsam: Sie bemühen sich explizit oder implizit um eine Bestimmung des historischen und kulturellen Ortes der europäischen Zivilisation. Im Vergleich mit den meisten außereuropäischen Kulturen und vor dem Hintergrund der industriellen und technologischen Revolution stellte sich für sie der zivilisatorische Vorsprung der alten Welt tatsächlich als enorm und einzigartig dar. Und so bildete der Fortschrittsoptimismus gerade auf diesem Feld noch die vorherrschende Grundströmung zu einer Zeit, als sich bereits in anderen Bereichen jenes Krisenbewusstsein ausgebildet hatte, das dann während des Krieges in Oswald Spenglers Vision vom „Untergang des Abendlandes" seinen wohl bekanntesten Ausdruck finden sollte.

Hinweise auf Differenzen zwischen Europa und außereuropäischen Kulturen spielten selbst in der wahrscheinlich wirkmächtigsten Gegenwartsdiagnose des ausgehenden 19. und frühen 20. Jahrhunderts eine Rolle, mit der die europäische Welt auf sich selbst blickte: Bereits um die Jahrhundertwende hatte Max Weber seine berühmte Rationalisierungsthese entwickelt, die einerseits Resultat und Ausdruck jenes allgemeinen Krisenbewusstseins des ausgehenden 19. Jahrhunderts selbst war und andererseits den Versuch einer Erklärung enthielt. Dabei gewann auch Weber seine Diagnose des Zustandes der modernen „Wirtschaft und Gesellschaft" im Vergleich mit den außereuropäischen Kulturen und ihren Religionen: Die moderne okzidentale Wirtschaftsform des Kapitalismus war für Weber das Ergebnis eines einzigartigen, sich auf allen Gebieten vollziehenden Rationalisierungsprozesses: „Was letzten Endes den Kapitalismus geschaffen hat", so heißt es in einer späten Vorlesung Webers über die Wirtschaftsgeschichte (1920), „ist die rationale Dauerunternehmung, rationale Buchführung, rationale Technik, das rationale Recht, aber auch nicht sie allein; es musste ergänzend hinzutreten die rationale Gesinnung, die Rationalisierung der Lebensführung, das rationale Wirtschaftsethos",[4] der spezifisch geartete Rationalismus der okzidentalen Kultur. Die historische Quelle rationalen Willens sah Weber in der israelitischen, der rationalen Prophetie, der es gelang, die Magie zu durchbrechen und die Rationalisierung der Lebensführung durchzusetzen. Seinen Abschluss und seine höchste Ausprägung habe dieser Prozess im calvinistischen Puritanismus gefunden, der die ethische Praxis des Alltagsmenschen seiner vor allem in der katholischen Lebenspraxis sich zeigenden „Plan- und Systemlosigkeit entkleidet und zu einer konsequenten Methode der ganzen Lebensführung ausgestaltet hatte".

Max Weber

---

4 Max Weber, Wirtschaftsgeschichte. Abriß der universalen Sozial- und Wirtschaftsgeschichte (aus den nachgelassenen Vorlesungen), Berlin 1958, S. 302.

Die Entzauberung der Welt

Doch diese Entwicklung erweise sich schließlich als verhängnisvoll: Wohl ist der Mensch nunmehr nicht länger genötigt, zu den Mitteln der Magie zu greifen, um seine – wie im Einzelnen auch immer beschaffenen – Probleme zu bewältigen. Die entsprechenden technischen Mittel sind ihm zur Hand. Aber mit diesem Wissen, seine Umwelt prinzipiell durch Berechnung beherrschen zu können, unterliegt – und in der Konsequenz schließlich erliegt – der Mensch gleichzeitig der Entzauberung dieser seiner Welt. Der höchste Ausdruck dieser Entwicklung, die kapitalistische Wirtschaftsordnung mit ihrem Kernstück, dem modernen Industriebetrieb, ist zugleich der deutlichste Indikator für die mit dieser umfassenden Rationalisierung einhergehende Entmündigung des einzelnen. So ist die Rationalisierung endlich nicht mehr ein Mittel, das der Mensch gezielt zur Bewältigung seiner Probleme einsetzen kann: Er selbst ist dem Prozess einer durchgehenden Rationalisierung, d. h. aber auch Entfremdung aller Lebensbereiche unterworfen. „Die heutige kapitalistische Wirtschaftsordnung", heißt es in Max Webers berühmter Untersuchung „Die protestantische Ethik und der Geist des Kapitalismus", „ist ein ungeheurer Kosmos, in den der Einzelne hineingeboren wird und der für ihn, wenigstens als Einzelnen, als faktisch unabänderliches Gehäuse gegeben ist, in dem er zu leben hat. Er zwingt dem Einzelnen, soweit er in den Zusammenhang des Marktes verflochten ist, die Normen seines wirtschaftlichen Handelns auf. Der Fabrikant, welcher diesen Normen dauernd entgegen handelt, wird ökonomisch ebenso unfehlbar eliminiert, wie der Arbeiter, der sich ihnen nicht anpassen kann oder will, als Arbeitsloser auf die Straße gesetzt wird".[5] Mit dieser Analyse der Entstehung und des Zustandes der modernen kapitalistischen Wirtschaftsordnung gab Max Weber zugleich wissenschaftlich jenem allgemeinen Gefühl Ausdruck, das sich seit den 1870er Jahren in Europa auszubreiten begann und das sich als allgemeines Krisenbewusstsein äußerte.

Krisenbewusstsein und Fortschrittsglaube

Es sagt einiges über den Charakter des Zeitalters aus, dass man ihm mit einer alleinigen Betonung dieses Krisengefühls aber eben nicht gerecht wird. Die enormen Fortschritte von Naturwissenschaft und Technik faszinierten die Menschen weiterhin und nicht wenige zunehmend mehr. Mancher Beobachter knüpfte daran die

---

[5] Max Weber, Die protestantische Ethik und der Geist des Kapitalismus, Tübingen 1905, S. 17 f.

Hoffnung, dass ähnliche Erfolge trotz aller Schwierigkeiten am Ende auch auf politischem und sozialem Gebiet zu erreichen seien. Vielleicht seinen deutlichsten Ausdruck fand die für das Zeitalter des Imperialismus insgesamt typische Mischung aus Optimismus und Pessimismus in den Kommentaren zur Jahrhundertwende von 1900. Während die einen die Komplexität und Unübersichtlichkeit der modernen Welt analysierten bzw. kulturkritisch beklagten, blickten andere angesichts des Aufschwungs von Technik und Wissenschaft geradezu euphorisch in die Zukunft. Eines verband jedoch alle Diagnosen, wie unterschiedlich sie auch sein mochten, und gehörte ebenso zum Zeitgefühl der Epoche: Man war sich darin einig, in einer unerhört dynamischen, einer ungeheuer beschleunigten Zeit zu leben. „Der Fortschritt trägt gegenwärtig Siebenmeilenstiefel",[6] so war zum Jahreswechsel 1899/1900 von dem bereits zitierten Publizisten Max Nordau in der Wiener *Neuen Freien Presse* zu lesen, und damit von einem derjenigen, die selbst immer wieder zwischen Fortschrittsglauben und Kulturkritik geschwankt hatten.

5 Der Wandel der Politik im Zeitalter des Imperialismus

Am 24. November 1879 brach der britische Oppositionsführer, der Liberale William Gladstone, vom nordenglischen Liverpool per Zug zu seinem neuen Wahlkreis Midlothian auf, einem kleinen, ländlichen Stimmbezirk im Umland der schottischen Metropole Edinburgh. Bereits auf dem Weg dorthin hielt er bei mehreren Zwischenstopps von einer eigens für diesen Zweck vorgesehenen Plattform seines Eisenbahnwagens aus viel umjubelte Ansprachen. Doch dies war nur der Auftakt zu der wohl bemerkenswertesten Wahlkampfkampagne, die das moderne Europa bis dahin gesehen hatte. In den folgenden Wochen und Monaten hielt Gladstone dutzende weitere Reden vor kleineren und größeren Menschenmengen. An der größten Versammlung in Edinburgh sollen 20.000 Menschen teilgenommen haben, obwohl in Midlothian selbst kaum mehr als 3.200 eingetragene Wähler lebten. Gladstone sprach auch an anderen Orten, die nicht zu seinem Wahlkreis gehörten, er sprach vor

Ein neuartiger Wahlkampf

---

[6] Max Nordau, Das Jahr 1899 in der Weltgeschichte, in: Neue Freie Presse – Morgenblatt, 31.12.1899, S. 5.

Frauenorganisationen oder vor Versammlungen von Arbeitern, von denen viele gleichfalls im britischen politischen System noch gar kein Wahlrecht besaßen. Dies alles war sorgfältig organisiert. Im Hintergrund der Kampagne stand eine Planung, die von der Finanzierung über die Inszenierung vor Ort – mit Musik, Einsatz von elektrischem Licht oder Feuerwerk – bis hin zur medialen Verbreitung in der britischen Qualitäts- und Massenpresse nichts dem Zufall überließ. Allein in der Londoner Zeitung *The Times* sollen im Verlauf der Kampagne etwa 250.000 Wörter aus den Reden Gladstones abgedruckt worden sein (St John, 2010, 5.2, S. 247). Als die Kampagne im April 1880 mit den Wahlen zum Unterhaus endete, hatte Gladstone den Konservativen nicht nur das Parlamentsmandat von Midlothian entrissen sowie seinen Liberalen landesweit einen überwältigenden Sieg verschafft, der ihm selbst das Amt des Premierministers einbrachte. Die Art des Wahlkampfes markierte darüber hinaus den Durchbruch eines neuen politischen Stils. Es genügte nicht mehr, sich an eine überschaubare Zahl von Wählern zu wenden oder gar nur die wenigen Eliten vor Ort anzusprechen. Es ging nun darum, möglichst viele Menschen zu erreichen, die Medien gezielt einzusetzen und nicht zuletzt landesweit die für die eigene Partei wichtigen Themen im Wahlkampf durchzusetzen. Auch Gladstone hatte bei seinen Ansprachen keineswegs allein auf lokale oder regionale Themen gesetzt. Ganz im Gegenteil, in teils mehrstündigen Reden und mit großem rhetorischem Aufwand hatte er das gesamte innen- wie außenpolitische Programm seiner Partei dargelegt und damit von Schottland aus die Agenda des Wahlkampfes nationsweit bestimmt.

Wandel des Politischen

Den historischen Hintergrund für den neuen politischen Stil, für den William Gladstones Midlothian-Kampagne seither steht, bildete ein Bündel von eng zusammenhängenden Entwicklungen. Zu ihnen gehörte die Ausweitung des Wahlrechts in weiten Teilen des Kontinents ebenso wie mediale Veränderungen, eine u. a. dadurch bedingte neue Bedeutung der Öffentlichkeit oder die Entstehung von Massenparteien sowie mitgliederstarken Verbänden und anderen Organisationen mit politischem Anspruch. Diese Entwicklungen hatten sich bereits seit einiger Zeit abgezeichnet, wirklich zum Durchbruch gelangten sie in vielen Staaten Europas in den 1880er und 1890er Jahren. Und am Ende konnten sich selbst die beiden großen verbliebenen absolutistischen Staaten, Russland sowie das Osmanische Reich, dem Druck dieser „Fundamentalpolitisierung" der europäischen Gesellschaften nicht mehr entziehen und führten Verfassungen ein. Die Veränderungen der Art und Weise, wie Politik im Zeitalter des Imperialismus funktionierte, lassen sich damit durchaus an der Geschichte der Verfassungsordnungen selbst ablesen, auch wenn diese naturgemäß langsamer auf Veränderungen reagierten als die jeweils geübte politische Praxis.

Der Versuch, die Verfassungsformen der europäischen Staaten in einer schematisierenden Übersicht darzustellen, sieht sich vor allem zwei Schwierigkeiten gegenüber. Zum einen gab es im Zeitalter des Imperialismus auch hier in einzelnen Ländern, wie Russland oder Portugal, eine Änderung bzw. Modifikation der Regierungsform. Zum zweiten ist gerade im Falle der Monarchien, die ja noch weitgehend das Bild der europäischen Verfassungslandschaft prägten, die Abgrenzung zwischen den verschiedenen Typen nicht immer eindeutig zu leisten. Legt man die Situation im Jahre 1914 zugrunde, gab es in Europa vier Republiken, nämlich die Schweiz, Frankreich und Portugal, das durch die Revolution vom 3./4. Oktober 1910 und die Verkündung der republikanischen Verfassung am 31. August 1911 den Übergang zur Republik vollzogen hatte, sowie das mittelitalienische San Marino.

Verfassungen in Europa: Überblick

Alle übrigen Staaten waren Monarchien, allerdings unterschiedlicher Form, die sich insbesondere in den jeweiligen Befugnissen der Parlamente offenbarte. Im Falle Russlands war es vorerst überhaupt nicht zu einer konstitutionellen Regierung gekommen, so dass man hier selbst noch für das Zeitalter des Imperialismus von einer absoluten Monarchie sprechen konnte. Zwar machte Zar Nikolaus II. im Zuge der revolutionären Wirren des Jahres 1905 – u. a. eine Folge des Krieges gegen Japan – gewisse Zugeständnisse, indem er mit dem Manifest vom 30. Oktober 1905 der Einberufung eines Parlaments, der Duma, zustimmte und am 6. Mai 1906 ein Grundgesetz erließ. Doch haben bereits viele zeitgenössische Beobachter diesen Schritt als lediglich scheinkonstitutionelles Zugeständnis qualifiziert, zumal die Änderung des Wahlgesetzes vom 16. Juni 1907, die vor der Wahl zur 3. Duma erfolgte, eine regierungsfreundliche Mehrheit sicherte. Ähnlich lagen die Verhältnisse im Osmanischen Reich, das ja offiziell als Mitglied des „concert européen" und eben damit als europäische Macht galt. Zwar gab es hier in den Jahren 1876–1878 und dann wieder seit dem 17. Dezember 1908 ein Parlament, doch konnte dieses niemals wirklich Einfluss auf die Gestaltung der Politik nehmen.

Parlamentarische und konstitutionelle Monarchien

Von diesem russischen sowie dem türkischen Sonderfall einer im Grunde noch absoluten Monarchie wichen die Verhältnisse in den anderen europäischen Monarchien zum Teil erheblich ab. Hier lassen sich grundsätzlich zwei Formen unterscheiden, und zwar zum einen die konstitutionelle und zum anderen die parlamentarische Monarchie. Beide haben zwar zunächst die Beschränkung der monarchischen Gewalt durch eine Volksvertretung gemeinsam, der Unterschied besteht jedoch in den jeweiligen Kompetenzen der Parlamente bzw. der Stellung der Regierungen. Während das Parlament in der konstitutionellen Monarchie an der Gesetzgebung und an der Festlegung des Haushaltes beteiligt ist, kann es in der parlamentarischen Monarchie darüber hinaus entscheidenden Einfluss auf die Regierungsbildung nehmen, also z. B. die Entlassung der Minister beschließen. Parlamentarisierung in diesem Sinne meint damit die Abhängigkeit der Regierung, sei diese auch formal vom Monarchen eingesetzt, von der Parlamentsmehrheit. Legt man diese immer noch grob generalisierende Unterscheidung zugrunde, so lassen sich zur Zeit des Kriegsausbruchs die folgenden Zuordnungen treffen: Parlamentarische Monarchien waren Italien, Schweden, Norwegen, Dänemark, Belgien, die Niederlande und Großbritannien. Die konstitutionelle Monarchie war außer in Spanien vor allem in Mittel- und Südosteuropa angesiedelt, also im Deutschen Reich, in Österreich-Ungarn, in Luxemburg, Serbien, Rumänien, Montenegro und Albanien sowie, mit der beschriebenen starken Einschränkung, seit 1906 bzw. 1876/1908 auch in Russland und dem Osmanischen Reich.

Rolle der Parlamente

Ein allgemeiner Überblick über die Macht und Ohnmacht der Parlamente der europäischen Staaten im Zeitalter des Imperialismus lässt sich gewinnen, indem man beispielsweise die Verfassungsstrukturen des Deutschen Reiches, Österreich-Ungarns und Russlands mit denjenigen Großbritanniens, Frankreichs und Italiens vergleicht. Vor allem in einem für die Gestaltung der Politik sehr wichtigen Punkt unterschieden sich die Verfassungen der drei Kaisermächte von denjenigen der gerade hier vergleichbaren parlamentarischen Monarchien Großbritanniens und Italiens sowie der Republik Frankreich: So kannte nämlich die deutsche Reichsverfassung von 1871 kein Recht des Parlaments, dem Reichskanzler das Misstrauen auszusprechen und damit seine Entlassung zu bewirken, wie es in den parlamentarischen Monarchien und den Republiken – wenn auch in unterschiedlicher, teils direkter, teils indirekter

Art und Weise – festgeschrieben war oder, wie in England, auf der Basis einer langen Parlamentstradition seit der ersten Jahrhunderthälfte praktiziert wurde. In Deutschland hingegen war die Stellung des Reichskanzlers weiterhin vom Vertrauen des Monarchen abhängig. Die Bedeutung dieses Faktors für den Gang der deutschen Politik im Zeitalter des Imperialismus kann kaum hoch genug veranschlagt werden: Im Grunde konnten die Reichskanzler nämlich gerade nach 1890, also nach der Entlassung von Otto von Bismarck, keine Linie verfolgen, die nicht ausdrücklich die Zustimmung Wilhelms II. gefunden hätte. Entsprechend erschien der jeweilige Reichskanzler wie seine Staatssekretäre schon zeitgenössischen Beobachtern gelegentlich nur als das ausführende und parlamentarisch kaum kontrollierbare Organ des kaiserlichen Willens. Hier lag dann auch der eigentliche Ansatzpunkt für die seit den 1890er Jahren und verstärkt seit 1908 ("Daily-Telegraph-Affäre") vor allem von liberaler Seite, später auch von den Sozialdemokraten und vom Zentrum, erhobenen Forderungen nach einer Änderung der Reichsverfassung, die primär auf die Verantwortlichkeit des Reichskanzlers gegenüber dem Reichstag abzielten, also auf eine Stärkung der Stellung des Parlaments und damit in der Konsequenz auf eine Einschränkung der kaiserlichen Befugnisse. Zu einer tatsächlichen Umgestaltung der verfassungsrechtlichen Lage kam es aber nicht. Das Kaiserreich blieb bis 1918 eine konstitutionelle und eben keine parlamentarische Monarchie.

<small>Reichsverfassung in Deutschland</small>

In mancher Hinsicht den deutschen vergleichbar, allerdings wesentlich komplizierter lagen die Verfassungsverhältnisse in Österreich-Ungarn, dem mit ca. 50 Millionen Einwohnern nach Russland und dem Deutschen Reich am Anfang des 20. Jahrhunderts drittgrößten Staat Europas. Der sogenannte „Ausgleich" zwischen der österreichischen und der ungarischen Reichshälfte im Jahre 1867 sah für beide Seiten eine eigene Regierung mit einem Ministerpräsidenten und Ressortministern sowie jeweils ein eigenes Parlament vor, nämlich den österreichischen Reichsrat und den ungarischen Reichstag. Entsprechend schwach waren die zentralen Institutionen für die Gesamtmonarchie Österreich-Ungarn ausgeprägt. Diese wurden lediglich durch drei Gesamtministerien für Äußeres, Finanzen und Krieg sowie durch zwei parlamentarische Versammlungen, den sogenannte Delegationen repräsentiert, die aus der Mitte des österreichischen Reichsrates und des ungarischen Reichstages bestellt wurden, freilich in der Regel nicht gemeinsam berieten.

<small>Verfassung in Österreich-Ungarn</small>

In dieser Situation, die durch das latente Nationalitätenproblem des Vielvölkerstaates zusätzliche Belastungen erfuhr, war es letztendlich der Monarch, der als Kaiser von Österreich und König von Ungarn die divergierenden Kräfte durch seine Person und in seinem Amt notdürftig zusammenhielt und der deshalb natürlich eine außerordentlich starke Stellung innehatte. Ein Indikator ist auch hier der seltene Wechsel der Gesamtministerien: Der wohl wichtigste Ministerposten der Gesamtmonarchie, der des Kaiserlichen und Königlichen Hauses und des Äußeren, wechselte zwischen 1881 und 1915 lediglich dreimal. Dagegen hatte Österreich, dessen Verfassung das Prinzip der Ministerverantwortlichkeit gegenüber dem Parlament kannte, zwischen 1893 und dem Ausbruch des Ersten Weltkrieges 15 Ministerpräsidenten. Zwar konnten die Gesamtminister bei Verletzung gewisser Gesetze angeklagt werden, doch setzte eine solche Anklage den übereinstimmenden Beschluss beider Delegationen voraus. De facto hing die Stellung der Minister und damit auch der Politiker der Gesamtmonarchie namentlich auf außenpolitischem Feld also ebenfalls vom Kaiser ab, zumal dieser anders als sein deutsches Gegenüber auf Gesamtstaats- wie Teilstaatsebene ein Vetorecht in der Gesetzgebung besaß.

Konstitutionalisierung Russlands

Das gilt in noch stärkerem Maße für Russland, das bis 1906 überhaupt keine parlamentarische Tradition im engeren Sinne kannte. Und auch danach waren die Minister nicht dem Parlament, also der Duma, sondern dem Zaren verantwortlich. Überdies besaßen die von der Volksvertretung verabschiedeten Gesetze erst nach der Zustimmung des Staatsrates und mit der Unterschrift des Monarchen Gültigkeit, dem auf diese Weise ein Vetorecht zukam. In der parlamentarischen Monarchie Englands hatte sich demgegenüber bereits seit den 1830er Jahren die Abhängigkeit des Premierministers und seiner Regierung gegenüber dem Parlament durchgesetzt. Die Königin oder der König ernannte seitdem automatisch den Führer der Unterhausmehrheit zum Regierungschef. Verlor dieser die Mehrheit, verlor er auch das Amt. Eine ähnliche Entwicklung fand in Italien statt, wo – formal war das Land weiter eine konstitutionelle Monarchie – in der Praxis seit dem letzten Drittel des 19. Jahrhunderts die Ernennung der Regierungen von deren Parlamentsmehrheit abhing. Laut den 1875 verabschiedeten Verfassungsgesetzen wurde im Frankreich der Dritten Republik dagegen nicht nur der Präsident von der Nationalversammlung aus Senat und Abgeordnetenhaus gewählt, auch der Ministerpräsident und sein Kabinett waren explizit dem Parlament gegenüber verantwortlich.

Bei der gegebenen Verfassungslage war die Stellung der Minister gerade in den konservativ-konstitutionellen Kaiserstaaten zu einem guten Teil davon abhängig, wie geschickt und überzeugend sie den Souveränen, die auf geeignete Berater angewiesen waren, „ihre" Politik zu präsentieren vermochten. Damit kamen einzelnen Persönlichkeiten und deren Fähigkeiten naturgemäß eine besondere Bedeutung zu. Das gilt gerade auf dem Feld der Außenpolitik, auf dem die drei Kaiser noch einmal besondere Kompetenzen besaßen, wo aber beispielsweise Fürst von Bülow in Deutschland, Aleksandr Izvol'skiĭ in Russland oder Graf Aehrenthal in Österreich-Ungarn einen starken Einfluss auf den jeweiligen Monarchen und damit die Politik genommen haben. Aber auch in parlamentarisch weiter entwickelten Ländern lässt sich im Zeitalter des Imperialismus die Bedeutung einzelner Persönlichkeiten für den Gang der inneren wie äußeren Politik feststellen, wie die Salisburys oder Greys in England, Crispis oder Giolittis in Italien, Delcassés oder Clemenceaus in Frankreich. Auch sie waren selbstverständlich in ihrer Politik nicht unabhängig, sondern in diesen Fällen der ständigen Kontrolle weniger der Monarchen bzw. des Präsidenten als vielmehr der Parlamente und zunehmend auch der Öffentlichkeit ausgesetzt.

Bedeutung von Einzelpersonen

Diese nahm inzwischen überall einen deutlich größeren Einfluss auf die Politik. Nicht selten wurde dabei die Kritik der öffentlichen Meinung in den Parlamenten aufgegriffen und dort in konkrete politische Maßnahmen umgesetzt. So stürzten, um einige prominente Beispiele zu nennen, im Jahre 1896 der italienische Ministerpräsident Crispi nach der vernichtenden Niederlage der italienischen Truppen bei Adua in Äthiopien, oder im Jahre 1905 der französische Außenminister Delcassé im Gefolge der sogenannten ersten Marokkokrise. Vergleichbare Entwicklungen gab es auch in England. Die britische Regierung unter Balfour zog sich im April 1903 angesichts erheblicher, von einer starken Pressekampagne flankierter Widerstände des Unterhauses von ihrer bereits eingeleiteten Politik der Kooperation mit dem Deutschen Reich in der orientalischen Frage, insbesondere beim Bau der Bagdadbahn, unvermittelt zurück. In den Jahren 1911/12 führte dann die Erkenntnis, dass die geplanten und gleichermaßen als notwendig empfundenen Ausgaben für die Sozial- und die Flottenpolitik nicht gleichzeitig zu finanzieren waren, zu dem von großen Teilen des britischen Parla-

Wachsende Macht der Öffentlichkeit

ments, auch Angehörigen der liberalen Regierungspartei, geforderten Versuch der englischen Regierung, erneut Verhandlungen mit dem Deutschen Reich über eine Begrenzung der Rüstungsausgaben und andere Fragen aufzunehmen.

Parlamentsrechte in Österreich-Ungarn, Russland und Deutschland

Völlig unabhängig von den Parlamenten bzw. der Öffentlichkeit waren auch die Regierungen der Kaiserstaaten nicht. Vielmehr besaßen die Parlamente des Deutschen Reiches, Österreich-Ungarns und seit 1906 auch Russlands zum Beispiel im Budgetrecht, also in der Festlegung des Haushalts, ein Mittel zur Kontrolle eines gerade für die auswärtige Politik nicht unwichtigen Bereichs, auch wenn dieses eine recht unterschiedliche Ausprägung fand. Die Kontrolle der Rüstungsausgaben durch die russische Duma war aufgrund der Artikel 14, 96 und 119 des Grundgesetzes weitgehend ausgeschlossen. Hingegen hatten die Delegationen in Österreich-Ungarn das Recht zur Genehmigung bzw. Ablehnung des Militärbudgets, und auch die Verfassung des Deutschen Reiches ermöglichte eine Kontrolle der Ausgaben für Heer und Flotte. Der Reichstag hat davon gelegentlich korrigierend Gebrauch gemacht, wie 1906 bei der Ablehnung eines Nachtragshaushalts zur Finanzierung des Kolonialkriegs in Deutsch-Südwestafrika, bei der bereits in der Haushaltskommission durchgesetzten Korrektur der Flottengesetznovelle des Jahres 1912 oder der Festlegung der Besteuerungsart, die im Rahmen der Debatten über die Wehrvorlage von 1913 erfolgte. In der Regel hat das Parlament seine Zustimmung gegeben, etwa bei der nachträglichen und nahezu einstimmigen Bewilligung der Kriegskredite im August 1914. In anderen, nicht auf das Haushaltsrecht zurückgehenden Fällen blockierte die deutsche Volksvertretung durch die Ablehnung geplanter Gesetze eine grundsätzliche Korrektur des innenpolitischen Kurses, wie sie etwa 1894/95 durch die sogenannte Umsturzvorlage vom Kaiser und seiner Regierung angestrebt wurde. Denn grundsätzlich bedurfte auch in Deutschland jedes Gesetz der Zustimmung durch das Parlament. Der Kaiser fertigte die Gesetze lediglich formal aus, ein Vetorecht besaß er nicht. Hinzu kam, dass im Deutschen Reich, aber seit 1907 zum Beispiel auch in Österreich, das noch weiter zu besprechende allgemeine (Männer-)Wahlrecht galt, das dem Parlament zusätzliches Gewicht gab. Ein durchgängig schwaches Parlament war der Reichstag somit nicht, und in den letzten Jahren vor 1914 begann aus der Sicht nicht weniger Interpreten der Einfluss des Berliner Parlaments auf die Regierung zu wachsen. Das hing nicht zuletzt damit zusammen, dass sich auch in

Reichstag als zentraler Ort der Politik

den konservativen Monarchien die Öffentlichkeit verstärkt zu Wort meldete und damit das Parlament im Zusammenspiel mit den Medien immer mehr zu dem Ort wurde, von dem die entscheidenden politischen Themen und Debatten ausgingen.

Zu sehen ist dieses Zusammenspiel von Parlamenten und Öffentlichkeit, das dann schließlich auch die Regierungen unter Druck setzte, an einer ganzen Reihe von politischen Skandalen, die die europäischen Länder – ob konstitutionell oder parlamentarisch regiert – in den Jahren vor 1914 erschütterten: In Frankreich tobten jahrelang erbitterte öffentliche Auseinandersetzungen um den 1894, wie sich herausstellte, zu Unrecht wegen Landesverrat verurteilten jüdischen Hauptmann Alfred Dreyfus. Dieser wurde schließlich 1906 nach zahlreichen Enthüllungen, die unter anderem auch den massiven Antisemitismus in großen Teilen des französischen Establishments ans Licht gebracht hatten, rehabilitiert. Kurz vor dem Beginn der Affäre hatte ein Finanz- und Korruptionsskandal um die Finanzierung des Panamakanals die französische Öffentlichkeit erschüttert und im November 1892 eine Mitte-links-Regierung unter Émile Loubet zu Fall gebracht. In Deutschland häuften sich vor allem zu Beginn des 20. Jahrhunderts die politischen Skandale. Begleitet von heftigen Presseattacken kritisierten im Herbst 1908 im Zuge der bereits erwähnten Daily-Telegraph-Affäre um Äußerungen Wilhelms II. gegenüber der britischen Presse Vertreter fast aller Reichstagsparteien das Vorgehen von Kaiser und Reichskanzler. Es kam zu zahlreichen Rücktrittsforderungen gegenüber Wilhelm II., der sich schließlich gezwungen sah, über seinen Kanzler zu versichern, dass er sich in Zukunft politisch zurückhalten werde. Eine denkwürdige Niederlage erlitt die Reichsregierung unter Kanzler Bethmann Hollweg fünf Jahre später, als der Reichstag in der Zabern-Affäre, in der es um das eigenmächtige Vorgehen von Militärs gegen die Zivilbevölkerung in Elsass-Lothringen ging, die Politik der Regierung mit einer dramatischen Mehrheit von 293 zu 54 Stimmen missbilligte. Zuvor war es aufgrund der Enthüllungen zu zahlreichen antimilitaristischen Demonstrationen im Reich gekommen. Im Gegensatz zum parlamentarisch regierten Frankreich führten solche Skandale im konstitutionellen Deutschland nicht zum Sturz der Regierung, sie zeigen aber sehr wohl den Druck, den Öffentlichkeit und Parlament inzwischen in der Lage waren, auf die Exekutive auszuüben, und illustrieren darüber hinaus die hohe Politisierung in den Gesellschaften vor 1914. Der öffentliche Druck

Politische Skandale: Dreyfus, Daily Telegraph, Zabern

konnte im Übrigen von links wie rechts kommen, wie es zum Beispiel die deutsche Regierung seit 1911, also nach dem noch zu erläuternden außenpolitischen Debakel der zweiten Marokkokrise erfahren musste, als konservative Stimmen zunehmend aggressiv nach äußeren Erfolgen verlangten.

Medialisierung und Massenpresse

Zu bedenken ist bei der Schlagkraft, die die Öffentlichkeit in konstitutionellen wie parlamentarischen politischen Systemen zu entwickeln in der Lage war, dass sich die europäische Medienlandschaft in den letzten Jahrzehnten des 19. Jahrhunderts entscheidend verändert hatte. Die nun fast vollständige oder doch massiv gestiegene Alphabetisierung, technische Entwicklungen im Zeitungswesen, der beginnende Reallohngewinn breiter Bevölkerungsgruppen, aber auch der weitgehende Wegfall der Zensur in vielen Ländern hatten zu einem spektakulären Anstieg der Auflagezahlen von Zeitungen und Zeitschriften geführt, so dass seit dem ausgehenden 19. Jahrhundert fast überall von der Existenz einer Massenpresse auszugehen ist. Die Gesamtauflage der Tagespresse ist allein im Deutschen Reich vor 1914 auf über 20 Millionen Exemplare geschätzt worden (bei circa 65 Millionen Einwohnern). Zeitungen wie das Pariser Le Petit Journal oder die britische Daily Mail erreichten seit den 1890er Jahren tägliche Auflagen von über einer Million Exemplaren. Unter solchen Bedingungen wurde es für Politiker – wie auch für Monarchen – zunehmend wichtig, sich (massen-)medial zu präsentieren. Das galt im Übrigen auch für die Verbreitung von Bildern, die sich nun ebenso durch technische Entwicklungen billiger und in größerer Stückzahl verbreiten ließen. Sogenannte Illustrierte Blätter erlebten einen ersten Aufschwung, aber auch Bildbände und in hoher Stückzahl produzierte Postkarten gehörten zu dieser zunehmenden Medialisierung der Politik. Ministerien und andere staatliche Stellen begannen, mit Pressereferenten und Presseabteilungen die Medienarbeit zu professionalisieren, wobei der Erfolg wohl unterschiedlich ausfiel. Aber nicht nur Regierungen, auch Parteien, Massenorganisationen und Verbände nutzten die neuen medialen Möglichkeiten, um ihre Anliegen wirksam zu platzieren

Demokratisierung?

Alles in allem hat sich die politische Partizipation neuer und breiterer Bevölkerungsgruppen in den Jahrzehnten vor 1914 ohne Zweifel massiv ausgeweitet. Inwieweit und wo dies nicht nur mit einer Ausweitung parlamentarischer, sondern auch demokratischer Strömungen einherging, wird in Teil zwei noch zu diskutieren sein. Vieles kam sicher auch erst im bzw. nach dem Ersten Weltkrieg zum Durchbruch. Gerade bei der Massenpolitisierung sowie einer möglichen Demokratisierung zeigt sich sehr deutlich der Übergangscharakter der Epoche. Noch bildeten die alten Schichten und Strukturen vielerorts einen Damm gegen die Forderung nach stärkerer politischer Mitsprache der Öffentlichkeit und nach wirkungsvolleren Möglichkeiten der Volksvertretungen, die in fast allen Ländern vernehmlicher artikuliert wurden. Aber es wurde doch deutlich, dass man sich diesen Strömungen auf Dauer nicht widersetzen konnte und daher zu schrittweisen Konzessionen bereit sein musste. Ein aufschlussreiches Beispiel aus einem der politisch sicherlich am weitesten entwickelten Länder ist die „Parliament Bill" des Jahres 1911, die einen tiefen Einschnitt in der englischen Verfassungsgeschichte markierte. Charakteristisch für die Verfassungs- und Gesetzgebungsstruktur der europäischen Staaten war ein Zweikammersystem, d. h. neben der Volksvertretung, die aus Wahlen hervorging, gab es in der Regel eine zweite Kammer, wie z. B. den Senat in Frankreich, den Bundesrat im Deutschen Reich oder das Oberhaus, das House of Lords, in Großbritannien. In vielen Fällen hatten diese Kammern erhebliche Vollmachten bei der Gesetzgebung, d. h. sie konnten Gesetzesvorlagen der Volksvertretungen modifizieren, blockieren oder sogar ablehnen. Im Falle des Deutschen Reiches konnte der Bundesrat durch Ablehnung die Änderung bestimmter Gesetze sowie der Reichsverfassung selbst verhindern. In England hatte das Oberhaus die Möglichkeit, die im Unterhaus erarbeiteten Finanzvorlagen durch sein Veto zurückzuweisen oder bis zur Unkenntlichkeit zu verändern. Eben dieses Vetorecht wurde durch die „Parliament Bill" vom 18. August 1911 beseitigt, welche das absolute Veto des Oberhauses in ein suspensives, also lediglich aufschiebendes, verwandelte. Die Tatsache, dass nach langen und heftigen Auseinandersetzungen ein großer Teil des Oberhauses selbst diesem Gesetz und damit einer weiteren Verlagerung der politischen Entscheidungen auf die gewählten Vertreter der Nation zustimmte, ist zugleich ein deutlicher Beleg dafür, dass man sich auf Dauer den auf eine politische Mitsprache immer größerer Teile der Bevölkerung deutenden Zeichen der Zeit kaum mehr verschließen konnte. Diese Tendenz wurde auch und vor allem auf dem Gebiet des Wahlrechts sichtbar.

 Noch in den 80er Jahren des 19. Jahrhunderts war die Mehrzahl der Bürger in Europa nicht wahlberechtigt. Frauen waren grundsätzlich von der Wahl ausgeschlossen, und das Wahlrecht der Män-

Parliament Bill 1911

Ausweitung des Wahlrechts

ner war durch verschiedene Bestimmungen z. T. erheblich eingeschränkt. Ausnahmen bildeten lediglich die Republiken Frankreich und Schweiz sowie, und das mag auf den ersten Blick überraschen, der konservative Kaiserstaat Deutsches Reich. Der Reichstag als Volksvertretung wurde ebenso wie die Parlamente Frankreichs und der Schweiz in allgemeiner, gleicher, geheimer und direkter Wahl der volljährigen Männer gewählt. In allen anderen Ländern – aber z. B. auch innerhalb Preußens, wo das Dreiklassenwahlrecht die Wahlen zum preußischen Abgeordnetenhaus (nicht zum Reichstag) regelte – war das Wahlrecht der Männer durch verschiedene Kriterien, wie z. B. die Höhe der Steuerleistung oder die Fähigkeit des Lesens und Schreibens, Beschränkungen unterworfen. Seit den 80er Jahren des 19. Jahrhunderts setzte hier ein entscheidender, auf die Demokratisierung des Wahlrechts abzielender Wandel ein, auch wenn sich dieser gelegentlich nur in kleinen Schritten vollzog und erst nach dem Ersten Weltkrieg abgeschlossen wurde. Das gilt insbesondere für das Wahlrecht für Frauen, das – wie gesehen – vor dem Krieg in Europa lediglich 1906 in Finnland und 1907/13 in Norwegen eingeführt worden war.

Wahlrechtsreformen in Großbritannien

1884/85 wurde in Großbritannien der Anfang auf dem Wege hin zur Einführung des allgemeinen Wahlrechts für Männer gemacht. Der „Representation of the People Act" vom 6. Dezember 1884 erweiterte das Wahlrecht auf alle männlichen Bürger, die eine eigene Haushaltung besaßen, wofür die Höhe der Mietzahlung (10 Pfund jährlich) ausschlaggebend war. Indem damit auch die bis dahin noch weitgehend von der Wahl zum Unterhaus ausgeschlossene Landbevölkerung zu Wahlberechtigten wurde, stieg deren Zahl von 3 auf 5 Millionen, etwa 28,5 % der erwachsenen Bevölkerung, an. Der „Redistribution of Seats Act" vom 25. Juli 1885 stellte möglichst gleiche Einmann-Wahlkreise her. Nicht mehr die historisch gewachsene Gemeinde, sondern die Größe des Wahlkreises bildete fortan die Basis für die Parlamentsvertretung, wodurch z. B. alle Boroughs mit weniger als 15.000 Einwohnern ihren Parlamentssitz verloren. Ausnahmen, d. h. Zweimann-Wahlkreise, gab es vor allem noch in Gemeinden mit mehr als 50.000 Einwohnern und in Universitätsstädten. Im strengen Sinne brachten diese Reformgesetze, die bis 1918 gültig bleiben sollten, zwar insofern nicht das allgemeine Wahlrecht, als dieses nach wie vor von einem sozialen bzw. wirtschaftlichen Kriterium, nämlich einem eigenen Haushalt, abhängig war. Aber der Kreis der Wahlberechtigten wurde doch erheblich erweitert, eine Tendenz, die sich in den folgenden Jahren auch in anderen europäischen Staaten durchsetzte: Gemäß der Verfassungsänderung vom 7. August 1893 wurde in Belgien das allgemeine Wahlrecht eingeführt, das allerdings durch das Mehrstimmenwahlrecht eingeschränkt war, d. h. unter gewissen sozialen bzw. wirtschaftlichen Voraussetzungen hatte ein Bürger zwei oder drei Stimmen. Immerhin verzehnfachte sich die Zahl der Wahlberechtigten. Ähnliches gilt für die Ausdehnung des niederländischen Wahlrechts durch das Wahlgesetz vom 9. September 1896, das gleichfalls bestimmte Kriterien wie Steueraufkommen, Höhe des Lohns etc. festlegte, aber die Zahl der Wahlberechtigten auf fast 50 % der männlichen Bevölkerung über 25 Jahre erhöhte. Eine grundsätzliche Änderung des Wahlrechts gab es aufgrund des Gesetzes vom 26. Januar 1907, der sogenannten Beck'schen Wahlreform, auch in Österreich: Das alte Zensuswahlrecht wurde abgeschafft und die Abgeordneten wurden in unmittelbaren Volkswahlen, und zwar in Einmann-Wahlkreisen, gewählt. Eine gewisse Einschränkung erfuhr das Prinzip des allgemeinen und gleichen Wahlrechts dadurch, dass insbesondere die Deutschen gegenüber den anderen Bevölkerungsgruppen Österreichs insofern bevorzugt wurden, als man den Prozentsatz der Abgeordnetensitze entsprechend dem Steueraufkommen festsetzte. Dadurch erhielten die vorwiegend von Deutschen besiedelten Teile Österreichs 45 % der Mandate, obgleich ihr Anteil an der Bevölkerung nur 35 %, aber ihr Anteil an der Steuerleistung 63 % betrug. Im ungarischen Teil der Habsburgermonarchie blieb es dagegen für die Wahl zum Budapester Reichstag bei einem der restriktivsten Wahlsysteme überhaupt, bei dem auch 1914 lediglich etwa 8 % der Bevölkerung wählen durften und zudem die ungarischen Einwohner stark bevorzugt waren. Ein nahezu allgemeines Wahlrecht für Männer über 21 wurde dagegen durch das Wahlgesetz vom 30. Juni 1912 in Italien eingeführt. Ausgeschlossen waren diejenigen unter 30, die weder den unteren Volksschulabschluss vorweisen konnten noch den Militärdienst abgelegt hatten. Zusammenfassend kann man feststellen, dass die Demokratisierung des Wahlrechts in Europa vor 1914 im Allgemeinen, jedenfalls für Männer, massiv voranschritt. Zwar war das allgemeine Wahlrecht bei Kriegsausbruch keineswegs überall institutionalisiert, aber die Tendenz, immer größere Teile der Bevölkerung durch Zulassung zu den Volkswahlen an der politischen Mitsprache zu beteiligen, war unverkennbar.

Österreich-Ungarn

Parteiengeschichte

Wie sehr das Zeitalter des Imperialismus eine Epoche des Übergangs bzw. des Umbruchs gewesen ist, zeigt sich einmal mehr im Wandel der Parteienlandschaft, die aufs engste mit der Entwicklung des Wahlrechts verbunden war. Grundsätzlich wurde das Bild von drei Parteitypen geprägt, den Konservativen, den Liberalen und den Sozialisten. Eine gewisse Zwischenstellung nahmen zudem in einigen Ländern die christlichen bzw. christlich-sozialen Parteien ein, die sich – wie etwa das deutsche „Zentrum" oder die „Christlich soziale Arbeiterpartei" Österreichs – trotz ihres konservativen Erbes und ihrer dadurch geprägten Grundüberzeugungen vor 1914 insbesondere in ihren sozialpolitischen Forderungen teilweise auf Positionen zubewegten, die sonst eher in linksliberalen und sozialistischen Parteien zu finden waren. Typisch für die Entwicklung des europäischen Parteiensystems ist überdies, dass sich gelegentlich die Konturen zwischen den einzelnen Parteien zu verwischen begannen. Das gilt sowohl für eine gewisse Annäherung des Rechtsliberalismus an den Konservativismus als auch für die in einigen Ländern, wie beispielsweise Großbritannien oder dem Deutschen Reich, zu beobachtende partielle Kooperation zwischen links-liberalen und sozialistischen Parteien. Überall ist schließlich eine Professionalisierung der Parteiarbeit festzustellen. In Zeiten einer ins Millionenfache ausgeweiteten Wählerschaft und einer durch Massenauflagen bestimmten politischen Medienlandschaft brauchte es feste Strukturen und Apparate, um in der Konkurrenz um die Stimmen der Wähler bestehen zu können.

„Liberales Zeitalter"

Die Tatsache, dass das 19. Jahrhundert auch als das „liberale Zeitalter" bezeichnet wird, verweist auf die großen Erfolge der liberalen Bewegung, die sich etwa in der Formierung des italienischen und des deutschen Nationalstaates sowie im Vordringen des Parlamentarismus dokumentiert hatten. Aber wie so häufig, wenn eine politische Partei oder Bewegung ihre wichtigsten Ziele erreicht hat und überdies die politische Verantwortung mitträgt, begannen sich seit den 70er Jahren des 19. Jahrhunderts bei den liberalen Parteien erste Zerfalls- bzw. Zersplitterungserscheinungen bemerkbar zu machen. Nicht zufällig korrespondierte dieser Prozess mit jenem anderen, von dem bereits die Rede war, nämlich dem Ausdifferenzierungsprozess des Bürgertums, also des Trägers der liberalen Bewegung, der sich in eben dieser Zeit beschleunigt fortsetzte. Diese Krise des Liberalismus wurde durch einige Tendenzen der Zeit beschleunigt, welche die liberalen Parteien vor die grundsätzliche

Frage der Vereinbarkeit ihrer politischen Vorstellungen und Ideen mit solchen Tendenzen stellten und im Ergebnis die bestehende Kluft zwischen Rechts- und Linksliberalismus weiter vertieften, ja gelegentlich solche Spaltungen erst hervorriefen. Solche Probleme stellten sich in den Angelegenheiten des Schutzzolls, der staatlichen Sozialpolitik und des Verhältnisses von Staat und Kirche. Letzteres galt vor allem für das Deutsche Reich, Italien und Frankreich. In allen Fällen sahen sich die Liberalen mit der grundsätzlichen Frage konfrontiert, inwieweit sich die Eingriffe des Staates mit ihren Prinzipien vereinbaren ließen, die sich ja traditionell an der Maxime orientierten, den wirtschaftlichen, gesellschaftlichen und kulturellen Kräften eine möglichst große Eigenentwicklung zuzugestehen. Ähnliches gilt für die Haltung der liberalen Bewegung zum Imperialismus. Einerseits waren prominente Liberale wie Giovanni Giolitti in Italien, Jules Ferry in Frankreich, Gustav Stresemann in Deutschland oder die Exponenten des liberalen Imperialismus in Großbritannien, wie Edward Grey, Richard Haldane und Herbert Asquith, überzeugte Anhänger und Protagonisten einer aktiven Kolonialpolitik ihrer Länder. Andererseits meldeten namentlich die Linksliberalen einiger Staaten Kritik am modernen Imperialismus an, so beispielsweise der Engländer John A. Hobson in seinem 1902 publizierten Buch „Imperialism".

Die eigentlichen, seit den 1870er und 80er Jahren immer offenkundiger werdenden Probleme des Liberalismus lagen aber gewissermaßen unterhalb dieser tagespolitischen Fragen: Die liberalen Parteien mussten sich in dem Augenblick, als die von ihnen geforderte Etablierung des Rechts- und Verfassungsstaates in einem hohen Maße abgeschlossen war, geradezu zwangsläufig und trotz aller Kritik an noch vorhandenen Unzulänglichkeiten auf die Verteidigung dieses Staates einstellen. Sie wurden damit zusehends zu bewahrenden, also, wenn man so will, zu „konservativen" Kräften. Parallel und mit dieser Entwicklung sicher zusammenhängend, stellte der Aufstieg eigenständiger Arbeiterparteien die Liberalen vor Probleme. Bis dahin konnten sich diese auch als Vertreter unterprivilegierter Bevölkerungsgruppen darstellen. Nun sprachen diese zunehmend für sich selbst und entzogen den liberalen Parteien Wähleranteile. Solche allgemeinen Tendenzen schlugen sich in den konkreten Wahlergebnissen sowie in der Geschichte der jeweiligen liberalen Parteien angesichts der variierenden Wahlsysteme sowie politischen Traditionen naturgemäß unterschiedlich nieder.

Krise des Liberalismus

In Großbritannien gelang es den Liberalen bis zum Ersten Weltkrieg wohl am besten, weiterhin als eine Partei zu gelten, die für die Emanzipation unterprivilegierter Bevölkerungsgruppen eintrat. Der Niedergang der britischen Liberalen vollzog sich dann nach dem Ersten Weltkrieg umso schneller. In Deutschland nahmen die Stimmanteile der Liberalen dagegen schon im Zeitalter des Imperialismus im Vergleich zum Beginn des Kaiserreichs deutlich ab. Hatten sie in den ersten beiden Wahlen nach der Reichsgründung noch 40 % oder mehr erreicht, lagen sie ab 1893 nur noch bei etwa 25 % oder weniger. Statt über 200 saßen nun weniger als 100 Liberale im Berliner Parlament. In Frankreich war dagegen der Trend der Liberalen zu einer bewahrenden politischen Kraft besonders gut zu erkennen. Gerade seit der Jahrhundertwende rückten große Teile von ihnen deutlich in die Mitte bzw. ins Mitte-rechts-Spektrum der politischen Parteien.

Konservatismus   Sich den Zeichen der Zeit zu stellen – allen voran dem liberalen Verfassungs- und Rechtsstaat, der Schwächung monarchischer bzw. aristokratischer Vorrechte sowie dem Trend zu Partizipation und Demokratisierung – darin bestand auch die Herausforderung der Konservativen. Sie waren darin – manchmal vielleicht etwas überraschend – durchaus erfolgreich. So mussten die konservativen Parteien ihre Anhängerschaft über ihre Stamm-Klientel hinaus vor allem in den Reihen des Bürgertums noch stärker erweitern. Tatsächlich gelang es ihnen, insbesondere Teile des Großbürgertums zu sich herüberzuziehen. Überdies näherten sich einige liberale Parteien, wie beispielsweise die deutschen Nationalliberalen, in manchen Punkten durchaus konservativen Positionen an und gingen gelegentlich, wie im sogenannten Bülow-Block der Jahre 1907 bis 1909, ein formelles Bündnis mit den Konservativen ein. In anderen Fällen, wie dem der englischen „Unionisten", liefen Teile der liberalen Partei seit den 1880er Jahren sogar zur konservativen Partei über, die seit dem 1912 auch offiziell gemachten Zusammenschluss „Conservative and Unionist Party" hieß (und bis heute so heißt).

Neben der Erweiterung ihrer Anhängerschaft bestand eine zweite Möglichkeit für die Konservativen, auf die neuen Entwicklungen zu reagieren, in der allmählichen inhaltlichen Anpassung an eben diese neue Situation. Hier wurden verschiedene Wege eingeschlagen. In Deutschland bedeutete die Anpassung, sich endgültig mit dem 1871 gegründeten Nationalstaat abzufinden, den viele Konservative wegen des damit verbundenen Bedeutungsverlusts der

Monarchien der Einzelstaaten zunächst abgelehnt hatten: „Wir wollen", so heißt es im revidierten Programm der 1876 neugegründeten „Deutsch-Konservativen Partei" vom Dezember 1892, „die für unser Vaterland gewonnene Einheit auf dem Boden der Reichsverfassung in nationalem Sinne stärken und ausbauen."[7] Ein anderer Weg, den einige konservative Parteien einschlugen, um sich an die neuen Verhältnisse anzupassen und damit für breitere Schichten der Bevölkerung wählbar zu werden, bestand darin, auf deren Probleme einzugehen und sich ihre Forderungen in einigen Punkten zu eigen zu machen. Das gilt insbesondere für die traditionsreiche Konservative Partei Großbritanniens. Namentlich seit der Amtszeit des Premierministers Disraeli (1874–1880) begann sie sich von einer mehr oder weniger exklusiven Honoratiorenpartei zu einer breiten Volkspartei zu entwickeln. Über das ganze Land verbreitete Parteiorganisationen schufen die Voraussetzungen. Lord Randolph Churchill hat dafür dann den Begriff der „Tory Democracy" geprägt. Spätestens der Wahlerfolg der „Labour Party" im Jahre 1906 zwang die Konservativen, auf die Anliegen und Forderungen der Arbeiter namentlich bei der staatlichen Sozialpolitik zu reagieren. Damit trugen sie zugleich den sozialen und politischen Folgen jener Entwicklung Rechnung, die durch die industrielle Revolution eingeleitet worden war und die auf eine politische Mitsprache immer weiterer Kreise der Bevölkerung zulief. Diese Haltung der Konservativen Partei, aber auch der englischen Liberalen, ist sicher einer der Gründe für den zunächst überraschenden Befund, dass es ausgerechnet in Großbritannien, also dem Mutterland der Industrialisierung, keine große sozialistische Partei mit klassenkämpferischem Anspruch gegeben hat.

Die soziale Basis der sozialistischen Parteien, deren enormer Aufstieg das Bild der europäischen Parteienlandschaft im Zeitalter des Imperialismus wohl am deutlichsten geprägt hat, bestand in erster Linie in dem ständig anwachsenden Riesenheer der neuen Industriearbeiterschaft. Diese hatte im Wesentlichen zwei Möglichkeiten, ihre Forderungen durchzusetzen, zum einen den Weg der gewerkschaftlichen Organisation und zum anderen die Option, sich durch eine eigene Partei auch parlamentarisch Gehör zu verschaf-

Sozialistische und Sozialdemokratische Parteien

---

[7] Tivoli-Programm der Deutsch-Konservativen Partei, in: Wilhelm Mommsen/ Günther Franz, Deutsche Parteiprogramme I: Die konservativen Parteien von den Anfängen bis 1918. Leipzig and Berlin 1932, S. 25–27.

fen. Der große Erfolg der sozialistischen Parteien zeigte sich in ihren sich zusehends verbessernden Wahlergebnissen. Wie bei den konservativen und liberalen sind nun freilich auch und gerade bei den sozialistischen Bewegungen Europas erhebliche Unterschiede zu erkennen. Gemeinsam war ihnen in der Regel neben einer klaren Programmatik von vornherein der Aufbau einer durchgebildeten Organisation, durch welche sie sich von den Parteien konservativen und liberalen Zuschnitts unterschieden und die einen nicht unerheblichen Anteil an den Erfolgen der sozialistischen Parteien trug.

SPD Das gilt insbesondere für die bereits kurz vorgestellte deutsche Sozialdemokratie, die sich zur stärksten sozialistischen Partei Europas entwickelte. Der Grund ist vor allem darin zu sehen, dass die sozialistische Bewegung in Deutschland nicht in verschiedene, sich wie in einigen anderen Ländern heftig befehdende Flügel zerfiel und dass die internen ideologischen Auseinandersetzungen der SPD bis 1914 im Grunde zu keinem Zeitpunkt die Einheit der Partei ernsthaft gefährdeten. In der Präambel des Erfurter Programms vom 21. Oktober 1891 heißt es: Die „Sozialdemokratische Partei Deutschlands", wie sie sich jetzt nannte, „kämpft [...] nicht für neue Klassenprivilegien und Vorrechte, sondern für die Abschaffung der Klassenherrschaft und der Klassen selbst und für gleiche Rechte und gleiche Pflichten ohne Unterschiede des Geschlechts und der Abstammung. Von diesen Anschauungen ausgehend bekämpft sie in der heutigen Gesellschaft nicht bloß Ausbeutung und Unterdrückung der Lohnarbeiter, sondern jede Art der Ausbeutung und Unterdrückung, richte sie sich gegen eine Klasse, eine Partei, ein Geschlecht oder eine Rasse."[8] Vor allem die dieser Präambel folgenden Einzelforderungen lassen sehr deutlich werden, dass sich die SPD, jedenfalls in der Theorie und verglichen mit dem Gothaer Programm des Jahres 1875, zu einer sozialistischen Partei mehr oder weniger streng marxistischer Observanz entwickelte. Die insbesondere von Eduard Bernstein unternommenen Versuche, der Partei eine stärker reformistische Ausrichtung zu geben, wurden auf den Parteitagen der Jahre 1899 und 1903 eindeutig zurückgewiesen. Tatsächlich hat aber die SPD trotz aller klassenkämpferischen Parolen alles in allem bis 1914 den Weg der parlamentarischen Arbeit einge-

---

[8] Programm der Sozialdemokratischen Partei Deutschlands, beschlossen auf dem Parteitag zu Erfurt 1891, Berlin 1891, S. 1.

halten, also versucht, auf diese Weise die Interessen der Arbeiterschaft einzuklagen und Verbesserungen ihrer Lage zu erreichen. Dass sie diesen Kompromisskurs zwischen marxistischer Programmatik und parlamentarischer Arbeit durchhielt und dabei bzw. eben deshalb ihre Einheit bis in den Krieg hinein bewahren konnte, war vor allem das Verdienst des langjährigen Vorsitzenden August Bebel. Die Erfolge der Partei zeigten sich bei den Reichstagswahlen. Hier konnte die SPD ihren Stimmenanteil von gut 10 % im Jahre 1887 auf fast 35 % im Jahre 1912 steigern. Sie wurde damit zur stärksten Fraktion im deutschen Parlament.

Die SPD war in den beiden Jahrzehnten vor Kriegsausbruch nicht nur die stärkste sozialistische bzw. Arbeiterpartei Europas, ihre Entwicklung hatte auch Vorbildcharakter für die sozialistischen Bewegungen anderer Länder, wie diejenigen Italiens oder Frankreichs und insbesondere für die „Sozialdemokratische Arbeiterpartei" Österreichs, die sich um die Jahreswende 1888/89 auf dem Hainfelder Parteitag unter Führung von Victor Adler als geschlossene Bewegung konstituierte. Zuvor war es zu heftigen Auseinandersetzungen zwischen einer gemäßigten und einer radikalen Fraktion sowie einer starken anarchistischen Richtung gekommen. Auch die österreichischen Sozialdemokraten verfolgten trotz ihrer orthodox-marxistischen Programmatik einen den österreichischen Gegebenheiten angepassten parlamentarischen Kurs. Freilich gelang es nie, eine über den verschiedenen Nationalitäten der Doppelmonarchie Österreich-Ungarns stehende sozialistische Gesamtpartei zu konstituieren.
Andere Länder

In Frankreich gab es erst seit dem Ende der 1890er Jahre Versuche mehrerer sozialistischer Gruppierungen unterschiedlicher ideologischer Provenienz, sich organisatorisch zu einigen. Sie wurden aber vorerst im Keim erstickt, als Alexandre Millerand aus dem Kreis der Unabhängigen Sozialisten – im Übrigen ohne Absprache mit seiner Partei – 1899 als Minister für Handel und Industrie in das Ministerium Waldeck-Rousseau eintrat, was erheblichen Aufruhr bei weiten Teilen der sozialistischen Bewegung hervorrief. Der Einigungsprozess der französischen Sozialisten erfolgte dann in zwei Schritten. Zunächst entstanden zwei Parteien, 1901 der radikalere „Parti Socialiste de France" und 1902 der auf einen reformistischen Kurs ausgerichtete „Parti Socialiste Français", geführt von Jean Jaurès. Unter dem Eindruck der Politik Millerands, der später ins bürgerliche Lager übertrat, sowie der allgemeinen Radikalisie-
Frankreich

rung der sozialistischen Bewegung machte Jaurès den Weg für die Bildung einer geschlossenen sozialistischen Partei frei: Im April 1905 wurde in Paris die „Section française de l'Internationale ouvrière" gegründet.

Italien — Vergleichbare Verhältnisse sind in Italien zu beobachten. Auch hier kam es zunächst zu teilweise schweren Auseinandersetzungen zwischen einer reformistischen Richtung und einer revolutionären Gruppe mit anarchistischem Einschlag. Ähnlich wie die sozialistischen Parteien Deutschlands, Österreichs oder seit 1905 die „Section française de l'Internationale ouvrière" gab sich dann auch der 1892/93 unter maßgeblicher Leitung von Filippo Turati gegründete „Partito Socialista Italiano" ein streng marxistisches Programm, verfolgte aber den Kurs parlamentarischer Einwirkung auf die Politik. Freilich beteiligte auch er sich nicht an der Regierung, obwohl ihm zweimal, in den Jahren 1903 und 1911, vom Ministerpräsidenten Giovanni Giolitti ein entsprechendes Angebot unterbreitet wurde.

Arbeiterparteien in Großbritannien — Im Unterschied zu den sozialistischen Parteien des Festlands bestand das erste Anliegen der englischen Arbeiterpartei nicht in der Formulierung eines starren Programms, sondern zunächst einmal im Aufbau einer leistungsfähigen Organisation, um die Voraussetzungen für den Eintritt in die Politik zu schaffen. Der gelang ihr dann vergleichsweise schnell: Bei den Wahlen des Jahres 1906 konnte das im Jahr 1900 gegründete „Labour Representation Committee" von 56 aufgestellten Kandidaten 29 als Abgeordnete in das Unterhaus entsenden. Allerdings erhielt es dabei deutliche Unterstützung durch die Liberalen, die ihrerseits bereits seit den 1870er Jahren Arbeiter-Vertretern die Möglichkeit eröffnet hatten, Parlamentssitze einzunehmen. Erst unter dem Eindruck dieser Erfolge formierte sich die „Labour Party", wie sie sich seit 1906 nannte, zu einer Partei im strengen Sinne des Wortes. Sie hat sich von vornherein auf den parlamentarischen Kurs reformerischer Politik festgelegt und von einer radikalen Programmatik abgesehen.

Russland — In jeder Hinsicht anders lagen die Verhältnisse in Russland. Hier waren zunächst einmal die Voraussetzungen für die Gründung einer sozialistischen bzw. Arbeiterpartei deshalb besonders ungünstig, weil diese wie alle Parteien bis 1905 verboten war und weil überdies die Arbeiterschaft angesichts der relativ spät einsetzenden Industrialisierung des Zarenreiches nur eine vergleichsweise schmale Schicht der russischen Bevölkerung darstellte. Die „Russische Sozialdemokratische Arbeiterpartei" hatte sich 1898 im Untergrund konstituiert. Auch hier gab es zunächst heftige Auseinandersetzungen zwischen einer revolutionären und einer reformistischen Fraktion. Die Entscheidung fiel im Jahre 1903 auf dem zunächst in Brüssel, dann in London tagenden Exilkongress der Partei. Die Mehrheit der Delegierten, für die dann die Bezeichnung „Bolschewiki" aufkam, schloss sich dem von Wladimir Iljitsch Lenin ausgearbeiteten Programm an, das die Beseitigung des Privateigentums und die „Diktatur des Proletariats" als nächste notwendige Stufen der revolutionären Entwicklung vorsah. Lenin entwarf das Konzept einer straff organisierten Partei von Berufsrevolutionären, die nötigenfalls das Proletariat zur Aktivität zwingen müsse. Der endgültige Bruch zwischen den „Bolschewiki" und den „Menschewiki", wie die 1903 unterlegene Fraktion genannt wurde, erfolgte dann auf dem Exilkongress der Partei in Prag 1912. In der 4. Duma traten die beiden Parteien erstmals getrennt auf: Allerdings waren sie mit je sieben von insgesamt 442 Abgeordneten fast bis zur Bedeutungslosigkeit geschrumpft. Immerhin ist es bemerkenswert, dass auch die revolutionäre russische Arbeiterpartei nach 1906 im Parlament vertreten war, wenn auch ihre wichtigsten Protagonisten im Exil lebten.

Bei aller Verschiedenheit in der Entwicklung der einzelnen nationalen sozialistischen Parteien Europas lassen sich gleichwohl einige Gemeinsamkeiten feststellen. Zum Beispiel ergibt sich der interessante Befund, dass zwar fast alle großen sozialistischen bzw. sozialdemokratischen Parteien Europas – wiederum England ausgenommen – das marxistische Programm einer Umwälzung der Produktionsverhältnisse auf ihre Fahne schrieben, tatsächlich aber in der Tagespolitik den parlamentarischen Kurs allmählicher Reformen verfolgten. Die Entwicklung der SPD hatte dabei für viele andere europäische Parteien Vorbildcharakter. Erst unter dem Eindruck des Krieges und der Unzufriedenheit großer Teile der Bevölkerung konnten sich in einigen europäischen Ländern die revolutionären Kräfte, jedenfalls vorübergehend bzw. im russischen Falle endgültig, durchsetzen. Ein weiteres Merkmal der sozialistischen Bewegung in Europa ist ihr gemeinsames Scheitern im Sommer 1914. In dem Augenblick, als aus der Perspektive der Zeitgenossen die Existenz bzw. das Prestige des eigenen Staates gefährdet schien, brachen alle Bemühungen um ein gemeinsames Vorgehen der sozialistischen Parteien gegen den Kriegseintritt ihrer Länder in sich zusammen. Auch das Ende Juli 1914 in Brüssel tagende Büro der 1889

Resümee

gegründeten „Zweiten Internationale", die eine übergeordnete Organisation der sozialistischen Parteien war und deren Programmatik seit ihrem Amsterdamer Kongress des Jahres 1904 deutlich von der SPD geprägt wurde, vermochte diese Entwicklung nicht zu verhindern.

<small>Politische Themen in Europa</small>

Sieht man abschließend auf wichtige Themen in der europäischen Politik der Jahrzehnte vor 1914, spielten der Nationalismus und darauf gegründete Forderungen sicher eine herausragende Rolle. Mit dem Versprechen, die Stärke der eigenen Nation zu sichern und auszubauen, ließen sich ohne Zweifel überall Wählerstimmen gewinnen. Und so hat es in praktisch allen Ländern Wahlkämpfe gegeben, in denen die nationalistische Stimmung hochkochte, sei es während der Dreyfus-Affäre in Frankreich oder 1900 bei den sogenannten Khaki-Wahlen in England während des britischen Burenkrieges in Südafrika und den Wahlen von 1907 in Deutschland, in denen der Kolonialkrieg in Deutsch-Südwestafrika von der Reichsregierung zu einer besonders nationalistisch aufgeladenen Wahlkampagne genutzt wurde. Überhaupt nahmen, das ergeben Medienanalysen der Zeit, im weitesten Sinne außenpolitische Themen im Zeitalter des Imperialismus einen erheblichen Stellenwert in den politischen Diskussionen ein. Selbstverständlich spielten aber auch ökonomische Fragen eine Rolle, wobei Zollpolitik, Fragen der Landwirtschaft oder – nicht zuletzt von den Parteien auf der radikalen rechten Seite geschürt – die Kritik an dem sich entfalteten internationalen Finanz- und Börsenwesen oder an der sich weiter ausweitenden industriellen Produktion, die die Fertigung in Handwerksbetrieben bedrohte, wichtige Streitpunkte bildeten.

<small>Thema Sozialpolitik</small>

Gerade in den letzten Jahren vor 1914 ging es darüber hinaus vielerorts einmal mehr um die Wege der staatlichen Sozialpolitik. Nachdem im Deutschen Reich in den 1880er Jahren mit der Kranken-, Unfall- sowie der Invaliditäts- und Altersversicherung ein in dieser Form neues nationales Sozialversicherungssystem eingeführt worden war (für bestimmte Berufsgruppen gab es verpflichtende soziale Sicherungssysteme bereits zuvor), kam es auch in vielen anderen Ländern zum Aufbau nationaler staatlicher Sozialsysteme. Am stärksten am deutschen Modell orientierte sich Österreich, wo 1887, 1888 und 1906 ebenfalls verpflichtende Unfall-, Kranken- und Rentenversicherungen eingeführt wurden. In anderen Ländern kam es zu einer Mischung aus Zwangsversicherungen und Zuschüssen für freiwillig Versicherte. So in Frankreich und Italien, wo es jeweils seit 1898 Pflichtversicherungen für Unfälle gab, es bei Krankheit aber bei der Subventionierung von freiwilligen Versicherungen blieb. Starke Rentenversicherungen wiederum führten die beiden skandinavischen Länder Dänemark (1891) und Schweden (1913) ein. Das schwedische System von 1913 kann dabei als die erste Rentenversicherung gelten, die tatsächlich die gesamte Bevölkerung umfasste. Typisch war ansonsten, dass die Versicherungen zunächst nur für eng begrenzte Gruppen (bestimmte Industriearbeiter oder Einkommensgruppen) eingeführt wurden, dann aber nach und nach eine Ausdehnung auf weitere Teile der Bevölkerung fanden. Während in West-, Mittel- und Nordeuropa die moderne Sozialstaatlichkeit begann, blieb es in den meisten süd-, ost- und südosteuropäischen Ländern höchstens bei ersten Ansätzen. In Großbritannien, wo seit 1897 für bestimmte Bereiche eine verpflichtende Unfallversicherung existierte, bemühte sich das 1906 ins Amt gekommen liberale Kabinett um einen systematischen Ausbau des Sozialstaats. 1908 war eine steuerfinanzierte Rente für Bedürftige eingeführt worden. 1911 folgte mit dem „National Insurance Act" eine Kranken- und Arbeitslosenversicherung, die Millionen von Arbeitnehmern umfasste und die sich aus Beiträgen von Arbeitnehmern, Arbeitgebern sowie aus staatlichen Zuschüssen, also wiederum Steuergeldern, finanzierte. Großbritannien war somit das erste Land, das die bis dahin drei Säulen der Sozialversicherungssysteme (Unfall, Alter, Krankheit) auf die Arbeitslosigkeit ausweitete. Die meisten anderen Staaten folgten darin erst nach dem Ersten Weltkrieg.

Der Beginn des europäischen Sozialstaatsmodells vor dem Ersten Weltkrieg gehört in den größeren Kontext der Ausweitung der Staatstätigkeit in den Jahrzehnten vor 1914. Auch in Bereichen der Schulpflicht, die nun noch einmal stärker durchgesetzt wurde, der nun systematischen Heranziehung der jungen Männer zur Wehrpflicht, bei Eingriffen in die Wirtschaft, sei es mit Zöllen oder bei der Kontrolle von Unternehmen, bei der Erfassung von Daten und Statistiken und eben auch im Sozialbereich – überall weitete der Staat seine Tätigkeit weiter aus. Verbunden damit waren nicht nur ein erheblicher Ausbau der Bürokratien auf zentralen, regionalen und lokalen Ebenen, sondern auch erhebliche Kosten. Im Deutschen Reich etwa machten die staatlichen Sozialausgaben am Vorabend des Ersten Weltkriegs immerhin knapp 3 % der wirtschaftlichen Gesamtleistung aus. Zu Beginn des Kaiserreichs hatten sie bei

Ausweitung der Staatstätigkeit

Militärhaushalte und Verteilungskämpfe

unter 1 % gelegen. Besonders deutlich wird das Wachstum der Kosten gerade in diesem Bereich, vergleicht man den Anteil der Sozialausgaben an den Staatsausgaben insgesamt mit denen des Militärhaushalts, dem im 19. Jahrhundert überall bei weitem größten staatlichen Ausgabenposten. Blieb der Anteil der Militärausgaben an den Staatsausgaben im Reich zwischen den 1880er Jahren und den letzten Jahren vor dem Ersten Weltkrieg relativ stabil bzw. sank sogar leicht von 27,9 % im Zeitraum 1880–1884 auf 26,9 % in den Jahren 1910–1913, stiegen die Sozialausgaben im selben Zeitraum von 9,6 auf 18,6 % und verdoppelten sich somit fast. Solche Zahlen erklären, warum es in Haushaltsdebatten vor dem Ersten Weltkrieg immer häufiger zu Verteilungskämpfen zwischen Militär- und Sozialausgaben kam. Das galt auch für Großbritannien, wo der Anteil der Sozialausgaben inzwischen bei circa 4 % des Bruttosozialprodukts lag und wo Finanzminister Lloyd George erst nach heftigen Kämpfen und dem langen Widerstand des Oberhauses sein sogenanntes „People's Budget", das zur Finanzierung des Sozialstaats Steuererhöhungen für Wohlhabendere vorsah, durch das Parlament brachte. Es war dieser lange Widerstand gegen das „People's Budget", das ein Jahr später zur erheblichen Entmachtung des Oberhauses im bereits erwähnten „Parliament Act" von 1911 führte. So gesehen, gehörten der Ausbau des Sozialstaats sowie der Trend zur Demokratisierung zusammen.

6 Europa und die Welt: Der Hochimperialismus und die europäischen Gesellschaften in den Jahrzehnten vor dem Ersten Weltkrieg

Aktualität und Geschichte des Themas

„Domination and inequities of power and wealth are perennial facts of human society. But in today's global setting they are also interpretable as having something to do with imperialism, its history, its new forms. The nations of contemporary Asia, Latin America, and Africa are politically independent but in many ways are as dominated and dependent as they were when ruled directly by European powers" (Said, Culture and Imperialism, 1994, S. 20). Was der palästinensische Literaturwissenschaftler Edward Said in seiner Studie „Culture and Imperialism" auf inzwischen klassische Weise beschrieb, galt in den ersten Jahrzehnten des 21. Jahrhunderts vielleicht sogar noch mehr: Kein anderer Aspekt der Zeit um 1900 scheint so sehr in der heutigen Welt nachzuwirken wie der Imperialismus. Das betrifft weiter bestehende ökonomische und politische Asymmetrien zwischen der industriellen Welt im Norden sowie weiten Teilen des globalen Südens, es betrifft aber auch Vorstellungen und Bilder voneinander oder das, was Said an anderer Stelle als „cultural influence" (Ebd., S. 6) des Imperialismus auf die Gegenwart bezeichnet hat. Dabei begann dieser bekanntlich keineswegs im späten 19. Jahrhunderts. Das europäische Ausgreifen in die Welt sah zu diesem Zeitpunkt längst auf eine jahrhundertelange Geschichte zurück. Und dennoch erreichte es in den Jahrzehnten vor 1914 eine bis dahin nicht gekannte Intensität. Diese betraf die kolonisierten Gebiete ebenso wie die Gesellschaften in Europa selbst und produzierte Auswirkungen, die bis heute zu spüren sind.

Die Unterschiede zu vorangegangenen Phasen des Kolonialismus bestanden dabei in mindestens vier Punkten. Es betrieben nun *erstens* auch Länder, die zuvor kaum oder vor allem indirekt an der europäischen Expansion beteiligt gewesen waren, eine imperialistische Politik. Neben traditionellen Kolonialmächten wie Großbritannien, Frankreich oder den Niederlanden betraf dies nun ebenso das Deutsche Reich, Italien, Belgien oder – wenn auch mit überschaubarem Erfolg – Österreich-Ungarn. In den letzten Jahren vor der Jahrhundertwende traten mit den USA und Japan dann zwei außereuropäische Staaten in den Kreis der Kolonialmächte ein. Damit eng verbunden ist ein *zweiter* Punkt: Eine aktive Kolonialpolitik schien seit dem ausgehenden 19. Jahrhundert zu einer autonomen Außenpolitik dazuzugehören. Mit anderen Worten, die Errichtung eines eigenen Kolonialreiches wurde zu einer Sache des außenpolitischen Prestiges. Gerade für Großmächte bedeutete der Erwerb von Kolonien bzw. die Errichtung von bestimmten Interessengebieten in der außereuropäischen Welt die Erlangung und/oder die Bestätigung des Status als eine der führenden Mächte in Europa bzw. der Welt. Die Kolonialpolitik des deutschen Kaiserreiches nach 1890 ist sicherlich das bekannteste und klarste Beispiel für diese Dimension, die ebenso erklären kann, warum die imperialistischen Mächte nun rund um die Welt verbissen um die Aufteilung der letzten noch kolonisierbaren Gebiete konkurrierten. Ein *drittes* Moment betrifft die Art und Weise der Herrschaft vor Ort. Im Unterschied zu früheren Phasen des Kolonialismus zielten die imperialistischen Mächte nun auf eine möglichst vollständige Durchdringung der be-

Europäische Expansion im Zeitalter des Imperialismus: Grundzüge

anspruchten Gebiete. Diese sollten gleichermaßen politisch, rechtlich und militärisch kontrolliert, infrastrukturell erschlossen, wissenschaftlich erfasst oder ökonomisch nutzbar gemacht werden. Dieser umfassende Herrschaftsanspruch bezog sich nicht auf einzelne geographische Punkte oder Orte, sondern auf möglichst große Flächen, die sich im Idealfall zu kolonialen Reichen, eben „Imperien" verbinden sollten. Der Imperialismus wurde damit Teil dessen, was der amerikanische Historiker Charles S. Maier als die moderne „Territorialisierung" beschrieben hat, nämlich der Versuch, festumgrenzte Räume möglichst vollständig und in allen denkbaren Dimensionen (politisch, rechtlich, wirtschaftlich, sozial etc.) zu durchdringen und nutzbar zu machen. Vor allem in Afrika und Asien bedeutete dies für die dem Kolonialismus ausgesetzten Gesellschaften einen bis dahin nicht erfahrenen Druck durch die imperialistischen Invasoren. Der *vierte* und letzte Punkt lenkt den Blick noch einmal auf die Gesellschaften in Europa selbst. Denn Kolonialpolitik, so die Überzeugung vieler Historiker und Historikerinnen, war im Zeitalter des Imperialismus nicht nur eine Sache weniger Politiker und Unternehmer oder der Siedler und Verwaltungen vor Ort, sie betraf vielmehr in erheblichem Maße die europäischen Gesellschaften insgesamt bzw. wirkte von den Kolonien auf diese zurück. Dies gilt nicht zuletzt für die ideologischen Grundlagen sowie die ideen- und mentalitätsgeschichtlichen Konsequenzen des Imperialismus. Unter einer solchen Perspektive war der Imperialismus Teil eines breiten kolonialen Diskurses bzw. einer kolonialen Praxis, mit denen sich die europäischen Gesellschaften ihrer vermeintlichen kulturellen und zivilisatorischen Überlegenheit versicherten und in denen sich moderne Ideologien wie ein radikaler Nationalismus oder rassistisch-biologistische Weltbilder verfestigten. Keines der genannten Momente war im ausgehenden 19. Jahrhundert völlig neu, in ihrer Kombination und verbunden mit der Tatsache, dass der auf der Industrialisierung beruhende ökonomisch-militärische Vorsprung der imperialen Staaten nun seinen Höhepunkt erreichte, führten sie aber doch zu einer neuen Qualität des europäischen Ausgreifens in die Welt.

Dass mit den 1880er Jahren ein neuer Schub imperialer Expansion begann, bedeutet allerdings nicht, dass europäische Staaten oder Unternehmen im 19. Jahrhundert nicht bereits in den Jahrzehnten vor dem Hochimperialismus im erheblichen Umfang koloniale Aktivitäten entfaltet hätten. Diese sind zum einen als Freihandelsimperialismus, zum anderen als Frühimperialismus bezeichnet worden. Freihandelsimperialismus meint, dass zwar im Vergleich zu den letzten Jahrzehnten des 19. Jahrhunderts die formale Besitzergreifung weniger im Mittelpunkt der europäischen Expansion stand, dies aber eben nicht bedeutet, dass Imperialismus in dieser Zeit nicht stattfand. Die Formen waren aber andere, eben vor allem ökonomische. Im Zeichen des Freihandels machten sich vor allem die britische Regierung sowie britische Unternehmen daran, neue Märkte für die eigenen Geschäfte „zu öffnen". Zielregionen waren Lateinamerika, aber auch China, das nach der Niederlage im Ersten Opiumkrieg von 1839–42 gegen Großbritannien seine Häfen britischen Unternehmern und in deren Gefolge auch anderen Europäern öffnen musste. Der Begriff Frühimperialismus wiederum lenkt den Blick stärker darauf, dass es auch in den Jahrzehnten nach der ersten großen Phase der europäischen Kolonialreiche, die mit der Unabhängigkeit der USA sowie der meisten lateinamerikanischen Kolonien in den Jahrzehnten um 1800 zu Ende ging, territoriale Expansionen bzw. eine Verdichtung direkter kolonialer Herrschaft gab. In Australien und Neuseeland stießen britische Kolonisatoren und Siedler immer weiter ins Landesinnere vor, verdrängten die einheimische Bevölkerung bzw. beseitigten jeden Widerstand mit brutaler Gewalt. Frankreich begann 1830 mit der Besetzung Algeriens und drang in einem langen und großen Kolonialkrieg in den folgenden beiden Jahrzehnten wiederum unter großen Verlusten in der Bevölkerung vor Ort in das Land vor. In Teilen Indonesiens erweiterten die Niederlande nun ihre tatsächliche Herrschaft über die bisherigen Küstenpunkte hinaus und errichteten schon in den 1830er Jahren ein auf Zwangsarbeit beruhendes, eng kontrolliertes Plantagennetz, das „Kultursystem" genannte wurde. Zu einer erheblichen Verdichtung der kolonialen Herrschaft kam es in der ersten Hälfte des 19. Jahrhunderts ebenso in Indien. Diese war der eigentliche Grund für den sogenannten Sepoy-Aufstand von 1857, der einzigen umfassenden Erhebung gegen die britische Herrschaft, die große Teile Nordindiens erfasste und Tausenden von Briten sowie Hunderttausenden von Indern und Inderinnen das Leben kostete.

Der Beginn des Hochimperialismus im engeren Sinne wird dann gemeinhin mit der Errichtung des französischen Protektorats über Tunesien 1881 sowie der britischen Okkupation Ägyptens ein Jahr später datiert. Beides wurde zum Startpunkt der häufig als „Aufteilung" Afrikas bezeichneten Phase europäischer Kolonial-

Beginn des Hochimperialismus

herrschaft, die sich besser als Serie von eng zusammenhängenden Invasionen europäischer Staaten in Afrika begreifen lässt. Damit stand die Errichtung von formaler Herrschaft noch einmal deutlich stärker im Mittelpunkt als in den Jahrzehnten zuvor. Seit den 1890er Jahren rückte dann vermehrt wieder der asiatisch-pazifische Raum in den Fokus der imperialistischen Bestrebungen. Neben der territorialen Expansion spielten aber auch im Zeitalter des Imperialismus informelle Formen des Kolonialismus eine wichtige Rolle. Wichtige Zielregionen waren hier neben China Persien oder das Osmanische Reich.

Formen des Imperialismus Bei den Formen des Kolonialismus ist diese Unterscheidung zwischen formeller und informeller Herrschaft auch für den Hochimperialismus am wichtigsten. Während der formelle Imperialismus auf die direkte politische und militärische Kontrolle eines Territoriums abzielte, beschränkte sich die informelle Variante auf die sogenannte „pénétration pacifique", auf die Durchdringung eines Gebietes ohne direkte Herrschaftsansprüche. Der informelle Imperialismus konnte verschiedene Formen annehmen. Dazu zählten Freihandelsverträge ebenso wie Freundschafts- oder bestimmte Schutzverträge. Die häufigste und zugleich effektivste Methode der indirekten Kontrolle bestand freilich darin, Länder der überseeischen Welt wirtschaftlich und finanziell in einem Maße von den europäischen Staaten abhängig zu machen, das sich gelegentlich nur noch graduell von einer direkten politischen Kontrolle unterschied. Zu denken ist hier insbesondere an die Politik der Anleihen, deren Vergabe in der Regel an bestimmte Bedingungen geknüpft war, aber auch an die wirtschaftliche oder verkehrstechnische Erschließung eines Gebietes, welche, einmal begonnen, das Zielland von der Finanzkraft und dem technischen Wissen derjenigen Staaten abhängig machte, die den Prozess in Gang gebracht hatten. Indessen schloss dieser Weg die Anwendung politischer und gelegentlich auch militärischer Machtmittel namentlich zur Durchsetzung finanzieller Forderungen keineswegs aus. Von diesem informellen Imperialismus zu unterscheiden sind Formen indirekter Kontrolle im Sinne der englischen „indirect rule". Dabei handelte es sich um formelle Besitzergreifungen, bei der die konkrete Herrschaft vor allem im Landesinneren durch einheimische Eliten ausgeübt bzw. an diese delegiert wurde. Diese im britischen Kolonialreich aus Gründen der Ressourcenknappheit im Hinterland recht häufig angewandte Methode wurde nach dem Ersten Weltkrieg von Frederick

Lugard, einem hohen britischen Kolonialbeamten, der bis 1919 u. a. Generalgouverneur von Nigeria gewesen war, auch theoretisch formuliert. Angewandt wurde sie vor dem Ersten Weltkrieg aber gleichfalls in verschiedenen deutschen Kolonien.

Praktisch immer verbunden war der europäische Kolonialismus mit Gewalt. Das gilt gerade für den Hochimperialismus, in dem im Zuge der Territorialisierungsbemühungen die Invasoren auch außerhalb von Siedlungskolonien immer mehr und massiver ins Landesinnere vorstießen. Der Afrikahistoriker Christoph Marx hat den Kolonialstaat entsprechend als „Terrorstaat" (Marx 2004, 4.2 S. 135) bezeichnet. Auch wenn es von Kolonie zu Kolonie erhebliche Unterschiede gab und zudem einiges von den jeweiligen Vertretern vor Ort abhing, trifft diese Charakterisierung an vielen Orten die Situation. Gewalt fand dabei auf unterschiedlichen Ebenen statt. Alltägliche oder individuelle Gewalt übten Kolonialbeamte oder Unternehmer aus, die sich das Recht herausnahmen, Einheimische zu „züchtigen", sei es, weil diese Anordnungen nicht folgten und Arbeitsvorstellungen nicht entsprachen, oder sei es auch ohne klaren Grund. Von solchen Formen zu unterscheiden ist institutionelle Gewalt, die der Kolonialstaat etwa dadurch ausübte, dass die einheimische Bevölkerung einem eigenen Sonderrecht unterworfen wurde, in dem – anders als in Europa – verbreitet körperliche Strafen vorgesehen waren. Schließlich gab es militärische Gewalt bis hin zu großen Kolonialkriegen. Diese sind im Zeitalter des Imperialismus vor allem durch vier Aspekte zu charakterisieren: Zum ersten kam es gerade in der Phase zwischen den formalen Erwerbungen seit den 1880er Jahren und dem ersten Jahrzehnt des 20. Jahrhunderts zu einer besonders hohen Dichte von militärischen Auseinandersetzungen in den Kolonien. Grund dafür war, dass für viele afrikanische Gesellschaften der Herrschaftsanspruch der Europäer erst jetzt völlig klar und spürbar wurde. Bis dahin konnten die europäischen Eindringlinge noch als neue politische und ökonomische Mitspieler unter anderen Akteuren mit entsprechend begrenztem Einfluss gelten. Nun, mit einer Umgestaltung der Wirtschaft auch in der Fläche, mit den beginnenden massiven Infrastrukturmaßnahmen oder auch mit der systematischen Eintreibung von Steuern im gesamten beanspruchten Gebiet wuchs auch der Widerstand gegen die Invasoren. Insofern lassen sich die vielen Kolonialkriege zwischen etwa 1885 und 1910 – noch einmal mit Christoph Marx – als „Widerstandskriege" begreifen, die „Teil der Eroberungsphase" der

Imperialismus und Gewalt

Kolonialkriege

Kolonialherrschaft waren (Ebd., S. 238). Zum zweiten handelte es sich in der Regel um asymmetrische Konflikte, bei denen den Truppen der Invasoren nur in seltenen Fällen ebenso reguläre Truppen gegenüberstanden. Stattdessen gingen die Kriege nach einer anders strukturierten Anfangsphase – oder auch von Beginn an – in Guerillakriege über. Daraus ergibt sich der dritte Aspekt: Bei vielen der Konflikte handelte es sich um Kriege ganz unterschiedlicher Intensität. Häufigen Phasen von „low intensive warfare" mit nur wenigen größeren Gefechten standen wenige größere Aktionen gegenüber, an denen dann zum Beispiel auch eine höhere Anzahl europäische Soldaten beteiligt war. Diese sehr unterschiedliche Intensität der militärischen Auseinandersetzungen sorgte dafür, dass im europäischen Sprachgebrauch viele der Konflikte als „Aufstände", „Erhebungen" oder gar „Meutereien" und „Strafaktionen" bezeichnet wurden, bei denen es sich in Wahrheit um Widerstandskriege gegen die europäische Expansion handelte. Der vierte Aspekt liegt in der beispiellosen Brutalität vieler Kolonialkriege. Die europäischen Eroberer fühlten sich an keine Beschränkungen gebunden, die innerhalb Europas im Kriegsrecht des 19. und frühen 20. Jahrhunderts bereits vorlagen. Besonders gilt dies für die Unterscheidung von Soldaten und Zivilisten. Im Ergebnis gehörten das Niederbrennen ganzer Dörfer, Ausschreitungen gegen Zivilisten, Frauen und Kinder oder die Zerstörung von Ernten und Feldern und dadurch bewusst ausgelöste Hungersnöte zur kolonialen Kriegführung. Diese Kriegführung gegen die Zivilbevölkerung wurde in Deutsch-Ostafrika ebenso angewandt wie durch Briten in Ost- und Südafrika, in den Kolonien Frankreichs in Nord- und Westafrika, im belgischen Kongo oder auch auf den Philippinen durch die USA. In Deutsch-Südwestafrika führte das in den Jahren 1905 bis 1908 zum Völkermord an den Herero und Nama. Ob es sich um Genozide gehandelt hat, ist aber auch an anderen Fällen kolonialer Gewalt diskutiert worden. Die Opferzahlen lassen sich nur sehr schwer schätzen. Für das lange 19. Jahrhundert insgesamt ist sicherlich von einer hohen zweistelligen Millionenzahl von Menschen auszugehen, die der kolonialen Expansion in Afrika, Asien sowie im pazifischen Raum zum Opfer fielen.

Verbrechen gegen die Zivilbevölkerung, Genozid

Die verschiedenen Formen kolonialer Gewalt haben innerhalb Europas bereits zeitgenössisch zu vernehmbarer Kritik geführt. Die koloniale Expansion war immer auch von Kolonialkritik begleitet, auch und gerade während des Hochimperialismus. In Deutschland

Zeitgenössische Kritik

löste etwa das brutale Vorgehen des Gründers von Deutsch-Ostafrika und späteren dortigen Reichskommissars, Carl Peters, mehrere Kolonialskandale aus, die auch den Reichstag beschäftigten. 1897 wurde Peters als Reichskommissar entlassen. Schon erwähnt wurde, dass insbesondere SPD und Zentrum, noch während der Krieg lief, das deutsche Vorgehen gegen Herero und Nama in Deutsch-Südwestafrika in aller Deutlichkeit innerhalb und außerhalb des Parlaments kritisierten, was Ende 1906 zur Ablehnung eines Nachtragshaushalts für den Krieg im Reichstag führte. Zu einer massiven internationalen Protestwelle weitete sich die Kritik an den Zuständen im Kongo-Freistaat aus. In dem riesigen Gebiet im persönlichen Besitz des belgischen Königs Leopold II. war zur Ausbeutung der dortigen Rohstoffe, allen voran von Kautschuk, ein regelrechtes Terrorregime errichtet worden. Als immer mehr Berichte über zehntausendfach abgehackte Hände oder Ermordungen ganzer Dorfgemeinschaften, einschließlich von Frauen und Kindern, zu der Söldner und andere Bewaffnete vor Ort durch systematische Kopfgeldzahlungen auch noch gezielt angehalten worden waren, Europa und die USA erreichten, weiteten sich „Kongogräuel" zu einem internationalen Skandal. An dessen Ende musste Leopold auf den Besitz verzichten, der belgische Staat übernahm den Kongo. Die Verhältnisse im nunmehrigen Belgisch-Kongo besserten sich allerdings nur zögerlich.

Der Imperialismus war aber selbstverständlich nicht nur durch Skandale oder Kolonialkritik in Europa präsent. In allen Ländern gab es ebenso eine breite und sicher insgesamt vorherrschende Unterstützung der nationalen Kolonialpolitik. Patriotische Vereinigungen wie die „Imperial Federation League", die „Navy League" oder auch die maßgeblich von Frauen geprägte „Victoria League" in Großbritannien, die „Deutsche Kolonialgesellschaft", die belgische „Association Internationale Africaine" oder die unter dem Begriff „Parti Colonial" zusammengefassten Organisationen in Frankreich traten für den Imperialismus ein. Die konkreten Motive der ganz überwiegend bürgerlichen Gruppierungen variierten. Manche stellten ökonomische Anliegen in den Vordergrund, anderen ging es um das nationale Prestige oder die Ausbreitung der eigenen „Rasse", wiederum andere gaben paternalistisch-zivilisatorische Gründe an. Doch unter welchem Label auch immer, alle diese Organisationen warben durch Lobbyarbeit sowie in öffentlichen Kampagnen für die Stärkung der jeweiligen Kolonialreiche und – für viele noch

Kolonialbewegungen und mediale Darstellungen

wichtiger – für die Verbreitung der Kolonialidee in ihren Heimatländern. Der Imperialismus war darüber hinaus über weitverbreitete Kolonialromane, über Kolonialausstellungen und die nun zahlreich entstehenden ethnologischen Museen und Sammlungen präsent und sicher auch populär. Auch wenn die Koloniallobbyisten beharrlich eine vermeintlich zu geringe Aufmerksamkeit für „ihr" Thema beklagten, machten koloniale Ereignisse, Expeditionsberichte oder auch einzelne Kolonialhelden und deren Taten in der europäischen Presse regelmäßig Sensation. In den letzten Jahren vor dem Ersten Weltkrieg waren die Kolonialreiche zudem in Filmaufnahmen in den entstehenden Kinos im Bild präsent, wie zuvor schon auf Postkarten, in Bildbänden oder als vielfach verwendetes Motiv der Werbung.

Koloniale Diskurse

Schwieriger als diese hohe mediale Präsenz ist die Bedeutung der imperialen Praktiken sowie der kolonialen Diskurse für die europäischen Gesellschaften als Ganze zu ermessen. Gleiches gilt für das Ausmaß der Bedeutung, die die Kolonialreiche im Alltag der Europäer:innen hatten. Klar ist, dass die Kolonialreiche für Einzelne Beschäftigungsmöglichkeiten boten, sei es zu Hause bei der Verarbeitung kolonialer Produkte oder in Übersee zum Beispiel in den vergleichsweise großen britischen und französischen Kolonialverwaltungen. Kaffee, lange ein Luxusgut, wurde jetzt in der breiten Bevölkerung zu einem fast alltäglichen Getränk. Südfrüchte wurden nun gleichfalls für immer mehr Menschen erschwinglich. In der Schule wurde das eigene Kolonialreich zum Lehrgegenstand. Was die allgemeinen Weltbilder und Weltsichten anbelangt, müssen sicherlich regionale Unterschiede zwischen Stadt und Land, Hafen- und Binnenstädten berücksichtigt werden. Ebenso sind mögliche Differenzen zwischen sozialen Gruppen oder auch nationale Besonderheiten zwischen „alten" und „neuen" Kolonialmächten zu bedenken.

Koloniale Identitäten

Insgesamt ist aber davon auszugehen, dass der Imperialismus die nationalen Identitäten von Franzosen, Engländern oder Deutschen vor 1914 mitprägte. Inwieweit darüber hinaus imperiale Praktiken und Erfahrungen wie der koloniale Rassismus oder die spezifischen Gewaltformen, aber auch manche emanzipatorischen Entwicklungen innerhalb der kolonialen Gesellschaften für die Geschichte in Europa bedeutsam wurden, ist eine weitere wichtige Frage. Rassismus existierte auch unabhängig von kolonialen Erfahrungen. Diese mögen entsprechende Sicht- und Handlungsweisen dennoch gefördert, verfestigt und verstetigt haben – was in der Forschung, wie noch zu zeigen sein wird, insbesondere für den deutschen Fall sowie für die Kontinuitäten zwischen Imperialismus und Nationalsozialismus diskutiert worden ist.

Sieht man sich neben den bisher dargestellten übergeordneten Merkmalen des Kolonialismus im späten 19. und frühen 20. Jahrhundert die konkrete Ereignisgeschichte der europäischen Expansion im Zeitalter des Imperialismus an, dann ist es sicherlich kein Zufall, dass der Anstoß für die letzte Etappe im Aufteilungsprozess der Erde neben Frankreich vor allem von Großbritannien ausging. Nachdem es in der seit der amerikanischen Unabhängigkeit bei weiten wichtigsten britischen Kolonie Indien bereits in den mittleren Jahrzehnten des 19. Jahrhunderts zu einer erheblichen Verdichtung der kolonialen Herrschaft gekommen war, sprach in den 1870er Jahren mit dem damaligen britischen Oppositionsführer auch ein prominenter Politiker öffentlich das aus, was viele seiner Landsleute zunehmend als notwendig ansahen und Schriftsteller wie Charles Dilke in seinem Buch „Greater Britain" (1868) geradezu als nationale Aufgabe propagierten: „Meiner Meinung nach wird kein Minister in diesem Land seine Pflicht tun", so formulierte Benjamin Disraeli 1872, „der eine Gelegenheit versäumt, so weit wie möglich unser koloniales Weltreich wiederaufzubauen".[9] Zwar sind diese Äußerungen auch vor dem Hintergrund der damaligen inneren Situation Großbritanniens zu lesen und u. a. als Versuch zu werten, den Konservativen neue Wählerstimmen zuzuführen, doch stand dahinter für Disraeli wie für viele andere Engländer durchaus der positive Wille zum weiteren bzw. erneuten Ausbau des Kolonialreiches.

Imperialismus einzelner Länder: Großbritannien

Bald wurde auch deutlich, wohin sich die Augen der britischen Kolonisatoren vornehmlich richteten: „Wenn es einen Gott gibt, denke ich", so formulierte der spätere südafrikanische Premierminister Cecil Rhodes bereits im Jahre 1877, „so will er [...] eines gern von mir getan haben: nämlich soviel von der Karte Afrikas britisch rot zu malen wie möglich und anderswo zu tun, was ich kann, um die Einheit der englischsprechenden Rasse zu fördern und ihren Einflussbereich auszudehnen."[10] Das Ziel des neuen britischen Imperialismus lag in Afrika. Dafür gab es im Wesentlichen zwei Grün-

Das Empire in Afrika und Indien

---

9 Benjamin Disraeli, Crystal-Palace-Rede, in: Helmut Viebrock (Hrsg.): Disraeli. Rede im Kristallpalast am 24. Juni 1872, Wiesbaden 1968, S. 1–8, hier S. 5.
10 Cecil J. Rhodes, The Last Will and Testament of Cecil John Rhodes, hrsg. von W. T. Stead, London 1902, S. 58.

de: Zum einen galt der Kontinent, dessen Inneres bis dahin nur das Interesse einzelner Forschungsreisender gegolten hatte, als noch weitgehend „unverteilt" und zum zweiten war 1869 der Suezkanal eröffnet worden, der nunmehr die wichtigste Verbindung zum Kernstück des britischen Weltreiches, nach Indien, darstellte. Damit kam Ägypten eine entscheidende strategische Bedeutung in den Planungen der Empire-Politiker zu.

Diese strategische Bedeutung Ägyptens resultierte sehr wesentlich aus seiner exponierten geographischen Lage. *De jure* ein Bestandteil des Osmanischen Reiches, bildete es gewissermaßen die Grenze zwischen dem an seinen Rändern immer weiter zerfallenden Imperium der türkischen Sultane und dem bisher nur punktuell dem kolonialen Zugriff ausgesetzten afrikanischen Kontinent. Darüber hinaus bildete es den politischen Schnittpunkt zwischen den Expansionsbestrebungen Russlands einerseits und Frankreichs andererseits. Lag eines der traditionellen Ziele des Zarenreichs in einer letztendlich auf die Kontrolle der Meerengen ausgerichteten Demontage des Osmanischen Reiches, so galt das Interesse Frankreichs zunehmend dem afrikanischen Erdteil. Dort hatte man bereits 1830 in Algerien Fuß gefasst und wurde seit 1854 auch wieder verstärkt im Senegal aktiv. Zudem unterstrich die Forderung nach dem Bau des Suezkanals durch die französische Regierung das traditionelle Interesse an Ägypten, und die Errichtung des Protektorats über Tunesien, die 1881 im Vertrag von Bardo erfolgte und mit der man einer italienischen Besitzergreifung zuvorkam, war dann nur der konsequente nächste Schritt in Richtung auf die Etablierung eines großen französischen Kolonialreiches in Nordafrika.

Damit geriet die englische, vor allem von der Kardinalmaxime der Sicherung der Wege nach Indien bestimmte Nahostpolitik, die traditionell auf die Erhaltung der Integrität des Osmanischen Reiches und seit 1869 noch verstärkt auf die Sicherung Ägyptens abzielte, zunehmend zwischen diese beiden Stoßrichtungen ihrer kolonialen Rivalen, denen eben deshalb Einhalt geboten werden musste. Im Falle Russlands geschah das noch einmal auf dem Berliner Kongress. Dort gelang es der britischen Regierung im Sommer 1878, nicht zuletzt dank der weitgehenden Kooperation der anderen europäischen Mächte, die russischen Ambitionen auf eine politische und strategische Position im Herzen des Osmanischen Reiches zu vereiteln.

Wesentlich schwieriger gestalteten sich die Dinge hinsichtlich der französischen Afrikapolitik. Der Konflikt bahnte sich über die ägyptische Frage an. Das Land am Nil hatte sich unter den Khediven Ismail Pascha und (seit 1879) Tewfik Pascha bei den europäischen Staaten hoch verschuldet. Auch der Verkauf der im Besitz des Khediven befindlichen Suezkanalaktien an die britische Regierung im Jahre 1875 konnte die Situation nicht grundlegend bessern. Daraufhin wurde 1879 von den europäischen Gläubigern eine Schuldenkommission installiert, in der im Wesentlichen England und Frankreich die Kontrolle ausübten und die der Bevölkerung drückende Steuerbelastungen auferlegte. Das hatte eine Militärrevolte zur Folge. Die Tatsache, dass sich der Khedive den Forderungen der Rebellen unter Arabi Pascha weitgehend beugte, führte zu dem gemeinsamen Beschluss der englischen und der französischen Regierung, Kriegsschiffe zu entsenden. Damit war freilich die Kooperation auch schon beendet. Frankreich beteiligte sich nicht an der Beschießung der Forts von Alexandrien (11. Juli 1882) und der folgenden Anlandung englischer Truppen. Eine nachträgliche Entsendung französischer Kontingente, die in London angeregt und von der französischen Regierung befürwortet worden war, scheiterte am Widerstand des französischen Parlaments, das die dafür benötigten Mittel nicht zur Verfügung stellen wollte.

<small>Französische Expansion in Afrika</small>

Man kann davon ausgehen, dass die liberale britische Regierung unter William Gladstone ursprünglich keine dauerhafte Okkupation Ägyptens geplant hatte. Primäres Ziel der Aktion war die Sicherstellung der finanziellen Ansprüche der europäischen Staaten und vor allem natürlich derjenigen Großbritanniens. Aber die Entwicklung verselbständigte sich sehr bald, und zwar in einer Art und Weise, die typisch für derartige Unternehmungen im Zeitalter des Imperialismus werden sollte: In den 1880er Jahren war der Sudan, bis dahin von Ägypten kontrolliert, fast vollständig unter die Herrschaft einer religiös-nationalen Bewegung geraten, die als „Mahdi-Aufstand" in die Geschichte eingegangen ist. 1884 entsandte die britische Regierung General Gordon in den Sudan, mit dem Auftrag, die in Khartum noch befindlichen ägyptischen Truppen sowie die dort lebenden Europäer abzuziehen. Gordon aber entwickelte den Ehrgeiz, die Stadt gegen den Ansturm der Mahdisten zu halten. Nach langem Zögern stimmte London der Entsendung eines Entsatzheeres zu, das freilich wenige Tage zu spät eintraf: Khartum war am 26. Januar 1885 erobert worden und Gordon gefallen. Eine

<small>Konflikte mit Großbritannien</small>

Welle nationalistischer Erregung erfasste die englische Öffentlichkeit, und ein Rückzug aus Ägypten war nun ebenso wenig mehr möglich, wie die (Wieder-)Eroberung des Sudan nur eine Frage der Zeit zu sein schien. Die endgültige Festsetzung Englands in dem formal nach wie vor unter der Oberhoheit des türkischen Sultans stehenden Land aber konnte von Frankreich kaum hingenommen werden. Der Konflikt zwischen den beiden Mächten war gleichsam programmiert.

Muster imperialer Invasionen

In den ägyptisch-sudanesischen Ereignissen der Jahre 1882 bis 1885 sind mithin schon zahlreiche Elemente enthalten, die für die Expansion der europäischen Mächte im Zeitalter des Imperialismus typisch sein sollten: Zum einen wurden krisenhafte Entwicklungen an der Peripherie Europas nicht selten deshalb eingeleitet, weil wie im Falle Gordons die vor Ort tätigen Vertreter der europäischen Mächte („men on the spot") gelegentlich eigenmächtig handelten. Zum zweiten zeigt das Beispiel des englischen Vorgehens in Ägypten, dass eine ursprünglich mit begrenztem Ziel durchgeführte Aktion leicht Gefahr laufen konnte, in eine politisch kaum mehr kontrollierbare und sich damit verselbständigende Entwicklung umzuschlagen. Dafür konnten wie im sudanesisch-ägyptischen Fall Ereignisse und Akteure vor Ort, die mit den Europäern nur indirekt zu tun hatten, ebenso eine Rolle spielen wie vor allem der Faktor der zusehends von nationalistischem Eifer aufgeladenen öffentlichen Meinung, die sich um so lauter zu Wort meldete, je schwieriger sich die imperialistischen Aktionen gestalteten, und die damit der Unkontrollierbarkeit der Entwicklung eher noch Vorschub leistete. Schließlich aber demonstrierte gerade die Festsetzung Großbritanniens in Ägypten die in derartigen Aktionen liegende Gefahr von Verwicklungen und Konflikten zwischen den europäischen Mächten, wie in diesem Falle zwischen England und Frankreich. Schon weil mit jeder neuen Inbesitznahme eines Territoriums die Summe der potentiellen Kolonien immer kleiner wurde, musste sich auch mit einer jeden solchen Aktion das Bestreben der übrigen Mächte verstärken, ihrerseits, und zwar häufig überstürzt, vergleichbare Schritte zu unternehmen. Es lag in der Natur dieses Vorgehens, dass sich immer mehr Mächte auf immer weniger Gebiete konzentrieren mussten. Damit aber wuchs die Gefahr von Konflikten, die sich nicht selten bis an den Eskalationspunkt einer militärischen Auseinandersetzung steigerten.

Mit der Errichtung des Protektorats über Tunesien und der Okkupation Ägyptens hatten Frankreich und England die Richtung gewiesen, in welche sich der Expansionsdrang der europäischen Mächte nunmehr orientierte, nach Afrika. Er sollte um die Jahrhundertwende seinen Höhepunkt erreichen. Seit den ausgehenden 1890er Jahren richtete sich das Interesse dann verstärkt nach Ostasien, um sich etwa seit 1911 noch einmal dem afrikanischen Kontinent, und namentlich seinem nördlichen Teil, vor allem Marokko und Libyen, zuzuwenden. Und es war der zunächst latente, dann offene Gegensatz zwischen England und Frankreich, der seit den beginnenden 80er Jahren sehr wesentlich den Prozess der Aufteilung Afrikas bestimmte. Das gilt nicht nur für die Expansion dieser beiden Mächte, sondern auch für die Erwerbungen der beiden Neulinge im Kreis der europäischen Großmächte, Italiens und des Deutschen Reiches, sowie in gewisser Weise auch für diejenigen Belgiens, die gleichsam im Windschatten der englisch-französischen Kolonialrivalität getätigt wurden.

In den Jahren 1884/85 kam das Deutsche Reich in den Besitz seiner afrikanischen Kolonien Südwestafrika, Togo, Kamerun und Ostafrika. Dass der primär auf die Sicherung des jungen Staates in der Mitte Europas bedachte und koloniale Experimente um ihrer selbst willen ablehnende Reichskanzler Bismarck die Inbesitznahme dieser Territorien teils anerkannte, soweit sie durch einzelne Handelshäuser oder Gesellschaften erfolgte (Südwest- und Ostafrika), und teils aktiv förderte (Togo und Kamerun), war vor allem eine Konsequenz aus seiner Beurteilung der internationalen Gesamtlage. Im Rahmen einer allgemeinen Verschlechterung auch der deutsch-englischen Beziehungen kam nämlich Bismarck, der „Kolonialpolitik stets nur funktional zu der Situation in Europa sah"[11], der Wunsch des französischen Ministerpräsidenten Jules Ferry nach einer begrenzten Zusammenarbeit durchaus gelegen. Er wurde dabei von der Hoffnung geleitet, dass auf diese Weise die französische Konzentration auf die elsass-lothringische Frage nachlassen könnte, die das deutsch-französische Verhältnis seit 1871 schwer belastete. Das erwies sich freilich sehr bald – und äußerlich dokumentiert im Sturz Ferrys (März 1885) – als Illusion. Mit diesen Überlegungen korrespondierte das Interesse des französischen Ministerpräsiden-

Beginn des deutschen Imperialismus

---

[11] Lothar Gall, Bismarck. Der weiße Revolutionär, Frankfurt am Main 1980, S. 623.

ten an einem deutschen Stillhalten in Europa, da Frankreich seit der Errichtung des Protektorats im hinterindischen Annam, dem Kernstück des heutigen Vietnam, im Jahre 1883 verstärkt in Indochina engagiert und in Auseinandersetzungen mit China verwickelt war. Dass die deutsche Kolonialpolitik überdies eine Richtung nahm, welche in das unmittelbare Interessengebiet Großbritanniens zielte, sollte einen zusätzlichen Anreiz für die französische Unterstützung der deutschen Pläne bieten.

Berliner Afrika-Konferenz 1884/85

Die deutsch-französische, in der Konsequenz gegen die englische Politik gerichtete Kooperation wurde dann auch noch einmal auf der sogenannten Kongo-Konferenz sichtbar, die vom 15. November 1884 bis zum 26. Februar 1885 in Berlin stattfand. Anlass für die Konferenz war ein diplomatischer Vorstoß Großbritanniens, der aus der Sorge resultierte, es könnte bei der Aufteilung Zentralafrikas übergangen werden. Im belgisch-französischen Wettlauf um den Kongo war es zu einem Arrangement zwischen den beiden Staaten gekommen. Danach wurde dem belgischen König, Leopold II., die Gründung eines unter seiner Oberhoheit stehenden Kongostaates zugestanden. Frankreich sicherte sich seinerseits unter anderem das nördliche Ufer des unteren Kongo sowie ein Vorkaufsrecht für den Fall, dass Leopold sein Gebiet veräußern wollte. Die britische Regierung reagierte darauf mit einem am 26. Februar 1884 abgeschlossenen Vertrag mit Portugal, das seit dem 16. Jahrhundert die Kontrolle der Kongomündung beanspruchte. Danach wollten die beiden Staaten das Mündungsgebiet gemeinsam verwalten. Die Folgen für die belgischen und französischen Interessen lagen auf der Hand. Die auf Ersuchen Leopolds II. von Bismarck einberufene Konferenz, an der 14 Staaten, darunter auch die USA, teilnahmen, zwang nun England zum Nachgeben. Es wurde ein unabhängiger, dem Handel aller Nationen offenstehender Kongostaat installiert, dessen Souverän Leopold II. war. Im Übrigen wurden Frankreichs Ansprüche aus seinem Vertrag mit dem belgischen König ausdrücklich bestätigt. Schließlich einigten sich die Teilnehmerstaaten auf bestimmte Grundsätze des Kolonialerwerbs. Insbesondere sollten nur Kolonien anerkannt werden können, die auch tatsächlich effektiver Kontrolle unterlagen. Zu einer regelrechten Aufteilung Afrikas, wie manchmal zu lesen ist, ist es auf der Berliner Kolonialkonferenz von 1885 hingegen nicht gekommen. Man einigte sich vielmehr auf Prinzipien des Erwerbs und bezog sich ansonsten geografisch in der abschließenden „Kongoakte" auf das Einzugsgebiet des gleichnamigen Flusses und vor allem auf den Besitz des belgischen Königs dort. Insofern war auch der Erfolg der belgischen Kolonialpolitik eine unmittelbare Folge der sich seit 1882 ständig verschärfenden englisch-französischen Rivalität.

Das gilt schließlich auch für die Erwerbungen Italiens in Ostafrika, nur dass diese nicht wie im Falle der deutschen und der belgischen Landnahme im Windschatten der französischen, sondern der englischen Politik vollzogen wurden. Das Ziel des italienischen Imperialismus lag am Horn von Afrika. Dem Versuch, sich gleichsam vor der eigenen Haustüre, in Tunesien nämlich, zu etablieren, war 1881 Frankreich zuvorgekommen. In der Folge begann sich Italien umso enger an Großbritannien anzulehnen, je deutlicher sich die Beziehungen zu Frankreich verschlechterten. Die italienische Besetzung der abessinischen Hafenstadt Massaua (1885) und der am 2. Mai 1889 in Uccialli mit Menelik II., dem Herrscher (Negus) Abessiniens, abgeschlossene Protektionsvertrag fanden daher ebenso britische Zustimmung wie die im gleichen Jahr erfolgte Annexion des noch nicht britisch besetzten Teils von Somaliland. Auch der 1894 begonnene Krieg gegen Menelik II., der am 1. März 1896 mit der vernichtenden Niederlage der italienischen Truppen bei Adua endete und den italienischen Einflussbereich in Abessinien auf Eritrea reduzierte, war ein unmittelbares Resultat der englisch-italienischen Kooperation: Er war als Parallelaktion zu dem dann 1896 begonnenen Versuch geplant, den englischen Einflussbereich entlang des Nils nach Süden auszudehnen.

Beginn des italienischen Imperialismus

Die erste Etappe der Aufteilung Afrikas, die zunächst zur Inbesitznahme seiner Küstengebiete führte, stand also ganz im Zeichen des aus eben dieser Frage erwachsenen englisch-französischen Gegensatzes, nur dass der Konflikt nicht direkt ausgetragen wurde, sondern sich vielmehr in dem Freiraum zeigte, den er solchermaßen, nämlich durch die gegenseitige Neutralisierung, für die Bemühungen der noch nicht etablierten Kolonialmächte schuf. Das sollte sich mit der zweiten Etappe ändern, in der sich England und Frankreich der Eroberung des Inneren Afrikas zuwandten. Dass die Spannungen nunmehr bis an den Rand einer militärischen Auseinandersetzung, und zwar nicht nur in Afrika selbst, eskalierten, war vor allem die Folge zweier großräumig geplanter und kaum miteinander zu vereinbarender Strategien. Ein mehr oder weniger geschlossenes Konzept lag dabei zunächst und vor allem der britischen Afrikapolitik zugrunde. Gemäß seiner bereits 1877 erhobenen Forde-

Weitere britisch-französische Konflikte

rung, „so viel von der Karte Afrikas britisch rot zu malen wie möglich", propagierte Cecil Rhodes die später unter der Bezeichnung „Cape-to-Cairo" populär gewordene Idee einer Verbindung der südafrikanischen Besitzungen Großbritanniens mit Ägypten. Seit der Mitte der 1880er Jahre muss die englische Afrikapolitik unter dieser Perspektive betrachtet werden, obgleich spätestens seit 1885, also seit der Gründung Deutsch-Ostafrikas einerseits und der Etablierung des Kongostaates andererseits, zumindest das Konzept einer völlig geschlossenen, unter britischer Kontrolle stehenden Landverbindung von Kairo bis Kapstadt kaum mehr als realisierbar gelten konnte.

Etwa parallel zu den darauf beruhenden englischen Aktionen zwischen dem Isthmus von Suez und dem Kap der Guten Hoffnung, die zur militärisch im Wesentlichen von Sir Horatio Herbert Kitchener durchgeführten Rückeroberung des Sudan (1896–1899) sowie zur Aneignung und Gründung von „Rhodesien" seit Ende der 1880er Jahre führten, hatten die Franzosen, ausgehend von ihren nord- und westafrikanischen Besitzungen, also insbesondere Algerien sowie dem Senegal und Gabun, in der Mitte der 1880er Jahre damit begonnen, ihren Einflussbereich in Zentralafrika zu arrondieren und nach Osten hin zu erweitern. Eines der wichtigsten Ziele der auf ein weitgehend französisches Nordafrika gerichteten Politik war der Nil. Damit musste es zu einem direkten Schnittpunkt der Stoßrichtungen der englischen und der französischen Afrika-Unternehmungen kommen. Im Juli 1898 erreichte der französische Hauptmann Jean-Baptiste Marchand mit einer kleinen Truppe den Fluss und hisste in Faschoda im heutigen Südsudan die französische Flagge. Im September traf der alarmierte Kitchener dort ein, um Marchand, unter Berufung auf die vormals ägyptische Oberhoheit über dieses Gebiet, zum Rückzug aufzufordern. Der lokale Zwischenfall an der Peripherie Europas entwickelte sich zu einem schweren Konflikt zwischen London und Paris. In dessen Verlauf sah sich indessen die französische Regierung zum Nachgeben gezwungen. In dem am 21. März 1899 zwischen den beiden Staaten abgeschlossenen sogenannten Sudanvertrag wurden die Grenzen zwischen dem Sudan und Französisch-Äquatorialafrika festgelegt. Dieser war der bis dahin wichtigste Kolonialvertrag zwischen England und Frankreich im Zeitalter des Imperialismus, wenn auch nicht der erste. Bereits am 15. Januar 1896 hatten die beiden Mächte ihre 1893 bis an den Rand eines Konfliktes führenden Differenzen über

Faschoda-Krise

das hinterindische Siam in einem Abkommen beigelegt, und am 14. Juni 1898 war es zu einem ersten Vertrag über die Abgrenzung der beidseitigen Interessensphären in Afrika gekommen, der freilich, wie sich dann wenige Wochen später zeigen sollte, noch nicht alle strittigen Fragen endgültig geklärt hatte.

Die Faschoda-Krise ist aus zwei Gründen von einem über den unmittelbaren Anlass hinausweisenden grundsätzlichen Interesse: Zum einen demonstrierte sie bereits den Zeitgenossen, wie leicht sich ein peripherer Konflikt zu einer schweren Auseinandersetzung zwischen den Mächten in Europa selbst entwickeln konnte. Zum zweiten aber lag dann mit dem Sudanvertrag das Grundmuster einer Konfliktlösung vor, das nicht nur die strittigen Fragen selbst regelte, sondern darüber hinaus geeignet war, zu einer allgemeinen Annäherung der beiden soeben noch verfeindeten Staaten beizutragen. Es sollte insbesondere im Jahrzehnt vor Ausbruch des Weltkrieges mehrfach Anwendung finden, und zwar als letzte noch verbleibende Möglichkeit der Vermeidung einer sich nicht unwesentlich aus peripheren Fragen entwickelnden großen Katastrophe.

Die Faschoda-Krise befand sich gerade auf ihrem Höhepunkt, als England sich auch im südlichen Afrika daran machte, seinen Einflussbereich mit militärischen Mitteln, in diesem Falle nach Norden hin, auszudehnen. Ziele des Unternehmens waren die um die Jahrhundertmitte gegründeten Burenstaaten, nämlich der Oranje-Freistaat und der Transvaal, der sich seit 1884 Südafrikanische Republik nannte und dessen Unabhängigkeit Großbritannien 1852 ausdrücklich anerkannt hatte. Gleichwohl gab es in den folgenden Jahrzehnten zwei Versuche, insbesondere den an Bodenschätzen reichen Transvaal unter britische Kontrolle zu bringen bzw. zu annektieren, die aber 1877–1881 und 1895–96 (Jameson Raid) gescheitert waren. Erst der dritte Versuch gelang. Allerdings benötigten die südafrikanischen und britischen, unter anderem von Kitchener geführten Streitkräfte mehr als drei Jahre, um in dem von Seiten der Buren als Reaktion auf die englische Politik erklärten und für England außerordentlich verlustreichen sogenannten Burenkrieg (1899–1902) den Sieg davonzutragen. Im Friedensschluss von Vereeniging erkannten die Buren am 31. Mai 1902 die britische Herrschaft an. Acht Jahre später, am 31. Mai 1910, schlossen sich dann die Kap-Kolonie, das bereits 1843 von England annektierte Natal sowie die beiden Burenstaaten zur „Südafrikanischen Union" zusammen. Die im September 1909 vom britischen Parlament beschlossene Zustim-

Burenkrieg(e)

mung zur Selbstverwaltung des neuen Staates deutete ebenso wie die Einberufung der „Colonial" (seit 1887) bzw. „Imperial conferences" (seit 1907), auf denen die selbstverwalteten Dominions zunehmend ihre Forderungen anmeldeten, darauf hin, dass die erfahrene Kolonialmacht die Zeichen der Zeit zu erkennen und eben deshalb neue Methoden zur Erhaltung ihres Einflusses in der Welt zu erproben begann. Die englische Entscheidung ist damit zugleich ein Indiz für den sich auch auf dem Gebiet der imperialistischen Expansion abzeichnenden Übergangscharakter der Epoche: Diese steuerte einem Punkt zu, an dem sie sich, jedenfalls in ihren alten Formen, selbst in Frage stellte.

Imperialismus in Ostasien

Die sudanesischen und südafrikanischen Ereignisse waren die vorerst letzten Etappen im Prozess der Aufteilung bzw. der europäischen Invasionen Afrikas. Sie lagen bereits im Schatten anderer, ebenfalls krisenhafter Entwicklungen, die ein Resultat der Tatsache waren, dass sich das Interesse der europäischen Großmächte seit Mitte der 1890er Jahre verstärkt auf einen anderen Erdteil richtete, auf Ostasien. Ins Rollen gekommen war der Stein der ostasiatischen Rivalitäten im Sommer des Jahres 1894 durch den Angriff Japans auf das zwischen diesem und China umstrittene Korea. Der sich daraus entwickelnde chinesisch-japanische Krieg stellte den für europäische Beobachter unerwartet hohen Ausbildungsgrad der japanischen Armee unter Beweis, die sowohl zu Wasser als auch zu Land schnelle Erfolge erzielen konnte und bis in die Mandschurei vordrang. Im Präliminarfrieden von Shimonoseki (17. April 1895) erkannte China die Unabhängigkeit Koreas an und trat Formosa, die Pescadores-Inseln und vor allem die Halbinsel Liaotung mit Port Arthur an Japan ab. Damit begann sich in Ostasien eine neue Groß- und Kolonialmacht zu etablieren, eine Tatsache, die bei den anderen Mächten, insbesondere in Russland, erhebliche Beunruhigung auslöste.

Russische Expansion

Der russische kontinentale Expansionsdrang hatte sich seit der Jahrhundertmitte wieder verstärkt in drei Richtungen entwickelt, nämlich zum einen in Richtung auf die türkischen Meerengen und nach Südosteuropa, wo er allerdings zweimal, nämlich im Krimkrieg 1853–1856 und im russisch-türkischen Krieg der Jahre 1877/78, vor allem am entschiedenen Widerstand Großbritanniens gescheitert war. Mit großem Misstrauen beobachteten die Engländer auch das Vorgehen des Zarenreiches im Mittleren Osten. Im Jahre 1863 hatte dieses im Rahmen seiner südlichen Expansion, der zweiten

Stoßrichtung des russischen Imperialismus, mit der Eroberung Turkestans (Taschkent, Samarkand) begonnen und im Zuge der Unterwerfung der Turkmenen-Stämme, die erst 1880/81 abgeschlossen wurde, seinen Einflussbereich bis an die Grenzen Persiens und Afghanistans und damit bis in das unmittelbare Vorfeld Indiens ausgedehnt. Das dritte Ziel der russischen Kontinentalexpansion lag in Ostasien. Hier hatte unter anderem China in den Jahren 1858 (Vertrag zu Aigun) bzw. 1860 (Vertrag zu Peking) die Amur- und die Küstenprovinz an das Zarenreich abgetreten. 1860 war dann der Hafen Wladiwostok gegründet worden. Von hier aus richtete sich der russische Blick nach Süden, auf das Gelbe Meer, dessen Häfen anders als die bis dahin russischen in Ostasien eisfrei waren. Die 1894/95 erfolgte Festsetzung Japans in diesem Raum musste daher in St. Petersburg erhebliche Aktivitäten zur Folge haben.

Das Resultat bestand in der Gründung des sogenannten Ostasiatischen Dreibundes, dem neben Russland Frankreich und das Deutsche Reich angehörten. Dieser hatte eine deutliche antienglische Spitze. Primäres Ziel der Koalition war freilich der Versuch der Eindämmung bzw. Zurückdrängung der japanischen Expansion, der insofern Erfolge zeitigte, als Japan am 8. Mai 1895, im Friedensvertrag von Chefoo, dem Druck dieser Staaten nachgab und unter anderem Port Arthur wieder an China abtrat. Nunmehr nutzten die drei Mächte die Gunst der Stunde, um in einer für das Zeitalter des Imperialismus geradezu klassischen Manier bei der vom japanischen Druck entlasteten chinesischen Regierung ihre Ansprüche auf die Verpachtung chinesischer Häfen deutlich zu machen.

„Ostasiatischer Dreibund"

Im Jahre 1898 konnten diese Ambitionen realisiert werden: Das Deutsche Reich erwarb auf 99 Jahre das bereits am 14. November 1897 im Alleingang besetzte Kiautschou (6. März 1898), Russland pachtete Talienwan mit Port Arthur (27. März 1898) und Frankreich sicherte sich Kuang-chou-wan (10. April 1898). England nun, in eben dieser Zeit aufs äußerste in Afrika engagiert, sah keine Möglichkeit, sich namentlich dem russischen Vorgehen in dem für den britischen Handel sehr wichtigen China aktiv entgegenzustellen. Allerdings konnte sich im Zeitalter des Imperialismus eine Weltmacht schon aus Gründen des Prestiges bei der Aufteilung eines wichtigen Erdteils nicht überspielen lassen. Großbritannien zog daher mit den anderen Mächten gleich und pachtete u. a. den Hafen Wei-hai-wei (1. Juli 1898). Mit den Pachtverträgen war angesichts des immer knapper werdenden „zu verteilenden" Raumes zugleich einer von

Formeller und informeller Imperialismus in China

zwei Wegen aufgezeigt und sogleich begangen worden, auf dem eine konfliktfreie Expansion der an ein und derselben Region interessierten europäischen Mächte einzig noch möglich schien, nämlich der ihrer gleichzeitigen Festsetzung.

Boxerkrieg

Indessen offenbarte gerade die ostasiatische Frage, wie schwer angesichts der potentiell im Wesen der imperialistischen Bewegung angelegten Rivalitäten eine dauerhafte Kooperation zu erreichen war. Das zeigte sich insbesondere anlässlich des im Mai 1900 ausbrechenden Boxerkrieges, der unter anderem eine Bewegung gegen die Überfremdung Chinas war und dem auch viele Europäer, unter ihnen der deutsche Gesandte, Clemens Freiherr von Ketteler, zum Opfer fielen. Die Reaktion der europäischen Mächte sowie Japans und der USA bestand in der Bildung einer internationalen Armee, deren Oberbefehlshaber, der deutsche Generalfeldmarschall Alfred Graf von Waldersee, allerdings zu spät, d. h. erst nach der Einnahme Pekings durch englische und japanische Truppen, Mitte August in China eintraf. Das Ziel der Operation bestand in der „Wiederherstellung der Ordnung", die mit Unterzeichnung des Friedens von Peking am 7. September 1901 als erreicht betrachtet werden konnte. Nun hatte zwar die russische Regierung der Bildung einer internationalen Armee ausdrücklich zugestimmt. Doch nutzte das Zarenreich die Situation, indem es im Alleingang die auch in der Mandschurei ausgebrochenen Unruhen unterdrückte und solchermaßen, durch die Ende Juli 1900 beginnende Festsetzung in diesem Gebiet, seine Herrschaft in Ostasien weiter ausbaute. Damit traf es auf den sich verstärkenden Widerstand Japans und des sich übervorteilt fühlenden England: Das englisch-deutsche sogenannte Jangtse-Abkommen (1900) einerseits, das englisch-japanische Bündnis (1902) und der russisch-japanische Krieg (1904/05) andererseits, von denen noch die Rede sein wird, zeigten erstmals in aller Deutlichkeit, dass der imperialistische Alleingang einer Macht auf Kosten der anderen in Zeiten knapper werdenden Raumes kaum mehr möglich war.

Imperialismus der USA

Dass sich diese Erkenntnis gerade anlässlich der ostasiatischen Ereignisse durchzusetzen begann, lag nun aber nicht nur an der Expansion Japans. Vielmehr meldete zur gleichen Zeit, also seit den 1890er Jahren, eine zweite neue und außereuropäische Groß- und Kolonialmacht, die USA, verstärkt ihre Interessen im pazifischen Raum und damit auch in China an. Deutlich dokumentiert wurde dies erstmals durch den über die kubanische Frage entstandenen spanisch-amerikanischen Krieg des Jahres 1898, in dessen Gefolge, nämlich im Frieden von Paris (10. Dezember 1898), die USA unter anderem durch die Besetzung der Philippinen und Puerto Ricos die Erbschaft Spaniens als Kolonialmacht antraten. Wie entschlossen die Amerikaner ihre Interessen im pazifischen Raum durchsetzen wollten und konnten, zeigte sich nicht nur in weiteren Gebietserwerbungen, so insbesondere in der Annexion Hawaiis (1898), sondern auch in den Noten, die ihr Außenminister John Hay in den Jahren 1899/1900, also gewissermaßen als Reaktion auf die Festsetzung der europäischen Mächte in China, an diese versandte. Die darin geforderte Politik der „Offenen Tür", d. h. der Handelsfreiheit in China, wurde eines der Prinzipien, an dem sich die Chinapolitik auch der europäischen Mächte – mit der vorübergehenden Ausnahme Russlands – bis Kriegsausbruch orientierte. Neben der Tatsache, dass sich die Mächte ähnlich wie im Osmanischen Reich auch in China weitgehend gegenseitig neutralisierten, war dieses entschiedene Auftreten der USA sicher einer der Gründe für den auf den ersten Blick vielleicht erstaunlichen Befund, dass es im Zeitalter des Imperialismus nicht zu einer Aufteilung Chinas gekommen ist.

Damit unterschied sich dessen Situation grundlegend von derjenigen in Afrika und in gewisser Weise auch von derjenigen in Hinterindien. Letzteres wurde seit den 1860er Jahren eine der Stoßrichtungen des französischen und – als Reaktion darauf – erneut auch des englischen Kolonialismus: 1886 annektierte England endgültig Burma, von dem es bereits seit den 20er Jahren Teile besetzt hatte, und 1887 fasste Frankreich seine bis 1885 formell unter chinesischer Oberhoheit stehenden Gebiete in der „Indochinesischen Union" zusammen, die 1893 noch durch das Protektorat über Laos erweitert wurde. Der bereits erwähnte Siam-Vertrag teilte dann 1896 auch Hinterindien endgültig zwischen Frankreich und Großbritannien auf.

<small>Indochina</small>

Um die Jahrhundertwende war also die koloniale Inbesitznahme der Erde im Wesentlichen abgeschlossen. Entweder waren die in den 1880er Jahren noch nicht „verteilten" Gebiete nunmehr von einer Macht in Besitz genommen, oder aber das sich gegenseitig neutralisierende Interesse der Großmächte ließ eine solche Besetzung nicht zu. Dass es dann 1911/12 doch noch einmal zu einem Nachspiel kam, und zwar in Nordafrika, lag vor allem an der Unzufriedenheit der beiden Neulinge im Kreise der europäischen Großmächte, die der Ansicht waren, bei diesem Aufteilungsprozess zu kurz gekommen zu sein.

2. Marokkokrise

Im Juni 1911 sandte die deutsche Regierung ein Kriegsschiff an die Küste des Sultanats Marokko, um auf diese Weise – ähnlich wie schon einmal im März 1905, als Wilhelm II. dort gelandet war und die Souveränität des Sultans bekräftigt hatte – insbesondere das wirtschaftliche Interesse des Deutschen Reiches an Marokko zu unterstreichen. Hintergrund der Aktion war der Vorstoß einer französischen Armee auf Fez, mit dem Ziel, eine gegen den Sultan ausgebrochene Erhebung zu unterbinden. Der deutsche Versuch, den französischen Einfluss zu stoppen und die eigenen Ansprüche anzumelden, scheiterte freilich am heftigen Widerstand namentlich Großbritanniens. Die weitere Zuspitzung des Konfliktes konnte durch zwei am 4. November 1911 zwischen Frankreich und Deutschland geschlossene Verträge, die sogenannten Marokko- und Kongo-Abkommen, vermieden werden, in welchen Marokko Frankreich überlassen und das Deutsche Reich durch französischen, den Kamerun arrondierenden Kolonialbesitz am Kongo entschädigt wurde. Allerdings war diese Kompensation weit von den ursprünglichen deutschen Forderungen, nämlich dem Anspruch auf den französischen Kongo, entfernt.

Italienische Invasion in Libyen

War es in diesem Falle der Widerstand der anderen Mächte gewesen, der eine Festsetzung, zumindest aber eine nachhaltige Demonstration der Interessen des Deutschen Reiches in Marokko verhinderte, so war es ihr stillschweigendes Einverständnis, das die Okkupation des noch formell unter türkischer Oberhoheit stehenden Libyen durch Italien in den Jahren 1911/12 ermöglichte. Damit war zugleich der zweite gangbare Weg einer kolonialen Inbesitznahme beschritten worden, der seit den ausgehenden 1890er Jahren neben der gleichzeitigen Festsetzung aller interessierten Mächte die einzige Möglichkeit einer weitgehend konfliktfreien formellen imperialistischen Unternehmung darstellte. Es sollte der einzige wichtige Fall dieser Art bleiben. Allerdings kamen Italien bei der Durchführung seines Vorhabens zwei Umstände zugute, nämlich zum einen seine Stellung zwischen den beiden Machtblöcken, von der noch die Rede sein wird, und zum anderen der Umstand, dass Libyen weder strategisch noch ökonomisch eine besondere Bedeutung im Osmanischen Reich zukam. Auf dieses nämlich richteten sich – ähnlich wie auf China – zunehmend die informellen imperialistischen Aktivitäten der europäischen Mächte.

Bis in die 1880er Jahre hinein war das Osmanische Reich vor allem ein Anziehungspunkt für englisches und französisches Kapital gewesen. Als auf Veranlassung des Berliner Kongresses 1881 die türkischen Staatsschulden durch eine Expertengruppe von Repräsentanten der sieben wichtigsten europäischen Gläubiger des Osmanischen Reiches außer Russland zusammengelegt und ihre Verwaltung der „Administration de la Dette Publique Ottomane" übertragen wurde, ergab der Umtausch der alten gegen die neuen Titel, dass der Anteil Frankreichs an den türkischen Staatsanleihen 40 % und derjenige Großbritanniens 29 % betrug. Das Deutsche Reich fungierte mit 4,7 % an fünfter Stelle, noch hinter den Niederlanden mit 7,6 % und Belgien mit 7,2 %. Die Entwicklung der Investitionen sowie des Handels mit der Türkei bis zum Kriegsausbruch ist nun vor allem durch den wachsenden deutschen und den in etwa parallel dazu zurückgehenden englischen Anteil gekennzeichnet. Im Jahre 1914 hatte das Deutsche Reich dann mit 20,1 % den zweiten Platz hinter Frankreich inne, das nunmehr fast 50 % der Obligationen der konvertierten Schuld besaß. Der englische Anteil war auf 6,9 % gesunken. Diese Entwicklung hatte zwei Ursachen. Zum einen ließ das wirtschaftliche Interesse Englands am Osmanischen Reich in dem Maße nach, in welchem es sich in Ägypten engagierte. Zum anderen aber hatte sich das Deutsche Reich mit dem nur auf dem Wege staatlicher Anleihen zu realisierenden sogenannten Bagdadbahnprojekt, einer Verbindung zwischen Konstantinopel und dem Persischen Golf, in erheblichem Maße in der Türkei engagiert. In den Jahren 1888, 1893 und 1899–1903 sicherte sich ein unter Führung der Deutschen Bank stehendes Konsortium die Konzessionen für dieses Unternehmen.

Osmanisches Reich

Dass die Bagdadbahn dann für etwa ein Jahrzehnt zu einem die internationalen und namentlich die britisch-deutschen Beziehungen aufs schwerste belastender Faktor wurde, lag insbesondere in dem Umstand begründet, dass sie von einem rein wirtschaftlich geplanten Unternehmen zu einem Politikum geworden war. Das geschah in dem Augenblick, als mit der Konzession des Jahres 1903 endgültig festzustehen schien, dass die Bahn, und zwar als rein deutsches Unternehmen, bis zum Persischen Golf, dem Vorfeld Indiens, geführt werden sollte. Damit stand den Engländern eine unmittelbare Bedrohung ihrer vitalen strategischen und politischen Interessen vor Augen. Gerade dieser Fall zeigt mithin sehr anschaulich, wie leicht die überseeische wirtschaftliche Betätigung der Mächte

Bagdadbahn

im Zeitalter des Imperialismus politische Spannungen hervorrufen bzw. verschärfen konnte.

Informeller Imperialismus im Iran

In anderen Fällen, wie dem persischen, wurde die „pénétration pacifique" von vornherein in politischer Regie betrieben: Die 1899 gegründete britische „Imperial Bank of Persia" und die seit dem gleichen Jahr unter russische Kontrolle geratene „Banque d'escompte et de prêts de Perse" dienten als politische Instrumente bei dem Versuch, den für beide Länder traditionell strategisch wichtigen, aber schon wegen der sich gegenseitig blockierenden Interessen nicht einseitig okkupierbaren Iran unter ihre formelle Vorherrschaft zu bringen. Dass sich England und Russland dann in dem Augenblick – jedenfalls vorübergehend – einig waren, als es nach der Jahrhundertwende darum ging, mit Deutschland einen potentiellen Konkurrenten vom persischen Markt fernzuhalten, ist für den spezifischen Charakter informeller imperialistischer Aktivitäten vor Ausbruch des Krieges nicht minder charakteristisch als der sich daraus in immer stärkerem Maße entwickelnde politische Antagonismus.

Ausbleiben von imperialen Konflikten

Vermieden werden konnte die sich aus privaten oder staatlichen wirtschaftlichen Interessen entwickelnde Rivalität vor Ort offenbar nur unter drei Voraussetzungen: Zum einen konnte doch noch, wie namentlich im Falle der orientalischen Frage, der Versuch einer politischen Einigung unternommen werden [vgl. dazu Kap. I.6.]. Die zweite Möglichkeit resultierte gewissermaßen aus der Schwierigkeit, eine Region zum Objekt bzw. Zielgebiet eines informellen Imperialismus klassischen Stils zu entwickeln. Das gilt insbesondere für die lateinamerikanischen Republiken. Hier griffen jedenfalls die europäischen Investoren – anders als beispielsweise im Osmanischen Reich oder China – nur in wenigen Ausnahmefällen, wie z. B. 1902 in Venezuela, auf die Anwendung politischer oder gar militärischer Machtmittel zur Durchsetzung ihrer finanziellen Forderungen zurück. Diese Situation war nicht zuletzt eine Folge der amerikanischen Monroe-Doktrin des Jahres 1823, welche für die territoriale und administrative Integrität und Souveränität auch Lateinamerikas eintrat. Insofern kann im Falle Südamerikas noch am ehesten von einer „pénétration pacifique" gesprochen werden, und das in doppelter Hinsicht: Zum einen schloss die spezifische Situation direkte und indirekte Machtanwendung weitgehend aus, und zum zweiten kam es nicht zuletzt deshalb nur in wenigen Ausnahmefällen, wie z. B. 1913 in Mexiko, zu Auseinandersetzungen zwischen den Großmächten, die überdies nie die Schärfe wie in China oder gar der Türkei annahmen. Das bedeutet freilich nicht, dass sich nicht auf wirtschaftlichem Gebiet ein harter Konkurrenzkampf entwickelt hätte.

Die dritte Voraussetzung, um den Ausbruch eines Konfliktes über rivalisierende finanzielle Interessen zu vermeiden oder wenigstens vorübergehend zu reduzieren, bestand in deren gemeinsamer Bedrohung, wie z. B. im Jahre 1911 in China. Die Investitionen aller in China engagierten Mächte hatten seit der Jahrhundertwende ständig an Umfang gewonnen. Allerdings verschob sich der Anteil der einzelnen Länder am Gesamtvolumen dieser Investitionen bis 1914 erheblich: Großbritannien und Japan konnten ihren Anteil zwischen 1902 und 1914 von 33 % auf 37,7 % bzw. sogar von 0,1 % auf 13,6 % im japanischen Falle erhöhen. Eine vergleichsweise bescheidene Zuwachsrate verbuchten die USA mit einer Steigerung von 2,5 % auf 3,1 %. Rückläufig hingegen war der deutsche Anteil an den Investitionen in China, der von 20,9 % auf 16,4 % zurückging, und insbesondere derjenige Russlands, der im Jahre 1914 nur noch 16,7 % anstelle von 31,3 % im Jahre 1912 betrug. Diese erheblichen finanziellen Interessen der Mächte schienen nun angesichts der schweren inneren Krise bedroht zu werden, die das Land infolge der sogenannten „jungchinesischen" Revolution 1911 erschütterte und am 29. Dezember zur Gründung der Republik China führte. In dieser Situation fanden sich Großbritannien, Russland, Frankreich, das Deutsche Reich und Japan, unbeschadet der faktischen Konkurrenzsituation vor Ort, zu einer gemeinsamen Aktion zusammen. Im April 1913 musste Peking die Bedingungen einer sogenannten „Reorganisationsanleihe" in Höhe von 21 Millionen Pfund akzeptieren. Diese diente zwar etwa zur Hälfte auch der Begleichung noch ausstehender Forderungen der europäischen Gläubiger, war aber primär ein politisches Instrument zur Stützung des neuen Regimes. Alleine 8,5 Millionen Pfund waren für die Reorganisation der Armee und die Deckung des Haushalts vorgesehen. Das war im Übrigen der Grund, warum sich die USA, die sich ursprünglich an der Anleihe hatten beteiligen wollen, nach Amtsantritt des Präsidenten Wilson aus dem Konsortium zurückzogen. Die aus dieser Kooperation resultierende Entspannung zwischen den europäischen Nationen in Ostasien war damit ebenso ein Nebenprodukt der spezifischen Situation in China wie sie die Ausnahme in ihrem Wettlauf um die überseeischen Märkte der Welt bleiben sollte.

Imperiale Kooperation

Bilanz

Der Gang durch die Ereignisgeschichte hat gezeigt, mit welcher Energie und Rücksichtslosigkeit die europäischen Staaten im Zeitalter des Imperialismus vorgingen. Dabei bargen die informellen Aktivitäten der Mächte nicht weniger Konfliktstoff als die Versuche, sich direkt in einem Gebiet zu etablieren. Dieser Zug des informellen Imperialismus wurde umso deutlicher, je mehr man sich angesichts der immer knapper werdenden zu „verteilenden" Gebiete und der daraus resultierenden gegenseitigen Neutralisierung vor Ort auf die indirekte Durchdringung verlegte bzw. verlegen musste und je mehr die bis dahin durchweg gut funktionierende internationale Kooperation der Banken und Firmen auf politisch motivierte Vorbehalte stieß. Am Ende geriet auch der informelle Imperialismus in den Sog jener Spannungen, ja war gelegentlich sogar deren Wegbereiter, der die internationalen Beziehungen seit den 1890er Jahren zunehmend auszeichnete und der seinen sichtbaren Niederschlag in der Ausbildung eines neuen Bündnissystems fand.

7 Dem Krieg entgegen? Internationale Beziehungen 1890 bis 1914

„Realpolitik" als außenpolitisches Ordnungsmuster

„Die Erörterung der Frage: wer da herrschen soll, ob das Recht, die Weisheit, die Tugend, ob ein Einzelner, ob Wenige oder Viele, diese Frage gehört in den Bereich der philosophischen Spekulation; die praktische Politik hat es zunächst nur mit der einfachen Tatsache zu tun, dass die Macht allein es ist, welche herrschen kann. Herrschen heißt Macht üben, und Macht üben kann nur der, welcher Macht besitzt. Dieser unmittelbare Zusammenhang von Macht und Herrschaft bildet die Grundwahrheit aller Politik".[12] Was der aus dem heute niedersächsischen Wolfenbüttel stammende Heinrich August von Rochau aus Enttäuschung über den Zusammenbruch der Revolution von 1848/49 für die innerdeutsche Politik niederschrieb, sollte bald vor allem als wichtiges außenpolitisches Prinzip Karriere machen. Nicht Werte und für alle verbindliche Normen, und seien sie noch so gut gemeint, bestimmten demnach in den internationalen Beziehungen, sondern allein die Macht, nationale Interessen und letztlich die Fähigkeit und Bereitschaft zur Anwen-

---

12 August Ludwig von Rochau, Grundsätze der Realpolitik. Angewendet auf die staatlichen Zustände Deutschlands, Stuttgart 1853, S. 2.

dung von Gewalt. Rochau nannte seine zuerst 1853 erschienene Schrift „Grundsätze der Realpolitik" und eben diese „Realpolitik" führten in den letzten Jahrzehnten des 19. und zu Beginn des 20. Jahrhunderts bald viele Beobachter, aber auch die handelnden Staatsmänner, Außenpolitiker und Diplomaten im Mund, um die außenpolitischen Aktionen ihrer Zeit zu charakterisieren. So oder so ähnlich, wie es Rochau beschrieben hatte, glaubten diese, müsse oder solle internationale Politik funktionieren oder funktionierte sie tatsächlich. Realpolitik wurde zu einem wichtigen Ordnungs- und Handlungsmuster der internationalen Politik in den Jahrzehnten vor 1914.

Zeitgenössisch verbreitete Ordnungs- und Handlungsmuster wie das der Realpolitik – sowie deren mögliche Alternativen – sind ein wichtiger Zugang, um die internationalen Beziehungen zwischen 1890 und 1914 zu beschreiben. Andere Zugänge bestehen in der Frage danach, wer eigentlich im Zeitalter der Nationalstaaten sowie der „Fundamentalpolitisierung" Außenpolitik machte, oder in der Untersuchung des Zusammenhangs von Imperialismus und internationalen Beziehungen. Schließlich wird sich jede Darstellung der Außenbeziehungen in den Jahrzehnten vor 1914 damit beschäftigen müssen, welche Entwicklungslinien der internationalen Politik der Zeit in den Ersten Weltkrieg führten.

Internationale Beziehungen 1890–1914: Mögliche Untersuchungsebenen

Die Jahre um 1890 stellten dabei gleich in mehrfacher Hinsicht einen wichtigen Einschnitt in den internationalen Beziehungen dar. So ist die Entlassung Otto von Bismarcks im März 1890 auch international von großer Bedeutung geworden. Bismarck, seit 1871 und damit fast zwei Jahrzehnte deutscher Reichskanzler und zuvor bereits preußischer Ministerpräsident, hatte die deutschen und europäischen Außenbeziehungen entscheidend geprägt. Von der grundsätzlichen außenpolitischen Gefährdung des Deutschen Reichs ausgehend, war es ihm gelungen, den 1871 entstandenen deutschen Nationalstaat im europäischen Großmachtsystem zu etablieren sowie nach außen abzusichern. Mittel dazu war zum einen ein demonstrativer Verzicht auf weitere außenpolitische Ansprüche innerhalb und außerhalb Europas. Dies sollte den neuen mächtigen Nationalstaat in Europa mit den Interessen der anderen vereinbar sowie die deutsche Politik berechenbar machen. Nur zu Beginn des Kaiserreichs hatte die deutsche Außenpolitik noch einmal kurz mit der Möglichkeit eines weiteren Krieges gegen Frankreich gespielt, war dann aber auf diese Politik der „Saturiertheit", also der außen-

Zäsur um 1890

politischen „Zufriedenheit" bzw. Beschränkung, eingeschwenkt. Die Sicherheit des Reichs sollte stattdessen durch ein maßgeblich von Deutschland geprägtes Bündnissystem gewährleistet werden. Dieses hatte zum Ziel, Frankreich international zu isolieren und damit einen möglichen Revanchekrieg Frankreichs nach dessen Niederlage im deutsch-französischen Krieg von 1870/71 und der anschließend erzwungenen Abtretung von Elsass-Lothringen an Deutschland zu verhindern. Gleichzeitig sollten durch die verschiedenen Allianzen, wie Bismarck einmal formulierte („Kissinger Diktat" 1877), eine Situation entstehen, „in welcher alle Mächte außer Frankreich unser bedürfen, und von Koalitionen gegen uns durch ihre Beziehungen zueinander nach Möglichkeit abgehalten werden." Diese Bündnispolitik funktionierte in den zwei Jahrzehnten, in denen Bismarck die deutsche Außenpolitik bestimmte, grundsätzlich. Sie musste allerdings mehrfach nachgebessert werden und bot auf diese Weise, wie Bismarck selbst mehrfach zugab, immer nur vorläufige Sicherheit.

Ende der Bündnissysteme Bismarcks   Mit Bismarcks Entlassung, und darin liegt ein zweiter Grund für den Zäsurcharakter der Jahre um 1890, zerbrach dieses Bündnissystem oder – berücksichtigt man die mehrfachen Veränderungen – zerbrachen diese Bündnissysteme Bismarcks. Die Gründe dafür lagen zum einen innerhalb Deutschlands, zum anderen aber auch in der Außenpolitik und den Interessen der anderen europäischen Mächte. Sichtbares Zeichen für das Ende der Bismarck'schen Bündnispolitik war die Nichterneuerung des sogenannten Rückversicherungsvertrages durch die neue außenpolitische Führung in Deutschland. In diesem 1887 zwischen Deutschland und Russland geschlossenen Vertrag hatten sich beide Regierungen „wohlwollende Neutralität" für den Fall zugesichert, dass eine der beiden Seiten in einen Krieg mit einer weiteren Macht geraten sollte. In einem als „ganz geheim" deklarierten Zusatzprotokoll hatte Deutschland Russland darüber hinaus de facto politische Unterstützung für den Fall versprochen, dass sich Russland gezwungen sehen sollte, die Meerengen zwischen Mittelmeer und Schwarzen Meer selbst zu kontrollieren, was nichts anderes hieß, als Konstantinopel, die Hauptstadt des Osmanischen Reichs, zu besetzen. Diese Bestimmung stand grundsätzlich im Widerspruch zu den anderen Eckpfeilern der deutschen Bündnispolitik, dem deutsch-österreichischen Zweibund von 1879, dem deutsch-österreichisch-italienischen Dreibund von 1882 sowie einem von Deutschland geförderten britischitalienisch-österreichischen Mittelmeerabkommen von 1887, die allesamt den Status quo und damit die Erhaltung der territorialen Lage im östlichen Mittelmeer vorsahen. Dieser Widerspruch war Bismarck natürlich bewusst. Allerdings glaubte er, nur so die schwierige Aufgabe bewältigen zu können, gleichzeitig mit Österreich und Russland verbündet zu sein (und dadurch Frankreich zu isolieren), obwohl beide auf dem Balkan massive Interessengegensätze hatten. Kaiser Wilhelm II., der nach Bismarcks Entlassung die Politik selbst in Hand nehmen wollte, sowie der neue Reichskanzler Leopold von Caprivi versuchten mit der Nichterneuerung des Vertrages mit Russland diesen Widerspruch zu beseitigen sowie die deutsche Bündnispolitik, die sie ganz grundsätzlich für zu kompliziert hielten, zu vereinfachen. Kompensiert werden sollte der vertragliche Bruch mit Russland u. a. durch eine Annäherung an Großbritannien, die aber schon bald im Sande verlief.

Die Nichterneuerung des deutsch-russischen Rückversicherungsvertrages machte den Weg für eine Annäherung zwischen Frankreich und Russland frei. Im August 1892 wurde zwischen den Militärs beider Staaten eine Konvention geschlossen und dann auch durch einen Notenwechsel vom Dezember 1893 und Januar 1894 politisch rechtskräftig, welche unter anderem im Falle eines deutschen Angriffs auf eine der vertragschließenden Parteien die militärische Unterstützung der anderen vorsah. Damit war genau die Verbindung entstanden, die Bismarck am meisten gefürchtet hatte, da so für das Reich letztendlich ein Zweifrontenkrieg gegen den östlichen und gleichzeitig den westlichen Nachbarn drohte. Mit der französisch-russischen Allianz war darüber hinaus der Grundstein für ein antagonistisches Allianzsystem in Europa gelegt, in dem sich zwei gegnerische politisch-militärische Lager gegenüberstanden, der deutsch-österreichische Zweibund sowie der deutsch-italienisch-österreichische Dreibund auf der einen Seite sowie das französisch-russische Bündnis auf der anderem, dem sich im neuen Jahrhunderts noch Großbritannien mit eigenen Verträgen anschließen sollte.

Französisch-russischer Zweibund 1892/1894

Soweit war es Mitte der 1890er Jahre allerdings noch nicht. Für die französische Außenpolitik bedeutete die Allianz mit Russland zunächst einmal die ersehnte Durchbrechung einer langen außenpolitischen Isolation in Europa und damit die Verbesserung der eigenen Sicherheitslage. Aber auch außerhalb Europas mochte der Vertrag mit dem Zarenreich für Paris Rückendeckung geben. Neben

Französische Motive

Russland war Frankreich in der kolonialen Welt der wichtigste Rivale des britischen Empire. Der französisch-russische Zweibund hatte damit ebenso eine klare Spitze gegen Großbritannien. Was den von Bismarck gefürchteten Revanchekrieg anbelangt, verschwand diese Idee aus der französischen Außenpolitik wie der französischen Öffentlichkeit nach 1871 zwar nie, sie stand aber keineswegs durchgehend im Zentrum aller Pariser Politik und angesichts der weiterhin angenommenen militärisch-diplomatischen Stärke des deutschen Kaiserreichs war auch den Vertretern einer französischen Revanchepolitik in der ersten Hälfte der 1890er Jahre klar, dass das Bündnis mit Russland höchstens ein erster Schritt dahin sein konnte. Das sah die deutsche Führung im Übrigen nicht anders und auch deswegen hielt man in Berlin die Auflösung des Bündnisses mit Russland in den frühen 1890er Jahren für vertretbar.

Russisches Kalkül   Für die russische Führung bot das Bündnis mit Frankreich ebenso in mehreren wichtigen außenpolitischen Interessensgebieten Rückhalt. Geografisch bestanden diese im Zeitalter des Imperialismus vor allem entlang der kolonialen Expansionslinien des zaristischen Imperiums, also in Südosteuropa sowie den Meerengen, in Zentralasien in Persien und Afghanistan sowie in Ostasien von Nordchina bis nach Korea. Unter dieser Perspektive ergab sich das Bündnis mit Frankreich gar nicht so sehr aus einem russisch-deutschen Gegensatz, sondern primär aus der Rivalität zu Österreich-Ungarn auf dem Balkan sowie der britisch-russischen Konkurrenz insbesondere in Mittelasien. Neben seinem Nutzen für Russlands koloniale Interessen sprachen aber auch ökonomische Gründe für das Bündnis mit Frankreich. Das Zarenreich war für den Aufbau seiner industriellen Kapazitäten auf Investitionen aus dem Ausland angewiesen. Der ganz überwiegende Teil der Gelder stammte inzwischen aus Frankreich. Dies lag auch daran, dass sich die deutsch-russischen Wirtschaftsbeziehungen schon seit einer Reihe von Jahren abgekühlt hatten. Die Berliner Schutzzollpolitik seit Ende der 1870er Jahren betraf nicht zuletzt den russischen Getreideexport nach Deutschland. Ende 1887 hatte das Reich dann u. a. mit Hilfe eines sogenannten Lombardverbots, durch das russische Papiere nicht mehr als Sicherheiten benutzt werden konnten, den deutschen Kapitalmarkt für russische Wertpapiere und Anleihen geschlossen. Vor allem französische Investitionen hatten in der Folge die deutschen ersetzt. Das Bündnis von 1892/94 war aus russischer

Sicht also auch eine Allianz mit dem wichtigsten Geldgeber des Landes.

In einer anderen Hinsicht handelte es sich bei der französisch-russischen Allianz allerdings um eine schwierige Verbindung, denn mit der parlamentarisch regierten französischen Republik und dem weiterhin als absolutistische Monarchie geführten Zarenreich schlossen ausgerechnet die beiden europäischen Großmächte 1892/94 ein Bündnis, die hinsichtlich ihrer politischen Systeme am weitesten auseinanderklafften. Zwar spielten solche ideologischen Unterschiede vor dem Ersten Weltkrieg noch nicht die Rolle späterer Jahrzehnte, ganz unproblematisch war die Sache allerdings nicht und entsprechend wurde die französisch-russische Allianz von beiden Seiten von einem wahren Feuerwerk an ostentativen Freundschaftsbekundungen begleitet. Mehrere großinszenierte Besuche der jeweiligen Flotten in Häfen des anderen Staates sowie Gipfeltreffen der Staatsoberhäupter sollten die enge Verbindung der politisch so unterschiedlichen Länder demonstrieren und weiter festigen. Einen Höhepunkt bildete im Oktober 1896 die Grundsteinlegung einer neuen Brücke über die Seine in Paris, die durch den russischen Kaiser Nikolaus II. sowie den französischen Präsidenten Félix Faure persönlich vorgenommen wurde. Die vier Jahre später fertiggestellte Brücke wurde nach Nikolaus' Vorgänger Zar Alexander III. benannt, unter dem der französisch-russische Zweibund geschlossen worden war. Solche außenpolitischen Inszenierungen waren im Zeitalter des Imperialismus keine Seltenheit. Das Beispiel macht deutlich, dass auch die Außenbeziehungen gerade in der Phase nach 1890 in die zunehmende Medialisierung von Politik einbezogen waren. Auch wenn, wie erwähnt, ideologische Unterschiede noch von untergeordneter Bedeutung waren, hatte die Allianz zwischen Paris und St. Petersburg solche Spektakel aber wohl noch mehr nötig als andere außenpolitischen Kombinationen.

Aus Sicht der deutschen Außenpolitik bedeutete der französisch-russische Zweibund sicherlich eine Verschlechterung der internationalen Lage, dramatisch schien die Sache aber auch deswegen noch nicht, weil es bereits zuvor zweifelhaft schien, ob und vor allem wie lange der Rückversicherungsvertrag im Ernstfall Sicherheit geboten hätte. Doch bald machte sich die neue deutsche Führung daran, auch die zweite Grundlage von Bismarcks außenpolitischen Absicherungen des Reichs zu schleifen. Denn statt weiterhin Saturiertheit nach außen zu demonstrieren, begann das Deutsche

Innenpolitische Dimensionen und Symbolpolitik

Reaktionen der deutschen Regierung

Reich nun, neue Ambitionen zu entwickeln. Von einem Land, das sich außenpolitisch mit eigenen Ansprüchen eher zurückzuhielt, hatte sich das Reich am Ende dieses Prozesses zu einer zunehmend unberechenbaren Macht entwickelt, die mehr und mehr als internationaler Störenfried erschien und die anderen Staaten überall auf der Welt herausforderte. Eine solche „Weltpolitik" war im Zeitalter des Imperialismus für eine europäische Großmacht wie das Deutsche Reich an sich nicht ungewöhnlich und die Reichsführung befand sich damit auch in Übereinstimmung mit einem großen Teil der Öffentlichkeit sowie der im Reichstag vertretenen Parteien, die eine „starke" und betont nationale Außenpolitik für angemessen hielten. Als verheerend für die außenpolitische Stellung des Reichs sollte sich allerdings erweisen, dass Berlin in wichtige Interessensgebiete gleich mehrerer Großmächte vordrang, ohne dies auf andere Weise, in der Logik der Zeit etwa durch neue Bündnisse, abgesichert zu haben.

Deutsche „Weltpolitik": Zielgebiete und Praktiken

Am Beginn dieser Entwicklung standen neue deutsche Aktivitäten in der kolonialen Welt. Nachdem in den 1880er Jahren noch unter Bismarck Afrika im Zentrum des deutschen Imperialismus gestanden hatte, richtete sich der Blick auf den asiatisch-pazifischen Raum. Zu den ebenfalls noch in jenen Jahren erworbenen pazifischen Besitzungen des Deutschen Reiches (Kaiser-Wilhelm-Land, Marshall-Inseln und Bismarck-Archipel) kam es im Jahre 1899 zum Ankauf der Karolinen-, Marianen- und Palau-Inseln von Spanien. Ein Jahr später erwarb das Deutsche Reich nach Absprache mit den USA sowie Großbritannien, das sich wegen der Belastung durch den Burenkrieg vollständig von der Inselgruppe zurückzog, den westlichen Teil der Samoainseln. Bereits 1898 war durch einen auf 99 Jahre geschlossenen Pachtvertrag die Kolonie Kiautschou von China erworben worden, nachdem das Gebiet bereits ein Jahr zuvor militärisch besetzt worden war. Einen deutschen Imperialismus hatte es auch unter Bismarck gegeben, was nun neu war, war die propagandistische Begleitmusik, mit der die deutschen Aktivitäten überall auf dem Globus einhergingen. Als die burische Republik Transvaal in Südafrika Anfang 1896 den Einfall britischer Bewaffneter unter dem späteren Premierminister der Kapkolonie Leander Jameson erfolgreich abwehrte, gratulierte Wilhelm II. dem Präsidenten des Transvaal Paul Kruger in einem Telegramm überschwänglich zu dem erfolgreichen Widerstand gegen den sogenannten Jameson Raid. Der deutsche Kaiser, der von seinen Beratern gerade noch von einer noch schärferen Reaktion abgehalten werden konnte, löste damit einen antideutschen Aufschrei in der britischen Öffentlichkeit aus. Ein Jahr darauf forderte der damalige Staatssekretär des Auswärtigen Amtes und spätere Reichskanzler Bernhard von Bülow im Reichstag einen „Platz an der Sonne" für das Reich. Zwar hatte Bülow im ersten Teil des Satzes gesagt, man wolle niemanden „in den Schatten stellen", doch der zweite Teil des Satzes blieb vor allem im Gedächtnis und setzte den neuen Ton. Zu diesem gehörte auch Wilhelms berühmt-berüchtigte „Hunnenrede", mit der er in Bremerhaven am 27. Juli 1900 ein deutsches Militärkontingent verabschiedete, das sich in China an der Niederschlagung des sogenannten Boxeraufstandes beteiligen sollte. In martialischen Worten rief der Kaiser die Soldaten darin zu einer besonders rücksichtslosen Kriegführung auf. Wie „vor tausend Jahren die Hunnen" es in Europa getan hätten, sollten die Truppen nun in Ostasien dafür sorgen, „daß niemals wieder ein Chinese es wagt, etwa einen Deutschen auch nur scheel anzusehen!"[13]

Auch wenn der Ton erheblich irritierte, die konkreten Ergebnisse dieser Politik konnten mit den vereinzelten Erwerbungen im pazifisch-asiatischen Raum noch als vergleichsweise gering und unbedeutend gelten. Das ließ sich für zwei weitere Aktivitäten im Rahmen der neuen deutschen „Weltpolitik" nicht mehr sagen. So engagierte sich die deutsche Politik mit der zunächst teilweisen, dann vollständigen Übernahme der Konzessionen zum Bau der Bagdadbahn von Konstantinopel bis zum persischen Golf durch ein deutsches Konsortium, das von der Berliner Politik massiv gefördert worden war, in einer der wichtigsten Regionen des informellen Imperialismus überhaupt. Hatte Bismarck noch sorgfältig vermieden, das Reich in die machtpolitischen Rivalitäten im östlichen Mittelmeerraum sowie den angrenzenden Regionen hineinziehen zu lassen, steckte man nun vollständig darin. Interessengegensätze und Konflikte mit Großbritannien, vor allem aber mit Russland waren die absehbare Folge. War Berlin bis dahin lediglich als Bündnispartner von Österreich-Ungarn in der russischen Interessenssphäre vom Balkan bis zum Nahen und Mittleren Osten engagiert, verfolgte es nun offensichtlich eigene Interessen und wurde so zum direkten

Engagement im Osmanischen Reich

---

[13] Bernd Sösemann, Die sog. Hunnenrede Wilhelms II. Textkritische und interpretatorische Bemerkungen zur Ansprache des Kaisers vom 27. Juli 1900 in Bremerhaven, in: HZ 222 (1976), S. 342–58, hier S. 344.

Konkurrenten des Zarenreichs. Ähnliches gilt für das Verhältnis zu Großbritannien. Doch hier wurde der ebenfalls im Laufe der 1890er Jahre beginnende massive Ausbau der deutschen Flotte noch wichtiger.

Deutscher Flottenbau

Die Entscheidung zum Aufbau einer großen deutschen Schlachtflotte war etwa gleichzeitig mit dem Entschluss zu „weltpolitischer" Betätigung in den Jahren 1897/98 gefallen. Allerdings spielte der Gedanke, dass eine erfolgreiche Kolonialmacht immer auch Seemacht sein müsse, bei der maßgeblich durch den Staatssekretär des Reichsmarineamtes, Admiral von Tirpitz, entwickelten Konzeption des deutschen Flottenprogramms nur eine untergeordnete Rolle: Die beiden deutschen Flottengesetze, die am 28. März 1898 bzw. am 12. Juni 1900 den Reichstag passierten, waren intern vor allem als politische Druckmittel gegen England gedacht. Das gilt nicht nur für die Vorstellung, dass das Deutsche Reich ohne eine eigene starke Flotte nicht bündnisfähig sei; ganz gleich, ob eine solche Annäherung an Großbritannien oder aber an einen gegen die Inselmacht gerichteten „Kontinentalblock" aus dem Reich, an Frankreich und Russland, gesucht werde. Es gilt auch für die sogenannte Risikotheorie, wonach – in den Worten von Tirpitz – „ein Krieg auch für den seemächtigsten Gegner mit derartigen Gefahren verbunden" sein müsse, dass seine „eigene Machtstellung in Frage gestellt" werde. In der deutschen Öffentlichkeit wurde der Flottenbau vor allem als Element nationaler Stärke sowie der Förderung deutscher Weltgeltung verkauft. Zur Durchsetzung seiner Idee, die Wilhelm II. leidenschaftlich unterstützte, setzte Tirpitz eine wahre Propagandamaschinerie in Gang. Unter maßgeblicher Beteiligung des Reichsmarineamtes wurde ein deutscher „Flottenverein" gegründet. In unzähligen Broschüren, Postkarten, Zeitungs- und Zeitschriftenartikeln wurde zudem medial für den Flottenbau geworben. Diese bis heute sehr modern anmutende Politik hatte Erfolg. Nicht nur stimmte der Reichstag den notwendigen Gesetzen immer wieder zu, der Flottenverein entwickelte sich schnell zur größten nationalistischen Organisation des Reiches, dem bald Hunderttausende und schließlich über eine Million Mitglieder (zum Teil allerdings über andere Verbände) angehörten und der so auch ein Beispiel dafür war, wie Verbände und Lobbyorganisationen vor 1914 die Außenpolitik beeinflussten. Ohne Zweifel war es Tirpitz mit seiner medial unterfütterten Strategie gelungen, die Flotte insbesondere in bürgerlichen Milieus sehr populär zu machen.

„Risikoflotte"

Es liegt nahe, dass die deutschen Flottenpläne sowie die Art ihrer öffentlichen Propagierung in Großbritannien mit Interesse und wachsender Besorgnis registriert wurden. Vor allem stieß es dort übel auf, dass der Schwerpunkt des deutschen Flottenbaus entgegen der imperialistischen Propaganda auf der Errichtung einer Schlachtflotte in den Heimatgewässern lag und damit perspektivisch die britischen Inseln direkt bedroht waren. Die englische Reaktion bestand schließlich in der Planung und im Bau neuer, nach dem ersten, im Herbst 1905 auf Stapel gelegten Exemplar „Dreadnought" genannter Großkampfschiffe, die wegen ihrer Feuerkraft und Beweglichkeit vom Jahre 1906 an die neue Bemessungsgrundlage für die Einschätzung der Seestärke der einzelnen Staaten bildeten. Hinzu kam das weitere Anwachsen antideutscher Stimmungen in der britischen Öffentlichkeit bis hin zu regelrechten „Flottenpaniken" vor einem deutschen Angriff von See. In einer breiten Strömung der britischen Öffentlichkeit wurde im Verlauf des ersten Jahrzehnts des neuen Jahrhunderts auf diese Weise Deutschland zum Hauptgegner des Inselreichs.

Deutscher Flottenbau und Großbritannien

Die deutsche Politik spielte damit bei einem weiteren wichtigen Einschnitt in der internationalen Politik im Zeitalter des Imperialismus eine wichtige Rolle: Dieser bestand darin, dass Großbritannien in den Jahren um 1900 seine Bündnislosigkeit aufgab und damit begann, Allianzpartner zu suchen. Allerdings lag es auch in diesem Fall nicht nur an der Berliner Politik. Für diesen spektakulären Umschwung britischer Außenpolitik gab es vielmehr zunächst Gründe, die mit dem Reich kaum etwas zu tun hatten.

Außenpolitik Großbritanniens

Unter den europäischen Mächten nahm Großbritannien im 19. Jahrhundert eine Sonderstellung ein. Nicht nur als bei weitem größte Kolonialmacht, sondern auch als Seemacht sowie hinsichtlich der finanziellen Ressourcen war es den anderen Staaten weit voraus. Bei der Industrieproduktion bzw. der Wirtschaftsleistung in Europa mochten das Deutsche Reich und Russland das britische Mutterland inzwischen eingeholt oder teilweise überholt haben, zählt man die ökonomische Bedeutung des Empire hinzu, war das Land aber weiterhin die größte Wirtschaftsmacht der Zeit. Aus dieser überragenden Machtstellung hatte die britische Außenpolitik bis dahin eine Politik der „splendid isolation" abgeleitet. Als stärkstes Land der Erde glaubte man auf feste Bündnisse mit anderen Großmächten verzichten zu können. Doch auch in London wurde seit einiger Zeit der Aufstieg sowie das Aufholen anderer Staaten sorgfältig regis-

Britische Weltmachstellung und decline-Debatte

triert. Zudem brannte es gerade um 1900 an vielen Ecken und Enden des Empire lichterloh. In der britischen Öffentlichkeit entstand eine „decline"-Debatte um den relativen Abstieg des eigenen Landes und auch die Londoner Außenpolitik suchte nach neuen Wegen, die drohende Überdehnung der eigenen Ressourcen abzuwenden. Kurz: Die britische Politik begann damit, die Politik der „splendid isolation" zu überdenken und sich nach Partnern umzusehen. Deutschland spielte dabei zunächst eher eine untergeordnete Rolle. Zwar begann das Reich auch aus britischer Sicht zunehmend lästig zu werden, aber die wirklichen Herausforderungen kamen um die Jahrhundertwende noch aus anderen Richtungen. In Nordafrika tobte gerade der Konflikt mit dem alten kolonialen Rivalen Frankreich um den Sudan. Russland bedrohte die indische Nordgrenze und war darüber hinaus im Norden Chinas sehr aktiv. Und auch die stürmische politische wie ökonomische Entwicklung der USA hatten britische Strategen längst im Blick. Dass man sich mit den Vereinigten Staaten von Amerika auf keinen militärischen Konflikt einlassen würde, war schon seit einiger Zeit Konsens der britischen Politik, doch im Falle von Frankreich oder Russland war dies anders und vor diesem Hintergrund ist es auch zu verstehen, dass der erste Ansprechpartner bei der Suche nach Bündnispartnern das Deutsche Reich wurde. Ende März 1898 trat die britische Regierung an das Deutsche Reich mit dem „Wunsch nach einer bindenden Abmachung zwischen England und dem Dreibund" heran.

Deutsch-britische Bündnisgespräche

Die deutsche Regierung lehnte dieses Bündnisangebot allerdings ab, und zwar, abgesehen von einigen Erwägungen mehr oder weniger formaler Natur, vor allem aus drei Gründen: Zum einen vermutete man in Berlin – und das nicht ganz zu Unrecht –, dass es der britischen Politik in erster Linie um ein begrenztes Zusammengehen gegen Russland in China und damit um eine Entlastung der unter erheblichem Druck stehenden britischen Weltreichspolitik ging. Zum zweiten, und damit aufs engste verknüpft, brach nicht zum ersten Mal ein historisch mit dem Siebenjährigen Krieg (1756–1763) begründetes Misstrauen gegen die britische Europapolitik durch. Danach verfolge die Inselmacht letztendlich nur ihre alte und bewährte Strategie, die Kontinentalmächte – und das hieß in der gegebenen Situation Deutschland einerseits und Frankreich und Russland andererseits – miteinander in Konflikt zu bringen, um sich dann zurückzuziehen und ihre Empire-Angelegenheiten vergleichsweise ungestört zu regeln. Und schließlich war die deutsche Regierung aus einer Position augenblicklicher Stärke heraus der Überzeugung, auf das britische Angebot verzichten und ihrerseits den Zeitpunkt sowie den Partner bestimmen zu können, zu dem und mit dem sie ein solches Bündnis eingehen wolle.

Allerdings war die deutsche Seite keineswegs an einem Abbruch der Kontakte oder gar an einem Konflikt mit Großbritannien interessiert. Vielmehr verständigte man sich jetzt auf eine Politik der „kleinen Schritte", wie der deutsche Botschafter in London, Paul Graf von Hatzfeldt, diese im April 1898 beschrieb. Damit war eine vertragliche Verständigung in einzelnen, die Peripherie betreffenden Fragen gemeint, um auf der solchermaßen gewonnenen Basis womöglich später zu einem umfassenden Abkommen zu gelangen. In diesem Sinne wurde zunächst, am 30. August 1898, ein Vertrag über die Aufteilung der portugiesischen Kolonien in Afrika für den Fall ihrer Verpfändung geschlossen, sodann, am 14. November 1899, ein Abkommen über die Aufteilung der seit 1889 unter der gemeinsamen Oberaufsicht Großbritanniens, des Deutschen Reiches und der USA stehenden Samoa-Inseln. Es brachte Deutschland in den Besitz von Upulo und Savaii. Schließlich kam am 16. Oktober 1900 ein Vertrag über die Regelung der chinesischen Verhältnisse, das sogenannte Jangtse-Abkommen, zustande, in dem vor allem die Prinzipien der „Offenen Tür" und der territorialen Integrität Chinas bekräftigt und der gemeinsame Wille bekundet wurde, gegenteiligen Bestrebungen einer dritten Macht entgegenzutreten.

Politik der kleinen Schritte

Das eigentliche Ziel, das beiderseits tief sitzende Misstrauen abzubauen, wurde freilich nicht erreicht. Vielmehr zeigte sich gerade bei den Verhandlungen bzw. im Gefolge der Verträge, wie brüchig das Fundament der Gemeinsamkeiten war: Das Samoa-Abkommen war erst nach heftigen Auseinandersetzungen und nicht zuletzt als Folge des Druckes zustande gekommen, unter den die britische Regierung nach Ausbruch des Burenkrieges geriet. Der Vertrag über die portugiesischen Kolonien wurde bereits am 14. Oktober 1899 durch den zwischen Portugal und England geschlossenen, geheimen sogenannten Windsor-Vertrag unterlaufen. Und das Jangtse-Abkommen offenbarte schon nach wenigen Wochen die nur vermeintliche Übereinstimmung, als sich nämlich die deutsche Regierung weigerte, der englischen Aufforderung nachzukommen und dem russischen Vorgehen in der Mandschurei Einhalt zu gebieten. Unter solchen Voraussetzungen hatten dann auch die Anfang 1901 als Folge eines Alleingangs des deutschen Botschaftsrates in London, Freiherr von Eckardstein, wieder aufgenommenen Bündnisverhandlungen kaum Aussicht auf Erfolg: Der Versuch, in den Jahren 1898 bis 1901, teils auf direktem Wege, teils über den Umweg einer Lösung „kleinerer Fragen" zu einer allgemeinen Verständigung zwischen Deutschland und England zu kommen, war gescheitert.

Scheitern der britisch-deutschen Annäherung

Über die Gründe des Scheiterns ist viel geschrieben worden. Nicht ganz klar ist letztlich, mit wie viel Nachdruck die britische Seite verhandelte. Die deutsche außenpolitische Führung wiederum verfolgte eine Art Alles-oder-nichts-Politik. Vor allem Außenstaatssekretär und seit Oktober 1900 Reichskanzler Bernhard von Bülow glaubte eine „Politik der freien Hand" betreiben zu können, wonach das Deutsche Reich auf keinen weiteren Bündnispartner angewiesen sei. Die Einsicht, dass die argwöhnisch beobachtete aufsteigende Großmacht ihre „Weltpolitik" erfolgreich und vergleichsweise sicher nur in enger Anlehnung an England oder Russland betreiben konnte, war deutschen Politikern jedenfalls zu diesem Zeitpunkt fremd. Dies beruhte nicht zuletzt auf der Einschätzung, dass die britisch-französischen sowie die britisch-russischen Spannungen so groß seien, dass eine Einigung dieser Mächte ausgeschlossen werden könne und Deutschland deshalb im Zweifelsfall immer noch in der Lage sein würde, sich zwischen Großbritannien und Russland als Allianzpartner zu entscheiden. Dieses Kalkül sollte sich als grobe Fehleinschätzung erweisen. Denn nachdem die Verhandlungen mit Deutschland zu nichts geführt hatten, schloss Großbritannien in überraschend schneller Folge Verträge mit anderen Partnern. In allen Fällen bildete wiederum die koloniale Welt den Ausgangspunkt. Anders als im deutschen Fall führte dies aber schließlich zu umfassenden imperialen Interessenausgleichen, die dann ebenso auf die Bündnissituation in Europa ausstrahlten.

Allianz mit Japan und „Entente cordiale" mit Frankreich

Konkret wurde die neue britische Allianzpolitik zuerst in Ostasien. Am 30. Januar 1902 schlossen Großbritannien und Japan ein Bündnis, das die jeweiligen Interessen in China und Korea absichern sollte. Damit fand London in Ostasien nun den Partner, den es 1898 zunächst vergeblich im Deutschen Reich gesucht hatte, um gemeinsam die russische Expansion aufzuhalten. Der zweite große Schritt der neuen britischen Vertragspolitik folgte zwei Jahre später. Am 8. April 1904 schlossen Großbritannien und Frankreich ein umfassendes Kolonialabkommen, das als „Entente cordiale" in die Geschichte eingehen sollte. Das aus mehreren Vereinbarungen bestehende Vertragswerk umfasste Abkommen über Neufundland sowie West- und Zentralafrika, eine Deklaration über Ägypten und Marokko, die unter anderem den ausschlaggebenden Einfluss Frankreichs in Marokko und Großbritanniens in Ägypten festschrieb, und eine Deklaration über Siam, Madagaskar und die Neuen Hebriden. Damit hatten England und Frankreich ihre seit der britischen Okkupation Ägyptens andauernden und durch Abkommen über Siam (1896) und den Sudan (1899) nur vorübergehend entschärften kolonialen Rivalitäten in einem umfassenden Abkommen beigelegt, das Afrika ebenso betraf wie Ostasien, den Pazifik sowie – mit der Konvention zu Neufundland – sogar noch einmal Nordamerika.

War dies angesichts der langen, im Grunde sogar weit in die Frühe Neuzeit reichenden britisch-französischen Kolonialrivalität schon spektakulär, galt dies noch mehr für das britisch-russische Abkommen von 1907. Der am 31. August geschlossene Vertrag beinhaltete unter anderem die Aufteilung Persiens in eine nördliche russische, eine südliche englische und eine mittlere gemeinsame Einflusszone, die Anerkennung Afghanistans als englische Einflusssphäre sowie die beiderseitige Bestätigung der chinesischen Oberhoheit über Tibet. Damit hatten auch Russland und Großbritannien eine umfassende Vereinbarung über ihre imperialen Konfliktzonen erreicht. Die Entente schloss einen jahrzehntelangen Kampf der beiden Mächte um die Vorherrschaft in Zentralasien ab, der bereits zeitgenössisch als das „Great Game" bezeichnet wurde. Wie die Entente Cordiale hatte der Vertrag aber ebenso Auswirkungen auf die Situation in Europa. Durch umfassende Abkommen war Großbritannien nun nicht nur mit Frankeich, sondern gleichfalls mit dem Zarenreich verbunden. Dem deutsch-österreichischen Zweibund stand damit die sogenannte Tripelentente aus Frankreich, Großbritannien und Russland gegenüber.

Kolonialabkommen mit Russland

Aus Londoner Sicht gab es vor allem drei Gründe für diese vertragspolitische Neuorientierung. An erster Stelle ist noch einmal die um 1900 eingeleitete Aufgabe der „splendid isolation" zu nennen, die aus der sich abzeichnenden weltpolitischen Überforderung des Inselreichs resultierte. Ein zweiter Punkt betrifft die Einschätzungen der Konflikte mit Frankreich und Russland in der kolonialen Welt. Während gegenüber Paris mit dem französischen Rückzug aus dem Sudan 1898/99 der Hauptkonflikt im Grunde im Sinne Londons gelöst war und die Entente cordiale diesen Zustand letztendlich lediglich bestätigte, war die Sache gegenüber Russland kompli-

Gründe für die britische Vertragspolitik

zierter. Auch wenn das Zarenreich aktuell nicht in der Lage schien, die britischen Interessen in Asien zu gefährden, blieb St. Petersburg aus Sicht der britischen Regierung eine erhebliche Bedrohung für das Kernstück des britischen Empires, nämlich Indien. Die Entente mit Russland stellte damit aus kolonialpolitischer Perspektive den britischen Versuch dar, das Herz des Empires zu sichern, indem man mit dem imperialen Hauptrivalen einen Interessensausgleich schloss. An dieser Stelle kam der dritte Grund ins Spiel: Denn in dem Maße, in dem die Spannungen mit Deutschland durch die kaiserliche Flottenpolitik sowie koloniale Konflikte wuchsen, schien die Verbindung mit dem immer noch gefährlichen, für einige Akteure in London sogar deutlich gefährlicheren Russland immer attraktiver. Die deutsche Weltpolitik und der daraus entstehende britisch-deutsche Antagonismus stellten auf diese Weise zwar nicht den Auslöser für die vertragspolitische Neuorientierung Großbritanniens dar, sie beförderten diesen aber und verstärkten den einmal eingeschlagenen Weg ohne Zweifel weiter.

Diplomatische Spaltung Europas und Vorkriegskrisen

Mit der Bildung der britisch-französisch-russischen Tripelentente war jene Spaltung Europas in zwei diplomatisch-politische Lager vollzogen, die wenige Jahre später in die militärische Auseinandersetzung des Ersten Weltkriegs führte. Wie konfliktreich diese Konstellation war, zeigte sich allerdings nicht erst 1914. Schon in dem Jahrzehnt zuvor kam es zwischen den beiden Lagern zu schweren internationalen Krisen, die mehrmals an den Rand eines allgemeinen Krieges in Europa führten. Den Auftakt dieser krisenhaften Entwicklung der internationalen Beziehungen machte die 1. Marokkokrise der Jahre 1905/06. Bemühungen der französischen Außenpolitik, ihren Einfluss auf das formal dem Osmanischen Reich unterstellte Marokko auszubauen, stießen auf den Widerspruch der deutschen Regierung, die ihren Anspruch auf Mitsprache durch den Besuch Kaiser Wilhelms im marokkanischen Tanger lautstark und einmal mehr massiv medial flankiert untermauerte. Ziel des wenig diplomatischen Manövers war es, Paris zu demonstrieren, dass es trotz der Übereinkunft mit Großbritannien über Marokko auf deutsche Unterstützung angewiesen war. Letztendlich ging es darum, der französischen Regierung die Nutzlosigkeit der Entente Cordiale zu zeigen und so die britisch-französische Verbindung zu zerstören. Erreicht wurde allerdings das glatte Gegenteil. Auf der zur Lösung der marokkanischen Frage von Januar bis April 1906 tagenden Konferenz von Algeciras wurde Deutschland lediglich von Österreich-Ungarn unterstützt. Großbritannien dagegen stärkte mit den anderen Teilnehmern die französische Seite. Nicht Frankreich, wie von Berlin erhofft, sondern das Reich erschien isoliert. Die Entente Cordiale hielt bzw. ging sogar gestärkt aus dem Konflikt hervor. Nur zwei Jahre später kam es zur nächsten schwerwiegenden Krise. Diese fand nicht zufällig auf dem Balkan statt.

Südosteuropa war die Region, in der die Gegensätze der Großmächte am deutlichsten zutage traten. Hier befand sich insbesondere der Schnittpunkt der russischen und der österreichischen Interessen und er sollte dann auch das Pulverfass bilden, durch dessen Explosion der große Krieg ausgelöst wurde. Dabei hatte sich das Verhältnis der beiden Staaten nach der Jahrhundertwende zunächst – dokumentiert im sogenannten Mürzsteger Programm vom 2. Oktober 1903 – durch eine vergleichsweise gute Kooperation vornehmlich in der Frage der Reformen im mazedonischen Teil des Osmanischen Reichs ausgezeichnet. Die Situation veränderte sich u. a. durch ein Ereignis im Fernen Osten, das nur auf den ersten Blick wenig mit Europa zu tun hatte, der Niederlage Russlands im Krieg gegen Japan 1904/05.

Der im Februar 1904 ausbrechende Krieg kann in seinen über den regionalen Aspekt hinausweisenden Folgen für die Beziehungen der Großmächte untereinander kaum hoch genug veranschlagt werden: Zum einen etablierte sich Japan mit dem durch den amerikanischen Präsidenten Theodore Roosevelt vermittelten Frieden von Portsmouth (5. September 1905), und nicht zuletzt durch den Erwerb von Port Arthur, Talienwan und des Südteils der Insel Sachalin von Russland, endgültig als anerkannte Groß-, ja Vormacht im Fernen Osten. Zum anderen aber vollzog die russische Außenpolitik nach der vernichtenden Niederlage, wie sie sich zur See in der verlorenen Seeschlacht bei Tsushima (27. Mai 1905) dokumentierte, eine grundsätzliche Neuorientierung: Nach dem Verlust der ostasiatischen Stellung und in Anbetracht der durch England errichteten Hindernisse, auf welche der russische Expansionismus im Mittleren Osten stieß, verblieb diesem nur die verstärkte Rückbesinnung auf seine dritte traditionelle Stoßrichtung, auf Europa und insbesondere auf Südosteuropa. Damit aber kreuzte sich der russische Drang um die Erweiterung seiner Einflusssphäre einmal mehr mit demjenigen von Österreich-Ungarn. Das wichtigste und verhängnisvollste Resultat des russisch-japanischen Krieges war mithin eine sich infolge der Neuorientierung der russischen Politik vollziehende allge-

Japanisch-russischer Krieg 1904/05

meine „Rückwendung der Großmächte von Übersee nach Europa", wie es Andreas Hillgruber einmal formuliert hat (Hillgruber 1986, 8.2, S. 23 f.) und damit der Entstehung von neuen Konflikten auf dem Balkan.

Bosnische Annexionskrise

Ursprung der Krise von 1908/9 war die Annexion der seit dem Berliner Kongress (1878) von Österreich-Ungarn okkupierten türkischen Provinzen Bosnien und Herzegowina durch die Doppelmonarchie am 6. Oktober 1908. Trotz Abspracheversuchen im Vorfeld fühlte sich die russische Regierung durch diesen Schritt übergangen und im eigenen Ordnungsanspruch in Südosteuropa herausgefordert. Die folgende Krise führte nach den Worten des russischen Außenministers, Alexander Iswolsky, bis an den Rand eines kriegerischen Konfliktes „weltweiten" Ausmaßes. Die Ursache für diese Entwicklung ist vor allem in den Spannungen zu sehen, die sich als Folge der Annexion zwischen Österreich-Ungarn einerseits und der Türkei, Bulgarien, dessen etwa gleichzeitig erfolgte Unabhängigkeitserklärung die Situation noch zusätzlich verschärfte, sowie insbesondere Serbien andererseits entwickelten. Die weitgehend von Großbritannien und Frankreich gedeckte Politik Russlands in dieser Krise zeichnete sich durch eine nachdrückliche Unterstützung der Balkanstaaten, namentlich Serbiens aus. Damit schien eine militärische Konfrontation zwischen der Donaumonarchie und dem Zarenreich unmittelbar bevorzustehen, die – was man in allen europäischen Metropolen wusste – aufgrund der Bündnissituation beider Länder kaum auf den lokalen Konflikt zu beschränken gewesen wäre. Dass sich die russische Regierung dann im März 1909, und zwar ohne vorherige Absprache mit London und Paris, zur Anerkennung der Annexion und damit in der Konsequenz zu einem Fallenlassen Serbiens bereit fand, lag an der entschiedenen Haltung Berlins. Die deutsche Regierung nämlich hatte gegenüber der russischen keine Zweifel daran gelassen, dass das Deutsche Reich im Falle einer über den österreichisch-serbischen Konflikt ausbrechenden Auseinandersetzung zwischen Russland und Österreich-Ungarn vorbehaltlos hinter Wien stehen werde. Die Reichsregierung schickte ein kaum verklausuliertes Ultimatum an St. Petersburg – und das Zarenreich gab nach.

Deutsches Ultimatum an Russland

Diese im Verlauf der Annexionskrise demonstrierte unbedingte deutsche Bündnistreue zur Doppelmonarchie erklärt sich aus der allgemeinen Isolierung des Deutschen Reiches, die spätestens anlässlich der Konferenz von Algeciras unübersehbar geworden war.

Und je deutlicher dieser Sachverhalt wurde, umso stärker band die deutsche Politik ihr Schicksal an dasjenige Österreich-Ungarns, das, wie der Verlauf eben jener Konferenz gezeigt hatte, als einziger zuverlässiger Partner verblieben war. Dass man damit im Verlauf der Annexionskrise sogar eine Verstimmung des ohnehin durch die sogenannte jungtürkische Revolution (1908) innerlich erschütterten und in seiner Bedeutung für die deutsche „Weltpolitik" an erster Stelle rangierenden Osmanischen Reiches in Kauf nahm, ist bezeichnend. Mithin war die Bindung an Österreich-Ungarn inzwischen zu einem derart irreversiblen Faktor der deutschen Politik geworden, dass die politische Entscheidung im Grunde bereits bei dem schwächeren Partner lag, ein Tatbestand, der dann im Juli 1914 weitreichende Folgen haben sollte.

Aber auch in anderer Hinsicht erscheint die Bosnische Annexionskrise im Nachhinein wie eine Vorwegnahme der Julikrise von 1914. Da war zum einen natürlich der Anlass in der Krisenregion Südosteuropa. Österreich-Ungarn geriet in Auseinandersetzungen mit Serbien, das von Russland politisch unterstützt wurde. Spätestens jetzt trat die Frage auf, wie die Bündnispartner der Habsburgermonarchie sowie des Zarenreichs reagieren würden. Der „große Krieg" zwischen den beiden europäischen Lagern drohte. Verstärkt wurden die Spannungen durch zwei weitere Faktoren. Zum einen waren da die nationalistischen Teile der jeweiligen Öffentlichkeiten. Die Krisen blieben zu Beginn des 20. Jahrhunderts nicht im diplomatischen Hinterzimmer. Ganz im Gegenteil, sie wurden öffentlich in Massenpresse wie in den Parlamenten ausführlich und erregt diskutiert. Es ist nicht so, dass dabei nur kriegerische und nationalistische Stimmen zu hören waren. Gerade in den pluralistischen Öffentlichkeiten der großen Industriestaaten, in London, Paris, Berlin oder Wien, gab es ebenso besonnene Stimmen, die vor einer Eskalation warnten. Doch überall kamen die Regierungen unter den Druck derjenigen, die das nationale Prestige bedroht sahen, eine Politik der nationalen Stärke forderten und die der eigenen Führung Schwäche vorwarfen. Die Dynamik der Krisen wurde nicht zuletzt von den öffentlichen Reaktionen darauf bestimmt, auf die Außenpolitiker dann glaubten reagieren zu müssen – spätestens bei der nächsten Krise.

Bosnische Annexionskrise und Julikrise 1914

Einen weiteren wichtigen Faktor bildeten die Rüstungen der Zeit, die gerade in den Jahren vor 1914 zu Land und zu Wasser zu einem regelrechten Wettrüsten geführt hatten. Es waren zwei waf-

Aufrüstung

fenstarrende Lager, die sich in Europa gegenüberstanden. Zu See hatte dabei der erwähnte Bau einer neuen Klasse von Kampfschiffen, mit der Großbritannien auf den deutschen Schlachtflottenbau reagierte, 1905 einen neuen Schub ausgelöst. Bei Kriegsausbruch waren auf britischer Seite (Baubeginn 1905) 34 und auf deutscher Seite (Baubeginn 1907) 22 Großkampfschiffe fertiggestellt, ein Potential, das durch den auch in anderen Staaten nach 1905 vorangetriebenen Flottenbau noch deutlich vergrößert wurde. Im Jahre 1914 hatten die USA 10, Russland, Frankreich und Japan je 4 und Italien sowie selbst Österreich-Ungarn je 3 Großkampfschiffe des neuen Typs in Dienst gestellt. Die finanziellen Belastungen dieser Rüstungen waren enorm und so gab es Anzeichen, dass sich in den allerletzten Jahren vor Kriegsausbruch das Wettrüsten zur See wieder abkühlte, zumal absehbar war, dass das Deutsche Reich das englische Tempo nicht werde mithalten können. Zu diesem Zeitpunkt war allerdings das Wettrüsten zu Land neu und voll entbrannt. Bereits um die Jahrhundertwende waren beispielsweise in Russland jährlich 335.000, in Deutschland 280.000, in Frankreich 250.000, in Österreich-Ungarn 103.000 und in Italien 100.000 Rekruten eingezogen worden. In den Jahren 1912 und 1913 führten dann in rascher Folge das österreichische Wehrgesetz, die russische Heeresreorganisation, die deutsche Wehrvorlage und die Wiedereinführung der dreijährigen Dienstzeit in Frankreich zu einer erheblichen Verstärkung des militärischen Potentials in Europa. Selbst in Großbritannien war es durch das Wehrgesetz des Jahres 1907 zu einem Ausbau des Heeres gekommen.

Militärabsprachen   Mit dieser Entwicklung korrespondierten präzise bilaterale, im Übrigen ohne Ratifikation durch die Parlamente getroffene Absprachen der Militärs einzelner Länder über das Vorgehen im Kriegsfall. Bereits im Januar 1909 hatte der preußische Generalstabschef Moltke in einem Briefwechsel mit dem Chef des österreichisch-ungarischen Generalstabs, Conrad von Hötzendorf, zugesagt, dass für den Fall, dass ein österreichischer Einmarsch in Serbien ein „aktives Einschreiten Russlands auslösen" sollte, „der Casus foederis für Deutschland gegeben" sei. Am 20. Juli 1911 legte eine – durch den Briefwechsel (22./23. November 1912) zwischen dem britischen Außenminister Grey und dem französischen Botschafter in London, Paul Cambon, in allgemeiner Form bestätigte – französisch-britische Militärkonvention unter anderem die Stärke und die Einsatzmodalitäten eines englischen Expeditionskorps in Frankreich für den Fall eines deutsch-französischen Krieges fest. Am 16. Juni 1912 wurde die französisch-russische Militärkonvention des Jahres 1892 durch eine Marinekonvention ergänzt, welche die gemeinsame Operation beider Flotten bei allen Eventualitäten vorsah, bei denen das Bündnis die Zusammenarbeit der Landarmee voraussehe und bestimme. Und seit dem 7. Juni 1914 kam es dann zu Verhandlungen der Fachleute über eine englisch-russische Militärkonvention. Doch nicht alles lief vor 1914 auf den Krieg zu. Es gab zum Beispiel durchaus Versuche, die Situation nicht weiter eskalieren zu lassen. Und manchmal schienen solche Bemühungen auch ein gutes Stück voranzukommen. Dies zeigte sich etwa in zwei weiteren internationalen Großkrisen der Jahre zuvor, der 2. Marokkokrise von 1911 sowie den Balkankriegen von 1912/13.

Die Marokkokrise von 1911 lief zunächst ganz ähnlich ab wie ihre Vorgängerin einige Jahre zuvor: Auf erneute französische Bemühungen, den eigenen Zugriff auf das nordafrikanische Land auszubauen, reagierte die deutsche Regierung mit dem massiven Anspruch auf Mitsprache. Diesmal schickte die Berliner Führung das Kanonenboot „Panther" an die marokkanische Küste. Ziel der wiederum mit massiver medialer Begleitmusik ausgeführten Aktion war einmal mehr die Sprengung der britisch-französischen Entente. Doch wieder kam es anders. Die britische Regierung stellte sich ausdrücklich hinter Frankreich und drohte sogar mit Krieg. Die deutsche Führung, die lediglich eine diplomatische Krise hatte provozieren wollen und zu diesem Zeitpunkt gar nicht kriegsbereit war, hatte alle Mühe, die (selbst ausgelöste) nationalistische Stimmung wieder einzufangen und durch ein Kolonialabkommen mit Frankreich, in dem man gegen Gebietsgewinne in Deutsch-Kamerun den französischen Anspruch auf Marokko anerkannte, notdürftig das Gesicht zu wahren. Die Krise zeigte, wie stark der deutsch-englische Antagonismus inzwischen die internationale Szenerie beherrschte. Denn aus einem eigentlich deutsch-französischen Streit war eine britisch-deutsche Kriegsgefahr geworden. Die zweite Marokkokrise, welche sowohl für englische Politiker als auch für die britische Öffentlichkeit die „deutsche Gefahr" unübersehbar zutage treten ließ, bildete gewissermaßen den Höhepunkt jener maßgeblich durch die Flottenrüstung mitbestimmten Entwicklung.

2. Marokkokrise

Eben diese schwere internationale Krise des Sommers 1911 führte dann aber auch bei einsichtigen Politikern, Diplomaten und Publizisten auf beiden Seiten des Kanals verstärkt zu Überlegungen,

Entspannungsversuche

wie man verhindern könne, dass jenes für die Geschicke Europas mehr und mehr entscheidende deutsch-englische Verhältnis in die Katastrophe einer großen militärischen Auseinandersetzung führe. Solche Überlegungen knüpften an Versuche an, die insbesondere seit dem Amtsantritt des Reichskanzlers Bethmann Hollweg (1909) unternommen wurden, aber bislang und vor allem deshalb erfolglos geblieben waren, weil man sich dabei auf die „zentralen" Fragen, nämlich auf das von England vorrangig geforderte Flottenabkommen und das von Deutschland als vordringlich betrachtete Neutralitätsabkommen, konzentriert hatte.

Methoden Konsequenterweise richtete man daher das Augenmerk auf den Versuch einer Verständigung in solchen Fragen, die einerseits nicht derart vorbelastet waren wie das Problem eines Flotten- bzw. politischen Abkommens, denen aber doch von beiden Seiten eine so hohe Bedeutung beigemessen wurde, dass an ihrer Lösung die tatsächliche Kompromiss- und Verständigungsbereitschaft ausgelotet werden konnte. Denn abgesehen von dem Wunsch nach einer Regelung der entsprechenden Probleme, lag eine wesentliche Intention der an diesem Prozess Beteiligten in der erfolgreichen Durchführung des Versuchs, durch eine vertrauensvolle Zusammenarbeit und schließlich Verständigung in solchen „peripheren" Fragen erst einmal das beiderseitige Misstrauen abzubauen und auf diese Weise womöglich auch zu einer Verständigung in den zentralen Fragen zu gelangen. Dieses Vorgehen mündete in zwei zwischen Großbritannien und dem Deutschen Reich abgeschlossenen Verträgen, die allerdings nur noch paraphiert, aber nicht mehr unterzeichnet werden konnten. Es handelte sich dabei um ein erneuertes Abkommen über eine eventuelle Aufteilung der portugiesischen Kolonien in Afrika (20. Oktober 1913) und um ein Vertragswerk über die orientalische Peripherie, mit seinem Kernstück, der Regelung der Bagdadbahnfrage (15. Juni 1914). In beiden Fällen, insbesondere aber im letztgenannten, war die erhebliche Konzessionsbereitschaft der deutschen Seite ausschlaggebend für die Realisierung der skizzierten Verständigungspolitik. Dieser Versuch, durch eine Einigung in für beide Seiten wichtigen Fragen imperialistischer Natur auch eine allgemeine Verbesserung des politischen Klimas zu erreichen, wurde im Übrigen auch im deutsch-französischen sowie deutsch-russischen Verhältnis verfolgt. Zu nennen sind hier der bereits erwähnte deutsch-französische Marokko-Kongo-Vertrag vom 4. November 1911 oder das unter maßgeblicher Beteiligung der beiden Regierungen ausgehandelte Abkommen zwischen der Banque Impériale Ottomane und der Deutschen Bank über Eisenbahnbauten im Osmanischen Reich, das am 15. Februar 1914 paraphiert wurde. Mit Russland wurde am 19. August 1911 das deutsch-russische sogenannte Potsdamer Abkommen über die Bagdadbahn und Persien unterzeichnet. Allerdings konnten dadurch die Spannungen zwischen dem Deutschen Reich und Russland gerade in der sensiblen Nahost-Region nicht grundsätzlich beseitigt werden. Das zeigten nur zwei Jahre später die Ernennung Otto Liman von Sanders zum Chef der deutschen Militärmission in Konstantinopel am 27. November 1913 und die darüber ausbrechende schwere deutsch-russische Krise.

Der Wille zur Entschärfung der Situation gerade im britisch-deutschen Verhältnis wurde auch während der beiden Balkankriege von 1912/13 sichtbar und damit in der zweiten großen internationalen Krise der letzten Jahre vor dem Ersten Weltkrieg, die wie die Bosnische Annexionskrise viele Gemeinsamkeiten mit der Julikrise von 1914 aufwies, die aber eben nicht zum allgemeinen europäischen Krieg führte. Die beiden Kriege wurden zunächst (1912) zwischen Serbien, Bulgarien, Montenegro und Griechenland einerseits und der Türkei andererseits, dann (1913) zwischen Bulgarien und seinen vormaligen Verbündeten sowie Rumänien und der Türkei ausgefochten. Hintergrund war die Aufteilung der letzten noch verbliebenen osmanischen Gebiete auf dem europäischen Kontinent unter den Balkanstaaten, wodurch die Herrschaft Konstantinopels in Europa ungefähr auf die Linie der heutigen Türkei zurückgedrängt wurde. Einmal mehr kam es darüber zum Konflikt zwischen Österreich-Ungarn und Russland, da diese Ansprüche unterschiedlicher Balkanstaaten unterstützten. Zeitweise mobilisierten St. Petersburg wie Wien während der Krise Teile ihrer Armeen. Dass der Konflikt auf der Ebene der europäischen Großmächte friedlich gelöst werden konnte, war zu einem guten Teil Folge des schließlich erfolgreichen Bemühens der britischen sowie der deutschen Regierung, Wien und St. Petersburg von einem Eingreifen auf Seiten ihrer Schützlinge Bulgarien bzw. Serbien abzuhalten. Damit konnte die Gefahr einer über die südosteuropäische Frage ausbrechenden militärischen Auseinandersetzung zwischen den europäischen Mächten verhindert werden. Die alles in allem gute deutsch-englische Kooperation auf der sogenannten Londoner Botschafterkonferenz, die seit dem 17. Dezember 1912 über eine Beilegung der Krise beriet, war zugleich ein erster greifbarer Erfolg der seit 1911 ver-

Balkankriege 1912/13 und deutsch-britische Entspannung

stärkten Bemühungen beider Mächte, jenen Antagonismus abzubauen, der seit dem Scheitern der deutsch-englischen Bündnisverhandlungen die internationalen Beziehungen erheblich belastete.

Londoner Botschafterkonferenz

Die erfolgreiche Eingrenzung einer so schweren Balkankrise nur wenige Monate vor dem Ausbruch des Ersten Weltkriegs ist aus mehreren Gründen bemerkenswert. Zum einen gilt das für die verfolgten Methoden und Handlungsmuster des Krisenmanagements. Denn unter anderem mit der Londoner Botschafterkonferenz wandten die europäischen Regierungen ein Instrument erfolgreich an, das nicht der zu Beginn des Kapitels beschriebenen „Realpolitik" zuzurechnen war, sondern der älteren Vorstellung eines „Europäischen Konzerts", bei dem die europäischen Großmächte die großen europäischen Fragen durch Kooperation untereinander zu lösen versuchten und dabei im Zweifelsfall auf die Erreichung ihrer Maximalziele verzichteten. Die beteiligten Diplomaten und Außenpolitiker führten dieses „Europäische Konzert", das eigentlich in den Jahrzehnten nach dem Wiener Kongress von 1815 seinen Höhepunkt gehabt hatte, in den Verhandlungen von 1912/13 regelmäßig im Munde. Das Beispiel zeigt, dass auch im Zeitalter des Imperialismus andere Handlungs- und Ordnungsmuster als das der Realpolitik denkbar waren und zum Teil auch angewandt wurden. Das galt – allerdings in deutlich geringerem Maße – ebenso für erste Versuche, die Verrechtlichung der internationalen Beziehungen voranzutreiben. Vor allem wirtschaftliche Streitfragen wurden auch schon vor dem Ersten Weltkrieg im Rahmen von zwischenstaatlichen Schiedsgerichtsabkommen geregelt. Die beiden größten Versuche, bei dieser Verrechtlichung von internationalen Fragen voranzukommen, die Haager Konferenzen von 1899 und 1907, scheiterten allerdings in den entscheidenden Punkten, vor allem auch an der deutschen Haltung.

Stabilität der diplomatischen Blöcke vor 1914?

Zum Zweiten zeigt das erfolgreiche Krisenmanagement während der Balkankriege, dass die beiden politischen Blöcke in Europa vor 1914 nicht völlig starr waren, sondern durchaus noch Flexibilität möglich war. Dies betraf zum einen die Stellung Italiens. Zwar war Italien nach wie vor Mitglied des Dreibundes, doch hatte es sich schon in den 1880er Jahren, namentlich im Zuge seiner Kolonialpolitik, (erneut) England und dann – nicht zuletzt als Konsequenz aus ständigen Reibereien mit Österreich-Ungarn in Südosteuropa – seit 1900 bzw. 1902 Frankreich (Mittelmeerabkommen und geheimer Neutralitätsvertrag) sowie seit 1909 auch Russland (Abkommen von Racconigi) angenähert. Noch wichtiger war allerdings, dass Großbritannien ja keineswegs durch formale Allianzen mit Frankreich und Russland verbündet war, sondern lediglich – allerdings umfassende – koloniale Abkommen besaß. Militärische Absprachen mit Frankreich bzw. Gespräche darüber mit Russland waren politisch nicht bindend und blieben im Übrigen geheim. Beides lag auch daran, dass es in der regierenden Liberalen Partei erheblichen Gegenwind gegen eine einseitige Festlegung auf den französisch-russischen Zweibund gab. Im Parlament hätte es, das wussten die agierenden Außenpolitiker und Diplomaten, keine Regierungsmehrheit dafür gegeben. Zur teilweisen Instabilität der politischen Lager trug darüber hinaus bei, dass in den beschriebenen Krisen die Unterstützung für die eigenen Partner, seien sie durch Bündnisse oder durch eine weniger starke Entente verbunden – durchaus schwankte. Insofern hatten die an mehreren Stellen vor 1914 zu beobachtenden Entspannungsbemühungen auch Kosten. Sie sorgten zeitgenössisch für Misstrauen bei den jeweiligen Partnern, die sich fragten, wie verlässlich die eigenen Verbündeten eigentlich waren. Das galt für die russische Regierung, die sich zum Beispiel mehrmals durch London in der Frage der Meerengen zwischen Schwarzem Meer und Mittelmeer, bei der sie günstige Durchfahrrechte für die eigenen Schiffe durchzusetzen versuchte, nicht ausreichend unterstützt sah. Es galt für Österreich-Ungarn, das die deutsche Vermittlungspolitik während der Balkankriege als mangelnde Unterstützung für die eigene Position interpretierte. Und es galt wiederum für Russland, das aus dem gleichen Grund die britische Haltung 1912/13 massiv kritisierte. Die beiden europäischen Lager waren in sich keineswegs so stabil, wie man angesichts der durch sie bewirkten Zuspitzung der internationalen Beziehungen annehmen könnte. Diese verbliebene Flexibilität machte in Einzelfällen Entspannungserfolge möglich. Die europäischen Regierungen tendierten allerdings auch dazu, bei der nächsten Krise, das dadurch entstandene Misstrauen durch eine besonders starke Unterstützung der Partner zu kompensieren. Genau dies geschah in der Julikrise von 1914, als Frankreich Russland und Deutschland Österreich-Ungarn eindeutige Unterstützung zusagten und auch die britische Regierung Vermittlungsaktivitäten, wie sie sie 1912/13 in Verbund mit Deutschland auf dem Balkan unternommen hatte, unterließ.

Lässt man die Entwicklungen der letzten Jahre vor Kriegsausbruch Revue passieren, wird man feststellen können, dass der

Bilanz: Vorkriegskrisen und Julikrise

Handlungsspielraum der Diplomatie offensichtlich noch nicht so eingeschränkt war, wie es eine Betrachtungsweise nahelegen mag, die sich allein auf die allgemeine Zuspitzung der internationalen Verhältnisse konzentriert. Insbesondere für viele Zeitgenossen – und auf deren Einschätzung kommt es bei der Erklärung der Kriegsentschlüsse von 1914 entscheidend mit an – präsentierten sich die Jahre unmittelbar vor dem Ersten Weltkrieg als eine Mischung aus Spannung und Entspannung. Diese Wahrnehmung beruhte auf den internationalen Krisen der Vorkriegsjahre und zugleich auf der Tatsache, dass der Krieg ja immer wieder hatte verhindert werden können. Was die Ordnungs- und Handlungsmuster anbelangt, lagen durchaus Alternativen zu einer strikten und rücksichtslos verfolgten Realpolitik bereit. In einigen Fällen wurden diese sogar angewandt. Paradoxerweise führte das darauf beruhende und immer wieder erfolgreiche Krisenmanagement aber nicht dazu, dass die durch Ermordung des österreichischen Thronfolgerpaares am 28. Juni 1914 ausgelöste Krise leichter zu beherrschen gewesen wäre. Während es Hinweise gibt, dass vor allem die englische Regierung, auch wegen des am Ende gelungenen Krisenmanagements der vorangegangenen Jahre, die Situation zunächst unterschätzte, scheinen vor allem die Wiener und die Berliner Führung bei ihrer Risikostrategie des Jahres 1914 auf die Fortsetzung der Deeskalationsbereitschaft *durch die anderen* gesetzt zu haben. Entscheidend wurde letztlich, dass auch die Versuche, verlorenen Handlungsspielraum wiederzugewinnen, die Stabilität der internationalen Beziehungen keineswegs erhöht hatten. Der durch koloniale Rivalitäten verstärkte, in den Vorkriegskrisen immer wieder aktivierte, durch tief verwurzelte Interessengegensätze einzelner Staaten sowie durch mentale Dispositionen im Zeichen von Nationalismus und Sozialdarwinismus strukturell hochbrisante Zustand der internationalen Politik blieb bestehen. Zu den weiteren Belastungsfaktoren gehörten allgemeine gesellschaftliche Stimmungslagen bzw. die besonders lauten nationalistischen Strömungen in der Öffentlichkeit. Von einer allgemeinen kriegerischen Disposition lässt sich zwar nicht sprechen. Überall gab es ebenso besonnene Stimmen. In der medialen Situation des frühen 20. Jahrhunderts, in der Öffentlichkeit und Presse zu einem wichtigen, eigenständigen Faktor der Außenbeziehungen geworden waren, spielten deren nationalistische Teile aber ohne Zweifel eine Rolle. Dies entlastet die handelnden Politiker und Diplomaten, die sich am Ende für den

Mentale Dispositionen

Krieg entschieden, allerdings keineswegs. Vielmehr waren es vor allem sie, allen voran die in Berlin, Wien, St. Petersburg und wohl auch in Paris, die das Risiko ihrer Politik im Sommer 1914 massiv erhöhten.

Schließlich ist neben politisch-diplomatischen Überlegungen die Bedeutung der militärischen Logik in der Julikrise unverkennbar. Die wesentlich an der Peripherie Europas entwickelten Gegensätze, die ihren Niederschlag längst in Europa gefunden hatten, waren kurzfristig nicht abzubauen, hatten sich vielmehr in Form eines verstärkten Rüstungswettlaufs noch verschärft und schließlich verselbständigt. Der spezifische Verlauf der sogenannten Julikrise nach dem Attentat vom 28. Juni mit seiner Mischung aus diplomatischer Eskalation und militärischer Eigendynamik war dafür der letzte Beleg: Die dem Attentat von Sarajewo folgenden, von Deutschland bedingungslos gedeckten Schritte Österreich-Ungarns, dessen Ultimatum (23. Juli) und die Kriegserklärung (28. Juli) an Serbien, hatten mit geradezu mechanischer und durchaus einkalkulierter Logik die russische Teil- (29. Juli) und Generalmobilmachung (30. Juli) zur Folge, die wiederum auf die Unterstützung Frankreichs und Englands baute. Diese Schritte wiederum führten am 1. August zur deutschen Generalmobilmachung und zur Kriegserklärung des Deutschen Reiches an Russland und an das mit diesem verbündete Frankreich (3. August). Indem die deutschen Truppen gemäß der Grundidee des sogenannten Schlieffenplans (Dezember 1905) den Angriff auf Frankreich mit dem Einmarsch in das neutrale Belgien eröffneten, musste die deutsche Regierung am 4. August auch ihr seit Jahren angestrebtes Ziel, die englische Neutralität im Falle eines Krieges mit Frankreich und Russland zu erreichen, endgültig aufgeben. Die große militärische Auseinandersetzung, die man 1908/09, 1911 und zuletzt 1912/13 hatte vermeiden können, wurde nicht mehr aufgehalten. Der Anfang vom Ende des alten Europa war eingeläutet.

Militärische Logiken

Mobilmachung und Kriegserklärungen

8 *Finis Europae?* Der Erste Weltkrieg als Wendepunkt der europäischen Geschichte

Die Bedeutung des Ersten Weltkriegs als einer der wichtigsten Wendepunkte in der modernen europäischen Geschichte liegt zunächst darin, dass mit ihm zum ersten Mal die großen industriellen Staa-

Historische Bedeutung des Ersten Weltkriegs

ten Europas Krieg gegeneinander führten, und zwar keinen begrenzten Krieg, sondern einen in vielen Bereichen unbegrenzten. Das 19. Jahrhundert war in den hundert Jahren vor 1914 nicht nur friedlich gewesen, aber zu einem allgemeinen Krieg zwischen den Großmächten war es seit 1815 nicht gekommen. Der Krimkrieg 1853 bis 1856 war regional begrenzt. Der preußisch-deutsche Krieg 1866 oder der deutsch-französische Krieg 1870/71 waren auf zwei Großmächte beschränkt. Die historische Bedeutung des Ersten Weltkrieges liegt darin, dass alle europäischen Großmächte daran beteiligt waren und dass es keine vormodernen Staaten mehr waren, sondern nun das volle industrielle Potential zum Tragen kam. Das Resultat war eine Auseinandersetzung neuer Intensität, ein Krieg, der in verschiedener Hinsicht totale Züge annahm. Diese neue Dimension des Krieges betraf vor allem drei Aspekte: Der erste bestand in der Waffentechnik. Der massenhafte Einsatz von Maschinengewehren und den verschiedenen Arten von Artillerie steigerte die Feuerkraft der Truppen enorm und sorgte für neue Dimensionen auch bei den Opferzahlen. Neue Waffensysteme wie die Luftschiffe, Flugzeuge, U-Boote oder Panzer revolutionierten die Kriegführung nicht weniger. Schließlich kamen im Ersten Weltkrieg mit dem Einsatz von Giftgas zum ersten Mal moderne Massenvernichtungswaffen zum Einsatz. Der zweite Aspekt bestand in dem Bemühen der beteiligten Staaten, möglichst alle gesellschaftlich-ökonomischen Ressourcen für den Kriegseinsatz heranzuziehen. Der Krieg wurde nicht nur von den Soldaten an der Front ausgefochten, es ging ebenso darum, möglichst die gesamte Gesellschaft sowie das gesamte Wirtschaftspotential für den Krieg zu mobilisieren. Nur so war die Materialschlacht, die der moderne Krieg geworden war, zu bestehen. Der Begriff der ebenso wichtigen „Heimatfront" ergänzte nicht zufällig nun den der militärischen Front. Drittens erreichte der Krieg auch medial-propagandistisch neue Dimensionen. Die militärische Entgrenzung der Gewalt durch die moderne Waffentechnik fand in einer ideologischen Radikalisierung eine Entsprechung. Die Gegner wurden herabgewürdigt, ja entmenschlicht, die eigene Kriegsanstrengung national-chauvinistisch überhöht. Der Krieg wurde nicht nur mit Waffen, sondern auch mit Worten und Ideologien in einer Art geführt, die einen Kompromiss trotz aller Erschöpfung während der mehr als vier Kriegsjahre kaum denkbar werden ließ und die noch weit über das Kriegsende 1918 hinauswirkte. Von den Zeitgenossen wurde die neue Dimension eines Kriegs zwischen

„Totaler Krieg"

den industriellen Großstaaten im Übrigen bereits vor 1914 diskutiert. Freilich waren solche theoretischen Überlegungen im Vorfeld etwas ganz anderes als die Problemstellungen und Belastungen, die sich ergaben, als der „totale Krieg" im August 1914 tatsächlich ausgebrochen war.

Zu den wichtigsten Herausforderungen, die sich sofort mit dem 4. August 1914 für die beiden kriegführenden Lager, nämlich die Mittelmächte (Deutsches Reich und Österreich-Ungarn) und die Alliierten (Russland, Frankreich und Großbritannien) sowie die durch die österreichischen und deutschen Angriffe von vornherein in den Krieg verwickelten kleineren Staaten (Serbien und Belgien), politisch ergaben, gehörte die Frage nach dem Kriegseintritt der anderen europäischen, aber auch außereuropäischen Nationen. Neutral während des ganzen Krieges blieben die skandinavischen Staaten, die Niederlande, die Schweiz und Spanien. Als erstes Land trat Montenegro mit den Kriegserklärungen an die Mittelmächte (7./11. August) in den Krieg ein, gefolgt vom englischen Bündnispartner Japan, der mit der Kriegserklärung an das Deutsche Reich vom 23. August und dem Ziel der großen Auseinandersetzung beitrat, sich im deutschen Kiautschou festzusetzen und seinen Einflussbereich in Nordchina weiter auszudehnen.

<small>Suche nach Bündnispartnern</small>

Weniger erfolgreich bei ihren Bemühungen, die Bündnispartner zum Kriegseintritt auf ihrer Seite zu bewegen, waren die Mittelmächte. Der Dreibundpartner Italien erklärte bereits am 1. August 1914 seine Neutralität und trat dann mit den Kriegserklärungen an Österreich-Ungarn (23. Mai 1915) und an das Deutsche Reich (28. August 1916) auf Seiten der Alliierten in den Krieg ein. Ähnlich verhielt es sich mit Rumänien. De facto seit 1883 dem Dreibund angegliedert, erklärte es nach anfänglicher Neutralität (3. August 1914) am 27. August 1916 der Doppelmonarchie den Krieg. Von den vor Kriegsausbruch mit den Mittelmächten verbündeten bzw. „befreundeten" Staaten traten schließlich nur zwei an deren Seite: Am 2. August 1914 schloss die Türkei, deren „Bündnisfähigkeit" von deutscher Seite noch 1912 verneint worden war, einen in der Konsequenz gegen Russland gerichteten Bündnisvertrag mit dem Deutschen Reich ab, der nach ersten Kampfhandlungen zu den Kriegserklärungen der Entente-Mächte an die Hohe Pforte führte (2.–5. November), und am 14. Oktober 1915 trat Bulgarien auf Seiten der Mittelmächte in den Krieg ein. In den beiden folgenden Jahren konnten dann die Alliierten einige weitere Erfolge in dieser Hin-

<small>Kriegseintritt Italiens</small>

sicht verbuchen, nämlich den Kriegseintritt Portugals (deutsche Kriegserklärung vom 9. März 1916), Chinas (14. August 1917) sowie Griechenlands. Letzterer erfolgte nach der von den Alliierten kräftig beförderten Abdankung König Konstantins I. und dem erneuten Amtsantritt des Ministerpräsidenten Venizelos am 27. Juni 1917.

Kriegseintritt der USA

Von weit größerer Bedeutung waren allerdings die Kriegserklärungen der USA an das Deutsche Reich (6. April 1917) und an Österreich-Ungarn (7. Dezember 1917): Die Bedeutung dieser Entwicklung zeigte sich nicht nur in der Stärke oder dem Erfolg des militärischen Engagements der USA in den Jahren 1917/18, sondern vor allem auch in den enormen politischen Folgen, die dieses für die Gestaltung des europäischen, ja des Weltstaatensystems nach sich ziehen sollte.

Kriegsziele

Namentlich im Falle Italiens und einiger südosteuropäischer Staaten war der Erfolg der Bemühungen sowohl seitens der Alliierten als auch seitens der Mittelmächte, diese Länder auf ihre Seite zu ziehen, nicht zuletzt von den territorialen Kompensationen abhängig, die man ihnen für den Fall des Sieges in Aussicht stellte. Damit ist die Frage nach den Kriegszielen angesprochen, die nach Ausbruch der großen Auseinandersetzung von fast allen beteiligten Mächten entwickelt wurden. Bei ihrer Betrachtung ist in Rechnung zu stellen, dass es offenbar in der Natur von Kriegen liegt, dass die engagierten Mächte in ihrem Verlauf weitreichende, häufig überzogene Pläne zumal dann entwickeln, wenn der siegreiche Ausgang als wahrscheinlich angenommen wird. Ihre Realisierung scheitert freilich nicht selten am ausbleibenden Erfolg bzw. an dem nicht minder schwerwiegenden Umstand, dass sich die jeweils eigenen Zielsetzungen mit denjenigen der Verbündeten überschneiden. Denn auch die Tatsache, dass alte Rivalen wie Großbritannien und Russland durch den Kriegsausbruch in einer militärischen Koalition verbunden waren, konnte schlechterdings nicht das jahrzehntelang gewachsene Misstrauen beseitigen. Der am 4./5. September 1914 zwischen ihnen sowie Frankreich geschlossene Vertrag von London, der den Separatfrieden verbot, zeigt das anschaulich. Auch bei der Kriegszieldiskussion innerhalb der einzelnen Länder kam es seit der Aufnahme der Kampfhandlungen gelegentlich zu heftigen Auseinandersetzungen, beispielsweise zwischen Politikern und Militärs. Gleichwohl lassen sich einige grundlegende Vorstellungen erkennen.

Charakteristisch für die deutschen Kriegsziele war die Forderung nach Ausbau und Festigung der kontinentaleuropäischen Position, vornehmlich durch eine Korrektur der westlichen und östlichen Grenzen. Bezeichnenderweise traten die auf eine Erweiterung des Kolonialreiches gerichteten Überlegungen, die ja im Vordergrund des „weltpolitisch" bezogenen Denkens der Jahre 1890/97–1914 gestanden hatten, eher in den Hintergrund. Die Pläne eines unter deutscher Kontrolle stehenden „Mittelafrika", die bereits in den Verhandlungen mit England über eine eventuelle Aufteilung der portugiesischen Kolonien leitend gewesen waren, spielten allenfalls in der Anfangsphase des Krieges noch eine gewisse Rolle. Das Augenmerk richtete sich zunächst nach Westen. Namentlich in der Denkschrift, die Bethmann Hollweg am 9. September 1914, also nach Kriegsausbruch, aus dem großen Hauptquartier nach Berlin sandte, dem sogenannten Septemberprogramm, waren jene Forderungen aufgezählt, die nach einem in naher Zukunft erwarteten Friedensschluss an Frankreich (z. B. Abtretung des Küstenstrichs von Dünkirchen bis Boulogne, vor allem aber des Erzbeckens von Briey), Belgien (u. a. Angliederung von Lüttich und Verviers an das Reich) oder Luxemburg („wird deutscher Bundesstaat") gerichtet werden sollten. Unverkennbar spielten bei solchen Forderungen wirtschaftliche Motive eine nicht unerhebliche Rolle, wie sie auch und vor allem in den Konzeptionen eines mitteleuropäischen Wirtschaftsraumes zum Ausdruck kamen, der vom Handel mit den großen Mächten ebenso wie von der kolonialen Basis weitgehend unabhängig sein und unter deutscher Kontrolle stehen sollte. Im Verlauf des Krieges, insbesondere seit Mitte des Jahres 1915, rückten dann mehr und mehr die östlichen Kriegsziele in den Vordergrund des Interesses. Vor allem die baltischen Provinzen Russlands, Litauen und Kurland, sollten dem Deutschen Reich als abhängige Monarchien angegliedert und Polen vom Zarenreich unabhängig werden. Die Proklamation des Königreichs Polen durch die Mittelmächte am 5. November 1916 war der erste Schritt in diese Richtung.

Allerdings kam es gerade bei der Frage nach der Zukunft Polens zu einer Überschneidung der deutschen Kriegsziele mit denjenigen Österreich-Ungarns. Die Interessen der Doppelmonarchie galten naturgemäß vor allem den im Süd- und Nordosten angrenzenden Gebieten. Während den Forderungen nach Einverleibung bzw. Angliederung namentlich Rumäniens und Serbiens von deutscher Seite kaum Einwände entgegengestellt wurden, traf der Anspruch

Deutsche Ziele

Österreich-Ungarn

Wiens auf eine enge Anlehnung Polens an Österreich-Ungarn, die sogenannte austropolnische Lösung, umso stärker auf deutschen Widerstand, je deutlicher sich insbesondere bei den Militärs die Vorstellung von einem deutschen „Großraum" im Osten durchsetzte. Erst nach dem Scheitern der Sonderfriedensverhandlungen zwischen der Donaumonarchie und den Alliierten, die nach dem Regierungsantritt des Kaisers Karl I. (November 1916) eingeleitet und von Außenminister Ottokar Graf Czernin vorangetrieben worden waren, fand sich Wien seit Mitte des Jahres 1917 mit den deutschen Vorstellungen ab.

Russische Kriegsziele — Insbesondere im Falle Polens kam es zwangsläufig zu einer Kollision der Kriegsziele der Mittelmächte mit denjenigen Russlands. Im Anschluss an die noch zu skizzierenden militärischen Erfolge formulierte die deutsche Seite Ansprüche auf einen polnischen Grenzstreifen, später dann, im Mai 1916, auf ganz Polen sowie Litauen und Kurland, die eben deshalb und trotz der von deutscher Seite in Aussicht gestellten Kompensationen insbesondere im Nahen und Mittleren Osten, auch die Möglichkeit eines deutsch-russischen Sonderfriedens vereitelten, wie ihn die deutsche Regierung in den Jahren 1915/16 mehrfach inauguriert hatte: Denn Polen, das ja seit 1815 („Kongresspolen") bzw. seit 1832 (Organisches Statut) zum größten Teil ohnehin schon Bestandteil des russischen Reiches war, war seit der Zeit Peters des Großen ein integraler Bestandteil der strategischen Planungen des Zarenreiches. Unter den verschiedenen, im Verlauf des Krieges in der russischen Führung kontrovers diskutierten „Lösungen" für Polen setzte sich schließlich das Projekt eines autonomen, aber von Russland abhängigen Staates durch, der durch Territorien aus deutschem und österreichisch-ungarischem Besitz arrondiert werden sollte.

Das Osmanische Reich in den Kriegszielen — Einen weiteren Schwerpunkt innerhalb der russischen Kriegsziele bildete die Frage nach der Zukunft des Osmanischen Reiches, in erster Linie nach dem Besitz Konstantinopels und damit der Kontrolle über die Meerengen. Diese wurde dem Zarenreich bereits am 4. März 1915 durch seine Verbündeten Frankreich und Großbritannien, das damit seinen traditionellen Widerstand aufgab, zugesichert. Erhebliche Widerstände setzten diese beiden Mächte freilich einem weiteren klassischen Ziel des russischen Expansionsdrangs entgegen, nämlich dem geforderten Protektorat über ganz Armenien, sodass im Verlauf des Krieges das zuletzt 1912–1914 ventilierte, damals allerdings gleichfalls u. a. am englischen Widerstand gescheiterte Projekt einer Aufteilung der armenischen Gebiete des Osmanischen Reiches in den Vordergrund der Petrograder Überlegungen rückte.

Überhaupt nahm die Frage nach der Zukunft der Türkei einen zentralen Stellenwert in den alliierten Kriegszielplanungen ein. Am bekanntesten ist das sogenannte Sykes-Picot-Abkommen vom 16. Mai 1916 geworden, das de facto eine Aufteilung der nahöstlichen Provinzen des Osmanischen Reiches in eine britische (vor allem Mesopotamien) und eine französische Interessenssphäre (insbesondere Syrien) vorsah. Damit ist bereits angedeutet, dass die Peripherie Europas in den Kriegszielplanungen der Alliierten eine deutlich gewichtigere Rolle spielte als in denjenigen der Mittelmächte. Das gilt namentlich für England, dessen Augenmerk sich auf die deutschen Kolonien in Afrika richtete. Weitgehend einig war man sich auch in dem Prinzip der „Befreiung" der unter fremder Herrschaft lebenden Völker Südosteuropas, dessen Realisierung einen endgültigen Rückzug der Türkei hinter die Meerengen bedeutet hätte oder auf eine weitgehende territoriale Amputation bzw. Auflösung des Vielvölkerstaates Österreich-Ungarn hinauslief. [Großbritannien und Frankreich]

Für Frankreich stand darüber hinaus die Sicherung seiner Ostgrenze im Zentrum der Planungen und der Absprachen mit seinen Bundesgenossen, wobei freilich die Forderungen gelegentlich über die Rückgabe Elsass-Lothringens hinausgingen und – z. B. in einem Notenaustausch mit Russland vom Februar/März 1917 – u. a. die Einverleibung des Saarlandes mit einschlossen. Am wenigsten von allen europäischen Großmächten an einer grundlegenden territorialen Neuordnung Europas interessiert war wohl Großbritannien. Insofern behauptete sich in diesem Krieg noch einmal das die englische Politik seit Jahrhunderten leitende Prinzip der „balance of power", welches das für die überseeischen Ambitionen der Inselmacht potentiell gefährliche Übergewicht einer Macht oder einer Mächtekoalition in Europa zu verhindern suchte, und das hieß in der gegebenen Situation eben auch den gänzlichen Ausfall der Großmacht Deutsches Reich.

Dieser Gedanke eines allgemeinen Gleichgewichts, nicht zuletzt in Europa, war nach Kriegsausbruch auch für die Politik einer zweiten Macht, den USA, bestimmend. Richtungweisend wurden vor allem die 14 Punkte ihres Präsidenten Wilson vom 8. Januar 1918: Die Forderungen nach „Räumung des gesamten russischen Gebietes" (VI), Räumung und Wiederherstellung Belgiens (VII), Befreiung des [Ziele der USA: „14 Punkte"] gesamten französischen Gebietes und Abtretung Elsass-Lothringens an Frankreich (VIII) sowie Räumung Rumäniens, Serbiens und Montenegros (XI) wiesen in diese Richtung. Allerdings enthielt dieses für die Friedensregelungen des Jahres 1919 in vielerlei Hinsicht maßgebliche Programm Wilsons auch bereits einige jener an der Leitidee des Selbstbestimmungsrechts der Völker orientierten Punkte. Dazu zählten beispielsweise die Forderungen nach Errichtung eines unabhängigen polnischen Staates (XIII), nach autonomer Entwicklung der nichttürkischen Völker des Osmanischen Reiches (XII), nach Korrektur der italienischen Grenzen gemäß den „klar erkennbaren Nationalitätenlinien" (IX) und vor allem nach „freiester Möglichkeit autonomer Entwicklung" für die Völker Österreich-Ungarns (X).

Diese und andere Punkte, wie die Forderungen nach Öffentlichkeit aller Friedensverträge (I), nach Rüstungsbeschränkung (IV), nach freier und unparteiischer Regelung der Kolonialfragen (V) oder nach Gründung einer „allgemeine[n] Gesellschaft der Nationen" (XIV), zeichneten sich dadurch aus, dass sie im Falle ihrer Verwirklichung keineswegs nur einseitige Vorteile für die USA gezeitigt hätten. Der unmittelbare Nutzen für die amerikanische Großmacht, die sich mit diesem Krieg endgültig als Weltmacht etablierte, lag eher in indirekten Wirkungen. Die Wiederherstellung des allgemeinen Weltfriedens bildete, so die Überzeugung, zugleich die Voraussetzung für die Entfaltung der expandierenden Wirtschaft der USA und damit in gewisser Weise auch für die Fortsetzung ihrer weltmachtpolitischen Aktivitäten. In diesem Zusammenhang sind nicht nur die in den Punkten II. und III. der Rede Wilsons formulierten Forderungen, also absolute Freiheit der Seeschifffahrt außerhalb der territorialen Gewässer und weitestgehende „Aufhebung sämtlicher wirtschaftlicher Schranken" zu nennen, sondern beispielsweise auch die amerikanische Sorge vor einer weitergehenden Festsetzung Japans in China, wie sie sich nach dem Kriegseintritt der ostasiatischen Großmacht abzuzeichnen begann, und damit vor einer Gefährdung des Prinzips der „Offenen Tür" im Fernen Osten.

So überzogen und z. T. unrealistisch die in der Situation des Krieges und in der Regel unter dem Eindruck momentaner Erfolge von allen Mächten entwickelten Zielvorstellungen auch gewesen sein mögen, so unverkennbar werden in ihnen doch auch ihre Vorstellungen von der künftigen Gestaltung Europas und der Welt offenbar, die immer zugleich auch die Erfahrungen der Vorkriegszeit reflektierten. Welche Ziele in welchem Maße erreichbar waren, das musste natürlich in erster Linie vom Ausgang der großen Auseinandersetzung abhängen, die mit den Angriffen Österreich-Ungarns auf Serbien und des Deutschen Reiches auf Belgien eröffnet worden war.

Der Beginn der Kampfhandlungen, bei dem etwa 3,7 Millionen Soldaten der Mittelmächte ca. 5,8 Millionen alliierten Soldaten gegenüberstanden, wurde zunächst durch die deutsche Großoffensive im Westen und den Vorstoß der russischen Truppen im Osten geprägt. Der von Generalstabschef Helmuth von Moltke geleitete Frankreichfeldzug stand ganz im Zeichen des bereits erwähnten sogenannten Schlieffenplans. Dieser sah zunächst die Offensive im Westen vor. Nach dem Sieg über Frankreich sollten dann erhebliche Kräfte gegen Russland gerichtet werden, das seit der Niederlage gegen Japan militärisch als eher schwach eingeschätzt wurde und daher zunächst defensiv aufzuhalten war. Im Westen war ein großes Umfassungsmanöver der französischen Truppen durch die deutschen Armeen vorgesehen, die durch Belgien und Luxemburg vorstoßen und unter Umgehung von Paris die französischen Verbände nach Süden hin bis an den östlichen Festungsgürtel abdrängen sollten. Dieser Plan musste spätestens nach der Marne-Schlacht (5.–12. September 1914) als gescheitert gelten, als eine französische Armee unter Führung von General Joseph Joffre die deutschen Truppen nicht nur aufhalten, sondern sogar bis hinter die Aisne zurückdrängen konnte.

Militärischer Verlauf

Das Scheitern der deutschen Offensive, in dessen Gefolge Moltke durch Erich von Falkenhayn als Chef des Generalstabs abgelöst wurde, und die Unfähigkeit der alliierten Truppen, ihren strategischen Erfolg im Gegenzug entscheidend zu nutzen, haben bereits in dieser ersten Phase des Krieges zu einer Erstarrung der Fronten, zum Stellungskrieg geführt. Daran sollte sich trotz einiger großer und außerordentlich verlustreicher Einbruchs- und Materialschlachten bis zum Frühjahr 1918 grundsätzlich kaum etwas ändern: Weder die Offensive Joffres in der Champagne (22. September–11. November 1915) noch der deutsche Versuch, Verdun einzunehmen (21. Februar–21. Juli 1916), der mit der Rückeroberung der Festungswerke (24. Oktober–16. Dezember 1916) endgültig scheiterte und auf beiden Seiten mehr als eine halbe Million Gefallene forderte, oder die englisch-französische Offensive an der Somme (24. Juni–26. November 1916) und in Arras bzw. an der Aisne und der

Krieg im Westen

Champagne (April/Mai 1917) gegen die auf die sogenannte Siegfriedstellung zurückgenommenen deutschen Truppen brachten den jeweils erhofften Durchbruch.

<small>Ostfront</small>

Anders stellte sich die Situation an der Ostfront dar. Hier ergriffen zunächst die den deutschen und österreichisch-ungarischen Truppen zahlenmäßig fast um das Doppelte überlegenen russischen Streitkräfte die Initiative und drangen weit nach Ostpreußen und Galizien vor. Dieser erste Angriff konnte indessen vergleichsweise rasch aufgefangen werden. Insbesondere nach den für das deutsche Heer siegreichen Schlachten in Ostpreußen, nämlich bei Tannenberg (26.–30. August 1914) und an den Masurischen Seen (6.–15. September 1914), später dann der erfolgreichen Durchbruchsschlacht deutscher und österreichisch-ungarischer Truppen von Tarnow-Gorlice in Galizien (1.–3. Mai 1915), konnten die Armeen der Mittelmächte nicht nur die zuvor von den russischen Streitkräften besetzten Gebiete zurückerobern, sondern darüber hinaus bis tief in russisches Gebiet vordringen und bis zum Oktober 1915 Kurland, Litauen und Polen besetzen. Diese Stellungsfront blieb dann trotz mehrerer großangelegter Offensiven des Generals Brussilow, deren erste vom Sommer 1916 den Truppen der Donaumonarchie in der Bukowina erhebliche Verluste zufügte, bis zum Juli 1917 im Wesentlichen unverändert, als Brussilow auf Betreiben der provisorischen Regierung in Petrograd zum letzten Mal offensiv wurde, aber nach einigen Anfangserfolgen scheiterte. Im Gegenzug konnten die deutschen Truppen am 3. September Riga einnehmen und wenig später, in der Zeit vom 12. bis zum 20. Oktober, die baltischen Inseln Ösel, Dagö und Moon erobern. Der russische Widerstand war weitgehend gebrochen.

<small>Niederlage Russlands und Friede von Brest-Litowsk</small>

Am 15. Dezember 1917 schloss die nach dem Putsch des 6./7. November an die Macht gekommene bolschewistische Regierung mit dem Deutschen Reich einen Waffenstillstand ab. Sieben Tage später begannen die Friedensverhandlungen. Sie wurden allerdings im Februar 1918 als Folge des Separatfriedens zwischen dem Deutschen Reich, Österreich-Ungarn, Bulgarien und der Türkei einerseits, der Ukraine andererseits (9. Februar) vorübergehend durch die Wiederaufnahme der Kampfhandlungen unterbrochen. Der dann am 3. März 1918 zwischen den Mittelmächten und ihren Verbündeten Türkei und Bulgarien sowie Sowjetrussland abgeschlossene Friede von Brest-Litowsk hätte, wäre er von Bestand gewesen und nicht durch die Waffenstillstandsbedingungen im Westen hinfällig ge-

worden, eine weitgehende Dekomposition insbesondere der westlichen Gebiete Russlands zur Folge gehabt: So sollten u. a. Kurland, Litauen und Polen aus dem russischen Staatsverband ausscheiden, Estland und Livland bis zur Wiederherstellung der „staatliche[n] Ordnung" von einer „deutschen Polizeimacht" besetzt bleiben, die Ukraine und Finnland unabhängig werden und die armenischen Gebiete Russlands an die Türkei fallen. In einem Ergänzungsvertrag vom 27. August 1918 stimmte die Sowjetregierung neben der Zahlung von 6 Milliarden Goldmark schließlich auch dem definitiven Ausscheiden Estlands und Livlands aus dem russischen Staatsverband zu. Gewissermaßen ergänzt worden war der Friede von Brest-Litowsk am 7. Mai 1918 durch den Bukarester Friedensvertrag zwischen den Mittelmächten und Rumänien, das im April 1916 auf Seiten der Entente in den Krieg eingetreten war, aber bereits Anfang Dezember des gleichen Jahres mit dem Einzug deutscher und bulgarischer Truppen in Bukarest militärisch weitgehend ausgeschaltet werden konnte. Der Vertrag sah Grenzkorrekturen, in diesem Falle zugunsten Bulgariens und Österreich-Ungarns vor.

In dieser durch die Entlastung an der Ostfront ausgezeichneten Situation entschloss sich die III. Oberste Heeresleitung (OHL) unter Paul von Hindenburg, seit August 1916 Nachfolger von Falkenhayn als Generalstabschef, sowie Erich Ludendorff, seit dieser Zeit Generalquartiermeister der OHL, im März 1918 zu einer großangelegten Offensive im Westen. Hier standen dem deutschen Heer inzwischen neben den französischen und englischen Truppen ca. 330.000 Amerikaner gegenüber, deren Zahl sich bis zum November auf fast 2 Millionen erhöhen sollte. Die vom 21. März bis zum 7. Juli vorgetragenen Angriffe brachten den deutschen Armeen zwar einige Erfolge, aber wiederum nicht den erhofften Durchbruch, d. h. insbesondere nicht die Trennung der englischen von den französischen Truppen. Mit dem Beginn der alliierten Gegenoffensive am 18. Juli musste der deutsche Versuch, doch noch eine siegreiche Entscheidung des Krieges im Westen zu erzwingen, als gescheitert gelten. Nach der verlorenen Schlacht bei Amiens (8.–11. August), in der sich erstmals die Bedeutung des massiven Einsatzes von Panzern zeigte, erklärte die OHL am 14. August die Fortführung des Krieges für aussichtslos. Tatsächlich musste die deutsche Front in den folgenden Wochen immer weiter zurückgenommen werden, auch wenn sie insgesamt standhielt und deutsche Truppen beim Abschluss des Waffenstillstandes immer noch auf belgischem, luxemburgischem

Deutsche Offensive 1918 und alliierte Gegenoffensive

und französischem Territorium standen: Am 3. Oktober richtete die deutsche Regierung schließlich ein Waffenstillstandsangebot an Wilson auf der Basis seiner 14 Punkte. Das militärische Ende des Deutschen Reiches wurde vom Zusammenbruch der bulgarischen, türkischen und österreichisch-ungarischen Armeen flankiert: Am 30. Oktober schloss die Türkei und am 3. November Österreich-Ungarn einen Waffenstillstand mit den Alliierten ab. Von besonderer Bedeutung wurde der bereits am 30. September, also noch vor dem deutschen Gesuch vom 3. Oktober, abgeschlossene Waffenstillstand Bulgariens mit den Alliierten. Die dadurch besiegelte Niederlage der bulgarischen Truppen hatte die militärische Lage der Mittelmächte noch einmal massiv verschlechtert. Da es damit nach Lage der Dinge unmöglich geworden war, den weiteren Vorstoß der Alliierten in Richtung Österreich-Ungarn aufzuhalten, trug der Zusammenbruch der bulgarischen Front mit zum deutschen Waffenstillstandsgesuch bei.

Waffenstillstand November 1918

Die am 8. November im Wald von Compiègne auf der Basis der 14 Punkte Wilsons aufgenommenen Waffenstillstandsverhandlungen zwischen dem Deutschen Reich und den alliierten Mächten kamen am 11. November zum Abschluss. Die darin der deutschen Seite diktierten Bedingungen verwiesen bereits in vielerlei Hinsicht auf jene Bestimmungen, die dann im Versailler Friedensvertrag vom 28. Juni 1919 endgültig festgeschrieben werden sollten: Deutschland hatte nicht nur die besetzten Gebiete in Belgien, Frankreich und Luxemburg sowie Elsass-Lothringen, sondern darüber hinaus sämtliche linksrheinischen Gebiete zu räumen. Rechts des Flusses wurde eine zehn Kilometer breite „neutrale" Zone geschaffen. Große Mengen von Kriegs- und Transportmaterial sowie sämtliche Unterseeboote waren abzuliefern, die deutsche Hochseeflotte abzurüsten. Schließlich hatte das Deutsche Reich auf die Friedensverträge von Brest-Litowsk und Bukarest zu verzichten. Der des weiteren verfügte Rückzug aller deutschen Truppen aus dem Osten hinter die Grenze des Kriegsausbruchs sollte allerdings erst beginnen, nachdem die Alliierten den Zeitpunkt – und das hieß: die Wiederherstellung der inneren Ordnung in Russland – „für gekommen" hielten.

Krieg auf dem Balkan und im Osmanischen Reich

Der Ausgang des Krieges ist zwar vor allem, aber nicht nur an den beiden Hauptfronten im Westen und Osten entschieden worden. Heftige Kämpfe gab es insbesondere auch auf dem Balkan. Hier war es einerseits durch die Abwehr der mit dem Ziel der Inbesitznahme der Meerengen unternommenen Landung englischer und französischer Truppen auf der Halbinsel Gallipoli (25. April 1915–9. Januar 1916) und andererseits durch den Kriegseintritt Bulgariens sowie die Niederwerfung Serbiens Ende des Jahres 1915 zunächst zu wichtigen Erfolgen für die Mittelmächte gekommen, zu denen vor allem die Herstellung einer Landverbindung zur Türkei zählte. Der mit der Errichtung des Brückenkopfes in Saloniki (5. Oktober 1915) beginnenden und in der Zerschlagung der bulgarischen Armee gipfelnden Gegenoffensive der Alliierten konnten sie dann allerdings keinen wirkungsvollen Widerstand mehr entgegensetzen. Ähnliches gilt für den nahöstlichen und den italienischen Kriegsschauplatz. In dem Gebiet zwischen dem Suezkanal und Mesopotamien behielten die Briten trotz einiger empfindlicher Rückschläge gegen die türkischen Truppen, so z. B. durch die Kapitulation bei Kutel-Amara (29. April 1916), schließlich insbesondere nach der Einnahme von Bagdad (11. März 1917) und der Räumung Jerusalems durch die Türken (9. Dezember 1917) die Oberhand. An der italienischen Front, vor allem nach mehreren Schlachten am Isonzo, war der Ausgang der Kämpfe über fast zwei Jahre hinweg im Wesentlichen offen. Erst die allgemeine Erschöpfung der Mittelmächte und der Abzug der österreichisch-ungarischen Truppen führten Anfang November 1918 zur Besetzung von Triest und Trient.

Eher am Rande spielte sich der Krieg auf jenen beiden Gebieten ab, die zumindest teilweise zu seinem Ausbruch beigetragen hatten, nämlich in den Kolonien und zur See: Die deutsche Besatzung von Tsingtau kapitulierte bereits am 7. November 1914 vor den japanischen Truppen, die Südseekolonien gingen zwischen August und Oktober 1914, Togo, Deutsch-Südwestafrika sowie Kamerun bis zum Februar 1916 verloren. Lediglich in Deutsch-Ostafrika konnten sich deutsche Truppen bis zum 14. November 1918 halten. Auch wenn es sich aus Sicht der europäischen Fronten dabei um Nebenkriegsschauplätze handelte, waren die Opferzahlen vor Ort auch hier enorm. Es ist davon auszugehen, dass in Afrika mehrere Hunderttausend Menschen, vor allem einheimische Truppen und Hilfskräfte wie Träger, durch die Kampfhandlungen starben. Zu einer direkten Konfrontation der deutschen und der englischen Flotten ist es, abgesehen von anfänglichen Kreuzergefechten in Übersee, vor Coronel (1. November 1914) und bei den Falkland-Inseln (8. Dezember 1914), nur einmal gekommen: Zwischen dem 31. Mai und dem 1. Juni 1916 trafen die beiden Hochseeflotten vor dem Skagerrak zusammen, ohne dass eine der beiden Seiten einen klaren Sieg errin-

Der Krieg in den Kolonien und zur See

gen konnte. Auf eine weitere Bewährungsprobe der Schlachtflotte, deren Aufbau die internationalen Beziehungen vor 1914 so schwer belastet hatte, ließ es die militärische Führung des Deutschen Reiches nicht mehr ankommen. Sie verlegte sich nunmehr ganz auf die U-Boot-Waffe. Dahinter stand ursprünglich vor allem die Absicht, die Blockade zu durchbrechen, welche die englische Kriegsmarine nicht nur gegen Kriegsgerät, sondern gegen alle Güter einschließlich Nahrungsmittel und Rohstoffe eingerichtet hatte. Der am 31. Januar 1917 erklärte uneingeschränkte U-Boot-Krieg, auch gegen die Handelsschifffahrt, war dann aber einer der entscheidenden Gründe und der schließlich ausschlaggebende Anlass für den Kriegseintritt der USA.

Friedensinitiativen

Sieht man einmal von der am 1. August 1917 von Papst Benedikt XV. unternommenen Friedensinitiative ab, die nicht zuletzt an der deutschen Weigerung, den Verzicht auf Belgien öffentlich zu erklären, bereits im Vorfeld konkreter Verhandlungen scheiterte, bedeutete der amerikanische Kriegseintritt zugleich das Ende der vielleicht aussichtsreichsten Friedensvermittlung: Seit der im Februar/März 1915 im Auftrag des Präsidenten Wilson unternommenen, allerdings gescheiterten Reise des Obersten Edward M. House nach London, Berlin und Paris war Washington die wichtigste Zentrale für die Vermittlung von Friedensangeboten. Das gilt für die Initiativen Wilsons, wie z. B. seine Note vom 20. Dezember 1916, in welcher er die kriegführenden und die neutralen Staaten zu einem Meinungsaustausch über ihre Friedensbedingungen anregte, oder seine am 22. Januar 1917 in einer Rede vor dem Senat ausgegebene Parole vom „Frieden ohne Sieg". Es gilt aber auch für die Vorstöße der Mittelmächte, wie die Friedensdeklaration der deutschen Reichsleitung vom 12. Dezember 1916, die sich an die USA als Vermittler richtete und diese damit zugleich von einem Kriegseintritt abhalten wollte, oder ihren Vorschlag zur Einberufung einer Friedenskonferenz, der die Antwort auf Wilsons Note vom 20. Dezember 1916 bildete und dem die Alliierten nach Intervention des amerikanischen Präsidenten am 10. Januar 1917 zustimmten.

Gründe für das Scheitern

Dass diese wie andere Vermittlungsversuche schließlich fehlschlugen, hatte vor allem drei Gründe: Zum einen waren die Vorstellungen und namentlich die territorialen Forderungen der beiden kriegführenden Lager kaum miteinander vereinbar. Zum Zweiten ist nicht zu übersehen, dass die zeitweilige Bereitschaft der Entente-Mächte, sich auf die amerikanischen Vorschläge und Interventionen einzulassen, insofern auch taktisch bedingt war, als man insbesondere in London von Anfang an auf den Kriegseintritt der USA spekulierte, ja gezielt darauf hinarbeitete. Schließlich aber waren die von der politischen Führung des Deutschen Reiches um Reichskanzler Bethmann Hollweg unternommenen Bemühungen, einen alsbaldigen Friedensschluss durch Vermittlung der USA zu erreichen, und der endgültig im Januar 1917 von der OHL und der Marineführung durchgesetzte Beschluss zum uneingeschränkten U-Boot-Krieg unvereinbar.

Die ungeheure, bis dahin nicht gekannte Dimension dieses Krieges offenbarte sich den Zeitgenossen in ganzem Ausmaß erst in seiner furchtbaren Bilanz, d. h. vor allem in der Zahl der Menschenleben, die er gefordert hatte. Die Opfer waren in erster Linie Soldaten. Die Zivilbevölkerung wurde, anders als dann im Zweiten Weltkrieg, noch deutlich weniger betroffen. Die Zahl der im Ersten Weltkrieg Getöteten wird auf etwa 10 Millionen Menschen geschätzt. So hatten z. B. England fast 1, Frankreich 1,35, Österreich-Ungarn 1,45, das Deutsche Reich 1,6 und Russland 2,3 Millionen Tote zu beklagen. Hinzu kam ein Riesenheer von Verwundeten – Folge u. a. der neuen (Massen-)Vernichtungswaffen, wie z. B. des Giftgases oder des Maschinengewehrs. Von den im Verlauf des Krieges mobilisierten Soldaten waren auf französischer Seite 60%, auf deutscher 41%, auf österreichisch-ungarischer 38% und auf englischer Seite 37% gefallen oder verwundet worden. Darüber hinaus hatten insbesondere jene Staaten, auf deren Boden sich die Kampfhandlungen vornehmlich abgespielt hatten, erhebliche materielle Verluste zu verzeichnen. Das gilt namentlich für das Land des Stellungskrieges und der großen Materialschlachten, für Frankreich: Hier wurden in vier Jahren schätzungsweise 700.000 Häuser und 20.000 Fabriken zerstört, etwa 50.000 Kilometer an Straßen und Eisenbahnen waren bei Kriegsende unbrauchbar und ca. 3 Millionen Hektar Land verwüstet.

Opferzahlen und Zerstörungen

Dass der Krieg auch im Innern der einzelnen Länder z. T. einschneidende Folgen zeitigen musste, liegt auf der Hand. Der Kriegsverlauf und die hohe Zahl der Opfer spielten dabei ebenso sehr eine Rolle wie die materiellen Verluste oder die allgemeine Verschlechterung der wirtschaftlichen Situation und damit der Lebensbedingungen. Ökonomisch, das zeigte sich recht schnell, war keine der Seiten auf einen Krieg zwischen den großen Industriestaaten wirklich vorbereitet. Die Umstellung auf eine Kriegswirtschaft er-

Ökonomische Folgen

folgte erst nach und nach in einer Art „learning by doing". Dabei wurde neben der Finanzierung die effektive Verteilung der notwendigen Ressourcen überall zum größten Problem. Kriegswirtschaft bedeutete Mangelwirtschaft, in der die gleichzeitige Befriedigung der militärischen Bedürfnisse und der zivilen, wie sie im Frieden bestanden hatten, grundsätzlich nicht möglich war. Das galt für Rohstoffe, für Arbeitskräfte ebenso wie für die Lebensmittelversorgung oder die Versorgung mit Kleidung. In allen Ländern kam es deshalb zur Bewirtschaftung der notwendigen Ressourcen. Konkret, der Staat griff massiv in die Wirtschaft ein. In Großbritannien etwa erlaubte ein bereits kurz nach Kriegsbeginn beschlossenes Gesetz mit dem Titel „Defence of the realm act" u. a. die Beschlagnahme kriegswichtiger Industrieprodukte. Im Deutschen Reich führte das sogenannten Hilfsdienstgesetz, das der Reichstag im Dezember 1916 auf Drängen der Militärführung beschloss, im Grundsatz eine Arbeitspflicht für alle Männer zwischen 16 und 60 Jahren ein.

Wirtschaft und Politik im Krieg

Alle diese massiven Lenkungsmaßnahmen, die zeitgenössisch mal als „Kriegssozialismus" oder auch „Controlled Economy" bezeichnet worden sind, konnten aber nirgends vollständig umgesetzt werden. In der Praxis blieben die staatlichen Institutionen auf die Kooperation mit bestimmten gesellschaftlichen Gruppen, seien es Unternehmer oder Arbeitnehmervertreter, angewiesen. In Deutschland verkörpert etwa der Manager und Industrielle Walther Rathenau dieses Zusammenspiel von Behörden und Unternehmen. Rathenau, Vorstandsvorsitzender des führenden Elektrokonzerns AEG, wurde 1914 Leiter der Kriegsrohstoffabteilung im preußischen Kriegsministerium. Unternehmen aus ähnlichen Bereichen wurden aber auch in Gremien zusammengefasst und verteilten in einer Mischung aus Selbstverwaltung und staatlicher Steuerung z. B. Rohstoffe untereinander. In allen Ländern gab es darüber hinaus immer wieder Abkommen mit den Gewerkschaften. In Deutschland wurden sie in die Selbstverwaltung bzw. die Lenkungsausschüsse sowie in Ausschüsse in den Betrieben einbezogen, die es für verschiedene Branchen gab. Auch in England bekamen Gewerkschaften nun Zutritt zu solchen Räten oder Ausschüssen. Und auch britische Unternehmer übernahmen Funktionen in staatlichen Behörden der Kriegsorganisation. Historisch bedeutsam wurde die so entstehende Kriegswirtschaft über die unmittelbare Funktion im Krieg hinaus aber vor allem, weil auf diese Weise ein Gegenmodell zur bis dahin dominierenden Doktrin der freien Marktwirtschaft, in die der Staat nur wenig eingriff, entstand. Der Erste Weltkrieg wurde zu einem Modellfall staatlichen Intervenierens, sollte die Ökonomie, aus welchen Gründen auch immer, mit ihren eigenen Mechanismen nicht mehr funktionieren. Bei der Kriegsfinanzierung standen grundsätzlich drei Instrumente zur Verfügung. Neben der Ausweitung der Geldmenge, also der Geldvermehrung, konnte der Krieg über Steuern sowie über Anleihen und Kredite finanziert werden. Die großen kriegführenden Staaten haben alle diese Methoden genutzt, allerdings in unterschiedlichem Ausmaß. So war die Steuerfinanzierung in Großbritannien und den USA deutlich ausgeprägter als in den kontinentaleuropäischen Staaten, wo der Anteil von Anleihen und Krediten höher lag. Überall explodierten im Krieg die öffentlichen Schulden (in Deutschland z. B. von 5–6 Milliarden auf über 155 Milliarden Mark). Dies, die wegen der gleichzeitigen Preisregulierungen zu einem erheblichen Teil verdeckte Inflation sowie die Tatsache, dass es sich bei den Westalliierten im bedeutenden Maße um Auslandskredite handelte (interalliierte Schulden), belastete die Volkswirtschaften und das internationale Finanzsystem weit über das Kriegsende hinaus massiv. Überall hatte man gehofft, die Kriegskosten im Nachhinein den besiegten Gegnern aufbürden zu können. Neben den Verliererstaaten gelang dies am Ende auch den Siegern nicht.

Massive staatliche Eingriffe gab es auch im Bereich der Kriegspropaganda. Es ist nicht so, dass Propaganda für die Regierungen und für Militärs vor 1914 völlig unbekannt gewesen wäre. Trotzdem bedeutete auch hier der industrielle Krieg der europäischen Kernstaaten eine neue Herausforderung für die bis dahin überall noch sehr kleinen Presseabteilungen. Überall entstanden nun Behörden, die versuchten, die ideologische Kriegführung in die Hand zu nehmen. In Deutschland wurde 1915 das Kriegspresseamt gegründet, das die Aktivitäten koordinieren sollte. In Frankreich kontrollierte das dem Kriegsministerium zugeordnete „Bureau de presse" bzw. das „Maison de la presse" die Propagandaaktivitäten sowie die Zensur. In England entstand zunächst ein „War Propaganda Bureau" und später ein eigenes Ministerium, das „Ministry of Information". Alle diese Organisationen produzierten Tausende von Flugblättern, verfassten Flugschriften und Broschüren, die für die Front, aber natürlich gleichfalls für die sogenannte Heimatfront bestimmt waren. Erste Kriegsfilme für Propagandazwecke entstanden. Neue Zensurmaßnahmen wurden überall eingeführt, nachdem diese in den Jah-

Kriegspropaganda

ren vor dem Krieg in West- und Mitteleuropa kaum noch bestanden hatten. Wichtiges Betätigungsfeld war zudem die Auslandspropaganda. Italien und die USA waren bis zu deren Kriegseintritt zentrale Betätigungsfelder der verschiedenen Propagandaaktivitäten, und nicht zuletzt wurden auch schon im Ersten Weltkrieg Flugblätter aus Flugzeugen über den Frontabschnitten der Gegner abgeworfen – wenn auch mit zumeist begrenztem Erfolg. Manche Veränderungen sind inhaltlich zu erkennen. Während etwa in der deutschen Bildpropaganda zu Beginn noch traditionelle Darstellungen von Soldaten dominierten, die teilweise fast gemütlich anmutende Szenen zeigten, trat in der zweiten Kriegshälfte das Bild des „stahlharten" Kämpfers in den Mittelpunkt, der Werte wie Standhalten, Aushalten oder Nervenstärke verkörperte und dessen Darstellung bereits auf die Propaganda des Zweiten Weltkriegs vorauswies. In der alliierten Propaganda entstand das Bild der brutalen, barbarischen, nicht mehr menschlichen Deutschen, das sich an Ausschreitungen deutscher Truppen gegen die Zivilbevölkerung in Belgien und Frankreich zu Beginn des Krieges entzündete, sich dann aber ebenfalls radikalisierte. Die Kritik an solchen propagandistischen Übertreibungen des Ersten Weltkriegs sollte dann 25 Jahre später bei der Unterschätzung des tatsächlichen nationalsozialistischen Vernichtungskriegs bei den Westalliierten eine Rolle spielen.

Begrenzte Kriegsbegeisterung und Patriotismus

Innenpolitisch und in den Öffentlichkeiten der kriegführenden Staaten kam es überall zunächst zu einer starken Unterstützung des Krieges (regelrechte Kriegsbegeisterung blieb dagegen zeitlich, regional und sozial begrenzt), die aus der fast allerorten zu beobachtenden Übersteigerung der nationalen Empfindungen resultierte. Die weitere Entwicklung war dann davon geprägt, dass sich solche Unterstützung umso deutlicher verflüchtigte, je länger sich der Krieg entgegen aller Prognosen und Hoffnungen hinzog. In fast allen europäischen Ländern hatte sein Ausbruch zunächst einmal zu einem Abbau der Spannungen im Innern geführt. Wider die Erwartungen bzw. Befürchtungen vieler Regierungen hatten sich, von wenigen Ausnahmefällen, wie dem russischen und in mancher Hinsicht anfänglich auch dem englischen, abgesehen, die Arbeiterschaft und ihre Interessenvertretungen, also die Gewerkschaften und die sozialistischen Parteien, auf der nationalen Linie eingefunden, d.h. sich zu jenem „Burgfrieden" bzw. jener „union sacrée" bekannt, wie sie Wilhelm II. oder der französische Präsident Raymond Poincaré proklamiert hatten.

Spätestens seit 1916 ist jedoch in den meisten Ländern ein Wiederaufleben der inneren Spannungen zu registrieren. Hatte etwa die Anzahl der Streiks nach Kriegsausbruch, verglichen mit den Jahren 1913/14, eine deutlich rückläufige Tendenz gezeigt bzw., wie im Falle Großbritanniens, zumindest stagniert, stieg die Zahl der streikenden Arbeiter in einigen Ländern bereits seit 1916, in anderen umso sprunghafter seit 1917 wieder an. Das gilt für Russland ebenso wie für Frankreich, Italien, Großbritannien oder das Deutsche Reich. Eine Ursache für diese Entwicklung war natürlich die veränderte wirtschaftliche Lage, die sich insbesondere seit 1916 in einem deutlichen Verfall der Reallöhne spiegelte. Dafür wiederum waren einerseits der durch die inflationäre Situation mitbedingte Anstieg der Preise und andererseits der wachsende Anteil der durchweg schlechter bezahlten Frauen-, Kriegsgefangenen- und Fremdarbeit, vor allem in der Industrie, mitverantwortlich.

Wiederaufleben innerer Spannungen

Die allgemeine Unzufriedenheit äußerte sich aber auch noch auf anderer Ebene, und zwar in der zunehmend lauter werdenden Forderung vieler europäischer Parlamente nach Beibehaltung, Wiederherstellung oder auch Erweiterung ihrer Rechte sowie in dem Anspruch insbesondere der Arbeiterparteien auf eine Beteiligung an der Regierung. War diese in Frankreich bereits im August 1914 durch den Eintritt zweier Sozialisten in die Regierung der „Défense nationale" realisiert worden, so gehörte auch der im Mai 1915 in London gebildeten Allparteienregierung erstmals ein Vertreter der „Labour Party" an.

Alles in allem ist in den parlamentarisch weiterentwickelten Ländern wie Großbritannien, Frankreich und in gewisser Weise auch Italien das bestehende Regierungssystem im Verlauf des Krieges bestätigt worden, auch wenn die Regierungen Lloyd Georges (seit dem 10. Dezember 1916) oder Clemenceaus (seit dem 17. November 1917) bis hart an die Grenze dessen gingen, was das parlamentarische System verkraften konnte, und die Spannungen zwischen den italienischen Parteien über die Fragen des Kriegseintritts und der Kriegführung das Land innerlich tief zerrissen. Das gilt jedenfalls bis zur Bildung der Regierung Orlando am 30. Oktober 1917, die auch von den gemäßigten Sozialisten unterstützt wurde. Ebenso gelang es den Politikern der Westalliierten besser, die Machtansprüche der Militärs im Laufe des Krieges in die Schranken zu weisen. Wo im Deutschen Reich vor allem die dritte OHL unter Hindenburg und Ludendorff ihre Kompetenzen fast bis an die

Lage in den einzelnen Ländern

Schwelle einer Militärdiktatur auszuweiten verstand, liefen ähnliche Ambitionen, die die Militärs in Frankreich und Großbritannien vor allem in den früheren Phasen des Krieges verfolgten, unter den Regierungen von Lloyd George und Clemenceau schließlich ins Leere.

Zerbrechen der konservativen Monarchien

Während also die politischen Systeme der Westalliierten dem Druck der Kriegssituation standhielten (wenn auch gerade in Frankreich 1917 nur sehr knapp), stellte sich die Situation in den drei kontinentaleuropäischen Kaiserstaaten anders dar. In keinem dieser Länder haben die alten Verfassungsstrukturen den Krieg überlebt. Die allgemeine Unzufriedenheit und die wachsenden, sich mehr und mehr politisch artikulierenden Ansprüche, die aus den ungeheuren, vor allem von bis dahin unterprivilegierten Bevölkerungsgruppen zu tragenden Kriegslasten resultierten, konnten hier von den bestehenden politischen Systemen nicht aufgefangen werden. Es kam vielerorts zu einer Radikalisierung der Politik, am Ende waren die alten Ordnungen zerstört. Im Falle Österreich-Ungarns hatten diese Entwicklungen sogar die manchen Zeitgenossen längst überfällig erscheinende Auflösung der Doppelmonarchie zur Folge. Eine entscheidende Zäsur bedeutete hier der Tod Kaiser Franz Josephs am 21. November 1916. Nicht nur wegen seiner verfassungsrechtlich starken Stellung war der Monarch in seiner 68-jährigen Regierungszeit der eigentliche Garant für den Zusammenhalt des Vielvölkerstaates gewesen: Als der österreichische Reichsrat im Mai 1917 erstmals nach Ausbruch des Krieges wieder zusammentrat, meldeten denn auch die verschiedenen Minderheiten ihren Anspruch auf größere Mitsprache an. Schon zuvor hatten einige ihrer Vertreter über die Schweiz und die Niederlande, andere direkt in ihrem Exil, Kontakt zu den Alliierten aufgenommen. Entscheidend für die weitere Entwicklung wurde dann einerseits die zunehmende Entfremdung zwischen der deutsch-österreichischen Bevölkerung und Kaiser Karl I., der verstärkt Friedensfühler zu den Entente-Mächten ausstreckte, und andererseits im Verlauf des Jahres 1917 der wachsende Gegensatz der österreichischen Sozialdemokratie zur politischen und militärischen Führung: Mit der russischen Revolution war ein entscheidender Grund für ihre Unterstützung des Kriegskurses, die Beseitigung des Zarismus, entfallen. Seit dem großen Munitionsarbeiterstreik im Januar 1918 begann schließlich eine die nationalen Spannungen zusätzlich verschärfende Radikalisierung der Arbeiterschaft. Das Völkermanifest

Auflösung Österreich-Ungarns

Karls I. vom 16. Oktober 1918, das die Völkerschaften der Donaumonarchie zur Bildung von Nationalräten aufrief, aber immer noch von der Idee eines Erhalts des Staatswesens, und zwar in Form eines Bundesstaates, geleitet war, bedeutete den Anfang vom Ende des alten Habsburgerreiches. Noch vor Abschluss des Waffenstillstandes wurde am 21. Oktober die deutsch-österreichische Nationalversammlung in Wien eröffnet, am 28. Oktober kam es zur Proklamation der Tschechoslowakei, einen Tag später zur Lösung der „jugoslawischen" Völker aus dem Staatsverband und am 1. November zur Bildung einer selbständigen ungarischen Regierung. Die Verzichtserklärung Karls I. auf Teilnahme an den Regierungsgeschäften vom 11. November und die tags darauf erfolgte Proklamation der provisorischen Nationalversammlung der Republik Deutschösterreich beendeten einen Prozess, der zwar seit Jahrzehnten absehbar, aber erst im und durch den großen Krieg zum Durchbruch gelangt war.

Anders lagen die Dinge im Deutschen Reich. Während sich im Verlauf des Jahres 1917 mit der Aufspaltung der SPD in gemäßigte „Mehrheitssozialdemokraten" und kommunistisch orientierte „Unabhängige" sowie der Gründung einer rechten Sammlungspartei, der „Deutschen Vaterlandspartei", die politischen Lager weiter radikalisierten, rückte ebenfalls 1917 erneut und verstärkt die Frage nach einer Reform der Verfassung in den Vordergrund der Debatte. Die sogenannte Osterbotschaft des Kaisers vom 7. April 1917, in der Wilhelm II. eine Reform des preußischen Dreiklassenwahlrechts in Aussicht stellte, ohne indessen genauere Angaben über die Art und den Zeitpunkt der Reform zu machen, bildete dann den eigentlichen Anstoß für das Wiederaufleben der Debatte, in deren Zentrum drei eng miteinander verknüpfte Probleme standen: die Zurückdrängung des preußischen Einflusses im Reich, die Beschränkung der kaiserlichen Befugnisse, namentlich auf außenpolitischem und militärischem Gebiet, und vor allem eine Erweiterung der Kompetenzen des Reichstages. Der auf Anregung von Gustav Stresemann gebildete und vom 2.–11. Mai 1917 tagende sogenannte Verfassungsausschuss des Parlaments war das wohl wichtigste Forum, auf dem die verschiedenen Reformvorschläge beraten wurden. Im Vordergrund der Überlegungen stand eine partielle Korrektur der Reichsverfassung, nicht aber ihre gänzliche Neuformulierung oder gar die Abschaffung der Monarchie.

Deutsches Reich

Reform der Reichsverfassung und Revolution

Die Realisierung einiger wichtiger Reformen, wie insbesondere die am 28. Oktober 1918 verabschiedete Änderung der Reichsverfassung, welche die Verantwortlichkeit des Reichskanzlers und der Reichsminister gegenüber dem Parlament und damit eine Beschneidung der kaiserlichen Kompetenzen sowie den Übergang zum parlamentarischen Regierungssystem festschrieb, kam freilich zu spät. Sie lag bereits im Schatten anderer Entwicklungen, welche vorübergehend der „Straße" das Übergewicht gaben und dann, für die meisten Zeitgenossen überraschend, gleichsam über Nacht die monarchische Regierungsform beseitigen sollten. Denn noch am gleichen Tag begann die Meuterei der deutschen Hochseeflotte, die am 3. November in dem Aufstand der Matrosen in Kiel gipfelte. Dieser wiederum zog eine Welle revolutionärer Erschütterungen in vielen deutschen Städten nach sich, die am 9. November endgültig auf Berlin übergriffen: Der Reichskanzler, Prinz Max von Baden, gab den Thronverzicht Wilhelms II. sowie des Kronprinzen bekannt, der Sozialdemokrat Philipp Scheidemann rief die Republik aus, und die Regierungsgewalt wurde Friedrich Ebert übertragen.

Revolution in Russland

Noch wesentlich dramatischer und nicht nur für die künftige Entwicklung Russlands folgenreicher war der innere Umbruch der dritten europäischen Kaisermacht, des Zarenreiches. Das Zugeständnis einer Verfassung im Jahre 1906 hatte die allgemeine Unzufriedenheit nur scheinbar und vorübergehend überdecken können. Der für Russland ungünstige Verlauf des Krieges sowie die sich zusehends verschlechternde Wirtschaftslage bildeten dann auch hier den Anlass für die im März 1917 (Februarrevolution nach russischer Zeitrechnung) in Petrograd ausbrechenden Streiks, die sehr bald in eine revolutionäre Bewegung übergingen und am 15. März die Abdankung des Zaren zur Folge hatten. Die Unfähigkeit des Arbeiterrates, des Sowjet, eine eigene Regierung zu stellen, führte zunächst zur Bildung einer provisorischen Koalitionsregierung aus Parteien der Duma, der unter anderem Liberale und Sozialrevolutionäre angehörten und an deren Spitze zuletzt, seit dem 21. Juli, Alexander Aleksandr Kerenskij stand. Mit der von den deutschen Behörden im Interesse einer raschen Beendigung des Krieges im Osten unterstützten Rückkehr Lenins aus seinem Schweizer Exil in die russische Hauptstadt gewannen freilich die Bolschewiki seit dem April Zug um Zug die Oberhand, indem sie zunächst im September die absolute Mehrheit im Sowjet errangen und dann am 6./7. November (Oktoberrevolution nach russischer Zeitrechnung) die provisorische

Regierung stürzten. Zwar ließen die noch unter Kerenski ausgeschriebenen Wahlen zur konstituierenden Nationalversammlung am 8. Dezember deutlich werden, dass die Bolschewisten eindeutig in der Minderheit waren, doch zeigte spätestens die Sprengung der neugewählten Volksvertretung durch bolschewistische Truppen am 18. Januar 1918, dass diese Minorität sowohl entschlossen als auch in der Lage war, ein an den Ideen ihres Führers Lenin orientiertes neues politisches und gesellschaftliches System zu installieren. Damit hatte in der Endphase des Ersten Weltkrieges eine Entwicklung begonnen, deren Folgen erst in den kommenden Jahrzehnten in ganzem Ausmaß erkennbar werden sollten.

Namentlich die russische Revolution, aber auch die inneren Wirren in anderen europäischen Staaten, die u. a. zum Verschwinden dreier traditionsreicher Dynastien und damit zur Beseitigung der monarchischen Staatsformen in Russland, Österreich-Ungarn und (Preußen-)Deutschland, später dann, am 29. Oktober 1923, auch in der Türkei, geführt hatten, die ungeheuren und in diesem Ausmaß bis dahin nicht gekannten Verluste und Opfer, welche der große Krieg gefordert hatte, sowie die sich abzeichnenden territorialen Veränderungen, all das hinterließ bereits bei vielen Zeitgenossen den Eindruck, dass der Erste Weltkrieg ein Wendepunkt in der europäischen Geschichte war. Ob er zugleich das Ende Europas bedeuten würde, wie manche befürchteten, das musste nicht zuletzt von Verlauf und Ergebnis der Friedensverhandlungen, also zunächst einmal vom Verhalten der Sieger, und dann, nach der Etablierung einer neuen Ordnung, auch von demjenigen der Besiegten abhängen, also davon, ob und wie weit sich diese mit der neuen Ordnung arrangieren konnten und wollten.

Der Erste Weltkrieg als Wendepunkt der europäischen Geschichte

In jedem Falle bedeutete der Erste Weltkrieg eine tiefe Zäsur in der Entwicklung des alten Kontinents, der sich nach 1918/19 in vielerlei Hinsicht verändert präsentierte: Alte Reiche waren verschwunden, neue Staaten entstanden, einige Mächte waren territorial geschrumpft, andere um Gebiete vergrößert. Im Innern der einzelnen Staaten hatten die Belastungen des Krieges weitreichende soziale Verwerfungen und häufig auch die Neuverteilung der politischen Macht zur Folge gehabt. Darüber hinaus zeigte sich vielerorts eine Radikalisierung der Politik, die bei nicht wenigen Menschen in eine Hinwendung zu extremen Lösungen und eine gesteigerte Gewaltbereitschaft auch in der innenpolitischen Auseinandersetzung mündete. Insofern hatte der Krieg auch weitreichende mentale Fol-

Die Folgen des Ersten Weltkriegs und das 20. Jahrhundert

gen und damit nicht zuletzt Folgen für die politische Kultur auf dem Kontinent. Die autoritären und totalitären Regime der Zwischenkriegszeit haben hier eine ihrer Wurzeln. Schließlich bedeutete der Erste Weltkrieg einen wichtigen Schritt bei der sukzessiven Auflösung der Kolonialreiche, in denen die Zeitgenossen vor 1914 ein, vielleicht sogar das entscheidende Fundament für die Weltstellung der Mächte gesehen hatten. Und mit dem Aufkommen der neuen Weltmacht USA, welche ihre Position eben kaum noch mit Hilfe einer imperialistischen Politik klassischen Stils errichtet und gefestigt hatte, startete jener Prozess, an dessen Ende Europa seine frühere Bedeutung verloren hatte. Mit der endgültigen Dekolonisierung und mit der Etablierung der USA sowie der Sowjetunion als den neuen hegemonialen Weltmächten wurde diese Entwicklung dann 1945 vorerst abgeschlossen. Insofern war das Zeitalter des Imperialismus mit seinem Kulminations- und zugleich Eskalationspunkt, dem Ersten Weltkrieg, nicht zuletzt die Epoche des Übergangs vom 19. zum 20. Jahrhundert, und d. h. vor allem: vom europäischen zum Weltstaatensystem.

II Forschung

1 Die Einheit der Epoche: Übergeordnete Fragestellungen und Interpretationen

Die Bezeichnung der Jahre vom ausgehenden 19. Jahrhundert bis zum Ersten Weltkrieg als „Zeitalter des Imperialismus" geht in der Geschichtswissenschaft auf den österreichischen Historiker Heinrich Friedjung zurück. Von 1919 bis 1923 legte er unter diesem Titel eine dreibändige Darstellung der europäischen Geschichte von den 1880er Jahren bis zum Ersten Weltkrieg vor, die die Geschichte der europäischen Expansion jener Jahre mit der Darstellung der internationalen Beziehungen kombinierte und den Imperialismus gleichzeitig als die Hauptströmung der Epoche insgesamt bestimmte. Friedjungs Werk zeigt, dass bereits aus zeitgenössischer Sicht die europäische Expansion als eine der wichtigsten, wenn nicht die wichtigste Entwicklung der Zeit betrachtet werden konnte. Für Friedjung war dafür entscheidend, dass die imperiale Idee im letzten Drittel des 19. Jahrhunderts nicht nur besonders stark war, sondern darüber hinaus der imperialistische „Trieb", wie er schrieb, zu „klarem Bewusstsein" gekommen sowie „zur Richtschnur des Handelns erhoben worden" sei [FRIEDJUNG 1919, 4.1, Bd. 1, S. 5]. Unter den späteren Autoren hat zum Beispiel der britische Historiker Eric Hobsbawm die Jahre 1875 bis 1914 unter der Überschrift „Das imperiale Zeitalter: 1875–1914" beschrieben [HOBSBAWM 1989, 4.1]. Für Hobsbawm war das „imperiale Zeitalter" untrennbar mit einer weiteren wichtigen Strömung der Zeit verbunden, nämlich dem ausgebildeten Kapitalismus und dessen Suche nach immer neuen Ressourcen und Absatzmärkten. Als Zeitalter des Imperialismus firmierte die Epoche ebenso im entsprechenden Band der Fischer Weltgeschichte, der die Jahre 1885 bis 1918 umfasste und der bis in die ersten Jahre des 21. Jahrhunderts immer wieder neu aufgelegt wurde.

Benennung der Epoche: Das „Zeitalter des Imperialismus"

„Zeitalter des Imperialismus" ist aber natürlich nicht die einzige Bezeichnung, die den Jahrzehnten um 1900 gegeben worden ist. Unter den alternativen Benennungen sind dabei Begriffsbildungen am wichtigsten geworden, die nicht die verstärkte europäische Expansion, sondern die tiefen gesellschaftlichen und kulturellen Brüche ab etwa 1890 zum Ausgangspunkt machen. Mit dem Übergang

„Hochmoderne", „klassische Moderne"

zur Industriegesellschaft, den großen technisch-wissenschaftlichen und medialen Entwicklungen oder auch den neuen Wirklichkeitsbeschreibungen in Sozial- und Kulturwissenschaft sei mit dieser Zeit, so solche Deutungen, vor allem eine neuartige Vorstellung erwacht, wonach der Mensch durch die modernen Möglichkeiten in der Lage sei, die soziale Welt, die Wirtschaft, aber ebenso die Natur rational zu planen, zu gestalten sowie umzugestalten. Die drei Jahrzehnte vor 1914 sind in diesem Sinne als Beginn der „Hochmoderne" bzw. der „klassischen Moderne" bezeichnet worden, in der solche Planungs- und Gestaltungsvorstellungen dominierten und die bis in die 70er Jahre des 20. Jahrhunderts angedauert habe [HERBERT 2007, 4.3; RAPHAEL 2008, 4.2]. Stärker noch von den Umbrüchen in Kunst und Kultur sowie wahlweise von den optimistischen bzw. pessimistischen Zukunftserwartungen der Zeitgenossen gehen Begriffsbildungen aus, die die etwa 30 Jahre vor dem Ersten Weltkrieg als „Jahrhundertwende", „Zeit der Jahrhundertwende", als „Belle Époque" oder als „Fin de Siècle" bezeichnen [NITSCHKE 1990, 4.3; WINOCK 2002, 4.2; SCHAFFER 2007, 4.1].

„Jahrhundertwende"

Übergeordnete Deutungen

Hinter den bloßen Benennungen, die sicherlich von zentralen Aspekten der Epoche ausgehen, die angesichts der Vielgestaltigkeit der historischen Wirklichkeit aber immer auch einseitig bleiben müssen, steht die Frage nach den verschiedenen übergeordneten Fragestellungen und Interpretationen, mit denen Historiker und Historikerinnen sich der Epoche genähert haben. An ihnen kann darüber hinaus deutlich werden, wie sich aus Sicht der Geschichtswissenschaft die Entwicklungen der Jahrzehnte vor 1914/18 in den Gang der Neueren und Neuesten Geschichte insgesamt einordnen.

Erste Globalisierung

Eng mit der Vorstellung eines „Zeitalters des Imperialismus" verbunden sind Deutungen, die die Epoche vor allem als wichtigen Teil der modernen Globalisierungsgeschichte begreifen. Diese seit den 1980er und dann vor allem den 1990er Jahren verbreitete Sicht auf das Zeitalter des Imperialismus ging nicht zuletzt auf gleichzeitige Debatten um eine abermals verstärkte weltweite Vernetzung zurück. Die rasch voranschreitenden wirtschaftlichen, gesellschaftlichen, kulturellen und auch politischen Verbindungen am Ende des 20. und zu Beginn des 21. Jahrhunderts ließen viele Historiker:innen nach Vorläuferprozessen und Ursprüngen der Prozesse im 19. Jahrhundert suchen. Nicht wenigen erschienen dabei die Jahrzehnte vor dem Ersten Weltkrieg als ein erster Höhepunkt auf dem Weg zu einer zusammenwachsenden Welt, als das Zeitalter der „ersten Globalisierung" [vgl. z. B. OSTERHAMMEL/PETERSSON 2019, 4.1]. Das politische Ausgreifen Europas in die Welt wäre damit Teil einer bis heute andauernden, weit umfangreicheren Entwicklung. Es stellte damit, so etwa der Züricher Historiker Jörg Fisch, „weniger eine [weitere, der Vf.] kolonialistische Episode" dar, vielmehr begann mit ihr „die moderne Welt", d. h. die Welt von heute [FISCH 2002, 4.1, S. 346]. Die politischen, gesellschaftlichen und wirtschaftlichen Umwälzungen, die der Imperialismus mit sich brachte und in die gesamte Welt transportierte, seien auch durch die Entkolonisierung nicht mehr rückgängig zu machen gewesen. An den Beispielen der ökonomischen Verflechtung sowie der Idee des Nationalstaates formulierte es Fisch so: „Die Integration in die Weltwirtschaft war für die Kolonialgebiete bereits 1914 ebenso unwiderruflich wie ihre Einfügung in moderne Territorialstaaten. Die Kolonien konnten später selber zu unabhängigen Territorialstaaten werden; aber sie konnten ihre Staatlichkeit nicht rückgängig machen" [Ebd.].

Der erste umfassende Versuch, aus solchen Ansätzen die Konsequenzen zu ziehen und darauf eine Gesamtdarstellung des „langen 19. Jahrhunderts" aufzubauen, stammt aus der Feder des britischen Historikers Christopher A. Bayly [BAYLY 2006, 4.1]. Bayly nennt seine Darstellung der „Geburt der modernen Welt" im Untertitel eine „Globalgeschichte" von 1780 bis 1914. Den Jahrzehnten vor dem Ersten Weltkrieg weist er dabei in dreifacher Hinsicht besondere Bedeutung zu: Zunächst ist es die Zeit, in der der europäische Vorsprung besonders deutlich und wirksam war. Das vorher bei allen Ungleichheiten doch im Ganzen existierende „Kräftegleichgewicht", bei dem in vielen Regionen die einheimischen Bevölkerungen in der Lage waren, der europäischen Expansion Grenzen zu setzen, brach in der zweiten Jahrhunderthälfte zusammen. Dem industriellen, militärischen und z. T. durch Massenmigration befeuerten Imperialismus der Europäer hatten die außereuropäischen Gesellschaften nun kaum noch etwas entgegenzusetzen. Ihr Widerstand wurde (fast) überall und häufig mit großer Brutalität gebrochen. Darüber hinaus erschien gleichzeitig mit dem „neuen Imperialismus" ein „neuer Nationalismus" auf der Bühne. Nationalismus und Imperialismus begründeten und verstärkten sich gegenseitig und führten zur weiteren Radikalisierung des europäischen Vorstoßes. Schließlich seien gerade die Jahre zwischen 1890 und dem Ersten Weltkrieg von einer Dynamisierung vieler Prozesse geprägt gewesen. Das gelte gleichermaßen für die technischen, sozialen, kulturel-

_{Christopher A. Bayly}

len wie politischen Entwicklungen. Auf dem Weg zur „Uniformität" [BAYLY 2006, 4.1, S. 13] der Welt bedeutete die Periode vor 1914 so die „große Beschleunigung".

Jürgen Osterhammel

Von der zunehmenden Globalität der Welt geht ebenso die weit über tausendseitige Gesamtdarstellung des 19. Jahrhunderts von Jürgen Osterhammel aus, die 2009 zum ersten Mal erschien [OSTERHAMMEL 2020, 4.1]. Innerhalb der von ihm beschriebenen umfassenden „Verwandlung der Welt", die die Wirtschaft ebenso betraf wie die Kultur, die Politik, die Energiegewinnung oder die Vorstellungen von Raum und Zeit, weist auch Osterhammel der Periode von den 1880er Jahren bis zum Ende des Ersten Weltkriegs eine besondere Rolle zu. Mindestens fünf der insgesamt sieben von ihm dafür angeführten Gründe lassen sich unmittelbar als globale Entwicklungen begreifen (Beginn eines weltweiten Karbonzeitalters, neue globale Wirkungen von Industrialisierung sowie Kapitalismus, Intensivierung der imperialistischen Expansion sowie die Entstehung eines eigenen „reflektierte[n] Selbstbewusstsein[s]" in der kolonisierten Welt als Reaktion darauf) [OSTERHAMMEL 2020, 4.1, S. 110–114]. Damit trifft auf die Jahrzehnte um 1900 besonders zu, was Osterhammel für das gesamte Jahrhundert konstatiert: „Jede andere Geschichte als Weltgeschichte ist für jüngere Epochen – und gerade für das 19. Jahrhundert – nichts als ein Notbehelf" [Ebd., S. 14].

„Geschichte der Welt"

In eine umfassendere Geschichte der Globalität bzw. der Globalisierung wird die Epoche ebenso im fünften Band der gleichzeitig auf deutsch wie auf englisch erscheinenden „Geschichte der Welt" eingeordnet, der die Jahre 1870–1945 unter dem Titel „Weltmärkte und Weltkriege" zusammenfasst [ROSENBERG 2018, 4.1]. Auch hier stehen Momente wie die zunehmende Mobilität – nicht zuletzt innerhalb und durch die Imperien –, der Ausbau von Handel und ökonomischer Vernetzung oder die verstärkte Wahrnehmung von Globalität im Zentrum. Der zeitliche Zuschnitt bis 1945, der die autoritären und totalitären Regime der Zwischenkriegszeit sowie den Zweiten Weltkrieg einbezieht, macht darüber hinaus einen Aspekt besonders deutlich, der bereits für das Zeitalter des Imperialismus relevant ist: Die zunehmende Vernetzung bzw. Internationalität der Zeit sowie der gleichermaßen verbreitete oder sogar noch gesteigerte Nationalismus sind keine Gegensätze. Vielmehr bedingten sich beide Prozesse gegenseitig. Die Wahrnehmung immer stärkerer Verbindungen resultierte in Abgrenzungsbemühungen sowie der Betonung der eigenen Identität. Nationalismus sowie internatio-

Nationalismus und Internationalismus

nale Tendenzen gehörten so gesehen zusammen [mit Perspektive auf die deutsche Geschichte in diesem Sinne auch: Torp 2005 6.3; Conrad 2006, 6.3; zusammenfassend: Liebisch-Gümüş 2021, 4.3].

Inwieweit sich die „erste Globalisierung" vom letzten Drittel des 19. Jahrhunderts bis zum Ersten Weltkrieg von anderen Abschnitten der modernen Globalisierung unterschied, harrt allerdings noch weiterer Forschungen. Einiges spricht allerdings dafür, dass die weltweite Interaktion stärker als in anderen Epochen, die eher die „eine Welt" in den Mittelpunkt stellten, als Auseinandersetzung zwischen Nationalstaaten oder auch „Weltreichen" begriffen wurde [Neitzel 2000, 8.1; Deuerlein 2020, 4.3]. Insofern ließe sich für das „Zeitalter des Imperialismus" von einer antagonistischen Globalisierung sprechen. Zudem schienen den Zeitgenossen die selbstständigen Akteure der globalen Interaktion – mit der möglichen Ausnahme Japans – auf die europäisch-atlantische Staatenwelt beschränkt. Der globale Süden erschien höchstens als Objekt dieser Art von Globalisierung [Deuerlein 2020, 4.3, S. 35 f.]. Entsprechend waren Imperialismus und die spezifische Globalität der Jahrzehnte um 1900 eng verbunden. [Vgl. Winseck/Pike 2007, 6.3; Thomas/Thompson 2014, 7.1; Bandeira 2016, 4.3]. Von anderen Autor:innen ist dagegen argumentiert worden, dass vor 1914 vor allem die „Verkleinerung" der Welt die Praxis und Wahrnehmung der Globalisierung bestimmt habe. Erst mit und nach dem Ersten Weltkrieg sei eine neue „Umgangsweise" mit der weltweiten Vernetzung entstanden, bei der vor allem neue Grenzen gezogen und die „*eine* Welt" in neuer Weise aufgeteilt worden seien [Höhler/Schröder 2005, 4.3, S. 30 f.; ähnlich auch: Hahnemann 2010, 4.3, S. 10]. Darüber hinaus müsste wohl auch für die „erste Globalisierung" noch systematischer nach räumlichen und sozialen Grenzen sowie nach weiteren „Abwehrreaktionen" und „Entmischungen" innerhalb des Trends zur globalen Vernetzung gefragt werden [Lingelbach 2021, 4.3, S. 7].

Antagonistische Globalisierung

Gerade was etwa die Aufmerksamkeit für die Auswirkungen der neuen technisch-wissenschaftlichen Möglichkeiten anbelangt, überschneidet sich die Globalisierungsinterpretation der Jahrzehnte um 1900 mit einer zweiten wichtigen übergeordneten Fragestellung, mit der Historiker:innen auf die Epoche blicken. Bei dieser wird die Zeit zwischen 1890 und 1914/18 als wichtiger Abschnitt auf dem Weg zur modernen Welt von heute untersucht. Im Grunde knüpfen solche Zugänge weiterhin an Reinhart Kosellecks berühmtes Sattelzeit-Konzept aus den 1970er Jahren an. Danach sei es, be-

Beginn der modernen Welt

ginnend mit den Jahrzehnten zwischen etwa 1770 und 1830, eben der „Sattelzeit", zu einer grundsätzlichen Umgestaltung der politisch-sozialen Welt sowie des begleitenden Epochenbewusstseins der Zeitgenossen gekommen. Nach und nach sei so die Frühe Neuzeit von der Neuesten Geschichte abgelöst worden. Es begann der lange Weg zur Moderne, die sozial durch eine Ausdifferenzierung der Gesellschaft, politisch durch Pluralisierung und Demokratisierung, ökonomisch durch eine spezifische technisch-industrielle Dynamik sowie mental durch ein verbreitetes Beschleunigungsbewusstsein gekennzeichnet wird. Den Jahren zwischen 1880/90 und dem Ersten Weltkrieg kommt in vielen Interpretationen gleich in mehrerer Hinsicht ein wichtiger Platz innerhalb dieser Entwicklungen zu. Dies betrifft den Übergang zur Industriegesellschaft in wichtigen Ländern ebenso wie die Fundamentalpolitisierung um 1900 oder den beschriebenen neuen wissenschaftlichen Blick auf die soziale und politische Welt, der die Hoffnung nährte, die Dinge umfassend planen und gestalten zu können. Das Leben der Massen sowie die allgemeinen Lebensumstände, so einer der wichtigsten Vertreter dieser Lesart, seien durch die folgenden mindestens sieben Prozesse umgestaltet worden: „advanced industrialization, urbanization and mass emigration, comprehensive technologization and rationalization of nearly all areas of life, the application of science to all spheres, and especially the triumphal advance of the natural sciences, which competed with religion by dint of their comprehensive model of explaining the universe. Finally, there was the transformative emergence of mass culture and a mass public sphere" [HERBERT 2007, 4.3, S. 10]. Insgesamt könnten die 25 Jahre vor dem Ersten Weltkrieg als eine Phase intensiven und in Ausmaß und Tempo beispiellosen Wandels gesehen werden, „which swept up substantial parts of the European societies" [Ebd.].

Gefühl der Beschleunigung

Tatsächlich erfasst diese Sicht auf die Jahrzehnte um 1900 viele Aspekte, die auch in diesem Band beschrieben worden sind, und ebenso die spezifische Dynamik der Epoche, die bei den Zeitgenossen zu dem Gefühl der Beschleunigung, manchmal zu Verunsicherung und Kulturpessimismus geführt haben. Die damit vollzogene Einordnung der Jahrzehnte um 1900 als Beginn der „Hochmoderne" oder der „klassischen Moderne" in eine allgemeine, das 19. und 20. Jahrhundert umfassende „Moderne" ist allerdings kompliziert. Zunächst ist zu fragen, auf welche Staaten und Regionen eine solche Zuschreibung zutrifft. Die Gefahr ist groß, dass damit eine vor allem west- und mitteleuropäische Entwicklung generalisiert wird. Darüber hinaus gilt es trotz der unzweifelhaften massiven Veränderungen Widersprüchlichkeiten, Gegenbewegungen und Ungleichzeitigkeiten in der Entwicklung im Auge zu behalten. Die Moderne zeichnet sich vielleicht weniger durch solche klaren, zielgerichteten Prozesse aus als durch eine – neue und möglicherweise tendenziell wachsende – Uneinheitlichkeit, Ausdifferenzierung oder auch Widersprüchlichkeit der Lebensweisen und Lebensbedingungen, die ebenfalls um 1900 besonders deutlich werden [z. B. ROTHAUGE 2023, 5.7]. Schließlich stellt sich die Frage, ob angesichts der starken Betonung von historischen Brüchen, die mit der Deutung der Jahrzehnte um 1900 als Beginn der „Hochmoderne" einhergehen, überhaupt noch sinnvoll von einer einheitlichen Epoche der Moderne, die sich von ca. 1800 bis heute erstreckt, gesprochen werden kann oder ob nicht doch weiterhin stärker Kontinuitäten zum frühen 19. Jahrhundert im Blick zu behalten sind. Für einen Epochenbegriff, der die Moderne um 1880 beginnen und etwa 100 Jahre später enden lässt, hat zum Beispiel Christoph Dipper plädiert [DIPPER 2018, 4.3]. Dagegen hat Willibald Steinmetz in seiner Gesamtdarstellung Europas im 19. Jahrhundert argumentiert, dass trotz aller Wandlungen der Jahrzehnte vor 1914 der Einschnitt um 1800 noch „markanter" war. Es erscheine damit „trotz der um die Jahrhundertwende nachweisbaren Brüche weiterhin sinnvoll, die Moderne insgesamt, also den Zeitraum vom späten 18. Jahrhundert bis in unsere Gegenwart, als Einheit zu betrachten" [STEINMETZ 2019, 4.1, S. 43].

Widersprüchlichkeit der Epoche

Die Deutungen des Zeitalters des Imperialismus im Rahmen der Entstehung der modernen Welt sowie der heutigen Globalisierung sind sicher die wichtigsten übergeordneten Interpretationen, mit denen in den zurückliegenden Jahren auf die Epoche gesehen worden ist. Darüber hinaus ist bereits deutlich geworden, dass beide Deutungen wichtige Schnittmengen haben. Nicht zufällig nannte Bayly seine Darstellung der Globalgeschichte im 19. Jahrhundert gleichzeitig eine Geburt der *modernen* Welt". Neben den beiden dominierenden Interpretationen existiert darüber hinaus eine Reihe von weiteren Deutungen, die sich allerdings meist auf historisch weniger umfassende Entwicklungen beziehen. So ist die Epoche gerade in jüngeren Jahren auf Anfänge größerer Gleichheit hin untersucht worden, was sowohl wirtschaftlich als auch politisch gemeint sein konnte. Ökonomisch lassen sich erste Anfänge einer modernen Konsumgesellschaft – einschließlich der Diskussionen darüber –

Schnittmengen der unterschiedlichen Deutungen

ausmachen [Haupt/Torp 2009, 4.2; König 2009, 5.7; Lenz 2014, 5.7; Kleinschmidt 2020, 4.1; Iskin 2021, 5.7]. In politischer Hinsicht hat die Forschung die Epoche angesichts erster Emanzipationserfolge oder der massiven Ausweitung des Wahlrechts in vielen Ländern unter dem Aspekt eines möglichen Demokratisierungsschubs untersucht [Müller 2018, 4.1, auch; Porter 2006, 5.7; Bösch 2006, 5.6; Richter 2017, 5.2 vgl. zu beiden Perspektiven auch: Fisch 2002, 4.1].

Umweltgeschichte

Besondere Relevanz hat in den letzten Jahrzehnten zudem eine Umweltgeschichte der Zeit um 1900 erhalten. Auch wenn kaum ein Autor so weit geht wie Frank Uekötter, der – für das deutsche Kaiserreich – von einer „umwelthistorische[n] Sattelzeit" gesprochen hat [Uekötter 2007, 4.1, S. 14], weisen Arbeiten zu diesem Themenfeld der Epoche doch vor allem in drei Bereichen besondere Bedeutung zu: So brachte der weitere Ausbau der Industrialisierung sowie der Übergang zu tatsächlichen Industriegesellschaften eine neue Dimension bei Energieverbrauch und industriell bedingter Umweltverschmutzung mit sich. Der amerikanische Historiker John Robert McNeill etwa hat berechnet, dass ab ca. 1890 die Menge der nutzbaren Energie, die aus Kohle gewonnen wurde, die der durch Biomasse produzierten überstieg [McNeill 2000, 4.1, S. 14]. Etwa gleichzeitig begann der Aufstieg von Erdöl als bedeutendem Energieträger, auch wenn Kohle bis weit ins 20. Jahrhundert hinein noch deutlich wichtiger blieb. Zu einem Höhepunkt kam es in den Jahrzehnten vor 1914 ebenso bei der industriell bedingten Luft- und Wasserverschmutzung. In der größten Stadt der damaligen Zeit, London, wurde, so Frank Uekötter, die durch den Ruß aus den vielen Fabrikschornsteinen verdreckte Luft selbst zu einer Sehenswürdigkeit. Geschäftsleute schützten in den großen Städten die weißen Kragen ihrer Hemden durch Tücher vor Verschmutzung durch den ständigen Rauch oder nahmen Wechselhemden auf die Arbeit mit, weil die ursprünglichen mittags durch den Ruß bereits verdreckt waren. 1904 entstand folgerichtig für London das Kunstwort „Smog" aus „Smoke" und „Fog". [Uekötter 2020, 4.1, S. 248 bzw. 241; vgl. auch: Mosley 2001, 5.5]. Zum zweiten kam es zu einer neuen

Mensch-Umwelt-Beziehungen

Phase der Mensch-Umwelt-Beziehungen. Auf der einen Seite stand der Optimismus der Ingenieure, die Natur nach Wunsch umgestalten zu können [Meiske 2021, 4.3]. Auf der anderen Seite machten die immer sichtbareren Folgen der Industriegesellschaft das Zeitalter des Imperialismus aber auch zur Entstehungsphase einer Natur- und Heimatschutzbewegung oder führten zur Bildung von Tierschutzvereinen. In der Lebensreformbewegung suchten Menschen eine neue Einheit mit der Natur. Schließlich hat sich auch in der Umweltgeschichte die Frage nach der Verbindung zu den anderen großen Entwicklungen der Epoche gestellt, sei es zur Geschichte der Moderne [PAULSEN/SANDBERG 2014, 4.3] oder zur Global- und Imperiengeschichte [MACKENZIE 1990, 7.1; BARTON 2002, 7.1].

Unabhängig davon, welche inhaltlichen Themenfelder vor allem verfolgt werden, nahm und nimmt die Erforschung des Zeitalters des Imperialismus selbstverständlich Teil an der allgemeinen Entwicklung der methodischen Zugänge des Fachs Geschichte. Frühe Darstellungen der Epoche haben sich entsprechend häufig – wie bereits Heinrich Friedjung – auf eine politische Ereignisgeschichte konzentriert, bei der in vielen Fällen zudem die internationalen Beziehungen einen Schwerpunkt bildeten [z. B. BRANDENBURGS 1924, 4.2; GOOCH 1936–38, 8.1; LANGER 1962, 8.1; LANGER 1967, 8.3; LANGER 1968, 8.1]. Beginnend mit einzelnen Arbeiten in der Zwischenkriegszeit, dann vor allem seit den 1950er und 1960er Jahren standen wiederum eher sozialhistorische Perspektiven im Mittelpunkt, die inzwischen für die großen Länder in breitangelegten Synthesen sehr gut zugänglich sind [BRAUDEL/LABROUSSE 1979–80, 4.2; THOMPSON 1990, 4.2; WEHLER 1995, 4.2]. Seit den 1990er Jahren traten schließlich immer mehr kulturhistorische Zugänge in den Vordergrund. Die Vorstellung des Beginns der modernen Massengesellschaft ist ebenso davon geprägt wie die Deutung des Zeitalters als Anfangspunkt der Hochmoderne oder Christopher Baylys These der „Uniformierung" der Welt am Ende des 19. Jahrhunderts.

Ganz gleich, mit welchen übergeordneten Fragestellungen oder mit welchem methodischen Zugang Historikerinnen und Historiker an die Epoche herangehen, ist in den zurückliegenden Jahren schließlich verstärkt darüber diskutiert worden, mit welchem räumlichen Zugriff eine europäische Geschichte geschrieben werden sollte. Während ältere Arbeiten explizit oder implizit zumeist die Nationalstaaten zu den quasi natürlichen Ausgangspunkten ihrer Darstellung gemacht haben [siehe etwa SCHIEDER 1968, 4.1], versuchen jüngere Untersuchungen die nationalstaatliche Ebene zu verlassen. Stattdessen wird sozusagen „oberhalb" der Maßstabsebene des Nationalstaats nach diesen überwölbenden „transnationalen" oder auch gesamteuropäischen Entwicklungen gefragt. Hintergrund ist die Überzeugung, dass viele Entwicklungen eben nicht allein über einen nationalen Zugang erklärt werden können. Es gelte ent-

Methodische Zugänge

Nationale, regionale, lokale Geschichte

sprechend einen „methodologischen Nationalismus" zu überwinden, der bereits durch den Zuschnitt seines Untersuchungsgegenstandes auf einzelne Nationalstaaten auch nur nationale Entwicklungen und Ursachen erkennen könne. Das 19. Jahrhundert als eine Epoche, in der sich an vielen Orten Europas die Nationalstaatsidee erst richtig verbreitete, war vermutlich sogar besonders anfällig für eine solche methodische Einschränkung. Unter den jüngeren Gesamtdarstellungen der Geschichte Europas im 19. Jahrhundert hat zum Beispiel der britische Historiker Richard J. Evans demgegenüber ausdrücklich den Anspruch erhoben, eine transnationale Geschichte Europas zu schreiben, die mehr ist als die Summe der nationalen Entwicklungen. „Viele Geschichten Europas", so Evans zu Beginn seiner Darstellung, „bestehen aus im Wesentlichen unverbundenen Darstellungen der einzelnen Nationalgeschichten." Doch sei Europa „nicht nur eine Ansammlung von sich weiterentwickelnden Einzelstaaten, es hatte auch als Ganzes ein unverkennbares Gesicht." Es lasse sich am besten „als eine Region beschreiben, die gesellschaftlich, wirtschaftlich, politisch und kulturell zahlreiche gemeinsame Merkmale aufweist und sich von Großbritannien und Irland im Westen bis nach Russland und zum Balkan erstreckt" [EVANS 2018, 4.1, S. 14, allgemein zum methodologischen Nationalismus: BECK/GRANDE 2010, 4.3; Nation: ANGSTER 2021, 4.3]. Andere Arbeiten setzen nicht oberhalb, sondern unterhalb der nationalstaatlichen Maßstabsebene an, um europäische Entwicklungen zu beschreiben. Das gilt für die Wirtschaftsgeschichte, in der regionale Ansätze eine große Rolle spielen, aber ebenso für einen lokalen Zugriff. So erfreut sich eine europäische Stadt- sowie Metropolengeschichte seit einigen Jahren erhöhter Aufmerksamkeit. Städte, so dahinterliegende Überlegungen, können besonders gut die großen Veränderungen zeigen, die die europäischen Gesellschaften im späten 19. und frühen 20. Jahrhundert durchliefen und die eben nicht in je eigenen nationalen Geschichte aufgehen [LENGER 2013, 5.5].

West-, mittel-, süd- und osteuropäische Geschichte

Andere Diskussionen um den räumlichen Zugriff auf eine europäische Geschichte des späten 19. und des beginnenden 20. Jahrhunderts betreffen die Frage, ob und inwieweit es sinnvoll ist, einen westeuropäischen Weg in die Moderne von einem mittel-, süd- oder osteuropäischen Pfad zu unterscheiden. Dabei hat gerade der ostmittel-, ost- bzw. südosteuropäische Raum große Aufmerksamkeit auf sich gezogen. Das hängt mit der verbesserten Forschungssituation nach der Auflösung der sowjetischen Herrschaft über diesen

Teil des Kontinents nach 1989/90 zusammen. Hinzu kommt, dass gerade im östlichen Teil Europas die Identitäts- und insbesondere Nationalisierungsprozesse, die das gesamte 19. Jahrhundert so stark prägten, angesichts der multiethnischen Struktur vieler Gebiete besonders intensiv wirkten. Schließlich stellt sich auch bei dieser Region – ähnlich wie es zeitweise auch für Mitteleuropa diskutiert worden ist [S. u. S. 160f.] – die Frage, inwieweit die Entwicklungen in Ost- und Südosteuropa erstens Folge weitgehend schon abgeschlossener Prozesse in Westeuropa waren, zweitens auf eigenständigen Tendenzen beruhten oder drittens als Teil übergreifender Entwicklungen mit starken Wechselwirkungen zwischen den Regionen zu begreifen sind, bei denen Vorreiter bzw. Nachzügler nur schwer auszumachen sind. Die historische Osteuropaforschung bemüht sich in diesem Sinne die Entwicklungen im östlichen Europa als eine Geschichte zu untersuchen, die zum einen selbstverständlich teilhatte an den großen allgemeinen Wandlungsprozessen der Neueren und Neuesten Geschichte wie Globalisierung und Modernisierung, in der zum anderen aber auch spezifische Antworten auf die jeweiligen historischen Herausforderungen gefunden wurden. Diese holten nicht einfach westeuropäische Prozesse nach, sondern bildeten eigenständige Möglichkeiten moderner oder globaler Entwicklungen aus [vgl. z. B. die Beiträge in: zeitenblicke, 2007, Heft 2 oder AUST/OBERTREIS 2014, 4.3].

Vorreiter und Nachzügler?

Den verschiedenen Regionen Europas gerecht zu werden, darin liegt unbestritten eine der schwierigsten Aufgaben jeder gesamteuropäischen Betrachtung. Ähnliches gilt für die Einbettung der Geschichte Europas in die der anderen Weltteile. Dabei bezweifeln die meisten Autor:innen nicht, dass sich der Kontinent in den Jahrzehnten um 1900 auf dem Höhepunkt seines globalen Einflusses befand. Dennoch sollten sich Historikerinnen und Historiker der europäischen Geschichte davor hüten, die Beziehungen zwischen dem Kontinent und der außereuropäischen Welt einseitig durch eine europäische Brille zu betrachten. So gab es auch im Zeitalter des Imperialismus erhebliche Grenzen des globalen europäischen Einflusses. Regionale Beziehungsstrukturen, zum Beispiel im Indischen Ozean oder im asiatisch-pazifischen Raum, die längst vor der europäischen Expansion etabliert waren, bestanden um 1900 weiter. Gerade in den afrikanischen Kolonien war die imperiale Herrschaft zudem an vielen Stellen deutlich brüchiger, als es die bereits zeitgenössisch verbreiteten Karten mit ihren gleichmäßig eingefärbten

Europa und die außereuropäische Welt

Territorien teilweise bis heute suggerieren. Schließlich bedeutet Einfluss nicht, dass europäische Modelle und Vorstellungen unverändert weltweit übernommen wurden. Diese veränderten sich vielmehr je nach regionalem und gesellschaftlichem Kontext. Und nicht zuletzt wirkte die außereuropäische Welt, wie im Kapitel zum Imperialismus bereits dargestellt, auf Europa zurück. Insgesamt hat die Forschung auch für das Zeitalter des Imperialismus vor einem eurozentrischen Blick bei der Einbettung der europäischen Geschichte in weltweite Zusammenhänge gewarnt [allgemein zum Problem des „Eurozentrismus": CONRAD/RANDERIA/RÖMHILD 2013, 4.3; CHAKRABARTY 2010, 4.3]. Zum Beispiel Christopher Bayly hat infolgedessen für das späte 19. Jahrhundert von einer höchstens „instabile[n]" europäischen Vorherrschaft bzw. von deren „Brüchigkeit" gesprochen [BAYLY 2006, 4.1, S. 595]. Stärker als z. B. Jörg Fisch verweist Bayly überdies darauf, dass mit der von ihm diagnostizierten Beschleunigung der weltweiten Vernetzungen seit ca. 1890 grundsätzlich auch nichteuropäischen Kulturen und Gesellschaftsformen weltweite Bedeutung eröffnet wurde. Ohne die besondere Stellung des Westens bzw. Europas in der zweiten Hälfte des 19. Jahrhunderts zu leugnen, betont er den grundsätzlich „multizentrische[n] Charakter der Globalisierung", der „unter der Oberfläche der westlichen Hegemonie" auch im späten 19. Jahrhundert weitergewirkt habe [Ebd., S. 587]. Die westlichen Gesellschaften waren vermutlich mehr von der außereuropäischen Erfahrung betroffen, als sie selbst wahrhaben mochten. Die Vernetzung der Erde seit dem späten 19. Jahrhundert gab auch der afrikanischen, asiatischen oder der islamischen Welt ein globales Gewicht. Selbst die imperialistische Expansion kann sich in diesem Sinne als Reaktion auf den sich formierenden Widerstand außereuropäischer Akteure darstellen. Die „moderne[n] ‚europäische[n]' und ‚amerikanische[n]' Welt" hatte, so Bayly, u. a. „außereuropäische[n] Ursprünge" [Ebd. siehe grundsätzlich dazu auch: French 2023, 7.1]. Eine auch darstellerisch sehr konsequente Umsetzung einer solchen „multizentrischen" Sicht auf die moderne Globalisierung und die Einbettung Europas darin hat 2007 Reinhard Wendt vorgelegt. In seiner Geschichte über das Verhältnis Europas zu der „Welt" seit 1500 [WENDT 2016, 4.1] betrachtete er das Verhältnis des Kontinents zu außereuropäischen Regionen durchgehend unter einer europäischen wie einer außereuropäischen Perspektive. Auch Wendt überschrieb dabei das Kapitel zur zweiten Hälfte des 19. und zu den ersten Jahrzehnten des 20. Jahrhunderts als „Die Pha-

Multizentrischer Charakter der Globalisierung

se der europäischen Dominanz". Innerhalb des Abschnitts wechselte er dann aber mehrfach die Perspektive auf die Geschichte der europäisch-außereuropäischen Verflechtungen. Entsprechend nannte er die einzelnen Unterkapitel je nach Blickrichtung „Nord-Süd", „Süd" und „Süd-Nord" [Wendt 2016, 4.1, S. 225–319].

Alle diese Deutungen der europäischen Geschichte der Jahrzehnte um 1900 können auf eine große Breite auch veröffentlichter Quellen zurückgreifen. Das gilt im Bereich von offiziellen staatlichen Dokumenten ebenso wie für Ego-Dokumente, also Briefe, Tagebücher oder Memoiren, aber auch für Reden, Statistiken oder die im Zeitalter des Imperialismus so wichtige Massenpresse. Die Fülle der einschlägigen Editionen und Quellensammlungen ist so groß, dass sie im Quellenverzeichnis nur exemplarisch dokumentiert werden kann. Eine beträchtliche Zahl an Quellen liegt dabei in digitaler Form vor. Dies betrifft insbesondere zeitgenössische Zeitungen, Dokumente zum Imperialismus und Kolonialismus sowie zahlreiche Sammlungen zur Geschichte des Ersten Weltkriegs bis hin zu Bild- und Filmquellen oder Briefen einfacher Soldaten (siehe die Hinweise zu Internetportalen unter III. 3). Schließlich lohnt in vielen Fällen auch ein Blick auf die Internetseiten der großen Nationalarchive, die gerade zu Imperialismus und Erstem Weltkrieg Teile ihrer Bestände digitalisiert haben.

Quellenlage

2 Politik, soziale Beziehungen und beginnende Demokratisierung: Die innere Entwicklung der europäischen Staaten

Zentraler Ausgangspunkt der Forschungen zur inneren Entwicklung der europäischen Staaten war von den 1960er bis in die 1990er Jahre hinein die Klassengesellschaft. Ausgehend von so wichtigen Arbeiten wie der von Edward P. Thompson zur Entstehung der britischen Arbeiterklasse, Jürgen Kockas Buch über „Klassengesellschaft im Krieg. Deutsche Sozialgeschichte 1914–1918" oder Michelle Perrots zweibändige Studie zu Streiks in Frankreich [Kocka 1973, 9.4; Perrot 1974, 4.2; Thompson 1987, 5.4] entstand eine große Fülle von Arbeiten, die sich mit einzelnen gesellschaftlichen Gruppen, vor allem Arbeitern und Bürgern bzw. den Mittelklassen, sowie deren Organisationen beschäftigten. Einen weiteren traditionellen

Allgemeine Themenfelder

Schwerpunkt der Forschung bildete europaweit die Geschichte der politischen Institutionen, seien es Parteien, Parlamente oder auch die Verfassungsgeschichte der Zeit. Zu den erstaunlicherweise erst in den letzten Jahrzehnten stärker bearbeiteten Forschungsfeldern gehört – mit Ausnahme vielleicht des Imperialismus – die Geschichte politischer Ideenwelten wie Nationalismus oder Rassismus sowie die Geschichte von kollektiven Identitäten. Andere, seit dem Ende des 20. und Beginn des 21. Jahrhunderts stärker beachtete Themen bilden die Frauen- und Geschlechtergeschichte der Zeit, die jüdische Geschichte oder auch Arbeiten, die über einen stadt- bzw. lokalhistorischen Zugang zentrale Fragen der europäischen Sozial- und Gesellschaftsentwicklung in den Blick nehmen. Im Bereich der politischen Geschichte der inneren Entwicklung zeigt sich schließlich der allgemeine historische Trend, Politik nicht als Abfolge von bestimmten Ereignissen zu begreifen, sondern sich vor allem den politischen Prozessen zuzuwenden. Nicht das „Was" der Entscheidungen, sondern das „Wie" der politischen Abläufe steht damit auch für das Zeitalter des Imperialismus im Zentrum der Untersuchungen zur Politik bzw. zum „Politischen". Für nahezu alle Gegenstandsbereiche gilt, dass die Forschungen zur jeweiligen nationalen Situation deutlich weiter vorangeschritten sind als Untersuchungen, die die einzelnen Entwicklungen vergleichen oder Europa übergreifenden Darstellungen zu integrieren versuchen, auch wenn solche Arbeiten in letzter Zeit ohne Zweifel zugenommen haben.

Verfassungs-
geschichte

Bereits seit der Zwischenkriegszeit immer wieder komparativ untersucht wurden das wichtige Feld der Institutionalisierung bzw. Weiterentwicklung des Parlamentarismus oder die damit verknüpften Fragen nach dem Wählerverhalten sowie allgemein nach der Verfassungsgeschichte in den Ländern Europas [vgl. z. B. REDSLOB 1918, 5.2; BRAUNIAS 1932, 5.2; GLUM 1950, 5.2; RITTER 1962, 5.2; BÜSCH 1980, 5.2; KLUXEN 1983, 5.2]. Unter den neueren Arbeiten bieten auch für das Zeitalter des Imperialismus die großen Synthesen von Hans Fenske und Wolfgang Reinhard einen guten Einstieg. [FENSKE 2001, 5.2; REINHARD 2002, 5.2]. Die entsprechenden Verhältnisse in den einzelnen europäischen Staaten dürfen ebenso schon seit längerem als vergleichsweise gut erforscht gelten. Das trifft sowohl für die größeren europäischen Staaten zu, wie Frankreich [ESMEIN 1927–28, 5.2; V. ALBERTINI 1959, 5.2, S. 17 ff.; GOGUEL 1970, 5.2; LEBOVICS 1988, 5.3] oder Italien [ULLRICH 1973, 5.2; MARTUCCI 2002, 5.2], als auch für kleinere Länder, etwa für Ungarn [RÉVÉSZ 1971, 5.2, S. 88 ff.; WANDRUSZKA 1975,

5.2], die Schweiz [AUBERT 1974, 5.2; KÖLZ 2004, 5.2], die Niederlande [GEISMANN 1964, 5.2; SAP 2000, 5.2], Spanien [NOHLEN 1970, 5.2] oder Schweden [FRETER 2016, 5.2]. Zum internationalen Vergleich hat darüber hinaus immer wieder der europäische Konstitutionalismus und die damit verbundene Frage angeregt, auf welchen unterschiedlichen Wegen sich die monarchische Staatsform mit den Anforderungen der Moderne verbinden ließ [KIRSCH/KOSFELD/SCHIERA 2002, 5.2; LEHNERT 2014, 5.2].

Unverkennbar im Vordergrund der Forschung stehen allerdings die Verhältnisse und Vorgänge in Russland, im Deutschen Reich und in Großbritannien. Der englische Parlamentarismus, über dessen Entwicklung zahlreiche einschlägige Arbeiten zuverlässig informieren [z. B. HARVEY/BATHER 1982, 5.2; HARRISON 1996, 4.2; für einen knappen Überblick: WICKS 2006, 5.2], hatte ja nicht nur Vorbildcharakter für viele Länder des Kontinents, vielmehr nahm der letzte Schub zur Änderung des Wahlrechts vor 1914 von der Insel seinen Ausgang. Die auf der Basis der neuen Gesetze (1884/85) durchgeführten Wahlen zum Unterhaus und ihre Folgen für die englische Politik blieben dann auch Gegenstand eingehender Analysen bis hin zur Untersuchung einzelner Wahlen [z. B. PELLING 1967, 5.2; BLEWETT 1972, 5.2; CRAIG 1976, 5.2; PUGH 1978, 5.2; CRAIG 1983, 5.2; ROBERTS 2011, 5.2, S. 381–409; OTTE/READMAN, 2013, 5.2]. Ähnliches gilt für den „Parliament Act" des Jahres 1911, durch den das Oberhaus lediglich noch ein aufschiebendes Veto besaß, und dem eine knappe Mehrheit der Lords schließlich zustimmte. In der Forschung ist immer wieder nach den grundlegenden Motiven der unterschiedlichen Gruppen im Oberhaus, darunter der sogenannten „Diehards", die sich gegen jede Aufweichung der Traditionen des britischen Verfassungsrechts aussprachen, gefragt worden [PHILLIPS 1979, 5.4, bes. S. 134 ff.] Häufig wurde dabei aber auch auf die überwiegend tagespolitischen Überlegungen der Liberalen und Konservativen verwiesen [WESTON/KELVIN 1984, 5.2, S. 551 ff.; JAMES 1976, 4.2, S. 257]. Ungeachtet aller parteipolitischen Überlegungen und ideologischen Auseinandersetzungen wird man gerade im britischen Fall allerdings beachten müssen, dass sich unter dem Einfluss der Ausweitung des Wahlrechts und der gesteigerten Bedeutung der öffentlichen Meinung der Charakter und die Mechanismen der Politik in den Jahren vor 1914 tatsächlich stark veränderten [vgl. Kap. I. 4]. Die politische Legitimation des „House of Commons" mit seinen direkt gewählten Abgeordneten war im Zuge dieser Entwicklung gegenüber der des „House of Lords" noch einmal gewachsen. Auch wenn seine weitgehende Entmachtung erst nach harten politischen Kämpfen gelang, so war die Stellung des Oberhauses, wie es Philip Norton formuliert hat, durch den politischen Wandel doch „verwundbar" geworden [NORTON 2012, 5.2, S. 445] Die Entmachtung lag so gesehen in der Logik der Zeit.

„Whig-History" und „decline"

Der britische Weg in die politische Moderne ist ausgehend von zeitgenössischen Deutungen lange als relativ konfliktarme, von Reformen statt von harten Brüchen geprägte Fortschrittsgeschichte dargestellt worden, für die exemplarisch die stufenweise und eben nicht plötzliche Ausdehnung des Wahlrechts stehen konnte. Von einer solchen „Whig-History", also einer von einem traditionell liberalen Standpunkt ausgehenden Interpretation, hat sich die Geschichtswissenschaft schon lange verabschiedet. In den 1970er und 80er Jahren schien daraus gelegentlich sogar eine Niedergangsgeschichte zu werden, die ebenfalls an zeitgenössische Deutungen – der um 1900 in Großbritannien einsetzenden „decline"-Debatte – anknüpfen konnte [im deutsch-britischen Vergleich: GUTSCHE 2015, 5.7]. Danach habe der britische Niedergang als ökonomisch wie politisch dominierende Macht bereits an der Wende vom 19. zum 20. Jahrhundert eingesetzt [mit unterschiedlichen zeitlichen und thematischen Schwerpunkten: WIENER 1981, 6.2; BELOFF 1984, 4.2]. Auch jüngere Darstellungen weisen bei allen politischen Fortschritten im Verlauf des langen 19. Jahrhunderts auf die Brüche und Konflikte hin, die der Wandel für die britische Geschichte bedeutete und die sich in den vielen, immer wieder mit Gewalt verbundenen Streiks, dem Konflikt um eine Selbstregierung Irlands, der 1914 an den Rande eines Bürgerkriegs führte, oder der weiter bestehenden Dominanz einer kleinen, sich selbst reproduzierenden Elite an den Schalthebeln der Macht zeigte [zusammenfassend z. B. SEARLE 2004, 4.2; BRÜGGEMEIER 2010, 4.2; wiederum die Fortschrittsgeschichte betont dagegen: CLARKE 2004, 4.2].

Ausweitung Wahlrecht und Öffentlichkeit

Demgegenüber stand neben der Ausweitung des Wahlrechts und dem britischen Parlamentarismus in den Jahrzehnten um 1900 aber zum Beispiel ebenso eine weiter zunehmende Bedeutung der öffentlichen Meinung sowie ein neues Verständnis von Öffentlichkeit. Zu dieser wurden nun nicht mehr nur die Debatten unter Eliten gezählt, „public opinion" konnte jetzt vielmehr auch den kollektiven Ausdruck von Meinungen und Interessen der breiten Bevölkerung meinen, die auf diese Weise zu einer ernstzunehmenden Stimme in der politischen Auseinandersetzung wurde. [THOMPSON 2013, 5.6]. In Verbindung mit den vielfältigen medialen Entwicklungen der Zeit [gute allgemeine Einführung bei: BÖSCH 2019, 5.6] ist so für Großbritannien, aber ähnlich zum Beispiel auch für das Deutsche Reich, für die Jahrzehnte vor dem Ersten Weltkrieg von der ersten politischen Massenkultur gesprochen worden [Harris 1993, 4.2, S. 193; für Deutschland z. B. KÜHNE 1994, 5.2; GRIEẞMER 2000, 5.3; LANGEWIESCHE 2003, 5.6; vgl. WINDSCHEFFEL 2007, 5.3; KOHLRAUSCH 2010, 5.6, S. 305–330].

Ganz anders, nämlich nicht auf evolutionärem Wege wie in Großbritannien, verlief die Parlamentsentwicklung in Russland nach 1905, die schon bei zeitgenössischen Beobachtern große Aufmerksamkeit fand und die bis heute einen deutlichen Schwerpunkt bei der Analyse der inneren Entwicklung der europäischen Staaten bildet. Die intensive Forschung auf diesem Feld hat dazu geführt, dass das „Verfassungsexperiment" der Jahre 1906–1917 inzwischen sehr gründlich untersucht und in seinen verschiedenen Aspekten beleuchtet ist. Das zeigen sowohl übergreifende, also den gesamten Zeitraum umfassende Arbeiten, wie etwa Aleksandr Polunovs Darstellung „Russia in the Nineteenth Century" [POLUNOV 2005, 4.2], als auch thematisch und zeitlich eingegrenzte Detailstudien, beispielsweise Klaus Fröhlichs Analyse erster Parteiformierungen im vorrevolutionären Russland der Jahre 1900–1914 oder Benjamin Beuerles Analyse der Reformdebatten in der Duma, dem russischen Parlament [FRÖHLICH 1981, 5.2; BEUERLE 2016, 5.2]. Bei der Beurteilung der konstitutionellen Entwicklung Russlands sieht dabei kaum noch ein Autor oder eine Autorin in der Verfassung von 1906 einen reinen Scheinkonstitutionalismus. Auch in Russland zeigte sich, dass die Existenz eines nationalen Parlaments mit einer erheblichen Aufwertung der Öffentlichkeit einherging und das Parlament zu einem wichtigen Ort der politischen Auseinandersetzungen wurde, der von der Regierung nicht ignoriert werden konnte. Dennoch behielt der Zar wichtige Vorrechte, wie zum Beispiel ein Vetorecht in der Gesetzgebung und ein weitgehendes Notverordnungsrecht, und auch das Wahlrecht wurde bald wieder eingeschränkt. Auch wenn sich die Art und Weise von Politik änderte und die Macht der Monarchie nun durch die Verfassung eingeschränkt war, blieb der Einfluss des Parlaments auf konkrete Entscheidungen doch gering [z. B. WALDRON 2005, 5.2, S. 28–43].

Russland

Vor diesem Hintergrund ist immer wieder gefragt worden, ob es sich bei der Verfassung vom 6. Mai 1906 lediglich um ein aus der

Deutungen der Verfassung von 1906

Not geborenes Zugeständnis gehandelt habe oder um den ernsthaften Versuch, auf die Zeichen der Zeit zu reagieren. Als Indiz für die erstgenannte Position wird in der Regel das restriktive Wahlgesetz vom 16. Juni 1907 angeführt, durch welches sich Monarch und Regierung eine zumindest potentiell steuerbare Duma hätten verschaffen wollen [PINCHUK 1974, 5.3, S. 29]. In diesem Sinne hat 1982 Roberta T. Manning in ihrer sozialgeschichtlich angelegten Analyse „The Crisis of the Old Order in Russia. Gentry and Government" das Gesetz als „coup d'état" klassifiziert, aufgrund dessen die – von der Verfasserin als politisch einheitlich handelnde Gruppe dargestellte und gewissermaßen durch die Hintertür zum eigentlichen Sieger der ersten russischen Revolution avancierte – Schicht des Landadels wieder weitgehend in den Besitz ihrer alten Vormachtstellung gelangt sei. Aus dieser Perspektive muss sich dann auch der Aufstand von „Russia's rival urban cultures of the bourgeoisie and proletariat" im Jahre 1917 als gleichsam notwendige Konsequenz dieses Prozesses darstellen [EMY 1973, 5.3; MANNING 1982, 5.2; BECKER 1986, 5.3; vgl. z. B. auch HAIMSON 1979, 5.4, z. B. S. 285]. Dagegen hat namentlich Marc Szeftel in seiner detaillierten Analyse der russischen Verfassung auf das grundsätzliche Potential der Verfassung und auf die trotz aller Einschränkungen faktisch gegebenen Möglichkeiten des Parlaments hingewiesen, bei der Gestaltung der Politik mitzuwirken [SZEFTEL 1976, 5.2, bes. S. 344 f.; vgl. z. B. auch LIEVEN 1983, 8.6, S. 51].

Zukunftsfähigkeit des Zarenreichs

An solche schon ältere Debatten anschließend, ist nach der generellen Zukunftsfähigkeit sowie der grundsätzlichen Stabilität des Zarenreichs in der Zeit vor 1914 gefragt worden [optimistisch: DOWLER 2010, 4.2; WILLIAMS 2021, 4.2; mit gemischtem Fazit: SMITH 2017 4.2; kurze, abwägende Zusammenfassung: GOEHRKE 2010, 4.2, S. 206–216]. Neben den unbezweifelbaren, massiven sozialen Spannungen und politischen Problemen ist dabei auf die erhebliche Dynamik des späten Zarenreichs auf anderen Gebieten verwiesen worden. Dazu zählten die rasante industrielle Entwicklung seit den 1890er Jahren, ein massiver Aufschwung von Presse und Öffentlichkeit, der am Beginn des 20. Jahrhunderts auch in Russland zum Übergang ins massenmediale Zeitalter führte [MCREYNOLDS 1991, 5.6], oder nun einsetzende Verbesserungen bei Alphabetisierung und elementarer Schulbildung [EKLOF 1986, 5.7]. Darüber hinaus nehmen die meisten Interpret:innen für das späte Zarenreich nicht nur erste Anzeichen einer Verbesserung der materiellen Lebensumstände an [SMITH

2017, 4.2, S. 40 f.], ebenso habe sich nun ein Aufschwung der Zivilgesellschaft sowie der städtischen Mittelklassen gezeigt [CLOWES U. A. 1991, 5.7; BRADLEY 2002, 5.2, S. 1094–1123; BRADLEY 2009, 5.2; FEDYASHIN 2012, 5.2;]. Zu solchen optimistischeren Einschätzungen haben nicht zuletzt Lokal- und Regionalstudien beigetragen, die das späte Zarenreich abseits der großen Metropolen St. Petersburg und Moskau untersucht haben [HÄFNER 2004, 5.5; BÖNKER 2010, 5.5; EVTUHOV 2011, 5.5; ROLF 2015, 7.2]. Damit wurde nicht nur dem spezifischen dezentralen Charakter des russischen Reichs Rechnung getragen, es kamen auch Handlungs- und Partizipationsmöglichkeiten in Klein- und Mittelstädten sowie der bäuerlichen Landbevölkerung zum Vorschein, die bis dahin unbeachtet geblieben waren [z. B. SCHEDEWIE 2006, 5.5].

Im Ergebnis ist beim Blick auf die sehr lebhafte und inzwischen beeindruckend differenzierte Forschung zur inneren Entwicklung Russlands vor 1914 zweierlei festzuhalten: Zum einen warnen die meisten Autor:innen davor, das Zarenreich vor dem Ersten Weltkrieg allein mit an der Geschichte der großen westeuropäischen Nationalstaaten gewonnenen Standards zu betrachten. Das russische Reich nahm an den Herausforderungen, die die Moderne an die europäischen Gesellschaften stellte, teil, aber eben auf spezifische Weise und mit zum Teil eigenständigen Resultaten. Eine Betrachtungsweise, die den Blick auf das Gesamtreich mit dem auf die Regionen (und das Zusammenspiel zwischen beiden) kombiniert, ist damit noch wichtiger als anderswo. Zum anderen: Wie auch immer die einzelnen Aspekte der inneren Entwicklung des späten Zarenreichs einzuschätzen sind, ob man eher auf die vielen Streiks vor 1914 und deren gewalttätige Unterdrückung blickt oder auf den auffälligen Rückgang von Unruhen auf dem Land in derselben Zeit, ob die Entstehung einer Zivilgesellschaft in den Vordergrund rückt oder die „monarchische Prärogative", die „vergleichsweise groß" blieb [FENSKE 2001, 5.2, S. 388], letzten Endes kommen die einzelnen Forschungen zu ambivalenten Befunden. Inwieweit die Entwicklungsmöglichkeiten Russlands am Vorabend des Ersten Weltkriegs optimistisch oder pessimistisch beurteilt werden, ist damit eine Frage der Gewichtung innerhalb einer insgesamt uneinheitlichen historischen Entwicklung. Das hat dann gleichfalls Auswirkungen auf die Frage, inwieweit die Revolution von 1917 durch die Entwicklungen bis 1914 vorgezeichnet war. Der Osteuropa-Historiker Martin Aust formulierte es so: „In einem solchen Land, das 1905 eine Revo-

Russland und Westeuropa

lution erlebt hatte, war der neuerliche Ausbruch einer Revolution denkbar, strukturell zwingend war er aber nicht" [Aust 2017, 9.4, S. 63].

Deutsches Reich

Der geschilderten Debatte zum zaristischen Russland in manchem nicht unähnlich verlief die Forschungsdiskussion zur inneren Entwicklung des kaiserlichen Deutschland zwischen der Entlassung Bismarcks 1890 und dem Ersten Weltkrieg. Hier stellte sich für viele Forscher:innen ebenfalls die Frage nach der Zukunftsfähigkeit des politischen Systems. Hinzu kamen Diskussionen um das Ausmaß der Parlamentarisierung bzw. Konstitutionalisierung des Reichs. Schließlich wurde im Rahmen der sogenannten Sonderwegsdebatte darüber gestritten, inwieweit der deutsche Weg in die Moderne von dem westeuropäischer Staaten, insbesondere dem Frankreichs und Großbritanniens, abwich und welche Folgen dies für die weitere Geschichte Deutschlands hatte. Im Mittelpunkt solcher Debatten stand dabei nicht selten die Person des deutschen Kaisers Wilhelms II. bzw. die Ausgestaltung der monarchischen Gewalt in der Verfassungsstruktur des Reichs.

Deutscher „Sonderweg"?

Hatten die meisten deutschen Historiker die Reichsgründung von 1871 zunächst begrüßt [exemplarisch: Sybel 1889–1894, 4.2] und in der Zwischenkriegszeit weiter als Ausdruck eines positiven deutschen Wegs in die Moderne verteidigt [dazu: Faulenbach 1980, 5.7], änderte sich dies nach der Erfahrung von Nationalsozialismus und Kriegsniederlage von 1945. Nun begannen selbst konservative Historiker wie Gerhard Ritter – bezogen auf den Militarismus – oder Friedrich Meinecke – bezogen u. a. auf das Versagen des Bürgertums – den positiven Blick auf die eigene Nationalgeschichte zu revidieren und ernsthaft nach grundlegenden Fehlentwicklungen in der modernen deutschen Geschichte zu fragen [Meinecke 1946, 4.2; Ritter 1960–1968, 8.5]. Liberale Autoren entwickelten erste Vorstellungen davon, dass sich Deutschland um 1800 von einem westeuropäischen Weg abgewandt und auf einen schließlich verhängnisvollen eigenen Weg in die Moderne gemacht habe [Kießling 2012, 5.7, z. B. S. 208 f.]. Eine regelrechte „Sonderwegsdebatte" entbrannte in der Geschichtswissenschaft dann in den 1960er und 1970er Jahren. Im Mittelpunkt stand das deutsche Kaiserreich, dem unter Bezug auf sozialwissenschaftliche Modernisierungstheorien der Zeit gerade für die Wilhelminischen Epoche eine zwar ökonomische und teilweise soziale, aber eben eine fehlende politische Modernität bescheinigt wurde. Im Kaiserreich, so hatte es Hans-Ulrich Wehler in seiner für die Sonderwegsthese maßgebenden Darstellung des Reichs von 1973 formuliert, blieb „das Machtgefüge des absolutistischen Staates im Wesentlichen erhalten." Es habe sich bei der Verfassungsordnung entsprechend um einen „autokratischen, halbabsolutistischen Scheinkonstitutionalismus" gehandelt [WEHLER 1973, 4.2, S. 62f.]. Diese Diskrepanz zwischen ökonomischer Modernität und politischer Rückständigkeit habe, so die weitere These eines negativen deutschen Sonderwegs, nicht nur im wilhelminischen Kaiserreich zu einer dauernden „Staatskrise" [WEHLER 1973, 4.2, S. 69] und schließlich zum Kriegsentschluss der deutschen Reichsleitung von 1914 geführt, sondern ebenso die Weimarer Republik weiter belastet und letztendlich den Nationalsozialismus mit verursacht. Während in Westeuropa die soziale, wirtschaftliche und politische Modernisierung weitgehend synchron verlaufen sei, habe der davon abweichende deutsche Weg ausgehend vom Kaiserreich für eine Kontinuität vormoderner Eliten und deren Werte sowie zur Zerstörung der Weimarer Republik geführt [vgl. z. B. FISCHER 1979, 5.2].

Hans-Ulrich Wehler

Die sich an der Sonderwegsdeutung sowie der mit dieser eng verbundenen Kontinuitätsthese zwischen Kaiserreich und Nationalsozialismus entzündende und zum Teil sehr heftig geführte Debatte bestimmte von den 1960er bis einschließlich der 1980er Jahre die historische Diskussion zum Kaiserreich. Sie hat über die Grenzen der Fachwissenschaft hinaus viel zur Etablierung eines selbstkritischen Blicks auf die eigene Geschichte in Deutschland beigetragen. Innerhalb der Geschichtswissenschaft blieb die Sonderwegsthese aber immer auch umstritten. Kritiker warfen deren Vertretern insbesondere vor, ein einseitiges Bild des Kaiserreichs zu zeichnen, die grundsätzliche Offenheit historischer Prozesse zu unterschätzen, bei denen es eben nie fest vorgezeichnete Entwicklungen gebe, sowie einen westlichen „Normalweg" in die Moderne zu konstruieren, der so gar nicht existiert habe [NIPPERDEY 1978, 4.3, S. 86–111; BLACKBOURN/ELEY 1980, 5.2]. Die Grundfarben der Geschichte, so drückte es mit Thomas Nipperdey der wichtigste deutsche Kritiker der Sonderwegsthese in einer berühmten Formulierung aus, seien nicht schwarz und weiß, die „Grundfarbe der Geschichte ist grau, in unendlichen Schattierungen" [NIPPERDEY Bd. 2 1992, 4.2, S. 905].

Kritik am „Sonderweg"

Spätestens Anfang des 21. Jahrhunderts verloren solche älteren Debatten an Gewicht. Ohne autoritäre Züge zu leugnen, gewannen Interpretationen in der Forschung an Bedeutung, die mit Verweis

Modernität und Vielgestaltigkeit des Kaiserreichs

auf die wirtschaftliche und soziale Dynamik, die massenmedialen und kulturellen Entwicklungen, oder auch die zunehmende Pluralität der politischen Debatte die in manchem sogar erstaunliche Modernität des späten Kaiserreichs hervorhoben [Jäger 2020, 6.3; Richter 2021, 5.2]. Andere Darstellungen betonten vor allem die Vielgestaltigkeit der inneren Entwicklung des Reichs, in der sich modern wie vormodern anmutende Aspekte verbanden [Müller/Torp 2009, 4.2; Heidenreich/Neitzel 2011, 4.2; Nonn 2021, 4.2]. Auch für das Kaiserreich wurde dabei die Beachtung der regionalen und lokalen Unterschiede zwischen Großstädten wie Hamburg und Berlin oder dem traditionell liberalen Südwesten und ländlichen Regionen im Osten oder Nordosten des Reichs angemahnt [z. B. Kühne 2005, 5.2, S. 304]. Jenseits solcher übergreifender Interpretationstrends blieben Einschätzungen einzelner Aspekte des Reichs aber umstritten. Das gilt zum Beispiel für die Beurteilung der Rolle Wilhelms II. oder die möglicher demokratischer Aufbrüche im Kaiserreich.

Rolle Wilhelms II.

Was die Rolle des letzten deutschen Kaisers anbelangt, war es der Historiker Erich Eyck, der bereits in seiner 1948 publizierten Analyse „Das persönliche Regiment Wilhelms II." nachdrücklich auf die Bedeutung der Stellung des Monarchen in der Verfassung für die in der Katastrophe des Juli 1914 endende deutsche Politik hinwies: „Der wahre Schuldige ist das System, das die Entscheidungen über das Schicksal eines ganzen Volkes in die Hand eines einzelnen, noch dazu völlig unfähigen Individuums [Wilhelms II., der Vf.] legte und das die richtige Verteilung der Kräfte zwischen politischer und militärischer Gewalt nicht gefunden hatte" [Eyck 1948, 4.2, S. 782]. In Weiterführung dieses Ansatzes hat dann insbesondere John C. G. Röhl die These aufgestellt und durch seine monumentale, dreibändige Biographie zu untermauern versucht, dass das Streben Wilhelms II. nach Selbstherrschaft in hohem Maße für die krisenhafte Entwicklung der deutschen Politik verantwortlich gewesen sei [Röhl 1993–2008, 4.2]. In den Blick der Forschung geriet dabei zunehmend auch das Verhältnis des Kaisers zu seinen Beratern sowie zu seinem weiteren persönlichen Umfeld. Ähnlich wie im Falle der etwa gleichzeitig geführten Debatte über Hitlers Stellung im Gefüge des „Dritten Reiches" konzentrierte sich die Diskussion hier auf die Frage, ob nicht die Abhängigkeit des Kaisers von seinen Beratern eine „Polykratie rivalisierender Machtzentren" [Wehler 1994, 4.2, S. 69] und diese wiederum das „persönliche Regiment" des Kaisers ermöglicht habe [vgl. Schöllgen 1980, 5.2, S. 79 ff.]. Als Ergebnis der lang anhaltenden Debatte um die Rolle Wilhelms II. lässt sich indessen festhalten, dass heute kaum noch Autorinnen und Autoren davon ausgehen, dass es dem Kaiser gelungen sei, ein „persönliches Regiment" auch tatsächlich zu errichten. Dem Reich über längere Zeit eine bestimmte Richtung vorzugeben, dazu war Wilhelm II. aus persönlichen Gründen wie wegen seiner Stellung im Verfassungsgefüge nicht fähig. Allerdings war er durchaus in der Lage, durch seine politischen Eingriffe eine konstruktive und kontinuierliche Politik der Reichsregierung zu verhindern. In diesem Sinne hat Röhl bereits vor einiger Zeit von einem „negativen persönlichen Regiment" des Kaisers gesprochen [Röhl 2007, 5.2, S. 126].

Die wohl wichtigste Problematik eines auf die Theorie des „persönlichen Regiments" im engeren Sinne fixierten Ansatzes war und ist darin zu sehen, dass er im Grunde die verfassungsmäßige Stellung des Monarchen überschätzt. Zum einen war der Kaiser bei allen seinen Anordnungen auf die Gegenzeichnung durch den Reichskanzler angewiesen, musste also in Übereinstimmung mit diesem handeln. Zum anderen hatte er in Gesetzgebungsprozessen nach der Verfassung überhaupt keine Eingriffsrechte. Gesetze kamen allein durch Zustimmung von Bundesrat und Reichstag zustande. Ein Vetorecht hatte der Kaiser nicht. Vor diesem Hintergrund ist es nur logisch, dass die Stellung des Reichstags immer wieder Gegenstand der Forschung geworden ist [zum deutlich weniger untersuchten Bundesrat vor allem: Haardt 2020, 5.2]. Dabei ist entgegen der Vorstellung eines „schwachen Parlaments" immer wieder darauf hingewiesen worden, dass der Reichstag durchaus effektive Möglichkeiten der politischen Mitbestimmung besessen und dann auch „in einem immer stärkeren Maß [...] einen erheblichen kontrollierenden, ja mitentscheidenden Einfluss" genommen habe [Huber 1969, 5.2, S. 346; vgl. z. B. auch: Rauh 1973, 5.2, S. 352; auch bereits: Frauendienst 1957, 5.2, S. 721–746]. Manfred Rauh hat daran anknüpfend in einem 1977 vorgelegten Buch die These einer „stillen Parlamentarisierung" entwickelt [Rauh 1977, 5.2]. Danach habe der Reichstag seit den 1890er Jahren und bis zum Ersten Weltkrieg zunehmend an Einfluss auf die Regierung gewonnen. Rauhs viel diskutierter Parlamentarisierungsthese sind die meisten Historiker:innen nicht gefolgt [am ehesten: Kreuzer 2004, 5.2]. Zur direkten Abhängigkeit der Regierung vom Reichstag, also zu einer tatsächlichen Parlamentarisierung des politischen Systems, kam es nicht, auch ein allmählicher Weg in diese Richtung, etwa nach dem Muster der britischen

Andere Verfassungsorgane

Parlamentarisierungsthese

Verfassungsentwicklung in der ersten Hälfte des 19. Jahrhunderts (oder auch Italiens) sei nicht erkennbar. Dennoch gehen auch die meisten jüngeren Arbeiten von einem sichtbaren Machtgewinn des Parlaments in der wilhelminischen Zeit und gerade in den letzten Jahren vor dem Ersten Weltkrieg aus. Maßgebend dafür war aber keine Parlamentarisierung im verfassungsrechtlichen Sinn, vielmehr wuchs dem nationalen Parlament durch die Verlagerung von immer mehr Entscheidungen auf die Reichsebene (was den Bundesrat als Ausdruck des Föderalismus schwächte), durch die stetig steigende Wahlbeteiligung auf über 80 % und nicht zuletzt durch die Stärkung der Öffentlichkeit immer mehr politische Legitimation zu. Gerade Letzteres sorgte dafür, dass der Reichstag unumstritten als zentraler Ort der politischen Auseinandersetzung wahrgenommen wurde. Von einem „Scheinkonstitutionalismus" im Sinne Wehlers oder einem „schwachen Parlament" ist in der jüngeren Forschung deswegen für das späte Kaiserreich zurecht kaum noch die Rede.

Kaiserreich und Demokratisierung

Von der Frage der Parlamentarisierung des Reichs zu unterscheiden ist die der Demokratisierung [Überblicke zur Diskussion z. B. KÜHNE 2005, 5.2; MÜLLER 2018, 4.1]. In diesem Sinne ist von staatsrechtlicher Seite darauf hingewiesen worden, dass durch das allgemeine (Männer-)Wahlrecht sowie den Prozess der Fundamentalpolitisierung seit den 1890er Jahren in Deutschland Momente der Demokratisierung, verstanden als zunehmende politische Partizipation breiterer Bevölkerungsteile sowie neuer gesellschaftlicher Gruppen, Verbände oder Vereine, vor der Parlamentarisierung stattfanden. Anders als in Großbritannien oder Frankreich ging die Demokratisierung der Parlamentarisierung also gewissermaßen zeitlich voraus [SCHÖNBERGER 2001, 5.2]. Gewonnen wurden ähnliche Ergebnisse darüber hinaus aus einer ganzen Reihe von Studien, die sich den konkreten Wahlen sowie der Praxis des Wählens im Kaiserreich zuwandten und diese zum Teil in einen internationalen Kontext stellten [u. a. KÜHNE 1994, 5.2; SPERBER 1997, 5.2; ARSENSCHEK 2003, 5.2]. Vor allem Margaret L. Anderson hat argumentiert, dass das Reich, betrachtet man die abnehmenden Manipulationen sowie erfolgreiche Anfechtungen von Wahlen durch zivilgesellschaftliche Gruppen im Verlauf des Kaiserreichs, international sogar als ein Vorreiter demokratischer Wahlen gelten könne [ANDERSON 2000, 3.1.2; ANDERSON 2011, 5.2]. Entsprechende Ergebnisse, bei denen die Frage nicht mehr darin zu bestehen scheint, wie autoritär, sondern umgekehrt, wie demokratisch das Kaiserreich gewesen ist, haben aber auch weiter Widerspruch erfahren. Die unterschiedlichen Positionen gipfelten 2021, anlässlich der 150. Wiederkehr der Reichsgründung von 1871, in einer zum Teil sehr heftig geführten Debatte um vermeintliche oder tatsächliche demokratische Züge des Kaiserreichs, die in manchem an frühere Sonderwegsdebatten erinnerte [die wichtigsten inhaltlichen Positionen sind greifbar in: Conze 2020, 4.2; Richter 2020, 5.2]. Solche Debatten drohen den inzwischen erreichten, sehr differenzierten Forschungsstand zur inneren Entwicklung des Kaiserreichs zwischen autoritären und obrigkeitsstaatlichen Vorrechten von Monarch und Regierung, steigender Parlamentsmacht sowie aufstrebender Zivilgesellschaft und zunehmendem politischem Pluralismus zu verdecken.

Conze-Richter-Debatte

Ob und in welchem Maße vor 1914 von einer Demokratisierung gesprochen werden kann, ist nicht nur für die deutsche Geschichte diskutiert worden. So hat etwa Richard J. Evans in seiner Gesamtdarstellung der Geschichte Europas von 2016 dem „Aufstieg der Demokratie" eines von acht Kapiteln gewidmet. „Wenn die Demokratie in ihrer modernen Ausprägung vor allem anderen auf dem allgemeinen Wahlrecht und der Verantwortlichkeit der Regierung gegenüber dem Parlament und dem Wahlvolk basiert", heißt es darin, „so schien der Strom der Geschichte in der zweiten Hälfte des 19. Jahrhunderts unaufhaltsam auf sie zuzulaufen" [Evans 2018, 4.1, S. 768]. Evans Kriterien machen bereits wichtige Unterschiede deutlich. So hat es in Deutschland und Österreich zwar das allgemeine Männerwahlrecht gegeben, die direkte Abhängigkeit der Regierung vom Parlament hat sich im Gegensatz zu Frankreich oder Italien dort aber, wie gesehen, nicht entwickelt. In England, wo die Parlamentarisierung schon in der ersten Hälfte des 19. Jahrhunderts abgeschlossen war, kam es zwar mit den Reformen von 1884/85 zu einer ganz erheblichen Ausweitung des Wahlrechts, allgemein war dieses aber noch nicht, und zudem ist bezweifelt worden, ob damit überhaupt eine Ausweitung der Demokratie bezweckt war [Roberts 2011, 5.2]. Andererseits haben vergleichende Studien gezeigt, wie überall in Europa die entstehende Massengesellschaft für eine Ausweitung der politischen Partizipation sorgte. Die Anpassungen des Verfassungssystems auf diese Entwicklungen waren aber unterschiedlich stark. In Frankreich und Großbritannien mit ihren parlamentarischen Systemen waren sie größer als in Deutschland und dem österreichischen Teil der Habsburgermonarchie mit ihren monarchisch-exekutiven Vorrechten. Davon noch einmal zu unter-

Demokratisierung im europäischen Vergleich

scheiden sind das zaristische Russland sowie das Osmanische Reich, wo der Konstitutionalismus noch am Anfang stand [zu einem solchen Vergleich z. B.: KIRSCH/KOSFELD/SCHIERA 2002, 5.2].

<small>Parteien- und Verbändeforschung</small>

Im Zusammenhang mit der Frage nach – je unterschiedlichen – demokratischen Anfängen in den Jahrzehnten vor 1914 kann auch die internationale Parteien- und Verbändeforschung gesehen werden. Während frühere Arbeiten hier eher die Entwicklung der Organisationen oder der Programme in den Vordergrund gestellt hatten, haben sich neuere Studien v.a. mit Politikkonzepten, der Anhängerschaft sowie dem sozialen Umfeld der Parteien sowie mit der Frage beschäftigt, welche Bedeutung Parteien und Verbände für die Veränderungen des „Politischen" vor dem Ersten Weltkrieg hatten. Grundsätzlich kann die Parteiengeschichte aber als gut erforscht gelten. Dabei ist eine besonders intensive Beschäftigung einmal mehr mit den Verhältnissen in Großbritannien zu registrieren [z. B.: JENNINGS 1960–62, 5.3; BULMER-THOMAS 1967, 5.3; BLAKE 1970, 5.3; BENTLEY 1987, 5.3; JACKSON 1989, 5.3; GREEN 1995, 5.3; SHANNON 1996, 5.3; BRIVATI 2000, 5.4; THORPE 2008, 5.3]. Ähnliche Fortschritte hat die Parteienforschung für das Deutsche Reich zu verzeichnen [BERGSTRÄSSER 1965, 5.3; RITTER 1973, 5.3; EVANS 1981, 5.3; SHEEHAN 1983, 5.3; RITTER 1985, 5.3; LANGEWIESCHE 1988, 5.3; SCHILDT 1998, 5.3; STALMANN 2000, 5.3]. Hier richtet sich das Interesse seit den 1980er Jahren zum Beispiel auch auf den organisierten politischen Katholizismus, in erster Linie auf das Zentrum [LOTH 1984, 5.3; BECKER 1986, 5.3; ASCHOFF 1987, 5.3; LINSENMANN/RAASCH 2015, 5.3].

<small>Radikale Rechte</small>

Neben der bereits in der Darstellung eingehender angesprochenen Krise des Liberalismus als politische Kraft in der Mitte hat in der internationalen Forschung die dadurch in vielen europäischen Ländern zu beobachtende Ausbildung bzw. Verstärkung der Kräfte auf der linken und auf der rechten Seite der Parteienlandschaft die Aufmerksamkeit auf sich gezogen. Im letztgenannten Fall hat sich die Forschung, jedenfalls in Spezialstudien und von Ausnahmen abgesehen [z. B.: BLAKE 1970, 5.3; RETALLACK 1988, 5.3; ALEXANDER 2000, 5.3], weniger mit den zahlenmäßig im allgemeinen stagnierenden und auch in programmatischer Hinsicht kaum grundsätzlichen Wandlungen unterworfenen konservativen Parteien befasst. Vielmehr interessierte die Herausbildung einer mitunter als „radikal" klassifizierten, sich u. a. durch einen übersteigerten Nationalismus auszeichnenden Rechten, die für einige europäische Staaten vor Kriegsausbruch charakteristisch war. Diese war zwar kaum in einer den sozialistischen Parteien vergleichbaren Weise organisiert und konnte nirgends die Stärke und Geschlossenheit der Arbeiterbewegung erreichen, vermochte aber nicht selten einen nachhaltigen Einfluss auf die Regierungspolitik zu nehmen. Es handelte sich dabei zumeist um außerparlamentarische Sammlungsbewegungen bzw. „pressure groups", die allerdings einen gewissen Rückhalt bei etablierten, in den Parlamenten vertretenen Parteien, namentlich konservativer Couleur, finden konnten. Ein intensiveres Interesse der Geschichtswissenschaft haben vor allem die entsprechenden Verhältnisse in Großbritannien, Deutschland und Frankreich gefunden. In der Dritten Republik erhielten die rechten Bewegungen im Umkreis der großen Krisen Mitte der 1880er und der 1890er Jahre erheblichen Auftrieb und entwickelten sich zu einer ernsten Gefahr für die bestehende politische Ordnung, die erst nach 1906, also mit dem Amtsantritt von Ministerpräsident Clemenceau als vorerst gebannt betrachtet werden konnte [vgl. STERNHELL 1978, 5.3; RUTKOFF 1981, 5.3; RÉMOND 1982, 5.3]. Anders lagen die Verhältnisse in England und Deutschland. Für Großbritannien hat Wolfgang Mock darauf hingewiesen, dass sich der geringe Einfluss dieser Strömungen, etwa der sich nach der Jahrhundertwende ausbildenden „tariff reform"-Bewegung [MOCK 1982, 6.2], auf die politische Führung vor allem durch eine „teilweise Absorbierung der ‚radikalen Rechten' in die Konservative Partei" erklärt [MOCK 1983, 5.3, S. 43]. Das heißt aber eben nicht, dass es nicht auch in England eine durchaus bedeutende radikale Rechte außerhalb und innerhalb der Tories gab, die sich ideologisch aus einem konservativ-fundamentalistischen Protestantismus sowie einem radikalen, zum Teil rassistisch unterfütterten sowie gewaltbereiten Imperialismus und Nationalismus speiste [FLEMING 2018, 5.3]. Vor allem nach dem Schock des Machtverlusts von 1906 spielten auch Teile der konservativen Parteiführung für einige Zeit mit der Versuchung einer massiven politischen Radikalisierung [ZIBLATT, 2017, 5.3, S. 141–157]. Dies gilt ohne Zweifel auch für Deutschland, wo gerade die rechten Verbände, wie der „Alldeutsche Verband", der „Deutsche Flottenverein" oder der „Deutsche Wehrverein", besonders intensiv erforscht worden sind. Diese vermochten insbesondere nach 1890 in steigendem Maße Einfluss auf die Politik zu nehmen [COETZEE 1990, 5.3; PETERS 1996, 5.3; PUSCHNER u. a. 1996, 5.7; HERING 2003, 5.3; WALKENHORST 2007, 5.7; DIZIOL 2015, 5.3]. Daneben haben aber auch die wirtschaftlichen Interessenverbände die Aufmerksamkeit der Geschichtswissenschaft erregt. Das gilt für

Rechte Verbände in Deutschland

den „Bund der Landwirte" (1893) ebenso wie für die mehr konkurrierenden als kooperierenden Interessenorganisationen der Industrie, den „Centralverband Deutscher Industrieller" (1876) und den „Bund der Industriellen" (1895) oder den „Hansa-Bund für Gewerbe, Handel und Industrie" (1909), der sich vor allem als Sammlungsbewegung des Mittelstandes – im weitesten Sinne – verstand [Kaelble 1967, 5.3; vgl. Puhle 1975, 5.3; Ullmann 1976, 5.3; Blaich 1979, 5.3; allg. Ullmann 1988, 5.3; Biland 2002, 5.3]. Inwieweit diese organisierten Interessengruppen, deren Aufstieg überall in Europa zu beobachten war, tatsächlich in der Lage waren, Politik in ihrem Sinne dauerhaft zu beeinflussen, oder ob sie eher als Beispiel für die neue Komplexität des politischen Systems zu betrachten sind, ist letztlich umstritten geblieben. Die verschiedenen, in wechselnden Koalitionen konkurrierenden und anders als die Parteien nicht an detaillierten Programmen orientierten Organisationen lassen sich jedenfalls, von wenigen Ausnahmen wie dem „Bund der Landwirte" abgesehen, kaum eindeutig gesellschaftlichen Gruppen oder politischen Parteien zuordnen. Das gilt in mehrfacher Hinsicht. So schlossen sich etwa, anders als häufig vermutet, Mitgliedschaften in Kriegervereinen und in der SPD oder den Freien Gewerkschaften keineswegs aus [Rohkrämer 1990, 5.3]. Die Politik veränderte das Auftreten dieser lautstarken Organisationen, die als „Modernes System von Interessenverbänden" bezeichnet worden sind [Ullmann 2005, 4.2, S. 37], aber dennoch massiv.

Frauen- und Geschlechtergeschichte

Dass selbst Länder wie Frankreich oder Großbritannien zu Beginn des 20. Jahrhundert keineswegs als vollgültige Demokratien zu bezeichnen sind, lag neben dem Weiterbestehen einer extrem privilegierten, traditionellen Oberschicht und dem gleichzeitigen Ausschluss vieler Menschen von sozialer, materieller, politischer oder kultureller (höhere Bildung!) Teilhabe natürlich auch an der Ungleichbehandlung von Frauen und Männern sowie insbesondere dem fehlenden Frauenwahlrecht. Die Frauen- und Geschlechtergeschichte bildet denn auch ein weiteres, bis heute intensiv bearbeitetes Feld innerhalb der Forschungen zum Zeitalter des Imperialismus. Es ist hier nicht der Ort, die Entwicklung dieser Teildisziplin nachzuzeichnen [zum Stand z. B.: Gehmacher/Mesner 2003, 4.3; Opitz-Belakhal 2018, 4.3]; wichtige Arbeiten zur Epoche des Imperialismus entstanden vor allem seit den späten 1970er Jahren, wobei das Viktorianische England früh im Zentrum stand [z. B. Vicinus 1977, 5.4; Jalland 1986, 5.4; vergleichend: Gerhard 1988, 5.4 und Vogel 1988, 5.4].

Die Forschung zur Zeit des Imperialismus trägt seitdem die Wandlungen der allgemeinen Frauen- und Geschlechtergeschichte mit. So wird die Geschichte von Frauen nicht auf den privaten Bereich reduziert oder gar als Unterdrückungsgeschichte geschrieben. Stattdessen ist gezeigt worden, dass Frauen sehr wohl und zunehmend im öffentlichen bzw. politischen Leben aktiv waren, auch wenn die Forderung nach dem Wahlrecht in (fast) keinem Staat Europas durchgesetzt werden konnte [PLANERT 2000, 5.7; WOLFF 2003, 5.2; SCHÜLER 2004, 5.4; SCHRAUT 2013, 5.4]. Vielleicht noch spezifischer als solche Studien, die den Anteil von Frauen an der „Fundamentalpolitisierung" [z. B. ULLMANN 2005, 4.2, S. 26] der Jahre um 1900 aufzeigen, sind Arbeiten der „gender studies" zu den Identitäts- und Nationalisierungsprozessen des späten 19. und frühen 20. Jahrhunderts. Neben der lange unterschätzten Rolle, die Frauen im Spektrum der patriotischen Vereine spielten [STREUBEL 2003, 5.7; SCHÖCK-QUINTEROS/STREUBEL 2007, 5.3], steht hier die Bedeutung von „weiblich" belegten Vorstellungen innerhalb der jeweiligen Nations- und Identitätskonstruktionen im Zentrum. Für Italien hat Marina D'Amelia den Mythos von „La mamma" [D'AMELIA 2005, 5.4] als Teil des eigenen Nationalstereotyps nachgezeichnet, für Deutschland etwa Nancy R. Reagin Bilder von deutscher „Häuslichkeit" [REAGIN 2007, 5.7]. Solche Vorstellungen, so jeweils das Argument, zeigen nicht nur den Anteil „weiblich" besetzter Bilder an Nationsvorstellungen, sie trugen darüber hinaus zur Verbreitung des Nationalgefühls bei, veralltäglichten es und ermöglichten letztendlich auch spezifisch weibliche Formen des Patriotismus. Gerade in den letzten Jahrzehnten vor dem Ersten Weltkrieg verbreiteten sich aber ebenso neue Bilder von „Weiblichkeit", zum Beispiel das der „modernen" oder der „emanzipierten" Frau [KRAUTWALD 2021, 5.4]. Zur allgemeinen Entwicklung von der Frauen- zur Geschlechtergeschichte passt es, dass inzwischen auch für das Zeitalter des Imperialismus Studien vorliegen, die die Geschichte und den Wandel von Männlichkeitskonzepten untersuchen [WIENER 2004, 5.4]. Dabei wird zum Beispiel auch für die Zeit um 1900 ausgehend von Raewyn Connells Konzept der „hegemonialen Männlichkeit" gefragt, inwieweit sich diese in der Zeit um 1900 gesellschaftlich manifestierte, stabilisierte oder durch das Auftreten von Frauen- oder auch der frühen Homosexuellenbewegung herausgefordert wurde und in eine Krise geriet [NIEDEN 2005, 5.4; BRUNOTTE/HERRN 2007, 5.4].

Frauen im öffentlichen Leben

Geschichte der Männlichkeit

Erfolge der Frauenbewegungen

Was die Geschichte der politischen Frauenbewegung anbelangt, ist diese über den klassischen Fall der britischen Suffragettenbewegung hinaus inzwischen für zahlreiche weitere Länder, darunter etwa Italien, Österreich-Ungarn, Russland oder das Osmanische Reich und selbstverständlich für die unterschiedlichen Zweige der Frauenbewegung in Frankreich und Deutschland, untersucht worden [STITES 1991, 5.4; PIETROW-ENNKER 1999, 5.4; HOLMES/TARR 2006, 5.4; VITTORELLI 2007, 5.3; STANGE-FAYOS 2014, 5.6; BIÇER-DEVECI 2017, 5.4; OFFEN 2018, 5.4; RICHTER/WOLFF 2018, 5.2; vgl. u. a.: SCHASER/SCHRAUT/STEYMANS-KURZ 2019, 5.4; BRIATTE 2020, 5.4; LAURENZI/MOSCA 2021, 5.4]. Nicht wenige Arbeiten betonen dabei die durchaus gewichtigen Erfolge der sogenannten ersten Frauenbewegung vor 1914. Das gilt für die Tatsache, dass es der Frauenbewegung gelang, ihre Anliegen auf die politische Agenda zu bringen und dabei durchaus, z. B. bei Eigentumsrechten, Zugang zu Universitäten [für Deutschland z. B. BIRN 2015, 5.4] oder beim Scheidungsrecht, konkrete Erfolge zu erzielen. Angelika Schaser hat für Deutschland für die beiden Jahrzehnte vor 1914 so auch von der „Hochzeit" sowie der Phase der „größte[n]] Erfolge" gesprochen [SCHASER 2020, 5.4, S. 13 f.].

Jüdische Geschichte

Generell kann die Frauen- und Geschlechtergeschichte neben der noch zu besprechenden Nationalismusforschung (und teilweise in Verbindung mit dieser) als eine der gegenwärtigen Forschungsschwerpunkte betrachtet werden. Zahlreiche Studien sind seit einiger Zeit zudem zur jüdischen Geschichte Europas in den Jahrzehnten um 1900 erschienen [einen guten Zugang zur reichhaltigen Literatur bietet über die deutsche Geschichte hinaus: BRECHENMACHER/SZULC 2017, 5.4]. Auch hier stehen häufig Lokal- oder Regionalstudien im Zentrum [für viele: LIEDTKE 1998, 5.4; RAHDEN 2000, 5.4; HOFMEISTER 2007, 5.4; METZLER 2014, 5.4; NAAR 2016, 5.5]. Daneben finden sich vermehrt Arbeiten zu Beziehungen von Juden zu anderen gesellschaftlichen Gruppen [HOFMEESTER 2004, 5.4; ZIMMERMANN 2004, 5.4; JENSEN 2005, 5.4; NATTERMANN 2020, 5.4] sowie Biographien wichtiger jüdischer Persönlichkeiten. Bei Letzteren ist immer wieder auf die „multiplen Zugehörigkeiten" hingewiesen worden, die sich in den Lebenswegen gerade im späten 19. und frühen 20. Jahrhundert zwischen Anpassung und Integration in die nationalistisch geprägte Mehrheitsgesellschaft, antisemitischem Druck und beginnender jüdischer Nationalbewegung abzeichneten [vgl. auch: KELLER 2015, 5.4; SPRANGER 2020, 4.2]. Dabei gilt nach wie vor, dass die jüdische Geschichte, zumindest was Kontinentaleuropa anbelangt, nicht vom

Antisemitismus und insbesondere dem Wissen um den nationalsozialistischen Völkermord getrennt werden kann. Für die Forschung geht es, wie Shulamit Volkov 1998 festgestellt hat, angesichts dessen darum, „die richtige Balance zu finden zwischen unserer eigenen Perspektive nach dem Holocaust und der einer vorhergehenden Generation" [VOLKOV 2000, 5.4, S. 71]. Das wiederum heißt, aber auch nicht zu vergessen, dass die Jahrzehnte um 1900 nicht nur eine neue, radikale Form des Antisemitismus hervorbrachten, sondern auch eine große Vielfalt von jüdischen Lebenswelten [GOTZMANN u. a. 2001, 5.4; u., wiederum für Osteuropa: HAUMANN 2003, 5.4]. Dabei ist auf der einen Seite in vielen Bereichen eine Integration in die jeweilige Mehrheitsbevölkerung zu verzeichnen [LIEDTKE/RECHER 2003, 5.4], auf der anderen Seite aber auch das Erwachen einer neuen, eigenen jüdischen Identität [u. a.: BECHTEL 2002, 5.4; ZIMMERMANN 2004, 5.4]. Speziell für die Situation in Deutschland hat Volkov in einem wichtigen Band zum Stand der Forschung aus dem Jahr 2015 außerdem noch einmal auf die Grenzen der Integration auch im Kaiserreich hingewiesen: Trotz aller Emanzipationserfolge und gesellschaftlicher Einbindung blieben Juden von wichtigen politischen Positionen weitgehend ausgeschlossen. Und die, die wie der liberale Politiker Ludwig Bamberger doch zeitweise reüssierten, zeigten sich am Ende desillusioniert [VOLKOV 2015, 5.4, S. 201]. Dagegen hat Till von Rahden im selben Band von 2015 zumindest für die Zeit des Kaiserreichs für die Integration der Geschichte der Juden in die allgemeine Geschichte der bürgerlichen Gesellschaft plädiert. Inklusion oder Exklusion sei kein Sonderproblem jüdischer Bürger gewesen, vielmehr „war für die bürgerliche Gesellschaft insgesamt das Spannungsverhältnis zwischen Universalismus und Partikularismus konstitutiv." Wenn aber das Bürgertum grundsätzlich durch Ambivalenzen zwischen unterschiedlichen Gruppen bestimmt war, dann seien auch im Verhältnis von Juden und Bürgertum das Allgemeine und das Besondere „nicht als Gegensätze zu verstehen, sondern in ihrer wechselseitigen Verschränkung zu begreifen" [RAHDEN 2015, 5.4, S. 257]. Aus ähnlichen Überlegungen heraus hat Klaus Hödl für die Geschichte der Wiener Juden und Jüdinnen dafür plädiert, die jüdische Geschichte stärker in die allgemeine Geschichte zu integrieren und sich von der Gegenüberstellung von jüdischer Minderheit auf der einen Seite und Mehrheitsgesellschaft auf der anderen entschiedener zu lösen [HÖDL 2006, 5.4].

Integration, Emanzipation, Antisemitismus

Situation der Landbevölkerung

Bei den Forschungsergebnissen zu weiteren sozialen Gruppen sei neben dem bereits in anderem Zusammenhang erwähnten Adel [Überblicksdarstellungen z. B. LIEVEN 1995, 5.4; CONZE/WIENFORT 2004, 5.4.; REIF 2012, 5.4; CONZE U. A. 2013, 5.4.; WIENFORT 2019, 5.4] die Situation der Landbevölkerung erwähnt. Ähnlich wie bei der Aristokratie steht und stand hier das Verhältnis der traditionell ländlichen Gesellschaften und Lebenswelten zu den Anforderungen der Moderne im Zentrum vieler Arbeiten. Dabei ist für den ländlichen Raum häufig eine besonders starke Ungleichzeitigkeit zwischen dynamischer ökonomischer Entwicklung in der Landwirtschaft auf der einen Seite und sozialen Beharrungskräften auf der anderen ausgemacht worden [vgl. WEBER-KELLERMANN 1987, 5.4; KASCHUBA 1990, 5.4, S. 76 ff.; HOWKINS, 1991, 5.4]. Ertragssteigerungen, Rationalisierung und Verwissenschaftlichung sowie erste Mechanisierungen waren um 1900 nicht nur in Großbetrieben, sondern auch in kleineren bäuerlichen Familienbetrieben sowie – bei allen Unterschieden – grundsätzlich an vielen Stellen Europas erkennbar [SCHILLER 2003, 5.4; KLUGE 2005, 6.1; BAUER 2009, 5.5; GERASIMOV 2009, 5.4; AUDERSET/MOSER 2018, 5.4]. Möglicherweise erlangte im Zuge dieser Modernisierung auch die ländliche Bevölkerung insgesamt, einschließlich von Unterschichten, neue Handlungsspielräume jenseits der traditionellen sozialen und politischen Machverhältnisse in agrarischen Regionen [FRIEDEBURG 1997, 5.5; WAGNER 2005, 5.5; GERASIMOV 2009, 5.4].

Migrationsforschung

Die für die jüdische Geschichte gestellte Frage nach dem Verhältnis von Mehrheitsgesellschaft und Minderheiten sowie danach, inwieweit ein solcher dichotomischer Ansatz angesichts der komplexen Pluralität moderner Gesellschaften überhaupt sinnvoll ist, ist gleichfalls innerhalb der Migrationsforschung diskutiert worden, die ebenso zu den stark bearbeiteten Aspekten der Geschichte der Jahrzehnte um 1900 zählt. Die grundsätzlichen Entwicklungen sind inzwischen in zahlreichen Überblickdarstellungen zuverlässig greifbar [BADE 2000, 5.1; HOERDER 2002, 5.1; BADE u. a. 2007 5.1; OLTMER 2012, 5.1; OLTMER 2016, 5.1]. Demnach gab es auch im Zeitalter des Imperialismus zahlreiche Übergangsformen bei den Migrationstypen. Der Binnenmigration innerhalb des eigenen Landes folgte zum Beispiel im Sinne einer Etappenwanderung oder Transitwanderung nicht selten nach einiger Zeit die Auswanderung nach Übersee. An ältere Mobilitätsformen knüpfte die Saisonwanderung an, die nun teilweise als periodische Arbeitswanderung nicht mehr den landwirtschaftlichen Bereich, sondern den industriellen Sektor betraf. Im

Ergebnis waren auch im Zeitalter des Imperialismus Hunderttausende von Menschen innerhalb Europas als Erntehelfer unterwegs oder verdingten sich als Wanderarbeiter im Eisenbahnbau sowie insgesamt in der boomenden Bauindustrie. Verlässliche Zahlen sind häufig nicht anzugeben. Das Ausmaß kann aber daran deutlich werden, dass allein aus Italien zu Beginn des 20. Jahrhunderts jedes Jahr etwa 250.000 Menschen als Wanderarbeiter ins benachbarte Ausland gingen, die meisten auf den Bau, inklusive des Eisenbahnbaus. Wichtigstes Zielland war zunächst Frankreich, bald abgelöst durch die Schweiz [vgl. HOLMES 1988, 5.1; BADE 2000 5.1, S. 69]. Einen nicht zu unterschätzenden Arbeitsmarkt, der europaweit zu temporärer Arbeitsmigration führte, stellte der Bereich der Haushaltshilfen und Dienstbotinnen dar. Allein in Paris arbeiteten in den letzten Jahrzehnten des 19. Jahrhunderts zehntausende von ausländischen Haushaltshilfen, die meisten im Übrigen aus Deutschland [KÖNIG 2003, 5.4]. Ebenfalls nicht zu unterschätzen ist schließlich die Remigration. Auch von denjenigen, die eine dauerhafte Auswanderung nach Übersee geplant hatten, kehrte eine Millionenzahl zurück. Andere verließen ihre neue Heimat zunächst wieder, um dann einige Zeit später doch dauerhaft auszuwandern [WYMAN 1993, 5.1].

Bei den Auswanderungsmotiven standen soziale und wirtschaftliche Ursachen ganz im Vordergrund. Politische Gründe blieben quantitativ ein Randphänomen. Die konkrete ökonomische, teilweise aber auch politische Situation in Herkunft- und Zielländern sorgte dafür, dass vor allem die transkontinentale Auswanderung nicht gleichmäßig, sondern – von einer allerdings zunehmenden Sockelzahl ausgehend – in Schüben verlief. So verminderten konjunkturelle Schwierigkeiten in Europa wie den USA sowie Ereignisse wie der amerikanische Bürgerkrieg die Migrationsbewegungen. Es war in der zweiten Hälfte des 19. Jahrhunderts beileibe keine uninformierte Auswanderung nach Übersee. Briefkontakte zu bereits migrierten Bekannten, Familienmitgliedern oder Kontakte innerhalb von Dorfgemeinschaften (Kettenmigration), aber auch Auswanderungsratgeber oder Zeitungsnachrichten spielten bei den Entscheidungen eine wichtige Rolle. Während die konkreten Auswanderungsbedingungen längst nicht mehr so katastrophal waren wie in den ersten Jahrzehnten des 19. Jahrhunderts, blieben Werbemethoden ein Problem und führten bis zum Ersten Weltkrieg immer wieder zu politischen Verwicklungen. Auswanderung war auch ein riesiges Geschäft und die Reedereien warben zum Teil mit

Auswanderung

äußerst unseriösen Methoden. Ausreiseagenten waren in den Herkunftsregionen unterwegs und versuchten, mit allen möglichen Versprechen Ausreisewillige auf die Schiffe zu locken. Streit über solche Gesellschaften hat es zum Beispiel immer wieder zwischen Österreich-Ungarn und den USA bzw. Österreich-Ungarn und Kanada gegeben [zu solchen Methoden schon: BADE 1979/2005, 5.1, S. 173 f.].

Aktuelle Forschungsschwerpunkte

Abgesehen von solchen grundlegenden Erkenntnissen, die zeigen, wie ausdifferenziert die Forschungslage bei der historischen Migrationsforschung ist, lassen sich in jüngerer Zeit vor allem drei Schwerpunkte erkennen: Einer davon bezieht sich auf den imperialen Raum und betrifft europäische Migrationsbewegungen in die Kolonien oder auch Migration innerhalb bzw. zwischen den europäischen Kolonialreichen, die von den europäischen Invasoren ausgelöst wurden. Damit werde, so entsprechende Autor:innen, die einseitige Konzentration der bisherigen Migrationsforschung auf die europäische Auswanderung nach Amerika überwunden [BOSMA 2007, 5.1, S. 116–123; allgemein zur globalen Ausweitung der Migrationsforschung: LUCASSEN/LUCASSEN 2014, 5.1]. Dabei hat begreiflicherweise das britische Empire als größtes Weltreich besondere Aufmerksamkeit auf sich gezogen, wobei vor allem zwei Aspekte betont wurden: Zum einen ist gezeigt worden, in welchem Ausmaß das Empire im langen 19. Jahrhundert zu der millionenfachen Arbeitsmigration im indischen Ozean sowie im pazifisch-asiatischen Raum, die der europäischen transatlantischen Migration quantitativ im Übrigen kaum nachstand, beitrug [Überblicke: MCKEOWN, 2004, 5.1, S. 155–189; HARPER/CONSTANTINE 2010, 5.1; HOERDER 2012, 5.1, S. 431–588]. Bei den Wanderungsformen gingen dabei freie, „halbfreie" sowie erzwungene Migration (Kontraktsysteme oder „Indentured Labour") ineinander über [siehe hier schon: TINKER 1974, 5.1, sowie NORTHRUP 1995, 5.1]. Zum anderen ist beschrieben worden, wie britische Besitzungen, insbesondere Hongkong und Singapur, über das eigene Kolonialreich hinaus als Knotenpunkte und Transitorte für die millionenfache Arbeitsmigration im indo-pazifisch-asiatischen Raum fungierten [TROCKI 2011, 5.1; SINN 2011, 5.1].

Migration und Empire

Staat und Migration

Ein zweiter Schwerpunkt jüngerer Arbeiten beschäftigt sich mit dem Verhältnis von Staat und Migration im späten 19. und frühen 20. Jahrhundert. Was die politische Reaktion auf Migrationsbewegungen anbelangt, so kann die Zuwanderungs- und Abwanderungsgesetzgebung, der Umgang mit Staatsangehörigkeitsrechten sowie die Praxis von Grenzkontrollen bis zum letzten Drittel des 19. Jahrhunderts überall als ziemlich liberal gelten. Die rechtlichen Hürden von Migration waren gering bis kaum vorhanden. Einbürgerungen wurden fast überall pragmatisch gehandhabt. Seit den 1880er Jahren wurden die Widerstände dann vielerorts größer. Sieht man zuerst auf Europa, gab es in England, Frankreich und Deutschland (in das seit den 1890er Jahren mehr Menschen ein- als auswanderten) rechtliche Restriktionen gegen die Beschäftigung von Ausländern, zum Teil wurde auch der Zuzug reglementiert sowie das Staatsangehörigkeitsrecht verschärft [Torpey 2000, 5.1; Reinecke 2010, 3.1.2.; Gosewinkel 2016, 5.1]. Beschränkungen entstanden auch im wichtigsten Einwanderungsland, in den USA. Der Einwanderungsschub der 1880er Jahre hatte den sogenannten Nativismus bzw. die Fremdenfeindlichkeit in den USA gefördert. Kritikpunkt war nun vor allem der Anstieg der sogenannten New immigration aus Süd- und Osteuropa. Gleichzeitig setzte im letzten Drittel des 19. Jahrhunderts ein immer stärker werdendes kulturelles Selbstbewusstsein in den USA ein. Neben rassistischen oder kulturellen Überfremdungsängsten spielte wie in Europa die Vorstellung von sozialen und finanziellen Belastungen durch Migration eine Rolle. 1891 schlossen die USA bestimmte Gruppen wie Kriminelle, vollständig Mittellose oder Kranke von der Einwanderung aus. Bereits 1882 hatte es im Übrigen ein Gesetz gegen die chinesische Migration gegeben („Chinese exclusion act"), das Chinesen praktisch von der Einwanderung ausschloss und auf der Sorge beruhte, dass billige Arbeitskräfte aus Asien den Lohn drücken und die einheimischen Arbeitskräften auf diese Weise verdrängen würden [Daniels 2004, 5.1; Hirota 2017, 5.1]. Dieses Argument war gegenüber einer chinesischen Einwanderung selbst in Europa zu finden, obwohl diese vor 1914 praktisch keine Rolle spielte [Conrad 2006, 6.3, S. 168–228]. Schließlich verstärkten sich auch in der kolonialen Welt im Kontext der Migrationsbewegungen die staatlichen Eingriffe und Regulierungen. Das Zeitalter des Imperialismus wurde so global zum Beginn des modernen nationalstaatlichen Regimes von Zuwanderungs- und Grenzkontrollen [McKeown 2008, 5.1; Mongia 2018, 5.1].

In einem dritten Schwerpunkt wird versucht, die harte Trennung zwischen Migrationsgruppen und „Aufnahmegesellschaft" oder von endgültigem Aufbruch aus der Heimat und ebenso endgültiger Ankunft im Zielland zu überwinden. Entsprechende Arbeiten versuchen deshalb auch für das Zeitalter des Imperialismus stärker

Überwindung dichotomischer Ansätze in der Migrationsforschung

zirkuläre oder pulsierende Migrationsformen mit mehreren Aufbrüchen und mehrfacher Rückkehr oder auch den Transit bzw. die Wanderung selbst in den Blick zu nehmen [BRINKMANN 2013, 5.1]. Weiter bestehende Verbindungen in die ursprüngliche Heimat wie gleichzeitige und zunehmende Verflechtungen mit der neuen Umgebung, aber auch Abgrenzungen stehen im Zentrum von Studien zu den weltweiten Diaspora-Gemeinschaften im späten 19. und frühen 20. Jahrhundert, wobei auch hier nicht nur an die Überseewanderung, sondern auch an die europäische Binnenmigration zu denken ist [CHOATE 2008, 5.1; ESCH 2012, 5.1; MANZ 2014, 5.1; KIRCHBERGER /IVINGS 2018, 5.1; OR 2020, 5.1; allgemein: LACHENICHT/HEINSOHN 2009, 5.1]. Häufig (aber nicht nur) von den großen Hafenstädten gehen Arbeiten aus, die – neben ebenso stattfindenden Diskriminierungen – die transkulturellen oder kosmopolitischen Potentiale von multiethnischen Gesellschaften als Ergebnis von Migration und weltweiter Mobilität während der „ersten Globalisierung" betonen [AMENDA 2006, 5.1; BOSA 2014, 6.3; FUHRMANN 2020, 5.5; viele weitere Titel in: HEERTEN, 2017, 6.3, S. 146–175; jenseits der Metropolen: TABILI 2011, 5.1]. Auch solche Untersuchungen schließen damit an die allgemeine Forderung in den „migration studies" an, die Dichotomie zwischen der Geschichte von Migrant:innen auf der einen sowie der Aufnahmegesellschaft auf der anderen zu überwinden und in eine gemeinsame Geschichte vielfacher Überlagerungen, Verflechtungen sowie gegenseitiger Aneignungen zu überführen. Die Migrationsforschung, so das entsprechende Programm, sei zu „entmigrantisieren" und die „Gesellschaftsforschung [zu] migrantisieren" [BOJADŽIJEV/RÖMHILD 2014, 5.1, S. 11].

Eine Klassengesellschaft? Zu den seit jeher intensiv untersuchten Feldern der Sozialgeschichte um 1900 gehört die Geschichte der Arbeiter und der Arbeiterbewegung sowie die des Bürgertums oder der Mittelschichten. Hintergrund dieser langanhaltenden Beschäftigung ist die Vorstellung der Klassengesellschaft, die spätestens seit der zweiten Hälfte des 19. Jahrhunderts von diesen beiden Gruppen bestimmt worden sei. Allerdings ist der Klassenbegriff auch als zu starr kritisiert worden und gerade neuere Arbeiten kommen zum Teil vollständig ohne ihn aus. So verzichtete etwa Willibald Steinmetz bei seiner 2019 vorgelegten Geschichte Europas im 19. Jahrhundert für die zweite Hälfte des Jahrhunderts auf den Klassenbegriff als entscheidende Kategorie. Stattdessen machte er die zunehmende Gleichheit, die wachsende soziale Heterogenität sowie nicht die Unterschiede zwischen Klassen, sondern die zwischen Männern und Frauen, jung und alt sowie Außenseitern und Integrierten zu seinen Ausgangspunkten bei der Beschreibung der Sozialgeschichte der Zeit [STEINMETZ 2019, 4.1, S. 428–488].

Für viele Aspekte der Forschungen zur Arbeiterschaft sowie zu Arbeiter:innen seit den 1990er Jahren bildet der Überblick von Jürgen Schmidt „Arbeiter in der Moderne" einen guten Einstieg [SCHMIDT 2015, 5.4]. Auch Schmidt betont die Relativierung eines „antagonistische[n] Klassensystem[s]" in der Forschung. Ein Arbeiter war „nie nur Arbeiter", er war auch „Jugendlicher oder Familienvater, Protestant, Katholik oder Moslem", Bayer oder Preuße. Die Einordnung der großen Zahl von Handwerkern in ein starres Klassensystem blieb immer schwierig. Zudem waren Arbeiter:innen nicht nur passive Objekte von Politik und Wirtschaft, sie hatten auch selbst Handlungsspielräume sowie Verhandlungsmacht, und auch das Verhältnis zum Bürgertum war nicht nur durch Abgrenzung, sondern auch durch teilweise Verflechtung geprägt. [SCHMIDT 2015, 5.4, S. 11; siehe auch DERS. 2005, 5.4]. Andere Schwerpunkte neuerer Arbeiten betreffen eine globale Ausweitung der Perspektive – indem etwa die Geschichte der Arbeit in den europäischen Kolonien im Zeitalter des Imperialismus untersucht wird [allgemein: LUCASSEN 2008 5.4] –, eine sorgfältigere Unterscheidung zwischen Geschichte von Arbeiter:innen sowie der Arbeiterbewegung bzw. Arbeiterkultur und Kultur der Arbeiterbewegung [SCHMIDT 2015, 5.4, z. B. S. 104], die Hinwendung zum konkreten Arbeitsplatz und seiner Organisation oder die Untersuchung von Beschäftigungen jenseits der klassischen Industriearbeiter:innen, seien es Hausangestellte, Seeleute oder Telefonistinnen [BALACHANDRAN 2012, 5.1; PIELHOFF/MURAUER-ZIEBACH 2016, 5.4; HINDMARCH-WATSON 2020, 5.6]. Häufig werden dabei in einer Mischung von Mikroperspektive und kulturhistorischen Ansätzen Arbeitsvorgänge, Arbeitsumgebungen sowie deren Verarbeitung und Wahrnehmung bis hin zu einzelnen Baustellen [RAUHUT 2017, 6.2] beschrieben und analysiert [BLUMA/UHL 2012, 5.4; KNOLL-JUNG 2021, 5.4].

<small>Aktuelle Forschungen zur Arbeitergeschichte</small>

Etwas später als der Arbeitergeschichte, die seit den 1960er Jahren intensiv erforscht wurde, hat sich die Forschung seit den 1980er Jahren im starken Maße dem Bürgertum sowie den Mittelschichten zugewandt. Wichtige Forschungszusammenhänge waren in Deutschland der von 1986 bis 1997 laufende und ursprünglich von der Sonderwegsthese ausgehende Bielefelder Sonderforschungsbe-

<small>Bürgertum und Mittelschichten</small>

reich zur „Sozialgeschichte des neuzeitlichen Bürgertums" sowie die Forschergruppe „Stadt und Bürgertum" an der Universität Frankfurt, die den Wandel der Bürgergesellschaft im 19. Jahrhundert in konkreten städtischen Zusammenhängen untersuchte [kritischer Überblick über beide Projekte z. B. in: SCHÄFER 2014, 5.4]. Dass die Erforschung der Ausbildung dieser Schicht insgesamt bis dahin relativ selten stattfand [vgl. MAYER 1975, 5.4], mag vor allem an der Schwierigkeit gelegen haben, ihre Grenzen gegenüber den anderen gesellschaftlichen Gruppen auch nur annähernd präzise abzustecken, ein Problem, mit dem sich schon Max Weber bei der Niederschrift von „Wirtschaft und Gesellschaft" konfrontiert sah [vgl. vor allem das Fragment gebliebene Kap. „Stände und Klassen"].

Aktuelle Trends — Gegenwärtig lassen sich vor allem vier Interessenschwerpunkte der Bürgertums- bzw. Mittelstandsforschung ausmachen [als Einstieg: BUDDE 2009, 5.4; SCHULZ 2014, 5.4; HETTLING/POHLE 2019, 5.4]. Große Aufmerksamkeit erfahren weiterhin Untersuchungen zum weiten Komplex der bürgerlichen Wertvorstellungen, dem „bürgerlichen Wertehimmel" [HETTLING/HOFFMANN 2000, 5.4], sowie zu bürgerlichen Lebensformen und Lebensstilen, wobei inzwischen häufig auch weibliche bürgerliche Lebensformen untersucht worden sind [SCHRAUT 2013, 5.4; VERHEYEN 2018, 5.7; FÜNDERICH 2019, 5.5; KRAUTWALD 2021, 5.4]. Schon traditioneller Weise ist dies eine Fragestellung, die häufig auch an das Viktorianische England herangetragen worden ist [HARRIS 1993, 4.2; WILSON 2002, 4.2; FLANDERS 2004, 5.5]. Daneben stehen Arbeiten, die bürgerliche Organisations- und Sozialformen analysieren. Es geht um Vereinstätigkeit, aber auch um kulturelles, soziales oder politisches Engagement über das eigene Milieu hinaus. Dabei haben sich, wie bereits dargestellt, Studien zu einzelnen städtischen Zentren als ein lohnendes Analysefeld erwiesen, das auf der lokalen Ebene zum Beispiel auch für das Deutsche Reich eine überraschende Vielfalt von bürgerlichen Betätigungsmöglichkeiten und Betätigungsfeldern ans Licht gebracht hat, die auf der nationalen Makroebene schnell übersehen werden können [LEES 2002, 5.4; einmal mehr im britisch-deutschen Vergleich: SCHÄFER 2003, 5.4; vgl. auch aus dem von L. Gall geleiteten Forschungsprojekt „Stadt und Bürgertum im 19. Jahrhundert": z. B. GALL 1993, 5.4; ROTH 1996, 5.4; WEICHEL 1997, 5.5; WATERMANN 2017, 5.5]. In diesem Zusammenhang ist seit den 2000er Jahren vergleichend wie für einzelne Staaten und Regionen auch zunehmend mit dem Begriff der Zivilgesellschaft und seinen frühen Formen im späten 19. und beginnenden 20. Jahrhundert gearbeitet worden [BAUERKÄMPER 2003, 5.2; HARRIS 2003, 5.2; JESSEN u. a. 2004, 5.2; ADAM 2016, 5.2; ŘEPA 2020, 5.2; LEMPA 2021, 5.2]. Eine weitere Forschungstendenz zeigt sich in Arbeiten zum Verhältnis des Bürgertums zu anderen sozialen Schichten, zum Adel, zur Arbeiterschaft oder – schon länger und häufig in Familiengeschichten – zur jüdischen Bevölkerung. [z. B. REIF 2000/2002, 5.4; GOTZMANN u. A. 2001, 5.4; SCHMIDT 2005, 5.4; SPECHT 2006, 5.4; LIESKE 2007, 5.4]. Wie bei der Arbeitergeschichte geht dies mit einem Trend zur Relativierung der Klassengesellschaft einher. Schließlich hat sich auch die Bürgertumsforschung einer globalen Perspektive zugewandt und gerade für das Zeitalter des Imperialismus nach der Entstehung von Mittelklassen in außereuropäischen sowie kolonialen Zusammenhängen gefragt [LÓPEZ-PEDREROS/WEINSTEIN 2012, 5.3; DEJUNG/MOTADEL/OSTERHAMMEL 2019, 5.4]. Auch wenn, wie Christof Dejung betont hat, die Übertragung solcher an der europäischen Geschichte gewonnener Begrifflichkeiten auf nicht-westliche Gesellschaften grundsätzlich problematisch ist, seien entsprechende Gruppen in der außereuropäischen Welt doch „ähnlich genug, um sie ungeachtet der geographischen Distanzen als Mittelklasse oder Bürgertum zu bezeichnen." Darüber hinaus könnten die jeweiligen Entwicklungen durchaus in gemeinsame „globalhistorische Prozesse" eingeordnet werden. Das gelte für indische, asiatische oder afrikanische Mittelklassen, für die die europäische Expansion eine „unabdingbare Voraussetzung" gewesen sei (auch wenn die europäischen Entwicklungen selbstverständlich nicht einfach nachvollzogen wurden). Es gelte aber auch für das europäische Bürgertum, das sich ebenso „nicht unabhängig vom Rest der Welt entwickelt" habe [DEJUNG 2019, 5.4, hier S. 470 sowie 482]. Am Rande zu tun mit dem Verhältnis des Bürgertums zu anderen sozialen Gruppen hat die erstaunliche Konjunktur der Kriminalitätsgeschichte im Zeitalter des Imperialismus. Nicht zuletzt anhand der Wahrnehmung von Verbrechen und Verbrechern sowie der öffentlichen Debatte darüber bildete sich, so das Argument vieler einschlägiger Studien, die bürgerliche Welt heraus. Im Rahmen entsprechender Diskussionen seien Grenzen des sozial Akzeptierten hervorgetreten und hätten sich bestimmte Gesellschafts- und Sinndeutungen sowie sozialen Ordnungen manifestiert und bekräftigt. [BECKER 2002 5.4; KALIFA 2005, 5.4; SCHMIDT 2005, 5.4; GERMANN 2015, 5.2; für die ziemlich rege Forschung zur Kriminalitätsgeschichte des Zarenreichs nur: GAUTAM 2017, 5.4]. Wie

Globale Perspektive auf das Bürgertum

stark die Geschichte des Bürgertums etabliert ist, lässt sich nicht zuletzt an solchen Seitenwegen der Forschung ablesen.

Nationalismus Keineswegs auf Seitenwege, sondern ins Zentrum der Epoche führen die vielen Arbeiten zur nationalen Idee. Das Zeitalter des Imperialismus war eben auch ein, wenn nicht der Höhepunkt des Nationalismus. Zwar kann die Phase der Konstituierung und Konsolidierung neuer Nationalstaaten, also Italiens und des Deutschen Reiches, bzw. neuer Staatsformen, wie in Österreich-Ungarn und Frankreich, die seit den ausgehenden 40er Jahren das Bild der europäischen Landschaft nachhaltig geprägt hatten, im letzten Drittel des 19. Jahrhunderts in West- und Teilen Mitteleuropas als abgeschlossen gelten. Die Ausformungen des Nationalstaatsgedankens beschäftigten die Gesellschaften Europas jedoch weiter. Für die Jahrzehnte vor 1914 hat die Forschung in jüngerer Zeit verschiedene Schwerpunkte gesetzt. Zum einen wurde die Verbindung der Nationalideen zu anderen Ideen- und Gegenstandsbereichen, wie dem Imperialismus oder der ökonomischen Entwicklung, untersucht. Zum anderen beschäftigten die neuen Formen des Nationalismus, die in der zweiten Hälfte des 19. Jahrhunderts entstanden, die Forschung. Schließlich hatte sich, sieht man auf Europa insgesamt, auch im Zeitalter des Imperialismus die Nationalidee noch keineswegs flächendeckend durchgesetzt. Entsprechend ist auch für das Zeitalter des Imperialismus die Entstehung von Nationsvorstellungen weiter analysiert worden. Vor allem innerhalb der beiden ost- bzw. ostmitteleuropäischen Kaiserreiche Russland und Österreich-Ungarn sowie auf dem Balkan waren Nationalisierungsprozesse teils noch im vollen Gange. Die Nationalidee blieb auch deswegen eine der treibenden Kräfte der Epoche [Gesamt- bzw. Überblicksdarstellungen mit Schwerpunkt auf dem 19. Jahrhundert bieten z. B. HROCH 2005, 5.7; KUNZE 2005, 5.7; BREUILLY 2013, 5.7; JANSEN/BORGGRÄFE 2020, 5.7].

Anschlussfähigkeit der Nationalidee Eine der wichtigsten Ursachen für die Bedeutung des Nationalgedankens als einer Grundidee des Zeitalters ist darin gesehen worden, dass er sich gut mit anderen zeitgenössischen Vorstellungen verbinden ließ. Das große Beispiel ist der Imperialismus [GEULEN 2004, 5.7; BAYLY 2006, 4.1, z. B. S. 280; vgl. BERGER/MILLER 2015, 5.7]. Gleiches galt aber auch für die Arbeitswelt, die Wissenschaft oder die Kultur. Ökonomisch wurde der Nationalstaat zu der Instanz, der die Lösungskompetenz bei wirtschaftlichen Problemen und zum Beispiel auch die Schutzfunktion vor unliebsamer Konkurrenz zugeschrieben wurde [vergleichend: Wagner u. a. 2000, 6.1; Pogány u. a. 2006, 6.1]. Insbesondere der Arbeitsmarkt wurde gerade in Zeiten zunehmender internationaler Verflechtung als ein nationaler Raum verstanden, den es vor ausländischer Konkurrenz und im Zweifelsfall auch vor der Zuwanderung von ausländischen Billigarbeitskräften zu schützen galt [Conrad 2006, 6.3, insbesondere S. 168–228]. Wissenschaft und Technik wurden zu Produktionsflächen patriotischen Stolzes, mit denen sich die Leistungs- und Innovationskraft der „Nation" beweisen ließ [Rieger 2005, 5.7, z. B. S. 229]. Selbst die Weltausstellungen, eigentlich Symbole für die vielfältigen Kontakte der Völker und Staaten, gerieten bald zu Schaufenstern nationaler Konkurrenz, bei denen das Abschneiden des eigenen Landes schon von den Zeitgenossen aufmerksam registriert wurde [vgl. z. B. Cornelissen 2001, 5.7]. Das galt im Übrigen auch für den kulturellen Bereich. „Deutsche" Musik oder Philosophie, „französische" Malerei oder „italienische" Literatur wurden zum Gegenstand nationalen Stolzes oder neidvoller Bewunderung [z. B. Applegate/Potter 2002, 5.7; Schulze 2005, 5.7; Noa 2013, 5.7]. Und schließlich fanden nicht wenige der großen nationalen Mythen und Geschichtsbilder gerade zwischen 1870 und dem Ersten Weltkrieg ihre eigentliche Verankerung im kollektiven Bewusstsein der verschiedenen Länder [Rausch 2006, 5.7; auch schon: Hobsbawm 1996, 5.7; Berger/Lorenz 2010, 5.7; Berger/Conrad 2015, 5.7].

Ganz allgemein hat die Forschung für die zweite Hälfte des 19. Jahrhunderts immer wieder den Zusammenhang von Industrialisierung, Modernisierung und Nationalisierung betont. In den Worten von Rolf-Ulrich Kunze: „Der moderne Nationalismus scheint in enger Verbindung zum sozialen Wandel und zur Mobilisierung im Übergang von der altständisch-alteuropäischen zur modernen Gesellschaft zu stehen. [...] Je mehr soziale Mobilisierung durch den Einfluss von Arbeitsteiligkeit, Geldwirtschaft, Lohnarbeit, Urbanisierung, Massenkommunikation, desto mehr Traditions- und Bindungsverlust, Politisierung, Nationalismus" [Kunze, 2005, 5.7, S. 52]. Wenn dem aber so ist, dann überrascht es nicht, dass während des oft identifizierten allgemeinen Modernisierungsschubs im Zeitalter des Imperialismus auch ein weiterer Wandel der Nationalitätsidee beobachtet werden kann. Diese völkischen oder „neuen Nationalismen" [Bayly 2006, 4.1, S. 258] zeichneten sich durch ihre Verbindung zu biologistischen bzw. rassistischen Vorstellungen aus. Sie nahmen damit für die Zeitgenossen einen wissenschaftlichen (aus heutiger

Nationalismus und Moderne

Sicht als pseudowissenschaftlich zu bezeichnenden) Charakter an und gingen mit einer starken Abgrenzung zu den „anderen" Ländern und Gesellschaften einher. Schließlich wurde Nationalismus jetzt tatsächlich zu einem Massenphänomen, das in allen Bevölkerungsschichten anzutreffen war [WIEBE 2000, 5.7]. Dieser neue, radikale und deutlich gewaltbereitere Nationalismus ist unter dem Stichwort des „Völkischen" vor allem für das Deutsche Reich untersucht worden [BREUER 2001, 5.7; PUSCHNER 2001, 5.7; WALKENHORST 2007, 5.7; SCHMID 2009, 5.7]. Stefan Berger hat ihn im Zuge einer Arbeit zum deutsch-englischen Vergleich aber zum Beispiel auch für Großbritannien namhaft gemacht [BERGER 2001, 5.7].

Nationalismus und Antisemitismus

Ebenfalls in mancher Hinsicht neu und für die Jahrzehnte vor Kriegsausbruch für viele Nationalismen charakteristisch ist ein spezifischer Antisemitismus, der seit den 1880er Jahren erkennbar an Boden gewann und der sich mit völkisch-nationalistischen Vorstellungen verband. Vor allem bekam der Antisemitismus jetzt eine starke rassistische Dimension. Die Forschung hat sich gut hundert Jahre später vermehrt dem Phänomen dieses modernen Antisemitismus im Zeitalter des Imperialismus zugewandt. Das Interesse galt zunächst Frankreich und dort namentlich den Ereignissen im Umkreis der Dreyfus-Affäre. In diesem Zusammenhang hat Stephen Wilson [WILSON 1982, 5.4, S. 733] darauf hingewiesen, dass der für jene Epoche charakteristische Antisemitismus nicht als Reaktion auf die Existenz oder das Verhalten der jüdischen Bevölkerung beziehungsweise der jüdischen Gemeinden verstanden werden dürfe, als vielmehr ein Ausdruck der allgemeinen „Modernisierungskrise" gewesen sei. Solche Ansätze gewissermaßen fortsetzend ist vielfach nicht nur auf die Verbindungen zum Nationalismus, sondern auch auf die zu Antikapitalismus und Antiliberalismus hingewiesen worden [BERG 2011, 5.4; SIEG 2014, 5.7, S. 93–112]. Inwieweit es sich bei dem modernen Antisemitismus seit dem ausgehenden 19. Jahrhundert tatsächlich um grundlegend neue Formen der Judenfeindschaft gehandelt hat, ist aber ebenso umstritten geblieben. Die meisten Historiker:innen werden wohl von einer Verschmelzung des jahrhundertealten, religiös geprägten Antisemitismus mit neuen Formen ausgehen. Insofern ist statt von einem „radikale[n] Bruch" eher von einem „gleitende[n] Übergang" zu sprechen [NONN 2008, 5.7, S. 14]. Die säkular-rassistischen Formen seit dem späten 19. Jahrhundert schufen aber ohne Zweifel Voraussetzungen für den radikalen Vernichtungswillen des Nationalsozialismus, weil nach einer solchen Ideologie jegliche Art von Integration ausgeschlossen war [ebd., S. 12 f.].

Ausgehend nicht zuletzt von der 50jährigen Wiederkehr der Machtübernahme durch die Nationalsozialisten hat sich die internationale Forschung seit den 80er und 90er Jahren dann intensiv mit der Geschichte des Antisemitismus in Deutschland beschäftigt. Dabei ist immer wieder darauf hingewiesen worden, dass Jüdinnen und Juden am Vorabend des Ersten Weltkrieges gerade hier „in mancher Beziehung gut integriert und kulturell stark angepasst" waren [Volkov 1990, 5.4, S. 144]. Auch lässt der politische Antisemitismus in Deutschland, jedenfalls bis 1914 und im europäischen Vergleich, keine spezifischen Ausformungen erkennen. Zudem deuten die bescheidenen Erfolge des politischen Antisemitismus, dessen Vertreter in den Reichstagswahlen des Jahres 1887 erstmals einen Sitz erlangten [Bendikat 1988, 5.2, S. 326; Vgl. Scheil 1999, 5.4] und dessen eigene Organisationen vor 1914 durch einen deutlichen Verfall gekennzeichnet waren, auf eine „insgesamt festzustellende Erfolglosigkeit" bei der politischen Mobilisierung hin [Schlotzhauer 1989, 5.4, S. 300]. Der von Daniel J. Goldhagen [Goldhagen 1996, 5.4] aufgestellten These von der spezifischen „eliminatorischen" Tradition des deutschen Antisemitismus sind die meisten Historiker:innen für das Kaiserreich denn auch nicht gefolgt [Ullrich 2002, 5.4; Sieg 2003, 5.4]. Fest steht allerdings, dass sich in den Jahrzehnten vor Ausbruch des Ersten Weltkrieges nicht zuletzt in den Reihen der „Studenten und Jungakademikerschaft" eine „Trägerschicht" jenes „modernen politischen und weltanschaulichen Antisemitismus entwickelte", die in der Nachkriegszeit zunehmend an Bedeutung gewinnen sollte [Kampe 1988, 5.4, S. 206], und dass der Antisemitismus auch in großen politischen Verbänden wie dem „Bund der Landwirte" oder dem „Alldeutschen Verband" Fuß gefasst hatte [Hofmeister 2015, 5.3, S. 119–153; Gräfe 2019, 5.4, S. 45–80]. Und ebenso steht fest, dass der latent weit verbreitete Antisemitismus bei entsprechendem Anlass sich schnell über solche spezifischen Gruppen hinaus Bahn brechen konnte, wie an einem Mordfall im westpreußischen Konitz aus dem Jahr 1900 oder am lokalen Beispiel von Stuttgart gezeigt worden ist [Nonn 2002, 5.4; Smith 2002, 5.5; Ulmer 2011, 5.1].

Neben der zeitlichen Periodisierung von verschiedenen „Nationalismen" sind immer wieder regionale Varianten unterschieden worden [Überblick über Typologien und Periodisierungen: Weich-

Situation in Deutschland

Daniel J. Goldhagen

Regionale Varianten des Nationalismus

LEIN 2006, 5.7, S. 35–52]. Seit den 90er Jahren des 20. Jahrhunderts bildeten dabei Studien zur Nationsbildung in Südost- und Osteuropa einen Schwerpunkt der Forschung. Das Interesse der Historiker beruhte hier auf zwei sich überlappenden Aspekten: Zum einen der Vielzahl von multiethnischen Regionen in den östlichen Teilen Europas, die eine Fülle von Identitäts- und Nationalisierungsprozessen erwarten ließen. Zum anderen mit Russland, Österreich-Ungarn und dem Osmanischen Reich, der Existenz dreier Großreiche, die einerseits dem dominierenden Nationalitätenprinzip des 19. Jahrhunderts zu widersprechen schienen, auf der anderen Seite aber ihrerseits, sozusagen von oben, Nationalisierungsbemühungen durchliefen [z. B. STALIUNAS 2007, 5.2]. In den großen Linien sind für das östliche Europa die in anderen Teilen des Kontinents gefundenen Ergebnisse bestätigt worden. Auch bei der Bildung einer polnischen, ukrainischen, bulgarischen oder tschechischen Nation spielten Aspekte von Abgrenzung, die Konstruktion von identitätsstiftenden Geschichtsbildern oder Vorstellungen einer „nationalen" Wirtschaft eine Rolle [NOLTE 2003,5.7; FRANK 2005, 6.2; KRZOSKA/MANER 2005, 5.7; WEBER 2006, 5.7]. Darüber hinaus lassen sich ebenso in Ostmittel- und Osteuropa im letzten Drittel des 19. Jahrhunderts bzw. dem beginnenden 20. Jahrhundert eine Radikalisierung sowie eine Ausweitung der sozialen Reichweite von Nationalideen ausmachen, für die dann allerdings auch noch einmal der Erste Weltkrieg bedeutsam werden sollte [KING 2002, 5.5; MOLL 2007, 5.7]. Die klassische Frage nach einer möglichen verspäteten Entwicklung in Ost- und Südosteuropa lässt sich vor diesem Hintergrund dreifach beantworten: Zum einen fanden viele Nationalisierungsprozesse im Osten Europas ohne Zweifel später statt als im Westen oder in der Mitte des Kontinents. Zum zweiten sind bestimmte Momente des „neuen Nationalismus" in den Jahrzehnten vor dem Ersten Weltkrieg aber zeitgleich in ganz Europa auszumachen. Und drittens bildeten sich in den multiethnischen Regionen in Ost(-mittel)europa spezifische Mechanismen der Nationalisierung aus, bei denen nicht selten unterschiedliche Nationalismen im selben Raum konkurrierten [HEIN-KIRCHER 2020, 5.5; ZVÁNOVEC 2021, 5.7; siehe auch: VOLKMANN 2016, 5.2]. Aufmerksamkeit hat schließlich für Osteuropa ebenfalls die Verbindung von Nationalismus und Antisemitismus gefunden, wobei insbesondere nach unterschiedlichen Ursachen von antisemitischer Gewalt zwischen politischer Steuerung, ideologischer Vorbereitung und manchmal eher vager sozialer Unzufriedenheit gefragt worden ist [Buchen 2012, 5.4; Vulesica 2012, 5.7; Marin 2018, 5.4; Zipperstein 2018, 5.4].

Ausgehend von der Multiethnizität vieler Regionen hat sich die Forschung für Osteuropa schließlich in besonderer Weise mit der Reichweite der Nationalitätsideen im „Zeitalter der Nationalstaaten" beschäftigt. Zum Beispiel reichte die Sprengkraft des Nationalismus bis 1914 keineswegs aus, um den österreichisch-ungarischen Vielvölkerstaat zu zerstören. Die Forschung betont im Gegenteil schon seit einiger Zeit die insgesamt erstaunliche Stabilität der Habsburgermonarchie [z. B. Deak 1990, 5.2; Sked 1993, 4.2]. Darüber hinaus ist die Frage nach der Möglichkeit eines zwar nicht konfliktfreien, aber doch zumindest funktionierenden Neben- und Miteinanders von verschiedenen Nationalitäten in multiethnischen Regionen zu stellen. Zumindest lässt sich diskutieren, ob aus der Vielfalt auch spezifische Chancen erwachsen konnten [z. B. für Riga um 1900: Oberländer/Wohlfart 2004, 5.5; Hirschhausen 2006, 5.7], was selbst für die östlichen Teile Preußens gefragt worden ist [Tilse 2011, 5.7]. Im Kern geht es bei solchen Überlegungen um etwaige Grenzen des Nationalismusparadigmas für die Geschichte des 19. und frühen 20. Jahrhunderts. Für Ost- wie Westeuropa haben eine Reihe von Historiker:innen vor der allzu starken Homogenisierung der Nationsvorstellungen gewarnt und die Überlappung mit regionalen oder wirtschaftlichen Identitäten bis in die Hochzeit des Nationalismus hinein betont [Applegate 1990, 5.7; Confino 1997, 5.7; Green 2001, 5.7; Klein 2005, 5.7; Lorenz 2005, 5.7; Ward 2004, 5.7 sowie verschiedene Beiträge in: Duhamelle u. a. 2007, 5.1]. Umstritten bleibt auch die Frage nach regional zu unterscheidenden Typen von Nationsideen. Vor allem die Unterscheidung zwischen einer westeuropäisch-nordamerikanischen „Bürgernation" auf der einen Seite und einem in Deutschland vorherrschenden Konzept der „Abstammungsnation" auf der anderen ist etwa mit Blick auf die Einbürgerungspraxis bzw. das Staatsbürgerschaftsrecht vorsichtig differenziert worden [Gosewinkel 2003, 5.1]. Keineswegs zuletzt weist die Forschung immer wieder darauf hin, dass neben dem Nationalismus auch der Internationalismus vor 1914 ideengeschichtlich und, was die stark steigende Zahl entsprechender Organisationen anbelangt, zu einer breiten Strömung geworden war. Das nationale 19. Jahrhundert war insofern auch ein „Zeitalter des Internationalismus" [Geyer/Paulmann 2001, 8.4; Sluga 2013, 8.4; Laqua 2015, 8.4].

Reichweite des Nationalismus und Multiethnizität

3 Wachstum und internationale Verflechtung: Die ökonomische Entwicklung

Wachstum und Verflechtung

Wachstum und internationale Verflechtung sind zwei der Schlagwörter, unter denen in der Geschichtswissenschaft die wirtschaftliche Entwicklung Europas im Zeitalter des Imperialismus gefasst wird. Zwar war die Industrialisierung zu Beginn der Epoche in vielen Ländern längst in Gang. Doch abgeschlossen war der rasante Wandel der Arbeitswelt, der sich damit verband, noch keineswegs; die regionalen Unterschiede blieben gleichfalls weiter enorm. Gleichzeitig, oder besser in Verbindung damit, drängten die Waren- und Finanzströme über die nationalen Grenzen hinaus. Der Welthandel wuchs insgesamt deutlich stärker als die nationalen Wirtschaften. Im Ergebnis rückte die Welt wirtschaftlich enger zusammen. Im Zentrum der wirtschaftshistorischen Forschung stand zunächst allerdings eher die Darstellung und Analyse der jeweils spezifischen Entwicklung einzelner Länder und Regionen der Welt. Der Vergleich beschränkte sich in der Regel auf die synoptische Tabellierung signifikanter Daten. Diese war auch für den Aufbau einschlägiger Handbücher charakteristisch, etwa der entsprechenden Bände der „Cambridge Economic History of Europe" [HABAKKUK/POSTAN 1965, 6.1; MATHIAS/POSTAN 1978, 6.1] oder der von Knut Borchardt besorgten deutschen Ausgabe der „Fontana Economic History of Europe" [BORCHARDT 1976–77, 6.1]. Auch der Aufbau des von Wolfram Fischer herausgegebenen Standardwerkes zur „europäischen Wirtschafts- und Sozialgeschichte" [FISCHER u. a. 1985, 6.1] richtete sich nach den einzelnen Ländern. Vergleichbares gilt für komparative Untersuchungen der Wirtschaftspolitik zweier oder mehrerer Staaten [z. B. HOLMES 1976, 6.2; O'BRIEN 1978, 6.2]. Dass ein solcher Zugang gewählt wurde, war kein Zufall: Obgleich die beiden Jahrzehnte vor Kriegsausbruch eine Zeit allgemeinen konjunkturellen Aufschwungs waren und durchaus erkannt wurde, dass sich überdies im Zeitalter des Imperialismus endgültig ein „weltwirtschaftliches" System im engeren Sinne des Wortes etabliert hatte [vgl. dazu vor allem die Arbeiten von W. Woodruff, z. B.: WOODRUFF 1977, 6.3, S. 435–483], entzogen sich die wirtschaftlichen Prozesse der Zeit über die Grenzen hinweg offenbar lange dem systematischen Zugriff. Mit dem Aufkommen des Konzepts der „Globalisierung" stand dann seit den 90er Jahren des 20. Jahrhunderts allerdings ein Mo-

Weltwirtschaft

dell bereit, das besonders gut auf die ökonomischen Verflechtungen der Jahrzehnte um 1900 anwendbar war, und das inzwischen breiten Eingang in die historische Literatur gefunden hat [z. B. O'Rourke/ Williamson 1999, 6.3; Flandreau/Zumer 2004, 6.3; Topik/Wells 2012, 6.3, S. 589–814]. Der Blick auf divergierende Entwicklungen innerhalb der einzelnen Länder (und Regionen) darf freilich nicht verloren gehen. Wie im ersten Teil angedeutet, bleibt allerdings der Vergleich der Kennzahlen – sowohl international als auch was die Übertragung auf heute übliche Kennzahlen der wirtschaftlichen Entwicklung anbelangt – schwierig. Die vor allem seit den 1960er und 70er Jahren etablierten Datenreihen zur europäischen Wirtschaftsentwicklung im späten 19. und frühen 20. Jahrhundert werden deshalb immer wieder modifiziert, teilweise auch durch neue Parameter ergänzt [die Schwierigkeiten bei der Erstellung entsprechender Datenreihen werden exemplarisch erklärt bei Burhop 2011, 6.2, S. 32–47; neue vergleichende Parameter z. B.: Broadberry/O'Rourke 2010, 6.1, S. 5–132]. Über die Entwicklung ökonomischer bzw. volkswirtschaftlicher Daten oder die Abfolge von Konjunkturen hinaus haben sich Historiker:innen seit Beginn des 21. Jahrhunderts auch für das Zeitalter des Imperialismus zunehmend mit kulturellen Aspekten der Wirtschaftsgeschichte beschäftigt [allgemein dazu: Berghoff/Vogel 2004, 6.1]. Dabei wird zum Beispiel gefragt, ob es bestimmte „nationale" ökonomische Traditionen gibt, die gegebenenfalls über lange Zeiträume zu verfolgen sind. Gerade für den deutschen Fall sind entsprechende Trends, sei es bei einem Produktionsschwerpunkt im Maschinenbau oder einer spezifischen ökonomischen Stabilitätsorientierung, immer wieder auf die Jahrzehnte um 1900 zurückgeführt worden [Berghahn/Vitols 2006, 6.2]. Ein besonderes Untersuchungsfeld bildeten für das Zeitalter des Imperialismus darüber hinaus Studien zu Unternehmer- sowie Unternehmenskulturen, seien sie auf nationaler, internationaler oder regionaler Ebene angesiedelt [siehe Arnoldus 2002, 6.2; Biggeleben 2006, 6.2; Schäfer 2007, 6.2; Lee 2011, 6.1; sowie stark konzeptionell-theoretisch orientiert: Nieberding 2003, 6.2].

Kulturgeschichte der Wirtschaft

Was die Entwicklung der verschiedenen europäischen Staaten anbelangt, befanden sich einige von ihnen gewissermaßen noch im Stadium der Industrialisierung, als die „zweite industrielle Revolution" eine neue Etappe der ökonomischen Entwicklung Europas einleitete und Länder wie Großbritannien, Deutschland oder Belgien als Industriestaaten im Vollsinn des Wortes bezeichnet werden

Uneinheitliche Entwicklungen

konnten. Das gilt nicht zuletzt für die Wirtschaftsgeschichte Italiens und Österreich-Ungarns [für Italien z. B.: Toniolo 1990, 6.2; Zamagni 1993, 6.2; Fenoaltea 2006, 6.2; für Österreich-Ungarn z. B.: Komlos 1986, 6.2; ders. 1990, 6.2; Matis 1994, 6.2; sowie Wandruszka 1973, 6.2, ders. 2010, 5.4]. In beiden Fällen wird namentlich in der Tatsache, dass sich die Industrialisierung im Wesentlichen auf einige Gebiete im Norden bzw. Nordwesten dieser Länder beschränkte, der Grund für ihre im Vergleich zu anderen Staaten West- und Mitteleuropas relativ schwache ökonomische Stellung gesehen. Vergleicht man aber die Indikatoren der Industrialisierung in den genannten Regionen mit denjenigen der Länder West- und Mitteleuropas, verringert sich der Abstand, jedenfalls in den klassischen Produktionszweigen, deutlich [vgl. z. B. Matis 1972, 6.2]. Diesen Nachholbedarf und die regionale Begrenzung der Industrialisierung in Rechnung gestellt, ist dann auch – insbesondere für den Fall Österreich – für die Zeit nach der Jahrhundertwende von „brillants succès économiques" gesprochen worden [Michel 1976, 6.2, S. 374; vgl. auch Good 1986, 6.2]. Angesichts der hohen Einwohnerzahl sowieso eine der größten Volkswirtschaften Europas, erreichte die Habsburgermonarchie damit zwar nicht die Dynamik etwa des Deutschen Reichs, festigte aber insgesamt die Position als bei weitem reichste und am stärksten entwickelte Wirtschaft im (mittel-)ost- und südosteuropäischen Raum [Kopsidis/Schulze 2020, 6.1, S. 49–76].

Situation in Frankreich — Mit Blick auf die noch in hohem Maße agrarische Struktur der Länder sowie die Konzentration der Industrien auf wenige Ballungszentren sind zudem deutliche Parallelen zwischen der Entwicklung Österreich-Ungarns und Italiens einerseits und Frankreichs andererseits zu erkennen. Dass Frankreich insofern auch 1914 noch ein relativ „unterentwickeltes" Land gewesen ist, hat z. B. Tom Kemp noch 1971 festgestellt [Kemp 1971, 6.2, S. 303]. Allerdings hat 1977 Eugene Weber in seinem bereits im Titel die zentrale These annoncierenden Buch „Peasants into Frenchmen" [Weber 1977, 5.4] gerade in den Jahren 1880–1910 „fundamentale" und für die Wirtschaftsstruktur Frankreichs folgenreiche Wandlungen feststellen zu können gemeint, die er vor allem in dem nicht zuletzt verkehrstechnisch bedingten Zusammenschluss der wirtschaftlich, aber beispielsweise auch kulturell sehr heterogenen Landesteile zu einer „Nation" im strengen Sinne des Wortes sieht. Hier liegt in seinen Augen die Voraussetzung für eine, freilich erst nach 1914 in Ansätzen erkennbar werdende „Modernisierung" des gesamten Landes.

Solche Differenzierungen aufgreifend, haben andere Darstellungen darauf hingewiesen, dass die Entwicklung in Frankreich zwar ruhiger als anderswo verlief, dies aber nicht vorschnell mit Stagnation gleichgesetzt werden dürfe. Reallohngewinne gab es ebenfalls in Frankreich, das Pro-Kopf-Einkommen befand sich in etwa auf dem deutschen Niveau und auch Frankreich befand sich in den Jahrzehnten vor 1914 auf einem Wachstumspfad, allerdings eben einem im Vergleich zu den USA oder dem Deutschen Reich „langsameren" [Dormois 2021, 6.3, S. 371; vgl. auch Asselain 1984, 6.2]. Überdies gelte es, Varianten der wirtschaftlichen Struktur zu berücksichtigen [Schmale 2000, 4.2, S. 246]. Vor allem in einer Hinsicht unterschied sich die Wirtschaftspolitik Frankreichs von derjenigen etwa Österreich-Ungarns oder Italiens. Auf dem Gebiet des Geldverkehrs und des Kreditwesens, das gerade im Zeitalter des Imperialismus erheblich an Bedeutung gewann, war das Land, wie die noch zu benennenden Untersuchungen seiner Anleihepolitik gegenüber Russland gezeigt haben, eine Weltmacht, in dieser Hinsicht nur noch, allerdings deutlich übertroffen von Großbritannien [Grundlegend: Cameron 1961, 6.3].

Dass der Handel und der Kapitalexport der Insel im Vordergrund von Darstellung und Analyse der englischen Wirtschaftspolitik im Zeitalter des Imperialismus stehen, kann daher kaum überraschen. Insbesondere die britischen Auslandsinvestitionen, die sich – im Unterschied zur Praxis der Kontinentalmächte – vornehmlich auf die außereuropäische Welt konzentrierten und nach 1905 noch einmal einen bis dahin nicht gekannten „Boom" erlebten, sind seit langem Gegenstand zahlreicher fundierter Studien geworden [z. B. Hall 1968, 6.2]. Besonders intensiv hat sich die Forschung mit dem britischen Engagement in Asien befasst. Dieser Kontinent, und vor allem China, band ja seit den 90er Jahren mehr und mehr die Aufmerksamkeit aller Großmächte. Im englischen Fall konnte gezeigt werden, dass sich die Wirtschafts- und Finanzwelt der Insel in verstärktem Maße um Kartellbildungen und den Ausbau von Monopolstellungen durch den Erwerb von Vorzugsrechten oder Exklusivzonen bemühte [Edwards 1987, 6.3; Davenport-Hines/Jones 1989, 6.3]. Je stärker auf diese Weise die britische Position wurde, umso stärker war in der Konsequenz das Empire in die Pflicht genommen und belastet. 1986 haben Lance E. Davis und Robert A. Huttenback [Davis/Huttenback 1986, 7.2] unter Auswertung der Dokumente u. a. von 450 Firmen, Handelskammern, Banken usw. eine genaue Bilanz der

Wirtschaftsgeschichte Großbritanniens

Unterhaltskosten des britischen Weltreiches vorgelegt. Darin kamen sie zu dem Schluss, dass Großbritannien faktisch zwei Verteidigungsbudgets, eines für die Insel selbst und ein zweites für das Empire, finanzieren musste. Hinzu kamen die Kosten für die Verwaltung, die Unterhaltung der Telegraphen- und Schiffsverbindungen und anderes mehr. Insgesamt waren deshalb, wie ebenso Michael Edelstein gefolgert hat, die Gewinne aus dem Empire möglicherweise geringer als lange gedacht [EDELSTEIN 2004, 6.2, S. 190–226]. Allerdings sieht auch Edelstein bei den Berechnungen erhebliche Unsicherheiten. So bedeute eine insgesamt pessimistischere Einschätzung nicht, dass nicht einzelne Sektoren – Baumwollhandel, Transport, Banken oder Versicherungen – exzellent am Empire verdient hätten. Außerdem fehle in den meisten Berechnungen das informelle Empire, bei dem die Gewinne teilweise besonders hoch anzusetzen seien, und so resümiert auch Edelstein trotz allem: „Still, the Empire made a significant contribution to the growth in the income and output of Great Britain in the nineteenth and early twentieth centuries." Wobei zusätzlich gelte: „the Empire meant more for the economic well-being of Great Britain in 1913 than it did in 1870" [ebd. S. 225 u. S. 223].

Ökonomische Bedeutung des Empire

Schon für die Zeitgenossen prägend war der Eindruck eines relativen Niedergangs der wirtschaftlichen Stellung Großbritanniens gegenüber seinen neuen Konkurrenten, vor allem gegenüber den Vereinigten Staaten und dem Deutschen Reich. Dieser britische „decline" beschäftigt die Forschung bis heute. Im Wesentlichen unumstritten sind dabei die Gründe, die für das vergleichsweise Absinken der Wachstumsraten insbesondere seit der Jahrhundertwende verantwortlich zeichneten [dazu u. a.: ALDCROFT 1968, 6.2; KENNEDY 1987, 6.2; POLLARD 1989, 6.2; DINTENFASS 1992, 6.2]. Zu nennen sind hier die Verlagerung des Schwergewichts der englischen Wirtschaft vom Waren- auf den Kapitalexport oder die vergleichsweise zögernde Umstellung auf die neuen Industrien, die auch daran gelegen haben mag, dass entsprechende Veränderungen wegen der langen industriellen Tradition in Großbritannien schwerer fielen als anderswo. Schließlich ist eine gewisse Schwäche bei der Bildungs- und Wissenschaftsförderung angenommen worden [vgl. SANDERSON 1999, 6.2]. Allerdings gibt es immer wieder Versuche einer Korrektur dieses Bildes [vgl. z. B. NICOLAS 1984, 6.2, S. 489 ff.]. So ist auf die weiterhin bestehende Stärke im Handel, die im Vergleich zu den kontinentaleuropäischen Industriestaaten höheren Faktoren Produktivität und

Ökonomischer Niedergang?

Pro-Kopf-Einkommen sowie den vor 1914 beispiellosen Aufschwung im tertiären Bereich hingewiesen worden. 1989 hat Sidney Pollard [POLLARD 1989, 6.2] außerdem darauf aufmerksam gemacht, dass die These vom „relativen Niedergang" der britischen Wirtschaft auch deshalb problematisch sei, weil für gewöhnlich die Ausnahmesituation der 60er Jahre, also die Zeit unverhältnismäßiger Produktivität der britischen Wirtschaft, als Maßstab gewählt wurde. Tatsächlich wandelte sich die Weltwirtschaft ja „von 1850 bis 1914 vom Ein- zum Mehrkernsystem" [POHL 1989, 6.3, S. 355]. In der Summe, so eine Bilanz der Debatten um einen britischen ökonomischen „decline" aus dem Jahr 2021, sei die relative britische Schwäche zwar immer wieder bestritten worden, sie könne aber „nicht als völlig widerlegt angesehen werden" [CRAFTS 2021, 6.2, S. 431]. So habe Deutschland ein erheblich stärkeres Wirtschaftswachstum gehabt als Großbritannien und sei an der Wende zum 20. Jahrhundert bei der industriellen Arbeitsproduktivität und der Entwicklung neuer Industrien wie der Chemie „erfolgreicher" gewesen. Insgesamt sei aber das reale BIP pro Kopf sowie die Arbeitsproduktivität über alle Branchen und Sektoren hinweg auch 1913 in Großbritannien noch höher gewesen [ebd., S. 447].

Was das Deutsche Reich anbelangt, waren es im wesentlichen vier Faktoren, denen das Reich nach der von Karl E. Born [BORN 1985, 6.2] vorgelegten „Wirtschafts- und Sozialgeschichte" der Jahre 1867/71–1914 seinen Aufschwung verdankte, und zwar „1) seinem Reichtum an Steinkohle, dem damals wichtigsten Energieträger; 2) dem Bildungswesen, einschließlich der gewerblichen und technischen Ausbildung; 3) dem hohen Stand der naturwissenschaftlichen Grundlagenforschung und der angewandten Naturwissenschaft; 4) der reichlichen Bereitstellung von Investitionsmitteln durch die Banken" [ebd., S. 147; als Einstieg in die Wirtschaftsgeschichte des Kaiserreichs außerdem: WEHLER 2006, 4.2; HENNING 1996, 6.2; HAHN 2005, 6.2; TILLY/KOPSIDIS 2020, 6.2]. Auch Carsten Burhop sieht in seinem aktuellen Standardwerk zur Wirtschaftsgeschichte des Kaiserreichs Deutschland zwischen 1871 und 1914 als eine „wirtschaftliche Erfolgsstory". Bis zum Ersten Weltkrieg verdreifachte sich das Sozialprodukt, „die Einkommen pro Kopf sowie pro Erwerbstätigen steigerten" sich ebenfalls [BURHOP 2011, 6.2, S. 215]. Als wichtigsten Grund sieht Burhop die steigende Arbeitsproduktivität, wobei diese vor allem in den Zukunftsindustrien Chemie, Maschinenbau und Elektroindustrie besonders hoch und auch höher als in Großbritan-

Wirtschaftsgeschichte des deutschen Kaiserreichs

nien lag. Nicht zuletzt deshalb galt Deutschland am Vorabend des Ersten Weltkriegs als „industrielles Schwergewicht", wozu nicht zuletzt relativ niedrige Löhne beitrugen. Deutschlands „Griff nach der industriellen Weltmacht", so Burhops pointiertes Fazit, „fand auf dem Rücken niedriger Lohnstückkosten statt" [ebd., S. 216].

Neue Industrien

Eine Schlüsselfunktion kam bei dem Aufschwung also u. a. der Elektronindustrie zu. Die durch die Verbesserung des Drehstromverfahrens bedingten „Fortschritte in der wirtschaftlichen Verwertung der Elektrizität" wirkten sich aber darüber hinaus „in kürzester Zeit" auf alle Bereiche aus, „die irgendwie mit Kohle und Eisen zu tun hatten" [HENTSCHEL 1978, 6.2, S. 215 f.]. Die Entwicklung der deutschen Kohle- und Stahlindustrie in den beiden Jahrzehnten vor Kriegsausbruch bildet daher nach wie vor einen Schwerpunkt der Forschung [z. B. KLEINSCHMIDT 1993, 6.2; TENFELDE 2003, 6.2; KERKHOF 2006, 6.2]. Ähnlich wie auf dem Gebiet der Erforschung der Arbeiterbewegung und deutlich z. B. in der Studie von Frank B. Tipton [TIPTON 1976, 6.2], die den gesamtwirtschaftlichen Aufschwung Deutschlands nicht zuletzt auf den regionalen Konkurrenzkampf zurückführt, ist hier allerdings eine zunehmende Konzentration auf die Untersuchung der industriellen Entwicklung einzelner Regionen zu verzeichnen [z. B. FELDENKIRCHEN 1982, 6.2; DASCHER/KLEINSCHMIDT 1992, 6.2; HERRMANN u. a. 2004, 6.2]. Geradezu umgekehrt verhält es sich im Falle des Aufbaus der neuen Industrien im Deutschen Reich, namentlich der chemischen, deren inzwischen sehr gut analysierte Entwicklung in der Regel im internationalen Vergleich dargestellt wird. Gerade auf diesem Feld werden durchgängig die „spectacular jumps" hervorgehoben, „with a shift from lag to lead in technology that impressed contemporaries quite as much as did the quantitative record" [HOHENBERG 1967, 6.1, S. 139; HOMBURG u. a. 1998, 6.1].

Zielregionen deutscher Exporte

Mit Blick auf den Absatz der Produkte der alten wie der neuen Industrien hat W. Fischer [FISCHER 1984, 6.2, S. 16 f.] auf den wichtigen Umstand hingewiesen, dass die deutschen Exporte – im Unterschied zu den englischen, aber ähnlich den französischen – zu mehr als 75 % in die europäischen Nachbarländer gingen. Dabei blieb Großbritannien bis 1914 der wichtigste Absatzmarkt, auch wenn der Anteil der auf die Insel exportierten Güter von etwa 20 % im Jahre 1890 auf ca. 14 % im Jahre 1913 zurückging. Bezeichnenderweise spielten die deutschen Kolonien sowohl im Falle der Ex- als auch der Importe, bei denen im Übrigen die USA bei Kriegsausbruch führend waren, eine nur unbedeutende Rolle. Bei der in eben diesem Zusammenhang – und nicht nur für die deutsche Situation – wichtigen Frage nach der Bedeutung der Schutzzölle für den internationalen Warenverkehr im Zeitalter des Protektionismus ist die Forschung mehr und mehr zu dem – von der zeitgenössischen Sicht abweichenden – Befund gelangt, dass diese offenbar kaum ein ernstes Hindernis für den Handel bedeuteten, der sich auch im deutschen Fall stärker ausweitete als das Sozialprodukt insgesamt. Der Erste Weltkrieg machte dann nicht nur dem ein Ende. Am Ende des Krieges war das durchschnittliche Einkommen ungefähr auf das von 1895 gefallen, 1919 gar auf das von 1885. Die „Leistung einer ganzen Generation war durch den Ersten Weltkrieg zerstört worden" [BURHOP 2011, 6.2, S. 215 sowie S. 47].

Die wirtschaftliche Entwicklung des Zarenreiches bildete in vielerlei Bereichen einen Sonderfall in der in dieser Hinsicht nicht gerade armen Geschichte des europäischen Kontinents – sicher einer der Gründe für die Vielzahl einschlägiger Arbeiten zu diesem Thema [Gesamtdarstellungen: GATRELL 1986, 6.2; KAHAN 1989, 6.2; GREGORY 1994, 6.2]. Zum einen setzten hier die Industrialisierung und die damit verbundene verkehrstechnische Erschließung des Landes im Grunde erst in den 1890er Jahren ein, dann freilich mit Vehemenz, zum zweiten verlief dieser Prozess spätestens seit 1905 synchron zu einer Umwälzung, zumindest aber zu einer Änderung der politischen Verhältnisse [vgl. dazu S. 45 u. 157ff.], und schließlich hatte ausländisches Kapital einen erheblichen Anteil an der wirtschaftlichen und – in mancher Hinsicht dadurch mitbedingt – auch an der (außen-)politischen Entwicklung Russlands in den beiden Jahrzehnten vor Ausbruch des Krieges. Im Grunde knüpfen Arbeiten zur ökonomischen Entwicklung des Zarenreichs vor 1914 bis heute an die stark gegensätzlichen Urteile von Alexander Gerschenkron sowie Peter Gatrell an. Während Gerschenkron in den 1950er und 60er Jahren die große Rückständigkeit betonte [u. a. GESCHENKRON 1973, 6.1], verwies Gatrell zuerst 1986 auf die große Dynamik vor 1914, die dem Zarenreich enorme allgemeine Wachstumsquoten beschert und seine Volkswirtschaft nominell zu einer der drei größten in Europa gemacht habe [GATRELL 1986, 6.2; vgl. ders. 1994, 6.2]. Auch in der Wirtschaftsgeschichte ist allerdings von Historiker:innen immer wieder das Unbehagen an Kategorien wie Rückständigkeit und Vorreiterpositionen formuliert worden, das ebenso für die allgemeine russische Geschichte gilt, und das sich darauf bezieht, Entwicklungen einer Region primär an der anderer, vor allem an der West-

Wirtschaftsgeschichte Russlands

Ökonomische Dynamik und „Teilmodernisierung"

europas zu messen. Christoph Schmidt hat deswegen in seiner zusammenfassenden Darstellung im Bereich der Ökonomie von einer „Teilmodernisierung" gesprochen und ansonsten nach eigenständigen Entwicklungslinien gefragt [Schmidt 2009, 4.2, S. 192 ff.]. Inzwischen erkennen die meisten Interpret:innen der ökonomischen Entwicklung des Zarenreichs vor 1914 die hohe Dynamik im industriellen Bereich, bei der Einleitung von Reformen im bis dahin wenig effizienten Agrarbereich ab 1906 durch Ministerpräsident Pëtr Stolypin oder auch erste Erfolge bei der Alphabetisierung als Grundlage weiterer wirtschaftlicher Entwicklung an. Gleichzeitig verharrte allerdings das Pro-Kopf-Einkommen auf sehr niedrigem Niveau und blieben die regionalen Unterschiede enorm. Das sich daraus ergebende ambivalente Bild hat auch Peter Gatrell gesehen. „However", so fasste er 2005 die Situation in der russischen Industrie am Beginn des Ersten Weltkriegs zusammen, „new industrial enterprises co-existed alongside primitive workshops, and even supposedly modern factories relied upon an mixture of new and traditional techniques." Angesichts der vielen zur Verfügung stehenden billigen Arbeitskräften blieb in zahlreichen Sektoren allerdings die Produktivität gering: „Factory managers maintained a large labour force, so that they could offset the relative shortage of skilled labour with an abundance of cheap unskilled hands" [Gatrell 2005, 9.4, S. 4].

Rolle des Staates Auch für das Zarenreich sind inzwischen eine ganze Reihe von Arbeiten erschienen, die die Wirtschaftsgeschichte anhand von Unternehmen oder Unternehmensgruppen schreiben [Rieber 1982, 6.2; McCaffray 1996, 6.2]. Dass die russische Industrialisierung um 1900 nicht zuletzt ein Verdienst der Politik von Finanzminister Sergej Vitte war und somit die staatliche Aktivität eine wichtige Rolle beim russischen industriellen Wachstum vor 1914 hatte, ist in der Forschung dennoch im Allgemeinen unumstritten [vgl. Michelson 1965, 6.2; Geyer 1975, 6.2; Guroff/Carstenssen 1983, 6.2; Harcave 2004, 4.2]. Es liegt auf der Hand, dass Russland dieses Programm forcierter Industrialisierung nicht aus eigener Kraft stemmen konnte und daher auf das technische „know-how", insbesondere aber auf Investitionen und Kredite des Auslandes angewiesen war. Die Frage nach Umfang und Bedeutung dieser Investitionen bildete einen traditionellen Schwerpunkt der Forschung [z. B. Falcus 1979, 6.3]. Dabei darf namentlich die Investitions- und Anleihepolitik aus Frankreich, dem wichtigsten Gläubigerland des Zarenreiches, als gründlich untersucht gelten [vgl. vor allem GIRAULT 1973, 6.3]. In der Forschung kontrovers diskutiert wurde allerdings die Frage nach den Profitmöglichkeiten ausländischer Investoren in Russland. Kann es im Falle kurz- und mittelfristiger Kapitalanlagen diesbezüglich kaum einen Zweifel geben, so hat Walther Kirchner am Beispiel des längerfristigen Engagements deutscher Industrieunternehmen nachweisen können, dass sich das „Gespenst des hohen ‚Profits' der Ausländer, das sich in der historischen Literatur breit gemacht hat, [...] bei Prüfung der tatsächlichen Verhältnisse" verflüchtigt [KIRCHNER 1983, 6.3, S. 97].

Die finanziellen Verpflichtungen gegenüber seinen europäischen Gläubigern, z. B. 1913 kamen 41 % der Investitionen in Industrie und Bankwesen aus dem Ausland [Smith 2017, 4.2, S. 47], bedeuteten für das Zarenreich ohne Zweifel eine erhebliche ausländische Abhängigkeit. Was für Russland galt, galt erst recht für das Osmanische Reich. Dieses war nicht nur von Investoren aus dem Ausland abhängig. Vielmehr übten diese mittels der Schuldenverwaltung der wichtigsten Gläubiger auch eine direkte Kontrolle über die türkischen Finanzen aus. Nachdem sich 1924 bzw. 1929 mit Edward M. Earle [EARLE 1924, 6.3] und Donald C. Blaisdell [BLAISDELL 1966, 6.1] die Historiker schon einmal mit diesem Phänomen beschäftigt hatten, richtete sich in den 80er Jahren ihr Interesse erneut auf die Wirtschafts- und Finanzverhältnisse der Türkei im 19. Jahrhundert [z. B. ISLAMOGLU-INAN 1987, 6.2]. Dabei kam Şevket Pamuk [PAMUK 1987, 6.3, S. 133] zu dem Ergebnis, dass die wirtschaftspolitische Rivalität der Mächte in Konstantinopel für die türkische Regierung durchaus eine Möglichkeit eröffnete, die Konkurrenten untereinander auszuspielen. An der Abhängigkeit der türkischen Wirtschaft von europäischen Investoren hat freilich auch dieser Umstand grundsätzlich nichts zu ändern vermocht [BIRDAL 2010, 6.3].

Osmanisches Reich

Die über den russischen wie türkischen Fall hinausweisende Frage, inwieweit solche wirtschaftlichen Abhängigkeiten notwendigerweise auch Abhängigkeiten politischer Natur impliziert bzw. zur Folge gehabt haben, ist freilich nur sehr schwer und überdies nur für den Einzelfall zu beantworten. Grundsätzlich wird man wohl der von K. E. Born geäußerten Einschätzung zustimmen können, dass der „privatwirtschaftliche Zweck, nämlich die Amortisation und Verzinsung des Kapitals, der entscheidende Gesichtspunkt" bei Investitionen von Geschäftsbanken und anderen privaten Investoren gewesen ist [BORN 1977, 6.1, S. 285; vgl. z. B. auch BIRKEN 1979, 6.3,

Politik und Wirtschaft

S. 339]. Eine einfache Möglichkeit, wirtschaftliche Verbindungen politisch zu nutzen, hat es für die Regierungen mithin im Zeitalter des Imperialismus nicht gegeben.

<small>Grad der ökonomischen Verflechtung</small>

Eine andere Frage ist allerdings, inwieweit sich mit der zunehmenden wirtschaftlichen Verflechtung bereits vor 1914 eine Lage ergab, die mit dem heutigen Integrationsgrad der Weltwirtschaft vergleichbar ist. Dass bei der historischen Vertiefung des Phänomens „Globalisierung" dem späten 19. und frühen 20. Jahrhundert eine Schlüsselposition zukommt, ist dabei unbestritten. Mit nur geringen zeitlichen Varianten und je nach betrachtetem Aspekt nehmen Historiker und Historikerinnen beginnend mit den 1850er [Hopkins 2002, 4.3 z. B. S. 31], 1870er [Robertson 2000, 6.3, S. 58 f.] oder auch 1880er Jahren [Osterhammel/Petersson 2019, 4.1, S. 63] einen wirtschaftlichen Integrationsschub an, der bis zum Ersten Weltkrieg angehalten und neben den Handelsströmen auch die Finanzmärkte sowie den Arbeitsmarkt betroffen habe. Gerade die Integration des Arbeitsmarktes erlebte dabei ein Ausmaß, das – wie etwa Jeffrey G. Williamson argumentiert hat – die heutige Mobilität von Arbeitskräften noch überstieg [Williamson 1995, 6.3]. Auch die Entstehung von bestimmten globalen Warenmärkten ist inzwischen immer wieder untersucht worden [z. B. Engel 2009, 6.3; Rischbieter 2011, 6.3]. Ebenfalls weitgehende Einigkeit herrscht über die Gründe solcher globalen Entwicklungen gerade in der zweiten Hälfte des 19. Jahrhunderts. So hat Knut Borchardt 2001 vier Ursachen ausgemacht: Erstens die industrielle Revolution mit ihren neuen Produktionstechniken, zweitens die „Erschließung gewaltiger Landmassen, in denen sich Rohstoffe und vor allem fabelhaft ertragreiche landwirtschaftliche Böden fanden", drittens, in enger Wechselwirkung damit, die Revolution des Verkehrswesens und viertens die politische Liberalisierung der Weltwirtschaft durch den Abbau von Handelsschranken [Borchardt 2001, 6.3, S. 22 f.]. Zu Diskussionen hat nur der letzte Punkt geführt. Die meisten Historiker und Historikerinnen weisen der Liberalisierung heute eine geringere Bedeutung zu und verweisen darauf, dass die Verflechtung gerade in den letzten Jahrzehnten des 19. Jahrhunderts besonders zunahm, zu einem Zeitpunkt also, zu dem die meisten Staaten zu einer stärker protektionistischen Politik übergegangen waren [Osterhammel/Petersson 2019, 4.1, S. 69 f.].

<small>Gegenbewegungen</small>

Damit stellt sich die Frage, welche Rolle der Staat insgesamt in dieser Entwicklung spielte. Jüngere Interpretationen haben hier insbesondere den Zusammenhang zwischen der Ausweitung der Weltwirtschaft und der Ausweitung der staatlichen Sicherungs- und Steuerungsfunktionen postuliert [CONRAD 2006, 6.3]. Überhaupt ist für das Zeitalter des Imperialismus die Gleichzeitigkeit von internationaler Verflechtung und nationaler Orientierung auffällig. Und mit guten Gründen ist gemutmaßt worden, dass in dieser Doppelung ein Grundzug von Globalisierungsprozessen liegt, der über die Jahre 1870/80 bis 1914 hinausweist. Die Ausweitung des weltweiten Austauschs bringt Gegenbewegungen hervor, Internationalismus und Nationalismus stehen in enger Wechselwirkung zueinander [vgl. JAMES 2001, 6.3; allgemein dazu unter dem Schlagwort von „Globalisierung" und „Fragmentierung": CLARK 1997, 8.1]. Kann in diesem Punkt dem Zeitalter des Imperialismus durchaus paradigmatische Bedeutung zugesprochen werden, ist das Verhältnis zwischen den verschiedenen Phasen der „Globalisierung" noch weitgehend ungeklärt. So hat Anthony G. Hopkins ein vier Phasen-Modell vorgeschlagen, von der „archaischen Globalisierung" bis ca. 1600, über die anschließende „Protoglobalisierung" sowie die „moderne Globalisierung" seit etwa 1850 bis zur „postkolonialen Globalisierung" nach 1950/70 [HOPKINS 2002, 4.3]. Angesichts dessen ist es einerseits fraglich, ob die inzwischen geläufige Kennzeichnung des späten 19. und frühen 20. Jahrhunderts als „erste Globalisierung" [vgl. auch TORP 2005, 6.3, v. a. S. 27–49] oder auch als „‚Golden Age' of Globalization" [ZINKINA u. a. 2019, 6.3, S. 195] haltbar ist. Andererseits droht eine Ausweitung des Begriffs über das 19. Jahrhundert hinaus auf noch frühere Epochen der Geschichte den Terminus „Globalisierung" vollends zu einer Leerformel werden zu lassen, die kaum mehr besagt, als dass es immer Kontakte zwischen verschiedenen Weltregionen gegeben hat.

Das wiederum aber hieße, den qualitativen Schub, den die Jahre um 1900 für die Vernetzung der Welt tatsächlich brachten, sowie dessen direkte Folgen bis heute zu unterschätzen. 1800 war eine Nachricht zwischen den Zentren der Welt wochen-, wenn nicht monatelang unterwegs. Im Jahr 1900 ging es um Minuten oder zumindest Stunden, und eine Antwort war noch am selben Tag möglich. Dies und das Anwachsen der Warenströme machten seit der zweiten Hälfte des 19. Jahrhunderts eine Flut von Standardisierungsbemühungen nötig, die bis heute anhält [GEYER/PAULMANN 2001, 8.4; RÖDER 2006, 6.3; VEC 2006, 6.3]. Und Ähnliches gilt auch für die Vereinheitlichung im Bereich des Konsums. Mit einem Beispiel von Knut

Standardisierungen

Borchardt: „Wenn auch der Wein in unseren Gläsern erst seit kurzer Zeit aus Neuseeland kommt, so hat es Butter aus Neuseeland schon vor dem I. Weltkrieg in Europa gegeben. Und schon seit 1876 transportierten Kühlschiffe (eingefrorenes) Rindfleisch aus Argentinien zu den europäischen Verbrauchern" [BORCHARDT 2001, 6.3, S. 5].

4 Koloniale Kultur, Gewalt und Rückwirkungen auf Europa: Der Imperialismus

Bedeutung und Umfang des Themas

Die historische Forschung zum weiten Bereich des europäischen Imperialismus in den Jahrzehnten vor 1914 nimmt in dreierlei Hinsicht eine Sonderstellung ein. Erstens existiert gerade hier inzwischen eine kaum noch zu überschauende Flut von Publikationen: Eine 1974 (!) erschienene Bibliographie für die Jahre 1815–1972 [HALSTEAD/PORCARI 1974, 7.1] wies bereits weit über 30.000 Titel zum europäischen Imperialismus aus, eine Zahl, die sich in der Zwischenzeit noch einmal vervielfacht hat, zumal der Imperialismus gerade in den letzten Jahrzehnten sicher zu einem der am intensivsten erforschten Aspekte der Zeit um 1900 gehört hat. Diese außerordentlich umfangreiche Literatur ist zweitens nicht zuletzt Ausdruck der Tatsache, dass die Grenzen des Imperialismus zu benachbarten Gebieten, wie dem der Wirtschaftspolitik, dem der internationalen Beziehungen oder dem der Mentalitäts- und Ideengeschichte, fließend sind. Schließlich hat das Phänomen des Imperialismus von Anfang an zur Entwicklung zahlreicher Theorien angeregt, die dann ihrerseits Anlass für weitere empirische Studien gegeben haben. Dies galt bereits für die Sicht der Zeitgenossen und hat sich seitdem immer weiter fortgesetzt. Die große Anzahl einschlägiger Arbeiten auch zur Theorie des Imperialismus lässt eine angemessene Präsentation der inzwischen außerordentlich facettenreichen Diskussion im Rahmen eines knappen Forschungsberichtes allerdings kaum zu. Immerhin liegen zahlreiche Überblicksdarstellungen bzw. Textsammlungen zum Thema vor, die einen Einstieg in die verschiedenen Phasen der Diskussion bieten und mitunter ihrerseits den Anspruch einer Weiter- bzw. Neuentwicklung entsprechender Ansätze erheben [so z. B. KEMP 1967, 7.1; OWEN/SUTCLIFFE 1972, 7.1; MARTINELLI 1974, 7.1; WEHLER 1976, 7.1; MOMMSEN 1987, 7.1; COOPER 2005, 7.1; POMPER

2005, 7.1; Ashcroft u. a. 2007, 7.1; Conrad u. a. 2013, 4.3; Castro Varela/ Dhawan 2020, 7.1].

Es darf als charakteristisches Merkmal vieler dieser Theorien gelten, dass sie in kritischer Auseinandersetzung mit dem Phänomen des Imperialismus entstanden sind. So entstammten die frühen Verfasser und Verfasserinnen einschlägiger Studien, wie John A. Hobson [Hobson 1902, 7.1] und Joseph Schumpeter [Schumpeter 1918/19, 7.1] einerseits, Rudolf Hilferding [Hilferding 1910, 6.1], Rosa Luxemburg [Luxemburg 1913, 7.1] oder Wladimir I. Lenin [Lenin 1917, 7.1] andererseits, dem (links-)liberalen bzw. sozialistischen Lager der Zeit. Von den zahlreichen theoretischen Ansätzen haben in der Zeit nach dem Zweiten Weltkrieg dann vor allem drei deutliche Spuren in der Imperialismusforschung hinterlassen, die Theorie des Sozialimperialismus, die These des Freihandelsimperialismus und – als zeitlich letzte – postkoloniale Ansätze. Die Theorie des Sozialimperialismus wurde namentlich von Hans-Ulrich Wehler formuliert und dann von einer Reihe von Historikern übernommen, z. B. von Volker Berghahn [Berghahn 1993, 8.6] oder Gustav Schmidt [Schmidt 1985, 4.1]. Die wissenschaftliche Diskussion nicht nur der Imperialismusproblematik verdankte der Theorie des Sozialimperialismus einige wichtige Anstöße. Wehler sah in diesem eine Strategie herrschender Eliten, „die Dynamik der Wirtschaft und der sozialen und politischen Emanzipationskämpfe in die äußere Expansion zu leiten, von den inneren Mängeln des sozialökonomischen und politischen Systems abzulenken" und durch reale Expansions-Erfolge oder zumindest die „Steigerung des nationalideologischen Prestiges zu kompensieren" [Wehler 1976, 7.1, S. 86]. Ursprünglich als Erklärungsmodell für den Imperialismus der Bismarck-Zeit entwickelt [vgl. Wehler 1969, 7.2], hat Wehler dann aber einerseits die grundsätzliche Anwendbarkeit seiner Theorie auf die Verhältnisse im Europa des Zeitalters des Imperialismus postuliert. Andererseits versuchte er, hier u. a. an die These Fritz Fischers anknüpfend, die in seinen Augen zunächst im Imperialismus erkennbar werdende Taktik der „Defensive mit aggressiven Mitteln" als Grundmuster deutscher Außenpolitik schlechthin zu bestimmen. Konsequenterweise stellte sich in dieser Interpretation der Kriegsausbruch im August 1914 als Folge einer „Flucht nach vorn" dar, d. h. als Versuch, die Julikrise „als Hebel für einen spektakulären äußeren Erfolg mit heilsamer Rückwirkung nach innen zu benutzen" [Wehler 1994, 4.2, S. 197 f.]. Abgesehen von den Einwänden, die gegen die These einer

Imperialismustheorien

„Sozialimperialismus"

allgemeinen Anwendbarkeit dieses Erklärungsmusters erhoben worden sind [vgl. z. B. die Beiträge von K. Rohe, W. Schieder und G. Ziebura, in: MOMMSEN 1971, 7.2] und den noch zu erläuternden Bedenken, die gegen die skizzierte Sicht des Kriegsausbruchs anzumelden sind [vgl. dazu Kap. II. 6.], ist die These des Sozialimperialismus inzwischen in den Hintergrund getreten, da sie andere Faktoren, wie die verschiedenen Kolonialbewegungen innerhalb der europäischen Staaten oder internationale Kontexte deutlich vernachlässigt [zur frühen Kritik auch: vgl. ZIEBURA 1974, 7.2, bes. S. 501 ff.; vgl. MOMMSEN 1979, 7.2, S. 77–84; ders. 1987, 7.1, S. 80].

Theorie des Freihandelsimperialismus

Anders als diese Theorie, welche die Ursachen und die Verlaufsformen imperialistischer Expansion ausschließlich bei den europäischen Staaten selbst sucht und insofern deutlich in der Tradition der zeitgenössischen Interpretationen steht, hat sich im Gefolge der Theorie des Freihandelsimperialismus der Blick der Geschichtswissenschaft in verstärktem Maße auf die Peripherie der europäischen Expansion gerichtet. Den entscheidenden Anstoß gaben hier 1953 John Gallagher und Ronald Robinson in ihrem Aufsatz „The Imperialism of Free Trade" [GALLAGHER/ROBINSON 1976, 7.1, S. 183–200; zu der dadurch ausgelösten Kontroverse vgl. LOUIS 1976, 7.1]. Ausgehend von der Analyse der britischen Politik nach 1815 kamen sie zu dem Befund, dass eine Eingrenzung klassisch imperialistischer Aktivitäten auf die Jahre 1881/82–1914/18 nicht möglich sei, dass vielmehr diese Epoche des Hochimperialismus auf eine des Frühimperialismus gefolgt sei. Dem lag die heute in der Forschung weitgehend akzeptierte Erkenntnis zugrunde, dass nicht nur die formelle Inbesitznahme überseeischer Territorien, sondern auch die indirekte, d. h. in der Regel wirtschaftliche Durchdringung der außereuropäischen Welt als eine Variante des Imperialismus, und zwar als seine informelle, zu gelten habe. Diese war schon für die britische Politik in der sogenannten Epoche des Freihandels charakteristisch und sie blieb dann auch nach 1881/82 ein Mittel europäischer Expansion unter anderen. In Weiterführung dieses Ansatzes geht die Forschung bis heute davon aus, dass man für das Zeitalter des Imperialismus, aufs Ganze gesehen, von einer kombinierten Anwendung formeller und informeller Methoden durch die Mächte sprechen kann.

Bedeutung der Peripherie

Der von Gallagher und Robinson als für die englische Politik verbindliche Maxime identifizierte Grundsatz, „die Herrschaft informell auszudehnen, wenn möglich, und formell, wenn nötig"

[WEHLER 1976, 7.1, S. 196], hat dann in den folgenden Jahren zu einem verstärkten Interesse der Geschichtswissenschaft an den peripheren Vorgängen und vor allem dazu geführt, die Gründe für den verstärkten Übergang der Mächte vom informellen zum formellen Imperialismus zu Beginn der 1880er Jahre zunächst einmal in der Bedrohung ihrer informellen Kontrollmöglichkeiten vor Ort zu suchen. Anregungen von John S. Galbraith [GALBRAITH 1959/60, 7.2] einerseits, R. Robinson und J. Gallagher [ROBINSON/GALLAGHER 1981, 7.2] andererseits aufgreifend, hat namentlich David K. Fieldhouse in der „fundamentalen" Erschütterung der Beziehungen zwischen den Industriestaaten und den weniger entwickelten Ländern der außereuropäischen Welt den eigentlichen Grund für die Ausweitung formeller Herrschaft im Zeitalter des Imperialismus gesehen: „The vital link between economics and formal empire was therefore neither the economic need of the metropolis for colonies nor the requirements of private economic interests, but the secondary consequence of problems created on the periphery by economic and other European enterprises for which there was no simple economic solution" [FIELDHOUSE 1973, 7.1, S. 476].

Weniger an der Entstehung als an den Formen und Auswirkungen interessiert zeigen sich Ansätze, die den in den 1980er Jahren entstandenen „postcolonial studies" zuzurechnen sind. Sie stellen bis heute ohne Zweifel die wichtigsten theoretischen Zugänge dar, mit denen auch die Geschichtswissenschaft auf den Imperialismus blickt. Wichtiger Auslöser und früher Klassiker' der postkolonialen Ansätze war das Werk des palästinensischen, 1935 in Jerusalem geborenen und bis zu seinem Tod 2003 in den USA lehrenden Literaturwissenschaftlers Edward Said. Hatte er bereits 1978 ein Buch über die westliche Konstruktion der orientalischen Welt veröffentlicht [SAID 2003, 7.1], legte er 1993 mit „Culture and Imperialism" eine Arbeit nach, in der er sich explizit den Verbindungen zwischen europäischer Kultur und Expansion seit der zweiten Hälfte des 19. Jahrhunderts zuwandte [SAID 1994, 7.1]. Anhand von vor allem englischsprachigen und französischen literarischen Quellen beschrieb er eine „imperiale Kultur", mit deren Hilfe sich die Europäer ihrer zivilisatorischen Überlegenheit versicherten, die zu kolonisierenden Gesellschaften als die „anderen" markierten und so letztlich ihre Herrschaftsansprüche begründeten. Wie bereits in „Orientalism" beschrieb Said damit, wie die europäische Sicht die Bevölkerung in den kolonisierten Gebieten zum bloßen Objekt herabwür-

„Postcolonial studies"

Edward Said

digte bzw. sie in vielen Fällen erst auf europäische Weise „konstruierte". Darüber hinaus wandte er sich in „Culture and Imperialism" dem oftmals ebenfalls literarisch zu fassenden Widerstand gegen die imperiale Kultur zu, der dann in den Emanzipationsbewegungen seinen politischen Ausdruck fand. Die aus den Beobachtungen Saids sowie ähnlichen Überlegungen anderer Autoren (u. a. Homi J. Bhabha, Gayatri C. Spivak) hervorgegangenen „postcolonial studies" haben eine lebhafte Debatte in unterschiedlichen wissenschaftlichen Disziplinen und seit Beginn des 21. Jahrhunderts zunehmend auch in der weltweiten Öffentlichkeit ausgelöst, die bis zur Gegenwart unvermindert anhält. Diese zeigt, wie aktuell der europäische Imperialismus bis heute ist, sie geht in ihren politischen Implikationen aber auch weit über die geschichtswissenschaftliche Beschäftigung mit dem Hochimperialismus der Jahrzehnte vor 1914/18 hinaus. Dass gerade der Imperialismus der Jahrzehnte um 1900 bis heute bedeutende Auswirkungen im Innern der Länder Europas wie in den Beziehungen des Kontinents zu der außereuropäischen Welt hat, wird aber selbstverständlich auch von der historischen Forschung bestätigt [z. B. im Vergleich wichtiger Kolonialreiche und deren Auswirkungen bis zur Gegenwart: BUETTNER 2016, 7.4].

„Postcolonial studies" und Geschichtswissenschaft

Fasst man die inzwischen äußerst verzweigte Diskussion zusammen und konzentriert sich auf die für die historische Forschung wichtigsten Aspekte, lassen sich vor allem folgende Momente in Arbeiten hervorheben, die an die „postcolonial studies" anknüpfen: Erstens untersuchen entsprechende Studien, welchen Stellenwert und welche Auswirkungen das imperialistische Ausgreifen für das konkrete Leben der Menschen in den kolonialisierten Gesellschaften hatte und welche imperialen „Diskurse" und Praktiken sich damit verbanden. Insofern schließt der Postkolonialismus an Vorstellungen und Methoden neuerer kulturhistorischer Ansätze an (was im Übrigen sicher auch einen Teil seines Erfolges in der Geschichtswissenschaft ausmacht). Verstanden werden die kolonialen Diskurse und Praktiken dabei vielfach als unterschiedliche Formen von Gewalt. Schon Said hatte in seinen klassischen Arbeiten betont, dass es sich bei der von ihm diagnostizierten Konstruktion des „Orients" durch Europa keineswegs „nur" um eine Idee ohne Bezug zur realen Welt handele. Ganz im Gegenteil, die westlichen Konstruktionen gelten ihm als Voraussetzungen und gleichzeitig wichtiger Bestandteil der westlichen Herrschaft über die außereuropäische Welt (Said spricht von einem „Stil, den Orient zu beherrschen"

[SAID 2009, 7.1, S. 11]). Es handelt sich so gesehen um eine „Gewalt des Wissens" [generell: BRUNNER 2020, 7.4]. Zweitens geht es in postkolonialen Arbeiten um eine Umkehrung der Perspektive. Statt ganz überwiegend mit westlichen Augen auf den Imperialismus zu blicken, müsse das Phänomen aus dem Blickwinkel der Kolonisierten betrachtet werden. Es gelte diesen eine Stimme (zurück) zu geben. Drittens rücken im Zuge postkolonialer Arbeiten auch die europäischen Gesellschaften selbst wieder stärker in den Fokus. Es wird gefragt, wie stark das koloniale Ausgreifen die Länder in Europa prägte, sei es als wichtiger Bestandteil von Ideologien und Mentalitäten oder auch als politischer und ökonomischer Einflussfaktor [übergreifend z. B.: MACKENZIE 2011, 7.4]. Imperialismus wird somit nicht als einseitige Einflussnahme Europas auf die außereuropäische Welt, sondern als System wechselseitiger Einflüsse und Abhängigkeiten verstanden. Darüber hinaus wird zunehmend die Dominanz der europäisch geprägten Geschichtsschreibung in Frage gestellt. Demgegenüber gelte es, auch Wissensformen der kolonisierten Gesellschaften zu berücksichtigen [Einführungen in die postcolonial-Diskussion insbesondere: CONRAD/RANDERIA 2002, 4.3 u. COOPER 2005, 7.1 sowie: HOWE 2010, 7.1].

Von solchen Grundannahmen ausgehend, hat die Forschung zahlreiche mit dem Imperialismus verknüpfte „Praktiken" und „Diskurse" und deren Auswirkungen in der kolonialen „Peripherie" wie der europäischen „Metropole" untersucht. Dazu zählen die spezifischen Formen von kollektiver Gewalt, mit denen die Kolonialherren auf Widerstand in den beherrschten Gebieten reagierten, die sie aber zum Beispiel auch in alltäglichen „Züchtigungen" von Einheimischen ausübten. Das besondere Augenmerk gilt dabei naturgemäß den Kolonialkriegen. Gewaltformen werden aber etwa auch anhand der Sprache analysiert, mit der zeitgenössisch über die außereuropäische Welt gesprochen und geschrieben worden ist [DABAG u. a. 2004, 7.4; KLEIN/SCHUHMACHER 2006, 7.3; CHAMBERS 2006, 7.4]. Andere Beispiele dafür, wie die europäische Expansion das allgemeine Denken der Zeit prägen konnte, ist der Zusammenhang von Medizin bzw. Hygiene und Imperialismus sowie der von Sexualität, Geschlechterverhältnissen und Imperialismus. Der Kampf gegen Europäern bis dahin weitgehend unbekannte Krankheiten bildete ein zentrales Problem in den Kolonien. Insofern waren Fragen von Gesundheit und Medizin wichtige Bestandteile kolonialer Herrschaftsausübung und betrafen den Umgang mit der einheimischen Bevöl-

Formen imperialer Gewalt

kerung ebenso wie die Situation der europäischen Siedler und Kolonisatoren vor Ort. Die Kolonien wurden auf diese Weise aber nicht nur Gegenstand der modernen medizinischen Forschung. Vielmehr konnten auf diesem Wege auch Vorstellungen von „Reinheit" und „Unreinheit" oder der notwendigen Trennung von „Gesundem" und „Ungesundem" Eingang in allgemeine soziale und gesellschaftliche Debatten finden. Der Imperialismus, so lässt sich das Ergebnis entsprechender Forschungen zusammenfassen, trug zur biologistischen und rassistischen Unterfütterung von Politik seit dem ausgehenden 19. Jahrhundert bei [ECKART 1997, 7.4; DAVIES 2002, 7.4; BASHFORD 2004, 6.1]. Zu ähnlichen Ergebnissen kamen die seit den 1990er Jahren zunehmenden Untersuchungen zu den zeitgenössischen Diskursen über Sexualität und Geschlechterverhältnisse in den Kolonien. Auch diese trugen zur Verfestigung rassistischer Weltsichten bei, die die Kolonien wie Europa betrafen [u. a. HYAM 1990, 7.4; LEVINE 2004, 7.2].

Imperialismus und Moderne

Vielen solcher Ansätze liegt die z. T. implizite, z. T. explizite Annahme zu Grunde, dass die kolonisierte Welt gleichsam als „Laboratorium" fungierte, in dem neue Herrschafts-, Wissens- und Wissenschaftsvorstellungen erprobt wurden, die später gegebenenfalls auch für Europa eine Rolle spielen konnten. Die Kolonien erscheinen als Räume, in denen sich bestimmte politische und soziale Ausprägungen der Moderne früher und zunächst auch radikaler zeigten als in Europa [LAAK 2006, 7.1]. Am Beispiel des Deutschen Reichs hat Pascal Grosse etwa argumentiert, dass die Kolonien „das Reißbrett" darstellten, „auf dem der deutsche bürgerliche Nationalstaat eine neue Herrschaftsform entwarf, die auf einem ‚modernen' biologistischen Gesellschaftsverständnis beruhte und eine eigene Synthese von Expansions- und Rassenpolitik herstellt" [GROSSE 2000, 7.4, S. 10 f.; vgl. auch: LERP 2016, 7.4]. Andere Arbeiten haben auf die massive Umgestaltung der Natur in den Kolonien hingewiesen, die Flora und Fauna an vielen Orten unwiderruflich veränderten und ebenso in moderne Planungsvorstellungen eingeordnet werden können [GISSIBL 2016, 7.2; ROSS 2017, 7.1]. Allerdings bleiben auch Fragen: So ist der Nachweis, wie koloniale Ideen gleichsam nach Europa übergriffen und ob es sich überhaupt um genuine Kolonialideen handelte oder ob diese vielmehr Ausdruck des allgemeinen Denkens der Zeit waren, häufig nur sehr schwer zu führen. Darüber hinaus erscheinen manche Kolonialtechniken eher vormodern zu sein. Schließlich ist zu beachten, dass die Umsetzung vor Ort, wenn überhaupt, so doch oft nur unzulänglich gelang. Für einige Bereiche konnte gezeigt werden, dass auch im Zeitalter des Imperialismus Anspruch und Wirklichkeit weit auseinanderklafften. Das gilt ebenso für die konkrete Herrschaftsausübung vor Ort [Pesek 2005, 7.2; ders. 2006, 7.2] wie für die „moderne" wissenschaftliche Durchdringung der Welt. So mancher Forschungsreisende ordnete die vorgefundene Welt weniger unter seine westlich-wissenschaftlichen Kategorien, als dass er vielmehr selbst von der fremden Umgebung übermannt wurde [Fabian 2001, 7.4]. Für alle Ansätze, ob sie nun am Sozialimperialismus, dem Freihandelsimperialismus oder an der Kulturgeschichte orientiert sein mögen, gilt, dass auch die jeweiligen nationalen Besonderheiten nicht übergangen werden dürfen. So unübersehbar die verschiedenen imperialistischen Aktivitäten in ihren Strukturen und Verlaufsformen wichtige Gemeinsamkeiten aufweisen, so unterschiedlich konnten doch in vielen Fällen die jeweiligen Motive, Wege und Methoden sein.

Dass sich beispielsweise die Geschichte der Kolonialreiche außereuropäischer Großmächte in mancher Hinsicht von denjenigen der etablierten europäischen Kolonialmacht Großbritannien, in gewisser Weise auch Frankreichs, abhoben, ist naheliegend. Für Japan ist dabei regelmäßig auf die enge Kontinuität der territorialen Expansion vom ausgehenden 19. Jahrhundert bis zum Zweiten Weltkrieg hingewiesen worden [Myers/Peattie 1984, 7.2; Montgomery 1987, 7.2]. Bei den USA stehen z. B. der Zusammenhang mit dem Aufstieg zur außenpolitischen Weltmacht um 1900 oder ein langer allgemeiner amerikanischer „Imperialismus" von der kontinentalen Expansion seit der Staatsgründung bis zur wirtschaftlichen oder kulturellen Hegemonie des 20. Jahrhunderts im Zentrum [vgl. z. B. Immerwahr 2019, 7.2; sowie LaFeber 2013, 8.2]. Dass deren imperialistische Ambitionen besonderen Bedingungen unterstanden, gilt gleichfalls für kleinere europäische Staaten wie Belgien [z. B. Willequet 1962, 7.3; Vanthemsche 2007, 7.2], Portugal [vgl. Clarence-Smith 1985, 7.2; Birmingham 1999, 7.2] oder die Niederlande [z. B. Kuitenbrouwer 1991, 7.2; Goor 1997, 7.2; Koekkoek u. a. 2019, 7.2]. Deren imperialistische Manier unterschied sich zwar insgesamt nicht von derjenigen der gewichtigeren Konkurrenten, aber sie mussten beim territorialen Ausbau sowie der Sicherung ihres Kolonialreichs im späten 19. und frühen 20. Jahrhundert doch reservierter vorgehen als diese und konnten in der Regel nur mit Rückhalt bei einer oder mehreren Großmächten operieren. Einen Sonderfall bildete ebenso Öster-

Außereuropäische Kolonialmächte

reich-Ungarn. Identifiziert man mit Heinz Gollwitzer [GOLLWITZER 1982, 8.1, S. 19] „das bewußte Heraustreten aus dem Status einer europäischen Großmacht oder der außereuropäischen Isolierung (USA, Japan) und den Eintritt in das Kräftemessen der Weltmächte" als Ziel und damit als Kriterium imperialistischer Politik und lenkt man damit den Blick von ihren Symptomen auf ein zentrales Motiv, so wird man dieses nur eingeschränkt zu den imperialistischen Mächten rechnen können. Die Donau-Monarchie hat zwar „in südosteuropäischer Richtung und in der Auseinandersetzung mit dem Zarenreich einen begrenzten Imperialismus entwickelt", aber anders als beispielsweise ihr Rivale Russland den Schritt zur Weltmacht weder getan noch in vergleichbarer Weise angestrebt [ebd.]. Löst man sich von einer solch engen Definition einer „imperialistischen Macht", zeigt sich dennoch, dass Österreich-Ungarn in manchen Fällen, wie z. B. beim Boxerkrieg in China, zum einen durchaus weltpolitisch präsent war [LEHNER 2002, 7.2] und zum anderen die Habsburgermonarchie über koloniale Planungen, Suche nach Einflusssphären oder auch Expeditionen sowie wissenschaftliche Aktivitäten sehr wohl Teil der europäischen Kolonialgeschichte war [SAUER 2002, 7.2; KOTRBA 2015, 7.2]. Sonderfälle bilden ebenso Italien und das Deutsche Reich, die sich dann aber anders als Österreich-Ungarn und nicht zuletzt aus einem subjektiv empfundenen „Nachholbedarf" massiv an der europäischen Expansion im Hochimperialismus beteiligten.

Österreich-Ungarn und Imperialismus

Kolonialismus Italiens

Die italienische Kolonialpolitik im Zeitalter des Imperialismus ist inzwischen gut erforscht [umfassend: LABANCA 2002, 7.2; ARUFFO 2003, 7.2; RANDAZZO 2006, 7.2; CALCHI NOVATI 2011, 7.2]. Auch wenn der Schwerpunkt der Forschung insgesamt auf der Kolonialpolitik des faschistischen Italiens in der Zwischenkriegszeit liegt, gilt dies ebenso für die erste Phase der Expansion vor 1914, also die Festsetzung am Horn von Afrika in den 80er und 90er Jahren [vgl. z. B. MARCUS 1975, 4.2; MESGHENNA 1988, 7.2; FINALDI 2017, 7.2] wie für die zweite Etappe, also die Inbesitznahme Libyens 1911/12 [MCGUIRE 2020, 7.2]. Über die Darstellung der diplomatischen und militärischen Ereignisse hinaus hat sich die Geschichtswissenschaft hier seit geraumer Zeit auch intensiver mit einzelnen Aspekten dieses Unternehmens befasst, so z. B. mit der Rolle der „Banco di Roma" [WEBSTER 1975, 7.2]. Hinsichtlich der Motive der italienischen Kolonialpolitik besteht in der Forschung weitgehend Einigkeit, dass deren ersten Gehversuche überwiegend außenpolitische Gründe hatten, also vor al-

lem durch das gespannte Verhältnis zu Frankreich bedingt waren
[SCHIEDER 1971, 7.2, S. 140–171; vgl. z. B. auch SETON-WATSON 1967, 4.2,
S. 114 ff.]. Das änderte sich mit der Niederlage der Italiener gegen
das äthiopische Kaiserreich bei Dogali (1887), in deren Gefolge die
Wiederherstellung des nationalen Prestiges zu einem entscheidenden Motiv des sich nunmehr stärker ausbildenden imperialistischen Denkens in Politik wie Öffentlichkeit wurde [FINALDI 2009,
7.3]. Eben dieses Prestigemoment sollte dann auch bei der Entscheidung zur Okkupation von Tripolis und der Cyrenaika eine erhebliche Rolle spielen, und zwar in zweifacher Hinsicht: Zum einen war
dieser Schritt von Ministerpräsident Giolitti nicht zuletzt als Demonstration nach Innen, gewissermaßen als Gegenbeweis gegen
den Vorwurf der Schwäche seines Reformkurses gedacht. Zum
zweiten aber lag in einer solchen Aktion die vielleicht letzte Möglichkeit der im zeitgenössischen Verständnis schwächsten europäischen Großmacht, sich dem Zug der Zeit entsprechend als „Weltmacht" zu profilieren und zu etablieren und damit zu verhindern,
dass Italien auf das Niveau einer mittleren Macht absank. In diesem
Sinne hat vor allem Richard J. B. Bosworth von dem „miasma of
shoddy imitation" [BOSWORTH 1983, 8.6, S. 141] gesprochen und darauf
hingewiesen, „that Italy, the least of the Great Powers, tried and
was permitted to behave internationally as did the more genuine
Great Powers, whose strength was based on the sinews of military,
naval or industrial might and not merely on an idea of greatness"
[BOSWORTH 1979, 8.2, S. 418; vgl. ebd., 8.2, S. 164]. Außenpolitisches
Prestige und Statusdenken in Verbindung mit einer auch in Italien
inzwischen stark und in der Öffentlichkeit sehr hörbar gewordenen
Kolonialbewegung können so bis heute als die wichtigsten Impulse
für den Angriff auf Libyen gelten [siehe auch: MICHELETTA/UNGARI
2013, 7.2]. Dass Italien die Invasion in Libyen überdies zu einer Zeit
gelang, in der sich, wie soeben die gescheiterte deutsche Aktion in
Marokko gezeigt hatte, die weltpolitischen Rivalitäten angesichts
des immer knapper werdenden zu „verteilenden" Raumes erheblich zuspitzten, lag nicht zuletzt in dem Umstand begründet, dass
das Königreich in militärischer und wirtschaftlicher Hinsicht in den
Hauptstädten der anderen Großmächte kaum als ernsthafter Rivale
gesehen wurde. Auch im italienischen Fall hat sich die Forschung
über solche klassischen Themen der Imperialismusgeschichte hinaus inzwischen Fragen der Erinnerung an das Kolonialreich sowie
nach einer „kolonialen Kultur" zugewandt. Ähnlich wie im noch zu

> Invasion in Libyen

> Kolonialkultur in Italien

besprechenden deutschen Fall haben Historiker:innen des italienischen Kolonialreichs eine Phase des relativen Vergessens des eigenen Kolonialreichs nach dessen abruptem Ende in Folge des Zweiten Weltkriegs ausgemacht und gleichzeitig auf die erhebliche Bedeutung der kolonialen Erfahrungen für längerfristige italienische Identitäts-, Überlegenheits- bzw. Rassediskurse, aber auch in Wissenschaft, Literatur und Kunst hingewiesen [PALUMBO 2003, 7.4; ANDALL/DUNCAN 2005, 7.2; FINALDI 2009, 7.4].

Deutscher Imperialismus Zielgebiete, Wege und Methoden des deutschen Imperialismus dürfen inzwischen als ausführlich dargestellt und analysiert gelten. Schon die Sammlung einschlägiger Gesamtdarstellungen der Geschichte der deutschen Kolonialpolitik ist beachtlich. Seit den anlässlich des „Jubiläumsjahres" 1984/85 erschienenen Arbeiten [z. B. STELTZER 1984, 7.2; SCHINZINGER 1984, 7.2; GRÜNDER 2018, 7.2], sind hier noch einmal weitere hinzugekommen [LAAK 2005, 7.2; SPEITKAMP 2005 7.2; CONRAD 2019, 7.2]. Ergänzt werden sie einerseits von einer Fülle von Studien zum deutschen Imperialismus in den für die informelle Expansion wichtigen Regionen und Ländern der Erde, wie z. B. in China und im Pazifik, dem Osmanischen Reich, hier nicht zuletzt in Palästina, in Persien oder in Marokko, sowie andererseits zahlreichen Untersuchungen zu den Begleiterscheinungen bzw. Methoden dieses Engagements, etwa der Militärhilfe [z. B. WALLACH 1976, 7.2; KASKE 2002, 7.3], der Kulturpolitik [KREISSLER 1989, 7.2], der Kolonialmission [BADE 1982, 7.2; GRÜNDER 1982, 7.2; HASSELHORN 1988, 7.2; GRÜNDER 1992, 7.1], der mit der kolonialen Welt befassten Wissenschaften [RUPPENTHAL 2007, 7.4; BAUCHE 2017, 7.4] oder dem Recht in den Kolonien [SCHAPER 2012, 7.4]. Schließlich haben sich die Historiker:innen auch mit der Geschichte einzelner deutscher Kolonien beschäftigt, insbesondere mit den „Musterkolonien" Togo [SEBALD 1988, 7.2; ERBAR 1991, 7.2] und Kiautschou [MÜHLHAHN 2000, 7.2], aber z. B. auch mit Deutsch-Ostafrika [PESEK 2005, 7.2] oder den Marianen [HARDACH 1990, 7.2].

Schwerpunkte der Forschung Überblickt man die (sehr rege) jüngere Forschung zum deutschen Imperialismus, sind in der Fülle der Fragestellungen insbesondere drei Schwerpunkte zu betonen. Zum einen ist einmal mehr die Frage nach dem nationalen Vergleich, insbesondere anhand des britischen Beispiels, gestellt worden. Dabei gehen die meisten Interpreten davon aus, dass sich der deutsche Imperialismus nicht grundlegend von dem der führenden Kolonialmacht unterschied. Das gilt für die Bilder, die man sich von den Einheimischen machte

[TREPSDORF 2006, 7.1], es gilt aber etwa auch, folgt man der These von Rolf Hobson, für das seestrategische Denken [HOBSON 2004, 7.2]. Russell A. Berman hat sogar von einem „nachgeahmten" Imperialismus gesprochen, in dem die Deutschen versuchten, die Gleichstellung mit den anderen, vor allem mit den Briten, zu erreichen [BERMANN 2003, 7.2, S. 19–32]. Auch bei anderen Themen, z. B. den intensiven Kontakten der Kolonisatoren vor Ort oder dem Umgang mit anderen Religionen in den Kolonien, ist der deutsch-britische Zusammenhang ein vielgenutzter Ansatz [LINDNER 2011, 7.3; GOTTSCHALK 2017, 7.1].

Die bereits angesprochenen Kolonialkriege, die das Deutsche Reich geführt hat, sind ein zweiter wichtiger Schwerpunkt der Forschung. Neben dem sogenannten Maji-Maji-Krieg in Deutsch-Ostafrika [NUHN 1998, 7.3; BECKER/BEEZ 2005, 7.3] steht der Krieg in Deutsch-Südwestafrika gegen Herero und Nama im Mittelpunkt. Zu ihm liegt inzwischen eine Fülle von Publikationen vor; der Forschungsstand lässt sich wie folgt zusammenfassen: Die meisten Historiker:innen stimmen darin überein, dass die deutsche Kriegführung als Völkermord zu bezeichnen ist. Gleichzeitig ist der Krieg, blickt man etwa auf den britischen, belgischen oder auch amerikanischen Imperialismus, zeitgenössisch nicht ohne Beispiel [z. B.: KRAMER 2006, S. 169–210, 7.3]. Und schließlich wird auch bei diesem Thema versucht, die afrikanische Perspektive stärker zu berücksichtigen und zu erforschen [u. a.: KRÜGER 1999, 7.2; ZIMMERER/ZELLER 2003, 7.3; KUNDRUS 2005, 7.3; Forschungsüberblick z. B.: REITER 2004, 7.3].

Deutsche Kolonialkriege

Was den Genozid-Charakter des Krieges in Deutsch-Südwestafrika anbelangt, ist immer wieder nach dem Bezug zum Nationalsozialismus gefragt worden. U. a. Jürgen Zimmerer hat in einer ganzen Reihe von Publikationen die These vertreten, wonach es zwischen dem Genozid in Namibia und dem Kolonialismus insgesamt auf der einen Seite sowie dem nationalsozialistischen Völkermord an der jüdischen Bevölkerung Europas und dem deutschen Vernichtungskrieg in Osteuropa im Zweiten Weltkrieg auf der anderen Seite eine enge historische Verbindung gegeben habe. Die nationalsozialistische Vernichtungspolitik habe entscheidende Elemente von Ideologie und Herrschaftstechniken aus den Kolonien nach Europa und insbesondere auf Osteuropa übertragen. [z. B. ZIMMERER 2003, 7.3, S. 62 f.; ZIMMERER 2004, 7.4, S. 29; ZIMMERER 2011, 7.4]. Eine solche unmittelbare Herleitung der NS-Politik aus dem Imperialismus ist in der Forschung allerdings überwiegend auf Skepsis gestoßen.

Imperialismus und Nationalsozialismus

Zwar existieren, so das Argument, ohne Zweifel Parallelen und es mögen in bestimmten Fällen auch direkte Übertragungen vorgekommen sein, den Imperialismus auf diese Weise zum primären historischen Bezugspunkt der nationalsozialistischen Verbrechen zu machen, führt aber zu weit. Sowohl der Holocaust als auch der NS-Vernichtungskrieg müssen aus einem sehr viel komplexeren Ursachenbündel heraus begriffen werden, als es solche Erklärungen vermögen. Das gilt insbesondere für den dem nationalsozialistischen Völkermord an der jüdischen Bevölkerung zugrunde liegenden Antisemitismus, der sich eben nicht als Teil eines kolonialen Rassismus erklären lässt, sondern eigene Traditionen und Formen besaß [zur Diskussion: Kühne 2013, 7.4; Kundrus 2006, 7.4; Gerwarth/ Malinowski 2007, 7.4]. In jüngerer Zeit ist die Debatte auch noch einmal international erweitert worden und es ist insgesamt – etwa im Rahmen einer „vergleichenden Genozidforschung" [z. B. Moses 2008, 7.4, sowie Moses 2021, 7.4] – nach dem Verhältnis zwischen Shoa und europäischem bzw. westlichem (nicht allein deutschem) Kolonialismus gefragt worden. Gegenüber der daraus entstehenden Gefahr, beide Menschheitsverbrechen in einer Art „Opferkonkurrenz" gegeneinander auszuspielen, hat der amerikanische Literaturwissenschaftler Michael Rothberg das Konzept einer multidirektionalen Erinnerung entwickelt. Das Gedenken an den Holocaust und an die Verbrechen des Kolonialismus bis hin zum Genozid stünden nicht in Konkurrenz zu einander, vielmehr habe die Erinnerung an den Holocaust, so die These Rothbergs, das Gedenken an andere Verbrechen ermöglicht wie auch umgekehrt während der Auflösung der Kolonialreiche in den Jahrzehnten nach 1945 „sich das Holocaustgedenken im Dialog mit den dynamischen Veränderungen und facettenreichen Kämpfen entwickelte, die das Zeitalter der Dekolonialisierung prägten" [Rothberg 2021, 7.4, S. 31]. Andere Interpreten sind skeptischer geblieben, was die Auflösung der Gefahr einer möglichen (und immer auch politisch aufgeladenen) Konkurrenz zwischen dem Gedenken an Kolonialverbrechen sowie dem Holocaust anbelangt. Und so hat Steffen Klävers am Ende einer sehr eingehenden Analyse der entsprechenden Debatten zum einen festgestellt, dass postkoloniale Ansätze „trotz aller Kritikpunkte einen erheblichen und wichtigen wissenschaftlichen Beitrag dazu geleistet" hätten, „die Geschichte europäisch-kolonialer Gewalt in all ihren Facetten sichtbarer und begreifbar zu machen." Dass diese „Sichtbarmachung" allerdings mit einer „‚Unsichtbarmachung' der Spezi-

„Vergleichende Genozidforschung"

fika des Holocausts" einhergehe, sei „wissenschaftlich und politisch" problematisch. „Das Judentum war in der nationalsozialistischen Wahrnehmung weder ‚Kolonialmacht' noch ‚koloniales Anderes', sondern die abstrakte, unsichtbare und übermächtige ‚Gegenrasse', auch wenn es sicherlich, wie auch in anderen Fällen, Überschneidungen in den verwendeten Bildern gibt" [KLÄVERS 2019, 7.1, S. 223 f.].

Generell ist für die deutsche Geschichte in den letzten Jahren schließlich die große Bedeutung der „kolonialen Erfahrung" betont worden. Zwar war die Geschichte des formalen deutschen Kolonialreichs nur kurz, sie hat aber, folgt man weiten Teilen der Forschung, tiefe Spuren hinterlassen. Das gilt zunächst für das Kaiserreich selbst. Wichtige Ideenbestände der Zeit sind hier in ihrem Bezug zum Imperialismus ebenso untersucht worden [z. B. Rasse und Rassismus: GROSSE 2000, 7.4; BECKER 2004, 7.2; Geschlechterkonstruktionen: WALGENBACH 2005, 7.4; DIETRICH 2006, 7.4; DIETRICH 2007, 7.4; übergreifend: KUNDRUS 2003, 7.2] wie die Frage nach der Präsenz von kolonialen Phänomenen in Presse, Literatur, Museen und Ausstellungen oder auch in Konsumkultur und Kino. [HONOLD/SIMONS 2002, 7.4; HONOLD/SCHERPE 2004, 7.4; HEYDEN/ZELLER 2002, 7.4; ZELLER 2008, 7.4; FUHRMANN 2015, 7.4]. Imperialismus wird hier als wichtiger und integraler Bestandteil der zeitgenössischen Weltsichten verstanden. Darüber hinaus wird aber auch gefragt, welche Spuren über den Ersten Weltkrieg hinaus die koloniale Erfahrung in der deutschen Gesellschaft hinterlassen hat [siehe v. a. eine Reihe von Beiträgen in: KUNDRUS 2003, 7.2]. Hintergrund solcher Arbeiten ist die Einsicht, dass Deutschland sehr viel mehr in die europäische Kolonialtradition eingebunden war, als es vielen heute bewusst ist und es die Vorstellung einer vermeintlich kurzen Kolonialgeschichte lange nahegelegt hat [zu Kontinuitäten bis in die Bundesrepublik hinein etwa: VAN LAAK 2004, 7.2]. Deutsche Unternehmer, Forscher und Wissenschaftler waren vor, nach und auch während der Phase des formalen deutschen Kolonialreiches in koloniale Unternehmungen anderer europäischer Länder eingebunden und wurden auf diese Weise Teil der europäischen Expansion [VON BRESCIUS 2019, 7.4]. Als Beispiel können aber auch die sogenannten Benin-Bronzen genannt werden, die im Zuge eines britischen Kolonialkrieges 1897 aus der Hauptstadt des nord-nigerianischen Königreichs Benin geraubt wurden, die aber anschließend in großer Zahl ihren Weg in deutsche ethnologische Sammlungen fanden. Die zu Beginn des 21. Jahrhunderts

„Koloniale Erfahrung"

insbesondere auch an den Artefakten aus Benin verstärkt geführte Debatte um die Rückgabe kolonialen Raubgutes betraf so deutsche Museen ganz unabhängig davon, ob deren Bestände mit der Expansion des Kaiserreichs direkt zu tun hatten oder nicht, und machen eindringlich die grundlegend europäische Dimension des Imperialismus und Kolonialismus samt ihrer Auswirkungen bis heute deutlich [zur Geschichte von Rückgabeforderungen von kolonialem Raubgut u. a.: Savoy 2021, 7.4; Sieg 2021, 7.4]. An entsprechende Diskussionen anknüpfend, zählt inzwischen gerade die Erinnerung an das Kolonialreich nach dem Zweiten Weltkrieg und bis heute zu einem der wichtigen Forschungsgegenstände zum deutschen Imperialismus bzw. der deutschen Beteiligung an der europäischen Expansion [für viele: Zimmerer 2013, 7.4]. Die These einer regelrechten kolonialen Amnesie in Deutschland nach 1945 lässt sich allerdings wohl so nicht halten. Der kaiserliche Kolonialismus war auch in der frühen Bundesrepublik durchaus präsent, allerdings in anderen Formen – und vor allem weniger kritisch – als dies vor allem ab den 2010er Jahren der Fall war. [Albrecht 2008, 7.4].

Was für das Deutsche Reich gilt, lässt sich ebenfalls am britischen Beispiel beobachten. Auch hier rückten seit den 1990er Jahren zunehmend die öffentliche Verständigung über den Imperialismus, die Praktiken vor Ort, oder die Rückwirkungen auf das Mutterland ins Zentrum der Forschung. Für die wichtigste Kolonialnation liegt dabei mit der „Oxford History of the British Empire" seit den späten 1990er Jahren eine monumentale Gesamtdarstellung vor, die selbstverständlich auch das späte 19. und frühe 20. Jahrhundert umfasst [Band 3 und 4, 2001, 7.2; außerdem Band 5 zur Historiographiegeschichte des Empires 2007, 7.2]. Hinzu kommen die chronologische Hauptserie begleitende, systematische Bände, etwa zur irischen Frage, zu „Gender and Empire" oder zu Kanada im britischen Kolonialreich [Buckner 2010, 7.2; Kenny 2004, 7.2; Levine 2004, 7.2]. Konzeption und Darstellung der „Oxford History of the British Empire" sind aber auch angegriffen worden. Eine Richtung der britischen Kolonialgeschichtsschreibung, die sich als „New Imperial History" begreift, hat ihr eine zu starke Orientierung an der europäischen Perspektive und eine Vernachlässigung kultureller Aspekte vorgeworfen. Die entsprechende Programmschrift konzentriert sich auf die Zeit bis 1840 [Wilson 2004, 7.2], aber auch für das Zeitalter des Imperialismus sind inzwischen eine Vielzahl von Studien zu kulturhistorisch orientierten Themenfeldern wie Identität und Imperialismus, Moderne bzw. Wissenschaft und Imperialismus oder die Präsenz des Empire im Alltag erschienen [COHN 1996, 7.4; GIKANDI 1996, 7.4; KREBS 1999, 7.4; BALLANTYNE 2002, 7.2; HALL/ROSE 2006, 7.4; LAMBERT/LESTER 2006, 7,4; mit konzeptionellen Beiträgen zudem: HOWE 2010, 7.1]. Wie bereits erwähnt, ist dabei nicht unumstritten, wie stark der Imperialismus das Leben der Menschen in Großbritannien tatsächlich prägt [CANNADINE 2001, 7.4; PORTER 2004, 7.4; BEAVEN 2012, 7.2]. Angesichts der enormen Ausdehnung des britischen Kolonialreichs überrascht es nicht, dass der wichtige Zusammenhang von erster Globalisierung und Imperialismus am British Empire besonders intensiv untersucht worden ist [POTTER 2007, 5.6; MAGEE/ THOMPSON 2011, 6.3; THOMAS/THOMPSON 2014, 7.1; INIKORI /O'BRIEN 2022, 7.1]. Gerade die Entwicklungen der Telekommunikation zeitigten aber auch ambivalente Ergebnisse. Sie verstärkten ohne Zweifel das Empire als Informationsraum [STANDAGE 2014, 5.6], bildeten aber gleichzeitig Voraussetzungen zum Zusammenwachsen seiner Teile, was insbesondere für Indien untersucht worden ist [MANN 2017, 5.6].

Der russische Imperialismus ist zunächst eher stiefmütterlich behandelt worden. Der ihm eigene Charakter der kontinentalen Expansion, also die Ausdehnung des Machtbereichs auf die unmittelbar an das Zarenreich angrenzenden Gebiete, schien mit dem Grundzug kolonialer Expansion im Zeitalter des Imperialismus, dem Ausgreifen nach Übersee, nur vergleichsweise wenige Gemeinsamkeiten zu haben. Eine erste Änderung dieser Sichtweise bahnte sich in den 1950er Jahren, wohl nicht zuletzt unter dem Eindruck der sowjetischen Außenpolitik seit 1939 bzw. 1945, an. Das wissenschaftliche Interesse galt und gilt dabei zunächst den Hauptstoßrichtungen des russischen Imperialismus, also neben dem Nahen und Mittleren Osten sowie Südosteuropa vor allem Zentralasien [z. B. PIERCE 1960, 7.2] und – jedenfalls bis zum Ausbruch des russisch-japanischen Krieges – dem Fernen Osten [z. B. MALOZEMOFF 1958, 7.3]. 1977 hat Dietrich Geyer eine umfassende Darstellung und Analyse des russischen Imperialismus vorgelegt, die bis heute für die Forschung von Bedeutung ist [GEYER 1977, 7.2]. Darin misst er dem bereits skizzierten „innerrussischen Krisensyndrom" und den u. a. daraus resultierenden „irrationale[n] Bedrohungsgefühlen" als antreibenden Kräften eine vergleichsweise hohe Bedeutung bei [ebd., 7.2, S. 257]. Insofern einerseits der Konzeption des Sozialimperialismus verpflichtet, stellt Geyer doch andererseits auch den Faktor des Prestiges, d. h. den Willen insbesondere der führenden

Russischer Imperialismus

Schichten des Zarenreiches als zweites wichtiges Motiv deutlich in den Vordergrund, das Land nach der Niederlage im Krimkrieg als gleichwertige Großmacht zu rehabilitieren und im Zeitalter des Imperialismus als Weltmacht zu etablieren. Dass gerade angesichts der, wie er schrieb, wirtschaftlichen „Rückständigkeit des agrarischen Russland" ökonomische „Profitinteressen" eine allenfalls untergeordnete Rolle gespielt haben [ebd., 7.2, S. 13 bzw. S. 257], steht für Geyer außer Frage. Insbesondere nach dem in wirtschaftlicher Hinsicht ruinösen Krieg gegen Japan sah sich die Regierung zu einem konsequent betriebenen „Finanzimperialismus" weitgehend außerstande, und auch den Aufforderungen an die Adresse russischer Banken und Unternehmen, sich verstärkt auf diesem Felde zu betätigen, war kaum Erfolg beschieden: „In the territories peripheral to Russia's Asiatic border by 1914, political action was being taken in proportion to the extent to which the foundations of Russia's commercial position was threatened" [SPRING 1979, 7.2, S. 319].

„Imperiums"-Geschichte

Zu einem weiteren Aufschwung von Forschungen zum russischen Imperialismus kam es seit den 1990er Jahren [z. B. BROWER/LAZZERINI 1997, 7.2; SUNDERLAND 2004, 7.2; BURBANK u. a. 2007, 7.2; vgl. auch die seit 2000 in russischer und englischer Sprache erscheinende Zeitschrift „Ab Imperio"]. Im Zentrum vieler Arbeiten steht der Begriff des „Imperiums". Verfolgt wird, wie sich die Vorstellung eines geeinten großen Herrschaftsraums bildete, der schließlich auch große asiatische Gebiete umfasste, wie es überhaupt gelang, die großen geographischen Räume technisch wie mental „in Besitz" zu nehmen, und wie sich das Verhältnis zwischen Metropole („Zentrum") und den häufig weit entfernten Provinzen („Peripherie") in diesem Zusammenhang gestaltete. Zwei Besonderheiten des russischen Imperiums sind dabei betont worden. Zum einen spielte im russischen Fall stärker als bei den westeuropäischen Imperien der über- bzw. multinationale Charakter des Reichs eine Rolle. Es ist insofern immer wieder mit Reichsvorstellungen in der Habsburgermonarchie oder dem Osmanischen Reich verglichen worden [zum Vergleich von „Imperien": MILLER/RIEBER 2004, 7.1]. Der „Imperiums"-Begriff kann unter solchen Bedingungen dann ebenso auf das Verhältnis von Zentrale und Behörden vor Ort in Polen wie in Zentralasien angewandt werden [ROLF 2015, 4.2; MORRISON 2020, 7.2, grundlegend: KAPPELER 2019, 4.2]. Zum anderen stellt sich in der russischen Geschichte das Problem der Kontinuität von imperialen Vorstellungen noch stärker als in anderen Fällen. Die Frage ist, inwieweit eine koloniale bzw. imperiale Dimension russischer Geschichte existiert, die vom vormodernen Russland über das Zarenreich des 19. und frühen 20. Jahrhunderts bis zur Sowjetunion und zum heutigen nachsowjetischen Russland reicht [z. B. BABEROWSKI 1999, 7.2; AUST 2003, 7.2; KIVELSON/SUNY 2017, 7.2]. In anderen Bereichen bestätigen die Ergebnisse jüngerer Studien zum russischen Imperialismus Resultate der allgemeinen Forschung zu den Kolonialreichen im Hochimperialismus, etwa wenn darauf hingewiesen wird, wie begrenzt die Machtressourcen an der Peripherie sein konnten [MORRISON 2008, 7.2].

Von allen Imperialismen, so formulierte Gilbert Ziebura 1971, sei der französische „am schwersten zu erklären" [MOMMSEN 1971, 7.1, S. 85]. Der Grund ist wohl in der Vielzahl und zugleich in der Heterogenität seiner Motive zu sehen. Allerdings wurde sich die Forschung bald weitgehend in dem Befund einig, dass eine Hauptantriebskraft des französischen Imperialismus in der nationalen Komponente, d. h. in der Wiederherstellung des 1870/71 empfindlich angeschlagenen Großmachtprestiges, zu sehen ist. Solchermaßen hatte der Auf- bzw. Ausbau des Kolonialreiches vor allem die Funktion, die Stellung des Landes als Großmacht auf dem Kontinent insbesondere gegenüber der traditionellen Weltmacht Großbritannien und der aufsteigenden Wirtschafts- und Militärmacht Deutschland relativ aufzuwerten: „After 1870 colonialism existed not only for the acquisition of colonies, but also for the revitalisation of France, and after the defeat by Prussia, France needed all the resources she could muster in reestablishing her place in the European community of nations" [Cooke, 1973, 7.2., S. 172; vgl. z. B. auch BAUMGART 1975, 7.2, S. 129; CHIPMAN 1989, 7.2, S. 256 f.].

Probleme der französischen Kolonialgeschichte

Damit verliert ein zweites Motiv, dem im Zuge der Theoriediskussion im Allgemeinen eine hohe Bedeutung zugemessen wird, auch im französischen Falle an Gewicht: Dem wirtschaftlichen Faktor kam, wie Henri Brunschwig [BRUNSCHWIG 1966, 7.2] oder Jean Ganiage [GANIAGE 1968, 7.2] gezeigt haben, eine lediglich sekundäre Stellung zu, ein Befund, der im Übrigen in den 80er Jahren auch von einigen Vertretern der marxistischen Geschichtsschreibung geteilt wurde [vgl. z. B. KLEIN 1980, 7.2, bes. S. 193]. Das zeitgenössisch, und ja nicht nur in Frankreich, häufig vorgetragene Argument, der Imperialismus sei profitabel, war, wie vor allem H. Brunschwig [BRUNSCHWIG 1966, 7.2, S. 183] zeigen konnte, ein Mythos: „It arose, despite evidence to the contrary – as such myths often do – under the pressure of a public opinion which refused to face facts." Damit wurde zugleich der Versuch gemacht, der an sich irrationalen Antriebskraft des Nationalismus eine rationale Legitimationsgrundlage zu verschaffen. Der Besitz der Kolonien war, aufs Ganze gesehen, ein Luxus, „und noch dazu ein teurer; aber die Frage nach der Rentabilität interessierte weder Regierung noch Öffentlichkeit. Er war ein Produkt der Prestigesucht und, wie immer in solchen Fällen, zutiefst irrational" [MOMMSEN 1971, 7.1, S. 98].

Kolonialkultur in Frankreich

Auch für Frankreich ist somit die Frage angesprochen, wie populär das Ausgreifen in die Welt war. Zwar gab es hier, wie überall, neben unterschiedlichen Vorstellungen von der eigenen Rolle in den Kolonien [DAUGHTON 2006, 7.2] auch ausgesprochene Kritiker und Gegner des Imperialismus [vgl. z. B. LIAUZU 2007, 7.2], und „[t]atsächlich war es nicht immer leicht für die jeweilige Regierungen, koloniale Projekte durch die Deputiertenkammer zu bringen" [ENGELS 2007, 4.2, S. 110]. Doch ist entgegen manch älterer Deutungen davon auszugehen, dass das Kolonialreich am Ende des „langen" 19. Jahrhunderts nicht nur in vielerlei Hinsicht im Alltag präsent war, sondern auch hohe Popularität erlangt hatte [vgl. LIAUZU/LIAUZU, 2002, 7.4]. Um 1890 waren somit „die Zweifel vieler Franzosen am *Empire* beseitigt" und auch in Frankreich „die Überseeexpansion Teil des nationalen Selbstverständnisses" geworden [ENGELS 2007, 4.2, S. 112]. Insbesondere kam es im französischen Fall, wie Nicolas Bancel, Pascal Blanchard und Sandrine Lemaire argumentiert haben, zu einer Verbindung zwischen republikanischer Identität und einer „culture coloniale", wobei die in Frankreich sehr wichtige Zivilisierungsidee, die „mission civilisatrice", eine große Rolle spielte [BANCEL u. a. 2006, 7.4; BLANCHARD u. a. 2011, 7.4]. Diese Vorstellung, dass Frankreich die Aufgabe habe, vermeintlich rückständige Gesellschaften durch Kolonisierung auf einen zivilisatorisch höheren Stand zu erheben, machte die Verknüpfung mit republikanischen, im Kern universalistischen Werten möglich, sie verhinderte aber selbstverständlich nicht, dass die koloniale Kultur Frankreichs ebenso von massivem Rassismus und Gewalt durchdrungen war [dazu z. B.: BROWER 2009, 7.4; zusammenfassend: MOLLENHAUER 2010, 7.3, S. 69–86.]

Koloniale Rivalität mit Großbritannien

Das gilt insgesamt wohl auch für den in diesem Zusammenhang zu sehenden Versuch Frankreichs, mit der etablierten Weltmacht Großbritannien gleichzuziehen, ja diese womöglich zu überflügeln. Wie aussichtslos ein solches Vorhaben freilich angesichts der begrenzten Machtverhältnisse der Dritten Republik sein musste, offenbarte sich spätestens in der Faschoda-Krise des Jahres 1898, deren Vorgeschichte, Verlauf und politische Konsequenzen Gegenstand zahlreicher Studien waren und sind [vgl. z. B. BATES 1984, 7.3; WIPPICH 1997, 7.3]. Eben hier nämlich wurden die Franzosen, und zwar „by superior force, not argument" [TAYLOR 1976, 7.3, S. 168] und gleichsam exemplarisch gezwungen, die englische Einfluss- und Interessensphäre anzuerkennen, eine Erfahrung, die in Frankreich nachgewirkt und zu grundsätzlichen Reflexionen über das weitere Procedere auf weltpolitischem Gebiet geführt hat. Insofern wird man sicher der Einschätzung W. Baumgarts zustimmen müssen, wonach Faschoda der „Ausgangspunkt der Entente Cordiale von 1904" und damit die „Wegscheide des französischen Imperialismus" gewesen ist [BAUMGARTS 1974, 7.2, S. 198].

Eine resümierende Betrachtung der jeweiligen nationalen Antriebskräfte des Imperialismus im Spiegel der Forschung lässt mithin den Schluss zu, dass den genuin inneren Antriebskräften vor 1914 wohl eine geringere Bedeutung zukam, als ihnen im Rahmen verschiedener Imperialismustheorien zugemessen wurde. Das gilt sowohl für den sozialen Aspekt als auch für den wirtschaftlichen, ganz unbeschadet der vergleichsweise großen Rolle, welche dieser im englischen Imperialismus gespielt hat. Dagegen wird man wohl den aufs engste miteinander verknüpften Motiven der Macht- und Prestige-Politik im allgemeinen einen hohen Stellenwert in der Skala der Antriebskräfte zusprechen müssen. Hinzu kommen gerade in der Anfangsphase der Expansionen im Zeitalter des Imperialismus die Machtstrukturen vor Ort, die keineswegs allein von den Europäern geprägt wurden. Hinzuweisen ist schließlich, bei allen nationalen Unterschieden, auf die wachsende Rolle von Kolonialbewegungen, die imperialistischen Forderungen gerade seit den 1880er Jahren in der jeweiligen Öffentlichkeit zunehmend Gewicht gaben. Überall in Europa, das zeigt die jüngere Forschung recht deutlich, war der Kolonialismus in der Zeit um 1900 populär sowie Teil einer nationalen kolonialen Kultur geworden. Dieser Befund darf allerdings nicht darüber hinwegtäuschen, dass es auch im Zeitalter des Imperialismus immer einen hörbaren Antiimperialismus gegeben hat. Von den brutalen Unterdrückungsmethoden oder der Korruption vor Ort ausgelöste Kolonialskandale erschütterten eigentlich überall die nationalen, teilweise auch die internationalen Öffentlichkeiten. Kolonialkriege blieben umstritten und führten in den eu-

Resümee

ropäischen Parlamenten zu heftigen Debatten, wie etwa im deutschen Reichstag mehrmals über den Vernichtungskrieg in Deutsch-Südwestafrika. Viele der bis heute erschreckenden Auswirkungen und Formen der europäischen Expansion im Zeitalter des Imperialismus war damit schon zeitgenössisch Gegenstand heftiger Kritik [zusammenfassend: STUCHTEY 2010, 7.1].

5 Diplomatie, Außenpolitik und Kriegsursachenforschung: Internationale Beziehungen und Staatensystem

Schwerpunkte und Phasen der „Kriegsursachenforschung"

Es ist keine Überraschung, dass die Frage nach den Gründen für den Ersten Weltkrieg von Beginn an zu den wichtigsten Schwerpunkten bei der Erforschung der internationalen Beziehungen im Zeitalter des Imperialismus zählte. Die sogenannte Kriegsursachenforschung lässt sich dabei grob in vier Phasen einteilen [Überblicksdarstellungen der Forschungsgeschichte u. a. in: JÄGER 1984, 8.6; LANGDON 1991, 8.6; MOMBAUER 2002, 8.6; vgl. auch KIEßLING 2014, 8.6]. Eigentlich von den ersten Kriegstagen an begannen in einer ersten Phase auf allen Seiten die Bemühungen, dem jeweiligen Kriegsgegner die Schuld am Ausbruch des Krieges zuzuweisen. Noch im Krieg wurden zu diesem Zweck erste Dokumentensammlungen, die sogenannten Farbbücher, herausgegeben, aus denen sich die eigene Unschuld und die Schuld der anderen ergeben sollten. Nach 1918 setzte sich dieser „Krieg der Dokumente" in allerdings veränderter Form fort. Beginnend mit der deutschen Edition „Die große Politik der europäischen Kabinette" wurden umfangreiche Aktendokumentationen zur Vorgeschichte des Krieges vorgelegt, die nun grundsätzlich wissenschaftlichen Standards folgten und bis heute eine breite Grundlage für die Forschung bieten, die in Einzelfällen durch Auslassungen oder die Auswahl und Anordnung der Dokumente aber weiterhin tendenziös blieben [ZALA 2001, 8.1; zur Diskussion des Quellenwerts außerdem: SCHÖLLGEN/KIEßLING 2009, 4.1, S. 107–113]. Zu dieser ersten Phase lassen sich auch die Pariser Friedensverträge rechnen, in denen etwa im berühmten Artikel 231 des Versailler Vertrages, dem sogenannten Kriegsschuldartikel, von den Alliierten „Deutschland und seinen Verbündeten" als Angreifern sowie als „Urheber aller Verluste und Schäden" die Kriegsschuld zugewiesen wurde. Entsprechende Passagen („Österreich und seine Verbündeten" bzw. „Ungarn und seine Verbünde") fanden sich ebenso in den Verträgen mit Österreich von St. Germain und mit Ungarn von Trianon. In der Folge bemühten sich dann vor allem deutsche Historiker im Zusammenspiel mit der Berliner Politik, die Unschuld des Deutschen Reichs am Kriegsausbruch von 1914 zu beweisen. Im Auswärtigen Amt wurde extra ein „Schuldreferat" eingerichtet, dass diese Bemühungen unterstützte. In der ebenfalls vom Auswärtigen Amt initiierten Zeitschrift „Die Kriegsschuldfrage: Berliner Monatshefte für internationale Aufklärung", die später in „Berliner Monatshefte" umbenannt wurde, schrieben ab 1923 auch namhafte deutsche Historiker gegen die vermeintliche alliierte „Kriegsschuldlüge" an [HEINEMANN 1983, 9.4]. Noch in der Zwischenkriegszeit wurde die Sache dann deutlich differenzierter, die zweite Phase begann. Amerikanische Diplomatie-Historiker wie Sidney B. Fays und William L. Langer, [FAY 1929–30, 8.6; LANGER 1962, 8.1; DERS. 1967, 8.3; DERS. 1968, 8.1] entwarfen in ihren ausführlichen Analysen ein deutlich komplexeres Bild der Kriegsursachen, das die These der deutschen Alleinschuld erheblich relativierte. Deutsche Historiker sprangen ihnen freudig bei und der ehemalige britische Kriegspremier Lloyd George lieferte mit seinem Wort, wonach die europäischen Nationen in den Krieg „hineingeschlittert" seien [GEORGE 1933, 2., z. B. S. 52–58], das viel zitierte Motto für einen neuen „comfortable consensus" [MOMBAUER 2002, 8.6, S. 105] in der Kriegsursachenforschung.

Die dritte Phase begann Ende der 50er Jahre mit den Arbeiten des deutschen Historikers Fritz Fischer: Dieser stellte 1959 zuerst in einem Aufsatz in der Historischen Zeitschrift und dann in zwei Büchern, „Griff nach der Weltmacht" von 1962 und „Krieg der Illusionen" von 1967, wiederum die deutsche Verantwortung in den Mittelpunkt [FISCHER 1977, 9.3; FISCHER 1978, 8.2]. Spätestens seit 1911/12 habe die Reichsleitung politisch-diplomatisch-militärisch gezielt den Krieg vorbereitet und trage, wenn nicht die Alleinschuld, so doch ganz weitgehend die Schuld am Kriegsausbruch. Deutschland, so Fischers Argumentation, habe den österreichisch-serbischen Krieg nicht nur gewollt, sondern durch den sogenannten „Blankoscheck", also die Versicherung der uneingeschränkten Bündnistreue gegenüber Österreich-Ungarn am 5./6. Juli, im Grunde überhaupt erst ermöglicht. Eben dieser Schritt dokumentierte in den Augen des Hamburger Historikers überdies die Bereitschaft des

Fritz Fischer

Deutschen Reiches, im Juli 1914 bewusst einen Krieg mit Russland und Frankreich in Kauf zu nehmen. Berlin habe nach den Erfahrungen der ersten Marokkokrise (1905), der bosnischen Annexionskrise (1908/09) sowie der zweiten Marokkokrise (1911) gewusst, dass jeder regionale Krieg in Europa, an dem eine Großmacht beteiligt war, die Gefahr eines allgemeinen Krieges „unvermeidbar nahe" habe heranrücken lassen müssen. Mehr noch, die Reichsleitung und der Kaiser hätten nach der zweiten Marokkokrise, und verstärkt seit dem Dezember 1912, nicht nur konsequent auf diesen allgemeinen Krieg hingearbeitet, sondern sie seien auch mit einem ausformulierten Kriegszielkatalog in die Auseinandersetzung hineingegangen, dessen letztes Ziel Fischer in der „Hegemonie Deutschlands über Europa" zusammenfassen zu können glaubte.

Fischer-Kontroverse

Die Thesen des Hamburger Historikers lösten eine gleichermaßen intensiv wie emotional geführte Debatte aus, die als „Fischer-Kontroverse" in die Geschichte eingegangen ist [vgl. Schöllgen 1986, 8.6, S. 386 ff.; Geiss 2003, 8.6] und bei der sich zunächst Gerhard Ritter, später Karl Dietrich Erdmann, Egmont Zechlin und Andreas Hillgruber als prominente Kontrahenten Fischers profilierten. Diese Kontroverse, an der sich allerdings nicht nur zahlreiche Historiker, sondern ebenso Teile der Öffentlichkeit engagiert beteiligten, darf heute ihrerseits als Teil der westdeutschen Nachkriegsgeschichte gelten. Die bundesdeutschen Historiker hatten sich gerade recht gemütlich in der These Lloyd Georges vom gesamteuropäischen „Hineinschlittern" eingerichtet und nun sollte das Reich plötzlich nicht nur am Zweiten (woran kein Zweifel bestand), sondern wiederum auch am Ersten Weltkrieg schuld sein. Die Schärfe der Debatte erklärte sich u. a. daraus, dass damit eine Kontinuität zwischen 1914 und 1939 verbunden war. Mehr implizit als explizit wurde anhand des Kriegsausbruchs von 1914 eigentlich über das „Dritte Reich" und seine Einordnung in die deutsche Geschichte gestritten. Die Fischer-Kontroverse trug so auch viel zu einer reflektiert-kritischen Sicht auf die nationale Geschichte über den Nationalsozialismus hinaus bei, wie sie einer demokratischen Kultur angemessen ist. Im Ergebnis bleibt festzuhalten, dass die aus intensiver Beschäftigung mit den Quellen erwachsenen Forschungen Fischers seitdem feste Bestandteile jeder Analyse der Außenpolitik des kaiserlichen Deutschland bilden, ganz gleich ob sich ihr Autor oder ihre Autorin den Thesen des Hamburger Historikers anschließt oder nicht [vgl. z. B. die Beiträge in: Schöllgen 1991, 8.2].

Insgesamt hat sich in diesen Auseinandersetzungen inhaltlich die Ansicht durchgesetzt, dass mit Blick auf den Juli bzw. August 1914 weder von einem Verteidigungskrieg gesprochen werden kann, wie das auf deutscher Seite insbesondere in der Zwischenkriegszeit und im Verlauf der Kontroverse von G. Ritter behauptet worden war. Noch wird man von einem deutschen Angriffskrieg sprechen können, von dem zunächst die alliierten Siegermächte des Ersten Weltkrieges und dann F. Fischer und seine Schüler ausgingen. Die heute vorherrschende Interpretation der Ereignisse wird man stattdessen dahingehend zusammenfassen dürfen, dass es sich bei der deutschen Politik in der Julikrise um eine hochriskante Krisenstrategie handelte, die die Möglichkeit eines großen Krieges bewusst in Kauf nahm, ohne diesen allerdings gezielt herbeiführen zu wollen [vgl. die grundsätzlich ähnlichen Darstellungen bei: NIPPERDEY 1992, 4.2, S. 687–699; ULLRICH 1997, 4.2, S. 255–263; HILDEBRAND 2008, 8.2, S. 302–315]. Innerhalb dieses Rahmens variieren dann allerdings die Deutungen. Am bekanntesten wurde A. Hillgrubers Formel vom „kalkulierten Risiko" der deutschen Reichsleitung. Danach habe es sich um den schließlich gescheiterten Versuch gehandelt, die „Konzeption eines kalkulierten Risikos zur Durchsetzung begrenzter machtpolitischer Veränderungen unter Ausnutzung von internationalen Krisensituationen" zu realisieren [HILLGRUBER 1977, 8.2, S. 92]. Andere Autoren haben von einem „risikoschwere[n] Kalkül" [HILDEBRAND 2008, 8.2, S. 314], einem „Vanbanquespiel" [FERGUSON 1999, 9.1, S. 197] oder einer – lediglich – „suggerierten ‚Kalkulierbarkeit' des Risikos" [WEHLER 2006, 4.2, S. 1161] durch die deutsche Führung gesprochen.

Ergebnis der Kontroverse

Im Verlaufe der 1980er Jahre wurde es um die Fischer-Kontroverse ruhiger und seit den 90er Jahren des 20. Jahrhunderts kann vom Beginn der vierten Phase in der Kriegsursachenforschung gesprochen werden. Diese hält im Kern bis heute an und zeichnet sich im Vergleich zu den Auseinandersetzungen zuvor vor allem durch eine erhebliche „Perspektivenerweiterung" [KIEẞLING 2014, 8.6, S. 6] aus. Diese besteht, grob zusammengefasst, insbesondere in drei Aspekten: Zunächst nahm nun die Konzentration auf das Deutsche Reich ab. Viele Arbeiten zeichneten sich stattdessen durch eine Multiperspektivität aus. Zum zweiten ist eine methodische Erweiterung erkennbar. Während die Fischer-Kontroverse mit dem Aufstieg sozialhistorischer Deutungen verbunden war, wurden nun kulturhistorische Deutungen wichtiger. Schließlich warf die Forschung eine

Perspektivenerweiterungen

Reihe systematischer Fragen auf, die zusammengenommen zu einem sehr viel differenzierteren und komplexeren Bild des Weges in den Krieg führten. Damit ist bereits deutlich geworden, dass das gerade in Deutschland im Umkreis des Gedenkjahres von 2014 an 100 Jahre Kriegsausbruch intensiv und kontrovers diskutierte Buch des australischen Historikers Christopher Clark über „Die Schlafwandler" in weiten Teilen eben diese seit längerem feststellbaren Forschungstendenzen aufgriff und in einer Gesamtdarstellung auf den Punkt brachte [CLARK 2013, 8.6]. Clarks Buch zeichnete sich nicht nur durch seine beeindruckende Multiperspektivität aus, sondern wies ebenso auf die vielen unterschiedlichen Stränge hin, die in den Krieg führten, ohne den Fehler zu begehen, diesen als unvermeidlich darzustellen. Seine Hauptthese von den schlafwandelnden europäischen Politikern wies vielmehr darauf hin, dass die Entscheidungsträger die Steuerung der Ereignisse auf dem Balkan ohne Not aus der Hand gaben und so nach und nach die Kontrolle über eine Dynamik verloren, die im Grunde bis zuletzt hätte verhindert werden können [der Forschungsstand dieser vierten Phase wird z. B. gut fassbar in: MULLIGAN 2010, 8.6; LEONHARD 2014, 9.1, S. 83–126; GESTRICH/POGGE VON STRANDMANN 2017, 8.6].

Unter den Ländern, deren Beitrag zum Kriegsbeginn verstärkt untersucht wurden, befindet sich mit an erster Stelle Österreich-Ungarn [z. B. KRONENBITTER 2003, 8.5; RAUCHENSTEINER 2013, 9.4]. Kein Zweifel besteht dabei an dem Willen der Wiener Regierung zum Krieg gegen Serbien. Für dieses Ziel war man, durch den deutschen „Blankoscheck" bestärkt, auch bereit, den allgemeinen europäischen Krieg zu riskieren. Die Haltung der österreichisch-ungarischen wie die der deutschen Regierung ähnelten sich in dieser Hinsicht stark. Oder wie es Günther Kronenbitter ausgedrückt hat: „Am wahrscheinlichsten ist, daß die Interessen von Wilhelmstraße und Ballhausplatz konvergierten, ohne daß eine der beiden Seiten manipuliert werden mußte" [KRONENBITTER 1996, 8.2, S. 162 f.]. Für die österreichisch-ungarische Politik bedeutet dies, dass sie den Krieg gegen Serbien „nahezu ohne Rücksicht auf die Folgen" zu führen entschlossen war [HÖBELT 1996, 8.3, S. 306].

Wenig anders gestaltete sich die Situation innerhalb der russischen sowie der französischen Regierung, die gleichfalls in den letzten Jahrzehnten verstärkt untersucht worden sind [SCHMIDT 2009, 4.2; MCMEEKIN 2011, 8.6; DERS. 2013, 8.6]. Auch hier zeigen sich wenig Ansätze zu einer Deeskalation in der Julikrise. Am wahrscheinlichsten ist vielmehr, dass sich die Entscheidungsträger in der französisch-russischen Allianz ebenso in einer harten Haltung gegenseitig bestärkten – und so den auch zeitgenössisch erkennbaren Risikokurs der Julikrise innerhalb des eigenen Bündnisses absicherten. Was für die russische Seite kaum umstritten ist [Canis 2011, 8.2, z. B. S. 679 u. 685], hat für Frankreich weiterhin zu Widerspruch geführt [siehe z. B. Krumeich 2011, 8.2]. Allerdings kann als gesichert gelten, dass zumindest Teile der französischen Führung den Zeitpunkt für einen Krieg im Sommer 1914 für relativ günstig hielten und entsprechend den russischen Partner, anders als zuvor, massiv unterstützten. Auch auf dem Balkan war die französische Diplomatie in den Monaten vor dem Kriegsausbruch im Sinne Russlands und gegen die österreichisch-ungarischen Ambitionen deutlich aktiver geworden und so ist 2020 im deutsch-französischen Vergleich festgestellt worden, dass beide Regierungen 1914 unter den Führungen Europas „nicht die geringsten Kriegstreiber" waren [König/Julien 2020, 4.2, S. 183]. Als Ergebnis der erneuerten Multiperspektivität lässt sich mithin zusammenfassen, dass sicherlich die deutsche Führung im Juli 1914 das Kriegsrisiko erheblich erhöhte, dass Ähnliches aber eben auch für die Regierungen in Wien und St. Petersburg und wohl auch in Paris gilt. Am wenigsten hat die Forschung dies für die Londoner Regierung angenommen, auch wenn die britische Politik ebenfalls in manchen Arbeiten offensiver gedeutet worden ist [Rose 2011, 8.2].

Der aus der Ausweitung der Perspektive auf andere Länder als das Deutsche Reich resultierende vergleichende Blick hat die große Risikobereitschaft der Regierungen im Sommer 1914 in den Vordergrund gerückt. Doch wie ist diese zu erklären? An dieser Stelle setzen die verstärkten kulturhistorischen Deutungen der vierten Phase an. Ein Themenkreis dreht sich um die Frage, welche kulturellen Dispositionen es gab, die auf den Krieg zuliefen. Ein früher Band hierzu erschien bereits 1986, der unter dem Titel „Bereit zum Krieg" der vermeintlichen oder tatsächlichen „Kriegskultur" vor 1914 nachspürte [Dülffer/Holl 1986, 5.7]. Johannes Burkhardt schrieb in den 1990er Jahren einen viel beachteten Aufsatz über das „Argument Geschichte" als ein Baustein zum Krieg [Burkhardt 1996, 8.6]. James Joll wiederum ging schon in den späten 60ern den „unspoken assumptions" der Entscheidungsträger nach [Joll 1968, 8.1]. 2014 plädierte Gerd Krumeich für eine intensivere Erforschung zeitgenössischer Kriegsbilder vor 1914 als einem wichtigen Element der Kriegs-

Kulturelle Faktoren

ursachenforschung [KRUMEICH 2014, 8.6, S. 13]. Doch auch in dieser Hinsicht sind wir inzwischen gut informiert. In mehreren Arbeiten ist die bis dahin weit verbreitete These entkräftet worden, die Menschen hätten vor 1914 eine vor allem an früheren Kriegen orientiert, und damit anachronistische Vorstellung von künftigen Großkonflikten gehabt und grundsätzlich an einen kurzen Krieg geglaubt [so noch: FARRAR 1973, 8.2 bzw. BURKHARDT 1996, 8.6]. Sicher sahen die verantwortlichen Akteure den kommenden Krieg nicht in allen schrecklichen Einzelheiten voraus. Dass es sich aber um einen Krieg neuer Qualität mit in vielerlei Hinsichten schrecklichen Folgen, ja um einen „Existenzkampf" handeln würde, das war den meisten klar [DÜLFFER 1998, 8.5; CHICKERING 2007, 8.6]. Darüber hinaus wurde der veränderte Charakter des Krieges als eine jüngere Entwicklung angesehen, der auch in die politischen Kalküle einzubeziehen war. „Ich denke, noch vor zwanzig Jahren hätten wir in solch einer Krise bereits Krieg gehabt", schrieb der britische Diplomat Maurice de Bunsen auf dem Höhepunkt der Balkankrise in einem privaten Brief, „aber die Leute stürzen sich heute nicht mehr so bereitwillig in einen Krieg". Sein russischer Kollege Anatoli Neratov argumentierte in der Marokkokrise von 1911 ebenfalls, dass Deutschland keinen Krieg riskieren würde, „da es wusste, dass Krieg heutzutage kein tête-à-tête sein würde" [Zitate siehe: KIEẞLING 2014, 8.6, S. 9]. Das Kriegsbild, davon lässt sich ausgehen, hat vielen Beteiligten den Kriegsentschluss von 1914 erschwert.

Damit sind neue systematische Aspekte berührt, die in der bis heute anhaltenden vierten Phase der Kriegsursachenforschung diskutiert wurden. Zum Beispiel wurde durch die kulturhistorischen Forschungen auf der einen Seite und die gleichzeitige Aufmerksamkeit für die Krisenkalküle der einzelnen Regierungen in der Julikrise auf der anderen Seite einmal mehr deutlich, dass ein angemessenes Verständnis der dramatischen Entwicklungen des Juli und August 1914 nur möglich ist, wenn sich die historische Analyse nicht auf das unmittelbare Vorfeld der Julikrise, also auf die Jahre 1911/12–14 konzentriert. Vielmehr ist das 19. Jahrhundert insgesamt mit seinen vielfältigen und, wie die orientalische Frage zeigt, häufig lange nachwirkenden Spannungen, Krisen und Konflikten in vielem als ein „langer Weg in die Katastrophe" zu betrachten [GEISS 1991, 8.6]. Mit anderen Worten: 1914 hatte sich seit längerem ein kriegerisches Potential aufgebaut, das die militärische Auseinandersetzung zu einer realen Möglichkeit werden ließ. Dazu hatten ideen- und mentalitätshistorische Entwicklungen ebenso beigetragen wie bestimmte Strukturen des internationalen Systems, wie Bündnislogiken und Aufrüstung. Ein solches Verständnis der Ereignisse kann und will freilich die Akteure nicht der Verantwortung für ihre – wenn auch in mancher Hinsicht vorgezeichneten, so aber eben doch bewusst und willentlich getroffenen – Entscheidungen entheben. Neben längerfristigen Entwicklungen und Strukturen müssen somit auch kurzfristige diplomatisch-politische Entscheidungen in die Analyse des Kriegsausbruchs einbezogen werden. Erst die Beachtung der „Potentialität" wie der „unmittelbaren Vorgänge des Sommers 1914" [Afflerbach 2002, 8.3, S. 826 bzw. 817] machen eine zufriedenstellende Analyse der Kriegsursachen möglich.

Aber auch dann bleibt der Kriegsausbruch von 1914 eines der komplexesten Ereignisse der neueren Geschichte. Stig Förster hat, bezogen nicht nur, aber vor allem auf die deutsche Führung, gar von einem „Reich des Absurden" gesprochen, bei dem sich manche Entscheidungen der rationalen Erklärung entzögen [Förster 2000, 8.6, S. 213]. Andere Deutungen haben gerade die Komplexität und scheinbare Widersprüchlichkeit der Ereignisse zum Ausgangspunkt gemacht. So hat Joachim Radkau ein Problem vieler Erklärungsversuche darin gesehen, dass diese davon ausgingen, dass es eine „klare Linie" oder auch nur identifizierbare „feste Positionen" gegeben habe [Radkau 1998, 4.2, S. 416 f.]. Man müsse demgegenüber mit wechselnden, sich widersprechenden Einstellungen sogar in ein und derselben Person rechnen [vgl. ebd., S. 417]. In diesem Sinne waren viele Erklärungsversuche des Kriegsausbruchs von 1914 vielleicht zu sehr auf die Rekonstruktion eines geraden, zweckrational-folgerichtigen Weges in den Krieg konzentriert. Gerade die Anerkennung und Berücksichtigung unterschiedlicher Entwicklungen mag dagegen neue Erklärungsmöglichkeiten erschließen [vgl. Kießling 2004, 8.6] und die Gefahr einer „Überdeterminierung" des Kriegsausbruchs von 1914 im Bild der Forschung vermeiden [Münkler 2013, 9.1, S. 14].

Komplexität der Ereignisse

Ein Beispiel sind die in Teil I erwähnten Entspannungsbemühungen der letzten Friedensjahre. Die deutsch-englischen Ansätze zu einer Détente standen hier nicht allein. Ähnliche Tendenzen sind zum Beispiel in den deutsch-französischen Beziehungen in den letzten Jahren vor 1914 auszumachen [Keiger 1983, 8.2; Keiper 1997, 8.3; Wilsberg 1998, 8.3]. Auf den daraus zu ziehenden Schluss, dass die internationalen Beziehungen vor 1914 nicht zu einseitig auf die

Rolle von Entspannungsbemühungen

eskalierenden Momente hin gelesen werden sollten, haben insbesondere Holger Afflerbach [AFFLERBACH 2002, 8.3] sowie – mit einer Gesamtdarstellung der verschiedenen Entspannungssymptome in Europa zwischen zweiter Marokkokrise und Erstem Weltkrieg – der Verfasser hingewiesen [KIEẞLING 2002, 8.3]. Entspannung muss als ein ernstzunehmender Faktor der internationalen Beziehungen vor 1914 betrachtet werden, der vor allem die Wahrnehmungen der Zeitgenossen mit prägte [ebd., z. B. S. 318–323] und in diesem Sinne in die Darstellung des Kriegsausbruch integriert werden muss [vgl. auch: CLARK 2013, 8.6, S. 314–364; MÜNKLER 2013, 9.1, S. 51–54; LEONHARD 2014, 9.1, z. B. S. 58 ff.]. Die Ansätze zur Deeskalation haben den Krieg nicht verhindert, sie trugen aber sehr wohl zu den Wahrnehmungen der Akteure bei und bestimmten so letztlich auch Handlungen mit. Neben dem von Wolfgang J. Mommsen beschriebenen „Topos vom unvermeidlichen Krieg" [MOMMSEN 1986, 8.4] entstand ein „Topos vom vermiedenen Krieg" [KIEẞLING 2002, 8.3, z. B. S. 306; vgl. AFFLERBACH 2007, 9.3], der sich vor allem auf die Tatsache berufen konnte, dass in den Krisen bis 1914 der Krieg ja jeweils verhindert werden konnte. Die eigentlich quer zum Kriegsausbruch verlaufende „Détente" der Vorkriegsjahre konnte die Erwartungen und so letztlich auch die Handlungen der Zeitgenossen mitbestimmen [vgl. auch HILDEBRAND 2005, 8.6]. Hier ordnen sich ebenso die erwähnten Forschungen zum Kriegsbild ein, bei denen zudem gezeigt werden konnte, dass die Schrecken eines Kriegs der europäischen Großmächte nicht nur in der Politik, sondern ebenso in der Öffentlichkeit vor 1914 breit diskutiert wurden [FÖRSTER 1995, 8.5; DÜLFFER 1998, 8.5]. J. Radkau hat infolgedessen für das Deutsche Reich von „Angstlust" gesprochen. Man fürchtete den Krieg, gleichzeitig sehnte ihn aber auch mancher herbei. Beide Einstellungen, so Radkau, erklärten zum Beispiel die z. T. zögernde, z. T. offensive deutsche Politik besser als die Konzentration auf jeweils nur einen der genannten und zweifellos vorhandenen Aspekte [RADKAU 1998, 4.2, S. 407–428]. Gerade bezogen auf das Kriegsbild bleibt für die Forschung aber auch noch manches zu tun. Vorderhand spricht einiges dafür, dass viele Akteure auch in dieser Hinsicht nicht in den Krieg „hineinschlitterten", sondern durchaus wussten, was ein Krieg zwischen den industriellen Großstaaten für Europa bedeuten konnte. Sie riskierten den großen Krieg trotzdem.

Frage der Kriegserwartungen

Abgesehen von der Analyse der Ursachen des Ersten Weltkriegs, die bis heute ein Zentrum der Forschung geblieben ist, hat sich die Geschichte der internationalen Beziehungen in jüngerer Zeit zum Beispiel eingehend mit der Rolle der öffentlichen Meinung beschäftigt [vgl. MAYER 2002, 8.3; z. B. GEPPERT 2007, 8.3]. Dabei sind ältere Vorstellungen, wonach die Regierungen gleichsam die Kontrolle verloren hätten und von einer nationalistischen und bellizistischen Öffentlichkeit in den Krieg getrieben worden seien, deutlich modifiziert worden. Solche Stimmungen gab es sehr wohl und sie haben auch zur Verschärfung von Spannungen beigetragen [BENDER 2009, 8.3]. Allerdings existierten durchaus auch andere Stimmen. Durchgängig kriegstreibend war die Presse nicht [ROSENBERGER 1998, 8.6]. Das Problem lag schließlich auch darin, dass die meisten Außenpolitiker längst noch keine „Medienprofis" waren. Ein konstruktiver Umgang mit der neuen Art einer eigenständigen (Massen-)Öffentlichkeit fiel ihnen deshalb schwer. Presse und Öffentlichkeit wurden daher vor allem als Störfaktoren begriffen, die den eigenen Deutungsanspruch über die internationale Politik bedrohten [KIEßLING 2012, 5.6; DERS. 2013, 8.4].

Weitere Forschungsfragen zu den internationalen Beziehungen

Rolle von Medien und Öffentlichkeit

Einige Aufmerksamkeit hat ebenso die Internationalisierung in den Jahren vor 1914 auf sich gezogen. Nach der Pionierarbeit von Jost Dülffer zu den Haager Friedenskonferenzen sind hier verschiedene Arbeiten zur beginnenden Verrechtlichung der internationalen Beziehungen, zur stark ansteigenden Zahl von internationalen Organisationen und zwischenstaatlichen Schiedsgerichtsverträgen sowie zur Ausbildung neuer Ordnungsvorstellungen jenseits von Realpolitik oder antagonistischen Bündnisorientierungen erschienen [DÜLFFER 1981, 8.4; HERREN 2009, 8.4; VEC 2011, 8.4; NUZZO/VEC 2012, 8.4; HARRIS 2017, 8.4]. Solche Tendenzen konnten die Handlungsmuster der „großen Politik" vor 1914 nicht grundsätzlich ändern, sie gehören dennoch zu der Vorgeschichte der Bemühungen um eine neue Weltordnung nach 1918/19. „Der Pariser Friedensschluss", so hat zum Beispiel Marcus M. Payk bilanziert, „ist kaum zu verstehen ohne den Blick zurück in das 19. Jahrhundert. Spätestens seit dem letzten Drittel des Jahrhunderts setzten sich in den westeuropäisch-nordamerikanischen Gesellschaften stark normativ getönte Ordnungsvorstellungen zur Welt durch." Die bürgerlichen Ideenwelten von „Liberalismus und Nationalismus, Konstitutionalismus und Kontraktualismus" hätten sich nicht nur auf die innerstaatlichen Verfassungsordnungen bezogen, sondern ebenso auf die Staaten-

Internationalisierung und Völkerrecht vor 1914

verhältnisse ausgestrahlt. An Stelle einer gewachsenen Verbundenheit der Dynastien in der christlich-abendländischen Gemeinschaft Europas sei „die Vorstellung eines regelgeleiteten Miteinanders zwischen allen Völkern, Nationen und Staaten der Erde" entstanden [PAYK 2018, 8.4, S. 655 f.].

Diplomatische Kultur

In einem weiteren Sinne mit den Vorstellungen und Weltbildern der zeitgenössischen Akteure beschäftigen sich Studien, die sich mit der „diplomatischen Kultur" vor 1914 befassen. Methodisch an der neuen Kulturgeschichte oder auch der sogenannten „neuen Diplomatiegeschichte" orientiert [allgemein dazu: KIEßLING 2002, 8.4; MÖSSLANG/RIOTTE 2008, 8.4; Online Plattform: „New Diplomatic History" https://newdiplomatichistory.org/], gehen solche Arbeiten davon aus, dass die Vorstellungswelten und Deutungssysteme der Diplomaten, Außenpolitiker und anderen Akteure der internationalen Politik vor dem Ersten Weltkrieg heute nicht ohne weiteres verständlich sind. Das gilt für den Einsatz von symbolischen Handlungen in den Außenbeziehungen – von Gipfeltreffen und diplomatischen Empfängen bis zu Botschaftsbauten – ebenso wie für die diplomatische Sprache der Zeit oder die vielen, fein differenzierten Instrumente des diplomatischen Austauschs [PAULMANN 2000, 8.4; DANIEL 2005, 8.4; KIEßLING 2007, 8.4; OTTE 2011, 8.2; STELLER 2011, 8.4; HORT 2014, 8.4]. Zu letzteren gehörten unterschiedliche Arten von Konferenzen oder ein System mannigfach abgestufter Formen von mündlichen oder schriftlichen Mitteilungen zwischen den Regierungen („Demarchen"). In welcher Hauptstadt eine Konferenz stattfinden sollte oder ob mündlich oder schriftlich auf bestimmte Anfragen zu antworten war, solche Fragen waren für die Außenpolitiker und Diplomaten der Zeit von eminenter Bedeutung und entsprechend konnte darüber wochen-, zum Teil monatelang verhandelt werden. Insofern bildete die Diplomatie tatsächlich eine „world apart" [CROMWELL 1996, 8.4], deren Regeln und Vorstellungswelten es zu entschlüsseln gilt, will man die internationale Politik der Zeit in allen ihren Dimensionen verstehen.

Militarismus

Gegenüber solchen neueren kulturhistorischen Fragestellungen gehören Arbeiten zum Militarismus sowie den militärischen Planungen zu den Klassikern der Geschichte der internationalen Politik vor dem Ersten Weltkrieg. Tatsächlich erklärt sich ja die Brisanz der Staatenbeziehungen der Zeit nicht zuletzt aus der explosiven Kombination unzureichenden politischen Krisenmanagements und forcierter Hochrüstung sowie langfristiger militärischer Planung aller europäischen Großmächte. Dieses Problem der militärischen Planung und Aufrüstung in Europa darf heute als vergleichsweise gut erforscht gelten [Standardwerk mit europäischer Perspektive: STEVENSON 1996, 8.5]. Das Interesse der Historiker hat zum Beispiel schon seit den 20er Jahren der die internationalen Beziehungen nachhaltig belastende deutsche Flottenbau gefunden [THALHEIMER 1926, 8.5; KEHR 1930, 8.5; BERGHAHN 1971, 8.5; SCHOTTELIUS, DEIST 1972, 8.5; DEIST 1976, 8.5; MILITÄRGESCHICHTLICHES FORSCHUNGSAMT 1979, 4.2; LAMBI 1984, 8.5; EPKENHANS 1991, 8.5; HOBSON 2004, 7.2]. Insbesondere die deutsche Geschichtswissenschaft hat zudem traditionell ihr Augenmerk auf die Verknüpfung von Rüstungs- und Innenpolitik gerichtet. Das gilt nicht nur für die Flotten-, sondern auch für die Heeresrüstungspolitik [FÖRSTER 1985, 8.5]. Die in diesem Zusammenhang immer wiederholte These, dass die deutsche Rüstungspolitik vor allem „der Konservierung eines von der politischen Realität und sozioökonomischen Entwicklung überholten Systems" gedient habe [EPKENHANS 1991, 8.5, S. 20], dürfte aber wohl deren genuin außen- bzw. sicherheitspolitischen Motive unterschätzen. Das gilt sowohl für den „Risiko"- bzw. den „Bündnis"-Gedanken, der dem deutschen Flottenbau zugrunde lag, als auch für die Gründe, die für die deutsche Heeresrüstungspolitik maßgeblich gewesen sind. In diesem Zusammenhang haben sich die Historiker natürlich traditionell für die konkreten „Kriegspläne" der Großmächte interessiert [vgl. KENNEDY 1979/1989, 8.5; MAURER 1995, 8.5; HAMILTON, HERWIG 2010, 8.5]. Dabei konzentrierten sie sich häufig auf die Analyse der Planungen des deutschen und des österreichisch-ungarischen Generalstabes, d. h. insbesondere auf den Schlieffen-Plan und den Briefwechsel zwischen Moltke und Conrad von Hötzendorf [z. B. SONDHAUS 2000, 8.5; MOMBAUER 2001, 8.5; KRONENBITTER 2003, 8.5; EHLERT u. a. 2007, 8.5] und sahen diese durchweg als für die Julikrise und den Kriegsausbruch mitentscheidende Vorgaben an. Schon seit den 60er Jahren hat sich der Blick der Forscher aber ebenso auf die entsprechenden Konzeptionen und Absprachen der Partner der Tripelentente sowie deren Bedeutung für die Zuspitzung der Lage im Juli und August 1914 gerichtet [vgl. z. B. TURNER 1965, 8.5]. Kein Zweifel besteht in diesem Zusammenhang an der grundlegenden Bedeutung der französisch-russischen, zuletzt durch die Marinekonvention des Juli 1912 intensivierten Allianz. Dagegen ist das Problem der zunehmenden, auch gerade militärischen Verpflichtungen Großbritanniens gegenüber seinen Bündnispartnern von der Forschung lange Zeit eher re-

Kriegsplanungen

serviert behandelt worden. Diese Zurückhaltung erscheint aus zwei Gründen nachvollziehbar. Zum einen ist es – im Falle Russlands – zu keinen präzisen, jedenfalls zu keinen schriftlich fixierten Absprachen gekommen, auch wenn sich die politische und militärische Führung des Zarenreiches aufgrund des Kurses der britischen Russlandpolitik der englischen Unterstützung vergleichsweise sicher sein konnte [vgl. Wilson 1985, 8.3] und die im Frühjahr 1914 eingeleiteten Verhandlungen über eine britisch-russische Marinekonvention rasch erhebliche politische Brisanz entwickelten [Schröder 2006, 8.3]. Zum anderen stellt sich mit Blick auf die militärischen Konsultationen und Absprachen zwischen Großbritannien und Frankreich nach 1905 die bis heute umstrittene Frage: „Who Knew What and When Did He Know It?" [Coogan, Coogan 1985, 8.3, S. 110 ff.]. Selbst wenn man hier zu der wohl zutreffenden Einschätzung gelangt, dass die in die Verhandlungen eingeweihten Mitglieder des britischen Kabinetts um Grey kaum als „rational manipulators attempting to implement long-range strategic plans" erscheinen [Coogan, Coogan 1985, 8.3, S. 130 f.], so ist doch der Befund nicht ohne weiteres von der Hand zu weisen, dass sich Großbritannien als Ergebnis dieser Gespräche in einer de facto-Allianz mit Frankreich befunden hatte [Morgan-Owen 2017, 8.5].

Deutscher Schlieffen-Plan

Ausgehend von einer von dem amerikanischen Militärhistoriker Terence Zuber Anfang des 21. Jahrhunderts ausgelösten Kontroverse um die Existenz des deutschen Schlieffen-Plans, hat die Forschung aber auch darauf hingewiesen, dass die jeweiligen Pläne nicht zu starr verstanden werden dürfen. Alle Kriegsplanungen, darunter auch der Schlieffen-Plan, waren bis 1914 immer wieder Veränderungen unterworfen und müssen eher als Prozesse begriffen werden [Ehlert, Epkenhans, Groß 2007, 8.5]. Über die verhängnisvolle Bedeutung derartiger militärischer Planungen für den spezifischen Verlauf der Julikrise und des Kriegsausbruchs gibt es innerhalb der geschichtswissenschaftlichen Diskussion trotzdem kaum einen Zweifel. Die sich überstürzenden, schnelle und zugleich weitsichtige Entscheidungen erfordernden Ereignisse waren mit den auf allen Seiten konsequent in die Phase der Realisierung übergeleiteten, naturgemäß auf die möglichst sofortige Umsetzung angewiesenen militärischen Planungen unvereinbar. Denn eines hatten die militärischen Planungen der Hauptmilitärmächte gemeinsam: Sie alle lehnten eine „defensive Kriegführung [...] ab, weil sie den Krieg in die Länge ziehen musste und keine wirkliche Sieges-Chance bot, sondern allenfalls ein langsames Abringen". Das Kalkül des Schlieffen-Planes war damit „keineswegs singulär". Vielmehr bestimmte der „Imperativ der taktischen Offensive [...] überall das Denken" [STORZ 1992, 8.5, S. 371 f.] und begrenzte dann den Entscheidungsspielraum der Politiker in der Julikrise.

Zu den klassischen Themen der Geschichte der Staatenbeziehungen vor 1914 gehört auch die Analyse der vielen internationalen Krisen im Zeitalter des Imperialismus. Neben der Untersuchung der sich damit nach und nach ausbildenden Bündnislogiken, die zur Vorgeschichte des Weltkriegs gehörten, ist ebenso gefragt worden, weshalb diese eigentlich nicht zum Krieg führten, und welche generellen Erkenntnisse daraus möglicherweise für internationales Krisenmanagement in der Neueren Geschichte gewonnen werden können [DÜLFFER, KRÖGER, WIPPICH 1997, 8.4; LEVY, MULLIGAN 2021, 8.6, S. 213–244]. Über Erklärungen des Kriegsausbruchs hinaus gehen ebenso jüngere Darstellungen des russisch-japanischen Krieges von 1904/05. Abgesehen von der dadurch erfolgten Rückwendung Russlands nach Europa und den daraus resultierenden verschärften Spannungen mit Österreich-Ungarn auf dem Balkan, wird dieser dann vor allem als welthistorisches Ereignis gedeutet, in dem sich mit dem japanischen Sieg zum einen grundsätzliche Veränderungen im Verhältnis zwischen Europa und der außereuropäischen Welt ankündigten. Zum anderen wird in ihm aber ebenso der Auftakt zu den konkurrierenden Ordnungsansprüchen der USA und Japans gesehen, die die Geschichte des ostasiatisch-pazifischen Raums bis 1945 prägen sollten [KREINER 2005, 8.3; AYDIN 2007, 8.3, S. 213–236; KOWNER 2007, 8.3; KOWNER 2007, 8.3; SPROTTE, SEIFERT, LÖWE 2007, 8.3].

Krisen und Bündnislogiken

Russisch-japanischer Krieg

Sieht man abschließend auf die bilateralen Beziehungen zwischen den europäischen Großmächten, hat noch mehr als die tatsächlich geschlossenen militärischen Allianzen und Ententen [WILLIAMSON 1969 8.5; WILSON 1985, 8.3; NEILSON 1995, 8.3; ANGELOW 2000, 8.3] das britisch-deutsche Verhältnis, dem bei der Zuspitzung der internationalen Beziehungen vor 1914 eine entscheidende, wenn nicht die ausschlaggebende Bedeutung zukam, die Aufmerksamkeit der Forschung auf sich gezogen. Überdies spiegeln sich in der Ausbildung des Gegensatzes zwischen diesen beiden Staaten gewissermaßen idealtypisch wesentliche Elemente deutscher Außenpolitik [MOMMSEN 1993, 8.2; CANIS 1999, 8.2; SCHÖLLGEN 2005, 8.2; CANIS 2008, 8.2; HILDEBRAND 2008, 8.2; HILDEBRAND (1995) 2008, 8.2; ROSE 2013, 8.2], aber auch der britischen Außenpolitik wider, etwa der Gegensatz zwi-

Bilaterale Beziehungen

schen Bündnispolitik und Gleichgewichtsorientierung [GADE 1997, 8.2; ROSE 2011, 8.2]. Neben populärwissenschaftlichen Panoramen [MASSIE 1993, 8.3] liegt eine aus den Quellen gehobene, umfassende Gesamtdarstellung des deutsch-englischen Antagonismus aus der Feder von Paul M. Kennedy vor [KENNEDY 1980, 8.2]. Diesem stellte sich die Ausbildung des Gegensatzes als geradezu zwangsläufige Entwicklung dar, deren Grundzüge bereits in der Bismarck-Zeit vorgezeichnet gewesen seien und die letztendlich auf dem Gegensatz der politischen Systeme sowie der konkurrierenden ökonomischen Interessen beruhten. Damit steht diese Interpretation einerseits in der klassischen Tradition der whigistischen Geschichtsschreibung und weist andererseits deutliche Berührungspunkte mit Ansätzen deutscher Provenienz auf, die strukturgeschichtlich argumentieren bzw. der Theorie des Sozialimperialismus verpflichtet sind.

Interpretationen der deutsch-britischen Beziehungen

Dagegen hat Klaus Hildebrand darauf hingewiesen, dass für die Ära Bismarcks und Salisburys, jedenfalls in der Zeit nach der „Krieg-in-Sicht"-Krise von 1875, durchaus der Grundzug „bilateraler Normalität", also die „politische Entscheidung für das erklärte Ziel einer [...] alle Extreme positiver und negativer Natur gleichermaßen umgehenden Zusammenarbeit zwischen Berlin und London", charakteristisch gewesen sei [HILDEBRAND 1982, 8.3, S. 316]. Folgt man diesem Ausgangspunkt, sind die Gründe für die Entstehung des deutsch-englischen Antagonismus weniger in grundlegenden strukturellen Gegensätzen beider Länder, sondern in den politischen Entscheidungen auf beiden Seiten sowie der allgemeinen Entwicklung der internationalen Beziehungen zu suchen. In diesem Zusammenhang ist dann darauf hingewiesen worden, dass die deutsche Außenpolitik mit der Entlassung Bismarcks vor allem jenes Elementes verlustig ging, das die beschriebene bilaterale Normalität der Jahre 1875–1890 erst ermöglichte, ihrer Berechenbarkeit [SCHÖLLGEN 2000, 8.3, S. 177 ff. u. 417 ff.]. Überdies war die „geistige und aus langer politischer Erfahrung erwachsene staatsmännische Überlegenheit" Bismarcks [HILLGRUBER 1986, 8.2, S. 15] nicht von einem auf den anderen Tag zu ersetzen. Offenbar konnte gerade das junge, in vielerlei Hinsicht ja noch unerfahrene Deutsche Reich den Verlust außenpolitisch versierter Persönlichkeiten nur schwer verkraften. Das zeigt nicht nur der Fall Bismarck, sondern in gewisser Weise auch derjenige des Staatssekretärs des Auswärtigen Amtes in den Jahren 1910–1912, Alfred von Kiderlen-Wächter, der eben – anders als in der von ihm letztlich gemeisterten Adriakrise des Jahres

1912 – in der Julikrise nicht mehr zur Verfügung stand [vgl. ZECHLIN 1979, 8.2;]. In solchen Krisensituationen machte sich dann jener „Mangel an Fingerspitzengefühl" [WIPPICH 1987, 8.2, S. 406] besonders bemerkbar, der nach 1890 ohnehin mehr und mehr zu einem Charakteristikum deutscher Außenpolitik geworden war.

Der Unterschied zwischen sozialhistorisch-strukturell argumentierenden Deutungen und solchen, die die jeweiligen politischen Entscheidungen ins Zentrum der Argumentation stellen, hat die Forschung auch bei anderen wichtigen Aspekten des deutsch-britischen Verhältnisses beschäftigt. Das gilt insbesondere für die Ende der 1890er Jahren beginnende deutsche Flottenaufrüstung, die wahlweise als aggressive Expansionspolitik zur Ablenkung von inneren Konflikten nach außen [vgl. z. B. BERGHAHN 1971, 8.5; BERGHAHN 1973, 8.5; GEISS 1976, 8.2; KENNEDY 1980, 8.2; WEHLER 1994, 4.2; vgl. BERGHAHN 1993, 8.6, S. 202] bzw. als mehr oder weniger normale, wenn auch ungeschickt betriebene und im Ergebnis fatale Weltpolitik eines aufstrebenden Nationalstaats im Zeitalter des Imperialismus interpretiert worden ist [MOMMSEN 1976, 8.2, S. 223–268; HILLGRUBER 1984, 8.2; ROSE 8.2, 3.1.5, S. 47 f.]. An solche Debatten um die Frage, ob und in welchem Ausmaß die deutsche Weltpolitik in den beiden Jahrzehnten vor 1914 als aggressiv zu kennzeichnen sei, schlossen sich Überlegungen an, wonach die zunehmende diplomatische Isolierung des Reichs nicht – wie von den Vertretern der damaligen Reichsleitung – als „Einkreisung", sondern als selbstverschuldete „Auskreisung" gesehen werden müsse. Das Reich, so etwa Volker Berghahn, hatte „seine Isolierung selbst ausgelöst" [BERGHAHN 1973, 8.5, S. 85].

Deutsche Flottenpolitik und Großbritannien

In den Grundzügen standen solche Interpretationen der deutschen Außenpolitik und insbesondere des entstehenden deutsch-britischen Antagonismus seit den 1980er Jahren fest. Jüngere Arbeiten haben sich demgegenüber stärker auf die gegenseitigen Wahrnehmungen, die Rolle der Öffentlichkeiten bei der Verschlechterung der beiderseitigen Beziehungen sowie weiter bestehende Kontakte konzentriert. Gerade die kulturellen und gesellschaftlichen Verbindungen zwischen dem Reich und Großbritannien rissen in den Jahren vor 1914 keineswegs ab, sondern existierten auf hohem Niveau weiter [GEPPERT, GERWARTH 2008, 8.3; SCULLY 2012, 8.3]. Gleichzeitig ist aber ebenso nicht zu übersehen, dass für die deutliche Verschlechterung der beiderseitigen Beziehungen seit den Jahren um 1900 die jeweiligen Wahrnehmungen voneinander in Öffentlichkeit

Gegenseitige Wahrnehmungen

und Presse eine wichtige Rolle spielten. Im jeweils anderen Land wurde das Deutsche Reich bzw. Großbritannien zunehmend als Konkurrent, Gegner oder zukünftiger Feind in einer großen militärischen Auseinandersetzung gesehen [Geppert 2007, 8.3; Rüger 2007, 8.3; Bender 2009, 8.3]. Es ist allerdings auch wieder gefragt worden, inwieweit die deutsche Politik tatsächlich für die diplomatisch-politische Annäherung Londons an Frankreich und Russland ausschlaggebend war oder ob die Bildung der Tripelentente aus britischer Perspektive nicht eher aus dem Bemühen resultierte, sich angesichts der kolonialen Überdehnung der eigenen Kräfte mit den jeweiligen imperialen Hauptkonkurrenten, also Frankreich und Russland, zu arrangieren und den Konflikt mit dem als weniger gefährlich eingeschätzten Deutschland dafür in Kauf zu nehmen [Geppert/ Rose 2011, 8.2, S. 401–437]. Insbesondere einem Krieg mit Russland in Zentralasien sahen sich britische Diplomaten und Militärs zunehmend weniger gewachsen. Für einen Teil der britischen außenpolitischen Führung lässt sich somit argumentieren, dass Großbritannien 1914 in den Krieg gegen Deutschland eintrat, „um nicht Krieg gegen Rußland führen zu müssen" [Kießling 2002, 8.3, S. 68].

Deutsch-britische Annäherungsversuche

Traditionell großer Aufmerksamkeit erfreuten sich in der historischen Forschung schließlich die zeitgenössisch wiederholt unternommenen Versuche, die deutsch-britischen Beziehungen wieder zu entspannen. Vor allem die Bündnisgespräche zwischen Berlin und London um 1900 sowie Entspannungsbemühungen zwischen der Zweiten Marokkokrise von 1911 und 1914 sind in diesem Zusammenhang immer wieder eingehend untersucht worden. Die intensive Beschäftigung mit den englisch-deutschen Bündnisverhandlungen der Jahrhundertwende setzte dabei bereits in den 1920er Jahren ein. Gerade dieses Beispiel zeigt zudem sehr anschaulich, dass manche Arbeiten der 20er und 30er Jahre durchaus auch heute noch mit Gewinn studiert werden können. Das gilt namentlich für Friedrich Meineckes Darstellung der „Geschichte des deutsch-englischen Bündnisproblems 1890–1901" [Meinecke 1927, 8.3], die trotz ihrer vergleichsweise schmalen Quellenbasis nach wie vor als wichtige Analyse des Problems gelten darf. Ergänzend dazu ist allerdings sein Aufsatz aus dem Jahre 1928 [Meinecke 1928, 8.3] zu lesen, der die englischen Quellen auswertet und die 1927 vorgetragene Interpretation der Verhandlungen von 1901 entsprechend modifiziert. Anders als Meinecke, der das Scheitern der Verhandlungen in hohem Maße der deutschen Seite und insbesondere deren Selbstüberschätzung anlastete, klassifizierte G. Ritter in seiner Studie aus dem Jahre 1929 [RITTER 1929, 8.3], mit der die zweite Tradition der Interpretation dieser Vorgänge begründet wurde, das englische Bündnisangebot von 1898 als „Legende". Damit schloss er sich weitgehend dem zeitgenössischen Urteil deutscher Politiker an, die in der britischen Initiative vor allem den Versuch gesehen hatten, das Deutsche Reich für die Wahrung der Empire-Interessen, vornehmlich in Ostasien, einzuspannen. Die Diskussion dieser Frage hält bis heute an. Allerdings hat die Forschung ihr Augenmerk in den vergangenen Jahren verstärkt auf jene kolonialen Verhandlungen gerichtet, die zwischen 1898 und 1901 stattfanden und zu den drei skizzierten Abkommen führten. Immerhin kommt in diesen Verträgen über „strittige Fragen" der Wille auch gerade der deutschen Regierung deutlich zum Ausdruck, die Möglichkeiten einer allgemeinen politischen Verständigung zwischen den beiden Ländern zu erkunden und vorzubereiten, auch wenn dieses Ziel dann nicht erreicht werden konnte [vgl. SCHÖLLGEN 2000, 7.3, 86 ff.].

Das gilt in noch höherem Maße für die mit dem Amtsantritt Theobald Bethmann Hollwegs eingeleitete neue Phase der deutschenglischen Beziehungen seit 1909 [vgl. HENNING 1962, 8.3; KENNEDY 1980, 8.2, S. 441 ff.; SCHÖLLGEN 2000, 7.3, S. 287 ff.]. Hier hat sich die Forschung – ähnlich wie schon einmal gegen Ende der 30er Jahre [SPRINGBORN 1939, 8.3] – verstärkt wieder seit den 70er Jahren mit den deutsch-englischen Verhandlungen seit 1911 über eine Erneuerung des Abkommens bezüglich einer Aufteilung der portugiesischen Kolonien in Afrika sowie über einen die Regelung der orientalischen Interessen betreffenden Vertrag befasst [HATTON 1971, 8.3, S. 123 ff.; LANGHORNE 1973, 8.3, S. 361 ff.; VINCENT-SMITH 1974, 8.3, S. 620 ff.; LANGHORNE 1977, 8.3, 288 ff.]. In diesem Zusammenhang hat Gregor Schöllgen [SCHÖLLGEN 2000, 7.3, S. 329 ff.] darauf hingewiesen, dass in diesen Verhandlungen wohl auch der Versuch zu sehen ist, durch eine Verständigung in „peripheren" Fragen zunächst einmal das auf beiden Seiten tiefsitzende Misstrauen abzubauen, um auf diese Weise womöglich zu einer Lösung der „zentralen" Fragen (Flotten- bzw. politisches Abkommen), also zu einer allgemeinen Annäherung auch in Europa selbst zu gelangen. Zwar sind diese Verhandlungen insofern nicht von Erfolg gekrönt gewesen, als die auf dem (Um-)Weg über die Peripherie vorsichtig eingeleiteten Verständigungsversuche nicht bis in die Krise des Juli 1914 hinein verlängert und gleichsam zu ihrer Bewältigung genutzt werden konn-

Kolonialabkommen

ten. Aber sie werfen doch ein bezeichnendes Licht auf die nicht unbeträchtliche, von der Forschung häufig übersehene Verständigungsbereitschaft der Regierungen, dies umso mehr, als vergleichbare Abkommen über die orientalische Frage auch zwischen dem Reich und Russland bzw. Frankreich geschlossen wurden [SCHÖLLGEN 2000, 7.3, S. 317 ff. u. 380 ff.].

Bilanz Es darf freilich ebenso wenig übersehen werden, dass solchen Bemühungen teilweise auch das Kalkül zugrunde lag, einen Keil in das gegnerische Lager zu treiben und so verdeutlichen die deutsch-englischen Verständigungsbemühungen der Jahre 1909/11–1914 für das Deutsche Reich, dass dessen Außenpolitik nach dem Abgang Bismarcks nur in den seltensten Fällen eine durchdachte und auf längere Sicht angelegte Konzeption zugrunde lag. Überdies wurde die Idee einer allgemeinen politischen Verständigung über den (Um-)Weg einer Einigung in „peripheren" Fragen nur von einer, allerdings sehr einflussreichen Gruppe deutscher Politiker und Diplomaten getragen, aber zugleich, und zwar mitunter öffentlich, von nicht minder einflussreichen Personen und Institutionen, wie beispielsweise – zeitweise – dem Kaiser sowie dem Reichsmarineamt, torpediert. Das war ein für die Politik des Deutschen Reiches seit 1890 im Allgemeinen typischer Grundzug. Es hat den Anschein, als habe sich die deutsche Außenpolitik nach 1890 durch ein eigentümliches Oszillieren zwischen zwei Extremen politischen Auftretens ausgezeichnet, das naturgemäß kaum das Verfolgen einer klaren Linie zulassen konnte. In diesem Sinne sprach bereits L. Dehio [DEHIO 1948, 8.1, S. 201] von dem „zugleich laute[n] und unsichere[n] Auftreten Deutschlands und der Deutschen", ein Verhalten, das offenbar, wie die Forschung in späterer Zeit betont hat, gleichermaßen das Produkt von „Ignoranz" und „Unerfahrenheit" bzw. von „Anmaßung" und „Angst" der jungen Groß- und Weltmacht war [FARRAR JR. 1981, 8.2, S. 198; SCHÖLLGEN 2000, 7.3, S. 177 ff.]. In der Tat war es, wie wiederum am deutsch-britischen Beispiel gezeigt werden konnte, häufig der Stil der deutschen Außenpolitik, der die anderen Regierungen verärgerte und die jeweiligen bilateralen Beziehungen belastete [KIEẞLING 2002, 8.3, S. 22].

Britisch-russische Annäherung Bei der britischen Außenpolitik haben sich Historiker:innen seit den 70er Jahren vor allem für die Frage interessiert, inwieweit sich London durch die kolonialpolitischen Arrangements mit Paris und St. Petersburg in eine Abhängigkeit von seinen Partnern begeben hat, die in der Konsequenz den Interessen der britischen Weltmacht durchaus abträglich sein musste. In diesem Zusammenhang hat insbesondere die „troubled partnership" zu Russland [STEINER 1977, 8.6, S. 79], die in ihrer Bedeutung für die internationalen Beziehungen „gar nicht hoch genug eingeschätzt werden konnte" [HAUSER 1958, 8.3, S. 284], die Forschung beschäftigt. Seit den 1980er Jahren haben z. B. Manfred Rauh [RAUH 1987, 8.6], Keith M. Wilson [WILSON 1985, 8.3] und Keith Neilson [NEILSON 1995, 8.3] die Annäherung Großbritanniens an Russland weniger mit Blick auf die Rivalität mit Deutschland, sondern aus dem genuinen Interesse an einer Verständigung mit dem imperialistischen Rivalen Russland heraus interpretiert. Die englischen Außenpolitiker, so z. B. K. M. Wilson, seien spätestens seit 1912 von der Furcht geleitet gewesen, „that Russia, which they knew was not ready to face war, would submit to Germany's friendly persuasion and abandon the Entente" [WILSON 1985, 8.3, S. 557 f.]. Folglich habe die britische Regierung – noch einmal deutlich dokumentiert in den Gesprächen des Sommers 1914 über eine Marinekonvention – versucht, Russland „an das Inselreich zu fesseln und es davon abzuhalten, dass es mit Deutschland zu einer Übereinkunft gelangte" [RAUH 1983, 4.2, S. 159 f.]. Das wiederum bedeutet in der Konsequenz, dass sich Großbritannien in eine Abhängigkeit von Russland manövrierte, die derjenigen vergleichbar ist, welche spätestens seit 1908 das Verhältnis des Deutschen Reiches zu Österreich-Ungarn auszeichnete.

Man mag diese extensive Interpretation des englisch-russischen Verhältnisses teilen oder auch nicht, es gilt jedenfalls in der Forschung als ausgemacht, dass eine Lockerung oder eine Spaltung der Tripelentente für die britische Regierung, und namentlich für Außenminister Grey, trotz der Verständigungspolitik mit Deutschland und trotz der innerenglischen Opposition insbesondere gegen die Russlandpolitik, „keine Alternative der europäischen Vorkriegsdiplomatie" darstellte [CRAMPTON 1979, 8.3; WORMER 1980, 8.2, S. 287]. Damit hätte die britische Führung aber nicht nur die bis ins späte 19. Jahrhundert verfolgte Politik der „splendid Isolation" endgültig aufgegeben, sondern darüber hinaus auch die traditionelle Gleichgewichtspolitik bzw. Politik der „Balance of Power". Genau diese Frage nach den grundlegenden „Maximen" britischer Außenpolitik vor 1914 ist C. Gade Ende der 1990er Jahre mit einer Arbeit über „Gleichgewichtspolitik oder Bündnispflege?" nachgegangen [GADE 1997, 8.2]. Auch Gade hat letztlich bezweifelt, dass „Balance of Power" vor dem Ersten Weltkrieg noch eine Rolle für die englische Außenpoli-

Prinzipien britischer Außenpolitik vor 1914

tik spielte [GADE 1997, 8.2, S. 22]. Allerdings sind die englischen Entspannungsbemühungen gegenüber Deutschland ebenso wenig zu leugnen, und so ist die englische Politik der „Bündnispflege" gegenüber Frankreich und Russland auf der einen Seite und der Bemühungen um Konfliktminimierung zu Deutschland auf der anderen Seite der interessanteste und wohl auch vielversprechendste Versuch, sich auf die veränderte internationale Lage einzustellen und den Gefahren, die sich aus der Existenz zweier hochgerüsteter, gegnerischer Blöcke ergaben, zu entgehen, ohne die Bündnisse selbst zu gefährden [KIEßLING 2002, 8.3, S. 277 f.].

Desiderat einer neuen Gesamtdarstellung

Solche Differenzierungen bei der Interpretation der deutsch-britischen Beziehungen vor 1914 machen noch einmal deutlich, wie intensiv weite Bereiche der Staatenbeziehungen vor 1914 inzwischen erforscht sind und wie sich neuere Ansätze und traditionelle Fragestellungen in diesem Feld ergänzen. Ein Desiderat der Forschung bleibt freilich eine neuere großangelegte Darstellung und Analyse der internationalen Beziehungen im Zeitalter des Imperialismus vor dem Hintergrund der Entwicklung des Staatensystems seit 1815, die den gewichtigen Studien von Paul W. Schroeder sowie Zara Steiner zum späten 18. und der ersten Hälfte des 19. Jahrhunderts bzw. zur Zwischenkriegszeit [SCHROEDER 1999, 8.1; STEINER 2005, 8.1] vergleichbar wäre. Eine solche Untersuchung hätte den inzwischen erheblich erweiterten Forschungs- und damit Kenntnisstand zu berücksichtigen, die in mancher Hinsicht verfeinerten methodischen Instrumentarien in Anwendung zu bringen und über den engeren Bereich der Diplomatie hinaus weitere relevante Felder, von der Öffentlichkeit über die Wirtschaftsbeziehungen bis zu den zeitgenössischen Ideenwelten und Mentalitäten, einzubeziehen.

6 Epochenbruch oder „Katalysator": Der Erste Weltkrieg

Grundsätzliche Bedeutung des Krieges

Die grundsätzlich enorme Bedeutung des Ersten Weltkriegs für die Neuere und Neueste Geschichte ist in der Forschung unbestritten. George F. Kennans Kennzeichnung des Krieges als „Urkatastrophe" des 20. Jahrhunderts wird weiterhin regelmäßig zitiert. Die Veränderungen, die der Krieg mit sich brachte, hat Peter Krüger in einem Aufsatz über den Ersten Weltkrieg als „Epochenschwelle", in drei große Bereiche unterteilt [KRÜGER 2002, S. 9.1]: 1. Die Neuordnung der internationalen Beziehungen, die in dem Auftritt der in Zukunft führenden Mächte USA und Sowjetunion auf der weltpolitischen Bühne sowie dem Abstieg Europas als führende Ordnungskraft bestand. 2. Die gesellschaftlichen und wirtschaftlichen Folgen: Indem der Krieg „die gesamte Gesellschaft eines Staates" in Anspruch nahm und also „keinen Lebensbereich unberührt ließ", veränderte er die „Lebensumstände der Menschen in gravierender Weise" [ebd., S. 77 f.]. Das betraf die wirtschaftlichen Grundlagen, aber zum Beispiel auch die Ausweitung der „Zuständigkeit des Staates", der im Krieg in zahlreiche neue Bereiche eingegriffen hatte und sich nun in vielen Ländern nicht einfach wieder daraus zurückzog. 3. Die „geistigen Veränderungen", die der Erste Weltkrieg mit sich brachte: Eng mit den sozialen und wirtschaftlichen Entwicklungen verbunden, zerstörte der Krieg bestehende gesellschaftliche Normen und Regeln oder brachte politische Ordnungsvorstellungen ins Wanken. Der Krieg, so darf man zusammenfassen, wirkte als eine Art „Veränderungsraum", innerhalb dessen alte Ordnungen delegitimiert werden konnten und neue möglich wurden. Die Wirkung konnte dabei positiv wie negativ sein. So bedeutete der Krieg zum Beispiel ebenso neue Chancen für demokratische Partizipation, wie er auch bei der Entstehung moderner Diktaturen eine Rolle spielte [vgl. ebd., S. 88]. Darstellungen seit 2002 haben diese Einschätzungen weitgehend bestätigt [Gesamtdarstellungen und Überblickswerke z. B.: SALEWSKI 2004, 9.1; STEVENSON 2006, 9.1; HIRSCHFELD/KRUMEICH/RENZ 2014, 9.1; LEONHARD 2014, 9.1; WINTER 2014, 9.1; 1914–1918-online. International Encyclopedia of the First World War, 9.1; internationaler Forschungsüberblick: CORNELIẞEN/WEINRICH 2021, 9.1]. Eine gewisse Erweiterung von Krügers Befunden liegt darin, dass verschiedene Gesamtdarstellungen inzwischen die globale Bedeutung des Ersten Weltkriegs stärker hervorheben, als dies frühere Untersuchungen getan haben [Gesamtdarstellungen mit globaler Perspektive z. B.: JANZ 2013, 9.1; LEONHARD 2014, 9.1].

Umstrittener als die grundsätzlich große Bedeutung des Ersten Weltkriegs ist die Frage, ob dieser völlig neue Entwicklungen hervorbrachte oder nicht viel eher bereits bestehende verstärkte. Auch wenn die Jahre 1914/18 als bedeutende politische Zäsur außer Frage stehen, ist doch darauf hingewiesen worden, dass insbesondere im Bereich von Gesellschaft und Kultur wichtige Entwicklungen bereits vor 1914 zu beobachten sind. Momente der modernen Massengesell-

Erster Weltkrieg als „Katalysator"?

schaft (etwa Massenkommunikation oder Konsum) sind ebenso zu erkennen wie die unbestrittene Tatsache, dass für das 20. Jahrhundert wichtige Kunstströmungen und Ideenbestände in den letzten Jahrzehnten vor 1914 ihren Anfang nahmen [NOLTE 1996, 4.3; HARDTWIG 2007, 5.7]. Demgegenüber ist allerdings hervorzuheben, dass die Forschung den Ersten Weltkrieg ja seit langem gerade nicht nur als politisch-militärisches Ereignis begreift, sondern immer wieder die mit ihm einhergehenden kulturellen und sozialen Prozesse betont hat. Ob es sich bei den Entwicklungen um graduelle oder qualitative Veränderungen handelt, wird letztendlich nur im jeweiligen Einzelfall bzw. im jeweiligen Teilbereich der politischen, sozialen, ökonomischen oder kulturellen Geschichte zu entscheiden sein. Verschiedene Interpreten haben so auch von Beschleunigungen und Radikalisierungen durch den Ersten Weltkrieg gesprochen oder ihm die Funktion eines „Katalysators" zuerkannt, der bereits bestehende Entwicklungen deutlich verstärkte bzw. diesen zum Durchbruch verhalf [vgl. z. B. KOSELLECK 1995, 9.4, hier S. 332; MAI 2001, 9.4, S. 8; KRÜGER 2002, 9.1, S. 81 sowie als Überblick über entsprechende Deutungen: CONSTANTINE/KIRBY/ROSE 1995, 9.1; REIMANN 2004, 9.1].

Militärischer Verlauf — Unter den zahlreichen Einzelaspekten des Krieges, die eine Fülle von Spezialstudien hervorgebracht haben, findet sich zum Beispiel die Analyse des militärischen Verlaufs. Einerseits liegen auch hier in ausreichender Anzahl übergreifende Darstellungen vor [Gesamtdarstellungen mit ausgeprägtem militärgeschichtlichem Interesse sind z. B.: KEEGAN 2001, 9.1; STEVENSON 2006, 9.1; WINTER 2014 Bd. 1, 9.1]. Andererseits hat sich die Forschung intensiv mit einzelnen Problemen befasst, wie z. B. dem Luftkrieg, mit einzelnen Schlachten wie 1914 an der Marne und bei Tannenberg, mit dem Schicksal von Kriegsgefangenen oder dem Komplex von Medizin und Krieg, um nur einige Beispiele herauszugreifen [z. B. HERWIG 2009, 9.2; HARRISON 2010, 9.2; ECKART 2014, 9.2; FELTMAN 2015, 9.2; NAPP 2017, 9.2; ZIMMERMANN 2021, 9.2]. Neben dem noch zu besprechenden „Krieg von unten", also der Perspektive auf die Kriegserfahrungen der normalen Soldaten, betont die moderne Militärgeschichte des Krieges u. a. die lange Offenheit des Kriegsausgangs eigentlich bis Frühjahr 1918, die enge Verbindung von Technik, Logistik sowie Innovationsfähigkeit und Kriegserfolg oder auch die Verbindung von Krieg und Wirtschaftsorganisation [vgl. z. B. STEVENSON 2011, 9.1; AFFLERBACH 2018, 9.1].

Mythos Kriegsbegeisterung — Dass der militärische Verlauf des Krieges deutliche Rückwirkungen auf die innere Entwicklung der betroffenen Staaten zeitigen musste, und dies umso mehr, je länger er sich entgegen der Erwartung vieler hinzog, liegt auf der Hand. Das Bild von der bei Kriegsbeginn allerorten zu findenden Euphorie ist allerdings inzwischen stark relativiert worden. Es gab Begeisterung, sie war aber deutlich begrenzter, als es der Mythos von den feiernden Massen der Augusttage von 1914 später wissen wollte. Zudem konzentrierte sie sich sozial auf Teile der Mittelschichten und regional auf die Städte. Aber auch dort – so etwa Thomas Raithel am Ende einer vergleichenden Untersuchung der deutschen und französischen Öffentlichkeit zu Beginn des Krieges – vermittle das „Klischee der breiten und freudigen ‚Kriegsbegeisterung'" ein verzerrtes Bild. Es „dominierte letztlich [...] eine eher ernste, wenngleich entschlossene Akzeptanz des Krieges" [Raithel 1996, 9.4, S. 498; vgl. Geinitz 1998, 9.4; Verhey 2000, 9.4; Ehrenpreis 2005, 9.3]. Der Begriff der politischen Solidarität trifft die Lage vermutlich besser, aber auch diese erwies sich nicht selten als durch die unmittelbare Bedrohung hervorgerufene Erscheinung von begrenzter Dauer. Insofern kann die von Jean-Jacques Becker in seiner Untersuchung „Les Français dans la Grande Guerre" [Becker 1980, 9.1, S. 302] getroffene Feststellung wohl auf die meisten kriegführenden Nationen übertragen werden, wonach sich die Franzosen im August 1914 lediglich in einem einzigen, allerdings entscheidenden Punkt einig waren: „La France avait été agressée et il lui fallait donc se défendre. L'Union sacrée, ce n'était rien d'autre que la pratique momentanée et exceptionelle de l'union pour la défense nationale." Vielerorts zerfiel diese politische Solidarität in dem Maße, in dem einerseits die militärische Entwicklung stagnierte und sich andererseits die sozialen Spannungen verschärften. Diese Entwicklung wiederum hatte ihre Ursache u. a. in der Verschlechterung der wirtschaftlichen Versorgung, die bei den Mittelmächten ab 1915, aber in der zweiten Kriegshälfte auch in Frankreich einsetzte [vgl. Ehlert 1982, 9.4; Schäfer 1983, 9.4; Davis 2000 9.4 sowie verschiedene Beiträge in: Winter/Robert 1997, 9.4]. Die inneren, zusehends in Streikaktionen kulminierenden und inzwischen gründlich erforschten Unruhen gingen oft (aber nicht immer) von der Arbeiterschaft aus [Haimson/Sapelli 1992, 9.4]. Zwar brachte die Kriegswirtschaft etwa in Deutschland eine Reihe „innovativer Anstöße" [Süle 1988, 5.2, S. 254], eine verstärkte Sozialpolitik oder markierte den „eigentlichen Beginn der öffentlichen Arbeitslosenunterstützung" [Faust 1986, 5.4, S. 267], aber insgesamt profitierte die Arbeiterschaft als Ganze vorderhand nicht von diesen erst län-

Innere Spannungen im Krieg

gerfristig wirkenden Tendenzen, jedenfalls nicht in Europa und vor allem nicht in Deutschland. Anders sah es nach dem Kriegseintritt der USA in den Vereinigten Staaten aus. Dort konnten die Arbeiter bzw. ihre Gewerkschaften als Folge der enorm ansteigenden Kriegsproduktion, des Ausbleibens neuer Einwanderer und der Einführung der Wehrpflicht in den Jahren 1917/18 nicht nur das Recht auf Tarifverträge und den Achtstundentag, sondern auch Lohnerhöhungen von 14 bzw. 20 Prozent durchsetzen.

Arbeiterschaft und Krieg

In Europa hingegen war die Arbeiterschaft von der wirtschaftlichen Lage im Krieg stark betroffen. Es ist allerdings fraglich, ob sich dadurch die traditionellen Klassengegensätze tatsächlich vertieften, wie Jürgen Kocka in seiner Pionierstudie aus den 70er Jahren noch gefolgert hatte [Kocka 1973, 9.4]. Vielmehr konnte gezeigt werden, dass es vor allem jenem Teil der Arbeiterschaft, der in der kriegswichtigen Industrie beschäftigt war, gelang, seine soziale Position im Vergleich zu anderen Gruppen zu stärken. Zwar musste auch sie reale Einkommensverluste hinnehmen, die weit höheren Einbußen hatten aber die Mittelschichten, also Handwerker, Beamte oder kleine Gewerbetreibende zu verkraften. Insofern verschob der Krieg „die sozio-ökonomische Macht" eher weg von den Mittelschichten und hin „zur Arbeiterklasse und zum Großunternehmertum" [Ferguson 1999, 9.1, S. 269] bzw. verschärfte sich der Gegensatz weniger zwischen Arbeitern und Unternehmern als „zwischen Friedens- und Kriegswirtschaft" [Burhop 2011, 6.2, S. 208]. Wolfgang J. Mommsen hat deshalb zum Beispiel für Deutschland statt von sozialen Brüchen entlang der Klassengegensätze von einer „tiefen Zerklüftung der deutschen Gesellschaft" gesprochen [Mommsen 2002, 9.1, S. 112; vgl. mit ähnlichen Ergebnissen für Frankreich und Großbritannien: Robb 2002, 9.4, S. 67 f.; Smith/Audoin-Rouzeau/Becker 2003, 9.4, S. 133; Gregory 2008, 9.4].

Frauen in der Kriegswirtschaft

Zu den Veränderungen der Arbeitswelt im Krieg gehörte auch die verstärkte Rekrutierung neuer Gruppen von Beschäftigten. Dabei hat sich die Forschung sowohl für die Ausweitung von Frauenbeschäftigung [Marwick 1977, 9.4; Braybon 1981, 9.4; Daniel 1989, 9.4; Darrow 2000, 9.4] als auch für die Entwicklung der Familien und der Haushalte im Allgemeinen interessiert [Wall/Winter 1988, 9.2; Kundrus 1995, 9.4]. Weil sie kaum in kriegswichtigen Bereichen arbeiteten, waren, wie die Forschung herausgestrichen hat, Frauen zunächst stärker von der anfänglichen Arbeitslosigkeit im Krieg betroffen als Männer. Mit ihrem Einsatz in der Kriegsindustrie und anderen zuvor von Männern eingenommenen Positionen konnten viele Frauen dann aber relativ höhere Einkommen erzielen als vor dem Krieg. Zu einer nachhaltigen Veränderung der Rolle von Frauen in der Arbeitswelt führte der Krieg dennoch nicht, vielmehr wurden sie nach 1918 überwiegend wieder auf die traditionell weiblichen Beschäftigungsfelder zurückgedrängt. Untersucht worden ist ebenso die Beschäftigung von Ausländern, Arbeitskräften aus den Kolonien, Zwangsarbeitern und Kriegsgefangenen, die vor allem in der deutschen Kriegswirtschaft eine erhebliche Rolle spielte und Arbeitskräfte beispielsweise aus Belgien, den besetzten Gebieten des Ostens, aber auch angeworbene Arbeiter aus den neutralen Staaten betraf [z. B. OLTMER 1995, 9.4; RAWE 2005, 9.4; TENFELDE/SEIDEL 2005, 9.4; THIEL 2007, 9.4]. Trotz mancher ideengeschichtlicher sowie ökonomischer Parallelen ist der deutsche Zwangsarbeitereinsatz im Ersten Weltkrieg quantitativ wie qualitativ allerdings nicht mit dem des Zweiten Weltkriegs vergleichbar, als Zwangsarbeit Teil des Vernichtungskriegs wurde [vgl. z. B. WESTERHOFF 2011, 9.3].

Zwangsarbeit

Die Unzufriedenheit in der Arbeiterschaft führte in vielen Ländern zu einer Radikalisierung, für die im Übrigen wohl die russische Revolution als ein verstärkender bzw. auslösender Faktor angesehen werden muss. Eingehender untersucht sind hier vor allem die Entwicklungen in den diesbezüglich wichtigsten Staaten, also im Deutschen Reich, in Frankreich, Großbritannien oder Österreich-Ungarn [vgl. z. B. ZEMAN 1961, 9.4; FELDMAN 1966, 9.4; PEDRONCINI 1967, 9.2; KOCKA 1973, 9.4; CARSTEN 1982, 9.4; KLEPSCH 1983, 9.4; MAI 1993, 9.4]. Dass sich hinter den durchaus vergleichbaren äußeren Abläufen dieser Bewegung in den einzelnen Staaten sehr unterschiedliche, durch die jeweiligen nationalen Gegebenheiten mitbestimmte politische Zielsetzungen verbergen konnten, ist von der komparativen Geschichtsschreibung deutlich gezeigt worden [vgl. HAIMSON/SAPELLI 1992, 9.4; HORNE 2000, 9.1].

Politische Radikalisierung

Es liegt auf der Hand, dass diese Entwicklungen auch Rückwirkungen auf die sozialistischen Parteien zeitigen mussten, und zwar sowohl auf ihre politische Orientierung als auch auf ihre organisatorische Struktur. Gerade hier sind allerdings die Entwicklungen in den einzelnen Ländern kaum miteinander vergleichbar. Ist etwa für den englischen Fall R. Klepsch [KLEPSCH 1983, 9.4, S. 342] zu dem wohl zutreffenden Resultat gelangt, dass die „Labour Party in der Ausnahmesituation des Krieges 1914/18 die Wandlung von einer an Brot-und-Butter-Fragen orientierten gewerkschaftlichen Interessenvertretung zu einer politischen Massenpartei mit Machtanspruch und umfassendem, reformistischem Programm vollzog", kam es bekanntlich im Falle der deutschen Sozialdemokratie im Frühjahr 1917 gerade zu jener Spaltung, die dann, wie beispielsweise schon Susanne Miller [MILLER 1974, 9.4, S. 396] gezeigt hat, „einerseits den Mehrheitssozialdemokraten die Partnerschaft mit bürgerlichen Parteien und andererseits den Unabhängigen eine organisatorische Verbindung mit der Spartakusgruppe" ermöglichte. Die Radikalisierung war aber selbstverständlich ebenso auf der rechten Seite des politischen Spektrums zu erkennen, was für Deutschland an der Gründung der „Deutschen Vaterlandspartei" 1917 sowie der Verbindung der radikalisierten Rechten des Ersten Weltkriegs zum Nationalsozialismus untersucht worden ist [HAGENLÜCKE 1997, 5.3; KRUMEICH 2010, 9.1; HOFMEISTER 2012, 9.4].

Streiks — In einigen Ländern wurden die Streiks der Arbeiter, insbesondere seit 1917, von entsprechenden Aktionen der Soldaten, wie Desertionen oder Meutereien, begleitet. Das gilt für Frankreich, wo es im Frühjahr und Sommer 1917 zu größeren Meutereien kam, und in der Endphase des Krieges namentlich für jene Staaten, die dann auch den Krieg in ihren alten Formen und Verfassungen nicht überleben sollten, also für Österreich-Ungarn und das Deutsche Reich [vgl. z. B. ZEMAN 1961, 9.4, bes. S. 142 ff.; KRUSE 1996, 9.2; HEALY 2004, 9.1; WATSON 2014, 9.3; WEINHAUER/MacELLIGOTT/HEINSOHN 2015, 9.1] sowie für Russland [allg. zu diesem Komplex FERGUSON 1999, 9.1, S. 316 ff.]. Gerade hier hat „[t]he End of the Russian Imperial Army [...] and the Soldiers' Revolt" [WILDMAN 1980, 9.4] einen erheblichen Anteil vor allem an jener Phase der Revolution gehabt, die schließlich zur Machtübernahme durch die Bolschewiki führte.

Forschungen zur russischen Revolution — Eben diese Revolution bildet seit den 20er Jahren, als ihr nicht nur für die russische Entwicklung erheblicher Stellenwert erkennbar wurde, einen traditionellen Forschungsschwerpunkt [vgl. z. B. CARR 1950–53, 9.4; CHAMBERLIN 1958, 9.4; SCHAPIRO 1984, 9.4; GEYER 1985, 9.4; HILDERMEIER 1989, 9.4; PIPES 1992/93, 9.4; ALTRICHTER 1997, 9.4]. Dabei wurde immer wieder die überragende Bedeutung der Person Lenins für den spezifischen Verlauf der Revolution und den schließlichen Sieg der bolschewistischen Minderheit betont. Eben darin und in der Entschlossenheit der von Lenin geführten Partei ist sicher einer der wichtigsten Gründe für den auf den ersten Blick überraschenden Befund zu sehen, dass die Revolution schließlich erfolgreich war. Dass die Bolschewiki in der Februarrevolution noch keine steuernde Kraft darstellten [BURDZHALOV 1987, 9.4], unterstreicht die Bedeutung der Person Lenins für ihren Erfolg im November 1917.

Immerhin gab es in Russland gerade keine hochentwickelte kapitalistische Industriewirtschaft. Eben die aber hätte gemäß der von Marx entwickelten und für die Bolschewiki als verbindlich erklärten Ideologie die wesentliche Voraussetzung für das Entstehen einer revolutionären Situation bilden müssen. Anfang der 1990er Jahre hat Richard Pipes in seiner monumentalen Geschichte der russischen Revolutionen seit 1905 [PIPES 1992/93, 9.4] darauf hingewiesen, dass Lenin dieser Sachverhalt durchaus geläufig gewesen ist. In seiner Abschiedsrede an die Schweizer Sozialisten stellte er selbst unmissverständlich klar: „Rußland ist ein Bauernland, eines der rückständigsten europäischen Länder." Somit ist die Interpretation von R. Pipes durchaus plausibel, wonach Lenin nie ein Interesse daran gehabt habe, „Rußland zu reformieren". Vielmehr habe er es „unterjochen" wollen, „um ein Sprungbrett für eine Revolution in den Industrieländern und deren Kolonien zu schaffen": „Lenin hat die Revolution immer als eine internationale begriffen; die Russische Revolution war für ihn eine Nebensache" [PIPES 1992/93, 9.4, Bd. 2, S. 107f.].

Umso mehr ist für den Erfolg der Bolschewiki in Rechnung zu stellen, dass das, was Lenin und seine Gefolgsleute auszeichnete, den anderen politischen Kräften im Russland jener Tage gerade abging, nämlich die „Entschlossenheit, eigene Ideale zu verteidigen" [LUKS 1989, 9.4, S. 290]. Das gilt sowohl für die großen Parteien wie die Sozialrevolutionäre, die bei der Wahl zur Konstituierenden Versammlung im November 1917 fast 60 % und damit weit mehr als doppelt so viele Stimmen wie die Bolschewiki bekamen, als auch für Gruppen wie die Menschewiki [BROVKIN 1987, 9.4]. Insgesamt ist die von D. Geyer [GEYER 1985, 9.4, S. 140] vorgeschlagene Erklärung bedenkenswert, wonach der „von 1776/89 ausgehende Modernisierungsprozeß" an den „Rändern Europas und in den neuen kolonialen Durchdringungsräumen" eine neue Kategorie der Revolution hervorgebracht habe, nämlich die „zuerst in Rußland ausgebildete Form der Weltveränderung nach programmierten Zukunftsentwürfen elitärer Kleingruppen". Aus dieser Perspektive erscheint dann in der Tat die jeweilige wirtschaftliche und soziale Ausgangssituation als sekundärer Faktor.

Rolle der Bolschewiki

Neuere Deutungen

In jüngeren Arbeiten zeichnet sich aber auch hier eine gewisse Verlagerung der Perspektive ab. Neuere Untersuchungen lösen sich vom Blick auf das revolutionäre Geschehen im Zentrum und die dortigen Führungsgruppen, fragen nach den Erfahrungen anderer Teile der Bevölkerung, nach anderen regionalen und lokalen Zusammenhängen und richten den Blick auf die Bedeutung von Kontinuitäten über den Umbruch hinweg [HOLQUIST 2002, 4.2; RALEIGH 2002, 9.4; SANBORN 2003, 4.2; HEINZEN 2004, 9.4; AUST 2017, 9.4, S. 15; STEINBERG 2017, 9.4]. Dahinter steht der Anspruch, dass nur diese Wechselwirkungen zwischen Tradition und Bruch sowie zwischen den verschiedenen Teilen Russlands die Entwicklungen von 1917 und die der Folgejahre erklären können. Zum einen, so Jörn Happel, mag es für viele Nichtrussen im Reich so ausgesehen haben, „als setzten die Sieger die Politik der Zaren als Kolonialherren fort" [HAPPEL 2007, 9.4, S. 85]. Zum anderen waren die Bedingungen in den unterschiedlichen Regionen „strukturell verschiedenartig" und die Beziehungen „zwischen Zentrum und Peripherie" kompliziert: „Für den Ausgang der Revolution besaß all dies ein erhebliches Gewicht" [ebd.]. Es gab so gesehen nicht die „Revolution im Singular". In jeder Region durchlebten verschiedenen „soziale und nationale Gruppen […] ihre jeweils eigene Revolution" [AUST 2017, 9.4, S. 15]. Solche Versuche, das Geschehen nicht vom Zentrum, sondern von den verschiedenen Peripherien aus zu deuten, hat namentlich Joshua Sanborn für die russische Entwicklung im Ersten Weltkrieg insgesamt unternommen. Das zaristische Imperium war, so die Argumentation, mit der Steuerung des Krieges von der Zentrale aus überfordert und damit entstanden mehr und mehr lokale, sozusagen dezentrale Machtzentren, die schließlich das Reich zerstörten. Die Struktur des Imperiums war den Belastungen des großen Kriegs nicht gewachsen [SANBORN 2014, 9.1].

Wandel der politischen Systeme im Krieg

Ein Anlass für die krisenhafte Zuspitzung der Verhältnisse im Zarenreich, wenn auch wohl nicht der entscheidende, war die wachsende Spannung zwischen dem Parlament bzw. den Parteien einerseits, der Regierung und dem Zaren andererseits, eine Entwicklung, die grundsätzlich für die innere Lage vieler europäischer Länder, insbesondere in der zweiten Hälfte des Krieges, typisch war – allerdings in unterschiedlicher Ausprägung und Intensität. So haben, wie die meisten Historiker:innen übereinstimmend betonen, der britische Kriegspremier Lloyd George oder der mächtige und durchsetzungsfähige französische Ministerpräsident Clemenceau niemals versucht, das Parlament gänzlich auszuschalten. Im französischen Fall nahmen vielmehr im Verlauf des Krieges, wie Inge Saatmann 1978 gezeigt hat [SAATMANN 1978, 9.4, S. 475], die parlamentarischen Armeekommissionen des Senats und der Deputiertenkammer durch ihren Machtzuwachs „weitgehend den Platz im politischen Entscheidungssystem ein, den die Parteien hätten einnehmen sollen". Trotz der Ausweitung staatlicher Autorität und der damit einhergehenden Erschütterung der demokratischen Ordnungen behielten in Frankreich und Großbritannien aber letztendlich die zivilen Institutionen die politische Führung [vgl. ENGELS 2007, 4.2, S. 23–28; TURNER 1992, 9.3].

Anders lagen die Verhältnisse in Österreich-Ungarn und im Deutschen Reich. In diesen Ländern konnten insbesondere die Militärs im Verlauf des Krieges einen steigenden Einfluss auf die Gestaltung auch der inneren Verhältnisse nehmen [vgl. für Österreich-Ungarn FÜHR 1968, 9.4; für das Deutsche Reich: RITTER 1964–68, Bd. 3 u. 4, 8.5; JANSSEN 1967, 9.4; ULLRICH, 1993, 4.2]. Im deutschen Fall muss dabei, wie die Analysen dieses Problems übereinstimmend zeigen, der Wechsel der OHL von Falkenhayn zu Hindenburg und Ludendorff als die entscheidende Zäsur angesehen werden. Ob die OHL unter Hindenburg und Ludendorff, wie manche Studien angenommen haben, tatsächlich als Militärdiktatur zu bezeichnen ist, ist allerdings umstritten geblieben [vgl. z. B. ULLRICH 1997, 4.2, S. 529]. Auch in der wichtigsten Biographie zu Hindenburg der letzten Jahre von Wolfram Pyta ist die Deutung einer Militärdiktatur zurückgewiesene worden. Zweifellos gewann die OHL erhebliche politische Macht, die anderen Instanzen waren aber nicht völlig ausgeschaltet: „Das komplizierte politische System", so Pytas Fazit, „mit seiner Vielzahl konkurrierender Machtzentren erlebte im Weltkrieg keine diktatorische Vereinfachung, obzwar der Machtgewinn der Obersten Heeresleitung unübersehbar war" [PYTA 2007, 4.2, S. 288]. Allerdings sei Hindenburg im Krieg erhebliche charismatische Macht zugewachsen, die er dann im Übrigen nach 1918 nutzen konnte [ebd., S. 285–293]. In Österreich-Ungarn wiederum wurde unter dem Eindruck des Krieges und vor allem nach der Thronbesteigung Kaiser Karls I. endgültig offenkundig, wo das eigentliche Problem des Vielvölkerstaates lag: Die Interessengegensätze der Nationalitäten waren unüberbrückbar und im Grunde vor allem durch die allgemein respektierte Persönlichkeit Franz Josephs notdürftig überdeckt worden [vgl. z. B. LORENZ 1959, 9.1; ZEMAN 1961, 9.4; KANN 1964, 4.2; KANN/

> Militärdiktatur in Deutschland?

> Nationalitätenfrage in Österreich-Ungarn

KIRÁLY/FICHTNER 1977, 9.1; WANDRUSZKA/URBANITSCH 1980, 4.2; RAUCHENSTEINER 1993, 9.1]. Es dauerte dennoch bis in die letzte Kriegsphase, bis die Nationalitätenfrage, teilweise in Verbindung mit sozialen Unruhen, das Habsburgerreich zerstörte und sich die einzelnen Nationalitäten für unabhängig erklärten [siehe vor allem: RUMPLER 2016, 9.1]. Im Deutschen Reich erwies sich, jedenfalls seit 1917, die wachsende Unzufriedenheit mit der Verfassung, die in den Augen der Zeitgenossen gerade unter den Bedingungen des Krieges ihre Unzulänglichkeiten offenbarte, als ein Faktor, der die ohnehin angespannte Lage noch zusätzlich belastete. Seit 1917 zeigten sich jedenfalls wieder Ansätze zur Parlamentarisierung des Reichs [vgl. oben S. 163f.]. Ihr Ausmaß ist allerdings in der Forschung umstritten. Die Einigkeit der sie tragenden Parteien darf ebenso wenig überschätzt werden, wie die Tatsache außer Acht gelassen werden sollte, dass die Bemühungen um eine Kompetenzausweitung des Reichstags gegen eine Reichsregierung geschahen, die ihrerseits deutlich an Bedeutung gegenüber der militärischen Führung verloren hatte. Die neuerlichen Ansätze, so wird man entsprechende Forschungen bilanzieren dürfen, führten somit keineswegs direkt zum Parlamentarismus der Weimarer Republik, sie waren vielmehr immer noch zögerlich. Sie machten aber gleichzeitig deutlich, wie stark die alte Ordnung inzwischen delegitimiert war und wiesen auf eine Entwicklungsmöglichkeit hin, die dann auch nach Kriegsende beschritten wurde [vgl. die differenzierte Darstellung bei SALEWSKI 2004, 9.1, S. 250–263].

Deutscher Reichstag im Krieg

In keinem Staat blieb der Krieg, so lässt sich zusammenfassen, ohne massive Auswirkungen auf das politische System. Neben den offensichtlichen Differenzen, die insbesondere in der unterschiedlich starken Desintegration der bestehenden Ordnung lagen und die im Falle Russlands ja noch vor der militärischen Niederlage zur Revolution führten, gab es dabei auch politische Problemlagen, die in allen Ländern zu beobachten waren. Dazu gehörte die Frage, inwieweit der Staat in gesellschaftliche und wirtschaftliche Bereiche eingreifen musste oder durfte. Gerade dieser Problemkomplex zeigte sich im und durch den Weltkrieg in bis dahin nicht gekannter Radikalität und sollte auch nach 1918 nicht aus der europäischen Geschichte verschwinden [vgl. TURNER 1992, 9.3, S. 387ff.; REINHARD 2002, 5.2, S. 467ff.]. Marcel Boldorf hat entsprechend den Kriegsausbruch hinsichtlich wirtschaftlicher „Leitideen" sowie der Rolle des Staates als „tiefe[n] Strukturbruch" gesehen. Auch das internationale Umfeld der Außenwirtschaft durchlief einen „starken Wandel"

Kriegswirtschaft

[BOLDORF 2020, 9.3, S. 5]. Umstrittener ist die Frage, inwieweit der Krieg auch langfristig die Wachstumsentwicklungen der einzelnen Länder prägte. Ohne sich darauf festzulegen, dass der Erste Weltkrieg die alleinige Ursache war, hat Albrecht Ritschl doch konstatiert, dass der Krieg Auftakt für eine längere Wachstumsschwäche war, die erst in den 1950er und 60er Jahren überwunden wurde [RITSCHL 2020, 9.4, S. 615; zum Vergleich der großen europäischen Volkswirtschaften im Ersten Weltkrieg und den jeweiligen Auswirkungen auch: BROADBERRY/HARRISON 2005, 9.3]. Andere Arbeiten haben den Ersten Weltkrieg als Auftakt einer Phase der Deglobalisierung in der ersten Hälfte des 20. Jahrhunderts gesehen [JAMES 2001, 6.3; Widerspruch zum Beispiel bei: CORNELIßEN/VAN LAAK 2020, 6.3].

Neben der Debatte um die innenpolitische Ordnung oder die ökonomischen Auswirkungen war auch die Außenpolitik im Krieg keineswegs stillgestellt. Die Forschung auf diesem Feld ist vor allem von drei großen Aspekten bestimmt worden, und zwar zum einen von der Erforschung der amerikanischen Politik nach Kriegsausbruch, zum zweiten von der Analyse der (Sonder-)Friedensbemühungen während der großen Auseinandersetzung und schließlich und vor allem von der Frage nach den Zielen der kriegführenden Staaten. Schon den Zeitgenossen galt es als ausgemacht, dass der Kriegseintritt der Vereinigten Staaten von Amerika auf Seiten der Entente für die Stellung der Mittelmächte von weit größerer Bedeutung sein musste als etwa derjenige Italiens [vgl. dazu z. B. MUHR 1977, 9.3; MONTICONE 1982, 9.3; die Bedeutung des Eintritts Italiens betont allerdings: AFFLERBACH 2007, 9.3]. Dabei sind die entsprechenden diplomatischen Aktivitäten und Bemühungen Frankreichs [NOUAILHAT 1977, 9.3] und namentlich Großbritanniens [BURK 1985, 9.3] ebenso eingehend analysiert worden wie die amerikanische Politik vor und nach dem 6. April 1917. Dass neben den politischen und diplomatischen Aktivitäten sowie dem wirtschaftlichen bzw. finanziellen Engagement der USA bis zu ihrem Eintritt in den Krieg immer wieder die Persönlichkeit ihres Präsidenten Wilson und seine diversen Vermittlungsversuche und Friedensinitiativen zu eingehender Beschäftigung angeregt haben, liegt auf der Hand [zur Politik der USA seit 1914 z. B. SEYMOUR 1964, 9.3; LINK 1960–64, 4.2; GILBERT 1970, 9.2; DEVLIN 1974, 9.3; FERRELL 1985, 9.3; vgl. auch die entsprechenden Darstellungen in: IRIYE 1993, 8.2 oder SCHWABE 2007, 8.2; KENNEDY 2009, 8.2; BERG 2017 4.2].

Außenpolitik im Krieg

Friedensbemühungen   Einen weiteren Schwerpunkt bei der Erforschung der politischen bzw. diplomatischen Aktivitäten während des Krieges bilden neben den amerikanischen vor allem die deutschen Bemühungen um einen (Sonder-)Frieden [Steglich 1964, 9.3; Farrar 1978, 9.3 sowie allgemein zu Friedensinitiativen: Stevenson 1988, 9.3]. Um neue Aspekte bereichert wurde die wissenschaftliche Erkenntnis hier durch eine intensive, vor allem zahlreiche neue Quellen auswertende Analyse der deutschen Verständigungsversuche gegenüber Japan einerseits [Hayashima 1982, 9.3; vgl. z. B. auch Ullrich 1982, 9.3] und der dänischen Friedensvermittlungsversuche bis zum Kriegseintritt Italiens andererseits [Winterhager 1984, 9.3]. Im Zuge der Beantwortung der Frage nach den Gründen für das Scheitern der deutschen Sonderfriedensbemühungen, insbesondere in dem aus deutscher Sicht zunächst aussichtsreichsten Fall, nämlich den entsprechenden Aktivitäten gegenüber Russland während der Jahre 1915/16, hat sich die Forschung vor allem auf jene deutsche „Ostpolitik" konzentriert, deren Konzeption und partielle Realisierung, namentlich in Bezug auf Polen, eine Verständigung mit dem Zarenreich im Grunde ausschloss und die im Übrigen nicht unerheblich mit dazu beitrug, dass die Beziehungen des Deutschen Reiches zu seinem wichtigsten Verbündeten, Österreich-Ungarn, zeitweilig den Charakter einer „Troubled Alliance" annahmen [Silberstein 1970, 9.3].

Kriegsziele   Eben diese deutsche Ostpolitik im Ersten Weltkrieg bildete den eigentlichen Ausgangspunkt der Forschungen Fritz Fischers über die deutsche Kriegszielpolitik [Fischer 1977, 9.3] und stand damit im Zentrum dieses Strangs der „Fischer-Kontroverse" [vgl. oben S. 220f.]. Vor allem sahen Fischer und seine Schüler die Erringung einer deutschen Hegemonie über Europa als Kerngedanken, der bereits vor dem Krieg konsequent verfolgt wurde. Demgegenüber ist insbesondere von zahlreichen Vertretern aus dem Bereich der englischen und amerikanischen Historie nach 1945 die Ansicht vertreten worden, „[that] Allies and mortal enemies were united in a common determination to achieve ‚permanent security' at almost any cost" [Galbraith 1984, 9.3, S. 26]. In diesem Sinne hatte A. J. P. Taylor bereits 1956 [Taylor 1956, 9.3, S. 457] deutlich gemacht, dass keine der Großmächte mit klar definierten Zielen in den Krieg eingetreten sei. Dass mithin auch die annexionistischen, nicht zuletzt aus der Erwägung einer besseren Defensivposition in der Zukunft heraus entwickelten bzw. realisierten Vorstellungen ein „universal problem" waren, „not confined to one particular nation" [Gatzke 1950,

9.3, S. 288], haben gerade die Analysen auch der alliierten Kriegszielpolitik gezeigt. Diese Sicht der Dinge hat 1989 mit der monumentalen Analyse von Georges-Henri Soutou [Soutou 1989, 9.3, vgl. ders. 1997, 9.3] eine eindrucksvolle Bestätigung und Erweiterung erfahren: Unter Auswertung eines ungewöhnlich umfangreichen Quellenmaterials und im direkten Vergleich der Ziele aller wichtigen kriegführenden Mächte kam Soutou zu dem Ergebnis, dass die namentlich von Fischer als primär betrachteten wirtschaftlichen Ziele gegenüber anderen Motiven, wie etwa den Sicherheitsinteressen, eine untergeordnete Rolle gespielt haben. Aber nicht nur mit Blick auf die Kriegsziele, sondern auch hinsichtlich der Friedensbemühungen im Jahre 1916 konnte Soutou einige vor allem in der deutschen Geschichtswissenschaft bis in die 80er Jahre hinein verbreitete Deutungen korrigieren. So betrachtete der französische Historiker die deutschen Bemühungen keineswegs als reine Propaganda. Vielmehr suchte er die Gründe für das Scheitern der Verhandlungen ebenso in der mangelnden Friedensbereitschaft der britischen und der französischen Regierungen.

Traditionell kontrovers diskutiert wurden die französischen Pläne bezüglich einer Annexion deutscher Gebiete und namentlich die Frage, ob und in welchem Maße diese über die Rückgliederung Elsass-Lothringens hinausgingen. 1985 hat Jacques Bariéty [Bariéty 1985, 8.2, S. 15] die damaligen Forschungsergebnisse dahingehend resümiert, dass die Möglichkeit einer aktiven Rheinpolitik Frankreichs nach Kriegsbeginn wohl „einmal, im Februar/März 1917, auf der Ebene der Regierungsdebatten" aufgetaucht, aber während des Krieges „nicht zu einem festen Kriegsziel der französischen Regierung" geworden sei: „Sowieso hatte die französische Regierung, als das deutsche Heer 1918 noch einmal nahe an Paris heranrückte, andere Sorgen, als sich mit solchen phantastischen Zukunftsplänen zu beschäftigen." Insofern darf die französische Kriegszielpolitik als typisches Beispiel dafür gelten, dass deren konkrete Ausformulierung – wie in fast allen Ländern – in hohem Maße vom jeweiligen Gang der Ereignisse abhängig war. In diesem Sinne hat David Stevenson in seiner Analyse „French War Aims against Germany" festgestellt [Stevenson 1982, 9.3, S. 198]: „Governments needed to keep open a maximum of opportunities if the future should prove favourable while being bound by a minimum of commitments if it should not."

Französische Kriegsziele

Britische Kriegsziele   Eine vergleichbare Flexibilität lässt sich auch im Falle der inzwischen gründlich erforschten britischen Kriegszielpolitik beobachten [zum englisch-französischen Vergleich: GREENHALGH 2005, 9.3], auch wenn dieser einige, während des gesamten Krieges nicht aufgegebene Kardinalmaximen zugrunde lagen. Das gilt insbesondere hinsichtlich der künftigen Stellung Deutschlands. Hier hat z. B. Lorna S. Jaffe zeigen können, dass zwar eines der obersten englischen Kriegsziele die Beseitigung des „preußischen Militarismus" war, dass aber zugleich die Vorstellung eines gänzlich abgerüsteten, d. h. nicht mehr zur Selbstverteidigung fähigen und damit etwaigen hegemonialen Bestrebungen einer oder mehrerer Kontinentalmächte ausgelieferten Deutschlands auch in den Jahren 1914–1918 mit dem gleichgewichtsbezogenen Denken britischer Politiker nicht vereinbar war [JAFFE 1985, 9.3; vgl. z. B. auch ROTHWELL 1971, 9.3]. In der britischen Kriegszielplanung spielte folglich auch die Frage eine Rolle, welche Macht nach der Niederlage Deutschlands zum eigentlichen Gegner Großbritanniens avancieren würde. Schließlich haben die wissenschaftlichen Analysen insbesondere der Verträge, die Großbritannien im Verlauf des Krieges mit Frankreich und Russland einerseits und – in Kooperation mit diesen Verbündeten – mit Italien oder Rumänien andererseits schloss, bestätigt, dass die englische Politik sowohl hinsichtlich der Zukunft des Osmanischen Reiches als auch, jedenfalls in der Endphase des Krieges, derjenigen Österreich-Ungarns eine Strategie verfolgte, die auf eine Dekomposition, zumindest aber auf eine nachhaltige Schwächung dieser Staaten hinauslief [vgl. z. B. NEVAKIVI 1969, 8.3; RENZI 1970, 9.3; FEST 1978, 9.3; NEILSON 1984, 9.3]. Im Falle der russischen Politik im Ersten Weltkrieg haben sich die Historiker:innen wiederum zum einen für die Haltung der Westmächte zu den revolutionären bzw. nachrevolutionären Verhältnissen interessiert [WARTH 1954, 9.3; KENNAN 1956–58, 8.3; ULLMAN 1961, 9.3; GARDNER

Russische Ziele   1984, 9.3]. Zum anderen haben auch hier die Kriegsziele die Aufmerksamkeit der Geschichtswissenschaft auf sich gezogen. 1982 konnte Horst G. Linke [LINKE 1982, 9.3] in einer detaillierten Analyse der innerrussischen Debatten dieses Problems zeigen, dass neben der polnischen und der türkischen Frage vor allem die Reduzierung der deutschen Machtstellung eine wesentliche Rolle bei diesen Planungen spielte, ja dass die „entscheidende" Schwächung des Deutschen Reiches als „oberstes Kriegsziel" angesehen werden muss.

Resümee   Blickt man auf die lange wissenschaftliche Diskussion um die Kriegszieldebatten in den einzelnen Ländern zurück, so lassen sich einige Ergebnisse recht eindeutig identifizieren [siehe dazu: AFFLERBACH 2015, 9.3]: Zum einen trat offenbar keine Macht mit einem klar umrissenen, d. h. in den Einzelheiten festliegenden Kriegszielprogramm in die große Auseinandersetzung ein. Zum zweiten waren die entsprechenden Vorstellungen ständigen Wandlungen unterworfen, da sie immer wieder dem Kriegsverlauf angepasst werden mussten und überdies sowohl innerhalb der nationalen Führungen, insbesondere zwischen Militärs und Politik, als auch zwischen den jeweiligen Verbündeten umstritten waren. Zum dritten begannen nach Ausbruch des Krieges eben alle beteiligten Parteien darüber nachzudenken, wie wohl ihr Gewinn im Falle des Sieges, den alle für sich als sicher annahmen, aussehen werde. Je länger der Krieg dauerte, desto weniger wurde allerdings angesichts der enormen Opfer ein Kriegsende ohne Gewinne denkbar. Ein Kompromissfriede erschien immer weniger möglich. Schließlich ist festzustellen, dass am Ende keiner der kriegführenden Staaten seine Kriegsziele ganz erreichen konnte, auch keiner der alliierten Sieger [STEVENSON 1988, 9.3, S. 308]. Zumindest die europäischen Staaten wurden so mittelfristig alle zu Verlierern. Darin ist vielleicht die größte Tragik dieser „Urkatastrophe" des 20. Jahrhunderts zu sehen: Weil sich letztendlich fast alle, die einen mehr, die anderen weniger, als Verlierer des großen Krieges betrachteten und sich daher mit seinem Ergebnis nur schwer oder gar nicht abfinden konnten, war der Grundstein für die nächste Katastrophe bereits gelegt. Im Zweiten Weltkrieg ist insofern auch der gigantische Versuch zu sehen, die Ergebnisse des Ersten Weltkrieges zu revidieren.

Die Folgen des Kriegs betrafen indessen keineswegs nur Europa und infolgedessen ist insbesondere seit dem Aufstieg der Globalgeschichte zu Beginn des 21. Jahrhunderts immer wieder gefragt worden, inwieweit der Erste Weltkrieg als eine globale Auseinandersetzung zu betrachten ist. Zwar ist vereinzelt Skepsis geäußert und z. B. auf die Ursprünge des Krieges in europäischen Machtrivalitäten verwiesen worden [WEGNER 2009, 9.1], die meisten Historiker:innen haben allerdings doch die große globale Bedeutung betont [Forschungsüberblick und umfangreiche weitere Literatur: MARTIN 2022, 9.1 sowie insbesondere auch: GERWARTH/MANELA 2014, 9.1]. Vorwiegend wurden drei Aspekte hervorgehoben: Auch wenn die Hauptkriegsschauplätze in Europa lagen, darf die direkte Kriegsbeteiligung von Menschen aus Ländern außerhalb Europas nicht unterschätzt werden. Zu den am Ende etwa 2 Millionen US-

Der Erste Weltkrieg als globaler Krieg

Außereuropäische Soldaten und Hilfskräfte

amerikanischen Soldaten kamen deutlich über 1 Million Soldaten, die aus den britischen Dominions oder den französischen Kolonien in Afrika in Europa eingesetzt wurden. Indische Soldaten kämpften zu Hunderttausenden nicht nur zu Beginn an der Westfront, sondern im weiteren Verlauf des Krieges vor allem auf den osmanischen Kriegsschauplätzen. Gerade an der Westfront setzten die Alliierten zudem Zehntausende von Hilfskräften aus französisch Indochina oder China ein [z. B. Fogarty 2008, 9.4; Xu 2011, 9.2; Morton-Jack 2014, 9.2; Singha 2020, 9.2]. Die Kampfhandlungen in den Kolonien mögen im Vergleich zu West- und Ostfront klein erscheinen, die Opferzahlen waren es gerade in Deutsch-Ostafrika, wo der Krieg bis 1918 dauerte, nicht. Die Zahl der Menschen, die in Afrika als einheimische Soldaten, Träger oder als Zivilisten aufgrund der Kriegführung, die teilweise eine Strategie der verbrannten Erde verfolgte, insgesamt starben, ist auf bis zu 1 Million Menschen geschätzt worden [zum Krieg in Afrika u. a. Strachan 2004, 9.3; Paice 2008, 9.2; Samson 2012, 9.2; Moyd 2014, 9.2].

Veränderung globaler Wahrnehmungen Europas

Ein zweiter Aspekt betrifft weltweite kollektive Identitäten bzw. die Wahrnehmungen voneinander über Kontinente hinweg. Gerade in den britischen Dominions, allen voran in Australien, Neuseeland und Kanada, wurde der eigene Kriegseinsatz schnell eine wichtige Quelle nationaler Identität [Pugsley 2004, 9.2; Thomson 2013, 9.2]. Gerade in Neuseeland und Australien lässt sich der Einsatz der eigenen Soldaten auf Gallipoli als Bestandteil eines nationalen Ursprungsmythos begreifen, der bis heute am sogenannten ANZAC-Day zum Gedenken an die Landung des gemeinsamen „Australian and New Zealand Army Corps" auf der türkischen Halbinsel begangen wird und der die Bedeutung des Ersten Weltkriegs als einer wichtigen Station auf dem Weg zur eigenen Unabhängigkeit zeigt. Auch in anderer Hinsicht veränderte der Krieg den Blick außereuropäischer Gesellschaften auf den Kontinent und damit zumindest mittelfristig das Verhältnis zwischen Europa und der kolonialen Welt. Dominic Sachsenmaier hat am Beispiel chinesischer Intellektueller gezeigt, wie der katastrophale und selbstzerstörerische Krieg der europäischen Großstaaten gegeneinander das Bild eines fortschrittlichen, vorbildhaften und zivilisierten Europas erschütterte und die Suche nach eigenen Wegen in die Moderne förderte [Sachsenmaier 2008, 9.1]. Auch in anderen Weltregionen wurde der Erste Weltkrieg zu einem wichtigen Meilenstein eines antikolonialen Bewusstseins bzw. der Stärkung nationaler und antikolonialer Eliten.

Gefördert wurden solche Aspirationen ebenso von der Freiheits- und Selbstbestimmungsrhetorik des amerikanischen Präsidenten, der gerade das Ende des Ersten Weltkrieg zu einem globalen „Wilsonian Moment" nationaler Hoffnungen auf Unabhängigkeit und Selbstbestimmung machte [Erez 2007, 9.1; außerdem z. B.: Rinke 2017, 9.1; Streets-Salter 2017, 9.1; Dal Lago/Healy/Barry 2018, 9.1].

Ein dritter wichtiger Aspekt für die globale Bedeutung des Ersten Weltkriegs wird darin gesehen, dass dieser keineswegs nur in Europa die internationale Ordnung veränderte. Ähnliche Prozesse spielten sich im asiatisch-pazifischen Raum ab, wo der Krieg einen wichtigen Schritt bei der Ausbildung der rivalisierenden Ordnungsansprüchen der USA auf der einen Seite und Japan auf der anderen bedeute [Minohara/Dawley 2021, 9.1]. Vergleichbares gilt für den Nahen Osten sowie den arabischen Raum. Auch hier legte der Krieg durch die Auflösung des Osmanischen Reichs den Grundstein für eine völlig neue Ordnung, die die Region wie die internationalen Beziehungen bis heute bestimmen sollte und die in der historischen Forschung häufig auch über den Ersten Weltkrieg hinaus beschrieben worden ist [z. B. McMeekin 2015, 4.2; Rogan 2015, 9.1; Gingeras 2016, 9.4; Kröger 2022, 9.1]. Ähnlich wie der Zweite Weltkrieg hatte auch der Erste Weltkrieg massiven Einfluss auf die Entwicklung regionaler Konflikte in unterschiedlichen Weltgegenden, die so gewissermaßen in einem großen Konflikt zusammenwuchsen.

Wandel des internationalen Systems

Über die militärischen, politischen, sozialen oder auch wirtschaftlichen Entwicklungen hinaus ist inzwischen auch der Kriegsalltag in Europa zum Gegenstand zahlreicher Untersuchungen geworden. Seit den 1990er Jahren kann er als eigentlicher Schwerpunkt der Forschung zum Ersten Weltkrieg gelten [Forschungsberichte mit entsprechendem Schwerpunkt z. B. Mommsen 2002, 9.1; Reimann 2004, 9.1; Überegger 2004, 9.4]. Neben der Mangelerfahrung bzw. den allgemeinen Versorgungsschwierigkeiten, der Frage nach Zustimmung zum oder Ablehnung des Krieges sowie den Konsequenzen für die Mentalitäten der Bevölkerung, steht hier immer wieder die Erfahrung der Gewalt im Zentrum. Das betrifft ebenso die Zivilbevölkerung, die mit dem millionenfachen Tod von Angehörigen umgehen musste, wie die Soldaten an der Front.

Forschungsschwerpunkt Kriegsalltag

Angesichts des massenhaften Sterbens in den Schützengräben, das die Soldaten zu Opfern des anonymen, technisierten Krieges werden ließ, gegen den es im Grunde keinen Schutz gab, ist immer wieder die Frage gestellt worden, was die Soldaten aller Länder ei-

Kriegsalltag der Soldaten

gentlich zum Kämpfen brachte und warum die Zahl der Desertionen, Gehorsamsverweigerungen und Meutereien bis 1917 vergleichsweise gering blieb. Ende der 1990er Jahre hat Niall Ferguson eine Mischung aus Zwang, der disziplinierenden Wirkung des soldatischen Alltags, militärischer Routine sowie ideologischen Komponenten wie Patriotismus und Religion angenommen [FERGUSON 1999, 9.1, S. 311–326]. Darüber hinaus verwies er auf die Möglichkeit einer aus der Extremsituation der Fronterfahrung erwachsenden „Freude am Krieg" [ebd., S. 327]. Andere Autoren haben eine spezifische „soldatische Kultur" angenommen. Sie bestand weniger im militärischen Drill oder ideologischer Indoktrination als in der gemeinsamen, täglichen Erfahrung des Krieges, die nicht nur Freundschaften und Loyalität zu der eigenen (kleinen) Einheit entstehen ließ, sondern auch zur Angleichung von alltäglichen Gewohnheiten führte. Es entstand eine eigene soldatische Welt, die den Zusammenhalt stiftete, der die Soldaten weiterkämpfen ließ und die auch Ausdruck in literarischen Versuchen, Liedern oder Zeichnungen von Soldaten fand [so z.B. SMITH/AUDOIN-ROUZEAU/BECKER 2003, 9.4, S. 96–104; vgl. auch ROPER 2009, 9.2 sowie WATSON 2009, 9.2 die allerdings ebenso die Bindung zur eigenen Heimat als starkes Motiv zum Durchhalten ausmacht]. Als eine mögliche Quelle des Kriegserlebnisses sind dabei neben der Feldpost die sogenannten Soldatenzeitungen untersucht worden, die für viele Einheiten herausgegeben wurden, und die bei aller notwendigen methodischen Vorsicht doch Einblicke in das Fronterlebnis der Soldaten bieten können [LIPP 2003, 9.2]. Weit über solche Quellen hinausgreifend hat z.B. Alan Kramer das Tableau einer umfassenden Entgrenzung der Gewalt im Ersten Weltkrieg entworfen, bei der waffentechnische Möglichkeiten in Verbindung mit propagandistischen und intellektuellen Entwürfen zu einer neuen „dynamic of destruction" geführt hätten, die die Front, zum Teil die besetzten Gebiete, aber ebenso die gesellschaftlichen Sinndeutungen des Kriegs betroffen hätten [KRAMER 2007, 9.2]. Wie auch immer das Ergebnis solcher Analysen ausfallen mag, die Gewalterfahrung des Krieges blieb für viele eine traumatische Erfahrung, die nicht nur physisches, sondern auch psychisches Leid hinterließ, das Historiker:innen zurecht immer wieder nach der „Präsenz des Krieges im [darauffolgenden, der Vf.] Frieden" fragen ließ [KRUMEICH 2002, 9.1; WIRSCHING/SCHUMANN 2003, 9.1; GERWARTH/HORNE 2012, 9.2].

Dieser Zusammenhang ist zuletzt insbesondere für einen Kriegsschauplatz untersucht worden, der im Vergleich zum Stellungskrieg im Westen lange relativ selten ins Blickfeld geraten war: der Ostfront bzw. dem Ersten Weltkrieg in Ost- sowie Mittelost- und Südosteuropa. Die Forschungen zu diesem Thema konzentrieren sich dabei wiederum weniger auf die militärischen Operationen oder die jeweiligen Kriegsziele als auf die Erfahrungs- und Alltagsgeschichte [NELSON 2002, 9.2; MICK 2004, 9.1]. Generell war der Krieg im Osten weniger vom Stellungskrieg geprägt als der im Westen. Dafür erschien den deutschen Soldaten bei ihrem Vormarsch das Land offenbar häufig als eine fremde, bis dahin unbekannte und rätselhafte Welt [LIULEVICIUS 2002, 9.2, z. B. S. 41]. Auf der Grundlage solcher Erfahrungen hat etwa H.-E. Volkmann am Beispiel deutscher Offiziere den Zusammenhang zwischen den Erfahrungen des Ersten Weltkriegs an der Ostfront und den militärischen Planungen der Zwischenkriegszeit untersucht [VOLKMANN 2006, 9.2]. In ähnlicher Weise ist auch nach den Kontinuitäten zwischen der deutschen Besatzungspolitik im Ersten und im Zweiten Weltkrieg gefragt worden. Trotz mancher Verbindungslinien hat zum Beispiel Vejas G. Liulevicius einen direkten Zusammenhang bezweifelt. Sehr wohl aber dürften manche in Deutschland verbreiteten Stereotypen sowie bestimmte Haltungen gegenüber den vermeintlich unterentwickelten Gebieten, mit entsprechenden Konsequenzen für die Besatzungspolitik, Wurzeln im Ersten Weltkrieg haben [LIULEVICIUS 2006, 9.3]. Die konkrete Besatzungspolitik vor Ort war allerdings im Ersten Weltkrieg auch durch sehr viele Widersprüchlichkeiten (etwa zwischen ideologischen Vorstellungen und ökonomischem Pragmatismus oder zwischen umfangreicher Planung und Improvisation) geprägt, so dass auch bei den konkreten Herrschaftstechniken eine direkte Linie vom Ersten Weltkrieg oder auch kolonialen Techniken zum Zweiten Weltkrieg relativiert worden ist [KLARE 2020, 9.3; stärker zu den Verbindungen zum Kolonialismus: ZIMMERER 2004, 7.4]. Ein weiterer Strang von Forschungen hat sich mit der spezifischen Gewaltgeschichte des Krieges in Ost-, Mittelost- sowie Südosteuropa beschäftigt. Der Erste Weltkrieg erscheint dort als Phase einer längeren Epoche militärischer und paramilitärischer Gewalt, die zum Teil schon zuvor begonnen hatte [vgl. GEPPERT/MULLIGAN/ROSE 2015, 8.1], die vor allem aber über das offizielle Ende des Krieges hinaus weit in die sogenannte Zwischenkriegszeit hinein-

Krieg in Ost- und Südosteuropa

Besatzungspolitik und Gewalt im Ersten und Zweiten Weltkrieg

reichte [z. B. SCHNELL 2012, 9.2; BABEROWSKI 2012, 9.4; GERWARTH 2017, 9.1].

Kriegserfahrungen zu Hause

Die Kriegserfahrung in der Heimat ist mit Blick auf die Geschlechtergeschichte [DANIEL 1989, 9.4; KUNDRUS 1995, 9.4; DAVIS 2002, 9.4; HÄMMERLE/ÜBEREGGER/BADER-ZAAR 2014, 9.4], den Umgang mit Verwundeten und Verstümmelten [DELAPORTE 1996, 9.2; KIENITZ 2001, 9.2] und schon traditionell in der Verarbeitung der Intellektuellen [vgl. den Überblick bei MOMMSEN 2002, 9.1, S. 23–33] untersucht worden. Weil sich dort auf begrenztem Raum die unterschiedlichen Erfahrungen sowie die Dynamik im Laufe des Krieges gut fassen lassen, haben gerade für die Heimatfront Lokalstudien der Forschung wichtige Impulse gegeben. Zum Beispiel konnten Volker Ullrich für Hamburg oder Roger Chickering für Freiburg im Breisgau zeigen, wie der anfängliche nationale Konsens nach und nach zerbrach, der Krieg immer mehr Bereiche des Lebens betraf, sich schließlich der Protest mit der Zeit verstärkte, und nach und nach auch sichtbaren Ausdruck fand. Darüber hinaus wurde auch hier deutlich, dass bei den Protesten nicht nur die organisierte Arbeiterschaft, sondern auch Frauen und Jugendliche wichtigen Anteil hatten [ULLRICH 1999, 9.4; vgl. auch schon ULLRICH 1982, 9.4 sowie WINTER/ROBERT 1997 u. 2007, 9.4; CHICKERING 2009, 9.4].

Kriegserfahrung und Zwischenkriegszeit

Einer der wichtigsten Gesichtspunkte für die Analyse der Heimatfront ist – wie für das soldatische Kriegserleben – die Frage, welche Rolle die Erfahrung des Ersten Weltkrieges für die Zeit nach 1918 spielte. Hierzu liegen inzwischen eine ganze Fülle von Arbeiten vor, die sich (häufig auch vergleichend) mit dem öffentlichen Gedenken an die Kriegstoten, der literarischen und künstlerischen Verarbeitung, aber auch mit der politischen Instrumentalisierung der Erinnerungen an den Ersten Weltkrieg in der Zwischenkriegszeit beschäftigen [MOSSE 1993, 9.4; WINTER 1995, 9.1; ULRICH/ZIEMANN 1997, 9.4; DÜLFFER/KRUMEICH 2002, 9.4; WINTER 2006, 9.1]. Wenn dabei immer wieder auf die Brutalisierung der Politik als ein Erbe des Ersten Weltkrieges verwiesen worden ist [z. B. WEISBROD 1992, 9.4], ist doch zu bedenken, dass dies keineswegs für alle Länder zutrifft, und dass es auch nicht die einzig mögliche Reaktion auf den Krieg darstellte. Es bleibt allerdings richtig, dass in weiten Teilen Europas 1918 die Gewalt keineswegs aufhörte. Das gilt für das Deutsche Reich, das sich bis 1923 immer wieder am Rande des Bürgerkriegs befand. Es gilt aber auch für zahlreiche andere Regionen in Mittel-, Ost- und Südosteuropa, wo der Krieg häufig in mit der Waffe ausgetragene Nationalitätenkonflikte überging. Es gilt schließlich für die kriegerischen Auseinandersetzungen zwischen der Türkei und Griechenland, den polnisch-russischen Krieg und nicht zuletzt den russischen Bürgerkrieg mit seinen Millionen von Toten. Die Beispiele, denen andere hinzugefügt werden könnten, machen deutlich, wie schwer es für die Europäer war, nach dem Gewaltausbruch des Ersten Weltkrieges zum Frieden zurückzufinden – im Innern wie nach außen.

III Quellen und Literatur

1 Amtliche Aktenpublikationen

Amtliche Aktenstücke zur Geschichte der Europäischen Politik 1895–1914. [Die Belgischen Dokumente zur Vorgeschichte des Weltkrieges.] Vollständige Ausgabe der vom Deutschen Auswärtigen Amt herausgegebenen Diplomatischen Urkunden aus Belgischen Staatsarchiven. Im Auftrage des Auswärtigen Amtes hrsg. v. B. Schwertfeger, 5 Bde., 2 Ergänzungsbde. u. 2 Kommentarbde., Berlin 1925.

Amtliche Urkunden zur Vorgeschichte des Waffenstillstandes 1918. Auf Grund der Akten der Reichskanzlei, des Auswärtigen Amtes und des Reichsarchivs hrsg. v. Auswärtigen Amt und vom Reichsamt des Innern, 2. Aufl., Berlin 1924.

Die auswärtige Politik Serbiens 1903–1914, hrsg. v. M. Boghitschewitsch, 3 Bde., Berlin 1928–31.

Bayerische Dokumente zum Kriegsausbruch und zum Versailler Schuldspruch, im Auftrage des Bayerischen Landtags hrsg. v. P. Dirr, 3. Aufl., München–Berlin 1925.

Der Beginn des Krieges 1914. Tagesaufzeichnungen des ehemaligen Russischen Außenministeriums. Vollständige Übersetzung der Veröffentlichungen aus dem Archiv der Sowjetregierung (Krasny-Archiv, Heft IV, Moskau 1924). Mit einem Vorwort von A. v. Wegerer, Berlin 1924.

Die Britischen Amtlichen Dokumente über den Ursprung des Weltkrieges 1898–1914, im Auftrage des Britischen Auswärtigen Amtes in elf Bänden hrsg. v. G. P. Gooch u. H. Temperley. Vom Britischen Auswärtigen Amt autorisierte einzige deutsche Ausgabe hrsg. v. H. Lutz, 11 Bde. in 24, Berlin 1926–1938.

Deutsche Gesandtschaftsberichte zum Kriegsausbruch 1914. Berichte und Telegramme der badischen, sächsischen und württembergischen Gesandtschaften in Berlin aus dem Juli und August 1914. Im Auftrag des Auswärtigen Amtes hrsg. v. A. Bach, Berlin 1937.

Die Deutschen Dokumente zum Kriegsausbruch 1914, hrsg. im Auftrage des Auswärtigen Amtes v. Graf M. Montgelas u. W. Schücking, 4 Bde., 2. Aufl., Berlin 1921.

Diplomatische Aktenstücke zur Vorgeschichte des Krieges 1914. [Die Österreichisch-Ungarischen Dokumente zum Kriegsausbruch], hrsg. v. Staatsamt für Äußeres in Wien, 3 Teile, Berlin 1923.

I Documenti diplomatici Italiani, hrsg. v. Ministero degli Affari Esteri, Commissione per la publicazione dei documenti diplomatici, Serien 1–5, Rom 1952 ff.

Documents diplomatiques français (1871–1914), ed. par Ministère des Affaires Étrangères. Commission de publication des documents relatifs aux origines de la guerre de 1914, Serien 1–3, Paris 1929 ff. Serie 4 (1914–1919), Brüssel u. a. 1999 ff.

Documents diplomatiques secrets russes 1914–1917. D'après les archives du ministère des affaires étrangères à Pétrograd. Traduit du russe par J. Polonsky, Paris 1928.

Die Europäischen Mächte und Griechenland während des Weltkrieges. Nach den Geheimdokumenten des ehem. [russischen] Ministeriums für Auswärtige Angelegenheiten, unter der Redaktion von E. Adamov. Einzige vom Volkskommissariat für Auswärtige Angelegenheiten genehmigte deutsche Ausgabe, besorgt v. K. Kersten u. Mironow, Dresden 1932.

Die Europäischen Mächte und die Türkei während des Weltkrieges. Konstantinopel und die Meerengen. Nach den Geheimdokumenten des ehem. [russischen] Ministeriums für Auswärtige Angelegenheiten, unter der Redaktion von E. Adamov. Einzige vom Volkskommissariat für Auswärtige Angelegenheiten genehmigte deutsche Ausgabe, besorgt v. K. Kersten u. B. Mironow, 4 Bde., Dresden 1930–32.

Die Europäischen Mächte und die Türkei während des Weltkrieges. Die Aufteilung der asiatischen Türkei. Nach den Geheimdokumenten des ehem. [russischen] Ministeriums für Auswärtige Angelegenheiten, unter der Redaktion von E. Adamow. Einzige vom Volkskommissariat für Auswärtige Angelegenheiten genehmigte deutsche Ausgabe, besorgt v. K. Kersten u. B. Mironow, Dresden 1932.

Die Große Politik der Europäischen Kabinette 1871–1914. Sammlung der Diplomatischen Akten des Auswärtigen Amtes, im Auftrage des Auswärtigen Amtes hrsg. v. J. Lepsius, A. Mendelssohn-Bartholdy u. F. Thimme, 40 Bde. in 54, Berlin 1922–27.

Die Internationalen Beziehungen im Zeitalter des Imperialismus. Dokumente aus den Archiven der Zarischen und der Provisorischen Regierung, hrsg. von der Kommission beim Zentralexekutivkomitee der Sowjetregierung unter dem Vorsitz von M. N. Pokrowski. Einzig berechtigte deutsche Ausgabe. Namens der Deutschen Gesellschaft zum Studium Osteuropas hrsg. v. O. Hoetzsch, Reihe I-III, 1911–1915, Berlin 1931–1943.

Un Livre Noir. Diplomatie d'avant-guerre [et de guerre] d'après les documents des archives russes, 3 Bde. in 6, Paris o. J.

Österreich-Ungarns Außenpolitik von der Bosnischen Krise 1908 bis zum Kriegsausbruch 1914. Diplomatische Aktenstücke des Österreichisch-ungarischen Ministeriums des Äußeren, ausgewählt v. L. Bittner u. a., hrsg. v. L. Bittner u. H. Uebersberger, 9 Bde., Wien – Leipzig 1930.

Papers Relating to the Foreign Relations of the United States: 1900–1918, 24 Bde., Washington 1902–30; 1914–1918 (The World War),9 Bde., Washington 1928–32; 1918 (Russia),3 Bde., Washington 1931–32.

2 Memoiren, Briefwechsel, Tagebücher, Reden

H. H. Asquith, Der Ursprung des Krieges, München 1924.

Graf [A.] Benckendorff, Graf Benckendorffs Diplomatischer Schriftwechsel, hrsg. v. B. v. Siebert. Neue stark vermehrte Auflage der Diplomatischen Aktenstücke zur Geschichte der Ententepolitik der Vorkriegsjahre, 3 Bde., Berlin-Leipzig 1928.

T. v. Bethmann Hollweg, Betrachtungen zum Weltkriege (1920/21), hrsg. v. J. Dülffer, Bonn 1989.

General A. A. Brussilov, A Soldier's Note-Book 1914–1918, London 1930.
G. Buchanan, Meine Mission in Rußland, Berlin 1926.
B. Fürst v. Bülow, Denkwürdigkeiten, 4 Bde., Berlin 1930–31.
J. Caillaux, Mes mémoires, 3 Bde., Paris 1942–47.
P. Cambon, Correspondence 1870–1924, hrsg. v. H. Cambon, 3 Bde., Paris 1940–46.
W. S. Churchill, The World Crisis [1911–1918], 6 Bde., London 1923–31.
G. Clemenceau, Discours de guerre, publiés par la Société des Amis de Georges Clemenceau, 2. Aufl., Paris 1968.
Feldmarschall [F.] Conrad [v. Hötzendorf], Aus meiner Dienstzeit 1906–1918, 5 Bde., 2 Anlage- u. Kartenbde., Wien u. a. 1921–25.
F. Crispi, Die Memoiren Francesco Crispi's. Erinnerungen und Dokumente, hrsg. v. T. Palmenghi-Crispi, Berlin 1912.
A. Djemal Pascha, Erinnerungen eines türkischen Staatsmannes, 2. Aufl., München 1922.
H. Frhr. v. Eckardstein, Lebenserinnerungen und Politische Denkwürdigkeiten, 3 Bde., Leipzig 1919–21.
R. Viscount Esher, Journals and Letters, hrsg. v. M. V. Brett u. O. Viscount Esher, 4 Bde., London 1934–38.
P. Eulenburg, Politische Korrespondenz, hrsg. v. J. C. G. Röhl, 3 Bde., Boppard a. Rh. 1976–83.
E. v. Falkenhayn, Die oberste Heeresleitung 1914–1916 in ihren wichtigsten Entschließungen, Berlin 1920.
Admiral Sir J. Fisher, The Papers of Admiral Sir John Fisher, hrsg. v. P. K. Kemp, 2 Bde., London 1960–64.
[J.] Fisher of Kilverstone, Fear God and Dread Nought. The Correspondence of Admiral of the Fleet Lord Fisher of Kilverstone, hrsg. v. A. J. Marder, 3 Bde., London 1952–59.
F. Foch, Mémoires pour servir à l'histoire de la guerre de 1914–1918, 2 Bde., Paris 1931.
G. Giolitti, Denkwürdigkeiten meines Lebens, Stuttgart–Berlin 1923.
E. Goschen, The Diary of Edward Goschen 1900–1914, hrsg. v. C. H. D. Howard, London 1980.
Lord E. Grey, Fünfundzwanzig Jahre Politik 1892–1916. Memoiren, 2 Bde., München 1926.
K. Hampe, Kriegstagebuch 1914–1919, hrsg. v. F. Reichert, E. Wolgast, 2. Aufl., München 2007.
Lord [C.] Hardinge of Penshurst, Old Diplomacy. The Reminiscences of Lord Hardinge of Penshurst, London 1947.
P. Graf v. Hatzfeldt, Botschafter Paul Graf von Hatzfeldt. Nachgelassene Papiere 1838–1901, hrsg. u. eingeleitet v. G. Ebel in Verbindung mit M. Behnen, 2 Bde., Boppard a. Rh. 1976.
Count T. Hayashi, The Secret Memoires of Count Tadasu Hayashi, hrsg. v. A. M. Pooley, London 1915.
G. Graf v. Hertling, H. Graf v. u. zu Lerchenfeld, Briefwechsel Hertling-Lerchenfeld 1912–1917. Dienstliche Privatkorrespondenz zwischen dem bayerischen Ministerpräsidenten Georg Graf von Hertling und dem bayerischen Gesandten in

Berlin Hugo Graf von und zu Lerchenfeld, hrsg. und eingeleitet v. E. Deuerlein, 2 Bde., Boppard a. Rh. 1973.

C. Fürst zu Hohenlohe-Schillingsfürst, Denkwürdigkeiten des Fürsten Chlodwig zu Hohenlohe-Schillingsfürst, im Auftrag des Prinzen A. zu Hohenlohe-Schillingsfürst hrsg. v. F. Curtius, 2 Bde., Stuttgart–Leipzig 1906.

C. Fürst zu Hohenlohe-Schillingsfürst, Denkwürdigkeiten aus der Reichskanzlerzeit, hrsg. v. K. A. v. Müller, Stuttgart–Berlin 1931.

F. v. Holstein, Die Geheimen Papiere Friedrich von Holsteins, hrsg. v. N. Rich u. M. H. Fisher. Deutsche Ausgabe v. W. Frauendienst, 4 Bde., Göttingen 1956–63.

A. Hopman, Das ereignisreiche Leben eines „Wilhelminers". Tagebücher, Briefe, Aufzeichnungen 1901 bis 1920, im Auftrag des Militärgeschichtlichen Forschungsamtes hrsg. v. M. Epkenhans, München 2004.

A. Iswolski, Der Diplomatische Schriftwechsel Iswolskis 1911–1914. Aus den Geheimakten der Russischen Staatsarchive. Im Auftrage des Deutschen Auswärtigen Amtes in deutscher Übertragung hrsg. v. F. Stieve, 4 Bde., Berlin 1924.

A. Iswolski, Iswolski im Weltkriege. Der Diplomatische Briefwechsel Iswolskis aus den Jahren 1914–1917. Neue Dokumente aus den Geheimakten der russischen Staatsarchive. Im Auftrage des Deutschen Auswärtigen Amtes. Nebst einem Kommentar v. F. Stieve, Berlin 1925.

A. Iswolsky, Au service de la Russie. Correspondance diplomatique 1906–1911, hrsg. v. G. Chklaver, Paris 1937.

J. Jaurès, Oeuvres, hrsg. v. M. Bonnafous, 9 Bde., Paris 1931–39.

A. v. Kiderlen-Wächter, Kiderlen-Wächter, der Staatsmann und Mensch. Briefwechsel und Nachlaß, hrsg. v. E. Jäckh, 2. Bde., Stuttgart–Berlin–Leipzig 1924.

Count [V. N.] Kokovtsov, Out of my Past. The Memoirs of Count Kokovtsov, Russian Minister of Finance, 1904–1914, Chairman of the Council of Ministers, 1911–1914, hrsg. v. H. H. Fisher, Stanford/CA u. a. 1935.

R. v. Kühlmann, Erinnerungen, Heidelberg 1948.

V. I. Lenin, Sämtliche Werke. Einzige vom Lenin-Institut in Moskau autorisierte Ausgabe. Ins Deutsche übertragen nach der zweiten, ergänzten und revidierten russischen Ausgabe, Bd. 20/I u. II–22 [1917–18] (1928–34), Glashütten/Ts. 1976.

[K. M.] Fürst [v.] Lichnowsky, Auf dem Wege zum Abgrund. Londoner Berichte, Erinnerungen und sonstige Schriften, 2 Bde., Dresden 1927.

K. Liebknecht, Gesammelte Reden und Schriften, hrsg. v. Institut für Marxismus-Leninismus beim ZK der SED, 9 Bde., Berlin [Ost] 1958–68.

D. Lloyd George, War Memoirs, 6 Bde., London 1933–36.

[Lord A.] Milner, The Milner Papers (South Africa 1897–1905), 2 Bde., hrsg. v. C. Headlam, London u. a. 1931–33.

J. Viscount Morley, Recollections, 2 Bde., New York 1917.

W. Muehlon, Ein Fremder im eigenen Land. Erinnerungen und Tagebuchaufzeichnungen eines Krupp-Direktors 1908–1914, hrsg. v. W. Benz, Bremen 1989.

G. A. v. Müller, Regierte der Kaiser? Kriegstagebücher, Aufzeichnungen und Briefe des Chefs des Marine-Kabinetts Admiral Georg Alexander v. Müller 1914–1918, hrsg. v. W. Görlitz, Göttingen u. a. 1959.

G. A. v. Müller, Der Kaiser... Aufzeichnungen des Chefs des Marinekabinetts Admiral Georg Alexander v. Müller über die Ära Wilhelms II., hrsg. v. W. Görlitz, Göttingen u. a. 1965.

M. A. Obst (Hrsg.), Die politischen Reden Kaiser Wilhelms II. Eine Auswahl. Paderborn 2011.

V. E. Orlando, Memoire (1915–1919), hrsg. v. R. Mosca, Mailand 1960.

M. Paléologue, Am Zarenhof während des Weltkrieges. Tagebücher und Betrachtungen, 2 Bde., München 1925.

R. Poincaré, Au service de la France. Neuf années de souvenirs, 11 Bde., Paris 1926–1974.

K. Riezler, Tagebücher, Aufsätze, Dokumente, eingeleitet u. hrsg. v. K. D. Erdmann, Göttingen 1972.

F. Rosen, Aus einem diplomatischen Wanderleben, 4 Bde.; Bd. 1–2, Berlin 1931–32; Bd. 3–4 aus dem Nachlaß hrsg. u. eingeleitet v. H. Müller-Werth, Wiesbaden 1959.

G. Roth, J. C. Röhl (Hrsg.), Aus dem Großen Hauptquartier. Kurt Riezlers Briefe an Käthe Liebermann 1914–1915, Wiesbaden 2016.

S. D. Sasonoff, Sechs schwere Jahre, Berlin 1927.

Lord Selborne, The Crisis of British Unionism. Lord Selborne's Domestic Political Papers, 1885–1922, hrsg. v. G. Boyce, London 1987.

„S'ist ein übles Land hier". Zur Historiographie eines umstrittenen Kolonialkrieges. Tagebuchaufzeichnungen aus dem Herero-Krieg in Deutsch-Südwestafrika 1904 von Georg Hillebrecht und Franz Ritter von Epp. Hrsg. u. eingel. v. A. E. Eckl, Köln 2005.

N. V. Tcharykow, Glimpses of High Politics. Through War and Peace, 1855–1929. The Autobiography of N. V. Tcharykow, Serf-Owner, Ambassador, Exile, London u. a. 1931.

A. v. Tirpitz, Politische Dokumente, 2 Bde., Stuttgart–Berlin 1924–26.

Victoria, The Letters of Queen Victoria, Third Series: A Selection from Her Majesty's Correspondence and Journals between the Years 1886 and 1901, hrsg. v. G. E. Buckle, 3 Bde., London 1930–32.

Wilhelm II., Briefe Wilhelms II. an den Zaren 1894–1914, hrsg. u. eingeleitet v. W. Goetz, Berlin o. J. [1920].

Graf [S. J.] Witte, Erinnerungen, Berlin 1923.

T. Wolff, Tagebücher 1914–1919. Der Erste Weltkrieg und die Entstehung der Weimarer Republik in Tagebüchern, Leitartikeln und Briefen des Chefredakteurs am „Berliner Tageblatt" und Mitbegründer der „Deutschen Demokratischen Partei", 2 Bde., eingeleitet und hrsg. v. B. Sösemann, Boppard a. Rh. 1984.

T. Wolff, Die Wilhelminische Epoche. Fürst Bülow am Fenster und andere Begegnungen, hrsg. v. B. Sösemann, Frankfurt a. M. 1989.

3 Editionen, Dokumentationen, Statistiken, Quellenportale im Internet

R. Agstner (Hrsg.), „Die Hitze hier ist wieder kolossal…." Des Kaisers Diplomaten und Konsuln auf Reisen. Reiseschilderungen 1808–1918, Wien 2014.

ANNO Historische Zeitungen und Zeitschriften. Österreichische Nationalbibliothek, https://anno.onb.ac.at. (letzter Abruf: 2.12.2022).

Archivführer zur deutschen Kolonialgeschichte, https://archivfuehrer-kolonialzeit. de. (letzter Abruf: 2.12.2022).

W. Baumgart (Hrsg.), Quellenkunde zur deutschen Geschichte der Neuzeit von 1500 bis zur Gegenwart. Bd. 2, 1815–1918, Paderborn u. a. 2018.

W. Baumgart (Hrsg.), Reichskanzler Theobald von Bethmann Hollweg 1909–1921. Rekonstruktion seines verlorenen Nachlasses, Berlin 2021.

W. Baumgart (Bearb.), Die Julikrise und der Ausbruch des Ersten Weltkrieges 1914. Auf der Grundlage der von E. Hölzle hrsg. „Quellen zur Entstehung des Ersten Weltkrieges. Internationale Dokumente 1901–1914", Darmstadt 1983.

M. Behnen (Hrsg.), Quellen zur deutschen Außenpolitik im Zeitalter des Imperialismus 1890–1911, Darmstadt 1977.

K. Berchtold (Hrsg.), Österreichische Parteiprogramme 1868–1966, München 1967.

V. R. Berghahn, W. Deist (Hrsg.), Rüstung im Zeichen der wilhelminischen Weltpolitik. Grundlegende Dokumente 1890–1914, Düsseldorf 1988.

G. Besier (Hrsg.), Die Mittwochs-Gesellschaft im Kaiserreich. Protokolle aus dem geistigen Deutschland 1863–1919, Berlin 1990.

W. Bihl, Von der Donaumonarchie zur Zweiten Republik. Daten zur österreichischen Geschichte seit 1867, Wien–Köln 1989.

W. Bihl (Hrsg.), Deutsche Quellen zur Geschichte des Ersten Weltkrieges, Darmstadt 1991.

L. Bittner, Chronologisches Verzeichnis der österreichischen Staatsverträge, Bd. III: Die Staatsverträge des Kaisertums Österreich und der österreichisch-ungarischen Monarchie von 1848 bis 1911, Wien 1914; Bd. IV: Register und Nachträge (1526–1914), Wien 1917.

R. P. Browder, A. F. Kerensky (Hrsg.), The Russian Provisional Government 1917. Documents, 3 Bde., Stanford 1961.

Bundesarchiv, Quellen zur Kolonialgeschichte, https://www.bundesarchiv.de/DE/Navigation/Entdecken/Kolonialgeschichte/kolonialgeschichte.html. (letzter Abruf: 2.12.2022).

W. Deist (Bearb.), Militär und Innenpolitik im Weltkrieg 1914–1918, 2 Teilbde., Düsseldorf 1970.

E. Delbrück [u. a.] (Hrsg.), Schulthess' Europäischer Geschichtskalender. Neue Folge, Bd. 1–34 (1885–1918), Nördlingen bzw. München 1886–1922.

Deutsches Zeitungsportal, Deutsche digitale Bibliothek, https://www.deutsche-digitale-bibliothek.de/newspaper. (letzter Abruf: 2.12.2022).

digiPress – Das Zeitungsportal der Bayerischen Staatsbibliothek, https://digipress.digitale-sammlungen.de. (letzter Abruf: 2.12.2022).

Documents d'histoire de Belgique, Bd. 2: La Belgique contemporaine. De 1830 à nos jours, Brüssel 1978.

D. C. Douglas (Hrsg.), English Historical Documents, Bd. XII/2: 1874–1914, hrsg. v. W. D. Handcock, London 1977.

M. Epkenhans, A. v. Seggern (Hrsg.), Leben im Kaiserreich. Deutschland um 1900. Stuttgart 2007.

C. Erickson (Hrsg.), Emigration from Europe 1815–1914. Select Documents, London 1976.

European Film Gateway: EFG1914 project, https://www.europeanfilmgateway.eu/content/efg1914-project. (letzter Abruf: 15.12.2022).

E. J. Evans (Hrsg.), Social Policy 1830–1914. Individualism, Collectivism and the Origins of the Welfare State, London–Henley–Boston 1978.
Fachinformationsdienst Geschichtswissenschaft, historicum.net, Erster Weltkrieg im Internet Quellen und Hilfsmittel der Geschichtswissenschaft, https://www.historicum.net/recherche/internetangebote/erster-weltkrieg-im-internet/quellen-und-hilfsmittel-d-geschichtswissenschaft. (letzter Abruf: 15.12.2022).
Feldzeitungen aus dem 1. Weltkrieg – digital, https://www.ub.uni-heidelberg.de/helios/digi/feldzeitungen.html. (letzter Abruf: 15.12.2022).
H. Fenske (Hrsg.), Unter Wilhelm II. 1890–1918, Darmstadt 1982.
H. Fenske (Hrsg.), Quellen zur deutschen Innenpolitik 1890–1914, Darmstadt 1991.
First World War 100, National Archives London, https://www.nationalarchives.gov.uk/first-world-war. (letzter Abruf: 15.12.2022).
J. Flemming, K. Saul, P.-C. Witt (Hrsg.), Lebenswelten im Ausnahmezustand. Die Deutschen, der Alltag und der Krieg, 1914–1918. Frankfurt 2011.
P. Flora u. a., State, Economy, and Society in Western Europe 1815–1975. A Data Handbook in two Volumes, Bd. 1: The Growth of Mass Democracies and Welfare States, Frankfurt a. M.–London– Chicago 1983.
G. Franz (Hrsg.), Staatsverfassungen. Eine Sammlung wichtiger Verfassungen der Vergangenheit und Gegenwart in Urtext und Übersetzung, 2. Aufl., München 1964.
L. Gall, R. Koch (Hrsg.), Der europäische Liberalismus im 19. Jahrhundert. Texte zu seiner Entwicklung, 4 Bde., Frankfurt a. M.–Berlin–Wien 1981.
O. H. Gankin, H. H. Fisher, The Bolsheviks and the World War. The Origin of the Third International, 2. Aufl., Stanford/CA 1960.
W. Hahlweg (Bearb.), Der Friede von Brest-Litowsk. Ein unveröffentlichter Band aus dem Werk des Untersuchungsausschusses der Deutschen Verfassungsgebenden Nationalversammlung und des Deutschen Reichstages, Düsseldorf 1971.
G. Hohorst, J. Kocka, G. A. Ritter, Sozialgeschichtliches Arbeitsbuch. Materialien zur Statistik des Kaiserreichs 1870–1914, 2. Aufl., München 1978.
E. R. Huber (Hrsg.), Dokumente zur deutschen Verfassungsgeschichte, Bd. 2: Deutsche Verfassungsdokumente 1851–1918, Stuttgart 1964.
J. C. Hurewitz (Hrsg.), Diplomacy in the Near and Middle East. A Documentary Record: 1435–1914, Princeton/NJ u. a. 1956.
Istituto Centrale di Statistica (Hrsg.), Sommario di statistiche storiche italiane 1861–1955, Rom 1958.
W. Jennings, G. A. Ritter, Das britische Regierungssystem. Leitfaden und Quellenbuch, 2. Aufl., Köln-Opladen 1970.
Kaiser Wilhelm II. als Oberster Kriegsherr im Ersten Weltkrieg. Quellen aus der militärischen Umgebung des Kaisers 1914–1918, bearb. u. eingel. v. H. Afflerbach, München 2005.
H. Kantorowicz, Gutachten zur Kriegsschuldfrage 1914. Aus dem Nachlaß hrsg. u. eingeleitet v. I. Geiss, Frankfurt a. M. 1967.
M. Kohlrausch (Hrsg.), Samt und Stahl. Kaiser Wilhelm II. im Urteil seiner Zeitgenossen, Berlin 2006.
Koloniale Sammlungen der, Universitätsbibliothek Frankfurt am Main (Kolonialbibliothek/Digitale Sammlung Deutscher Kolonialismus/Bildarchiv der

Deutschen Kolonialgesellschaft), https://sammlungen.ub.uni-frankfurt.de/kolonial/nav/index/all. (letzter Abruf: 2.12.2022).

F. v. Kraelitz-Greifenhorst (Hrsg.), Die Verfassungsgesetze des Osmanischen Reiches, Leipzig 1909.

M. Kröger (Hrsg.), Die Karawane des Gesandten und andere Reiseberichte deutscher Diplomaten, Göttingen 2009.

H. Lemke (Hrsg.), Deutsch-russische Wirtschaftsbeziehungen 1906–1914. Dokumente, Berlin 1991.

Les principaux quotidiens, Zeitungsportal der französischen Nationalbibliothek, https://gallica.bnf.fr/html/presse-et-revues/les-principaux-quotidiens. (letzter Abruf: 2.12.2022).

H. G. Linke (Hrsg.), Quellen zu den deutsch-russischen Beziehungen 1801–1917. Darmstadt 2001.

G. F. v. Martens (Hrsg.), Nouveau receuil général de traités et autres actes relatifs aux rapports de droit international, 2. Serie [Verträge von 1868 bis 1907], 35 Bde., hrsg. v. C. Samwer u. a., Leipzig 1876–1908; 3. Serie [Verträge ab 1907], bisher 42 Bde., hrsg. v. H. Triepel u. a., Leipzig bzw. Aalen 1909 ff.

E. Matthias unter Mitwirkung von R. Morsey (Bearb.), Der Interfraktionelle Ausschuß 1917/18, 2 Bde., Düsseldorf 1959.

B. R. Mitchell, European Historical Statistics 1750–2005, 6. Aufl., London–Basingstoke 2007.

B. R. Mitchell, British Historical Statistics, Cambridge ²2011.

W. J. Mommsen (Hrsg.), Imperialismus. Seine geistigen, politischen und wirtschaftlichen Grundlagen. Ein Quellen- und Arbeitsbuch, Hamburg 1977.

H. Nabholz, P. Kläni (Bearb.), Quellenbuch zur Verfassungsgeschichte der Schweizerischen Eidgenossenschaft und der Kantone von den Anfängen bis zur Gegenwart, 3. Aufl., Aarau 1947.

National Monetary Commission, Statistics for Great Britain, Germany and France 1867–1909 (1910), New York–London 1983.

M. Ollivier (Hrsg.), The Colonial and Imperial Conferences from 1887 to 1937, Bd. 1: Colonial Conferences; Bd. 2: Imperial Conferences, Teil 1 [1909–1921], Ottawa 1954.

A. Opitz, F. Adlgasser (Hrsg.), Der Zerfall der europäischen Mitte. Staatenrevolution im Donauraum. Berichte der Sächsischen Gesandtschaft in Wien 1917–1919, Graz 1990.

F. Osterroth, D. Schuster, Chronik der deutschen Sozialdemokratie, Bd. 1: Bis zum Ende des Ersten Weltkriegs, 2. Aufl., Berlin–Bonn- Bad Godesberg 1975.

S. Pollard, C. Holmes (Hrsg.), Documents of European Economic History, Bd. II: Industrial Power and National Rivalry 1870–1914, London 1972.

R. Pommerin, M. Fröhlich (Hrsg.), Quellen zu den deutsch-britischen Beziehungen 1815–1914, Darmstadt 1997.

R. Pommerin, R. Marcowitz (Hrsg.), Quellen zu den deutsch-französischen Beziehungen 1815–1919, Darmstadt 1997.

Portal des Bundesarchivs zum Ersten Weltkrieg, https://ersterweltkrieg.bundesarchiv.de. (letzter Abruf: 15.12.2022).

Première Guerre mondiale, digitale Bibliothek der Französischen Nationalbibliothek, https://gallica.bnf.fr/html/und/histoire/premiere-guerre-mondiale. (letzter Abruf: 2.12.2022).

Quellensammlung zur Geschichte der deutschen Sozialpolitik 1867 bis 1914. Im Auftr. D. Histor. Komm. D. Akad. D. Wiss. U. d. Lit. Hrsg. v. H. Henning, F. Tennstedt. Bisher 19 Bde. In 26, Darmstadt 1966– 2008.

P. Rassow, K. E. Born (Hrsg.), Akten zur staatlichen Sozialpolitik in Deutschland 1890– 1914, Wiesbaden 1959.

K.-P. Reiss (Bearb.), Von Bassermann zu Stresemann. Die Sitzungen des nationalliberalen Zentralvorstandes 1912–1917, Düsseldorf 1967.

G. A. Ritter unter Mitarbeit v. M. Niehuss, Wahlgeschichtliches Arbeitsbuch. Materialien zur Statistik des Kaiserreichs 1871–1918, München 1980.

H. K. G. Rönnefarth (Bearb.), Konferenzen und Verträge (Vertrags-Ploetz), Teil II, Bd. 3: Neuere Zeit 1492–1914, 2. Aufl., Würzburg 1958.

M. Salamin, Documents d'histoire suisse 1848–1968, Sierre 1970.

Sammlungsgut aus kolonialen Kontexten, Deutsche digitale Bibliothek, https://ccc.deutsche-digitale-bibliothek.de. (letzter Abruf: 2.12.2022).

R. Schiffers, M. Koch in Verbindung mit H. Boldt (Bearb.), Der Hauptausschuß des Deutschen Reichstags 1915–1918, 4 Bde., Düsseldorf 1981–83.

B. Spuler (Bearb.), Regenten und Regierungen der Welt, Teil II, Bd. 3: Neuere Zeit 1492–1918, 2. Aufl., Würzburg 1962.

Statistisches Bundesamt (Hrsg.), Bevölkerung und Wirtschaft 1872–1972, Stuttgart–Mainz 1972.

W. Steglich (Hrsg.), Die Friedensversuche der kriegführenden Mächte im Sommer und Herbst 1917. Quellenkritische Untersuchungen, Akten und Vernehmungsprotokolle, Wiesbaden 1984.

W. Steitz (Hrsg.), Quellen zur deutschen Wirtschafts- und Sozialgeschichte von der Reichsgründung bis zum Ersten Weltkrieg, Darmstadt 1985.

W. Steitz (Hrsg.), Quellen zur deutschen Wirtschafts- und Sozialgeschichte vom Ersten Weltkrieg bis zum Ende der Weimar, Darmstadt 1993.

The British Newspaper Archive, Zeitungsportal der British Library u. a., https://www.britishnewspaperarchive.co.uk. (letzter Abruf: 2.12.2022).

W. Treue (Hrsg.), Deutsche Parteiprogramme seit 1861, 4. Aufl., Göttingen u. a. 1968.

P. Truhart (Hrsg.), Internationales Verzeichnis der Außenminister 1589–1989, München u. a. 1989.

J. T. Ward, W. H. Fraser (Hrsg.), Workers and Employers. Documents on Trade Unions and Industrial Relations in Britain Since the Eighteenth Century, London–Basingstoke 1980.

B. Watkin (Hrsg.), Documents on Health and Social Services 1834 to the Present Day, London 1975.

J. H. Wiener (Hrsg.), Great Britain. Foreign Policy and the Span of Empire 1689–1971. A Documentary History, 4 Bde., New York u. a. 1972.

P. Winzen, Das Kaiserreich am Abgrund. Die Daily-Telegraph-Affäre und das Hale-Interview von 1908. Darstellung und Dokumentation, Stuttgart 2002.

World War I Military History List (WWI-L), https://wwi.lib.byu.edu. (letzter Abruf: 15.12.2022).

ZEFYS – ZeitungsInFormationssYStem der Staatsbibliothek zu Berlin, https://zefys.staatsbibliothek-berlin.de. (letzter Abruf: 2.12.2022).

4 Übergreifende Darstellungen

4.1 Gesamtdarstellungen des Zeitalters

C. A. Bayly, Die Geburt der modernen Welt. Eine Globalgeschichte 1780–1914, Frankfurt a. M. u. a. 2006.

S. Berger (Hrsg.), A Companion to Nineteenth-Century Europe, 1789–1914, Oxford 2009.

P. Blom, Der taumelnde Kontinent. Europa 1900–1914, München 2009.

S. Conrad, A. Eckert, U. Freitag (Hrsg.), Globalgeschichte. Theorien, Ansätze, Themen, Frankfurt a. M.–New York 2007.

J.-B. Duroselle, L'Europe de 1815 à nos jours. Vie politique et relations internationales, 7. Aufl., Paris 1993.

R. J. Evans, Das europäische Jahrhundert. Ein Kontinent im Umbruch, 1815–1914, aus dem englischen von R. Barth, München 2018.

J. Fisch, Europa zwischen Wachstum und Gleichheit. 1850–1914, (= Handbuch der Geschichte Europas, Bd. 8) Stuttgart 2002.

H. Friedjung, Das Zeitalter des Imperialismus 1884–1914, 3 Bde., Berlin 1919–22.

R. Gildea, Barricades and Borders. Europe 1800–1914, Oxford 1987.

O. J. Hale, The Great Illusion 1900–1914, New York u. a. 1971.

E. J. Hobsbawm, Das imperiale Zeitalter 1875–1914, Frankfurt–New York 1989.

C. Kleinschmidt, Von der exklusiven zur inklusiven Konsumgesellschaft. ‚Industrious Revolution' und Anfänge des Massenkonsums (1770–1918), in: Ders./J. Logemann (Hrsg.), Konsum im 19. und 20. Jahrhundert, Berlin/Boston 2020, S. 11–56.

J. R. McNeill, Something New Under the Sun. An Environmental History of the Twentieth-Century World, London 2000.

W. J. Mommsen, Das Zeitalter des Imperialismus, Frankfurt a. M. 1969 u. ö.

J. W. Müller, Das demokratische Zeitalter. Eine politische Ideengeschichte Europas im 20. Jahrhundert, Berlin ²2018.

J. Osterhammel, N. P. Petersson, Geschichte der Globalisierung. Dimensionen, Prozesse, Epochen, 6., akt. Aufl., München 2019.

J. Osterhammel, Die Verwandlung der Welt. Eine Geschichte des 19. Jahrhunderts, 6. überarb. Aufl., München 2020.

J. Paulmann, Globale Vorherrschaft und Fortschrittsglaube. Europa 1850–1914. München 2019.

E. S. Rosenberg u. a. (Hrsg.), Geschichte der Welt. 1870–1945, Weltmärkte und Weltkriege, 2. Aufl., München 2018.

T. Schaffer, Literature and Culture at the Fin de Siècle, New York, 2007.

T. Schieder (Hrsg.), Handbuch der europäischen Geschichte, Bd. 6: Europa im Zeitalter der Nationalstaaten und der europäischen Weltpolitik bis zum Ersten Weltkrieg, hrsg. v. dems., Stuttgart 1968.

T. Schieder, Staatensystem als Vormacht der Welt 1848–1918, Propyläen Geschichte Europas, Bd. 5, Frankfurt a. M.–Berlin–Wien 1977.
G. Schmidt, Der europäische Imperialismus, München 1985.
G. Schöllgen, F. Kießling, Das Zeitalter des Imperialismus, 5. überarb. u. erw. Aufl., München 2009.
W. Steinmetz, Europa im 19. Jahrhundert (= Neue Fischer Weltgeschichte, Bd. 6), Frankfurt a. M. 2019.
A. J. P. Taylor, The Struggle for Mastery in Europe 1848–1918 (1954), Oxford 1971.
F. Uekötter, Im Strudel. Eine Umweltgeschichte der modernen Welt, Frankfurt/New Yorkt 2020.
F. Uekötter, Umweltgeschichte im 19. und 20. Jahrhundert. (Enzyklopädie deutscher Geschichte, Bd., 81), München 2007.
R. Wendt, Vom Kolonialismus zur Globalisierung. Europa und die Welt seit 1500, Paderborn ²2016.

4.2 Darstellungen einzelner Länder und Regionen, Biografien

R. Abraham, Alexander Kerensky. The First Love of the Revolution, New York 1987.
H. Afflerbach, Falkenhayn. Politisches Denken und Handeln im Kaiserreich, München 1994.
M. Balfour, Britain and Joseph Chamberlain, London–Boston–Sydney 1985.
W. Baumgart, Deutschland im Zeitalter des Imperialismus (1890–1914). Grundkräfte, Thesen und Strukturen, 5. Aufl. Frankfurt a. M.–Berlin–Wien 1986.
M. Beloff, A. G. Dickens (Hrsg.), Wars and Welfare. Britain 1914–1945 (= The new History of England, Bd. 10), London 1984.
S. Bensidoun, Alexandre III 1881–1894, Paris 1990.
M. Berg, Woodrow Wilson. Amerika und die Neuordnung der Welt. Eine Biographie, München 2017.
C. Bloch, Die Dritte Französische Republik. Entwicklung und Kampf einer parlamentarischen Demokratie 1870–1940, Stuttgart 1972.
W. Borodziej, Geschichte Polens im 20. Jahrhundert, München 2010.
E. Brandenburg, Von Bismarck zum Weltkriege. Die deutsche Politik in den Jahrzehnten vor dem Kriege, Berlin (1924) 2018.
F. Braudel, E. Labrousse (Hrsg.), Histoire économique et sociale de la France, Tome IV, L'ére industrielle et la société d'aujourd'hui, Vol. 1–2, 1880–1950, Paris 1979–80.
F. R. Bridge, The Habsburg Monarchy among the Great Powers 1815–1918, New York u. a. 1990.
F.-J. Brüggemeier, Geschichte Großbritanniens im 20. Jahrhundert, München 2010.
M. Burns, Rural Society and French Politics. Boulangism and the Dreyfus Affair 1886–1900, Princeton/NJ 1984.
R. Carr, Spain 1808–1975, 2. Aufl., Oxford 1982.
L. Cecil, Wilhelm II. Prince and Emperor, 1859–1900, Chapel Hill– London 1989.
M. Clark, Modern Italy. 1871 to the Present, 3. Aufl., Harlow 2008.

P. F. Clarke, Hope and Glory. Britain 1900–2000, 2. Ed., (= The Penguin history of Britain, Bd. 9) London u. a. 2004.

E. Conze, Schatten des Kaiserreichs. Die Reichsgründung von 1871 und ihr schwieriges Erbe, München 2020.

C. Cook, J. Stevenson, The Longman Handbook of Modern British History 1714–2001, 4. Aufl., London–New York 2014.

M. J. Daunton, Wealth and Welfare. An Economic and Social History of Britain. 1851–1951, Oxford 2007.

J. A. Davis (Hrsg.), Italy in the Nineteenth Century, 1796–1900. Oxford 2000.

W. Dowler, Russia in 1913, Northern Illinois 2010.

J.-B. Duroselle, La France et les Français 1900–1914, Paris 1972.

J.-B. Duroselle, Clemenceau, Paris 1988.

G. Eley, Wilhelminismus, Nationalismus, Faschismus: Zur historischen Kontinuität in Deutschland, Münster 1991.

J. I. Engels, Kleine Geschichte der Dritten französischen Republik (1870–1940), Köln u. a. 2007.

E. Eyck, Das persönliche Regiment Wilhelms II. Politische Geschichte des deutschen Kaiserreiches von 1890 bis 1914, Erlenbach–Zürich 1948.

M. M. Farrar, Principled Pragmatist. The Political Career of Alexandre Millerand, New York–Oxford 1991.

R. d. Felice (Hrsg.), Storia dell'Italia contemporanea, Bd. 1: G. Pesco-Solido, Stato e Società, 1870–1898, Bd. 2: E. Gentile, L'età giolittiana, 1899–1914, Neapel 1976–77.

G. Fesser, Reichskanzler Bernhard Fürst von Bülow. Eine Biographie, Berlin 1991.

E. J. Feuchtwanger, Democracy and Empire. Britain 1865–1914, London 1985.

E. Fureix, F. Jarrige, La modernité désenchantée. Relire l'histoire du XIXe siècle français, Paris 2015.

L. Gall (Hrsg.), Otto von Bismarck und Wilhelm II. Repräsentanten eines Epochenwechsels?, 2., durchges. Aufl., Paderborn u. a. 2001.

E. Gentile (Hrsg.), L'Italia giolittiana. La storia e la critica, Rom-Bari 1977.

Geschichte der Schweiz und der Schweizer, Bd. 3 [1848 ff.] Hrsg. v. B. Mesmer, Basel 1983.

C. Goehrke, Russland eine Strukturgeschichte, Paderborn u. a. 2010.

W. Gutsche, Wilhelm II. Der letzte Kaiser des Deutschen Reiches, Berlin 1991.

H. Hantsch, Leopold Graf Berchtold. Grandseigneur und Staatsmann, 2 Bde., Graz–Wien–Köln 1963.

S. Harcave, Count Sergei Witte and the Twilight of Imperial Russia. A Biography, Armonk (N. Y.) u. a. 2004.

J. Harris, Private Lives, Public Spirit: Britain 1870–1914, Oxford 1993.

B. Harrison, The Transformation of British Politics 1860–1995, Oxford 1996.

H. Haupt, C. Torp (Hrsg.), Die Konsumgesellschaft in Deutschland 1890–1990. Ein Handbuch, Frankfurt a. M. 2009.

B. Heidenreich, S. Neitzel (Hrsg.), Das Deutsche Kaiserreich 1890–1914, Paderborn u. a. 2011.

M. Hildermeier, Die Russische Revolution 1905–1921, Frankfurt a. M. 1989.

R. J. Hoffmann, T. J. Masaryk und die tschechische Frage. Nationale Ideologie und politische Tätigkeit bis zum Scheitern des deutsch-tschechischen Ausgleichsversuchs vom Februar 1909, München 1988.

P. Holquist, Making War, Forging Revolution. Russia's Continuum of Crisis, 1914–1921, Cambridge/Mass. u. a. 2002.

R. R. James, The British Revolution. British Politics, 1880–1939, 2 Bde., London 1976–77.

K. H. Jarausch, The Enigmatic Chancellor. Bethmann Hollweg and the Hybris of Imperial Germany, New Haven–London 1973.

R. Jay, Joseph Chamberlain. A Political Study, Oxford 1981.

B. Jelavich, History of the Balkans. 2 Bde., Cambridge u. a. 1983.

L. Just (Hrsg.), Handbuch der Deutschen Geschichte, Bd. 4: Deutsche Geschichte der neuesten Zeit von Bismarcks Entlassung bis zur Gegenwart, 1. Teil: Von 1890 bis 1933, Abschnitt I: W. Frauendienst, Das Deutsche Reich von 1890 bis 1914 (1909); Abschnitt Ia: W. J. Mommsen, Die latente Krise des Deutschen Reiches 1909–1914, Frankfurt a. M. 1973.

R. A. Kann, Das Nationalitätenproblem der Habsburgermonarchie. Geschichte und Ideengehalt der nationalen Bestrebungen vom Vormärz bis zur Auflösung des Reiches im Jahre 1918, 2 Bde., 2. Aufl., Graz–Köln 1964.

A. Kappeler, Rußland als Vielvölkerreich. Entstehung, Geschichte, Zerfall, 3. Aufl., München 2019.

M. König, E. Julien, WBG Deutsch-Französische Geschichte Bd. VII. Verfeindung und Verflechtung. Deutschland und Frankreich 1870–1918, Darmstadt 2020.

E. H. Kossmann, The Low Countries 1780–1940, Oxford 1978.

F.-L. Kroll, Beurteilung Wilhelms II., in: HPB 40 (1992), S. 355 ff.

K. A. Lerman, The Chancellor as Courtier. Bernhard von Bülow and the Governance of Germany, 1900–1909, Cambridge u. a. 1990.

R. F. Leslie, The History of Poland since 1863, Cambridge u. a. 1980.

V. M. Lester, H. H. Asquith. Last of the Romans, Lanham 2019.

A. S. Link, Wilson, 5 Bde., Princeton/NJ, 1947–65.

H. G. Marcus, The Life and Times of Menelik II. Ethiopia 1844–1913, Oxford 1975.

C. Marx, Geschichte Afrikas. Von 1800 bis zur Gegenwart, Paderborn u. a. 2004.

S. P. McCaffray, M. Melancon (Hrsg.), Russia in the European Context. 1789–1914. A Member of the Family, New York u. a. 2005.

N. McCord, British History 1815–1906, 2. Aufl., Oxford 2007.

S. McMeekin, The Ottoman Endgame: War, Revolution and the Making of the Modern Middle East, 1908–1923, London 2015.

F. Meinecke, Die deutsche Katastrophe. Betrachtungen und Erinnerungen, Wiesbaden 1946.

Militärgeschichtliches Forschungsamt (Hrsg.), Handbuch zur deutschen Militärgeschichte 1648–1939, Bde. 2–5, München 1979.

A. Mombauer, W. Deist (Hrsg.), The Kaiser. New Research on Wilhelm II's Role in Imperial Germany, Cambridge 2003.

W. J. Mommsen, War der Kaiser an allem schuld? Wilhelm II. und die preußisch-deutschen Machteliten, München 2002.

S. O. Müller, C. Torp (Hrsg.), Das deutsche Kaiserreich in der Kontroverse, Göttingen 2009.

T. Nipperdey, Deutsche Geschichte 1866–1918, 2 Bde., München 1990–92.
C. Nonn, 12 Tage und ein halbes Jahrhundert. Eine Geschichte des deutschen Kaiserreichs 1871–1918, 2., durchgesehene Auflage, München 2021.
T. G. Otte, Statesman of Europe. A Life of Sir Edward Grey, London 2020.
M. Perrot, Les ouvriers en greve. France 1871–1890 (= Civilisations et Sociétés, Bd. 31), 2 Bde., Paris u. a. 1974.
A. Polunov u. a., Russia in the Nineteenth Century. Autocracy, Reform, and Social Change 1814–1914, Armonk/N. Y. 2005.
S. T. Possony, Lenin. Eine Biographie, Köln 1965.
W. Pyta, Hindenburg. Herrschaft zwischen Hohenzollern und Hitler, München 2007.
J. Radkau, Das Zeitalter der Nervosität. Deutschland zwischen Bismarck und Hitler, München u. a. 1998.
M. Rauh, Die „deutsche Frage" vor 1914: Weltmachtstreben und Obrigkeitsstaat?, in: J. Becker, A. Hillgruber (Hrsg.), Die Deutsche Frage im 19. und 20. Jahrhundert, München 1983, S. 109–166.
D. Read, England 1868–1914. The age of urban democracy, Revied ed., London–New York 1994.
V. Reinhardt, Geschichte Italiens. Von der Spätantike bis zur Gegenwart, München 2003.
J. C. G. Röhl (Hrsg.), Der Ort Kaiser Wilhelms II. in der deutschen Geschichte, München 1991.
J. C. G. Röhl, Wilhelm II., 3 Bde., München 1993–2008.
H. Rumpler (Hrsg.), Innere Staatsbildung und gesellschaftliche Modernisierung in Österreich und Deutschland, 1867/71–1914, Wien, München 1991.
J. A. Sanborn, Drafting the Russian Nation. Military Conscription, Total War, and Mass Politics, 1905–1925, DeKalb 2003.
W. Schmale, Geschichte Frankreichs, Stuttgart 2000.
C. Schmidt, Russische Geschichte 1547–1917 (= Oldenburg Grundriss der Geschichte, Bd. 33), 2. Aufl., München 2009.
G. Schramm (Hrsg.), Handbuch der Geschichte Rußlands, Bd. 3: 1856–1945. Von den autokratischen Reformen zum Sowjetstaat, Stuttgart 1983.
G. R. Searle, A new England? Peace and War 1886–1918, Oxford u. a. 2004.
R. Service, Lenin. A Biography, London 2000.
H. Seton-Watson, The Russian Empire 1801–1917, Oxford 1967.
C. Seton-Watson, Italy from Liberalism to Fascism 1870–1925, London 1967.
S. J. u. E. K. Shaw, History of the Ottoman Empire and Modern Turkey, Bd. 2: Reform, Revolution, and Republic: The Rise of Modern Turkey, 1808–1975, Cambridge u. a. 1977.
A. Sked, Der Fall des Hauses Habsburg. Der unzeitige Tod eines Kaiserreichs, Berlin 1993.
S. A. Smith, Revolution in Russland. Das Zarenreich in der Krise 1890–1928, Darmstadt 2017.
D. M. Smith, Storia d'Italia dal 1861 al 1997, 4. Aufl., Rom 2005.
A. Spranger, Theodor Zlocisti. Die multiplen Zugehörigkeiten eines Zionisten, Berlin 2020.
M. Stadelmann, Die Romanovs, Stuttgart 2008.
D. Steele, Lord Salisbury. A Political Biography, London 1999.

M. Stürmer, Das ruhelose Reich. Deutschland 1866–1918, Berlin 1983 u. ö.

H. v. Sybel, Die Begründung des Deutschen Reiches durch Wilhelm I. vornehmlich nach den preußischen Staatsakten, 7 Bde., München 1889–1894.

F. M. L. Thompson, The Cambridge Social History of Britain, 1750–1950, 3 Bde., Cambridge 1990.

P. Thompson, The Edwardians. The Remaking of British Society, 2. Aufl., Bloomington–London 1992.

H.-P. Ullmann, Politik im Deutschen Kaiserreich, 1871–1918, (= Enzyklopädie deutscher Geschichte, Bd. 52) 2., durchges. Aufl., München 2005.

V. Ullrich, Die nervöse Großmacht. Aufstieg und Untergang des deutschen Kaiserreichs, 1871–1918, Frankfurt a. M. 1997.

V. Ullrich, Als der Thron ins Wanken kam. Das Ende des Hohenzollernreiches 1890–1918, Bremen 1993.

M. Waechter, Geschichte Frankreichs im 20. Jahrhundert, München 2019.

P. Waldron, The End of Imperial Russia 1855–1917, New York 1997.

A. Wandruszka, P. Urbanitsch u. a. (Hrsg.), Die Habsburgermonarchie 1848–1918, 13 Bde., Wien 1973–2021.

D. R. Watson, Georges Clemenceau: a Political Biography, London 1974.

H.-U. Wehler, Deutsche Gesellschaftsgeschichte. Bd. 3: Von der „Deutschen Doppelrevolution" bis zum Beginn des Ersten Weltkrieges 1849–1914, 2. Aufl., München 2006.

H.-U. Wehler, Deutsche Gesellschaftsgeschichte. Bd. 4: Vom Beginn des Ersten Weltkrieges bis zur Gründung der beiden deutschen Staaten 1914–1949, 3. Aufl., München 2008.

H.-U. Wehler, Das Deutsche Kaiserreich 1871–1918, 7. Aufl., Göttingen 1994 (zuerst 1973).

E. S. Wellhofer, Democracy, Capitalism and Empire in Late Victorian Britain, 1885–1910, Basingstoke, London 1996.

B. Williams, Late Tsarist Russia, 1881–1913, Milton Park/New York 2021.

A. N. Wilson, The Victorians, London 2002.

M. Winock, La Belle Époque: la France de 1900 à 1914, Paris 2002.

M. Winock, Clemenceau, Paris 2007.

H. Woller, Geschichte Italiens im 20. Jahrhundert, München 2010.

4.3 Deutungen und Interpretationen

J. Angster, Das Ende der Selbstverständlichkeit. Zum Bedeutungsverlust des nationalen Denkrahmens in der deutschen Geschichtswissenschaft, in: H-Soz-Kult, 08.09.2021, www.hsozkult.de/debate/id/diskussionen-5254. (letzter Abruf: 20.10.2022).

M. Aust, J. Obertreis (Hrsg.), Osteuropäische Geschichte und Globalgeschichte, Stuttgart 2014.

M. Bandeira Jerónimo, Imperial globalizations, in: C. Antunes, K. Fatah-Black (Hrsg.), Explorations in History and Globalization, London 2016, S. 212–230.

U. Beck, E. Grande, Jenseits des methodologischen Nationalismus: Außereuropäische und europäische Variationen der Zweiten Moderne, in: Soziale Welt 61 (2010), S. 187–216.

D. Chakrabarty, Europa als Provinz. Perspektiven postkolonialer Geschichtsschreibung, Frankfurt a. M. u. a. 2010.

S. Conrad, S. Randeria, R. Römhild (Hrsg.), Jenseits des Eurozentrismus. Postkoloniale Perspektiven in den Geschichts- und Kulturwissenschaften. 2., erw. Aufl., Frankfurt 2013.

M. Deuerlein, Das Zeitalter der Interdependenz. Globales Denken und internationale Politik in den langen 1970er Jahren, Göttingen 2020.

C. Dipper, Moderne, Version: 2.0, in: Docupedia-Zeitgeschichte, 17.01.2018 http://docupedia.de/zg/Dipper_moderne_v2_de_2018. (letzter Abruf: 20.10.2022).

J. Gehmacher, M. Mesner (Hrsg.), Frauen- und Geschlechtergeschichte. Positionen, Perspektiven (= Querschnitte, Bd. 14), Innsbruck u. a. 2003.

A. Hahnemann, Texturen des Globalen. Geopolitik und populäre Literatur in der Zwischenkriegszeit 1918–1939, Heidelberg 2010.

U. Herbert, Europe in High Modernity. Reflections on a Theory of the 20th Century, in: Journal of Modern European History 5 (2007), S. 5–21.

S. Höhler, I. Schröder, Welt-Räume: Geschichte, Geographie und Globalisierung seit 1900, Frankfurt a. M. 2005.

A. G. Hopkins, The History of Globalization – and the Globalization of History?, in: Ders. (Hrsg.), Globalization in World History, London 2002, S. 11–46.

C. Liebisch-Gümüş, Nation und globalgeschichtliche Narration. Neue Narrative über Nationsbildung und Nationalismus, in: G. Lingelbach (Hrsg.), Narrative und Darstellungsweisen der Globalgeschichte Berlin/Boston 2021, S. 83–100.

G. Lingelbach, Wie wird Globalgeschichte erzählt? Einleitende Bemerkungen, in: Ders. (Hrsg.), Narrative und Darstellungsweisen der Globalgeschichte, Berlin/Boston 2021, S. 1–18.

M. Meiske, Die Geburt des Geoengineerings. Großbauprojekte in der Frühphase des Anthropozäns, Göttingen 2021.

T. Nipperdey, 1933 und die Kontinuität der deutschen Geschichte, in: HZ 227 (1978), S. 86–111.

A. Nitschke (Hrsg.), Jahrhundertwende. Der Aufbruch in die Moderne 1880–1930, 2 Bde., Reinbek 1990.

P. Nolte, 1900. Das Ende des 19. und der Beginn des 20. Jahrhunderts in sozialgeschichtlicher Perspektive, in: GWU 47 (1996), S. 281–300.

C. Opitz-Belakhal, Geschlechtergeschichte, 2., aktualisierte und erweiterte Auflage, Frankfurt a. M. 2018.

A. Paulsen und A. Sandberg, Natur und Moderne um 1900: Kontexte, Begriffe, Anschlüsse, in: Ders. (Hrsg.), Natur und Moderne um 1900: Räume – Repräsentationen – Medien, Bielefeld 2013, S. 9–28.

L. Raphael, Ordnungsmuster der „Hochmoderne"? Die Theorie der Moderne und die Geschichte der europäischen Gesellschaften im 20. Jahrhundert, in: U. Schneider/Ders. (Hrsg.), Dimensionen der Moderne. Festschrift für Christof Dipper, Frankfurt a. M. u. a. 2008, S. 73–91.

5 Innere Entwicklung

5.1 Bevölkerung, Mobilität und Migration

L. Amenda, Fremde – Hafen – Stadt. Chinesische Migration und ihre Wahrnehmung in Hamburg 1897–1972, Hamburg 2006.
K. J. Bade, Europa in Bewegung. Migration vom späten 18. Jahrhundert bis zur Gegenwart, München 2000.
K. J. Bade, Land oder Arbeit? Transnationale und interne Migration im deutschen Nordosten vor dem Ersten Weltkrieg, Habil., Erlangen-Nürnberg 1979 u. 2005.
K. J. Bade u. a. (Hrsg.), Enzyklopädie. Migration in Europa. Vom 17. Jahrhundert bis zur Gegenwart, Paderborn 2007.
K. J. Bade (Hrsg.), Auswanderer – Wanderarbeiter – Gastarbeiter. Bevölkerung, Arbeitsmarkt und Wanderung in Deutschland seit der Mitte des 19. Jahrhunderts, 2 Bde., Ostfildern 1984.
G. Balachandran, Globalizing Labour? Indian Seafarers and World Shipping, c. 1870–1945, New Delhi 2012.
M. Bojadžijev, R. Römhild, Was kommt nach dem „transnational turn"? Perspektiven für eine kritische Migrationsforschung, in: Berliner Blätter. Ethnographische und ethnologische Beiträge 65 (2014), Vom Rand ins Zentrum. Perspektiven einer kritischen Migrationsforschung, S. 10–24.
U. Bosma, Beyond the Atlantic. Connecting Migration and World History in the Age of Imperialism, 1840–1940, in: International Review of Social History 52 (2007), S. 116–123.
T. Brinkmann, Points of Passage. Jewish Transmigrants from Eastern Europe in Scandinavia, Germany, and Britain 1880–1914, New York 2013.
M. Choate, Emigrant Nation. The Making of Italy Abroad, Cambridge/Mass. 2008.
R. Daniels, Guarding the Golden Door: American Immigration Policy and Immigrants Since 1882, New York 2004.
C. Duhamelle, A. Kossert, B. Struck (Hrsg.), Grenzregionen. Ein europäischer Vergleich vom 18. bis 20. Jahrhundert, Frankfurt a. M. 2007.
M. G. Esch, Parallele Gesellschaften und soziale Räume. Osteuropäische Einwanderer in Paris 1880–1940, Frankfurt a. M. 2012.
D. Gosewinkel, Einbürgern und Ausschließen. Die Nationalisierung der Staatsangehörigkeit vom Deutschen Bund bis zur Bundesrepublik Deutschland, 2. Aufl., Göttingen 2003.
D. Gosewinkel, Schutz und Freiheit? Staatsbürgerschaft in Europa im 20. und 21. Jahrhundert, Berlin 2016.
M. Harper, S. Constantine (Hrsg.), Migration and Empire (= The Oxford History of the British Empire Companion Series) Oxford 2010.
H. Hirota, Expelling the Poor. Atlantic Seaboard States and the Nineteenth-Century Origins of American Immigration Policy, New York 2017.
D. Hoerder, Cultures in Contact. World Migration in the Second Millenium, Durham 2002.
D. Hoerder, Migrationen und Zugehörigkeiten, in: A. Iriye, J. Osterhammel, E. Rosenberg (Hrsg.), Geschichte der Welt 1870–1945, München 2012, S. 431–588.

M. Holmes, Forgotten Migrants. Foreign Workers in Switzerland before World War I, Rutherford (N. J.) u. a. 1988.

M. Just, Ost- und südosteuropäische Amerikawanderung 1881–1914. Transitprobleme in Deutschland und Aufnahme in den Vereinigten Staaten, Stuttgart 1988.

U. Kirchberger, S. Ivings (Hrsg.), Global Diasporas in the Age of High Imperialism, Berlin 2018.

S. Lachenicht, K. Heinsohn (Hrsg.), Diaspora Identities. Exile, Nationalism and Cosmopolitanism in Past and Present, Frankfurt a. M. 2009.

J. Lucassen, L. Lucassen (Hrsg.), Globalising Migration History. The Eurasian Experience, Leiden-Boston 2014.

S. Manz, Constructing a German Diaspora. The ‚Greater German Empire', 1871–1918, Oxford 2014.

A. McKeown, Global Migration, 1846–1940, in: Journal of World History 15 (2004), S. 155–189.

A. McKeown, Melancholy Order. Asian Migration and the Globalization of Border, New York u. a. 2008.

T. Mergel, Das Kaiserreich als Migrationsgesellschaft, in: S. O. Müller, C.Torp (Hrsg.), Das deutsche Kaiserreich in der Kontroverse, Göttingen 2009, S. 359–373.

R. Mongia, Indian Migration and Empire. A Colonial Genealogy of the Modern State, Durham 2018.

D. Northrup, Indentured labor in the age of imperialism, 1834–1922, Cambridge 1995.

J. Oltmer, Globale Migration: Geschichte Und Gegenwart, München 2012.

J. Oltmer, Migration vom 19. bis zum 21. Jahrhundert, 3. Aufl., München-Wien 2016.

T. Or, Heimat im Exil. Eine hebräische Diasporakultur in Berlin, 1897–1933, Göttingen 2020.

J. Puská (Hrsg.), Overseas Migration from East-Central and Southeastern Europe 1880–1940, Budapest 1990.

C. Reinecke, Grenzen der Freizügigkeit. Migrationskontrolle in Großbritannien und Deutschland, 1880–1930, München 2010.

E. Sinn, Hong Kong As An In-Between Place In The Chinese Diaspora, 1849–1939, in: D. Hoerder, D. R. Gabaccia (Hrsg.), Connecting Seas and Connected Ocean Rims. Indian, Atlantic and Pacific Oceans and China Seas Migration from the 1830s to the 1930s, Leiden 2011, S. 225–247.

A. Steidl, Ein ewiges Hin und Her. Kontinentale, transatlantische und lokale Migrationsrouten in der Spätphase der Habsburgermonarchie, in: Österreichische Zeitschrift für Geschichtswissenschaft 19 (2008), S. 15–42.

L. Tabili, Global Migrants, Local Culture. Natives and Newcomers in Provincial England, 1841–1939, Basingstoke 2011.

H. Tinker, A New System of Slavery: The Export of Indian Labour Overseas 1830–1920, London 1974.

J. Torpey, The Invention of the Passport. Surveillance, Citizenship and the State, Cambridge 2000.

C. A. Trocki, Singapore As A Nineteenth Century Migration Node. in: D. Hoerder, D. R. Gabaccia (Hrsg.), Connecting Seas and Connected Ocean Rims. Indian, Atlantic and Pacific Oceans and China Seas Migration from the 1830s to the 1930s, Leiden 2011, S. 198–224.

M. ULMER, Antisemitismus in Stuttgart 1871–1933. Studien zum öffentlichen Diskurs und Alltag, Berlin 2011, S. 198–224.

M. WYMAN, Round-trip to America. The Immigrants Return to Europe, 1880–1930, Ithaca/ NY 1993.

5.2 Politische Systeme, Verfassungen, Parlamente und Wahlen

T. ADAM, Philanthropy, Civil Society, and the State in German History 1815–1989, Woodbridge 2016.

R. V. ALBERTINI, Regierung und Parlament in der Dritten Republik, in: HZ 188 (1959), S. 17–48.

M. L. ANDERSON, Practicing Democracy. Elections and Political Culture in Imperial Germany, Princeton 2000.

M. L. ANDERSON, Demokratie auf schwierigem Pflaster. Wie das deutsche Kaiserreich demokratisch wurde, in: A. Briskina-Müller (Hrsg.), Logos im Dialogos. Auf der Suche nach der Orthodoxie. Gedenkschrift für Hermann Goltz (1946–1910), Berlin 2011, S. 247–264.

R. ARSENSCHEK, Der Kampf um die Wahlfreiheit im Kaiserreich. Zur parlamentarischen Wahlprüfung und politischen Realität der Reichstagswahlen 1871–1914, Düsseldorf 2003.

J. F. AUBERT, Petite histoire constitutionelle de la Suisse, Bern 1974.

D. BLACKBOURN, G. ELEY, Mythen deutscher Geschichtsschreibung. Die gescheiterte bürgerliche Revolution von 1848, Frankfurt a. M. u. a. 1980.

A. BAUERKÄMPER (Hrsg.), Die Praxis der Zivilgesellschaft. Akteure, Handeln und Strukturen im internationalen Vergleich, Frankfurt a. M.- New York 2003.

E. BENDIKAT, Wahlkämpfe in Europa 1884 bis 1889. Parteiensysteme und Politikstile in Deutschland, Frankreich und Großbritannien, Wiesbaden 1988.

B. BEUERLE, Russlands Westen. Westorientierung und Reformgesetzgebung im ausgehenden Zarenreich 1905–1917, Wiesbaden 2016.

N. BLEWETT, The Peers, the Parties and the People. The General Elections of 1910, London–Basingstoke 1972.

M. BOTZENHART, Deutsche Verfassungsgeschichte 1806–1949, Stuttgart u. a. 1993.

J. BRADLEY, Subjects into Citizens. Societis, Civil Society, and Autocracy in Tsarist Russia, in: The American Historical Review 107 (2002), S. 1094–1123.

J. BRADLEY, Voluntary Associations in Tsarist Russia. Science, Patriotism, and Civil Society, Cambridge 2009.

K. BRAUNIAS, Das parlamentarische Wahlrecht. Ein Handbuch über die Bildung der gesetzlichen Körperschaften in Europa, Bd. 1: Das Wahlrecht in den einzelnen Staaten, Berlin–Leipzig 1932.

O. BÜSCH (Hrsg.), Wählerbewegung in der europäischen Geschichte. Ergebnisse einer Konferenz, Berlin 1980.

F. W. S. CRAIG, British Parliamentary Election Results 1885–1918, 3. Aufl., London–Basingstoke 1983.

F. W. S. CRAIG (Hrsg.), British Electoral Facts, 1885–1975, 3. Aufl., London–Basingstoke 1976.

I. Deak, Beyond Nationalism. A Social and Political History of the Habsburg Officer Corps, 1848–1918, New York–Oxford 1990.

A. Esmein, Éléments de droit constitutionnel français et comparé, 8. Aufl., 2 Bde., 1927–28.

E. Eyck, Das persönliche Regiment Wilhelms II. Politische Geschichte des deutschen Kaiserreichs von 1890–1914, Erlenbach-Zürich 1948.

A. A. Fedyashin, Liberals under Autocracy. Modernization and Civil Society in Russia, 1866–1904, Madison 2012.

H. Fenske, Der moderne Verfassungsstaat. Eine vergleichende Geschichte von der Entstehung bis zum 20. Jahrhundert, Paderborn u. a. 2001.

F. Fischer, Bündnis der Eliten. Zur Kontinuität der Machtstrukturen in Deutschland 1871–1945, Düsseldorf 1979.

W. Frauendienst, Demokratisierung des deutschen Konstitutionalismus in der Zeit Wilhelms II, in: Zeitschrift für die gesamte Staatswissenschaft 113 (1957) S. 721–746.

H. Freter, Der Übergang vom schwedischen Ständeparlamentarismus zu Verfassungsstaat und parlamentarischer Demokratie (1719–1921), in: P. Brandt (Hrsg.), W. Daum, M. Horn: Skandinavische Weg in die Moderne, Berlin 2016.

K. Fröhlich, The Emergence of Russian Constitutionalism 1900–1914. The Relationship between Social Mobilization and Political Group Formation in Pre-revolutionary Russia, Den Haag u. a. 1981.

G. Geismann, Politische Struktur und Regierungssystem in den Niederlanden, Frankfurt a. M.-Bonn 1964.

U. Germann, Kampf dem Verbrechen. Kriminalpolitik und Strafrechtsreform in der Schweiz 1870–1950, Zürich 2015.

F. Glum, Das parlamentarische Regierungssystem in Deutschland, Großbritanien und Frankreich, München 1950.

F. Goguel, Géographie des élections française sous la Troisième et la Quatrième République (= Cahiers de la fondation nationale des sciences politiques, Bd. 159), Paris 1970.

E. Gruner, Die Wahlen in den schweizerischen Nationalrat 1848–1919. Wahlrecht, Wahlsystem, Wahlbeteiligung, Verhalten von Wählern und Parteien, Wahlthemen und Wahlkämpfe, 3 Bde., Bern 1978.

O. F. R. Haardt, Bismarcks ewiger Bund. Eine neue Geschichte des Deutschen Kaiserreichs, Darmstadt 2020.

J. Harris (Hrsg.), Civil Society in British History. Ideas, Identities, Institutions, Oxford 2003.

J. Hart, Proportional Representation. Critics of the British Electoral System. 1820–1945, Oxford 1992.

J. Harvey, L. Bather, The British Constitution, 4. Aufl., London 1982.

E. R. Huber, Deutsche Verfassungsgeschichte seit 1789, Bd. 4: Struktur und Krisen des Kaiserreichs, Stuttgart u. a. 1969.

I. V. Hull, The Entourage of Kaiser Wilhelm II 1888–1918, Cambridge 1982.

K. G. A. Jeserich, H. Pohl, G.-C. v. Unruh (Hrsg.), Deutsche Verwaltungsgeschichte, Bd. 3: Das Deutsche Reich bis zum Ende der Monarchie, Stuttgart 1984.

R. Jessen u. a. (Hrsg.), Zivilgesellschaft als Geschichte. Studien zum 19. und 20. Jahrhundert, Wiesbaden 2013.

I. St John, Gladstone and the Logico of Victorian Politics, London/New York 2010.
M. John, Politics and the Law in Late Nineteenth-Century Germany. The Origins of the Civil Code, Oxford 1989.
M. Kirsch, A. G. Kosfeld, P. Schiera (Hrsg.), Der Verfassungsstaat vor der Herausforderung der Massengesellschaft. Konstitutionalismus um 1900 im europäischen Vergleich (= Schriften zur europäischen Rechts- und Verfassungsgeschichte, Bd. 41), Berlin 2002.
M. Kitchen, The German Officer Corps 1890–1914, Oxford 1968.
K. Kluxen, Geschichte und Problematik des Parlamentarismus (= Neue historische Bibliothek, Bd. 243), 1. Auflage, Frankfurt a. M. 1983.
A. Kölz, Neuere schweizerische Verfassungsgeschichte. Ihre Grundlinien in Bund und Kantonen seit 1848, Bern 2004.
T. A. Kohut, Wilhelm II and the Germans. A Study in Leadership, Oxford 1991.
M. Kreuzer, Und sie parlamentarisierte sich doch. Die Verfassungsordnung des Kaiserreichs in vergleichender Perspektive, in: M.-L. Recker (Hrsg.), Parlamentarismus in Europa. Deutschland, England und Frankreich im Vergleich, München 2004.
T. Kühne, Demokratisierung und Parlamentarisierung. Neue Forschungen zur politischen Entwicklungsfähigkeit Deutschlands vor dem Ersten Weltkrieg, in: Geschichte und Gesellschaft 31 (2005), S. 293–316.
T. Kühne, Dreiklassenwahlrecht und Wahlkultur in Preußen 1867–1914. Landtagswahlen zwischen korporativer Tradition und politischem Massenmarkt, Düsseldorf 1994.
D. Lehnert (Hrsg.), Konstitutionalismus in Europa. Entwicklung und Interpretation (Bd. 7), Köln u. a. 2014.
H. Lempa, Spaces of honor. making German civil society, 1700–1914, Ann Arbor 2021.
R. T. Manning, The Crisis of the Old Order in Russia. Gentry and Government, Princeton/NJ 1982.
R. Martucci, Storia constituzionale italiana. Dallo Statuto albertino alla Republica (1848–2001), Rom 2002.
W. J. Mommsen, Das deutsche Kaiserreich als System umgangener Entscheidungen, in: H. Berding u. a. (Hrsg.), Vom Staat des Ancien Régime zum modernen Parteienstaat. Festschrift f. T. Schieder, München–Wien 1978, S. 239–265.
T. B. Müller, H. Richter, Einführung: Demokratiegeschichte. Deutschland (1800–1933) in transnationaler Perspektive, in: Geschichte und Gesellschaft (2018) Jg. 44, H. 3, S. 325–335.
H. Nöcker (Bearb.), Wählerentscheidung unter demokratischem und Klassenwahlrecht. Eine vergleichende Statistik der Reichstags- und Landtagswahlergebnisse in Preußen 1903 nebst Angaben zur Wirtschafts- und Sozialstruktur nach Vergleichsgebieten, Berlin 1987.
D. Nohlen, Spanischer Parlamentarismus im 19. Jahrhundert. Régimen parlamentario und parlamentarische Regierung, Meisenheim a. Glan 1970.
P. Norton, Resisting the Inevitable? The Parliament Act 1911, in: Parliamentary History 31 (2012), S. 444–459.
T. Otte, P. Readman (Hrsg.), By-Elections in British Politics, 1832–1914, Woodbridge 2013.
J. Pellew, The Home Office 1848–1914 from Clerks to Bureaucrats, London 1982.

H. M. Pelling, The Social Geography of British Elections 1885–1910, London u. a. 1967.

M. Pugh, Electoral Reform in War and Peace, 1906–18, London u. a. 1978.

M. Rauh, Föderalismus und Parlamentarismus im Wilhelminischen Reich, Düsseldorf 1973.

M. Rauh, Die Parlamentarisierung des Deutschen Reiches, Düsseldorf 1977.

R. Redslob, Die parlamentarische Regierung in ihrer wahren und ihrer unechten Form. Eine vergleichende Studie über die Verfassungen von England, Belgien, Ungarn, Schweden und Frankreich, Tübingen 1918.

W. Reinhard, Geschichte der Staatsgewalt. Eine vergleichende Verfassungsgeschichte Europas von den Anfängen bis zur Gegenwart, 3., durchges. Aufl., München 2002.

M. Řepa, Peasants into citizens. The politicisation of rural areas in Central Europe (1861–1914), Wiesbaden 2020.

L. R. Révész, Nationalitätenfrage und Wahlrecht in Ungarn 1848–1918 (Bd. 3), in: Ungarn-Jahrbuch. Zeitschrift für die Kunde Ungarns und verwandte Gebiete, Jg. 3 (1971), S. 88–122.

H. Richter, Demokratie. Eine deutsche Affäre. Vom 18. Jahrhundert bis zur Gegenwart, München 2020.

H. Richter, Aufbruch in die Moderne. Reform und Massenpolitisierung im Kaiserreich, Berlin 2021.

H. Richter, Moderne Wahlen. Eine Geschichte der Demokratie in Preußen und den USA im 19. Jahrhundert, Hamburg 2017.

H. Richter, K. Wolff (Hrsg.), Frauenwahlrecht. Demokratisierung der Demokratie in Deutschland und Europa, Hamburg 2018.

G. A. Ritter, Deutscher und britischer Parlamentarismus. Ein verfassungsgeschichtlicher Vergleich, Tübingen 1962.

M. Roberts, Resisting „Arithmocracy". Parliament, Community, and the Third Reform Act, in: The Journal of British Studies 50 (April 2011), S. 381–409.

J. C. G. Röhl, Kaiser, Hof und Staat. Wilhelm II. und die Deutsche Politik, 2. Aufl., München 2007.

J. W. Sap, The Netherlands Constitution 1848–1998. Historical Reflections, Utrecht 2000.

G. Schöllgen, Wer macht im Kaiserreich Politik?, in: NPL 25 (1980) S. 79–97.

C. Schönberger, Die überholte Parlamentarisierung. Einflussgewinn und fehlende Herrschaftsfähigkeit des Reichstags im sich demokratisierenden Kaiserreich, in: HZ 272 (2001), S. 623–666.

M. Schulze Wessel (Hrsg.), Eine Standortbestimmung der Osteuropäischen Geschichte, in: zeitenblicke 6 (2007), Heft 2.

J. Sperber, The Kaiser's Voters. Electors and Elections in Imperial Germany, Cambridge 1997.

D. Staliunas, Making Russians. Meaning and Practice of Russification in Lithuania and Belarus after 1863, Amsterdam 2007.

T. Süle, Preußische Bürokratietradition. Zur Entwicklung von Verwaltung und Beamtenschaft in Deutschland 1871–1918, Göttingen 1988.

M. Szeftel, The Russian Constitution of April 23, 1906. Political Institutions and the Duma Monarchy, Brüssel 1976.

A. Thomas, Philanthropy, Civil Society, and the State in German History 1815–1989, Woodbridge 2016.
G. Thuillier, Bureaucratie et Bureaucrats en France au XIXe siècle, Genf 1980.
H. Ullrich, Parlament, Parteien, Wahlen im liberalen Italien. (Untersuchungen und Forschungsziele), in: Quellen und Forschungen aus italienischen Archiven und Bibliotheken 53 (1973), S. 276–317.
H.-E. Volkmann, Die Polenpolitik des Kaiserreichs. Prolog zum Zeitalter der Weltkriege, Paderborn 2016.
P. Waldron, Late Imperial Constitutionalism, in: I. D. Thatcher (Hrsg.): Late Imperial Russia. Problems and Perspectives, Manchester 2007, S. 28–43.
A. Wandruszka, P. Urbanitsch (Hrsg.), Die Habsburgermonarchie, 1848–1918. Verwaltung und Rechtswesen (Bd. 2), Wien 1975.
C. C. Weston, P. Kelvin, The ‚Judas Group' and the Parliament Bill of 1911, in: EHR 99 (1984) S. 551–563.
E. Wicks, The Evolution of a Constitution. Eight Key Moments in British Constitutional History, Oxford, Portland 2006.
J. R. Winkler, Sozialstruktur, politische Traditionen und Liberalismus. Eine empirische Längsschnittstudie zur Wahlentwicklung in Deutschland 1871–1933, Opladen 1995.
K. Wolff, „Stadtmütter". Bürgerliche Frauen und ihr Einfluss auf die Kommunalpolitik im 19. Jahrhundert (1860–1900), Königstein/T. 2003.

5.3 Parteien, Verbände, Vereine

M. Alexander, Die Freikonservative Partei 1890–1918. Gemäßigter Konservatismus in der konstitutionellen Monarchie, Düsseldorf 2000.
H.-G. Aschoff, Welfische Bewegung und Politischer Katholizismus 1866–1918. Die Deutschhannoversche Partei und das Zentrum in der Provinz Hannover während des Kaiserreiches, Düsseldorf 1987.
S. Ball, A. Sheldon (Hrsg.), Recovering Power. The Conservatives in Opposition since 1867, Basingstoke u. a. 2005.
W. Becker (Hrsg.), Die Minderheit als Mitte. Die Deutsche Zentrumspartei in der Innenpolitik des Reiches 1871–1933, Paderborn u. a. 1986.
W. Becker, R. Morsey (Hrsg.), Christliche Demokratie in Europa. Grundlagen und Entwicklungen seit dem 19. Jahrhundert, Köln–Wien 1988.
E. Bendikat, Wahlkämpfe in Europa 1884 bis 1889. Parteiensysteme und Politikstile in Deutschland, Frankreich und Großbritannien, Wiesbaden 1988.
M. Bentley, The Climax of Liberal Politics. British Liberalism in Theory and Practice 1868–1918, London 1987.
M. Bentley, Lord Salisbury's World. Conservative Environments in Late-Victorian Britain, Cambridge u. a. 2001.
S. Berger u. a. (Hrsg.), The Force of Labour. The Western European Labour Movement and the Working Class in the Twentieth Century, Oxford u. a. 1995.
S. Berger, Ungleiche Schwestern? Die britische Labour Party und die deutsche Sozialdemokratie im Vergleich, 1900–1931, Bonn 1997.

L. Bergsträsser, Geschichte der politischen Parteien in Deutschland, 11. Aufl., überarb. u. hrsg. v. W. Mommsen, München–Wien 1965.

G. L. Bernstein, Liberalism and Liberal Politics in Edwardian England, Boston u. a. 1986.

S. Biland, Die Deutsch-Konservative Partei und der Bund der Landwirte in Württemberg vor 1914. Ein Beitrag zur Geschichte der politischen Parteien im Königreich Württemberg, Stuttgart 2002.

F. Blaich, Staat und Verbände in Deutschland zwischen 1871 und 1945, Wiesbaden 1979.

R. Blake, The Conservative Party from Peel to Churchill, London–Southhampton 1970.

F. Boll, Arbeitskämpfe und Gewerkschaften in Deutschland, England und Frankreich. Ihre Entwicklung vom 19. zum 20. Jahrhundert, Bonn 1992.

B. Brivati u. a. (Hrsg.), The Labor Party. A Centenary History, Basingstoke u. a. 2000.

I. Bulmer-Thomas, The Growth of the British Party System, Bd. 1: 1640–1923, 2. Aufl., London 1967.

J. Charmley, A History of Conservative Politics. 1900–1996, Basingstoke u. a. 1998.

M. S. Coetzee, The German Army League, Popular Nationalism in Wilhelmine Germany, New York–Oxford 1990.

B. I. Coleman, Conservatism and the Conservative Party in Nineteenth-century Britain, London u. a. 1988.

S. Diziol, Deutsche, Werdet Mitglieder des Vaterlandes! Der Deutsche Flottenverein 1989–1934, Bd. 2, Kiel 2015.

R. Douglas, Liberals: The History of the Liberal and Liberal Democratic Parties, London u. a. 2005.

D. Dutton, A History of the Liberal Party in the Twentieth-century, Basingstoke u. a. 2004.

G. Eley, Forging Democracy. The History of the Left in Europe, 1850–2000, Oxford u. a. 2002.

G. Eley, Reshaping the German Right. Radical Nationalism and Political Change after Bismarck, New Haven–London 1980.

H. V. Emy, Liberals, Radicals and Social Politics 1892–1914, Cambridge 1973.

E. L. Evans, The German Center Party 1870–1933. A Study in Political Catholicism, Carbondale–Edwardsville 1981.

N. C. Fleming, Britannia's Zealots, Volume I: Tradition, Empire and the Forging of the Conservative Right, London 2018.

E. H. H. Green, The Crisis of Conservatism. The Politics, Economics and Ideology of the British Conservative Party, 1880–1914, London 1995.

A. Grießmer, Massenverbände und Massenparteien im wilhelminischen Reich. Zum Wandel der Wahlkultur 1903–1912, Düsseldorf 2000.

D. Groh, Negative Integration und revolutionärer Attentismus. Die deutsche Sozialdemokratie am Vorabend des Ersten Weltkrieges, Frankfurt a. M. u. a. 1973.

D. Groh, P. Brandt, „Vaterlandslose Gesellen". Sozialdemokratie und Nation 1860–1990, München 1992.

E. Gruner, Die Parteien in der Schweiz, 2. Aufl., Bern 1977.

P. Grupp, Deutschland, Frankreich und die Kolonien. Der französische „Parti colonial" und Deutschland von 1890 bis 1914, Tübingen 1980.

H. HAGENLÜCKE, Deutsche Vaterlandspartei. Die nationale Rechte am Ende des Kaiserreichs, Düsseldorf 1997.

H. J. P. HARMER, The Longman Companion to the Labour Party. 1900–1998, London u. a. 1999.

R. HERING, Konstruierte Nation. Der Alldeutsche Verband 1890 bis 1939, Hamburg 2003.

L. HÖBELT, Kornblume und Kaiseradler. Die deutsch-freiheitlichen Parteien Altösterreichs 1882–1918, Wien–München 1993.

B. HOFMEISTER, Weltanschauung, Mobilisierungsstrukturen und Krisenerfahrungen. Antisemitische Radikalisierung des Alldeutschen Verbandes als Prozess 1912–1920, in: Jahrbuch für Antisemitismusforschung 24 (2015), S. 119–153.

K. HOLL, G. LIST (Hrsg.), Liberalismus und imperialistischer Staat. Der Imperialismus als Problem liberaler Parteien in Deutschland 1890–1914, Göttingen 1975.

A. JACKSON, The Ulster Party. Irish Unionists in the House of Commons, 1884–1911, Oxford 1989.

I. JENNINGS, Party Politics, 3 Bde., Cambridge 1960–62.

T. JUDT, Socialism in Provence 1871–1914. A Study in the Origins of the Modern French Left, Cambridge u. a. 1979.

H. KAELBLE, Industrielle Interessenpolitik in der Wilhelminischen Gesellschaft. Centralverband Deutscher Industrieller 1895–1914, Berlin 1967.

P. KENNEDY, A. NICHOLLS (Hrsg.), Nationalist and Racialist Movements in Britain and Germany before 1914, London–Basingstoke 1981.

B. KERCHNER, Beruf und Geschlecht. Frauenberufsverbände in Deutschland 1848–1908, Göttingen 1992.

D. LANGEWIESCHE (Hrsg.), Liberalismus im 19. Jahrhundert. Deutschland im europäischen Vergleich, Göttingen 1988.

H. LEBOVICS, The Alliance of Iron and Wheat in the Third French Republic 1860–1914. Origins of the New Conservatism, Baton Rouge–London 1988.

V. LEONTOVITSCH, Geschichte des Liberalismus in Rußland, 2. Aufl., Frankfurt a. M. 1974.

A. LINSENMANN, M. RAASCH (Hrsg.), Die Zentrumspartei im Kaiserreich. Bilanz und Perspektiven, Münster 2015.

A. R. LÓPEZ-PEDREROS, B. WEINSTEIN (Hrsg.), The Making of the Middle Class. Toward a Transnational History, Durham 2012.

W. LOTH, Katholiken im Kaiserreich. Der politische Katholizismus in der Krise des wilhelminischen Deutschlands, Düsseldorf 1984.

W. MOCK, Entstehung und Herausbildung einer „radikalen Rechten" in Großbritannien 1900–1914, in: HZ, Beih. 8 (1983), S. 5–45.

M. PETERS, Der Alldeutsche Verband am Vorabend des Ersten Weltkrieges (1908–1914). Ein Beitrag zur Geschichte des völkischen Nationalismus im spätwilhelminischen Deutschland, 2., korr. Aufl., Frankfurt a. M. u. a. 1996.

B.-C. PINCHUK, The Octobrists in the Third Duma, 1907–1912, Seattle–London 1974.

H.-J. PUHLE, Agrarische Interessenpolitik und preußischer Konservatismus im wilhelminischen Reich (1893–1914). Ein Beitrag zur Analyse des Nationalismus in Deutschland am Beispiel des Bundes der Landwirte und der Deutsch-Konservativen Partei, 2. Aufl., Bonn-Bad Godesberg 1975.

R. RÉMOND, Les droites en France, 4. Aufl., Paris 1982.

J. N. Retallack, Notables of the Right. The Conservative Party and Political Mobilization in Germany, 1876–1918, Boston 1988.

G. A. Ritter (Hrsg.), Deutsche Parteien vor 1918, Köln 1973.

G. A. Ritter, Die deutschen Parteien 1830–1914. Parteien und Gesellschaft im konstitutionellen Regierungssystem, Göttingen 1985.

T. Rohkrämer, Der Militarismus der „kleinen Leute". Die Kriegervereine im Deutschen Kaiserreich 1871–1914, München 1990.

P. M. Rutkoff, Revanche and Revision. The Ligue des Patriotes and the Origins of the Radical Right in France, 1882–1900, Athen–London 1981.

A. Schildt, Konservatismus in Deutschland. Von den Anfängen im Jahrhundert bis zur Gegenwart, München 1998.

E. Schöck-Quinteros, C. Streubel (Hrsg.), „Ihrem Volk verantwortlich". Frauen der politischen Rechten (1890–1933). Organisationen, Agitationen, Ideologien, (= Schriftenreihe des Hedwig-Hintze-Instituts Bremen, Bd. 9) Berlin 2007.

C. E. Schorske, Die große Spaltung. Die deutsche Sozialdemokratie 1906–1917, Berlin 1981.

R. Shannon, The Age of Salisbury. 1881–1902. Unionism and Empire, (= A History of the Conservative Party Bd. 3) London u. a. 1996.

J. J. Sheehan, Der deutsche Liberalismus. Von den Anfängen im Jahrhundert bis zum Ersten Weltkrieg 1770–1914, München 1983.

V. Stalmann, Die Deutschkonservative Partei und die Deutsche Reichspartei in Bayern 1890–1914. Ein Beitrag zur Geschichte der politischen Parteien im Königreich Bayern, Frankfurt a. M. u. a. 2002.

V. Stalmann, Die Partei Bismarcks. Die Deutsche Reichs- und Freikonservative Partei 1866–1890, Düsseldorf 2000.

D. Stegmann, Die Erben Bismarcks. Parteien und Verbände in der Spätphase des Wilhelminischen Deutschlands. Sammlungspolitik 1897–1918, Köln–Berlin 1970.

Z. Sternhell, La droite révolutionnaire 1885–1914. Les origines françaises du fascisme, Paris 1978.

P. Theiner, Sozialer Liberalismus und deutsche Weltpolitik. Friedrich Naumann im Wilhelminischen Deutschland (1860–1919), Baden-Baden 1983.

A. Thorpe, A History of the British Labour Party, 3. Aufl., Basingstoke u. a. 2008.

H. J. Tober, Deutscher Liberalismus und Sozialpolitik in der Ära des Wilhelminismus. Anschauungen der liberalen Parteien im parlamentarischen Entscheidungsprozeß und in der öffentlichen Diskussion, Husum 1999.

R. Uhlig, Die Interparlamentarische Union 1889–1914. Friedenssicherungsbemühungen im Zeitalter des Imperialismus, Stuttgart 1988.

H.-P. Ullmann, Der Bund der Industriellen. Organisation, Einfluß und Politik klein- und mittelbetrieblicher Industrieller im Deutschen Kaiserreich 1895–1914, Göttingen 1976.

H.-P. Ullmann, Interessenverbände in Deutschland, Frankfurt a. M. 1988.

N. Vittorelli, Frauenbewegung um 1900. Über Triest nach Zagreb, Wien 2007.

A. Windscheffel, Popular Conservatism in Imperial London. 1868–1906, Woodbridge 2007.

H. A. Winkler, Pluralismus oder Protektionismus? Verfassungspolitische Probleme des Verbandswesens im Deutschen Kaiserreich, Wiesbaden 1972.

D. Ziblatt, Conservative Parties and the Birth of Democracy, Cambridge 2017.

J. D. Zimmermann, Poles, Jews, and the Politics of Nationality. The Bund and the Polish Socialist Party in Late Tsarist Russia, 1892–1914, Madison 2004.

H.-P. Zimmermann, „Der feste Wall gegen die rote Flut". Kriegervereine in Schleswig-Holstein 1864–1914, Neumünster 1989.

5.4 Gesellschaftliche Gruppen und Sozialpolitik

W. Abelshauser (Hrsg.), Soziale Sicherung in vergleichender Perspektive. Deutschland und Frankreich, Geschichte und Gesellschaft 22 (1996), S. 299–471.

P. Adelman, Victorian Radicalism. The middle-class experience, 1830–1914, London–New York 1984.

U. Altermatt, Katholizismus und Moderne. Zur Sozial- und Mentalitätsgeschichte der Schweizer Katholiken im 19. und 20. Jahrhundert, Zürich 1989.

M. D'Amelia, La mamma, Bologna 2005.

J. Auderset, P. Moser, Die Agrarfrage in der Industriegesellschaft. Wissenskulturen, Machtverhältnisse und natürliche Ressourcen in der agrarisch-industriellen Wissensgesellschaft (1850–1950), Wien u. a. 2018.

P. Baker, The Moral Framework of Public Life, Gender, Politics, and the State in Rural New York, 1870–1930, New York–Oxford 1991.

A. Barkai, Jüdische Minderheit und Industrialisierung. Demographie, Berufe und Einkommen der Juden in Westdeutschland 1850–1914, Tübingen 1988.

M. Baumeister, Parität und katholische Inferiorität. Untersuchungen zur Stellung des Katholizismus im Deutschen Kaiserreich, Paderborn u. a. 1987.

P. Becker, Verderbnis und Entartung. Eine Geschichte der Kriminologie des 19. Jahrhunderts als Diskurs und Praxis, Göttingen 2002.

D. Bechtel, La Renaissance culturelle juive en Europe centrale et orientale 1897–1930. Langue, littérature et construction nationale, Paris 2002.

J. Benson (Hrsg.), The Working Class in England 1875–1914, London u. a. 1985.

H. Berding, Moderner Antisemitismus in Deutschland, Frankfurt a. M. 1988.

N. Berg (Hrsg.), Kapitalismusdebatten um 1900. Über antisemitisierende Semantiken des Jüdischen, Leipzig 2011.

S. Berger u. a. (Hrsg.), The Force of Labour. The Western European Labour Movement and the Working Class in the Twentieth Century, Oxford u. a. 1995.

S. Berger, Ungleiche Schwestern? Die britische Labour Party und die deutsche Sozialdemokratie im Vergleich, 1900–1931, Bonn 1997.

D. Beyrau, Militär und Gesellschaft im vorrevolutionären Rußland, Köln–Wien 1984.

E. Biçer-Deveci, Die osmanisch-türkische Frauenbewegung im Kontext internationaler Frauenorganisationen. Eine Beziehungs- und Verflechtungsgeschichte von 1895 bis 1935, (= Ottoman Studies, Bd. 4), Göttingen 2017.

M. Birn, Die Anfänge des Frauenstudiums in Deutschland. Das Streben nach Gleichberechtigung von 1869–1918. Dargestellt anhand politischer, statistischer und biographischer Zeugnisse (= Heidelberger Schriften zur Universitätsgeschichte, Bd. 3), Heidelberg 2015.

D. Blackbourn, The Mittelstand in German Society and Politics, 1871–1914, in: Social History 4 (1977), S. 409–433.

L. Bluma, Lars, K. Uhl (Hrsg.), Kontrollierte Arbeit – disziplinierte Körper? Zur Sozial- und Kulturgeschichte der Industriearbeit im 19. und 20. Jahrhundert, Bielefeld 2012.

T. Brechenmacher, M. Szulc, Neuere deutsch-jüdische Geschichte. Konzepte – Narrative – Methoden, Stuttgart 2017.

A.-L. Briatte, Bevormundete Staatsbürgerinnen. Die „radikale" Frauenbewegung im Deutschen Kaiserreich. Aus dem Französischen von Meiken Endruweit, (= Geschichte und Geschlechter, Bd. 72), Frankfurt a. M. 2020.

M. Breuer, Jüdische Orthodoxie im Deutschen Reich 1871–1918. Die Sozialgeschichte einer religiösen Minderheit, Frankfurt a. M. 1986.

B. Brivati u. a. (Hrsg.), The Labour Party. A Centenary History, Basingstoke u. a. 2000.

U. Brunotte, R. Herrn (Hrsg.), Männlichkeiten und Moderne. Geschlecht in den Wissenskulturen um 1900, Bielefeld 2008.

T. Buchen, Antisemitismus in Galizien. Agitation, Gewalt und Politik gegen Juden in der Habsburgermonarchie um 1900, Berlin 2012.

G. Budde, Blütezeit des Bürgertums. Bürgerlichkeit im 19. Jahrhundert, Darmstadt 2009.

W. Conze, J. Kocka (Hrsg.), Bildungsbürgertum im 19. Jahrhundert, Teil 1: Bildungssystem und Professionalisierung in internationalen Vergleichen, Stuttgart 1985.

E. Conze u. a. (Hrsg.), Aristokratismus und Moderne: Adel als politisches und kulturelles Konzept, 1890–1945, Köln u. a. 2013.

E. Conze, M. Wienfort (Hrsg.), Adel und Moderne. Deutschland im europäischen Vergleich im 19. und 20. Jahrhundert, Köln u. a. 2004.

C. Dejung, Bürger der Welt. Überlegungen zu einer Globalgeschichte der Mittelklassen im langen 19. Jahrhundert, in: M. Hettling, R. Pohle (Hrsg.), Bürgertum. Bilanzen, Perspektiven, Begriffe, Göttingen 2019, S. 469–489.

C. Dejung, D. Motadel, J. Osterhammel (Hrsg.), The Global Bourgeoisie. The Rise of the Middle Classes in the Age of Empire. Princeton 2019.

G. Eghigian, Making Security Social. Disability, Insurance, and the Birth of the Social Entitlement State in Germany, Ann Arbor 2000.

B. Eklof, S. Frank (Hrsg.), The World of the Russian Peasant: Post-Emancipation Culture and Society, Boston u. a. 1990.

R. J. Evans, Proletarians and Politics. Socialism, protest, and the working class in Germany before the First World War, New York u. a. 1990.

A. Faust, Arbeitsmarktpolitik im Deutschen Kaiserreich. Arbeitsvermittlung, Arbeitsbeschaffung und Arbeitslosenunterstützung 1890–1918, Wiesbaden 1986.

G. D. Feldman, K. Tenfelde, Arbeiter, Unternehmer und Staat im Bergbau. Industrielle Beziehungen im internationalen Vergleich, München 1989.

K. C. Führer, Arbeitslosigkeit und die Entstehung der Arbeitslosenversicherung in Deutschland 1902–1927, Berlin 1990.

L. Gall (Hrsg.), Stadt und Bürgertum im 19. Jahrhundert, München 1990.

L. Gall (Hrsg.), Stadt und Bürgertum im Übergang von der traditionalen zur modernen Gesellschaft, Berlin 1993.

L. Gautam, Recht und Ordnung. Mörder, Verräter und Unruhestifter vor spätzarischen Kriminalgerichten 1864–1917, Wiesbaden 2017.

D. Geary (Hrsg.), Labour and Socialist Movements in Europe before 1914, Oxford u. a. 1989.

J. GEHMACHER, M. MESNER (Hrsg.), Frauen- und Geschlechtergeschichte. Positionen, Perspektiven, Innsbruck u. a. 2003.

I. GERASIMOV, Modernism and Public Reform in Late Imperial Russia. Rural Professionals and Self-Organization, 1905-30, Basingstoke 2009.

U. GERHARD, Die Rechtsstellung der Frau in der bürgerlichen Gesellschaft des 19. Jahrhunderts. Frankreich und Deutschland im Vergleich, in: J. Kocka (Hrsg.), Bürgertum und bürgerliche Gesellschaft im 19. Jahrhundert. Deutschland im europäischen Vergleich, Bd.1, München 1988, S. 439-468.

B. GIBAUD, Mutualité, assurances (1850-1914). Les enjeux, Paris 1998.

P. C. GOULD, Early Green Politics. Back to Nature, Back to the Land, and Socialism in Britain, 1880-1900, Sussex-New York 1988.

D. J. GOLDHAGEN, Hitlers willige Vollstrecker. Ganz gewöhnliche Deutsche und der Holocaust, 11. Aufl., Berlin 1996.

E. GORDON, Women and the Labour Movement in Scotland 1850-1914, Oxford 1991.

A. GOTZMANN, R. LIEDTKE, T. V. RAHDEN (Hrsg.), Juden, Bürger, Deutsche. Zur Geschichte von Vielfalt und Differenz 1800-1933, Tübingen 2001.

W. GRAB (Hrsg.), Jüdische Integration und Identität in Deutschland und Österreich 1848-1918, Tel-Aviv 1984.

T. GRÄFE, Antisemitismus im deutschen Kaiserreich. Stereotypenmuster, Aktionsformen und die aktuelle Relevanz eines „klassischen" Forschungsgegenstandes, in: Sozial. Geschichte Offline 25 (2019), S. 45-80.

R. GREGORY, The Miners and British Politics 1906-1914, London 1968.

B. GRIFFIN, The Politics of Gender in Victorian Britain. Masculinity, Political Culture and the Struggle for Women's Right, Cambridge 2012.

E. GRUNER (Hrsg.), Arbeiterschaft und Wirtschaft in der Schweiz 1880-1914, Bde. 2 u. 3, Zürich 1988.

L. H. HAIMSON (Hrsg.), The Politics of Rural Russia 1905-1914, Bloomington-London 1979.

H. HAUMANN (Hrsg.), Luftmenschen und rebellische Töchter. Zum Wandel ostjüdischer Lebenswelten im 19. Jahrhundert, Köln u. a. 2003.

H. HENDRICK, Images of Youth. Age, Class, and the Male Youth Problem, 1880-1920, Oxford 1990.

H. HENNING, Die deutsche Beamtenschaft im 19. Jahrhundert. Zwischen Stand und Beruf, Stuttgart 1984.

E. P. HENNOCK, The Origin of the Welfare State in England and Germany, 1850-1914. Social Policies Compared, Cambridge u. a. 2007.

M. HETTLING, S.-L. HOFFMANN (Hrsg.), Der bürgerliche Wertehimmel. Innenansichten des 19. Jahrhunderts, Göttingen 2000.

M. HETTLING, R. POHLE (Hrsg.): Bürgertum. Bilanzen, Perspektive, Begriffe, Göttingen 2019.

P. HILDEN, Working Women and Socialist Politics in France, 1880-1914. A Regional Study, Oxford 1986.

K. HOFMEESTER, Jewish Workers and the Labour Movement. A Comparative Study of Amsterdam, London and Paris, 1870-1914, Ashgate 2004.

A. HOFMEISTER, Selbstorganisation und Bürgerlichkeit. Jüdisches Vereinswesen in Odessa um 1900, Göttingen 2007.

D. Holmes, C. Tarr (Hrsg.), A „Belle Epoque"? Women in French Society and Culture, 1890–1914, New York u. a. 2006.

A. Howkins, Reshaping Rural England. A social history 1850–1925, London 1991.

K. Hödl, Wiener Juden – jüdische Wiener. Identität, Gedächtnis und Performanz im 19. Jahrhundert, Innsbruck 2006.

P. Jalland, Women, Marriage and Politics. 1860–1914, Oxford 1986.

U. Jensen, Gebildete Doppelgänger. Bürgerliche Juden und Protestanten im 19. Jahrhundert, Göttingen 2005.

J. Joll, The Second International 1889–1914, 2. Aufl., London–Boston 1974.

D. Kalifa, Crime et culture au XIXe siècle, Paris 2005.

E. Keller, Bürger und Juden. Die Familie Wyler-Bloch in Zürich 1880–1954 (= Archiv für Zeitgeschichte des Instituts für Geschichte der ETH Zürich, Bd. 9), Zürich 2015.

N. Kampe, Studenten und „Judenfrage" im Deutschen Kaiserreich. Die Entstehung einer akademischen Trägerschicht des Antisemitismus, Göttingen 1988.

W. Kaschuba, Lebenswelt und Kultur der unterbürgerlichen Schichten im 19. und 20. Jahrhundert, München 1990.

K. Keller, Modell SPD? Italienische Sozialisten und deutsche Sozialdemokratie bis zum Ersten Weltkrieg, Bonn 1994.

W. v. Kieseritzky, Liberalismus und Sozialstaat. Liberale Politik in Deutschland zwischen Machtstaat und Arbeiterbewegung (1878– 1893), Köln u. a. 2002.

S. Knoll-Jung, Vom Schlachtfeld der Arbeit. Aspekte von Männlichkeit in Prävention, Ursachen und Folgenbewältigung von Arbeitsunfällen in Kaiserreich und Weimarer Republik, Stuttgart 2021.

J. Kocka (Hrsg.), Angestellte im europäischen Vergleich. Die Herausbildung angestellter Mittelschichten seit dem späten 19. Jahrhundert, Göttingen 1981.

J. Kocka (Hrsg.), Bürgertum im 19. Jahrhundert. Deutschland im europäischen Vergleich, 3 Bde., München 1988.

J. Kocka (Hrsg.), Sozialgeschichte im internationalen Überblick. Ergebnisse und Tendenzen der Forschung, Darmstadt 1989.

P. Köhler, H. F. Zacher (Hrsg.), Ein Jahrhundert Sozialversicherungin der Bundesrepublik Deutschland, Frankreich, Großbritannien, Österreich und der Schweiz, Berlin 1981.

M. König, Bonnes à tout faire: Deutsche Dienstmädchen in Paris um 1900, in: dies. (Hrsg.), Deutsche Handwerker, Arbeiter und Dienstmädchen in Paris. Eine vergessene Migration im 19. Jahrhundert, Berlin u. a. 2003, S. 69–92.

B. Krautwald, Bürgerliche Frauenbilder im 19. Jahrhundert. Die Zeitschrift „Der Basar" als Verhandlungsform weiblichen Selbstverständnisses (= Historische Geschlechterforschung, Bd. 4), Bielefeld 2021.

T. Kulawik, Wohlfahrtsstaat und Mutterschaft. Schweden und Deutschland 1870–1912, Frankfurt a. M. u. a. 1999.

A. Kutz-Bauer, Arbeiterschaft, Arbeiterbewegung und bürgerlicher Staat in der Zeit der Großen Depression. Eine regional- und sozialgeschichtliche Studie zur Geschichte der Arbeiterbewegung im Großraum Hamburg 1873 bis 1890, Bonn 1988.

D. Langewiesche, K. Schönhoven, Arbeiter in Deutschland. Studien zur Lebensweise der Arbeiterschaft im Zeitalter der Industrialisierung, Paderborn 1981.

E. Laurenzi, M. Mosca (Hrsg.), A Female Activist Elite in Italy (1890–1920). Its International Network and Legacy, Cham 2022.
A. Lees, Cities, Sin, and Social Reform in Imperial Germany, Ann Arbor 2002.
R. Liedtke, Jewish Welfare in Hamburg and Manchester. C. 1850–1914, Oxford 1998.
R. Liedtke, D. Rechter (Hrsg.), Towards Normality? Acculturation and Modern German Jewry, Tübingen 2003.
A. Lieske, Arbeiterkultur und bürgerliche Kultur in Pilsen und Leipzig, Bonn 2007.
D. Lieven, Abschied von Macht und Würden. Der europäische Adel 1815–1914, Frankfurt a. M. 1995.
D. S. Linton, „Who has the youth, has the future": The Campaign to Save Young Workers in Imperial Germany, Cambridge u. a. 1991.
J. Lucassen (Hrsg.), Global Labour History. A State of the Art, 2. Aufl., Bern u. a. 2008.
L. Machtan (Hrsg.), Bismarcks Sozialstaat. Beiträge zur Geschichte der Sozialpolitik und zur sozialpolitischen Geschichtsschreibung, Frankfurt a. M. u. a. 1994.
I. Marin, Peasant Violence and Antisemitism in Early Twentieth-Century Eastern Europe, Basingstoke 2018.
A. J. Mayer, The Lower Middle Class as a Historical Problem, in: Journal of Modern History 47 (1975), S. 409–36.
E. Matthias, K. Schönhoven (Hrsg.), Solidarität und Menschenwürde. Etappen der deutschen Gewerkschaftsgeschichte von den Anfängen bis zur Gegenwart, Bonn 1984.
S. Meacham, A Life Apart. The English Working Class 1890–1914, London 1977.
M. Messerschmidt, Militär und Politik in der Bismarckzeit und im Wilhelminischen Deutschland, Darmstadt 1975.
K. H. Metz, Die Geschichte der sozialen Sicherheit, Stuttgart 2008.
K. H. Metz, Industrialisierung und Sozialpolitik. Das Problem der sozialen Sicherheit in Großbritannien 1795–1911, Göttingen–Zürich 1988.
G. Metzler, Der deutsche Sozialstaat. Vom bismarckschen Erfolgsmodell zum Pflegefall, Stuttgart, München 2003.
T. Metzler, Tales of Three Cities. Urban Jewish Cultures in London, Berlin, and Paris (1880–1940), Wiesbaden 2014.
T. Meyer, S. Miller, J. Rohlfes (Hrsg.), Geschichte der deutschen Arbeiterbewegung. Darstellung – Chronologie – Dokumente, 3 Bde., Bonn 1984.
S. Milner, The Dilemmas of Internationalism, French Syndicalism and the International Labour Movement, 1900–1914, New York u. a. 1990.
W. J. Mommsen, H.-G. Husung (Hrsg.), Auf dem Wege zur Massengewerkschaft. Die Entwicklung der Gewerkschaften in Deutschland und Großbritannien 1880–1914, Stuttgart 1984.
W. J. Mommsen, W. Mock (Hrsg.), Die Entstehung des Wohlfahrtsstaates in Großbritannien und Deutschland 1850–1950, Stuttgart 1982.
J. Moses, The First Modern Risk. Workplace Accidents and the Origins of European Social States, Cambridge 2018.
J. A. Moses, Trade Unionism in Germany from Bismarck to Hitler 1869–1933, Bd. 1: 1869–1918, London 1982.
R. Nattermann, Jüdinnen in der frühen italienischen Frauenbewegung (1861–1945). Biografien, Diskurse und transnationale Vernetzungen, (= Bibliothek des Deutschen Historischen Instituts in Rom, Bd. 140), Berlin 2020.

S. Nieden, (Hrsg.), Homosexualität und Staatsräson. Männlichkeit, Homophobie und Politik in Deutschland 1900–1945, Frankfurt am Main 2005.

C. Nonn, Eine Stadt sucht einen Mörder. Gerücht, Gewalt und Antisemitismus im Kaiserreich, Göttingen 2002.

K. M. Offen, Debating the Woman Question in the French Third Republic, 1870–1920, Cambridge 2018.

R. M. Page u. a. (Hrsg.), British Social Welfare in the Twentieth Century, Basingstoke u. a. 1999.

H. Pelling, A History of British Trade Unionism, 4. Aufl., London– Basingstoke 1987.

G. D. Phillips, The Diehards. Aristocratic Society and Politics in Edwardian England, Cambridge/MA 1979.

S. Pielhoff, W. Murauer-Ziebach, Im Hause Krupp. Die Bediensteten der Villa Hügel, Berlin 2016.

T. Pierenkemper, Arbeitsmarkt und Angestellte im Deutschen Kaiserreich 1880–1913. Interessen und Strategien als Elemente der Integration eines segmentierten Arbeitsmarktes, Stuttgart 1987.

P. M. Pilbeam, The Middle Classes in Europe 1789–1914. France, Germany, Italy and Russia, Basingstoke, London 1990.

B. Pietrow-Ennker, Rußlands „neue Menschen". Die Entwicklung der Frauenbewegung von den Anfängen bis zur Oktoberrevolution (= Geschichte und Geschlechter, Bd. 27), Frankfurt u. a. 1999.

T. v. Rahden, Juden und andere Breslauer. Die Beziehungen zwischen Juden, Protestanten und Katholiken in einer deutschen Großstadt von 1860 bis 1925, Göttingen 2000.

T. v. Rahden, Juden und die Ambivalenzen der bürgerlichen Gesellschaft in Deutschland, in: C. v. Braun (Hrsg.), Was war deutsches Judentum 1870–1933, München-Wien 2015, S. 249–261.

E. Reidegeld, Staatliche Sozialpolitik in Deutschland. Historische Entwicklung und theoretische Analyse von den Ursprüngen bis 1918, Opladen 1996.

H. Reif, Heinz, Adel im 19. und 20. Jahrhundert. 2., um einen Nachtr. erw. Aufl. München 2012.

H. Reif (Hrsg.), Adel und Bürgertum in Deutschland, 2 Bde., Berlin 2000 u. 2002.

J. Reulecke, Geschichte der Urbanisierung in Deutschland, Frankfurt a. M. 1985.

G. A. Ritter, Sozialpolitik im Deutschen Kaiserreich, in: HZ 282 (2006), S. 97–147.

G. A. Ritter, K. Tenfelde, Arbeiter im Deutschen Kaiserreich 1871 bis 1914, Bonn 1992.

G. A. Ritter, Der Sozialstaat. Entstehung und Entwicklung im internationalen Vergleich, 2., überarb. u. erhebl. erw. Aufl., München 1991.

P. Riviale, L'État réformateur, État conservateur. Autorités sociales, altérité sociale, Paris u. a. 2005.

R. Roth, Stadt und Bürgertum in Frankfurt am Main. Ein besonderer Weg von der ständischen zur modernen Bürgergesellschaft 1760–1914, München 1996.

M. L. Rozenblit, Die Juden Wiens 1867–1914. Assimilation und Identität, Wien u. a. 1989.

D. Rueschemeyer, T. Skocpol (Hrsg.), States, Social Knowledge, and the Origins of Modern Social Policies, Princeton, New York 1995.

M. Schäfer, „Bürgerliche Werte" im Wandel. Zur Begriffsbildung des Bürgerlichen in der historischen Bürgertumsforschung, in: B. Dietz u. a. (Hrsg.), Gab es den Wertewandel?, München 2014, S. 121–138.

M. Schäfer, Bürgertum in der Krise. Städtische Mittelklassen in Edinburgh und Leipzig 1890 bis 1930, Göttingen 2003.

A. Schaser, S. Schraut, P. Steymans-Kurz (Hrsg.), Erinnern, vergessen, umdeuten? Europäische Frauenbewegungen im 19. und 20. Jahrhundert (= Geschichte und Geschlechter), Frankfurt a. M. 2019.

A. Schaser, Frauenbewegung in Deutschland 1848 bis 1933, 2. Vollständig überarbeitete u. bibliographisch aktualisierte Aufl., Darmstadt 2020.

S. Scheil, Die Entwicklung des politischen Antisemitismus in Deutschland zwischen 1881 und 1912. Eine wahlgeschichtliche Untersuchung, Berlin 1999.

R. Schiller, Vom Rittergut zum Großgrundbesitz. Ökonomische und soziale Transformationsprozesse der ländlichen Eliten in Brandenburg im 19. Jahrhundert, Berlin 2003.

I. Schlotzhauer, Ideologie und Organisation des politischen Antisemitismus in Frankfurt am Main 1880–1914, Frankfurt a. M. 1989.

C. B. Schmidt, Jugendkriminalität und Gesellschaftskrisen. Umbrüche, Denkmodelle und Lösungsstrategien im Frankreich der Dritten Republik (1900–1914), Stuttgart 2005.

J. Schmidt, Arbeiter in der Moderne. Arbeitsbedingungen, Lebenswelten, Organisationen, Frankfurt a. M. 2015.

J. Schmidt, Begrenzte Spielräume. Eine Beziehungsgeschichte von Arbeiterschaft und Bürgertum am Beispiel Erfurts 1870 bis 1914, Göttingen 2005.

K. Schniedewind, Soziale Sicherung im Alter. Nationale Stereotypen und unterschiedliche Lösungen in Deutschland und Frankreich in der ersten Hälfte des 20. Jahrhunderts, in: Francia 21 (1994), S. 29–49.

P. Schöffer, Der Wahlrechtskampf der österreichischen Sozialdemokratie 1888/89–1897. Vom Hainfelder Einigungsparteitag bis zur Wahlreform Badenis und zum Einzug der ersten Sozialdemokraten in den Reichsrat, Stuttgart 1987.

K. Schönhoven, Die deutschen Gewerkschaften, 2. Aufl., Frankfurt a. M. 1987.

U. Sieg, Auf dem Weg zur „dichten Beschreibung". Neuere Literatur zur Geschichte des Antisemitismus im Kaiserreich, in: Jahrbuch für Antisemitismusforschung, 12 (2003), S. 329–342.

S. Schraut, Bürgerinnen im Kaiserreich. Biografie eines Lebensstils, Stuttgart 2013.

A. Schüler, Frauenbewegung und soziale Reform. Jane Addams und Alice Salomon im transatlantischen Dialog 1889–1933, Stuttgart 2004.

A. Schulz, Lebenswelt und Kultur des Bürgertums im 19. und 20. Jahrhundert, (= Enzyklopädie deutscher Geschichte, Bd. 75) München ²2014.

D. Schumann, Bayerns Unternehmer in Gesellschaft und Staat, 1834–1914. Fallstudien zur Herkunft und Familie, politischer Partizipation und staatlichen Auszeichnungen, Göttingen 1992.

R. Schüren, Soziale Mobilität. Muster, Veränderungen und Bedingungen im 19. und 20. Jahrhundert, St. Katharinen 1989.

T. B. Smith, Creating the Welfare State in France. 1880–1940, Montreal u. a. 2003.

H. Specht, Die Feuchtwangers. Familie, Tradition und jüdisches Selbstverständnis im deutsch-jüdischen Bürgertum des 19. und 20. Jahrhunderts, Göttingen 2006.

G. Steinmetz, Regulating the Social. The Welfare State and Local Politics in Imperial Germany, Princeton 1993.

R. Stites, The Women's Liberation Movement in Russia. Feminism, Nihilism, and Bolshevism, 1860–1930, Princeton 1991.

J. Strötz, Der Katholizismus im deutschen Kaiserreich 1871 bis 1918. Strukturen eines problematischen Verhältnisses zwischen Widerstand und Integration, 2 Bde., Hamburg 2005.

K. Tenfelde, Wege zur Sozialgeschichte der Arbeiterschaft und Arbeiterbewegung. Regional- und lokalgeschichtliche Forschungen (1945–1975) zur deutschen Arbeiterbewegung bis 1914, in: H.-U. Wehler (Hrsg.), Die moderne deutsche Geschichte in der internationalen Forschung 1945–1975, Göttingen 1978, S. 197–255.

K. Tenfelde (Hrsg.), Arbeiter und Arbeiterbewegung im Vergleich, München 1986.

K. Tenfelde u. a., Geschichte der deutschen Gewerkschaften von den Anfängen bis 1945, Köln 1987.

F. Tennstedt, Sozialgeschichte der Sozialpolitik in Deutschland. Vom 18. Jahrhundert bis zum Ersten Weltkrieg, Göttingen 1981.

E. P. Thompson, Die Entstehung der englischen Arbeiterklasse, Frankfurt a. M. 1987.

V. Ullrich, Die Goldhagen-Kontroverse. Ein Rückblick und ein Resümee, in: W. Jasper, J. Knoll (Hrsg.), Preußens Himmel breitet seine Sterne. Beiträge zur Kultur-, Politik- und Geistesgeschichte der Neuzeit. Festschrift zum 60. Geburtstag von Julius H. Schoeps, Hildesheim 2002, S. 543–557.

M. Vicinus (Hrsg.), A Widening Sphere. Changing Roles of Victorian Women. Bloomington, London 1977.

U. Vogel, Patriarchale Herrschaft, bürgerliches Recht, bürgerliche Utopie. Eigentumsrechte der Frauen in Deutschland und England, in: J. Kocka (Hrsg.), Bürgertum und bürgerliche Gesellschaft im 19. Jahrhundert. Deutschland im europäischen Vergleich, Bd.1, München 1988, S. 406–438.

S. Volkov, Die Juden in Deutschland 1780–1918, (= Enzyklopädie deutscher Geschichte, Bd. 16) 2., verbesserte Aufl., München 2000.

S. Volkov, Jüdisches Leben und Antisemitismus im 19. und 20. Jahrhundert, München 1990.

S. Volkov, Politik als Integrationsverfahren Juden im Kaiserreich, in: C. v. Braun (Hrsg.), Was war deutsches Judentum? 1870–1933, München u. a. 2015, S. 195–202.

A. Wandruszka, Die Habsburgermonarchie 1848–1918, Bd. 9: Soziale Strukturen. Teilbd. 1. Von der feudalagrarischen zur bürgerlich-industriellen Gesellschaft, Teilbd. 2. Von der Stände- zur Klassengesellschaft, Wien 2010.

E. Weber, Peasants into Frenchmen. The Modernization of Rural France 1870–1914, London 1977.

I. Weber-Kellermann, Landleben im 19. Jahrhundert, München 1987.

J. Wertheimer, Unwelcome Strangers. East European Jews in Imperial Germany, New York–Oxford 1987.

M. J. Wiener, Men of Blood. Violence Manliness and Criminal Justice in Victorian England, Cambridge 2004.

M. Wienfort, Monarchie im 19. Jahrhundert, Berlin-Boston 2019.

S. Wilson, Ideology and Experience. Antisemitism in France at the Time of the Dreyfus Affair, London–Toronto 1982.
J. D. Young, Socialism and the English Working Class. A History of English Labour, 1883–1939, New York u. a. 1989.
J. D. Zimmerman, Poles, Jews and the Politics of Nationality. The Bund and the Polish Socialist Party in Late Tsarist Russia, 1892–1914, Madison 2004.
M. Zimmermann, Wilhelm Marr. The Patriarch of Anti-Semitism, New York–Oxford 1986.
C. Zimmermann, Von der Wohnungsfrage zur Wohnungspolitik. Die Reformbewegung in Deutschland 1845–1914, Göttingen 1991.
S. J. Zipperstein, Pogrom. Kishinev and the Tilt of History, New York 2018.

5.5 Stadt-, Lokal- und Alltagsgeschichte

A. Bauer, Ländliche Gesellschaft und Agrarwirtschaft im Hunsrück zwischen Tradition und Innovation (1870–1914), Trier 2009.
K. Bönker, Jenseits der Metropolen. Öffentlichkeit und Lokalpolitik im Gouvernement Saratov (1890–1914), Köln-Wien 2010.
R. J. Evans, Tod in Hamburg. Stadt, Gesellschaft und Politik in den Cholera-Jahren 1830–1910, Reinbek 1990.
C. Evtuhov, Portrait of a Russian Province. Economy, Society, and Civilization in Nineteenth-Century Nizhnii Novgorod, Pittsburgh 2011.
J. Flanders, Inside the Victorian Home. A Portrait of Domestic Life in Victorian England, New York u. a. 2004.
R. v. Friedeburg, Ländliche Gesellschaft und Obrigkeit von Friedeburg, Gemeindeprotest und politische Mobilisierung im 18. und 19. Jahrhundert, Göttingen 1997.
M. Fuhrmann, Port Cities of the Eastern Mediterranean. Urban Culture in the Late Ottoman Empire, Cambridge 2020.
M.-S. Fünderich, Wohnen im Kaiserreich. Einrichtungsstil und Möbeldesign im Kontext bürgerlicher Selbstrepräsentation, Berlin 2019.
L. Häfner, Gesellschaft als lokale Veranstaltung. Die Wolgastädte Kazan' und Saratov (1870–1914), (= Beiträge zur Geschichte Osteuropas, Bd. 35) Köln u. a. 2004.
W. Hardtwig, K. Tenfelde (Hrsg.), Soziale Räume in der Urbanisierung. Studien zur Geschichte Münchens im Vergleich 1850 bis 1933, München 1990.
H. Hein-Kircher, Lembergs „polnischen Charakter" sichern. Kommunalpolitik in einer multiethnischen Stadt der Habsburgermonarchie zwischen 1861/62 und 1914, Stuttgart 2020.
U. v. Hirschhausen, Die Grenzen der Gemeinsamkeit. Deutsche, Letten, Russen und Juden in Riga 1860–1914, Göttingen 2006.
J. King, Budweisers into Czechs and Germans. A Local History of Bohemian Politics, 1848–1948, Princeton 2002.
J. Kuczynski, Geschichte des Alltags des deutschen Volkes, Bd. 4: 1871–1918, Köln 1982.
F. Lenger, Metropolen der Moderne. Eine europäische Stadtgeschichte seit 1850, München 2013.

E. Mosley, The Chimney of the World. A History of Smoke Pollution in Victorian and Edwardian Manchester, Cambridge 2001.

P. Münch, Stadthygiene im 19. und 20. Jahrhundert. Die Wasserversorgung, Abwasser- und Abfallbeseitigung unter besonderer Berücksichtigung Münchens, Göttingen 1993.

D. E. Naar, Jewish Salonica. Between the Ottoman Empire and Modern Greece (= Stanford Studies in Jewish History and Culture, Bd. 176), Stanford 2016.

E. Oberländer, K. Wohlfart (Hrsg.), Riga. Porträt einer Vielvölkerstadt am Rande des Zarenreiches 1857–1914, Paderborn 2004.

M. Perrot (Hrsg.), Geschichte des privaten Lebens, Bd. 4: Von der Revolution zum Großen Krieg, Frankfurt a. M. 1992.

P. Sauer, Das Werden einer Großstadt. Stuttgart zwischen Reichsgründung und Erstem Weltkrieg 1871 bis 1914, Stuttgart 1988.

F. Schedewie, Selbstverwaltung und sozialer Wandel in der russischen Provinz. Bauern und Zemstvo in Voronež, 1864–1914, Heidelberg 2006.

H. W. Smith, Die Geschichte des Schlachters. Mord und Antisemitismus in einer deutschen Kleinstadt, Göttingen 2002.

P. Wagner, Bauern, Junker und Beamte. Lokale Herrschaft und Partizipation im Ostelbien des 19. Jahrhunderts, Göttingen 2005.

D. Watermann, Bürgerliche Netzwerke. Städtisches Vereinswesen als soziale Struktur – Halle im Deutschen Kaiserreich (= Bürgertum. Neue Folge. Studien zur Zivilgesellschaft, Bd. 15), Göttingen 2017.

T. Weichel, Die Bürger von Wiesbaden. Von der Landstadt zur „Weltkurstadt" (1780–1914), München 1997.

5.6 Öffentliche Meinung, Kommunikation, Medien

K. Amann, H. Lengauer (Hrsg.), Österreich und der Große Krieg 1914–1918. Die andere Seite der Geschichte, Wien 1989.

D. Basse, Wolff's Telegraphisches Bureau 1849 bis 1933. Agenturpublizistik zwischen Politik und Wirtschaft, München u. a. 1991.

F. Bösch, Katalysator der Demokratisierung? Presse, Politik und Gesellschaft vor 1914, in: Ders., Medialisierung und Demokratie im 20. Jahrhundert, Göttingen 2006.

F. Bösch, Mediengeschichte. Vom asiatischen Buchdruck bis zum Computer, 2. Aufl., Frankfurt a. M.-New York 2019.

R. Chickering, Imperial Germany and a World Without War. The Peace Movement and German Society, 1892–1914, Princeton/NJ 1975.

S. B. Fay, The Influence of Pre-War Press in Europe, Boston/MA 1932.

C. Ferenczi, Außenpolitik und Öffentlichkeit in Rußland 1906–1912, Husum 1982.

H. A. Gemeinhardt, Deutsche und österreichische Pressepolitik während der Bosnischen Krise 1908/09, Husum 1980.

M. Hagen, Die Entfaltung politischer Öffentlichkeit in Rußland 1906–1914, Wiesbaden 1982.

K. HINDMARCH-WATSON, Serving a Wired World. London's Telecommunications Workers and the Making of an Information Capital, Berkeley 2020.
T. KAMINSKI, Polish Publicists and Prussian Politics. The Polish Press in Poznan During the Neue Kurs of Chancellor Leo von Caprivi 1890–1894, Stuttgart 1988.
F. KEISINGER, Unzivilisierte Kriege im zivilisierten Europa. Die Balkankriege und die öffentliche Meinung in Deutschland, England und Irland, 1876–1913, Paderborn 2008.
F. KIEßLING, (Welt-)Öffentlichkeit, in: W. Loth, J. Dülffer (Hrsg.), Dimensionen internationaler Geschichte (= Studien zur Internationalen Geschichte, Bd. 30), München 2012, S. 85–105.
M. KOHLRAUSCH, Die Politik der Medien. Der Aufstieg der Massenmedien und das politische System in Deutschland und Großbritanien um 1900, in: U. Daniel, A. Schildt (Hrsg.), Massenmedien im Europa des 20. Jahrhundert, Köln u. a. 2010, S. 305–330.
D. LANGEWIESCHE, Politikstile im Kaiserreich. Zum Wandel von Politik und Öffentlichkeit im Zeitalter des „politischen Massenmarktes", in: L. Gall (Hrsg.), Regierung, Parlament und Öffentlichkeit im Zeitalter Bismarcks. Politikstile im Wandel, Paderborn u. a. 2003, S. 1–21.
J. M. MACKENZIE, Propaganda and Empire. The Manipulation of British Public Opinion, 1880–1960, Manchester 1984.
M. MANN, Wiring the Nation. Telecommunication, Newspaper-Reportage, and Nation Building in British India 1850–1930, Delhi 2017.
L. MCREYNOLDS, The News under Russia's Old Regime. The Development of a Mass Circulation Press, Princeton 1991.
A. J. A. MORRIS, Radicalism Against War, 1906–1914. The Advocacy of Peace and Retrenchment, London 1972.
S. J. POTTER, Webs, Networks, and Systems: Globalization and the Mass Media in the Nineteenth and Twentieth Century British Empire, in: Journal of British Studies 46 (2007), S. 621–646.
B. ROSENBERGER, Zeitungen als Kriegstreiber? Die Rolle der Presse im Vorfeld des Ersten Weltkrieges, Köln u. a. 1998.
F. K. SCHEER, Die Deutsche Friedensgesellschaft (1892–1933). Organisation, Ideologie, politische Ziele. Ein Beitrag zur Geschichte des Pazifismus in Deutschland, Frankfurt a. M. 1981.
C. SCHMIDT, Russische Presse und Deutsches Reich 1905–1914, Köln–Wien 1988.
T. STANDAGE, The Victorian Internet. The Remarkable Story of the Telegraph and the Nineteenth Century's On-line Pioneers, London u. a. 2014.
C. STANGE-FAYOS, Publizistik und Politisierung der Frauenbewegung in der wilhelminischen Epoche. Die Zeitschrift Die Frau (1893–1914). Diskurs und Rhetorik, Frankfurt a. M. 2014.
J. THOMPSON, British Political Culture and the Idea of ‚Public Opinion', 1867–1914, Cambridge 2013.
K. WERNECKE, Der Wille zur Weltgeltung. Außenpolitik und Öffentlichkeit im Kaiserreich am Vorabend des Ersten Weltkrieges, Düsseldorf 1970.
G. ZIEBURA, Die deutsche Frage in der öffentlichen Meinung Frankreichs von 1911–1914, Berlin 1955.

5.7 Ideen, Kultur, Bildung, Wissenschaft

C. Applegate, A Nation of Provincials. The German Idea of Heimat, Berkeley u. a. 1990.

C. Applegate, P. Potter (Hrsg.), Music and German National Identity, Chicago u. a. 2002.

D. Bechtel, La Renaissance culturelle juive en Europe centrale et orientale 1897–1930. Langue, littérature et construction nationale, Paris 2002.

C. Berg (Hrsg.) Handbuch der deutschen Bildungsgeschichte, Band IV: 1870–1918. Von der Reichsgründung bis zum Ende des Ersten Weltkriegs, München 1991.

S. Berger, Britischer und deutscher Nationalismus im Vergleich. Probleme und Perspektiven, in: U. v. Hirschausen, J. Leonhard (Hrsg.): Nationalismen in Europa. West- und Osteuropa im Vergleich, Göttingen 2001, S. 96–116.

S. Berger, C. Lorenz (Hrsg.), Nationalizing the Past. Historians as Nation Builders in Modern Europe, London 2010.

S. Berger, C. Conrad, The Past as History. National Identity and Historical Consciousness in Modern Europe, Basingstoke 2015.

S. Berger, A. Miller (Hrsg.), Nationalizing Empires, Budapest 2015.

S. Breuer, Ordnungen der Ungleichheit. Die deutsche Rechte im Widerstreit ihrer Ideen 1871–1945, Darmstadt 2001.

J. Breuilly (Hrsg.), The Oxford Handbook of the History of Nationalism, Oxford 2013.

B. vom Brocke (Hrsg.), Wissenschaftsgeschichte und Wissenschaftspolitik im Industriezeitalter. Das „System Althoff" in historischer Perspektive, Hildesheim 1991.

R. vom Bruch, Bürgerlichkeit, Staat und Kultur im Deutschen Kaiserreich. Hrsg. v. H.-C. Liess, Stuttgart 2005.

R. vom Bruch u. a. (Hrsg.), Kultur und Kulturwissenschaften um 1900. Krise der Moderne und Glaube an die Wissenschaft, Stuttgart 1989.

E. W. Clowes, S. D. Kassow, J. L. West (Hrsg), Between Tsar and People. Educated Society and the Quest for Public Identity in Late Imperial Russia, Princeton 1991.

A. Confino, The Nation as a Local Metaphor. Württemberg, Imperial Germany, and National Memory, 1871–1918, Chapel Hill u. a. 1997.

C. Cornelißen, Die politische und kulturelle Repräsentation des Deutschen Reiches auf den Weltausstellungen des 19. Jahrhunderts, in: Geschichte in Wissenschaft u. Unterricht 52 (2001), S. 148–161.

J. Dülffer, K. Holl (Hrsg.), Bereit zum Krieg. Kriegsmentalität im wilhelminischen Deutschland 1890–1914. Beiträge zur historischen Friedensforschung, Göttingen 1986.

B. Eklof, Russian Peasant Schools. Officialdom, Village Culture, and Popular Pedagogy 1861–1914, Berkley u. a. 1986.

K. Exner-Seemann, Das Realschulwesen in Preußen. Schulentwicklung und Sozialstruktur der Realschulabiturienten der Rheinprovinz in der 2. Hälfte des 19. Jahrhunderts, Frankfurt a. M. u. a. 1991.

B. Faulenbach, Ideologie des deutschen Weges. Die deutsche Geschichte in der Historiographie zwischen Kaiserreich und Nationalsozialismus, München 1980.

C. Geulen, Wahlverwandte. Rassendiskurs und Nationalismus im späten 19. Jahrhundert, Hamburg 2004.

H. Glaser, Bildungsbürgertum und Nationalismus. Politik und Kultur im Wilhelminischen Deutschland, München 1993.

A. Green, Fatherlands. State-Building and Nationhood in Nineteenth-Century Germany, Cambridge 2001.

V. Gutsche, „Niedergang". Variationen eines kulturkritischen Diskurselements zwischen 1900 und 1930. Großbritannien und Deutschland im Vergleich, Würzburg 2015.

N. Hammerstein (Hrsg.), Deutsche Geschichtswissenschaft um 1900, Stuttgart 1988.

W. Hardtwig, Hochkultur des bürgerlichen Zeitalters, Göttingen 2005.

W. Hardtwig (Hrsg.), Ordnungen in der Krise. Zur politischen Kulturgeschichte Deutschlands 1900–1933, München 2007.

D. Hein, A. Schulz (Hrsg.), Bürgerkultur im 19. Jahrhundert. Bildung, Kunst und Lebenswelt, München 1996.

U. v. Hirschhausen, Die Grenzen der Gemeinsamkeit. Deutsche, Letten, Russen und Juden in Riga 1860–1914, Göttingen 2006.

E. J. Hobsbawm, T. Ranger (Hrsg.), The Invention of Tradition, Cambridge 1996 (zuerst 1983).

M. Hroch, Das Europa der Nationen. Die moderne Nationsbildung im europäischen Vergleich, Göttingen 2005.

T. P. Hughes, Die Erfindung Amerikas. Der technologische Aufstieg der USA seit 1870, München 1991.

R. E. Iskin, Modern Women and Parisian Consumer Culture in Impressionist Painting, Cambridge 2021.

C. Jansen, H. Borggräfe, Nation – Nationalität – Nationalismus, 2. Aufl., Frankfurt a. M. u. a. 2020.

G. Jaroschka, Lernziel: Untertan. Ideologische Denkmuster in Lesebüchern des Deutschen Kaiserreichs, München 1992.

M. Jeismann, Das Vaterland der Feinde. Studien zum nationalen Feindbegriff und Selbstverständnis in Deutschland und Frankreich 1792–1918, Stuttgart 1992.

J. A. Johnson, The Kaiser's Chemists. Science and Modernization in Imperial Germany, Chapel Hill–London 1990.

F. Kießling, Die undeutschen Deutschen. Eine ideengeschichtliche Archäologie der alten Bundesrepublik 1945–1972, Paderborn u. a. 2012.

M. B. Klein, Zwischen Reich und Region. Identitätsstrukturen im Deutschen Kaiserreich (1871–1918), Stuttgart 2005.

G. M. König, Konsumkultur. Inszenierte Warenwelt um 1900, Wien u. a. 2009.

W. Kretschmer, Geschichte der Weltausstellungen, Frankfurt a. M. u. a. 1999.

F.-L. Kroll, Kultur, Bildung und Wissenschaft im 20. Jahrhundert, (= Enzyklopädie deutscher Geschichte Bd. 65) München 2003.

M. Krzoska, H.-C. Maner (Hrsg.), Beruf und Berufung. Geschichtswissenschaft und Nationsbildung in Ostmittel- und Südosteuropa im 19. und 20. Jahrhundert, Münster 2005.

R.-U. Kunze, Nation und Nationalismus, Darmstadt 2005.

T. Lenz, Konsum und Modernisierung. Die Debatte um das Warenhaus als Diskurs um die Moderne, Bielefeld 2014.

H. Liebersohn, Fate and Utopia in German Sociology, 1870–1923, Cambridge (Mass.) 1988.

T. Lorenz, Von Birnbaum nach Międzychód. Bürgergesellschaft und Nationalitätenkampf in Großpolen bis zum Zweiten Weltkrieg, Berlin 2005.

T. Meade, M. Walker (Hrsg.), Science, Medicine and Cultural Imperialism, New York 1991.

M. Moll, Kein Burgfrieden. Der deutsch-slowenische Nationalitätenkonflikt in der Steiermark 1900–1918, Innsbruck 2007.

D. K. Müller, F. Ringer, B. Simon (Hrsg.), The Rise of the Modern Education System: Structural Change and Social Reproduction 1870–1920, Cambridge u. a. 1987.

M. Noa, Volkstümlichkeit und Nationbuilding. Zum Einfluss der Musik auf den Einigungsprozess der deutschen Nation im 19. Jahrhundert, Münster 2013.

C. E. Nolte, The Sokol in the Czech Lands to 1914. Training for the Nation, Basingstoke 2003.

C. Nonn, Antisemitismus, Darmstadt 2008.

J. Oppenheim, „Shattered Nerves", Doctors, Patients, and Depression in Victorian England, New York 1991.

U. Planert (Hrsg.), Nation, Politik und Geschlecht. Frauenbewegungen und Nationalismus in der Moderne, Frankfurt a. M. u. a. 2000.

R. Porter, Modernism and Democracy: Literary Culture 1900–1930, Oxford u. a. 2006.

U. Preusse, Humanismus und Gesellschaft. Zur Geschichte des altsprachlichen Unterrichts in Deutschland von 1890 bis 1933, Frankfurt a. M. u. a. 1988.

U. Puschner, Die völkische Bewegung im wilhelminischen Kaiserreich. Sprache, Rasse, Religion, Darmstadt 2001.

U. Puschner, W. Schmitz, J. H. Ulbricht (Hrsg.), Handbuch zur „Völkischen Bewegung" 1871–1918, München 1996.

H. Rausch, Kultfigur und Nation. Öffentliche Denkmäler in Paris, Berlin und London, 1848–1914, München 2006.

A. Rauscher (Hrsg.), Katholizismus, Bildung und Wissenschaft im 19. und 20. Jahrhundert, Paderborn u. a. 1987.

N. R. Reagin, Sweeping the German Nation. Domesticity and National Identity in Germany, 1870–1945, Cambridge u. a. 2007.

B. Rieger, Technology and the Culture of Modernity in Britain and Germany, 1890–1945, Cambridge u. a. 2005.

C. Rothauge, Zeiten in Deutschland 1879–1919. Konzepte, Kodizes, Konflikte, Paderborn u. a. 2023.

K. A. Schleunes, Schooling and Society. The Politics of Education in Prussia and Bavaria 1750–1900, Oxford u. a. 1989.

J. Schmid, Kampf um das Deutschtum. Radikaler Nationalismus in Österreich und dem Deutschen Reich 1890–1914, Frankfurt a. M. 2009.

E. Schöck-Quinteros, C. Streubel (Hrsg.), „Ihrem Volk verantwortlich". Frauen der politischen Rechten (1890–1933). Organisationen, Agitationen, Ideologien, Berlin 2007.

G. Schöllgen, Max Webers Anliegen. Rationalisierung als Forderung und Hypothek, Darmstadt 1985.

T. Schulze, Dante Alighieri als nationales Symbol Italiens (1793–1915), Tübingen 2005.

U. Sieg, Antisemitismus und Antiliberalismus im deutschen Kaiserreich, in: Ders., E. Grothe, (Hrsg.), Liberalismus als Feindbild, Göttingen 2014, S. 93–112.

U. Sieg, Auf dem Weg zur „dichten Beschreibung". Neuere Literatur zur Geschichte des Antisemitismus im Kaiserreich, in: Jahrbuch für Antisemitismusforschung, 12 (2003), S. 329-342.

W. D. Smith, Politics and the Sciences of Culture in Germany 1840-1920, New York u. a. 1991.

D. Staliunas, Making Russians. Meaning and Practice of Russification in Lithuania and Belarus after 1863, Amsterdam 2007.

M. Stolleis, Geschichte des öffentlichen Rechts in Deutschland, Bd. 2: Staatsrechtslehre und Verwaltungswissenschaft 1800-1914, München 1992.

C. Streubel, Frauen der politischen Rechten in Kaiserreich und Republik. Ein Überblick und Forschungsbericht, in: Historical Social Research 28 (2003), S. 103-166.

M. Tilse, Transnationalism in the Prussian East. From National Conflict to Synthesis, 1871-1914, Basingstoke 2011.

N. Verheyen, Die Erfindung der Leistung. München 2018.

M. Vulesica, Die Formierung des politischen Antisemitismus in den Kronländern Kroatien-Slawonien 1879-1906, Berlin 2012.

P. Walkenhorst, Nation, Volk, Rasse. Radikaler Nationalismus im Deutschen Kaiserreich, 1890-1914, Göttingen 2007.

P. Ward, Britishness since 1870, London 2004.

C. Weber, Auf der Suche nach der Nation. Erinnerungskultur in Bulgarien von 1878-1944, Berlin 2006.

S. Weichlein, Nationalbewegungen und Nationalismus in Europa, Darmstadt 2006.

P. Weindling, Health, Race and German Politics Between National Unification and Nazism, 1870-1945, Cambridge u. a. 1989.

R. Wiebe, Imagined Communities. Nationalist Experiences, in: Journal of the Historical Society 1 (2000), S. 33-63.

M. Zvánovec, Der nationale Schulkampf in Böhmen. Schulvereine als Akteure der nationalen Differenzierung (1880-1918), Berlin 2021.

6 Wirtschaft

6.1 Allgemeines

P. Bairoch, Commerce extérieur et développement économique de l'Europe au XIXe siècle, Paris 1976.

I. T. Berend, An Economic History of Nineteenth-Century Europe. Diversity and Industrialization. Cambridge 2013.

I. T. Berend, G. Ránki, The European periphery and industrialization 1780-1914, Cambridge u. a. 1982.

H. Berghoff, J. Vogel, Wirtschaftsgeschichte als Kulturgeschichte. Dimensionen eines Perspektivenwechsels, Frankfurt a. M. 2004.

D. C. Blaisdell, European Financial Control in the Ottoman Empire. A Study of the Establishment, Activities, and Significance of the Administration of the Ottoman Public Debt (1929), New York 1966.

A. I. Bloomfield, Patterns of Fluctuations in International Investment Before 1914, Princeton/NJ 1968.
K. Borchardt (Hrsg.). Europäische Wirtschaftsgeschichte [Deutsche Ausgabe der Fortuna Economic History of Europe], Bd. 3: Die Industrielle Revolution; Bd. 4: Die Entwicklung der industriellen Gesellschaften, Stuttgart–New York 1976–77.
K. E. Born, Geld und Banken im 19. und 20. Jahrhundert, Stuttgart 1977.
N. S. Broadberry, K. H. O'Rourke (Hrsg.), The Cambridge Economic History of Modern Europa, Vol. 2: 1870 to the Present, New York u. a. 2010.
M. De Cecco, Money and Empire. The International Gold Standard, 1890–1914, Oxford 1974.
C. Dewey, A. G. Hopkins (Hrsg.), The Imperial Impact: Studies in the Economic History of Africa and India, London 1978.
W. Fischer u. a. (Hrsg.), Handbuch der europäischen Wirtschafts- und Sozialgeschichte, Bd. 5: Europäische Wirtschafts- und Sozialgeschichte von der Mitte des 19. Jahrhunderts bis zum Ersten Weltkrieg, Stuttgart 1985.
J. Foreman-Peck, A Histoy of the World Economy. International Economic Relations since 1850, Brighton 1983.
A. Gerschenkron, Economic Backwardness in Historical Perspective. A Book of Essays, 3. Aufl., Cambridge/MA 1973.
H. J. Habakkuk, M. M. Postan (Hrsg.), The Cambridge Economic History of Europe, Bd. 6: The Industrial Revolutions and After: Incomes, Population and Technological Change, 2 Teilbde., Cambridge u. a. 1965.
E. J. Hobsbawm, Massproduction Traditions. Europe 1870–1914, in: Ders., T. Ranger (Hrsg.), The Invention of Tradition, Cambridge 1996 (zuerst 1983), S. 263–307.
H. Hartmann, Zwischen Projektionsfläche und Handlungsraum. Raumvorstellungen bei Bayer and PCAC, 1890 bis 1914, in: Zeitschrift für Unternehmensgeschichte 52 (2007), S. 59–86.
R. Hilferding, Das Finanzkapital. Eine Studie über die jüngste Entwicklung des Kapitalismus, Wien 1910.
P. M. Hohenberg, Chemicals in Western Europe: 1850–1914. An Economic Study of Technical Change, Chicago–Amsterdam 1967.
E. Homburg, A. S. Travis, H. G. Schröter (Hrsg.), The Chemical Industry in Europe, 1850–1914. Industrial Growth, Pollution, and Professionalization, Dordrecht u. a. 1998.
U. Kluge, Agrarwirtschaft und ländliche Gesellschaft im 20. Jahrhundert, München 2005.
W. König, W. Weber, Netzwerke, Stahl und Strom, 1840 bis 1914, Berlin 1990.
M. Kopsidis, S. M. Schulze, The Long 19th Century. Economic Growth and Sectoral Developments, 1800–1914, in: M. Morys (Hrsg.), The Economic History of Central, East and South-East Europe. 1800 to the Present, London 2020, S. 49–76.
R. Lee (Hrsg.), Commerce and Culture. Nineteenth-Century Business Elites, Farnham 2011.
W. A. Lewis, Growth and Fluctuations 1870–1913, London u. a. 1978.
P. Mathias, S. Pollard (Hrsg.), The Cambridge Economic History of Europe, Bd. 8: The Industrial Economies. The Development of Economic and Social Policies, Cambridge u. a. 1989.

P. Mathias, M. M. Postan (Hrsg.), The Cambridge Economic History of Europe, Bd. 7: The Industrial Economies, Capital, Labour, and Enterprise, Teil 1: Britain, France, Germany, and Scandinavia; Teil 2: The United States, Japan, and Russia, Cambridge u. a. 1978.

A. S. Millward, S. B. Saul, The Development of the Economies of Continental Europe 1850–1914, London 1977.

T. Pierenkemper (Hrsg.), Haushalt und Verbrauch in historischer Perspektive. Zum Wandel des privaten Verbrauchs in Deutschland im 19. und 20. Jahrhundert, St. Katharinen 1989.

Á. Pogány, J. Kofman, E. Kubů (Hrsg.), Für eine nationale Wirtschaft. Ungarn, die Tschechoslowakei und Polen vom Ausgang des 19. Jahrhunderts bis zum Zweiten Weltkrieg, Berlin 2006.

W. W. Rostow, Stadien wirtschaftlichen Wachstums. Eine Alternative zur marxistischen Entwicklungstheorie, 2. Aufl., Göttingen 1967.

P. Wagner, C. Didry, B. Zimmermann (Hrsg.), Arbeit und Nationalstaat. Frankreich und Deutschland in europäischer Perspektive, Frankfurt a. M. u. a. 2000.

6.2 Wirtschaftsentwicklung einzelner Staaten

D. H. Aldcroft (Hrsg.), The Development of British Industry and Foreign Competition 1875–1914, London 1968.

D. J. G. Arnoldus, Family, Family Firm, and Strategy. Six Dutch Family Firms in the Food Industry 1880–1970, Amsterdam 2002.

J.-C. Asselain, Histoire économique de la France du XVIIIe siècle à nos jours, tome 1: De l'Ancien Régime à la Première Guerre mondiale, Paris 1984.

H. Aubin, W. Zorn (Hrsg.), Handbuch der deutschen Wirtschafts- und Sozialgeschichte, Bd. 2: Das 19. und 20. Jahrhundert, Stuttgart 1976.

I. T. Berend, G. Ránki, Underdevelopment and Economic Growth. Studies in Hungarian Social and Economic History, Budapest 1979.

V. R. Berghahn, S. Vitols (Hrsg.), Gibt es einen deutschen Kapitalismus? Tradition und globale Perspektiven der sozialen Marktwirtschaft, Frankfurt a. M. u. a. 2006.

C. Biggeleben, Das „Bollwerk des Bürgertums". Die Berliner Kaufmannschaft 1870–1920, München 2006.

K. E. Born, Wirtschafts- und Sozialgeschichte des Deutschen Kaiserreichs (1867/71–1914), Stuttgart 1985.

A. Broder, L'économie française au XIXe siècle, Gap u. a. 1993.

C. Burhop, Wirtschaftsgeschichte des Kaiserreichs 1871–1918, Göttingen 2011.

P. J. Cain, Economic Foundations of British Overseas Expansion 1815–1914, London-Basingstoke 1980.

A. K. Cairncross, Home and Foreign Investment 1870–1913. Studies in Capital Accumulation (1953), Clifton 1975.

N. Crafts, Der relative Niedergang der britischen Wirtschaft, 1871–1913, in: U. Pfister, J.-O. Hesse, M. Spoerer, N. Wolf (Hrsg.), Deutschland 1871. Die Nationalstaatsbildung und der Weg in die moderne Wirtschaft (= Die Einheit der Gesellschaftswissenschaften im 21. Jahrhundert, Bd. 6), Tübingen 2021, S. 431–451.

F. Crouzet (Hrsg.), The Economic Development of France since 1870, Aldershot 1993.
O. Dascher, C. Kleinschmidt (Hrsg.), Die Eisen- und Stahlindustrie im Dortmunder Raum. Wirtschaftliche Entwicklung, soziale Strukturen und technologischer Wandel im 19. und 20. Jahrhundert, Dortmund 1992.
A. V. Desai, Real Wages in Germany 1871–1913, Oxford 1968.
M. Dintenfass, The Decline of Industrial Britain 1870–1980, London 1992.
J.-P. Dormois, The French Economy in the Twentieth Century, Cambridge u. a. 2004.
M. Edelstein, Foreign investment, accumulation and Empire, 1860–1914, in: R. Floud, P. Johnson (Hrsg.), The Cambridge Economic History of Modern Britain, Vol. 2: Economic Maturity, 1860–1939, Cambridge 2004, S. 190–226.
J. R. Fear, Organizing Control. August Thyssen and the Construction of German Corporate Management, Cambridge/Mass. u. a. 2005.
W. Feldenkirchen, Die Eisen- und Stahlindustrie des Ruhrgebiets 1879–1914. Wachstum, Finanzierung und Struktur ihrer Großunternehmen, Wiesbaden 1982.
S. Fenoaltea, L'economia italiana dall'unità alla grande guerra, Rom u. a. 2006.
W. Fischer, Germany in the World Economy during the Nineteenth Century (German Historical Institute London: The 1983 Annual Lecture), London 1984.
R. Floud, P. Johnson (Hrsg.), The Cambridge Economic History of Modern Britain, Vol. 2: Economic Maturity, 1860–1939, Cambridge 2004.
A. F. Frank, Oil Empire. Visions of Prosperity in Austrian Galicia, Cambridge/Mass. 2005.
P. Gatrell, Gouvernement, Industry and Rearmament in Russia 1900–1914. The Last Argument of Tsarism, Cambridge 1994.
P. Gatrell, The Tsarist Economy 1850–1917, London 1986.
D. Geyer (Hrsg.), Wirtschaft und Gesellschaft im vorrevolutionären Rußland, Köln 1975.
R. Girault, Emprunts russes et investissements français en Russie. 1887–1914, Paris 1999.
D. F. Good, Der wirtschaftliche Aufstieg des Habsburgerreiches. 1750–1914, Wien u. a. 1986 (zuerst engl. 1984).
M. Grabas, Konjunktur und Wachstum in Deutschland von 1895 bis 1914, Berlin 1992.
P. R. Gregory, Before Command. An Economic History of Russia from Emancipation to the First Five Year Plan, Princeton 1994.
G. Guroff, F. V. Carstenssen (Hrsg.), Entrepreneurship in Imperial Russia and the Soviet Union, Princeton/NJ 1983.
H.-W. Hahn, Die Industrielle Revolution in Deutschland. (= Enzyklopädie deutscher Geschichte, Bd. 49) 2., durchges. Aufl., München 2005.
A. R. Hall (Hrsg.), The Export of Capital from Britain 1870–1914, London 1968.
F.-W. Henning, Handbuch der Wirtschafts- und Sozialgeschichte Deutschlands. Bd. 2: Deutsche Wirtschafts- und Sozialgeschichte im 19. Jahrhundert, Paderborn 1996.
V. Hentschel, Wirtschaft und Wirtschaftspolitik im wilhelminischen Deutschland. Organisierter Kapitalismus und Interventionsstaat?, Stuttgart 1978.
U. Herbert, Geschichte der Ausländerbeschäftigung in Deutschland 1880 bis 1980. Saisonarbeiter, Zwangsarbeiter, Gastarbeiter, Berlin u. a. 1986.
H.-W. Herrmann u. a. (Hrsg.), Forschungsaufgabe Industriekultur. Die Saarregion im Vergleich, Saarbrücken 2004.

W. G. Hoffmann, unter Mitarb. v. F. Grumbach u. H. Hesse, Das Wachstum der deutschen Wirtschaft seit der Mitte des 19. Jahrhunderts, Berlin u. a. 1965.

G. M. Holmes, Britain and America. A Comparative Economic History, 1850–1939, Newton Abbot u. a. 1976.

H. Islamoglu-Inan (Hrsg.), The Ottoman Empire and the World Economy, Cambridge u. a. 1987.

C. Issawi, The Economic History of Turkey 1800–1914, Chicago– London 1980.

A. Jeck, Wachstum und Verteilung des Volkseinkommens. Untersuchungen und Materialien zur Entwicklung der Einkommensverteilung in Deutschland 1870–1913, Tübingen 1970.

A. Kahan, Russian Economic History. The Nineteenth Century, Chicago 1989.

T. Kemp, Economic Forces in French History, London 1971.

W. P. Kennedy, Industrial Structure, Capital Markets and the Origins of British Economic Decline, Cambridge u. a. 1987.

S. v. d. Kerkhof, Von der Friedens- zur Kriegswirtschaft. Unternehmensstrategien der deutschen Eisen- und Stahlindustrie vom Kaiserreich bis zum Ende des Ersten Weltkrieges, Essen 2006.

M. W. Kirby, The Decline of British Economic Power since 1870, London 1981.

C. Kleinschmidt, Rationalisierung als Unternehmensstrategie. Die Eisen- und Stahlindustrie des Ruhrgebiets zwischen Jahrhundertwende und Weltwirtschaftskrise, Essen 1993.

J. Komlos (Hrsg.), Economic Development in the Habsburg Monarchy and in the Successor States. Essays, New York 1990.

J. Komlos, Die Habsburgermonarchie als Zollunion. Die Wirtschaftsentwicklung Österreich-Ungarns im 19. Jahrhundert, Wien 1986.

R. Kroboth, Die Finanzpolitik des Deutschen Reiches während der Reichskanzlerschaft Bethmann Hollwegs und die Geld- und Kapitalmarktverhältnisse (1909–1913/14), Frankfurt a. M. u. a. 1986.

J. E. Lesch (Hrsg.), The German Chemical Industry in the Twentieth Century, Dordrecht u. a. 2000.

H. Matis (Hrsg.), The Economic Development of Austria since 1870, Aldershot u. a. 1994.

H. Matis, Österreichs Wirtschaft 1848–1913. Konjunkturelle Dynamik und gesellschaftlicher Wandel im Zeitalter Franz Josephs I., Berlin 1972.

S. P. McCaffray, The Politics of Industrialization in Tsarist Russia. The Association of Southern Coal and Steel Producers 1874–1914, Dekalb 1996.

B. Michel, Banques et banquiers en Autriche au début du 20e siècle, Paris 1976.

A. Michelson, L'essor économique de la Russie avant la guerre de 1914, Paris 1965.

W. Mock, Imperiale Herrschaft und nationales Interesse. „Constructive Imperialism" oder Freihandel in Großbritannien vor dem Ersten Weltkrieg, Stuttgart 1982.

A. Moritsch, Landwirtschaft und Agrarpolitik in Rußland vor der Revolution, Wien u. a. 1986.

S. J. Nicolas, The Overseas Marketing Performance of British Industry, 1870–1914, in: EcHR 4 (1984) S. 489–507.

A. Nieberding, Unternehmenskultur im Kaiserreich. J. M. Voith und die Farbenfabriken vorm. Friedr. Bayer & Co. (= Zeitschrift für Unternehmensgeschichte, Bd. 9), München 2003.

P. O'Brian, Economic Growth in Britain and France 1780–1914. Two Paths to the Twentieth Century, London u. a. 1978.
H. Perkin, The Rise of Professional Society. England since 1880, London–New York 1989.
S. Pollard, Britain's Prime and Britain's Decline. The British Economy 1870–1914, London u. a. 1989.
C. Rauhut, Die Praxis der Baustelle um 1900. Das Zürcher Stadthaus, Zürich 2017.
A. J. Rieber, Merchants and Entrepreneurs in Imperial Russia, Chapel Hill 1982.
M. Sanderson, Education and Economic Decline in Britain. 1870 to the 1990 s, Cambridge u. a. 1999.
M. Schäfer, Familienunternehmen und Unternehmerfamilien. Zur Sozial- und Wirtschaftsgeschichte der sächsischen Unternehmer 1850–1940 (= Zeitschrift für Unternehmensgeschichte, Bd. 18), München 2007.
D. Sweeney, Corporatist Discourse and Heavy Industry in Wilhelmine Germany. Factory Culture and Employer Politics in the Saar, in: Comparative Studies in Society and History 43 (2001), S. 701–734.
A. Sykes, Tariff Reform in British Politics 1903–1913, Oxford 1979.
K. Tenfelde, Rad der Geschichte? Über die Rolle der deutschen Montanindustrie in der sozialen und politischen Verfassung des späten Kaiserreichs, in: U. Lappenküper u. a. (Hrsg.), Masse und Macht im 19. und 20. Jahrhundert. Studien zu Schlüsselbegriffen unserer Zeit, München 2003, S. 145–161.
R. H. Tilly, Vom Zollverein zum Industriestaat. Die wirtschaftlich-soziale Entwicklung Deutschlands 1834–1914, München 1990.
R. H. Tilly, M. Kopsidis, From Old Regime to Industrial State. A History of German Industrialization from the Eighteenth Century to World War I, Chicago 2020.
F. B. Tipton, Jr., Regional Variations in the Economic Development of Germany during the Nineteenth Century, Middleton/CT 1976.
G. Toniolo, An Economic History of Liberal Italy 1850–1918, London 1990.
A. Wandruszka (Hrsg.), Die Habsburgermonarchie 1848–1918. Im Auftrag der Kommission für die Geschichte der Österreichisch-Ungarischen Monarchie (1848–1918), Bd. 1: Die wirtschaftliche Entwicklung, Wien 1973.
S. B. Webb, Tariffs, Cartels, Technology, and Growth in the German Steel Industry, 1879 to 1914, in: J. Komlos u. a. (Hrsg.), Selected Cliometric Studies on German Economic History, Stuttgart 1997, S. 45–65.
V. Wellhöner, Großbanken und Großindustrie im Kaiserreich, Göttingen 1989.
M. Wiener, English Culture and the Decline of the Industrial Spirit 1850–1980, Cambridge 1981.
V. Zamagni, The Economic History of Italy 1860–1990, Oxford 1993.

6.3 Internationale und globale Wirtschaftsbeziehungen

M. Birdal, The Political Economy of Ottoman Public Debt. Insolvency and European Financial Control in the Late Nineteenth Century, London 2010.
A. Birken, Das Verhältnis von Außenhandel und Außenpolitik und die Quantifizierung von Außenbeziehungen. Beobachtungen zum „Zeitalter des Imperialismus" 1880–1913, in: VSWG 66 (1979), S. 317–361.

A. Birken, Die Wirtschaftsbeziehungen zwischen Europa und dem Vorderen Orient im ausgehenden 19. Jahrhundert, Wiesbaden 1980.
B. Bonwetsch, Handelspolitik und Industrialisierung. Zur außenwirtschaftlichen Abhängigkeit Russlands 1890–1914, in: D. Geyer (Hrsg.), Wirtschaft und Gesellschaft im vorrevolutionären Rußland, Köln 1975, S. 277–301.
K. Borchardt, Globalisierung in historischer Perspektive, München 2001.
M. S. Bosa (Hrsg.), Atlantic Ports and the First Globalisation C. 1850–1930, Basingstoke 2014.
M. Bridal, The Political Economy of Ottoman Public Debt. Insolvency and European Financial Control in the Late Nineteenth Century (= Library of Ottomann Studies, Bd. 18), London u. a. 2010.
R. E. Cameron, France and the Economic Development of Europe, 1800–1914. Consequests of Peace and Seeds of War, Princeton 1961.
S. Conrad, Globalisierung und Nation im Deutschen Kaiserreich, München 2006.
C. Cornelißen, D. van Laak (Hrsg.), Weimar und die Welt. Globale Verflechtungen der ersten deutschen Republik, Göttingen 2020.
R. P. T. Davenport-Hines, G. Jones (Hrsg.), British Business in Asia since 1860, Cambridge u. a. 1989.
J.-P. Dormois, Politischer Regimewechsel und protektionistische Wende. Frankreich und Deutschland im Vergleich, in: U. Pfister et. al. (Hrsg.), Deutschland 1871. Die Nationalstaatsbildung und der Weg in die moderne Wirtschaft (= Die Einheit der Gesellschaftswissenschaften im 21. Jahrhundert, Bd. 6), Tübingen 2021, S. 361–385.
E. M. Earle, Turkey, The Great Powers and The Bagdad Railway. A Study in Imperialism, New York 1924.
E. W. Edwards, British Diplomacy and Finance in China 1895–1914, Oxford 1987.
A. Engel, Farben der Globalisierung. Die Entstehung moderner Märkte für Farbstoffe 1500–1900, Frankfurt a. M.–New York 2009.
M. Falcus, Aspects of Foreign Investment in Tsarist Russia, in: The Journal of European Economic History 8 (1979), S. 5–36.
M. Flandreau, F. Zumer, The Making of Global Finance 1880–1913. Organisation for Economic Go-Operation and Development, Paris 2004.
R. Girault, Emprunts russes et investissements français en Russie 1887–1914, Paris 1973.
A. R. Hall (Hrsg.), The Export of Capital from Britain 1870–1914, London 1968.
L. Heerten, Literaturbericht. Ankerpunkte der Verflechtung. Hafenstädte in der neueren Globalgeschichtsschreibung, in: Geschichte und Gesellschaft 43 (2017), S. 146–175.
H. Islamoglu-Inan (Hrsg.), The Ottoman Empire and the World Economy, Cambridge u. a. 1987. J. Jäger, Das vernetzte Kaiserreich. Die Anfänge von Modernisierung und Globalisierung in Deutschland, Stuttgart 2020.
H. James, The End of Globalization. Lessons from the Great Depression, Cambridge/Mass. 2001.
T. R. Kabisch, Deutsches Kapital in den USA. Von der Reichsgründung bis zur Sequestierung (1917) und Freigabe, Stuttgart 1982.
R. Kasaba, The Ottoman Empire and the World Economy. The Nineteenth Century, New York 1988.

W. Kirchner, Über „Profite" deutscher Industrieunternehmen in Rußland vor 1914, in: Zeitschrift für Unternehmensgeschichte 28 (1983), S. 81–97.

D. Löding, Deutschlands und Österreich-Ungarns Balkanpolitik von 1912–1914 unter besonderer Berücksichtigung ihrer Wirtschaftsinteressen, Diss., Hamburg 1969.

G. B. Magee, A. S. Thompson, Empire and Globalization. Networks of People, Goods and Capital in the British World, c. 1850–1914, Cambridge 2011.

S. Pamuk, The Ottoman Empire and European Capitalism, 1820–1913. Trade, Investment and Production, Cambridge u. a. 1987.

H. Pohl, Aufbruch der Weltwirtschaft. Geschichte der Weltwirtschaft von der Mitte des 19. Jahrhunderts bis zum Ersten Weltkrieg, Stuttgart 1989.

R. Poidevin, Les relations économiques et financières entre la France et l'Allemagne de 1898 à 1914, rééd., Paris 1998.

J. L. Rischbieter, Mikro-Ökonomie der Globalisierung. Kaffee, Kaufleute und Konsumenten im Kaiserreich 1870–1914, Köln-Wien 2011.

C. F. Remer, Foreign Investments in China, 2. Aufl., New York 1968.

R. Robertson, Globalization. Social Theory and Global Culture, Reprint, London u. a. 2000 (1992).

T. J. Röder, Rechtsbildung im wirtschaftlichen „Weltverkehr". Das Erdbeben von San Francisco und die internationale Standardisierung von Vertragsbedingungen, 1871–1914, Frankfurt a. M. 2006.

K. H. O'Rourke, J. G. Williamson, Globalization and History. The Evolution of a Nineteenth Century Atlantic Economy, Cambridge 1999.

S. C. Topik, A. Wells, Warenketten in einer globalen Wirtschaft, in: E. S. Rosenberg (Hrsg.), Geschichte der Welt. 1870/1945. Weltmärkte und Weltkriege, München 2012, S. 589–814.

C. Torp, Die Herausforderung der Globalisierung. Wirtschaft und Politik in Deutschland 1860–1914, Göttingen 2005.

M. Vec, Recht und Normierung in der Industriellen Revolution. Neue Strukturen der Normsetzung in Völkerrecht, staatlicher Gesetzgebung und gesellschaftlicher Selbstnormierung, Frankfurt a. M. 2006.

J. G. Williamson, The Evolution of Global Labor Markets since 1830, in: Explorations in Economic History, 32 (1995), S. 141–196.

D. R. Winseck, R. M. Pike, Communication and Empire. Media, Markets, and Globalization, 1860–1930, Durham-London 2007.

W. Woodruff, Die Entstehung einer internationalen Wirtschaft 1700–1914, in: K. Borchardt (Hrsg.). Europäische Wirtschaftsgeschichte [Deutsche Ausgabe der Fortuna Economic History of Europe], Bd. 4.: Die Entwicklung der industriellen Gesellschaften, Stuttgart-New York 1977, S. 435–483.

J. Zinkina u. a. (Hrsg.), A Big History of Globalization. The Emergence of a Global World System, Cham 2019.

7 Imperialismus und Kolonialpolitik

7.1 Allgemeines, theoretische Ansätze

B. Ashcroft u. a. (Hrsg.), The Post-colonial Studies Reader, 2. Aufl., Reprint, London u. a. 2007.
G. A. Barton, Empire Forestry and the Origins of Environmentalism, Cambridge 2002.
W. Baumgart, Der Imperialismus. Idee und Wirklichkeit der englischen und französischen Kolonialexpansion 1880–1914, Wiesbaden 1975.
A. Berke, Imperialismus und nationale Identität. England und Frankreich in Afrika 1871–1898, Frankfurt a. M. 2003.
M. do Mar Castro Varela, N. Dhawan, Postkoloniale Theorie. Eine kritische Einführung (= Kulturwissenschaft, Bd. 5362), 3. aktual. Aufl., Bielefeld 2020.
F. Cooper, Colonialism in Question. Theory, Knowledge, History, Berkeley u. a. 2005.
D. K. Fieldhouse, Economics and Empire 1830–1914, London 1973.
D. K. Fieldhouse, Colonialism 1870–1945. An Introduction, London 1981.
J. Fisch, Die europäische Expansion und das Völkerrecht. Die Auseinandersetzungen um den Status der überseeischen Gebiete vom 15. Jahrhundert bis zur Gegenwart, Stuttgart 1984.
S. Förster u. a. (Hrsg.), Bismarck, Europe, and Africa. The Berlin Africa Conference 1884–1885 and the Onset of Partition, Oxford 1988.
H. W. French, Afrika und die Entstehung der modernen Welt. Eine Globalisierungsgeschichte, Stuttgart 2023. (zuerst 2021)
J. Gallagher, R. Robinson, The Imperialism of Free Trade, dt. in: H.-U. Wehler (Hrsg.), Imperialismus, 3. Aufl., Köln 1976.
S. Gottschalk, Kolonialismus und Islam. Deutsche und britische Herrschaft in Westafrika (1900–1914), Frankfurt a. M.-New York 2017.
H. Gründer, Welteroberung und Christentum. Ein Handbuch zur Geschichte der Neuzeit, Gütersloh 1992.
J. P. Halstead, S. Porcari, Modern European Imperialism: A Bibliography of Books and Articles 1815–1972, Bd. I: General and British Empire; Bd. II: French and Other Empires, Regions, 2 Bde., Boston/MA 1974.
J. A. Hobson, Imperialism. A Study, London 1902.
S. Howe, The New Imperial Histories Reader, London u. a. 2010.
J. E. Inikori, P. O'Brien (Hrsg.), British Imperialism and Globalization, c. 1650–1960, Woodbridge 2022.
T. Kemp, Theories of Imperialism, London 1967.
S. Klävers, Decolonizing Auschwitz? Komparativ-postkoloniale Ansätze in der Holocaustforschung, Berlin 2019.
F. Klein (Hrsg.), Neue Studien zum Imperialismus vor 1914, Berlin [Ost] 1980.
D. v. Laak, Kolonien als „Laboratorien der Moderne"?, in: S. Conrad, J. Osterhammel (Hrsg.), Das Kaiserreich transnational, 2. Aufl., Göttingen 2006, S. 257–279.
W. I. Lenin, Der Imperialismus als höchstes Stadium des Kapitalismus, Petrograd 1917.
W. R. Louis (Hrsg.), Imperialism. The Robinson and Gallagher Controversy, New York-London 1976.

R. Luxemburg, Die Akkumulation des Kapitals. Ein Beitrag zur ökonomischen Erklärung des Imperialismus, Berlin 1913.
J. M. Mackenzie (Hrsg.), Imperialism and the natural world, Manchester–New York 1990.
W. Markov u. a. (Hrsg.), Studien zur Kolonialgeschichte und Geschichte der nationalen und kolonialen Befreiungsbewegung, Bd. 11/12: Kolonialismus und Neokolonialismus in Nordafrika und Nahost, Berlin [Ost] 1964.
A. Martinelli, La teoria dell'imperialismo, Turin 1974.
A. Miller, A. J. Rieber (Hrsg.), Imperial Rule, Budapest 2004.
W. J. Mommsen (Hrsg.), Der moderne Imperialismus, Stuttgart u. a. 1971.
W. J. Mommsen, Imperialismustheorien. Ein Überblick über die neueren Imperialismusinterpretationen, 3., erw. Aufl., Göttingen 1987.
W. J. Mommsen, Der europäische Imperialismus. Aufsätze und Abhandlungen, Göttingen 1979.
R. Owen, B. Sutcliffe (Hrsg.), Studies in the Theory of Imperialism, London 1972.
T. Pakenham, The Scramble for Africa 1876–1912, London 1991.
N. P. Petersson, Imperialismus und Modernisierung. Siam, China und die europäischen Mächte. 1895–1914, München 2000.
P. Pomper (Hrsg.), Theorizing Empire, in: History and Theory 44 (2005).
R. Robinson, J. Gallagher, Africa and the Victorians. The Official Mind of Imperialism, 2. Aufl., London–New York 1981.
C. Ross, Ecology and Power in the Age of Empire. Europe and the Transformation of the Tropical World, Oxford 2017.
R. L. Rudolph, D. F. Good (Hrsg.), Nationalism and Empire. The Habsburg Empire and the Soviet Union, New York 1992.
E. W. Said, Culture and Imperialism, 9. Aufl., New York 1994. (zuerst 1993, dt. u. d. T. „Kultur und Imperialismus. Einbildungskraft und Politik im Zeitalter der Macht.", Frankfurt a. M. 1994).
E. W. Said, Orientalismus, Frankfurt a. M. 2009 (zuerst 1978, dt. zuerst 1981).
G. Schmidt, Der europäische Imperialismus, München 1985.
J. Schumpeter, Zur Soziologie der Imperialismen, in: Archiv für Sozialwissenschaft und Sozialpolitik 46 (1918/19), S. 1–39.
B. Stuchtey, Die europäische Expansion und ihre Feinde. Kolonialismuskritik vom 18. bis in das 20. Jahrhundert, Berlin 2010.
M. Thomas, A. Thompson, Empire and Globalisation: from ‚High Imperialism' to Decolonisation, in: The International History Review 36 (2014), S. 142–170.
D. K. W. Trepsdorf, Afrikanisches Alter Ego und europäischer Egoismus. Eine komparative Studie zur Selbst- und Fremdenperzeption im Wilhelminischen Deutschland und Spätviktorianischen Großbritannien (1884–1914), Dresden 2006.
H.-U. Wehler (Hrsg.), Imperialismus, 3. Aufl., Köln 1976.
H.-U. Wehler, Sozialimperialismus, in: ders., (Hrsg.), Imperialismus, 3. Aufl., Köln 1976, S. 83–97.
H. L. Wesseling, Teile und herrsche. Die Aufteilung Afrikas 1880–1914, Stuttgart 1999.

7.2 Imperialismus einzelner Länder

R. Aldrich, Greater France. A History of French Overseas Expansion, Basingstoke 1996.
J. Andall, D. Duncan (Hrsg.), Italian Colonialism. Legacy and Memory, Oxford u. a. 2005.
A. Aruffo, Storia del colonialismo italiano. Da Crispi a Mussolini, Rom 2003.
M. Aust, Writing the Empire. Russia and the Soviet Union in Twentieth-Century Historiography, in: European Review of History-Revue européenne d'Histoire 10 (2003), S. 375–391.
J. Baberowski, Auf der Suche nach Eindeutigkeit. Kolonialismus und zivilisatorische Mission im Zarenreich und in der Sowjetunion, in: Jahrbücher für Geschichte Osteuropas 47 (1999), S. 482–504.
K. J. Bade (Hrsg.), Imperialismus und Kolonialismus. Kaiserliches Deutschland und koloniales Imperium, Wiesbaden 1982.
W. Baumgart, „Das Größere Frankreich". Neue Forschungen über den französischen Imperialismus 1800–1914, in: VSWG 61 (1974), S. 185–198.
W. Baumgart, Der Imperialismus. Idee und Wirklichkeit der englischen und französischen Kolonialexpansion 1880–1914, Wiesbaden 1975.
F. Becker (Hrsg.), Rassenmischehen – Mischlinge – Rassentrennung. Zur Politik der Rasse im deutschen Kolonialreich, Stuttgart 2004.
R. A. Berman, Der ewige Zweite. Deutschlands Sekundärer Kolonialismus, in: B. Kundrus (Hrsg.), Phantasiereiche. Zur Kulturgeschichte des deutschen Kolonialismus, Frankfurt a. M.- New York 2003, S. 19–32.
D. Birmingham, Portugal and Africa, Basingstoke u. a. 1999.
J. Bouvier, R. Girault (Hrsg.), L'impérialisme français d'avant 1914. Recueil de textes, Paris 1976.
P. Brocheux, D. Hémery, Indochina. An Ambiguous Colonization, 1858–1954, Berkeley 2009.
D. R. Brower, E. J. Lazzarini (Hrsg.), Russia's Orient. Imperial Borderlands and Peoples, 1700–1917, Bloomington u. a. 1997.
H. Brunschwig, French Colonialism 1871–1914: Myths and Realities, New York-Washington-London 1966.
P. Buckner (Hrsg.), Canada and the British Empire, (= The Oxford History of the British Empire, Companion Series) Oxford 2010.
E. Buettner, Empire Families. Britons and Late Imperial India, Oxford 2004.
J. Burbank, M. v. Hagen, A. Remnev, Russian Empire. Space, People, Power. 1700–1930, Bloomington u. a. 2007.
G. P. Calchi Novati, L' Africa d'Italia. Una storia coloniale e postcoloniale, Rom 2011.
J. Chipman, French Power in Africa, Oxford, 1989.
W. G. Clarence-Smith, The third Portuguese Empire 1825–1975. A Study in Economic Imperialism, Manchester u. a. 1985.
S. Conrad, Deutsche Kolonialgeschichte, 4. durchgesehene Aufl., München 2019.
C. Coquery-Vidrovitch, O. Goerg (Hrsg.), L'Afrique occidentale au temps des Français. Colonisateurs et colonisés, c. 1860–1960, Paris 1992.

J. J. Cooke, New French Imperialism 1880–1910: The Third Republic and Colonial Expansion, Newton Abbot–Hamden/CT 1973.

J. P. Daughton, An Empire Divided. Religion, Republicanism, and the Making of French Colonialism, 1880–1914, Oxford 2006.

L. E. Davis, R. A. Huttenback (Hrsg.), Mammon and the pursuit of Empire. The political economy of British imperialism, 1860–1912, Cambridge u. a. 1986.

Dictionnaire de la France coloniale. Sous la dir. de J.-P. Rioux, Paris 2007.

J. Eddy, D. Schreuder (Hrsg.), The Rise of Colonial Nationalism. Australia, New Zealand, Canada and South Africa first assert their nationalities, 1880–1914, Sydney u. a. 1988.

R. Erbar, Ein „Platz an der Sonne"? Die Verwaltungs- und Wirtschaftsgeschichte der deutschen Kolonie Togo 1884–1914, Stuttgart 1991.

G. M. Finaldi, A History of Italian Colonialism, 1860–1907. Europe's Last Empire, London 2017.

J. S. Galbraith, The „Turbulent Frontier" as a Factor in British Expansion, in: Comparative Studies in Society and History 2 (1959/60), S. 150–168.

J. Ganiage, L'Expansion coloniale de la France sous la Troisième République (1871–1914), Paris 1968.

D. Geyer, Der russische Imperialismus. Studien über den Zusammenhang von innerer und auswärtiger Politik 1860–1914, Göttingen 1977.

B. Gissibl, The Nature of German Imperialism. Conservation and the Politics of Wildlife in Colonial East Africa (= Environment in History: International Perspectives, Bd. 9), New York u. a. 2016.

J. v. Goor, De Nederlandse koloniën. Geschiedenis van de Nederlandse expansie 1600–1975. 3. Aufl., Den Haag 1997.

F. Gouda, Dutch Culture Overseas. Colonial Practice in the Netherlands Indies, 1900–1942, Amsterdam 1995.

H. Gründer, Christliche Mission und deutscher Imperialismus. Eine politische Geschichte ihrer Beziehungen während der deutschen Kolonialzeit (1884–1914) unter besonderer Berücksichtigung Afrikas und Chinas, Paderborn 1982.

H. Gründer, Geschichte der deutschen Kolonien, 7. aktualisierte und erweiterte Aufl., Paderborn 2018.

G. Hardach, König Kopra. Die Marianen unter deutscher Herrschaft 1899–1914, Stuttgart 1990.

F. Hasselhorn, Bauernmission in Südafrika. Die Hermannburger Mission im Spannungsfeld der Kolonialpolitik 1890–1939, Erlangen 1988.

J. Heller, British Policy Towards the Ottoman Empire 1908–1914, London 1983.

H. H. Herwig, Germany's Vision of Empire in Venezuela 1871–1914, Princeton/NJ 1986.

H. J. Hiery, Das deutsche Reich in der Südsee, 1900–1921. Eine Annäherung an die Erfahrungen verschiedener Kulturen, Göttingen 1995.

H. J. Hiery (Hrsg.), Die deutsche Südsee, 1884–1914. Ein Handbuch, 2., durchges. u. verb. Aufl., Paderborn u. a. 2002.

R. Hobson, Maritimer Imperialismus. Seemachtideologie, seestrategisches Denken und der Tirpitzplan 1875 bis 1914, München 2004.

G. Honke u. a., Als die Weißen kamen. Ruanda und die Deutschen 1885–1919, Wuppertal 1990.

D. Immerwahr, Das heimliche Imperium. Die USA als moderne Kolonialmacht, Frankfurt a. M. 2019.
A. S. Jerussalimski, Der deutsche Imperialismus. Geschichte und Gegenwart, Berlin [Ost] 1968.
K. Kenny (Hrsg.), Ireland and the British Empire, (= The Oxford History of the British Empire, Companion Series) Oxford 2004.
V. Kivelson, R. G. Suny, Russia's Empires, New York 2017.
W. Klein, Ein zweitrangiger Imperialismus? Zur Herausbildung des französischen Imperialismus vor 1914, in: F. Klein (Hrsg.), Neue Studien zum Imperialismus vor 1914, Berlin [Ost] 1980.
R. Koekkoek, A.-I. Richard, A. Weststeijn, The Dutch Empire between Ideas and Practice, 1600–2000, Cambridge 2019.
F. Kotrba, k. u. k. in Ostafrika. Die Habsburgermonarchie im „Scramble for East Africa". Diss. Wien 2015.
F. Kreissler, L'action culturelle allemande en Chine. De la fin du XIXe siècle à la Seconde Guerre mondiale, Paris 1989.
G. Krüger, Kriegsbewältigung und Geschichtsbewusstsein. Realität, Deutung und Verarbeitung des deutschen Kolonialkriegs in Namibia 1904 bis 1907, Göttingen 1999.
M. Kuitenbrouwer, The Netherlands and the Rise of Modern Imperialism. Colonies and Foreign Policy 1870–1902, New York–Oxford 1991.
B. Kundrus, Von den Herero zum Holocaust? Einige Bemerkungen zur aktuellen Debatte, in: Mittelweg 36, 14 (2005), S. 82–91.
B. Kundrus, Moderne Imperialisten: Das Kaiserreich im Spiegel seiner Kolonien, Wien 2003.
B. Kundrus (Hrsg.), Phantasiereiche. Zur Kulturgeschichte des deutschen Kolonialismus, Frankfurt a. M.–New York 2003.
D. v. Laak, Imperiale Infrastrukur. Deutsche Planungen für eine Erschließung Afrikas 1880 bis 1960, Paderborn u. a. 2004.
D. v. Laak, Über alles in der Welt. Deutscher Imperialismus im 19. und 20. Jahrhundert, München 2005.
N. Labanca, Oltremare. Storia dell'espansione coloniale italiana, Bologna 2002.
R. Lee, France and the Exploitation of China. A Study in Economic Imperialism, Hong Kong u. a. 1989.
G. u. M. Lehner, Österreich-Ungarn und der „Boxeraufstand" in China, Innsbruck u. a. 2002.
P. Levine (Hrsg.), Gender and Empire, (= The Oxford History of the British Empire, Companion Series) Oxford 2004.
C. Liauzu, Histoire de l'anticolonialisme en France. Du XVIe siècle à nos jours, Paris 2007.
V. McGuire, Italy's Sea. Empire and Nation in the Mediterranean, 1895–1945 (= Transnational Italian Cultures, Bd. 5), Liverpool 2020.
Y. Mesghenna, Italian Colonialism: A Case of Study of Eritrea, 1869–1934. Motive, Praxis and Result, Lund 1988.
J. Meyer u. a., Histoire de la France coloniale. Des origines à 1914, Paris 1991.
L. Micheletta, A. Ungari (Hrsg.), The Libyan War 1911–1912, Cambridge 2013.

D. Mollenhauer, La plus grande France? Grundzüge der französischen Kolonialgeschichte (1830–1945), in: J. Leonhard, R. G. Renner (Hrsg.), Koloniale Vergangenheiten – (post-)imperiale Gegenwart, Berlin 2010, S. 69–86.

W. J. Mommsen, Bismarck und der Imperialismus. Zu Hans-Ulrich Wehlers gleichnamigen Buch, in ders., Der europäische Imperialismus. Aufsätze und Abhandlungen, Göttingen 1979, S. 77–84.

M. Montgomery, Imperialist Japan. The Yen to Dominate, London 1987.

A. Morrison, Russian Rule in Samarkand 1868–1910. A Comparison with British India, Oxford 2008.

A. Morrison, The Russian Conquest of Central Asia. A Study in Imperial Expansion, 1814–1914, Cambridge 2021.

K. Mühlhahn, Herrschaft und Widerstand in der „Musterkolonie" Kiautschou. Interaktionen zwischen China und Deutschland, 1897–1914, München 2000.

R. H. Myers, M. R. Peattie (Hrsg.), The Japanese Colonial Empire, 1895–1945, Princeton/NJ 1984.

The Oxford History of the British Empire. Bd. 3: The Nineteenth Century. Hrsg. v. A. Porter, Oxford 2001.

The Oxford History of the British Empire. Bd. 4: The Twentieth Century. Hrsg. v. J. M. Brown, W. R. Louis, Oxford 2001.

The Oxford History of the British Empire. Bd. 5: Historiography. Hrsg. v. R. W. Winks. Reprint, Oxford 2007.

P. Palumbo (Hrsg.), A Place in the Sun. Africa in Italian Colonial Culture from Post-unification to the Present, Berkeley u. a. 2003.

R. Pélissier, Les campagnes coloniales du Portugal. 1844–1941, Paris 2004.

A. Perras, Carl Peters and German Imperialism 1856–1918. A Political Biography. Reprint, Oxford u. a. 2006 (2004).

M. Pesek, Die Grenzen des kolonialen Staates in Deutsch-Ostafrika, 1890–1914, in: A. Chatriot, D. Gosewinkel (Hrsg.), Figurationen des Staates in Deutschland und Frankreich 1870–1945 = Les figures de l'État en Allemagne et en France, München 2006, S. 117–140.

M. Pesek, Koloniale Herrschaft in Deutsch-Ostafrika. Expeditionen, Militär und Verwaltung seit 1880, Frankfurt a. M. u. a. 2005.

R. A. Pierce, Russian Central Asia 1867–1917. A Study in Colonial Rule, Berkeley–Los Angeles 1960.

F. Quinn, The French Overseas Empire. Westport/Conn.–London 2000.

A. Randazzo, Roma predona, il colonialismo italiano in Africa, 1870–1943, Milan 2006.

P. W. Reuter, Die Balkanpolitik des französischen Imperialismus 1911–1914, Frankfurt a. M.–New York 1979.

R. Robinson, J. Gallagher, Africa and the Victorians. The Official Mind of Imperialism, 2. Aufl., London–New York 1981.

M. Rolf, Imperiale Herrschaft im Weichselland. Das Königreich Polen im Russischen Imperium 1864–1915, Berlin 2015.

R. I. Rotberg, The Founder. Cecil Rhodes and the Pursuit of Power, New York–Oxford 1988.

W. Sauer (Hrsg.), K. u. K. kolonial. Habsburgermonarchie und europäische Herrschaft in Afrika, Wien u. a. 2002.

W. Schieder, Aspekte des italienischen Imperialismus vor 1914, in: W. J. Mommsen (Hrsg.), Der moderne Imperialismus, Stuttgarrt u. a. 1971, S. 140–171.
F. Schinzinger, Die Kolonien und das Deutsche Reich. Die wirtschaftliche Bedeutung der deutschen Besitzungen in Übersee, Wiesbaden–Stuttgart 1984.
P. Sebald, Togo 1884–1914. Eine Geschichte der deutschen „Musterkolonie" auf der Grundlage amtlicher Quellen, Berlin [Ost] 1988.
W. Speitkamp, Deutsche Kolonialgeschichte, Stuttgart 2005.
D. W. Spring, Russian Imperialism in Asia in 1914, in: Cahiers du Monde russe et soviétique 20 (1979), S. 305–322.
H. G. Steltzer, Die Deutschen und ihr Kolonialreich, Frankfurt a. M. 1984.
W. Sunderland, Taming the Wild Field. Colonization and Empire on the Russian Steppe, Ithaca/NY u. a. 2004.
G. Vanthemsche, La Belgique et le Congo. Empreintes d'une colonie 1885–1980, Brüssel 2007.
J. L. Wallach, Anatomie einer Militärhilfe. Die preußisch-deutschen Militärmissionen in der Türkei 1835–1919, Düsseldorf 1976.
R. A. Webster, Industrial Imperialism in Italy 1908–1915, Berkeley u. a. 1975.
H.-U. Wehler, Bismarck und der Imperialismus, Köln 1969.
P. Wende, Das britische Empire. Geschichte eines Weltreichs, München 2008.
K. Wilson (Hrsg.), A New Imperial History. Culture, Identity and Modernity in Britain and the Empire 1660–1840, Cambridge 2004.
G. Ziebura, Interne Faktoren des französischen Hochimperialismus 1871–1914, in: W. J. Mommsen (Hrsg.), Der moderne Imperialismus, Stuttgart 1971, S. 85–139.
G. Ziebura, Sozialökonomische Grundfragen des deutschen Imperialismus vor 1914, in: H.-U. Wehler (Hrsg.), Sozialgeschichte heute. Festschrift für H. Rosenberg zum 70. Geburtstag, Göttingen 1974, S. 495–524.

7.3 Koloniale Rivalitäten, koloniale Gewalt

G. Barraclough, From Agadir to Armageddon. Anatomy of a Crisis, London 1982.
D. Bates, The Fashoda Incident of 1898. Encounter on the Nile, Oxford 1984.
F. Becker, J. Beez (Hrsg.), Der Maji-Maji-Krieg in Deutsch-Ostafrika 1905–1907, Berlin 2005.
D. C. Blaisdell, European Financial Control in the Ottoman Empire. A Study of the Establishment, Activities, and Significance of the Administration of the Ottoman Public Debt (1929), New York 1966.
B. C. Brower, A Desert Named Peace. The Violence of France's Empire in the Algerian Sahara, 1844–1902, New York 2009.
T. Bührer, C. Stachelbeck, D. Walter (Hrsg.), Imperialkriege von 1500 bis heute. Strukturen – Akteure – Lernprozesse, Paderborn u. a. 2011.
M. E. Chamberlain, The Scramble for Africa, London 1974.
P. Gifford, W. R. Louis (Hrsg.), Britain and Germany in Africa. Imperial Rivalry and Colonial Rule, New Haven–London 1967.
D. Gillard, The Struggle for Asia 1828–1914. A study in British and Russian imperialism, London 1977.

C. Hirshfield, The Diplomacy of Partition. Britain, France and the Creation of Nigeria 1890–1898, Den Haag u. a. 1979.

M. Hood, Gunboat Diplomacy 1895–1905. Great Power Pressure in Venezuela, London 1975.

F. Kazemzadeh, Russia and Britain in Persia, 1864–1914. A Study in Imperialism, New Haven–London 1968.

T. Klein, F. Schuhmacher (Hrsg.), Kolonialkriege. Militärische Gewalt im Zeichen des Imperialismus, Hamburg 2006.

P. A. Kramer, Race-Making and Colonial Violence in the U. S. Empire. The Philippine-American War as Race War, in: Diplomatic History 30/2 (2006), S. 169–210.

D. Lieven, Empire. The Russian Empire and Its Rivals, London 2000.

U. Lindner, Koloniale Begegnungen. Deutschland und Großbritannien als Imperialmächte in Afrika 1880–1914, Frankfurt a. M.-New York 2011.

A. Malozemoff, Russian Far Eastern Policy 1881–1904. With Special Emphasis on the Causes of the Russo-Japanese War, Berkeley–Los Angeles 1958.

W. Nuhn, Flammen über Deutschost. Der Maji-Maji-Aufstand in Deutsch-Ostafrika 1905–1906, Bonn 1998.

E. Oncken, Panthersprung nach Agadir. Die deutsche Politik während der Zweiten Marokkokrise 1911, Düsseldorf 1981.

M. Reiter, Der Völkermord in Deutsch-Südwestafrika, in: Mittelweg 36, 13 (2004), S. 41–56.

G. Schöllgen, Imperialismus und Gleichgewicht. Deutschland, England und die orientalische Frage 1871–1914, 3. Aufl., München 2000.

A. J. P. Taylor, Prelude to Fashoda: The Question of the Upper Nile, 1894–5, in: Ders., Essays in English History, Harmondsworth 1976, S. 129–169.

J. Thobie, Les Intérêts économiques, financiers et politiques français dans la partie asiatique de l'Empire Ottoman de 1895 à 1914, 3 Bde., Diss., Lille 1973.

D. Walter, Organisierte Gewalt in der europäischen Expansion. Gestalt und Logik des Imperialkrieges, Hamburg 2014.

J. Willequet, Le Congo Belge et la Weltpolitik (1894–1914), Brüssel 1962.

R.-H. Wippich, Nervenkrieg bei Faschoda. Die englisch-französische Konfrontation im Sudan 1898, in: J. Dülffer, M. Kröger, R.-H. Wippich, Vermiedene Kriege. Deeskalation von Konflikten der Großmächte zwischen Krimkrieg und Erstem Weltkrieg 1856–1914, München 1997, S. 491–512.

J. Zimmerer, J. Zeller (Hrsg.), Völkermord in Deutsch-Südwestafrika. Der Kolonialkrieg (1904–1908) in Namibia und seine Folgen, Berlin 2003.

J. Zimmerer, Krieg, KZ und Völkermord in Südwestafrika. Der erste deutsche Genozid, in: J. Zimmerer, J. Zeller (Hrsg.), Völkermord in Deutsch-Südwestafrika. Der Kolonialkrieg (1904–1908) in Namibia und seine Folgen, Berlin 2003, S. 45–63.

7.4 Koloniale Kultur und Herrschaftspraxis, Nachgeschichte des Imperialismus

M. Albrecht, „Europa ist nicht die Welt". (Post)Kolonialismus in Literatur und Geschichte der westdeutschen Nachkriegszeit, Bielefeld 2008.

T. Ballantyne, Orientalism and Race. Aryanism in the British Empire, Basingstoke u. a. 2002.
N. Bancel, B. Blanchard, F. Vergès (Hrsg.), La République coloniale, Paris 2006.
A. Bashford, Imperial Hygiene. A Critical History of Colonialism, Nationalism and Public Health, Basingstoke u. a. 2004.
M. Bauche, Medizin und Herrschaft. Malariabekämpfung in Kamerun, Ostafrika und Ostfriesland 1890-1919, Frankfurt a. M. 2017.
B. Beaven, Visions of Empire. Patriotism, Popular Culture and the City, 1870-1839, Manchester 2012.
P. Blanchard, S. Lemaire, (Hrsg.), Culture coloniale. La France conquise par son empire, 1871-1931, Paris 2011.
M. v. Brescius, German Science in the Age of Empire. Enterprise, Opportunity and the Schlagintweit Brothers, Cambridge 2019.
C. Brunner, Epistemische Gewalt. Wissen und Herrschaft in der kolonialen Moderne, Bielefeld 2020.
E. Buettner, Europe after Empire. Decolonization, Society, and Culture, Cambridge 2016.
D. Cannadine, Ornamentalism. How the British Saw their Empire, London 2001.
H. Chambers, Representations of Colonial Violence in the Poetry of Theodor Fontane, in: dies. (Hrsg.), Violence, Culture and Identity. Essays on German and Austrian Literature, Politics, and Society, Oxford u. a. 2006, S. 143-163.
B. S. Cohn, Colonialism and its Forms of Knowledge. The British in India, Princeton u. a. 1996.
M. Dabag, H. Gründer, U.-K. Ketelsen (Hrsg.), Kolonialismus. Kolonialdiskurs und Genozid, München 2004.
M. Davies, Public Health and Colonialism. The Case of German New Guinea 1884-1914, Wiesbaden 2002.
A. Dietrich, Konstruktionen weißer Weiblichkeit. Emanzipationsdiskurse im Kontext des Kolonialismus, in: M. Bechhaus-Gerst (Hrsg.), Koloniale und postkoloniale Konstruktionen von Afrika und Menschen afrikanischer Herkunft in der deutschen Alltagskultur, Frankfurt a. M. 2006, S. 33-44.
A. Dietrich, Weiße Weiblichkeiten - Konstruktionen von „Rasse" und Geschlecht im deutschen Kolonialismus, Bielefeld 2007.
W. U. Eckart, Medizin und Kolonialimperialismus. Deutschland 1884-1945, Paderborn u. a. 1997.
J. Fabian, Im Tropenfieber. Wissenschaft und Wahn in der Erforschung Zentralafrikas, München 2001. (zuerst engl. 2000).
G. M. Finaldi, Italian National Identity in the Scramble for Africa. Italy's African Wars in the Era of Nation-building, 1870-1900, Bern 2009.
W. Fuhrmann, Imperial Projections. Screening the German Colonies, New York 2015.
R. Gerwarth, S. Malinowski, Der Holocaust als „kolonialer Genozid"? Europäische Kolonialgewalt und nationalsozialistischer Vernichtungskrieg, in: GG 33 (2007), S. 439-466.
S. Gikandi, Maps of Englishness. Writing Identity in the Culture of Colonialism, New York 1996.
P. Grosse, Kolonialismus, Eugenik und bürgerliche Gesellschaft in Deutschland 1850-1918, Frankfurt a. M. u. a. 2000.

C. Hall, S. O. Rose (Hrsg.), At Home with the Empire. Metropolitan Culture and the Imperial World, Cambridge u. a. 2006.

U. v. d. Heyden, J. Zeller (Hrsg.), Kolonialmetropole Berlin. Eine Spurensuche, Berlin 2002.

A. Honold, O. Simons (Hrsg.), Kolonialismus als Kultur. Literatur, Medien, Wissenschaft in der deutschen Gründerzeit des Fremden, Tübingen 2002.

A. Honold, K. R. Scherpe (Hrsg.), Mit Deutschland um die Welt. Eine Kulturgeschichte des Fremden in der Kolonialzeit, Stuttgart u. a. 2004.

R. Hyam, Empire and Sexuality. The British Experience, Manchester 1990.

E. Kaske, Bismarcks Missionäre. Deutsche Militärinstrukteure in China 1884–1890, Wiesbaden 2002.

P. M. Krebs, Gender, Race, and the Writing of Empire. Public Discourse and the Boer War, Cambridge u. a. 1999.

G. Krüger, Kriegsbewältigung und Geschichtsbewusstsein. Realität, Deutung und Verarbeitung des deutschen Kolonialkriegs in Namibia 1904 bis 1907, Göttingen 1999.

T. Kühne, Colonialism and the Holocaust. Continuities, Causations, and Complexities, in: Journal of Genocide Research 15 (2013), S. 339–362.

B. Kundrus (Hrsg.), Phantasiereiche. Zur Kulturgeschichte des deutschen Kolonialismus, Frankfurt a. M.–New York 2003.

B. Kundrus, Von den Herero zum Holocaust? Einige Bemerkungen zur aktuellen Debatte, in: Mittelweg 36, 14 (2005), S. 82–91.

B. Kundrus, Kontinuitäten, Parallelen, Rezeptionen. Überlegungen zur „Kolonialisierung" des Nationalsozialismus. In: Werkstatt Geschichte 43 (2006), S. 45–62.

D. Lambert, A. Lester (Hrsg.), Colonial Lives Across the British Empire. Imperial Careering in the Long Nineteenth Century, Cambridge u. a. 2006.

D. Langmore, Missionary Lives. Papua, 1874–1914, Honolulu 1989.

D. Lerp, Imperiale Grenzräume. Bevölkerungspolitiken und Deutsch-Südwestafrika und den östlichen Provinzen Preußens 1884–1914, Frankfurt a. M u. a. 2016.

C. Liauzu, J. Liauzu, Quand on chantait les colonies. Colonisation et culture populaire de 1830 à nos jours, Paris 2002.

J. M. MacKenzie (Hrsg.), European Empires and the People. Popular Responses to Imperialism in France, Britain, the Netherlands, Belgium, Germany and Italy, Manchester 2011.

D. Moses (Hrsg.), Empire, Colony, Genocide: Conquest, Occupation and Subaltern Resistance in World History, New York 2008.

D. Moses, The Problems of Genocide: Permanent Security and the Language of Transgression, Cambridge 2021.

P. Palumbo, A Place in the Sun. Africa in Italian Colonial Culture from Post-Unification to the Present, Berkeley 2003.

B. Porter, The Absent-Minded Imperialists. Empire, Society, and Culture in Britain, Oxford 2004.

M. Rothberg, Multidirektionale Erinnerung. Holocaustgedenken im Zeitalter der Dekolonialisierung, Berlin 2021.

J. Ruppenthal, Kolonialismus als „Wissenschaft und Technik". Das Hamburgische Kolonialinstitut 1908 bis 1919, Stuttgart 2007.

B. Savoy, Afrikas Kampf um seine Kunst: Geschichte einer postkolonialen Niederlage, München 2021.
U. Schaper, Koloniale Verhandlungen. Gerichtsbarkeit, Verwaltung und Herrschaft in Kamerun 1884–1916, Frankfurt/M. 2012.
K. Sieg, Decolonizing German and European History at the Museum, Ann Arbor 2021.
K. S. Todzi, „Afrikahaus". Sitz des Woermann-Konzerns. Ein Kapitel kolonialer Globalisierung, in: J. Zimmerer, K. S. Todzi (Hsg.), Hamburg: Tor zur kolonialen Welt. Erinnerungsorte der (post-)kolonialen Globalisierung, Göttingen 2021, S. 83–98.
K. Walgenbach, „Die weiße Frau als Trägerin deutscher Kultur". Koloniale Diskurse über Geschlecht, „Rasse" und Klasse im Kaiserreich, Frankfurt a. M. u. a. 2005.
J. Zeller, Bilderschule der Herrenmenschen: Koloniale Reklamesammelbilder, Berlin 2008.
J. Zimmerer, Die Geburt des „Ostlandes" aus dem Geiste des Kolonialismus. Die nationalsozialistische Eroberungs- und Beherrschungspolitik in (post-)kolonialer Perspektive, in: Sozial.Geschichte. Zeitschrift für die historische Analyse des 20. und 21. Jahrhunderts 19 (2004), S. 10–43.
J. Zimmerer, Von Windhuk nach Auschwitz? Beiträge zum Verhältnis von Kolonialismus und Holocaust, Münster 2011.
J. Zimmerer (Hrsg.), Koloniale Erinnerung: Kein Platz an der Sonne: Erinnerungsorte der deutschen Kolonialgeschichte, Frankfurt a. M. 2013.

8 Internationale Beziehungen

8.1 Allgemeines

D. Bell, Victorian Visions of Global Order. Empire and International Relations in Nineteenth-Century Political Thought, Cambridge 2007.
K. Boeckh, Katrin, S. Rutar (Hrsg.), The Balkan Wars from Contemporary Perception to Historic Memory, Cham 2017.
I. Clark, Globalization and Fragmentation. International Relations in the Twentieth Century, Oxford u. a. 1997.
G. A. Craig, A. L. George, Force and Statecraft. Diplomatic Problems of Our Time, 4. Aufl., New York–Oxford 2007.
L. Dehio, Gleichgewicht oder Hegemonie. Betrachtungen über ein Grundproblem der neueren Staatengeschichte, Krefeld o. J. [1948].
D. Geppert, W. Mulligan, A. Rose (Hrsg.), The Wars before the Great War. Conflict and International Politics before the Outbreak of the First World War, Cambridge 2015.
R. Girault, Diplomatie européenne et impérialismes. Histoire des relations internationales contemporaines, Bd. 1: 1871–1914, Paris u. a. 1979.
H. Gollwitzer, Geschichte des weltpolitischen Denkens, 2 Bde., Göttingen 1972–82.
E. Goldstein, Wars and Peace Treaties 1816–1991, London–New York 1992.
G. P. Gooch, Before the War. Studies in Diplomacy, 2 Bde., London 1936–38.
J. Joll, 1914. The Unspoken Assumptions, London 1968.

W. L. Langer, European Alliances and Alignments 1871–1890, 2. Aufl., New York 1962.
W. L. Langer, The Diplomacy of Imperialism, 1890–1902, 2. Aufl., New York 1968.
R. R. McLean, Royalty and Diplomacy in Europe, 1890–1914, Cambridge 2001.
S. Neitzel, Weltmacht oder Untergang. Die Weltreichslehre im Zeitalter des Imperialismus, Paderborn u. a. 2000.
A. Palmer, Glanz und Niedergang der Diplomatie. Die Geheimpolitik der europäischen Kanzleien vom Wiener Kongress bis zum Ausbruch des Ersten Weltkrieges, Düsseldorf 1986.
P. Renouvin, Histoire des relations internationales, Bd. 6: Le XIXe siècle, II.: De 1871 à 1914. L'apogée de l'Europe, Paris 1955.
S. R. Rock, Why Peace Breaks Out. Great Power Rapprochement in Historical Perspective, Chapel Hill–London 1989.
P. W. Schroeder, The Transformation of European Politics 1763–1848. Reprint, Oxford u. a. 1999.
Z. Steiner, The Lights that Failed. European International History. 1919–1933, Oxford u. a. 2005.
S. Zala, Geschichte unter der Schere politischer Zensur. Amtliche Aktensammlungen im internationalen Vergleich, München 2001.

8.2 Außenpolitik einzelner Länder

J. Bariéty, Die französische Politik in der Ruhrkrise, in: K. Schwabe (Hrsg.), Die Ruhrkrise 1923. Wendepunkte der internationalen Beziehungen nach dem Ersten Weltkrieg, Paderborn 1985, S. 11–27.
G. H. Bolsover, Izvol'sky and the Reform of the Russian Ministry of Foreign Affairs, in: SEER 63 (1985), S. 21–40.
R. J. B. Bosworth, Italy, the Least of the Great Powers: Italian foreign policy before the First World War, Cambridge u. a. 1979.
F. R. Bridge, From Sadowa to Sarajewo. The Foreign Policy of Austria-Hungary, 1866–1914, London–Boston 1972.
J. Burkhardt u. a. (Hrsg.), Lange und Kurze Wege in den Ersten Weltkrieg. Vier Augsburger Beiträge für Kriegsursachenforschung, München 1996, S. 159–187.
K. Canis, Der Weg in den Abgrund. Deutsche Außenpolitik 1902–1914, Paderborn u. a. 2011.
K. Canis, Bismarcks Außenpolitik 1870 bis 1890. Aufstieg und Gefährdung, 2., durchges. Aufl., Paderborn u. a. 2008.
K. Canis, Von Bismarck zur Weltpolitik. Deutsche Außenpolitik 1890 bis 1902, 2. Aufl., Berlin 1999.
J. Dülffer, K. Holl (Hrsg.), Bereit zum Krieg. Kriegsmentalität im wilhelminischen Deutschland 1890–1914. Beiträge zur historischen Friedensforschung, Göttingen 1986.
K. D. Erdmann, Zur Echtheit der Tagebücher Kurt Riezlers. Eine Antikritik, in: HZ 236 (1983), S. 371–402.
L. L. Farrar, The Short-War Illusion. German Policy, Strategy and Domestic Affairs, August – December 1914, Oxford 1973.

L. L. Farrar, Jr., Arrogance and Anxiety. The Ambivalence of German Power, 1848–1914, Iowa City 1981.

F. Fischer, Krieg der Illusionen. Die deutsche Politik von 1911 bis 1914 (2. Aufl. 1970), Kronberg/Ts.-Düsseldorf 1978.

C. Gade, Gleichgewichtspolitik oder Bündnispflege? Maximen britischer Außenpolitik, 1909–1914, Göttingen 1997.

I. Geiss, German Foreign Policy, 1871–1914, London-Boston 1976.

D. Geppert, A. Rose, Machtpolitik und Flottenbau vor 1914. Zur Neuinterpretation britischer Außenpolitik im Zeitalter des Hochimperialismus. In: HZ 293 (2011), S. 401–437.

K. Hildebrand, Deutsche Außenpolitik 1871–1918, 3., überarb. u. um einen Nachtrag erw. Aufl., München 2008.

K. Hildebrand, Das vergangene Reich. Deutsche Außenpolitik von Bismarck bis Hitler 1871–1945, Studienausg., München 2008. (1995)

A. Hillgruber, Deutsche Großmacht- und Weltpolitik im 19. Und 20. Jahrhundert, Düsseldorf 1977.

A. Hillgruber, Deutschlands Rolle in der Vorgeschichte der beiden Weltkriege, 3. Aufl., Göttingen 1986.

A. Hillgruber, Die gescheiterte Großmacht. Eine Skizze des Deutschen Reiches 1871–1945, 4. Aufl., Düsseldorf 1984.

F. H. Hinsley (Hrsg.), British Foreign Policy under Sir Edward Grey, Cambridge 1977.

A. Iriye, The Globalizing of America. 1913–1945, Cambridge u. a. 1993 (= The Cambridge History of American Foreign Relations Bd. 3).

B. Jelavich, Russia's Balkan Entanglements. 1806–1914, Reprint, Cambridge u. a. 1993.

R. A. Jones, The British Diplomatic Service 1815–1914, Gerrards Cross 1983.

J. F. V. Keiger, Jules Cambon and Franco-German Détente, 1907–1914, in: HJ 26 (1983), S. 641–659.

P. M. Kennedy, The Rise of the Anglo-German Antagonism 1860–1914, London 1980.

R. A. Kennedy, The Will to Believe: Woodrow Wilson, World War I, and America's Strategy for Peace and Security, Kent 2009.

F. Klein, Weltpolitische Ambitionen Österreich-Ungarns vor 1914, in: JbG 29 (1984), S. 263–280.

M. Kröger, „Le bâton égyptien" – Der ägyptische Knüppel. Die Rolle der „Ägyptischen Frage" in der deutschen Außenpolitik von 1875/6 bis zur „Entente Cordiale", Frankfurt a. M. u. a. 1991.

G. Kronenbitter, „Nur los lassen". Österreich-Ungarn und der Wille zum Krieg, in: J. Burkhardt u.a. (Hrsg.), Lange und kurze Wege in den Ersten Weltkrieg. Vier Augsburger Beiträge zur Kriegsursachenforschung, München 1996, S.159–187.

G. Krumeich, Rezension zu: S. Schmidt, Frankreichs Außenpolitik in der Julikrise 1914. Ein Beitrag zur Geschichte des Ausbruchs des Ersten Weltkrieges, München 2009, in: H-Soz-Kult, 31.03.2011, http://hsozkult.geschichte.hu-berlin.de/rezensionen/2011-1-242.

W. LaFeber, The new Cambridge History of American Foreign Relations: Volume 2. The American Search for Opportunity. 1865–1913, Cambridge 2013.

R. Lahme, Deutsche Außenpolitik 1890–1894. Von der Gleichgewichtspolitik Bismarcks zur Allianzstrategie Caprivis, Göttingen 1990.

C. J. Lowe, F. Marzari, Italian Foreign Policy 1870–1940, London-Boston 1975.

T. Meyer, „Endlich eine Tat, eine befreiende Tat...". Alfred von Kiderlen-Wächters „Panthersprung nach Agadir" unter dem Druck der öffentlichen Meinung, Husum 1996.

W. J. Mommsen, Domestic Factors in German Foreign Policy before 1914, in: J. J. Sheehan (Hrsg.), Imperial Germany, New York–London 1976, S. 223–268.

W. J. Mommsen, Großmachtstellung und Weltpolitik. Die Außenpolitik des Deutschen Reiches 1870 bis 1914, Frankfurt a. M. u. a. 1993.

S. Neitzel, Kriegsausbruch. Deutschlands Weg in die Katastrophe 1900–1914, München 2002.

T. G. Otte, The Foreign Office Mind. The Making of British Foreign Policy 1865–1914, Cambridge 2011.

A. Rose, Zwischen Empire und Kontinent. Die britische Außenpolitik vor dem Ersten Weltkrieg, München 2011.

A. Rose, Deutsche Außenpolitik des Wilhelminischen Kaiserreichs 1890–1918, Darmstadt 2013.

S. Schmidt, Frankreichs Außenpolitik in der Julikrise 1914. Ein Beitrag zur Geschichte des Ausbruchs des Ersten Weltkrieges, München 2009.

G. Schöllgen (Hrsg.), Flucht in den Krieg? Die Außenpolitik des kaiserlichen Deutschland, Darmstadt 1991.

G. Schöllgen, Jenseits von Hitler. Die Deutschen in der Weltpolitik von Bismarck bis heute, Berlin 2005.

G. Schöllgen, Kriegsgefahr und Krisenmanagement vor 1914. Zur Außenpolitik des kaiserlichen Deutschland, in: Historische Zeitschrift 267 (1998), S. 399–413.

G. Schöllgen, Die Macht in der Mitte Europas. Stationen deutscher Außenpolitik von Friedrich dem Großen bis zur Gegenwart, 2., aktual. u. erw. Aufl., München 2000.

K. Schwabe, Weltmacht und Weltordnung. Amerikanische Außenpolitik von 1898 bis zur Gegenwart. Eine Jahrhundertgeschichte, 2., durchges. Aufl., Paderborn u. a. 2007.

B. Sösemann, Die Tagebücher Kurt Riezlers. Untersuchungen zu ihrer Echtheit und Edition. in: HZ 236 (1983), S. 327–369.

Z. S. Steiner, The Foreign Office and Foreign Policy, 1898–1914, Cambridge 1969.

W. Wagner, Japans Außenpolitik in der frühen Meiji-Zeit (1868–1894). Die ideologische und politische Grundlegung des japanischen Führungsanspruchs in Ostasien, Stuttgart 1990.

P. Winzen, Bülows Weltmachtkonzept. Untersuchungen zur Frühphase seiner Außenpolitik 1897–1901, Boppard a. Rh. 1977.

R.-H. Wippich, Japan und die deutsche Fernostpolitik 1894–1898. Vom Ausbruch des Chinesisch-Japanischen Krieges bis zur Besetzung der Kiautschou-Bucht. Ein Beitrag zur Wilhelminischen Weltpolitik, Stuttgart 1987.

C. Wipperfürth, Von der Souveränität zur Angst. Britische Außenpolitik und Sozialökonomie im Zeitalter des Imperialismus, Stuttgart 2004.

K. Wormer, Großbritannien, Rußland und Deutschland. Studien zur britischen Weltreichpolitik am Vorabend des Ersten Weltkriegs, München 1980.

E. Zechlin, Die Adriakrise und der „Kriegsrat" vom 8. Dezember 1912, in: ders. (Hrsg.), Krieg und Kriegsrisiko. Zur deutschen Politik im Ersten Weltkrieg. Aufsätze. Düsseldorf 1979, S. 115–159.

8.3 Bilaterale und multilaterale Beziehungen

H. Afflerbach, Der Dreibund. Europäische Großmacht- und Allianzpolitik vor dem Ersten Weltkrieg, Wien u. a. 2002.

J. Angelow, Kalkül und Prestige. Der Zweibund am Vorabend des Ersten Weltkrieges, Köln u. a. 2000.

C. Aydin, A Global Anti-Western Moment? The Russo-Japanese War, Decolonization, and Asian Modernity, in: S. Conrad, D. Sachsenmaier (Hrsg.): Competing Visions of World Order: Global Moments and Movements, 1880s-1930s, New York 2007, S. 213–236.

K. Bachmann, „Ein Herd der Feindschaft gegen Rußland". Galizien als Krisenherd in den Beziehungen der Donaumonarchie mit Rußland (1907–1914), Wien 2001.

M. Behnen, Rüstung – Bündnis – Sicherheit. Dreibund und informeller Imperialismus 1900–1908, Tübingen 1985.

S. Bender, Der Burenkrieg und die deutschsprachige Presse. Wahrnehmung und Deutung zwischen Bureneuphorie und Anglophobie 1899–1902, Paderborn u. a. 2009.

M. Brechtken, Scharnierzeit 1895–1907. Persönlichkeitsnetze und internationale Politik in den deutschen-britisch-amerikanischen Beziehungen vor dem Ersten Weltkrieg, Mainz 2006.

F. R. Bridge, Great Britain and Austria-Hungary 1906–1914: A Diplomatic History, London 1972.

J. W. Coogan, P. F. Coogan, The British Cabinet and the Anglo-French Staff Talks, 1905–1914: Who Knew What and When Did He Know It? in: Journal of British Studies 24 (1985), S. 110–131.

R. J. Crampton, The Hollow Detente. Anglo-German Relations in the Balkans 1911–1914, London 1979.

E. Decleva, Da Adua a Sarajevo. La politica estera italiana e la Francia 1896–1914, Bari 1971.

K. D. Erdmann, E. Zechlin, Politik und Geschichte. Europa 1914 – Krieg oder Frieden, Kiel 1985.

W.-U. Friedrich, Bulgarien und die Mächte 1913–1915. Ein Beitrag zur Weltkriegs- und Imperialismusgeschichte, Stuttgart 1985.

M. Fröhlich, Von Konfrontation zur Koexistenz. Die deutsch-englischen Kolonialbeziehungen in Afrika zwischen 1884 und 1914, Bochum 1990.

M. Gehler (Hrsg.), Ungleiche Partner? Österreich und Deutschland in ihrer gegenseitigen Wahrnehmung. Historische Analysen und Vergleiche aus dem 19. und 20. Jahrhundert, Stuttgart 1996.

D. Geppert, Pressekriege. Öffentlichkeit und Diplomatie in den deutsch-britischen Beziehungen (1896–1912), München 2007.

D. Geppert, R. Gerwarth (Hrsg), Wilhelmine Germany and Edwardian Britain. Essays in Cultural Affinity, Oxford 2008.
P. H. S. Hatton, Harcourt and Solf. The Search for an Anglo-German Understanding through Africa, 1912–1914, in: European Studies Review 1 (1971), S. 123–145.
O. Hauser, Deutschland und der englisch-russische Gegensatz 1900–1914, Göttingen 1958.
E. C. Helmreich, The Diplomacy of the Balkan Wars 1912–1913, Cambridge/MA 1938.
H. Henning, Deutschlands Verhältnis zu England in Bethmann Hollwegs Außenpolitik 1909–1914, Diss., Köln 1962.
M. Hewitson, National Identity and Political Thought in Germany. Wilhelmine Depictions of the French Third Republic 1890–1914, Oxford 2000.
K. Hildebrand, Zwischen Allianz und Antagonismus. Das Problem bilateraler Normalität in den britisch-deutschen Beziehungen des 19. Jahrhunderts (1870–1914), in: H. Dollinger, H. Gründer, A. Hanschmidt (Hrsg.), Weltpolitik, Europagedanke, Regionalismus. Festschrift für H. Gollwitzer zum 65. Geburtstag am 30. Januar 1982, Münster 1982, S. 305–331.
L. Höbelt, Der Zweibund. Bündnis mit paradoxen Folgen, in: M. Gehler (Hrsg.), Ungleiche Partner? Österreich und Deutschland in ihrer gegenseitigen Wahrnehmung. Historische Analysen und Vergleiche aus dem 19. und 20. Jahrhundert, Stuttgart 1996, S. 295–313.
C. Hoyer, Salisbury und Deutschland. Außenpolitisches Denken und britische Deutschlandpolitik zwischen 1856 und 1880, Husum 2008.
G. Keiper, Biographische Studien zu den Verständigungsversuchen zwischen Deutschland und Frankreich am Vorabend des Ersten Weltkrieges, Frankfurt a. M. u. a. 1997.
G. F. Kennan, Amerika und die Sowjetmacht, 2 Bde., Stuttgart 1956–58.
G. F. Kennan, Bismarcks europäisches System in der Auflösung. Die französisch-russische Annäherung 1875 bis 1890, Frankfurt a. M. u. a. 1981.
G. F. Kennan, Die schicksalhafte Allianz. Frankreich und Rußland am Vorabend des Ersten Weltkrieges (1984), Köln 1990.
P. M. Kennedy, The Rise of the Anglo-German Antagonism 1860–1914, London 1980.
S. Kestler, Betrachtungen zur kaiserlich deutschen Rußlandpolitik. Ihre Bedeutung für die Herausbildung des deutsch-russischen Antagonismus zwischen Reichsgründung und Ausbruch des Ersten Weltkrieges (1871–1914), Hamburg 2002.
F. Kießling, Gegen den „großen Krieg"? Entspannung in den internationalen Beziehungen 1911–1914, München 2002.
R. Kowner (Hrsg.), Rethinking the Russo-Japanese War 1904–05. 2 Bde., Leiden 2007.
R. Kowner (Hrsg.), The Impact of the Russo-Japanese War, New York 2007.
J. Kreiner (Hrsg.), Der Russisch-Japanische Krieg (1904/05), Bonn 2005.
W. L. Langer, The Franco-Russian Alliance 1890–1894 (1929), New York 1967.
R. Langhorne, Great Britain and Germany, 1911–1914, New Haven 1971.
R. Langhorne, Anglo-German Negotiations Concerning the Future of the Portuguese Colonies, 1911–1914, in: HJ 16 (1973), S. 361–387.
R. K. Massie, Die Schalen des Zorns. Großbritannien, Deutschland und das Heraufziehen des Ersten Weltkrieges, Frankfurt a. M. 1993.

M. Mayer, Geheime Diplomatie und öffentliche Meinung. Die Parlamente in Frankreich, Deutschland und Großbritannien und die erste Marokkokrise 1904–1906, Düsseldorf 2002.

F. Meinecke, Geschichte des deutsch-englischen Bündnisproblems 1890–1901, München–Berlin 1927.

F. Meinecke, Zur Geschichte der deutsch-englischen Bündnisverhandlungen von 1901, in: E. Daniels, P. Rühlmann (Hrsg.), Am Webstuhl der Zeit. Eine Erinnerungsgabe. Hans Delbrück dem Achtzigjährigen von Freunden und Schülern dargebracht, Berlin 1928, S. 82–90.

J. Milojković-Djurić, The Eastern Question and the Voices of Reason. Austria-Hungary, Russia, and the Balkan States. 1875–1908, Boulder 2002.

K. Neilson, Britain and the Last Tsar. British Policy and Russia 1894–1917, Oxford 1995.

J. Nevakivi, Britain, France and the Arab Middle East 1914–1920, London 1969.

I. H. Nish, The Anglo-Japanese Alliance. The Diplomacy of Two Island Empires 1894–1907, London 1966.

R. Poidevin, J. Bariéty, Frankreich und Deutschland. Die Geschichte ihrer Beziehungen 1815–1975, München 1982.

R. Pommerin, Der Kaiser und Amerika. Die USA in der Politik der Reichsleitung 1890–1917, Köln–Wien 1986.

U. Ratenhof, Die Chinapolitik des Deutschen Reiches 1871 bis 1945. Wirtschaft-Rüstung-Militär, Boppard 1987.

H. Raulff, Zwischen Machtpolitik und Imperialismus. Die deutsche Frankreichpolitik 1904/06, Düsseldorf 1976.

L. Reinermann, Der Kaiser in England. Wilhelm II. und sein Bild in der britischen Öffentlichkeit, Paderborn u. a. 2001.

G. Ritter, Die Legende von der verschmähten englischen Freundschaft 1898/1901. Beleuchtet aus der neuen englischen Aktenveröffentlichung, Freiburg 1929.

J. Rüger, The Great Naval Game: Britain and Germany in the Age of Empire, Cambridge 2007.

I. Schneider, Die deutsche Rußlandpolitik 1890–1900, Paderborn u. a. 2003.

G. Schöllgen, Imperialismus und Gleichgewicht. Deutschland, England und die orientalische Frage 1871–1914, 3. Aufl., München 2000.

S. Schröder, Die englisch-russische Marinekonvention. Das Deutsche Reich und die Flottenverhandlungen der Tripelentente am Vorabend des Ersten Weltkriegs, Göttingen 2006.

R. Scully, British Images of Germany: Admiration, Antagonism and Ambivalence, 1860–1914, Basingstoke 2012.

N. G. Sporn, Die Venezuela-Krise von 1902–03. Überlegungen zur staatlichen und nationalen Entwicklung Venezuelas im 19. Jahrhundert, Diss., Erlangen–Nürnberg 1991.

A. Springborn, Englands Stellung zur deutschen Welt- und Kolonialpolitik in den Jahren 1911–1914, Würzburg 1939.

M. Sprotte, W. Seifert, H-D. Löwe (Hrsg.): Der Russisch-Japanische Krieg 1904/05. Anbruch einer neuen Zeit?, Wiesbaden 2007.

J. D. Vincent-Smith, The Anglo-German Negotiations over the Portuguese Colonies in Africa, 1911–14, in: HJ 17 (1974), S. 620–629.

K. Wilsberg, „Terrible ami – aimable ennemi". Kooperation und Konflikt in den deutsch-französischen Beziehungen 1911-1914, Bonn 1998.

K. M. Wilson, The Policy of the Entente. Essays on the Determinants of British Foreign Policy 1904-1914, Cambridge u. a. 1985.

8.4 Außenpolitische Verfahren, Diplomatie

L. Cecil, The German Diplomatic Service, 1871-1914, Princeton/NJ 1976.

V. Cromwell, ‚A world apart': gentlemen amateurs to professional generalists, in: M. L. Dockrill (Hrsg.), Diplomacy and World Power. Studies in British foreign policy 1890-1950, Cambridge 1996, S. 1-18.

U. Daniel, Einkreisung und Kaiserdämmerung: Ein Versuch, der Kulturgeschichte der Politik vor dem Ersten Weltkrieg auf die Spur zu kommen, in: B. Stollberg-Rilinger (Hrsg.), Was heißt Kulturgeschichte des Politischen? (Beiheft 35 der ZHF), Berlin 2005, S. 279-328.

J. Dülffer, M. Kröger, R.-H. Wippich, Vermiedene Kriege. Deeskalation von Konflikten der Großmächte zwischen Krimkrieg und Erstem Weltkrieg 1856-1914, München 1997.

J. Dülffer, Regeln gegen den Krieg? Die Haager Friedenskonferenzen von 1899 und 1907 in der internationalen Politik, Frankfurt a. M. u. a. 1981.

H. Geyer, J. Paulmann (Hrsg.), The Mechanics of Internationalism. Culture, Society, and Politics from the 1840s to the First World War, Oxford u. a. 2001.

S. Harris, Taming Arbitration. States, Men, Lawyers, and Peace Advocates from the Hague to the War, in: Journal of the History of International Law 19, (2017), S. 362-396.

M. Herren, Internationale Organisationen seit 1865. Eine Globalgeschichte der internationalen Ordnung, Darmstadt 2009.

J. Hort, Architektur der Diplomatie. Repräsentation in europäischen Botschaftsbauten, 1800-1920. Konstantinopel – Rom – Wien – St. Petersburg, Göttingen 2014.

F. Kießling, Der „Dialog der Taubstummen" ist vorbei. Neue Ansätze in der Geschichte der internationalen Beziehungen des 19. und 20. Jahrhunderts, in: HZ 275 (2002), S. 651-831.

F. Kießling, Das Paradox der Geheimdiplomatie. Offizielle Außenpolitik und Öffentlichkeit vor 1914, in: F. Bösch, P. Hoeres (Hrsg.), Außenpolitik im Medienzeitalter. Vom späten 19. Jahrhundert bis zur Gegenwart, Göttingen 2013, S. 73-94.

F. Kießling, Self-Perception, the Official Attitude towards Pacifism, and Great Power Détente: Reflections on Diplomatic Culture before World War I, in: J. C. E. Gienow-Hecht (Hrsg.), Decentering America, New York–Oxford 2007, S. 345-380.

D. Laqua, The Age of Internationalism and Belgium, 1880-1930. Peace, Progress and Prestige, Manchester 2015.

E. Matsch, Geschichte des Auswärtigen Dienstes von Österreich (-Ungarn) 1720-1920, Wien u. a. 1980.

W. J. Mommsen, Der Topos vom unvermeidlichen Krieg. Außenpolitik und öffentliche Meinung im Deutschen Reich im letzten Jahrzehnt vor 1914, in: J. Dülffer, K. Holl (Hrsg.), Bereit zum Krieg. Kriegsmentalität im wilhelminischen Deutschland 1890–1914, Göttingen 1986, S. 194–224.

M. Mösslang, T. Riotte (Hrsg.), The Diplomats' World. A Cultural History of Diplomacy, 1815–1914, Oxford 2008.

L. Nuzzo, M. Vec (Hrsg.), Constructing International Law. The Birth of a Discipline, Frankfurt a. M. 2012.

J. Paulmann, Pomp und Politik. Monarchenbegegnungen in Europa zwischen Ancien Régime und Erstem Weltkrieg, Paderborn u. a. 2000.

M. Payk, Frieden durch Recht? Der Aufstieg des modernen Völkerrechts und der Friedensschluss nach dem Ersten Weltkrieg, Berlin u. a. 2018.

S. Schattenberg, Die Sprache der Diplomatie oder das Wunder von Portsmouth. Überlegungen zu einer Kulturgeschichte der Außenpolitik, in: Jahrbücher für Geschichte Osteuropas 56 (2008), S. 3–36.

G. Sluga, Internationalism in the Age of Nationalism, Philadelphia 2013.

V. Steller, Diplomatie von Angesicht zu Angesicht. Diplomatische Handlungsformen in den deutsch-französischen Beziehungen 1870–1919, Paderborn u. a. 2011.

M. Vec, Verrechtlichung internationaler Streitbeilegung im 19. und 20. Jahrhundert? Beobachtungen und Fragen zu den Strukturen völkerrechtlicher Konfliktaustragung, in: S. Dauchy, M. Vec (Hrsg.), Les conflits entre peuples. De la résolution libre à la résolution imposée, Baden-Baden 2011, S. 11–23.

8.5 Militärische Planungen, Rüstung

V. Berghahn, Der Tirpitz-Plan. Genesis und Verfall einer innenpolitischen Krisenstrategie unter Wilhelm II., Düsseldorf 1971.

V. Berghahn, Rüstung und Machtpolitik. Zur Anatomie des „Kalten Krieges" vor 1914, Düsseldorf 1973.

K. Boeckh, S. Rutar (Hrsg.), The Wars of Yesterday. The Balkan Wars and the Emergence of Modern Military Conflict, 1912–13, New York 2018.

M. F. Boemeke, R. Chickering, S. Förster (Hrsg.), Anticipating Total War. The German and American Experiences, 1871–1914, Cambridge 1999.

W. Deist, Flottenpolitik und Flottenpropaganda. Das Nachrichtenbureau des Reichsmarineamtes 1897–1914, Stuttgart 1976.

J. Dülffer, Die zivile Reichsleitung und der Krieg. Erwartungen und Bilder 1890–1914, in: W. Pyta, L. Richter (Hrsg.), Gestaltungskraft des Politischen. Festschrift für Eberhard Kolb, Berlin 1998, S. 11–28.

H. Ehlert, M. Epkenhans, G. P. Groß (Hrsg.), Der Schlieffenplan. Analysen und Dokumente, 2., durchges. Aufl., Paderborn u. a. 2007.

M. Epkenhans, Die wilhelminische Flottenrüstung 1908–1914. Weltmachtstreben, industrieller Fortschritt, soziale Integration, München 1991.

S. Förster, Der deutsche Generalstab und die Illusion des kurzen Krieges, 1871–1914. Metakritik eines Mythos, in: Militärgeschichtliche Mitteilungen 54 (1995), S. 61–95.

S. Förster, Der doppelte Militarismus. Die deutsche Heeresrüstungspolitik zwischen Status-Quo-Sicherung und Aggression 1890–1913, Stuttgart 1985.
D. French, British Economic and Strategic Planing 1905–1915, London u. a. 1982.
R. Hamilton, H. Herwig (Hrsg.), War Planning 1914, New York 2010.
A. Horne, The French Army and Politics, 1870–1970, London–Basingstoke 1984.
E. Kehr, Schlachtflottenbau und Parteipolitik 1894–1901. Versuch eines Querschnitts durch die innenpolitischen, sozialen und ideologischen Voraussetzungen des deutschen Imperialismus, Berlin 1930.
P. M. Kennedy (Hrsg.), The War Plans of the Great Powers, 1880–1914, London u. a. 1979 (Reprint 1989).
G. Kronenbitter, „Krieg im Frieden". Die Führung der k. u. k. Armee und die Großmachtpolitik Österreich-Ungarns 1906–1914, München 2003.
G. Krumeich, Aufrüstung und Innenpolitik in Frankreich vor dem Ersten Weltkrieg. Die Einführung der dreijährigen Dienstpflicht 1913–1914, Wiesbaden 1980.
I. N. Lambi, The Navy and the German Power Politics 1862–1914, Boston u. a. 1984.
J. H. Maurer, The Outbreak of the First World War. Strategic Planning, Crisis Decision Making and Deterrence Failure, Westport/Conn. u. a. 1995.
S. E. Miller (Hrsg.), Military Strategy and the Origins of the First World War, Princeton/N. J. 1985.
A. Mombauer, Helmuth von Moltke and the Origins of the First World War, Cambridge u. a. 2001.
D. G. Morgan-Owen, The Fear of Invasion. Strategy, Politics, and British War Planning, 1880–1914, Oxford 2017.
G. Ritter, Staatskunst und Kriegshandwerk. Das Problem des „Militarismus" in Deutschland, Bde. 2–4 [1890–1918], München 1960–68.
H. Schottelius, W. Deist (Hrsg.), Marine und Marinepolitik im kaiserlichen Deutschland 1871–1914, Düsseldorf 1972.
B. Semmel, Liberalism and Naval Strategy. Ideology, Interest, and Sea Power during the Pax Britannica, Boston u. a. 1986.
L. Sondhaus, Franz Conrad von Hötzendorf. Architect of the Apocalypse, Boston/Mass. u. a. 2000.
D. Stevenson, Armaments and the Coming of War: Europe 1904–1914, Oxford 1996.
D. Storz, Kriegsbild und Rüstung vor 1914. Europäische Landstreitkräfte vor dem Ersten Weltkrieg, Herford u. a. 1992.
J. T. Sumida, In Defence of Naval Supremacy. Finance, Technology and British Naval Policy, 1889–1914, Boston u. a. 1989.
S. Thalheimer, Das deutsche Flottengesetz von 1898, Diss. Düsseldorf u. Bonn 1926.
T. Travers, The Killing Ground. The British Army, the Western Front and the Emergence of Modern Warfare, 1900–1918, London u. a. 1987.
L. C. F. Turner, The Role of the General Staffs in July 1914, in: The Australian Journal of Politics and History 11 (1965), S. 305–323.
S. R. Williamson, Jr., The Politics of Grand Strategy. Britain and France Prepare for War, 1904–1914, Cambridge/Mass. 1969.

8.6 Vorgeschichte des Ersten Weltkrieges, Julikrise

H. AFFLERBACH, D. STEVENSON (Hrsg.), An Improbable War? The Outbreak of World War I and European Political Culture before 1914, New York u. a. 2007.

H. AFFLERBACH, The Topos of Improbable War in Europe before 1914, in: Ders., D. Stevenson (Hrsg.), An Improbable War? The Outbreak of World War I and European Political Culture before 1914, New York u. a. 2007, S. 159–182.

L. ALBERTINI, The Origins of the War of 1914, 3 Bde. (1952–57), Westport/CT 1980.

V. BERGHAHN, Germany and the Approach of War in 1914, 2. Aufl., London–Basingstoke 1993.

V. BERGHAHN, Sarajewo, 28. Juni 1914. Der Untergang des alten Europas, München 1997.

R. J. B. BOSWORTH, Italy and the Approach of the First World War, London–Basingstoke 1983.

J. BURKHARDT, Kriegsgrund Geschichte? 1870, 1813, 1756 – historische Argumente und Orientierungen bei Ausbruch des Ersten Weltkrieges, in: Ders. u. a.: Lange und kurze Wege in den Ersten Weltkrieg. Vier Beiträge zur Kriegsursachenforschung, München 1996, S. 9–86.

J. BURKHARDT u. a., Lange und kurze Wege in den Ersten Weltkrieg. Vier Augsburger Beiträge zur Kriegsursachenforschung, München 1996.

R. CHICKERING, „War Enthusiasm?" Public Opinion and the Outbreak of War in 1914, in: H. Afflerbach, D. Stevenson (Hrsg.), An Improbable War? The Outbreak of World War I and European Political Culture Before 1914, New York 2007, S. 200–212.

C. CLARK, Die Schlafwandler. Wie Europa in den Ersten Weltkrieg zog, München 2013 u. ö.

R. J. W. EVANS, H. POGGE VON STRANDMANN (Hrsg.), The Coming of the First World War, Oxford 1988.

S. B. FAY, The Origins of the World War, 2 Bde., New York 1929–30.

S. FÖRSTER, Im Reich des Absurden. Die Ursachen des Ersten Weltkrieges, in: B. Wegner (Hrsg.), Wie Kriege entstehen. Zum historischen Hintergrund von Staatenkonflikten, Paderborn u. a. 2000, S. 211–252.

I. GEISS, Zur Fischer-Kontroverse. 40 Jahre danach, in: M. Sabrow, R. Jessen, K. Grosse Kracht (Hrsg.), Zeitgeschichte als Streitgeschichte. Große Kontroversen nach 1945, München 2003, S. 41–57.

I. GEISS, Der lange Weg in die Katastrophe. Die Vorgeschichte des Ersten Weltkriegs 1815–1914, 2. Aufl., München 1991.

A. GESTRICH, H. POGGE VON STRANDMANN (Hrsg.), Bid for world power? New research on the outbreak of the First World War, Oxford 2017.

R. F. HAMILTON, H. H. HERWIG (Hrsg.), The Origins of World War I, Cambridge 2003.

K. HILDEBRAND, „Staatskunst und Kriegshandwerk". Akteure und System der europäischen Staatenwelt vor 1914, Friedrichsruh 2005.

W. JÄGER, Historische Forschung und politische Kultur in Deutschland. Die Debatte 1914–1980 über den Ausbruch des Ersten Weltkrieges, Göttingen 1984.

J. JOLL, Die Ursprünge des Ersten Weltkriegs, London–New York 1984. (dt. 1988)

J. F. V. Keiger, France and the Origins of the First World War, London–Basingstoke 1983.

F. Kießling, Wege aus der Stringenzfalle. Die Vorgeschichte des Ersten Weltkrieges als „Ära der Entspannung", in: GWU 55 (2004), S. 284–304.

F. Kießling, Vergesst die Schulddebatte! Die Forschung zum Ersten Weltkrieg überwindet liebgewordene Denkblockaden, in: Mittelweg 36. 23 (2014), S. 4–15.

G. Krumeich, Juli 1914. Eine Bilanz, Paderborn u. a. 2014.

J. W. Langdon, July 1914. The long debate 1918–1990, New York u. a. 1991.

J. S. Levy, W. Mulligan, Why 1914 but Not Before? A Comparative Study of the July Crisis and Its Precursors, in: Security Studies 30 (2021), S. 213–244.

D. C. B. Lieven, Russia and the Origins of the First World War, London–Basingstoke 1983.

S. McMeekin, The Russian Origins of the First World War, Cambridge/Mass. 2011.

S. McMeekin, July 1914. Countdown to War, London 2013.

A. Mombauer, The First World War. Inevitable, Avoidable, Improbable or Desirable? Recent Interpretations on War Guilt and the War's Origins, in: German History 25 (2007), S. 78–95.

A. Mombauer, The Origins of the First World War. Controversies and Consensus, London 2002.

W. Mulligan, Origins of First World War. New Approaches to European History Series, Cambridge 2010.

M. Rauh, Die britisch-russische Marinekonvention von 1914 und der Ausbruch des Ersten Weltkrieges, in: Militärgeschichtliche Mitteilungen 41 (1987), S. 37–62.

B. Rosenberger, Zeitungen als Kriegstreiber? Die Rolle der Presse im Vorfeld des Ersten Weltkrieges, Köln u. a. 1998.

G. Schöllgen, Griff nach der Weltmacht? 25 Jahre Fischer-Kontroverse, in: Historisches Jahrbuch 106 (1986), S. 386–406.

Z. S. Steiner, Britain and the Origins of the First World War, London 1977.

S. R. Williamson, Jr., Austria-Hungary and the Origins of the First World War, London–Basingstoke 1991.

9 Der Erste Weltkrieg

9.1 Übergreifende Darstellungen

1914–1918-online. International Encyclopedia of the First World War. https://1914-1918-online.net (letzter Abruf: 15.12.2022).

H. Afflerbach, Auf Messers Schneide. Wie das Deutsche Reich den Ersten Weltkrieg verlor, München 2018.

J.-J. Becker, Les Français dans la Grande Guerre, Paris 1980.

V. Berghahn, Der Erste Weltkrieg, München 2003.

S. Constantine, M. W. Kirby, M. B. Rose (Hrsg.), The First World War in British History, London u. a. 1995.

C. Cornelißen, A. Weinrich (Hrsg.), Writing the Great War. The Historiography of World War I from 1918 to the Present, New York 2021.

E. Dal Lago, R. Healy, G. Barry (Hrsg.), 1916 in Global Context. An anti-imperial moment, Abingdon 2018.

M. Erez, The Wilsonian Moment: Self Determination and the International Origins of Anticolonial Nationalism, Oxford 2007.

N. Ferguson, Der falsche Krieg. Der Erste Weltkrieg und das 20. Jahrhundert, 2. Aufl., Stuttgart 1999.

R. Gerwarth, E. Manela (Hrsg.), Empires at War, 1911–1923, Oxford 2014.

R. Gerwarth, Die Besiegten. Das blutige Erbe des Ersten Weltkriegs, München 2017.

M. Healy, Vienna and the Fall of the Habsburg Empire. Total War and Everyday Life in World War I, Cambridge 2004.

G. Hirschfeld, G. Krumeich, I. Renz (Hrsg.), Enzyklopädie Erster Weltkrieg, aktual. u. erw. Studienausgabe. 2. Aufl., Paderborn u. a. 2014.

J. Horne, Labor and Labor Movements in World War I, in: M. R. Habeck, G. Parker, J. Winter (Hrsg.), The Great War and the Twentieth Century. Reflections on World War I, New Haven 2000, S. 187–228.

O. Janz, 14. Der große Krieg, Frankfurt a. M. 2013.

R. A. Kann, B. K. Király, P. S. Fichtner (Hrsg.), The Habsburg Empire in World War I. Essays on the Intellectual, Military, Political, and Economic Aspects of the Habsburg War Effort, New York 1977.

J. Keegan, Der Erste Weltkrieg. Eine europäische Tragödie, Reinbek 2001.

M. Kröger, Der Erste Weltkrieg im Nahen Osten, Stuttgart 2022.

P. Krüger, Der Erste Weltkrieg als Epochenschwelle, in: H. Maier (Hrsg.), Wege in die Gewalt. Die modernen politischen Religionen, 2. Aufl., Frankfurt a. M. 2002, S. 70–91.

G. Krumeich, Einleitung: Die Präsenz des Krieges im Frieden, in: J. Dülffer, G. Krumeich (Hrsg.), Der verlorene Frieden. Politik und Kriegskultur nach 1918, Essen 2002, S. 7–17.

G. Krumeich (Hrsg.), Nationalsozialismus und Erster Weltkrieg (= Schriften der Bibliothek für Zeitgeschichte. Neue Folge, Bd. 24), Essen 2010.

J. Leonhard, Büchse der Pandora. Geschichte des Ersten Weltkriegs, München 2014.

R. Lorenz, Kaiser Karl und der Untergang der Donaumonarchie, Graz u. a. 1959.

J. Martin, Globalizing the History of the First World War: Economic Approaches, in: The Historical Journal 65 (2022), S. 838–855.

W. Michalka (Hrsg.), Der Erste Weltkrieg. Wirkung, Wahrnehmung, Analyse, Genehmigte Lizenzausgabe, Weyarn 1997.

C. Mick, Der vergessene Krieg. Die schwierige Erinnerung an den Ersten Weltkrieg in Osteuropa, in: R. Rother (Hrsg.), Der Weltkrieg 1914–1918. Ereignis und Erinnerung, Berlin 2004, S. 74–81.

T. Minohara, E. Dawley (Hrsg.), Beyond Versailles: The 1919 Moment and a New Order in East Asia, Lanham 2021.

W. J. Mommsen, Der große Krieg und die Historiker. Neue Wege der Geschichtsschreibung über den Ersten Weltkrieg, Essen 2002.

W. J. Mommsen, Die Urkatastrophe Deutschlands. Der Erste Weltkrieg 1914–1918, (= Gebhardt, Handbuch der deutschen Geschichte) 10., völlig neu bearb. Aufl., Bd. 17, Stuttgart 2002.

H. Münkler, Der große Krieg. Die Welt 1914 bis 1918, Berlin 2013.

M. Rauchensteiner, Der Tod des Doppeladlers. Österreich-Ungarn und der Erste Weltkrieg, Graz u. a. 1993.

A. Reimann, Der Erste Weltkrieg. Urkatastrophe oder Katalysator? In: Aus Politik u. Zeitgeschichte (2004), S. 30–38.

A. Reimann, Von der Mentalität zur Spezialität? Neuere Forschungen zur Geschichte des Ersten Weltkriegs, in: NPL 2 (2004), S. 220–246.

S. Rinke, Latin America and the First World War, Cambridge 2017.

K. Robbins, The First World War, Reprint, Oxford–New York 1993.

E. Rogan, The fall of the Ottomans: the Great War in the Middle East, New York 2015.

R. Rother (Hrsg.), Der Weltkrieg 1914–1918. Ereignis und Erinnerung, Berlin 2004.

H. Rumpler (Hrsg.), Die Habsburgermonarchie und der Erste Weltkrieg. Teilband I.2. Vom Vielvölkerstaat Österreich-Ungarn zum neuen Europa der Nationalstaaten, Wien 2016.

D. Sachsenmaier, Chinese Debates on Modernization and the West after the Great War, in: J. Gienow-Hecht (Hrsg.), Decentering America, New York 2008, S. 109–131.

M. Salewski, Der Erste Weltkrieg, 2., durchges. Aufl., Paderborn u. a. 2004.

J. A. Sanborn, Imperial Apocalypse. The Great War and the Destruction of the Russian Empire, Oxford 2014.

D. Stevenson, 1914–1918. Der Erste Weltkrieg, Düsseldorf–Zürich 2006.

D. Stevenson, With Our Backs to the Wall. Victory and Defeat in 1918, London 2011.

H. Strachan, The First World War. Bd. 1: To Arms, Oxford 2001.

H. Strachan, The First World War in Africa, Oxford 2004.

H. Streets-Salter, World War One in Southeast Asia. Colonialism and Anticolonialism in an Era of Global Conflict, Cambridge 2017.

B. Thoss, H.-E. Volkmann (Hrsg.), Erster Weltkrieg – Zweiter Weltkrieg. Ein Vergleich. Krieg, Kriegserlebnis, Kriegserfahrung in Deutschland, Paderborn 2002.

B. Wegner, Wann begann und wann endete der Zweite Weltkrieg?, in: Frankfurter Allgemeine Zeitung 185, 12.8.2009, S. 3.

K. Weinhauer, A. MacElligott, K. Heinsohn (Hrsg.), Germany 1916–23. A revolution in context, Bielefeld 2015.

J. M. Winter, Remembering War. The Great War between Memory and History in the Twentieth Century, New Haven u. a. 2006.

J. M. Winter, Sites of Memory, Sites of Mourning. The Great War in European Cultural History, Cambridge u. a. 1995.

J. M. Winter (Hrsg.), The Cambridge History of the First World War, 3 Bde., Cambridge 2014.

A. Wirsching, D. Schumann (Hrsg.), Violence and Society after the First World War, München 2003.

9.2 Militärgeschichte, militärischer Verlauf, Kriegsalltag

C. M. Andrew, A. S. Kanya-Forstner, France Overseas. The Great War and the Climax of French Imperial Expansion, London 1981.

P. Beesly, Room 40. British Naval Intelligence 1914–1918 (1982), Oxford–New York 1984.
B. Bond (Hrsg.), The First World War and British Military History, Oxford 1991.
J.-P. Cartier, Der Erste Weltkrieg 1914–1918, München 1984.
R. Chickering, S. Förster (Hrsg.), Great War, Total War. Combat and Mobilization on the Western Front, 1914–1918, Cambridge 2000.
E. M. Coffman, The War to End All Wars. The American Military Experience in World War I, New York 1968.
M. Cooper, The Birth of Independent Air Power. British Air Policy in the First World War, London u. a. 1986.
S. Delaporte, Les gueules cassées. Les blessés de la face de la Grande Guerre, Paris 1996.
W. U. Eckart, Medizin und Krieg. Deutschland 1914–1924, Paderborn 2014.
B. K. Feltman, The Stigma of Surrender. German Prisoners, British Captors, and Manhood in the Great War and Beyond, Chapel Hill 2015.
R. Gerwarth, J. Horne (Hrsg.), War in Peace. Paramilitary Violence in Europe after the Great War, Oxford 2012.
M. Gilbert, First World War Atlas, London 1970.
G. P. Gross (Hrsg.), Die vergessene Front. Der Osten 1914/15. Ereignis, Wirkung, Nachwirkung, Paderborn u. a. 2006.
P. G. Halpern, The Naval War in the Mediterranean, 1914–1918, London u. a. 1987.
M. Harrison, The Medical War: British Military Medicine in the First World War, Oxford 2010.
H. H. Herwig, The Marne, 1914. The Opening of World War I and the Battle that Changed the World, New York 2009.
R. Hough, The Great War at Sea 1914–1918, Oxford–New York 1983.
J. Hürter, G. E. Rusconi (Hrsg.), Der Kriegseintritt Italiens im Mai 1915, München 2007.
S. Kienitz, „Fleischgewordenes Elend". Kriegsinvalidität und Körperbilder als Teil einer Erfahrungsgeschichte des Ersten Weltkrieges, in: N. Buschmann u. a. (Hrsg.), Die Erfahrung des Krieges. Erfahrungsgeschichtliche Perspektiven von der Französischen Revolution bis zum Zweiten Weltkrieg, Paderborn u. a. 2001, 215–237.
A. Kramer, Dynamic of Destruction. Culture and Mass Killing in the First World War, Oxford 2007.
W. Kruse, Krieg und Klassenheer. Zur Revolutionierung der deutschen Armee im Ersten Weltkrieg, in: Geschichte und Gesellschaft 22 (1996), S. 530–561.
P. Liddle, Men of Gallipoli. The Dardanelles and Gallipoli Experience, August 1914 to January 1916, London 1976.
A. Lipp, Meinungslenkung im Krieg. Kriegserfahrungen deutscher Soldaten und ihre Deutung 1914–1918, Göttingen 2003.
V. G. Liulevicius, Kriegsland im Osten. Eroberung, Kolonisierung und Militärherrschaft im Ersten Weltkrieg, Hamburg 2002.
G. Morton-Jack, The Indian Army on the Western Front: India's Expeditionary Force to France and Belgium in the First World War, Cambridge 2014.
M. R. Moyd, Violent Intermediaries. African Soldiers, Conquest, and Everyday Colonialism in German East Africa, Athen 2014.

R. Nachtigal, Kriegsgefangenschaft an der Ostfront 1914 bis 1918. Literaturbericht zu einem neuen Forschungsfeld, Frankfurt a. M. u. a. 2005.

R. Nachtigal, Russland und seine österreichisch-ungarischen Kriegsgefangenen (1914–1918), Remshalden 2003.

N. Napp, Die deutschen Luftstreitkräfte im Ersten Weltkrieg, Paderborn 2017.

R. L. Nelson, ‚Unsere Frage ist der Osten'. Representations of the Occupied East in German Soldier Newspapers, 1914–1918, in: Zeitschrift für Ostmitteleuropa-Forschung 51 (2002), S. 500–528.

J. Oltmer (Hrsg.), Kriegsgefangene im Europa des Ersten Weltkriegs, Paderborn u. a. 2006.

E. Paice, World War I: The African Front, New York 2008.

H. J. Pantenius, Der Angriffsgedanke gegen Italien bei Conrad von Hötzendorf. Ein Beitrag zur Koalitionskriegsführung im Ersten Weltkrieg, 2 Bde., Köln–Wien 1984.

G. Pedroncini, Les mutineries de 1917, Paris 1967.

R. Pöppinghege, Im Lager unbesiegt. Deutsche, englische und französische Kriegsgefangenen-Zeitungen im Ersten Weltkrieg, Essen 2006.

C. Pugsley, The Anzac Experience: New Zealand, Australia and the Empire in the First World War, Auckland 2004.

M. Roper, The Secret Battle. Emotional Survival in the Great War, Manchester 2009.

A. Samson, World War I in Africa: the forgotten conflict among the European powers, London 2012.

M. L. Sanders, P. M. Taylor, British Propaganda during the First World War, 1914–1918, London–Basingstoke 1982.

F. Schnell, Ukraine 1918: Besatzer und Besetzte im Gewaltraum, in: J. Baberowski, G. Metzler (Hrsg.), Gewalträume. Soziale Ordnungen im Ausnahmezustand, Frankfurt 2012, S. 135–168.

R. Singha, The Coolie's Great War. Indian Labour in a Global Conflict, 1914–1921, Oxford 2020.

B. Stegemann, Die Deutsche Marinepolitik 1916–1918, Berlin 1970.

N. Stone, The Eastern Front 1914–1917, London u. a. 1975.

A. Thomson, Anzac Memories: Living with the Legend, Melbourne 2013.

H.-E. Volkmann, Der Ostkrieg 1914/15 als Erlebnis- und Erfahrungswelt des deutschen Militärs, in: G. P. Gross (Hrsg.), Die vergessene Front. Der Osten 1914/15. Ereignis, Wirkung, Nachwirkung, Paderborn u. a. 2006, S. 263–293.

R. Wall, J. Winter (Hrsg.), The Upheaval of War. Family, Work, and Welfare in Europe, 1914–1918, Cambridge u. a. 1988.

A. Watson, Enduring the Great War. Combat, Morale and Collapse in the German and British Armies, 1914–1918, 2. Aufl., Cambridge u. a. 2009.

W. Wette (Hrsg.), Der Krieg des kleinen Mannes. Eine Militärgeschichte von unten, 2. Aufl., München 1995.

G. Xu, Strangers on the Western Front. Chinese Workers in the Great War, Cambridge 2011.

J. Zimmermann, Tannenberg 1914. Der Erste Weltkrieg in Ostpreußen (= Zeitalter der Weltkriege, Bd. 23), Berlin 2021.

9.3 Politik im Krieg, Kriegsziele, Kriegswirtschaft

H. AFFLERBACH, Vom Bündnispartner zum Kriegsgegner. Ursachen und Folgen des italienischen Kriegseintritts im Mai 1915, in: J. Hürter, G. E. Rusconi (Hrsg.), Der Kriegseintritt Italiens im Mai 1915, München 2007, S. 53–69.
H. AFFLERBACH (Hrsg.), The Purpose of the First World War. War Aims and Military Strategies, Berlin u. a. 2015.
M. BOLDORF, Forschungsfragen und Wissensstände, in: Ders. (Hrsg.), Deutsche Wirtschaft im Ersten Weltkrieg, Berlin 2020, S. 1–20.
S. BROADBERRY, M. HARRISON (Hrsg.), The Economics of World War I, Cambridge 2005.
K. BURK, Britain, America and the Sinews of War, 1914–1918, Boston u. a. 1985.
B. C. BUSCH, Britain, India and the Arabs, 1914–1921, Berkeley u. a. 1971.
F. DESCAMPS, L. QUENNOUËLLE-CORRE (Hrsg.), La mobilisation financière pendant la Grande Guerre. Le front financier, un troisième front, Paris 2016.
P. DEVLIN, Too Proud to Fight. Woodrow Wilson's Neutrality, London u. a. 1974.
B. DIGRE, Imperialism's New Clothes. The Repartition of Tropical Africa, 1914–1919, New York u. a. 1990.
P. EHRENPREIS, Kriegs- und Friedensziele im Diskurs. Regierung und deutschsprachige Öffentlichkeit Österreich-Ungarns während des Ersten Weltkrieges, Innsbruck 2005.
L. L. FARRAR, JR., Divide and Conquer. German Efforts to Conclude a Separate Peace, 1914–1918, Boulder 1978.
R. H. FERRELL, Woodrow Wilson and World War I 1917–1921, New York u. a. 1985.
W. FEST, Peace or Partition. The Habsburg Monarchy and British Policy 1914–1918, London 1978.
F. FISCHER, Griff nach der Weltmacht. Die Kriegszielpolitik des kaiserlichen Deutschland 1914/18 (1961; 1967), Kronberg/Ts. 1977.
I. FRIEDMAN, The Question of Palestine, 1914–1918. British-Jewish-Arab Relations, London 1973.
J. S. GALBRAITH, British wars aims in World War I: A commentary on ‚statesmanship', in: JICH 13 (1984), S. 25–45.
L. C. GARDNER, Safe for Democracy. The Anglo-American Response to Revolution, 1913–1923, New York–Oxford 1984.
H. W. GATZKE, Germany's Drive to the West. A Study of Germany's Western War Aims During the First World War, Baltimore 1950.
E. GOLDSTEIN, Winning the Peace. British Diplomatic Strategy, Peace Planning, and the Paris Peace Conference, 1916–1920, Oxford 1991.
E. GREENHALGH, Victory through Coalition. Britain and France during the First World War, Cambridge 2005.
B. HATKE, Hugo Stinnes und die drei deutsch-belgischen Gesellschaften von 1916. Der Versuch der wirtschaftlichen Durchdringung Belgiens im Ersten Weltkrieg durch die Industrie-, Boden- und Verkehrsgesellschaft 1916 m. b. H., Stuttgart 1990.
A. HAYASHIMA, Die Illusion des Sonderfriedens. Deutsche Verständigungspolitik mit Japan im ersten Weltkrieg, München 1982.

E. Hölzle, Die Selbstentmachtung Europas. Das Experiment des Friedens vor und im Ersten Weltkrieg. Unter Verwertung unveröffentlichter, zum Teil verlorengegangener deutscher und französischer Dokumente, Göttingen u. a. 1975.

L. S. Jaffe, The Decision to Disarm Germany. British Policy towards Postwar German Disarmament, 1914-1919, Boston u. a. 1985.

K.-A. Klare, Imperium ante portas. Die deutsche Expansion in Mittel- und Osteuropa zwischen Weltpolitik und Lebensraum (1914-1918), Wiesbaden 2020.

J. Kreiner (Hrsg.), Japan und die Mittelmächte im Ersten Weltkrieg und in den zwanziger Jahren, Bonn 1986.

W. Kruse, Krieg und nationale Integration. Eine Neuinterpretation des sozialdemokratischen Burgfriedensschlusses 1914/15, Essen 1993.

H. G. Linke, Das zaristische Rußland und der Erste Weltkrieg. Diplomatie und Kriegsziele 1914-1917, München 1982.

V. G. Liulevicius, Von „Ober Ost" nach „Ostland"?, in: G. P. Gross (Hrsg.), Die vergessene Front. Der Osten 1914/15. Ereignis, Wirkung, Nachwirkung, Paderborn u. a. 2006, S. 295-310.

A. Monticone, Deutschland und die Neutralität Italiens 1914-1915, Wiesbaden 1982.

J. Muhr, Die deutsch-italienischen Beziehungen in der Ära des Ersten Weltkrieges (1914-1922), Göttingen u. a. 1977.

K. Neilson, Strategy and Supply. The Anglo-Russian Alliance, 1914-17, London u. a. 1984.

Y.-H. Nouailhat, La France et les Etats-Unis, août 1914 - avril 1917, 2 Bde., Lille 1977.

W. A. Renzi, Great Britain, Russia, and the Straits, 1914-1915, in: JMH 42 (1970), S. 2-20.

V. H. Rothwell, British War Aims and Peace Diplomacy 1914-1918, Oxford 1971.

C. Seymour, American Diplomacy during the World War (1934), Hamden/CT 1964.

G. Silberstein, The Troubled Alliance. German-Austrian Relations 1914 to 1917, Lexington/KY 1970.

G.-H. Soutou, L'or et le sang. Les buts de guerre économiques de la Première Guerre mondiale, Paris 1989.

G.-H. Soutou, Die Kriegsziele des Deutschen Reiches, Frankreichs, Großbritanniens und der Vereinigten Staaten während des Ersten Weltkrieges: ein Vergleich, in: W. Michalka (Hrsg.), Der Erste Weltkrieg. Wirkung, Wahrnehmung, Analyse, Genehmigte Lizenzausgabe, Weyarn 1997, S. 28-53.

W. Steglich, Die Friedenspolitik der Mittelmächte 1917/18, Bd. 1, Wiesbaden 1964.

D. Stevenson, French War Aims against Germany 1914-1919, Oxford 1982.

D. Stevenson, The First World War and International Politics, Oxford u. a. 1988.

H. Strachan, Financing the First World War, New York 2004.

A. J. P. Taylor, The War Aims of the Allies in the First World War, in: R. Pares, A. J. P. Taylor (Hrsg.), Essays presented to Sir Lewis Namier, New York 1956, S. 475-505.

J. Turner, British Politics and the Great War. Coalition and Conflict 1915-1918, New Haven u. a. 1992.

R. H. Ullman, Anglo-Soviet Relations, 1917-1921, Bd. 1: Intervention and the War, Princeton/NJ 1961.

V. Ullrich, Die deutschen Verständigungsversuche mit Japan 1914/1915, in: Saeculum 33 (1982), S. 359-374.

R. D. Warth, The Allies and the Russian Revolution. From the Fall of the Monarchy to the Peace of Brest-Litovsk, Durham/NC 1954.
A. Watson, Ring of Steel. Germany and Austria-Hungary at War, 1914–1918, London u. a. 2014.
F. G. Weber, Eagles on the Crescent. Germany, Austria, and the Diplomacy of the Turkish Alliance 1914–1918, Ithaca–London 1970.
C. Westerhoff, Zwangsarbeit im Ersten Weltkrieg. Deutsche Arbeitskräftepolitik im besetzten Polen und Litauen 1914–1918, Paderborn 2011.
W. E. Winterhager, Mission für den Frieden. Europäische Mächtepolitik und dänische Friedensvermittlung im Ersten Weltkrieg. Vom August 1914 bis zum italienischen Kriegseintritt Mai 1915, Wiesbaden–Stuttgart 1984.

9.4 Innere Entwicklung der europäischen Staaten

H. Altrichter, Die Bauern von Tver. Vom Leben auf dem russischen Dorfe zwischen Revolution und Kollektivierung, München 1984.
H. Altrichter, Rußland 1917. Ein Land auf der Suche nach sich selbst, Paderborn u. a. 1997.
M. Aust, Die russische Revolution. Vom Zarenreich zum Sowjetimperium, München 2017.
J. Baberowski, Verwüstetes Land: Macht und Gewalt in der frühen Sowjetunion, in: J. Baberowski, G. Metzler (Hrsg.), Gewalträume. Soziale Ordnungen im Ausnahmezustand, Frankfurt 2012, S. 169–188.
G. Braybon, Women Workers in the First World War. The British Experience, London–Totowa/NJ 1981.
V. N. Brovkin, The Mensheviks after October: Socialist Opposition and the Rise of the Bolshevik Dictatorship, Ithaca–London 1987.
E. N. Burdzhalov, Russia's Second Revolution. The February 1917 Uprising in Petrograd, Bloomington–Indianapolis 1987.
K. Burk (Hrsg.), The War and the State. The Transformation of British Government, 1914–1919, London u. a. 1982.
E. H. Carr, The Bolshevik Revolution 1917–1923, 3 Bde., London 1950–53.
F. L. Carsten, War against War. British and German Radical Movements in the First World War, London 1982.
W. H. Chamberlin, Die Russische Revolution 1917–1921, 2 Bde., Frankfurt a. M. 1958.
R. Chickering, Freiburg im Ersten Weltkrieg. Totaler Krieg und städtischer Alltag 1914–1918, Paderborn 2009.
U. Daniel, Arbeiterfrauen in der Kriegsgesellschaft. Beruf, Familie und Politik im Ersten Weltkrieg, Göttingen 1989.
M. Darrow, French Women and the First World War. War Stories of the Home Front, Oxford 2000.
B. J. Davis, Home Fires Burning. Food, Politics and Everyday Life in World War I Berlin, Chapel Hill 2000.
B. J. Davis, Heimatfront. Ernährung, Politik und Frauenalltag im Ersten Weltkrieg, in: K. Hagemann, S. Schüler-Springorum (Hrsg.), Heimat-Front. Militär und Ge-

schlechterverhältnisse im Zeitalter der Weltkriege, Frankfurt a. M. u. a. 2002, S. 128–149.

J. Dülffer, G. Krumeich (Hrsg.), Der verlorene Frieden. Politik und Kriegskultur nach 1918, Essen 2002.

H. G. Ehlert, Die wirtschaftliche Zentralbehörde des Deutschen Reiches 1914 bis 1919. Das Problem der „Gemeinwirtschaft" in Krieg und Frieden, Wiesbaden 1982.

L. Elsner, Ausländerbeschäftigung und Zwangsarbeitspolitik in Deutschland während des Ersten Weltkriegs, in: K. J. Bade (Hrsg.), Auswanderer – Wanderarbeiter – Gastarbeiter. Bevölkerung, Arbeitsmarkt und Wanderung in Deutschland seit der Mitte des 19. Jahrhunderts, Bd. 2, Ostfildern 1984, S. 527–557.

G. D. Feldman, Army, Industry and Labour in Germany 1914–1918, Princeton/NJ 1966.

R. S. Fogarty, Race and War in France. Colonial Subjects in the French army, 1914–1918, Baltimore 2008.

C. Führ, Das k. u. k. Armeeoberkommando und die Innenpolitik in Österreich 1914–1917, Graz u. a. 1968.

J. G. Fuller, Troop Morale and Popular Culture in the British and Dominion Armies 1914–1918, Oxford 1990.

P. Gatrell, Russia's First World War. A Social and Economic History. London-New York 2005.

C. Geinitz, Kriegsfurcht und Kampfbereitschaft. Das Augusterlebnis in Freiburg. Eine Studie zum Kriegsbeginn 1914, Essen 1998.

D. Geyer, Die Russische Revolution. Historische Probleme und Perspektiven, 4. Aufl., Göttingen 1985.

R. Gingeras, Fall of the Sultanate. The Great War and the end of the Ottoman empire, 1908–1922, Oxford 2016.

J. F. Godfrey, Capitalism at War. Industrial Policy and Bureaucracy in France 1914–1918, Lemington Spa u. a. 1987.

A. Gregory, The Last Great War. British Society and the First World War, Cambridge u. a. 2008.

K. Hagemann, S. Schüler-Springorum (Hrsg.), Heimat-Front. Militär und Geschlechterverhältnisse im Zeitalter der Weltkriege, Frankfurt a. M. u. a. 2002.

L. H. Haimson, G. Sapelli (Hrsg.), Strikes, Social Conflict, and the First World War. An International Perspective, Mailand 1992.

C. Hämmerle, O. Überegger, B. Bader-Zaar (Hrsg.), Gender and the First World War, Basingstoke 2014.

J. Happel, Die Revolution an der Peripherie, in: H. Haumann (Hrsg.), Die Russische Revolution 1917, Köln u. a. 2007, S. 73–85.

H. Haumann (Hrsg.), Die Russische Revolution 1917, Köln u. a. 2007.

U. Heinemann, Die verdrängte Niederlage. Politische Öffentlichkeit und Kriegsschuldfrage in der Weimarer Republik, Göttingen 1983.

J. W. Heinzen, Inventing a Soviet Countryside. State Power and the Transformation of Rural Russia, 1917–1929, Pittsburg/Pa. 2004.

M. Hildermeier, Die Russische Revolution 1905–1921, Frankfurt a. M. 1989.

B. Hofmeister, Between monarchy and dictatorship. Radical nationalism and social mobilization of the Pan-German League, 1914–1939, Washington 2012.

J. N. Horne, Labour at War. France and Britain 1914–1918, Oxford 1991.

E. R. Huber, Deutsche Verfassungsgeschichte seit 1789, Bd. 5: Weltkrieg, Revolution und Reichserneuerung 1914–1919, Stuttgart u. a. 1978.
K.-H. Janssen, Der Kanzler und der General. Die Führungskrise um Bethmann Hollweg und Falkenhayn (1914–1916), Göttingen u. a. 1967.
D. H. Kaiser (Hrsg.), The Worker's Revolution in Russia, 1917: The View from Below, Cambridge u. a. 1987.
R. Klepsch, British Labour im Ersten Weltkrieg: Die Ausnahmesituation des Krieges 1914–1918 als Problem und Chance der britischen Arbeiterbewegung, Göttingen 1983.
J. Kocka, Klassengesellschaft im Krieg. Deutsche Sozialgeschichte 1914–1918, Göttingen 1973 u. ö.
R. Koselleck, Der Einfluß der beiden Weltkriege auf das soziale Bewußtsein, in: W. Wette (Hrsg.), Der Krieg des kleinen Mannes. Eine Militärgeschichte von unten, 2. Aufl., München 1995, S. 324–343.
B. Kundrus, Kriegerfrauen. Familienpolitik und Geschlechterverhältnisse im Ersten und Zweiten Weltkrieg, Hamburg 1995.
L. Luks, Intelligencija und Revolution. Geschichte eines siegreichen Scheiterns, in: HZ 249 (1989), S. 265–294.
R. Macleod, J. A. Johnson (Hrsg.), Frontline and Factory. Comparative Perspectives on the Chemical Industry at War, 1914–1924, Dordrecht 2006.
G. Mai, Das Ende des Kaiserreichs. Politik und Kriegführung im Ersten Weltkrieg, 2. Aufl., München 1993.
G. Mai, Europa 1918–1939. Mentalitäten, Lebensweisen, Politik zwischen den Weltkriegen, Stuttgart u. a. 2001.
A. Marwick, Women at War, 1914–1918, London 1977.
J. Meyer (Hrsg.), British Popular Culture and the First World War, Leiden, Boston 2008.
S. Miller, Burgfrieden und Klassenkampf. Die deutsche Sozialdemokratie im Ersten Weltkrieg, Düsseldorf 1974.
G. L. Mosse, Gefallen für das Vaterland. Nationales Heldentum und namenloses Sterben, Stuttgart 1993. (engl. 1990)
K.-P. Müller, Politik und Gesellschaft im Krieg. Der Legitimitätsverlust des badischen Staates 1914–1918, Stuttgart 1988.
J. Oltmer, Bäuerliche Ökonomie und Arbeitskräftepolitik im Ersten Weltkrieg. Beschäftigungsstruktur, Arbeitsverhältnisse und Rekrutierung von Ersatzarbeitskräften in der Landwirtschaft des Emslandes, 1914–1918, Bentheim 1995.
R. Pipes, Die Russische Revolution, 3 Bde., Berlin 1992/93.
T. Raithel, Das „Wunder" der inneren Einheit. Studien zur deutschen und französischen Öffentlichkeit bei Beginn des Ersten Weltkrieges, Bonn 1996.
D. J. Raleigh, Experiencing Russia's Civil War. Politics, Society, and Revolutionary Culture in Saratov, 1917–1922, Princeton/NJ u. a. 2002.
M. Rauchensteiner, Der Erste Weltkrieg und das Ende der Habsburgermonarchie 1914–1918, Wien 2013.
K. Rawe, „... wir werden sie schon zur Arbeit bringen!" Ausländerbeschäftigung und Zwangsarbeit im Ruhrkohlenbergbau während des Ersten Weltkrieges, Essen 2005.

W. Ribhegge, Frieden für Europa. Die Politik der deutschen Reichstagsmehrheit 1917/ 18, Essen 1988.
A. Ritschl, Wirtschaftliche Folgen des Ersten Weltkriegs, in: M. Boldorf (Hrsg.), Deutsche Wirtschaft im Ersten Weltkrieg, Berlin 2020, S. 601–618.
G. Robb, British Culture and the First World War, Basingstoke–New York 2002.
K. Robbins, The Abolition of War. The „Peace Movement"in Britain, 1914–1919, Cardiff 1976.
I. Saatmann, Parlament, Rüstung und Armee in Frankreich 1914/18, Düsseldorf 1978.
H. Schäfer, Regionale Wirtschaftspolitik in der Kriegswirtschaft. Staat, Industrie und Verbände während des Ersten Weltkrieges in Baden, Stuttgart 1983.
L. Schapiro, 1917. The Russian Revolutions and the Origins of Present-Day Communism, Hounslow 1984.
L. V. Smith, S. Audoin-Rouzeau, A. Becker, France and the Great War, 1914–1918, Cambridge 2003.
M. D. Steinberg, The Russian Revolution 1905–1921, Oxford 2017.
R. Stites, Revolutionary Dreams. Utopian Vision and Experimental Life in the Russian Revolution, New York–Oxford 1989.
K. Tenfelde, H.-C. Seidel (Hrsg.), Zwangsarbeit im Bergwerk. Der Arbeitseinsatz im Kohlenbergbau des Deutschen Reiches und der besetzten Gebiete im Ersten und Zweiten Weltkrieg. 2 Bde., Essen 2005.
J. Thiel, „Menschenbassin Belgien". Anwerbung, Deportation und Zwangsarbeit im Ersten Weltkrieg, Essen 2007.
O. Überegger, Vom militärischen Paradigma zur „Kulturgeschichte des Krieges"? Entwicklungslinien der österreichischen Weltkriegsgeschichtsschreibung im Spannungsfeld militärisch-politischer Instrumentalisierung und universitärer Verwissenschaftlichung, in: Ders. (Hrsg.), Zwischen Nation und Region. Weltkriegsforschung im interregionalen Vergleich. Ergebnisse und Perspektiven, Innsbruck 2004, S. 63–122.
V. Ullrich, Vom Augusterlebnis zur Novemberrevolution. Beiträge zur Sozialgeschichte Hamburgs und Norddeutschlands im Ersten Weltkrieg, Bremen 1999.
V. Ullrich, Kriegsalltag. Hamburg im Ersten Weltkrieg, Köln 1982.
B. Ulrich, B. Ziemann (Hrsg.), Krieg im Frieden. Die umkämpfte Erinnerung an den Ersten Weltkrieg. Quellen und Dokumente, Frankfurt a. M. 1997.
J. Verhey, Der „Geist von 1914" und die Erfindung der Volksgemeinschaft, Hamburg 2000.
B. Weisbrod, Gewalt in der Politik. Zur politischen Kultur in Deutschland zwischen den beiden Weltkriegen, in: GWU 43 (1992), S. 391–404.
A. K. Wildman, The End of the Russian Imperial Army. The Old Army and the Soldiers' Revolt (March–April 1917), Princeton/NJ 1980.
J. M. Winter, J.-L. Robert (Hrsg.), Capital Cities at War. Paris, London, Berlin 1914–1919. 2 Bde., Cambridge 1997 u. 2007.
Z. A. B. Zeman, The Break-Up of the Habsburg Empire 1914–1918. A Study in National and Social Revolution, London–New York–Toronto 1961.

Zeittafel

1881	12.5.	Errichtung des französischen Protektorats über Tunesien im Vertrag von Bardo.
	18.6.	Dreikaiserabkommen zwischen dem Deutschen Reich, Russland und Österreich-Ungarn.
1882	20.5.	Dreibundvertrag zwischen dem Deutschen Reich, Österreich-Ungarn und Italien.
	11.7.	Beschießung der Forts von Alexandrien; Beginn der britischen Okkupation Ägyptens.
1883		Errichtung des französischen Protektorats über Annam.
		Beginn der deutschen Sozialgesetzgebung.
		Karl Marx stirbt in London (Edition des 3. Bandes des „Kapital" 1894 durch F. Engels).
1884	6.12.	„Representation of the People Act" in Großbritannien.
		Beginn der Okkupation Britisch-Somalilands.
		Errichtung deutscher Kolonien in Togo, Kamerun und Südwestafrika.
		Gaetano Mosca, „Sulla teorica dei governi e sul governo parlamentare".
1885	26.1.	Mit dem Fall Khartums geht der Sudan für Ägypten bzw. England verloren.
	26.2.	Kongo-Akte; Abschluss der seit dem 15.11.1884 in Berlin tagenden Afrika-Konferenz.
	25.6.	„Redistribution of Seats Act" in Großbritannien.
		„Erwerb" Deutsch-Ostafrikas.
1886		Annexion Burmas durch Großbritannien.
		Gründung der britischen „Royal Niger Company".
1887	18.6.	Rückversicherungsvertrag zwischen Deutschland und Russland.
	10.11.	Deutsches Lombardverbot gegenüber Russland.
	12./16.12.	Orientdreibund zwischen Großbritannien, Italien und Österreich-Ungarn.
		Zusammenfassung der hinterindischen Besitzungen Frankreichs zur „Indochinesischen Union".
		Beginn der „Colonial" (seit 1907 „Imperial") „Conferences" in London.
1888	15.6.	Thronbesteigung des deutschen Kaisers Wilhelm II.
	4.10.	Ein deutsches Konsortium erwirbt die Konzession zum Bau der Anatolischen Eisenbahn.
		Gründung der „British East Africa Company".
1889	1.1.	Gründung der „Sozialdemokratischen Arbeiterpartei Österreichs".
	2.5.	Protektionsvertrag zwischen Italien und Abessinien.
		Annexion von Italienisch-Somaliland.
		Gründung der „British South Africa Company" durch Cecil Rhodes und Siedlungsbeginn im späteren Rhodesien.
		Dockarbeiterstreik in London.

		Bergarbeiterstreik im Ruhrgebiet.
		Gründung der II. Internationale.
1890	20.3.	Entlassung Bismarcks als Reichskanzler.
	1.7.	Helgoland-Sansibar-Vertrag zwischen dem Deutschen Reich und Großbritannien.
	30.9.	Auslaufen des Sozialistengesetzes in Deutschland.
	November	Gründung der „Generalkommission der Freien Gewerkschaften Deutschlands".
		Entdeckung des Diphterieserums durch Emil Behring (1901 erster Nobelpreisträger für Medizin).
1891	21.10.	Erfurter Programm der „Sozialdemokratischen Partei Deutschlands".
		Paul Gauguin: „Die Frauen von Tahiti".
		Erlass der päpstlichen Sozialenzyklika „Rerum novarum".
		Herstellung der ersten Fernleitung elektrischer Energie durch Michail Dolivo-Dobrowolski.
		Erscheinungsbeginn von: Karl Lamprecht: „Deutsche Geschichte".
1892	(17.) 8.	Russisch-französische Militärkonvention; durch Notenwechsel (Dezember 1893/Januar 1894) auch politisch rechtskräftig (Allianz).
	30.8.	Sergei Witte russischer Finanzminister (bis 29.8. 1903).
		Gerhart Hauptmann: „Die Weber".
		Erfindung der Lokalanästhesie durch Carl Ludwig Schleich.
1893	7.8.	Erweiterung des Wahlrechts in Belgien.
		Errichtung des britischen Protektorats über Uganda.
		Gründung der „Partito Socialista Italiano".
		Edvard Munch: „Der Schrei".
		Anton Dvoák: Sinfonie Nr. 9 in e-Moll („Aus der Neuen Welt").
		Peter Tschaikowski: Sinfonie Nr. 6 in h-Moll („Pathétique").
		Rudolf Diesel entwickelt den Dieselmotor.
		Emile Durkheim: „De la division du travail social".
1894	10.6.	Einmarsch chinesischer Truppen nach Korea; Beginn der zum chinesisch-japanischen Krieg führenden Verwicklungen.
	1.9.	Thronbesteigung des russischen Zaren Nikolaus II.
	September	Beginn der Dreyfus-Affäre in Frankreich (bis September 1895).
		Claude Débussy: „Prélude à l'après-midi d'un Faune".
		Durchführung der ersten Expedition nach Zentralasien durch Sven Hedin.
1895	17.4.	Präliminarfriede von Shimonoseki beendet den chinesisch-japanischen Krieg.
	23.4.	Intervention des Deutschen Reiches, Russlands und Frankreichs in Tokio („Ostasiatischer Dreibund") führt zur teilweisen Revision der Präliminarien von Shimonoseki im Friedensvertrag von Chefoo (8.5.).
	11.5.	Die im Dezember 1894 eingebrachte sog. Umsturzvorlage scheitert im deutschen Reichstag.
	September	Gründung der französischen „Confédération générale du travail".

	29.12.	Jameson Raid.
		Errichtung des Protektorats Britisch-Ostafrika.
		H. G. Wells: „Die Zeitmaschine". Theodor Fontane: „Effi Briest".
		Gustave le Bon: „Psychologie der Massen".
		Wilhelm Röntgen entdeckt die x-Strahlen.
		Erste Filmvorführungen der Gebr. Lumière in Paris und der Gebr. Skladanowsky in Berlin.
		Alfred Nobel gründet die Nobelpreisstiftung.
1896	3.1.	Krüger-Telegramm Wilhelms II.
	15.1.	Siam-Abkommen zwischen Großbritannien und Frankreich.
	1.3.	Niederlage italienischer Truppen bei Adua und in deren Gefolge Sturz des Ministerpräsidenten Crispi (5.3.).
	9.9.	Erweiterung des niederländischen Wahlrechts.
		Theodor Herzl: „Der Judenstaat".
		Erste Olympische Spiele der Neuzeit in Athen.
		Heinrich Rickert: „Die Grenzen der naturwissenschaftlichen Begriffsbildung".
1897	14.11.	Deutsche Besetzung Kiautschous.
	6.12.	Reichstagsrede von Bülows („Platz an der Sonne").
		Stefan George: „Das Jahr der Seele".
		Erster Zionistenkongress in Basel.
1898	6.3.	Deutsch-chinesischer Pachtvertrag über Kiautschou.
	27.3.	Russisch-chinesischer Pachtvertrag über Port Arthur.
	28.3.	Zustimmung des deutschen Reichstages zum ersten Flottengesetz.
	29.3.–11.5.	Deutsch-englische Bündnisverhandlungen.
	10.4.	Französisch-chinesischer Pachtvertrag über Kuangchou-wan.
	25.4.	Kriegserklärung der USA an Spanien wegen Kuba.
	1.7.	Britisch-chinesischer Pachtvertrag über Wei-hai-wei.
	30.8.	Deutsch-englischer Vertrag über eine eventuelle Aufteilung der portugiesischen Kolonien in Afrika.
	18.9.	Beginn der Faschoda-Krise zwischen Frankreich und Großbritannien.
	10.12.	Friede von Paris beendet den spanisch-amerikanischen Krieg.
		Annexion Hawaiis durch die USA.
		Karl Ferdinand Braun konstruiert die Kathodenstrahl-Leuchtschirm-Röhre.
		Entdeckung des Elements Radium durch das Ehepaar Curie in Paris.
1899	19.1.	Englisch-ägyptischer Vertrag schließt die 1896 begonnene Rückeroberung des Sudan ab.
	12.2.	Vertrag des Deutschen Reiches mit Spanien über den Ankauf der Karolinen-, Marianen- und Palau-Inseln.
	21.3.	Sog. Sudanvertrag zwischen Großbritannien und Frankreich beendet die Faschoda-Krise.
	18.5.–29.7.	Erste Haager Friedenskonferenz.
	12.10.	Beginn des Burenkrieges.

	14.10.	Sog. Windsor-Vertrag zwischen Großbritannien und Portugal.
	14.11.	Deutsch-englisches Samoa-Abkommen.
		Ernst Haeckel: „Die Welträtsel".
		David Hilbert: „Grundlagen der Geometrie".
		Eduard Bernstein: „Die Voraussetzungen des Sozialismus und die Aufgaben der Sozialdemokratie".
		Guglielmo Marconi gelingt die erste Funkverbindung zwischen England und Frankreich.
1900	Mai–August	Sog. Boxer-Aufstand in China.
	12.6.	Der deutsche Reichstag verabschiedet das zweite Flottengesetz.
	Juli	Beginn der russischen Festsetzung in der Mandschurei.
	16.10.	Jangtse-Abkommen zwischen dem Deutschen Reich und Großbritannien.
	17.10.	Bernhard von Bülow deutscher Reichskanzler (bis 10.7. 1909).
		Errichtung des britischen Protektorats über Nigeria.
		Sigmund Freud: „Die Traumdeutung".
		Das Bürgerliche Gesetzbuch tritt in Deutschland in Kraft.
		Paul Cézanne: „Die Badenden".
		Giacomo Puccini: „Tosca".
		Begründung der Quantenphysik durch Max Planck.
		Georg Simmel: „Philosophie des Geldes".
		Erscheinungsbeginn von: Wilhelm Wundt: „Völkerpsychologie".
1901	22.1.	Thronbesteigung des englischen Königs Edward VII. (bis 6.5. 1910).
	18.3.	Wiederaufnahme der (dann endgültig im Dezember gescheiterten) deutsch-englischen Bündnisverhandlungen.
	7.11.	Friede von Peking beendet den sog. Boxer-Aufstand.
		Thomas Mann: „Buddenbrooks. Verfall einer Familie".
		August Strindberg: „Ein Totentanz".
		Pablo Picasso: Beginn der „Blauen Periode".
		Karl Landsteiner entdeckt die menschlichen Blutgruppen.
1902	30.1.	Englisch-japanischer Bündnisvertrag.
	31.5.	Friedensschluss von Vereeniging beendet den Burenkrieg.
	1.11.	Französisch-italienischer Neutralitätsvertrag.
		Venezuela-Krise.
		Maxim Gorki: „Nachtasyl".
		Claude Debussy: „Pelléas et Mélisande".
		John A. Hobson: „Imperialism. A Study".
		Wladimir Iljitsch Lenin: „Was tun? Brennende Fragen unserer Bewegung".
1903	13.4.	Gründung der unter deutscher Kontrolle stehenden Bagdadeisenbahngesellschaft.
	23.4.	Rückzug der britischen Regierung von einer deutsch-englischen Kooperation beim Bau der Bagdadbahn.

	21.7.	Gründung der „Tariff Reform League" in England.
	August	Eröffnung der Transsibirischen Eisenbahn (Baubeginn März 1891).
	13.–19.9.	Endgültige Verurteilung des Revisionismus auf dem Dresdner Parteitag der SPD.
	2.10.	Sog. Mürzsteger Programm von Russland und Österreich-Ungarn.
		Beginn der seit 1912 definitiven Spaltung der „Russischen Sozialdemokratischen Arbeiterpartei" in „Menschewiki" und „Bolschewiki" unter Führung Lenins.
		Erste erfolgreiche Flugversuche der Gebr. Wright.
		Oskar von Miller gründet das „Deutsche Museum" in München.
1904	8.2.	Japanischer Angriff auf Port Arthur; Beginn des Krieges gegen Russland.
	8.4.	„Entente Cordiale" zwischen Großbritannien und Frankreich.
	September	Beginn der Streikwelle in Italien.
		Weltausstellung in St. Louis.
		Anton Tschechow: „Der Kirschgarten".
1905	22.1.	„Blutiger Sonntag" in St. Petersburg; Auslöser der Streikbewegung, die in revolutionäre Unruhen übergeht.
	Januar	Beginn des Bergarbeiterstreiks im Ruhrgebiet.
	31.3.	Landung Wilhelms II. in Tanger; Beginn der ersten Marokkokrise.
	27.5.	Vernichtung der russischen Flotte bei Tsushima.
	6.6.	Sturz des französischen Außenministers Delcassé im Zuge der ersten Marokkokrise.
	24.7.	Björköer Entrevue von Wilhelm II. und Nikolaus II.
	5.9.	Der Friede von Portsmouth beendet den russisch-japanischen Krieg.
	30.10.	Oktobermanifest des russischen Zaren kündigt u. a. die Einberufung eines Parlaments (Duma) an.
	9.12.	Trennung von Staat und Kirche in Frankreich.
	10.12.	Sir Edward Grey britischer Außenminister (bis 5.12.1916).
	Dezember	Sog. Militärisches Testament des Grafen Schlieffen (Deutscher Feldzugsplan für einen Mehrfrontenkrieg). Zusammenschluss der beiden großen sozialistischen Parteien Frankreichs zur „Section française de l'Internationale ouvrière".
		Gründung der Künstlervereinigung „Die Brücke" in Dresden.
		Gründung der „Fauves" um Matisse in Paris.
		Formulierung der Speziellen Relativitätstheorie durch Albert Einstein.
		Max Weber: „Die protestantische Ethik und der Geist des Kapitalismus".
1906	16.1.–7.4.	Konferenz von Algeciras.
	10.2.	Stapellauf des neuen englischen Großkampfschiffs „Dreadnought".
	6.5.	Erlass eines russischen Grundgesetzes durch Nikolaus II.
	8.5.	Alexander Iswolsky russischer Außenminister (bis 28.9. 1910).
	19.5.	Erste Flottengesetzesnovelle passiert den deutschen Reichstag.

	23.10.	Georges Clemenceau französischer Ministerpräsident (bis 20.7. 1909).
		Beginn der Agrarreform in Russland unter Ministerpräsident Stolypin.
		Erstmals Zulassung von Frauen zu Parlamentswahlen in Finnland.
		In Großbritannien geht aus dem 1900 gegründeten „Labour Representation Commitee" die „Labour Party" hervor.
		Fertigstellung der Wiener Postsparkasse von Otto Wagner im funktionellen Baustil.
1907	26.1.	Becksche Wahlreform in Österreich.
	15.6.–18.10.	Zweite Haager Friedenskonferenz.
	16.6.	Oktroyierung eines neuen russischen Wahlgesetzes.
	31.8.	Englisch-russische Konvention.
		Liberale und konservative Parteien schließen sich im deutschen Reichstag zum sog. Bülow-Block zusammen (bis 1909).
		Papst Pius X. verurteilt den „Modernismus" in der katholischen Kirche.
1908	27.3.	Zweite Flottengesetznovelle passiert den deutschen Reichstag.
	5.7.	Beginn der „jungtürkischen" Revolution.
	16.9.	Buchlauer Treffen Iswolskys mit dem österreichisch-ungarischen Außenminister Aehrenthal.
	6.10.	Annexion Bosniens und der Herzegowina durch Österreich-Ungarn; Beginn der Annexionskrise.
	28.10.	Beginn der „Daily-Telegraph-Affäre" in Deutschland.
	17.12.	Wiedereröffnung des türkischen Parlaments nach 30 Jahren.
		Georges Sorel: „Réflexions sur la violence".
		Herman Minkowski: „Raum und Zeit" (mathematische Grundlegung der Relativitätstheorie).
		Gustav Klimt: „Der Kuß".
1909	Januar	Briefwechsel Moltke – Conrad von Hötzendorf.
	23.3.	Anerkennung der Annexion Bosniens und der Herzegowina seitens Russlands als Antwort auf das deutsche „Ultimatum" vom 21./22.3.; Beendigung der Krise.
	14.7.	Theobald von Bethmann Hollweg deutscher Reichskanzler (bis 13.7. 1917).
	24.10.	Russisch-italienisches Abkommen von Racconigi.
		Filippo Tommaso Marinetti: „Futuristisches Manifest".
		Gustav Mahler: Sinfonie Nr. 9 in D-Dur.
		Richard Strauss: „Elektra".
		Arnold Schönberg: Drei Klavierstücke, op. 11 (Übergang zur atonalen Musik).
		Fritz Hofmann gelingt die synthetische Herstellung von Kautschuk.
1910	5.4.	Pensionsversicherungsgesetz in Frankreich.
	31.5.	Gründung der „Südafrikanischen Union".
	3./4.10.	Revolution in Portugal.
		Thomas A. Edison erfindet das Betongießverfahren.
		Erstes abstraktes Aquarell von Wassilij Kandinsky.

		Igor Strawinski: „Feuervogel".
		Rudolf Hilferding: „Das Finanzkapital".
1911	27.3.	Giovanni Giolitti zum vierten Mal italienischer Ministerpräsident (bis 10.3.1914).
	20.4.	Trennung von Staat und Kirche in Portugal.
	30.5.	Deutsche Reichsversicherungsordnung.
	1.7.	Entsendung des deutschen Kriegsschiffes „Panther" nach Agadir; Beginn der zweiten Marokkokrise.
	20.7.	Französisch-britische Militärkonvention.
	18.8.	„Parliament Act" in Großbritannien.
	19.8.	Sog. Potsdamer Abkommen zwischen dem Deutschen Reich und Russland über Persien und die Bagdadbahn.
	August	Mit dem Ausstand der Londoner Dockarbeiter (seit 1.8.) und der Eisenbahner (seit 18.8.) erreicht die Streikwelle in Großbritannien einen Höhepunkt.
	12.10.	Beginn der Tscharykow-Aktion in Konstantinopel (bis Anfang Dezember).
	4.11.	Marokko- und Kongo-Abkommen zwischen Deutschland und Frankreich beenden die zweite Marokkokrise.
	29.11.	Kriegserklärung Italiens an die Türkei („Tripoliskrieg").
	11.12.	„National Insurance Act" in Großbritannien.
	29.12.	Gründung der Republik China im Gefolge der „jungchinesischen" Revolution.
		Richard Strauß: „Der Rosenkavalier".
		Béla Bartòk: „Herzog Blaubarts Burg".
		Hugo von Hofmannsthal: „Jedermann".
		Roald Amundsen erreicht den Südpol.
		Walter Gropius: Beginn des Baus der „Fagus-Werke" in Alfeld a. d. Leine (Pionierleistung des modernen Industriebaus).
1912	14.1.	Raymond Poincaré französischer Ministerpräsident (ab 2.1913 Staatspräsident).
		Reichstagswahlen im Januar: SPD stärkste Fraktion im deutschen Reichstag.
	8.–11.2.	Berlin-Aufenthalt des englischen Kriegsministers Haldane.
	März	Bergarbeiterstreik in Großbritannien und in Deutschland (Ruhrgebiet).
	April	Beginn der Streikwelle in Russland.
	14.5.	Russische Heeresreorganisation.
	21.5.	Dritte Flottengesetznovelle passiert den deutschen Reichstag.
	30.6.	Nahezu allgemeines Wahlrecht durch das neue italienische Wahlgesetz.
	16.7.	Französisch-russische Marinekonvention.
	17.10.	Beginn des ersten Balkankrieges zwischen Serbien, Bulgarien, Griechenland und Montenegro („Balkanbund") einerseits, der Türkei andererseits.
	18.10.	Friede von Lausanne beendet den italienisch-türkischen Krieg und schafft die Voraussetzung für die Annexion von Tripolis und der Cyrenaika durch Italien.
	22./23.11.	Briefwechsel Grey–Cambon.

	17.12.	Zusammentritt der Londoner Botschafterkonferenz.
		Maurice Ravel: „Daphnis et Chloé".
		Anatole France: „Les Dieux ont soif".
		Untergang der Titanic.
1913	30.5.	Der Präliminarfriede von London beendet den ersten Balkankrieg.
	29.6.	Beginn des zweiten Balkankrieges zwischen Griechenland, Montenegro, Serbien und Rumänien einerseits, Bulgarien andererseits.
	30.6.	Der deutsche Reichstag akzeptiert die Wehrvorlage.
	7.8.	Gesetz über die dreijährige Militärdienstzeit in Frankreich ratifiziert.
	10.8.	Der Friede von Bukarest beendet den zweiten Balkankrieg.
	20.10.	Paraphierung des (zweiten) deutsch-englischen Abkommens über eine eventuelle Aufteilung der portugiesischen Kolonien in Afrika.
	27.11.	Beginn der Liman von Sanders-Krise (Mitte Januar 1914 beendet).
		Mexiko-Krise.
		Marcel Proust: Beginn des Romanzyklus „Auf der Suche nach der verlorenen Zeit".
		George Bernard Shaw: „Pygmalion".
		Erfindung der Hochdruck-Ammoniak-Synthese (Haber-Bosch-Verfahren).
1914	15.2.	Deutsch-französisches Abkommen über Eisenbahnbauten in der Türkei.
	7.6.	Beginn der Gespräche über eine englisch-russische Marinekonvention.
	15.6.	Paraphierung des deutsch-englischen Vertragswerkes über die Bagdadbahn und weitere Mesopotamien betreffende Fragen.
	28.6.	Ermordung des österreichisch-ungarischen Thronfolgers Franz Ferdinand und seiner Frau Sophie in Sarajewo.
	5./6.7.	Deutsche Versicherung der uneingeschränkten Bündnistreue gegenüber Österreich-Ungarn („Blankoscheck").
	20.–23.7.	Russlandvisite Poincarés.
	23.7.	Ultimatum Österreich-Ungarns an Serbien.
	26.7.	Offizielles Inkrafttreten der Kriegsvorbereitungsperiode für das gesamte europäische Russland.
	28.7.	Kriegserklärung Österreich-Ungarns an Serbien.
	29.7.	Nach Beschießung von Belgrad: offizielle Bekanntgabe der russischen Teilmobilmachung.
	30.7	Russische Generalmobilmachung.
	1.8.	Deutsche Generalmobilmachung.
	1.8.	Deutsche Kriegserklärung an Russland.
	1.8.	Italienische Neutralitätserklärung.
	2.8.	Deutsch-türkischer Bündnisvertrag.
	3.8.	Deutsche Kriegserklärung an Frankreich.
	3.8.	Einmarsch deutscher Truppen nach Belgien.
	3.8.	Rumänische Neutralitätserklärung.
	4.8.	Bewilligung der Kriegskredite durch den deutschen Reichstag.

	4.8.	Nach Ablehnung des englischen Ultimatums bezüglich Belgiens durch die deutsche Regierung Kriegseintritt Großbritanniens.
	6.8.	Kriegserklärung Russlands an Österreich-Ungarn.
	7.8.	Kriegserklärung Montenegros an Österreich-Ungarn (und das Deutsche Reich am 11.8.).
	11.8.	Französische Kriegserklärung an Österreich-Ungarn.
	12.8	Englische Kriegserklärung an Österreich-Ungarn.
	23.8.	Japanische Kriegserklärung an das Deutsche Reich.
	26.–30.8.	Schlacht bei Tannenberg.
	27.8.	Regierung der „Défense nationale" in Frankreich mit sozialistischer Beteiligung.
	4./5.9.	Vertrag von London zwischen Großbritannien, Frankreich und Russland.
	5.–12.9.	Marne-Schlacht.
	6.–15.9.	Schlacht an den Masurischen Seen.
	9.9.	„Septemberprogramm" Bethmann Hollwegs.
	2.–5.11.	Kriegserklärungen der Entente-Mächte an die Türkei.
	7.11.	Kapitulation von Tsingtau.
		Eröffnung des Panama-Kanals.
		Marcel Duchamp stellt in New York seine „Ready-mades" (industriell vorgefertigte Gebrauchsgegenstände) als „moderne Kunst" vor.
1915	4.3.	Sog. Konstantinopel-Vertrag zwischen Russland, Großbritannien und Frankreich.
	25.4.–9.1.1916	Landungsversuch englischer und französischer Truppen auf Gallipoli.
	1.–3.5.	Durchbruchsschlacht deutscher und österreichisch- ungarischer Truppen bei Tarnow-Gorlice.
	23.5.	Italienische Kriegserklärung an Österreich-Ungarn.
	26.5.	Nationale Koalitionsregierung in Großbritannien mit Labour-Beteiligung.
	22.9.–11.11.	Französische Offensive in der Champagne.
	14.10.	Kriegseintritt Bulgariens auf Seiten der Mittelmächte.
		Begründung der Allgemeinen Relativitätstheorie durch Albert Einstein.
1916	21.2.–21.7. und 24.10.–16.12.	Schlacht bei Verdun.
	9.3.	Deutsche Kriegserklärung an Portugal.
	29.4.	Britische Kapitulation bei Kut-el-Amara.
	19.5.	Sykes-Picot-Abkommen.
	31.5.–1.6.	Schlacht am Skagerrak.
	24.6.–26.11.	Somme-Schlacht.
	27.8.	Rumänische Kriegserklärung an Österreich-Ungarn.
	28.8.	Italienische Kriegserklärung an das Deutsche Reich.
	29.8.	III. OHL unter Hindenburg und Ludendorff.

	4.11.	Proklamation des Königreichs Polen durch die Mittelmächte.
	21.11.	Thronbesteigung des österreichischen Kaisers Karl I.
	10.12.	Regierung Lloyd George in Großbritannien (bis 10.1. 1919).
	12.12.	Friedensdeklaration der deutschen Reichsleitung.
	19.12.	Friedensnote von US-Präsident Wilson.
		Entstehung des „Dadaismus" in Zürich.
		Vilfredo Pareto: „Trattato di sociologia generale".
1917	31.1.	Erklärung des uneingeschränkten U-Boot-Krieges durch das Deutsche Reich.
	Februar/März	Französisch-russischer Notenaustausch über die Kriegsziele.
	15.3.	Abdankung von Zar Nikolaus II. im Zuge der revolutionären Bewegung (russische „Februarrevolution").
	April/Mai	Englisch-französische Offensive im Westen.
	1.3.	Deutsches Bündnisangebot an Mexiko (sog. Zimmermann-Telegramm).
	6.4.	Kriegserklärung der USA an das Deutsche Reich.
	7.4.	Sog. Osterbotschaft Wilhelms II.
	2.–11.5.	Verfassungsausschuss des deutschen Reichstages.
	27.6.	Kriegseintritt Griechenlands auf Seiten der Alliierten.
	21.7.–7.11.	Provisorische Koalitionsregierung in Russland unter Ministerpräsident Kerenski.
	Juli	Letzte russische (Brussilow-)Offensive.
	1.8.	Friedensinitiative Papst Benedikts XV.
	14.8.	Kriegserklärung Chinas an das Deutsche Reich.
	3.9.	Einnahme von Riga durch deutsche Truppen.
	12.–20.10.	Eroberung von Ösel, Dagö und Moon durch deutsche Truppen.
	30.10.	Regierung Orlando in Italien (bis 19.1. 1919).
	6./7.11.	Sturz der provisorischen Regierung durch die Bolschewiki (russische „Oktoberrevolution").
	17.11.	Regierung Clemenceau in Frankreich (bis 18.1. 1920).
	7.12.	Kriegserklärung der USA an Österreich-Ungarn.
	9.12.	Räumung Jerusalems durch das Osmanische Reich.
	15.12.	Waffenstillstand zwischen der bolschewistischen Regierung Russlands und dem Deutschen Reich.
		George Grosz: „Das Gesicht der herrschenden Klasse".
		Begründung der Salzburger Festspiele.
1918	8.1.	„14 Punkte" von US-Präsident Wilson.
	18.1.	Sprengung der neugewählten russischen Nationalversammlung durch die Bolschewiki.
	Januar	Munitionsarbeiterstreik in Österreich.
	9.2.	Separatfriede zwischen der Ukraine einerseits, dem Deutschen Reich, Österreich-Ungarn, Bulgarien und der Türkei andererseits.

3.3.	Friede von Brest-Litowsk zwischen Sowjetrussland und dem Deutschen Reich sowie dessen Verbündeten.
21.3.–7.7.	Deutsche Offensive im Westen.
7.5.	Bukarester Friedensvertrag zwischen Rumänien und den Mittelmächten.
18.7.	Beginn der alliierten Gegenoffensive im Westen.
30.9.	Waffenstillstand zwischen Bulgarien und den Alliierten.
3.10.	Deutsches Waffenstillstandsangebot auf der Basis von Wilsons 14 Punkten.
4.10.–9.11.	Prinz Max von Baden deutscher Reichskanzler.
16.10.	Völkermanifest Karls I.
21.10.	Eröffnung der deutsch-österreichischen Nationalversammlung in Wien.
28.10.	Proklamation der Tschechoslowakei.
28.10.	Änderung der deutschen Reichsverfassung.
30.10.	Waffenstillstand zwischen der Türkei und den Alliierten.
1.11.	Bildung einer selbstständigen ungarischen Regierung.
3.11.	Waffenstillstand zwischen Österreich-Ungarn und den Alliierten.
3.11.	Aufstand der Matrosen in Kiel: Beginn der revolutionären Unruhen im Deutschen Reich.
4.–11.11.	Waffenstillstandsverhandlungen zwischen dem Deutschen Reich und den Alliierten.
9.11.	Abdankung Wilhelms II.; Ausrufung der Republik im Deutschen Reich.
11.11.	Verzichtserklärung Karls I.
14.11.	Kapitulation von Deutsch-Ostafrika.
	Thomas Mann: „Betrachtungen eines Unpolitischen".
	Oswald Spengler: „Der Untergang des Abendlandes".

Abkürzungen

AfS	Archiv für Sozialgeschichte
AHR	The American Historical Review
BMH	Berliner Monatshefte
Diss.	Dissertation (maschinenschriftlich bzw. Dissertationsdruck)
EcHR	The Economic History Review, Second Series
EHR	The English Historical Review
GG	Geschichte und Gesellschaft
GWU	Geschichte in Wissenschaft und Unterricht
HJ	The Historical Journal
HPB	Das Historisch-Politische Buch
HJb	Historisches Jahrbuch
HZ	Historische Zeitschrift
JbbGOE	Jahrbücher für Geschichte Osteuropas
JbG	Jahrbuch für Geschichte
JContH	Journal of Contemporary History
JEconH	Journal of Economic History
JICH	Journal of Imperial and Commonwealth History
JMH	The Journal of Modern History
MGM	Militärgeschichtliche Mitteilungen
MIÖG	Mitteilungen des Instituts für österreichische Geschichtsforschung
NPL	Neue Politische Literatur
RH	Revue historique
SEER	The Slavonic and East European Review
VfZG	Vierteljahrshefte für Zeitgeschichte
VSWG	Vierteljahrschrift für Sozial- und Wirtschaftsgeschichte
ZfG	Zeitschrift für Geschichtswissenschaft
ZHF	Zeitschrift für Historische Forschung

Personenregister

Adam, T. 179
Adler, V. 61
Aehrenthal, A. Graf Lexa v. 49
Afflerbach, H. 225 f., 240, 249, 253
Albertini, R. v. 154
Albrecht, M. 212
Aldcroft, D. H. 190
Alexander II. 31
Alexander III. 97
Alexander, M. 166
Althoff, F. 33
Altrichter, H. 244
Amenda, L. 176
Andall, J. 208
Anderson, M. L. 164
Angelow, J. 231
Angster, J. 150
Applegate, C. 181, 185
Arabi Pascha 77
Arnoldus, D. J. G. 187
Arsenschek, R. 164
Aruffo, A. 206
Aschoff, H. G. 166
Ashcroft, B. 198
Asquith, H. H. 57
Asselain, J. C. 189
Aubert, J. F. 155
Auderset, J. 172
Audoin-Rouzeau, S. 242, 256
Aust, M. 151, 159 f., 215, 246
Aydin, C. 231
Baberowski, J. 215, 258
Bade, K. J. 172–74, 208
Baden, Prinz M. v. 138
Bader-Zaar, B. 258
Balachandran, G. 177
Balfour, A. J. 49
Ballantyne, T. 213
Bamberger, L. 171
Bancel, N. 216
Bandeira, M. 145
Bariéty, J. 251
Barry, G. 255
Barton, G. A. 149

Bashford, A. 204
Bates, D. 217
Bather, L. 155
Bauche, M. 208
Bauer, A. 172
Bauerkämper, A. 179
Baumgart, W. 215, 217
Bayly, C. A. 143 f., 147, 149, 152, 180 f.
Beaven, B. 213
Bebel, A. 61
Bechtel, D. 171
Beck, U. 150
Becker, A. 242, 256
Becker, F. 209, 211
Becker, J. J. 241
Becker, P. 179
Becker, W. 158, 166
Beez, J. 209
Beloff, M. 156
Bender, S. 227, 234
Bendikat, E. 183
Benedikt XV. 130
Bentley, M. 166
Berg, M. 249
Berg, N. 182
Berger, S. 180–82
Berghahn, V. R. 187, 199, 229, 233
Berghoff, H. 187
Bergson, H. 37
Bergsträsser, L. 166
Berman, R. A. 209
Bernstein, E. 60
Bethmann Hollweg, T. v. 51, 112, 121, 131, 235
Beuerle, B. 157
Bhabha, H. J. 202
Biçer-Deveci, E. 170
Biggeleben, C. 187
Biland, S. 168
Birdal, M. 195
Birken, A. 195
Birmingham, D. 205
Birn, M. 170

Bismarck, O. Fürst v. 47, 79 f., 93–99, 160, 199, 232, 236
Blackbourn, D. 161
Blaich, F. 168
Blaisdell, D. C. 195
Blake, R. 166
Blanchard, P. 216
Blewett, N. 155
Bluma, L. 177
Bönker, K. 159
Bösch, F. 148, 157
Bojadžijev, M. 176
Boldorf, M. 248 f.
Borchardt, K. 186, 196–98
Borggräfe, H. 180
Born, K. E. 191, 195
Bosa, M. S. 176
Bosma, U. 174
Bosworth, R. J. B. 207
Bradley, J. 159
Brandenburg, E. 149
Braudel, F. 149
Braunias, K. 154
Braybon, G. 242
Brechenmacher, T. 170
Brescius, M. v. 211
Breuer, S. 182
Breuilly, J. 180
Briatte, A.-L. 170
Brinkmann, T. 176
Brivati, B. 166
Broadberry, S. 187, 249
Brovkin, V. N. 245
Brower, B. C. 216
Brower, D. R. 214
Brüggemeier, F.-J. 156
Brunner, C. 203
Brunotte, U. 169
Brunschwig, H. 215
Brussilow, A. A. 126
Buchen, T. 185
Buckner, P. 212
Budde, G. 178
Bülow, B. Fürst v. 49, 99, 104
Büsch, O. 154
Buettner, E. 202

Bulmer Thomas, I. 166
Bunsen, M. d. 224
Burbank, J. 214
Burdzhalov, E. N. 245
Burhop, C. 187, 191–93, 242
Burk, K. 249
Burkhardt, J. 223 f.
Calchi Novati, G. P. 206
Cambon, P. 110
Cameron, R. E. 189
Canis, K. 223, 231
Cannadine, D. 213
Caprivi, L. Graf von 95
Carr, E. H. 244
Carsten, F. L. 243
Carstenssen, F. V. 194
Castro Varela, M. 199
Chakrabarty, D. 152
Chamberlin, W. H. 244
Chambers, H. 203
Chickering, R. 224, 258
Chipman, J. 215
Choate, M. 176
Churchill, Lord R. 59
Clarence-Smith, W. G. 205
Clark, C. 222, 226
Clark, I. 197
Clarke, P. F. 156
Clemenceau, G. 49, 136, 167, 246
Clowes, E. W. 159
Coetzee, M. S. 167
Cohn, B. S. 213
Colli, G. 34
Comstock Weston, C. 155
Comte, A. 38
Confino, A. 185
Connells, R. 169
Conrad, C. 181
Conrad, S. 145, 152, 175, 181, 197, 199, 203, 208
Conrad von Hötzendorf, F. 110, 229
Constantine, S. 174, 240
Conze, E. 165, 172
Coogan, J. W. 230
Coogan, P. F. 230
Cooke, J. J. 215

Cooper, F. 198, 203
Cornelißen, C. 181, 239, 249
Crafts, N. 191
Craig, F. W. S. 155
Crampton, R. J. 237
Crispi, F. 49
Cromwell, V. 228
Czernin, O. Graf 122
Dabag, M. 203
Dal Lago, E. 255
D'Amelia, M. 169
Daniel, U. 228, 242, 258
Daniels, R. 175
Darrow, M. 242
Darwin, C. 39
Dascher, O. 192
Daughton, J. P. 216
Davenport Hines, R. P. T. 189
Davies, M. 204
Davis, B. J. 241, 258
Davis, L. E. 189
Dawley, E. 255
Deak, I. 185
Dehio, L. 236
Deist, W. 229
Dejung, C. 179
Delaporte, S. 258
Delcassé, T. 49
Deuerlein, M. 145
Devlin, P. 249
Dhawan, N. 199
Dietrich, A. 211
Dilke, C. 75
Dilthey, W. 37
Dintenfass, M. 190
Dipper, C. 147
Disraeli, B., Earl of Beaconsfield 59, 75
Diziol, S. 167
Dormois, J.-P. 189
Dostojewski, F. 36
Dowler, W. 158
Dreyfus, A. 51
Dülffer, J. 223 f., 226 f., 231, 258
Duhamelle, C. 185
Duncan, D. 208
Durkheim, E. 23, 38

Earle, E. M. 195
Ebert, F. 138
Eckardstein, H. Frhr. v. 103 f.
Eckart, W. U. 204, 240
Edelstein, M. 190
Edwards, E. W. 189
Ehlert, H. G. 229 f., 241
Ehrenpreis, P. 241
Einstein, A. 38
Eklof, B. 158
Eley, G. 161
Emy, H. V. 158
Engel, A. 196
Engels, J. I. 216, 247
Epkenhans, M. 229 f.
Erbar, R. 208
Erdmann, K. D. 220
Erez, M. 255
Esch, M. G. 176
Esmein, A. 154
Evans, E. L. 166
Evans, R. J. 150, 165
Evtuhov, C. 159
Eyck, E. 162
Fabian, J. 205
Falcus, M. 194
Falkenhayn, E. v. 125, 127, 247
Farrar, L. L. 224, 236, 250
Faulenbach, B. 160
Faure, F. 97
Faust, A. 241
Fay, S. B. 219
Fedyashin, A. A. 159
Feldenkirchen, W. 192
Feldman, G. D. 243
Feltman, B. K. 240
Fenoaltea, S. 188
Fenske, H. 154, 159
Ferguson, N. 221, 242, 244, 256
Ferrell, R. H. 249
Ferry, J. 57, 79
Fest, W. 252
Fichtner, P. S. 248
Fieldhouse, D. K. 201
Finaldi, G. M. 206–08
Fisch, J. 143, 148, 152

Fischer, F. 161, 199, 219–21, 250 f.
Fischer, W. 186, 192
Flanders, J. 178
Flandreau, M. 187
Flaubert, G. 36
Fleming, N. C. 167
Förster, S. 225 f., 229
Fogarty, R. S. 254
Frank, A. F. 184
Franz Ferdinand 116
Franz, G. 59
Franz Joseph I. 136, 247
Frauendienst, W. 163
French, H. W. 152
Freud, S. 38
Freter, H. 155
Friedeburg, R. v. 172
Friedjung, H. 141, 149
Fröhlich, K. 157
Führ, C. 247
Fünderich, M.-S. 178
Fuhrmann, M. 176
Fuhrmann, W. 211
Gade, C. 232, 237 f.
Galbraith, J. S. 201, 250
Gall, L. 79, 178
Gallagher, J. 200 f.
Ganiage, J. 215
Gardner, L. C. 252
Gatrell, P. 193 f.
Gatzke, H. W. 250
Gautam, L. 179
Gehmacher, J. 168
Geinitz, C. 241
Geismann, G. 155
Geiss, I. 220, 224, 233
George-Picot, F. 123
Geppert, D. 227, 233 f., 257
Gerasimov, I. 172
Gerhard, U. 168
Germann, U. 179
Gerschenkron, A. 193
Gerwarth, R. 210, 233, 253, 256, 258
Gestrich, A. 222
Geulen, C. 180
Geyer, D. 194, 213 f., 244 f.

Geyer, H. 185, 197
Gikandi, S. 213
Gilbert, M. 249
Gingeras, R. 255
Giolitti, G. 49, 57, 62, 207
Girault, R. 195
Gissibl, B. 204
Gladstone, W. 43 f., 77
Glum, F. 154
Gobineau, Graf J. A. 39 f.
Goehrke, C. 158
Goguel, F. 154
Goldhagen, D. J. 183
Gollwitzer, H. 206
Gooch, G. P. 149
Good, D. F. 188
Goor, J. v. 205
Gordon, C. G. 77 f.
Gosewinkel, D. 175, 185
Gottschalk, S. 209
Gotzmann, A. 171, 179
Gräfe, T. 183
Grande, E. 150
Green, A. 185
Green, E. H. H. 166
Greenhalgh, E. 252
Gregory, A. 242
Gregory, P. R. 193
Grey, Sir E. 49, 57, 110, 237
Grießmer, A. 157
Groß, G. P. 230
Grosse, P. 204, 211
Gründer, H. 208
Guroff, G. 194
Gutsche, V. 156
Haardt, O. F. R. 163
Habakkuk, H. J. 186
Häfner, L. 159
Hämmerle, C. 258
Hagenlücke, H. 244
Hahn, H. W. 191
Hahnemann, A. 145
Haimson, L. H. 158, 241, 243
Haldane, R. B. Viscount 57
Hall, A. R. 189
Hall, C. 213

Halstead, J. P. 198
Hamilton, R. 229
Happel, J. 246
Harcave, S. 194
Hardach, G. 208
Hardtwig, W. 240
Harper, M. 174
Harris, J. 157, 178 f.
Harris, S. 227
Harrison, B. 155
Harrison, M. 240, 249
Harvey, J. 155
Hasselhorn, F. 208
Hatton, P. H. S. 235
Hatzfeldt, P. Graf v. 103
Haumann, H. 171
Haupt, H. 148
Hauptmann, G. 37
Hauser, O. 237
Hay, J. 87
Hayashima, A. 250
Healy, M. 244
Healy, R. 255
Heerten, L. 176
Heidenreich, B. 162
Heinemann, U. 219
Hein-Kircher, H. 184
Heinsohn, K. 176, 244
Heinzen, J. W. 246
Henning, F. W. 191
Henning, H. 235
Hentschel, V. 192
Herbert, U. 142, 146
Hering, R. 167
Herren, M. 227
Herrmann, H. W. 192
Herrn, R. 169
Herwig, H. H. 229, 240
Herzl, T. 32
Hettling, M. 178
Heyden, U. v. d. 211
Hildebrand, K. 221, 226, 231 f.
Hildermeier, M. 244
Hilferding, R. 199
Hillgruber, A. 108, 220 f., 232 f.
Hindenburg, P. v. 127, 135, 247

Hindmarch-Watson, K. 177
Hirota, H. 175
Hirschfeld, G. 239
Hirschhausen, U. v. 185
Hitler, A. 162
Hobsbawm, E. J. 141, 181
Hobson, J. A. 57, 199
Hobson, R. 209, 229
Höbelt, L. 222
Hödl, K. 171
Höhler, S. 145
Hoerder, D. 172, 174
Hoffmann, S. L. 178
Hofmeester, K. 170
Hofmeister, A. 170
Hofmeister, B. 183, 244
Hohenberg, P. M. 192
Holl, K. 223
Holmes, D. 170
Holmes, G. M. 186
Holmes, M. 173
Holquist, P. 246
Homburg, E. 192
Honold, A. 211
Hopkins, A. G. 196 f.
Horne, J. N. 243, 256
Hort, J. 228
House, E. M. 130
Howe, S. 203, 213
Howkins, A. 172
Hroch, M. 180
Huber, E. R. 163
Husserl, E. 35
Huttenback, R. A. 189
Hyam, R. 204
Ibsen, H. 36
Immerwahr, D. 205
Inikori, J. E. 213
Iriye, A. 249
Iskin, R. E. 148
Islamoglu-Inan, H. 195
Ismail Pascha 77
Iswolsky, A. 49, 108
Ivings, S. 176
Jackson, A. 166
Jäger, G. 40

Jäger, J. 162
Jäger, W. 218
Jaffe, L. S. 252
Jalland, P. 168
James, H. 197, 249
James, R. R. 155
Jameson, L. 98
Jansen, C. 180
Janssen, K.-H. 247
Janz, O. 239
Jaurès, J. 61 f.
Jennings, I. 166
Jensen, U. 170
Jessen, R. 179
Joffre, J. 125
Joll, J. 223
Jones, G. 189
Joyce, J. 37
Julien, E. 223
Kaelble, H. 168
Kafka, F. 37
Kahan, A. 193
Kalifa, D. 179
Kampe, N. 183
Kandinsky, W. 36
Kann, R. A. 247
Kappeler, A. 214
Karl I. 122, 136 f., 247
Kaschuba, W. 172
Kaske, E. 208
Keegan, J. 240
Kehr, E. 229
Keiger, J. F. V. 225
Keiper, G. 225
Keller, E. 170
Kelvin, P. 155
Kemp, T. 188, 198
Kennan, G. F. 238, 252
Kennedy, P. M. 229, 232 f., 235
Kennedy, R. A. 249
Kennedy, W. P. 190
Kenny, K. 212
Kerenski, A. F. 138 f.
Kerkhof, S. v. d. 192
Ketteler, C. Frhr. v. 86
Kiderlen-Wächter, A. v. 232

Kienitz, S. 258
Kießling, F. 218, 221, 224–28, 234, 238
King, J. 184
Király, B. K. 248
Kirby, M. W. 240
Kirchberger, U. 176
Kirchner, W. 195
Kirsch, M. 155, 166
Kitchener, Sir H. H. 82 f.
Kivelson, V. 215
Klävers, S. 210 f.
Klare, K. A. 257
Klein, M. B. 185
Klein, T. 203
Klein, W. 215
Kleinschmidt, C. 148, 192
Klepsch, R. 243
Klingt, H. af. 36
Kluge, U. 172
Kluxen, K. 154
Knoll-Jung, S. 177
Kocka, J. 153, 242 f.
Koekkoek, R. 205
Kölz, A. 155
König, G. M. 148, 173
König, M. 223
Kohlrausch, M. 157
Komlos, J. 188
Konstantin I. 120
Kopsidis, M. 188, 191
Koselleck, R. 145, 240
Kosfeld, A. G. 155, 166
Kotrba, F. 206
Kowner, R. 231
Kramer, A. 256
Kramer, P. A. 209
Krautwald, B. 169, 178
Krebs, P. M. 213
Kreiner, J. 231
Kreissler, F. 208
Kreuzer, M. 163
Kröger, M. 231, 255
Kronenbitter, G. 222, 229
Krüger, G. 209
Krüger, P. 238–40
Kruger, P. 98

Krumeich, G. 223 f., 239, 256, 258
Kruse, W. 244
Krzoska, M. 184
Kühne, T. 157, 162, 164, 210
Kuitenbrouwer, M. 205
Kundrus, B. 209–11, 242, 258
Kunze, R. U. 180 f.
Kupka, F. 36
Laak, D. v. 204, 208, 211, 249
Labanca, N. 206
Labrousse, E. 149
Lachenicht, S. 176
LaFeber, W. 205
Lambert, D. 213
Lambi, I. N. 229
Langdon, J. W. 218
Langer, W. L. 149, 219
Langewiesche, D. 157, 166
Langhorne, R. 235
Laqua, D. 185
Lask, E. 37
Laurenzi, E. 170
Lazzerini, E. J. 214
Lebovics, H. 154
Lee, R. 187
Lees, A. 178
Lehner, G. 206
Lehner, M. 206
Lehnert, D. 155
Lemaire, S. 216
Lempa, H. 179
Lenger, F. 150
Lenin, W. I. 38, 63, 138 f., 199, 244–46
Lenz, T. 148
Leonhard, J. 222, 226, 239
Leopold II. 73, 80
Lerp, D. 204
Lester, A. 213
Levine, P. 204, 212
Levy, J. S. 231
Liauzu, C. 216
Liauzu, J. 216
Liebisch-Gümüş, C. 145
Liedtke, R. 170 f.
Lieske, A. 179
Lieven, D. C. B. 158, 172

Liman von Sanders, O. 113
Lindner, U. 209
Lingelbach, G. 145
Link, A. S. 249
Linke, H. G. 252
Linsenmann, A. 166
Lipp, A. 256
Liulevicius, V. G. 257
Livingston, D. 40
Lloyd George, D. 66, 135 f., 219 f., 246
Löwe, H.-D. 231
López-Pedereros, A. R. 179
Lorenz, C. 181
Lorenz, R. 247
Lorenz, T. 185
Loth, W. 166
Loubet, É. 51
Louis, W. R. 200
Lucassen J. 174, 177
Lucassen L. 174
Ludendorff, E. 127, 135, 247
Lugard, F. 70 f.
Luks, L. 245
Luxemburg, R. 199
Mach, E. 35
MacElligott, A. 244
MacKenzie, J. M. 149, 203
Magee, G. B. 213
Mai, G. 240, 243
Maier, C. S. 68
Malinowski, S. 210
Malozemoff, A. 213
Manela, E. 253
Maner, H. C. 184
Manet, E. 35
Mann, M. 213
Mann, T. 37
Manning, R. T. 158
Manz, S. 176
Marchand, J. B. 82
Marcus, H. G. 206
Marin, I. 185
Martin, J. 253
Martinelli, A. 198
Martucci, R. 154
Marwick, A. 242

Marx, C. 71
Marx, K. 24, 245
Massie, R. K. 232
Mathias, P. 186
Matis, H. 188
Maupassant, G. de 36
Maurer, J. H. 229
Mayer, A. J. 178
Mayer, M. 227
McCaffray, S. P. 194
McGuire, V. 206
McKeown, A. 174 f.
McMeekin, S. 222, 255
McNeill, J. R. 148
McReynolds, L. 158
Meinecke, F. 160, 234
Meiske, M. 148
Menelik II. 81
Mesghenna, Y. 206
Mesner, M. 168
Metzler, T. 170
Michel, B. 188
Micheletta, L. 207
Michelson, A. 194
Mick, C. 257
Miller, A. 180, 214
Miller, S. 244
Millerand, A. 61
Minohara, T. 255
Mock, W. 167
Mösslang, M. 228
Moll, M. 184
Mollenhauer, D. 216
Moltke, H. von 110, 125, 229
Mombauer, A. 218 f., 229
Mommsen, W. J. 59, 198, 200, 215 f., 226, 231, 233, 242, 255, 258
Monet, C. 35
Mongia, R. 175
Monroe, J. 90
Montgomery, M. 205
Monticone, A. 249
Montinari, M. 34
Morgan-Owen, D. G. 230
Morisots, B. 35
Morton-Jack, G. 254

Morrison, A. 214 f.
Mosca, G. 38
Mosca, M. 170
Moser, P. 172
Moses, D. 210
Mosley, E. 148
Mosse, G. L. 258
Motadel, D. 179
Moyd, M. R. 254
Mühlhahn, K. 208
Müller, J. W. 148, 164
Müller, S. O. 162
Münkler, H. 225 f.
Muhr, J. 249
Mulligan, W. 222, 231, 257
Murauer-Ziebach, W. 177
Myers, R. H. 205
Naar, D. E. 170
Napp, N. 240
Nattermann, R. 170
Neilson, K. 231, 237, 252
Neitzel, S. 145, 162
Nelson, R. L. 257
Neratov, A. 224
Nevakivi, J. 252
Nicolas, S. J. 190
Nieberding, A. 187
Nieden, S. 169
Nietzsche, F. 33, 35
Nikolaus II. 45, 97
Nipperdey, T. 161, 221
Nitschke, A. 142
Noa, M. 181
Nohlen, D. 155
Nolte, C. E. 184
Nolte, P. 240
Nonn, C. 162, 182 f.
Nordau, M. 11, 43
Northrup, D. 174
Norton, P. 156
Nouailhat, Y. H. 249
Nuhn, W. 209
Nuzzo, L. 227
Oberländer, E. 185
Obertreis, J. 151
O'Brien, P. 186, 213

Offen, K. M. 170
Oltmer, J. 172, 243
Opitz-Belakahl, C. 168
Or, T. 176
Orlando, V. E. 135
O'Rourke, K. H. 187
Osterhammel, J. 143 f., 179, 196
Otte, T. 155, 228
Owen, R. 198
Paice, E. 254
Palumbo, P. 208
Pamuk, S. 195
Pareto, V. 38 f.
Paulmann, J. 185, 197, 228
Paulsen, A. 149
Payk, M. M. 227 f.
Peattie, M. R. 205
Pedroncini, G. 243
Pelling, H. M. 155
Perrot, M. 153
Pesek, M. 205, 208
Peter I. d. Gr. 122
Peters, C. 73
Peters, M. 167
Petersson, N. P. 143, 196
Phillips, G. D. 155
Picasso, P. 35
Pielhoff, S. 177
Pierce, R. A. 213
Pietrow-Ennker, B. 170
Pike, R. M. 145
Pinchuk, B. C. 158
Pinsker, L. 32
Pipes, R. 244 f.
Planck, M. 38
Planert, U. 169
Pogány, Á. 181
Pogge von Strandmann, H. 222
Pohl, H. 191
Pohle, R. 178
Poincaré, R. 134
Pollard, S. 190 f.
Polunov, A. 157
Pomper, P. 198
Porcari, S. 198
Porter, B. 213

Porter, R. 148
Postan, M. M. 186
Potter, P. 181
Potter, S. J. 213
Proust, M. 37
Pugh, M. 155
Pugsley, C. 254
Puhle, H. J. 168
Puschner, U. 167, 182
Pyta, W. 247
Raasch, M. 166
Radkau, J. 225 f.
Rahden, T. v. 170 f.
Raid, J. 83, 98
Raithel, T. 241
Raleigh, D. J. 246
Randazzo, A. 206
Randeria, S. 152, 203
Raphael, L. 142
Rathenau, W. 132
Rauchensteiner, M. 222, 248
Rauh, M. 163, 237
Rauhut, C. 177
Rausch, H. 181
Rawe, K. 243
Readman, P. 155
Reagin, N. R. 169
Rechter, D. 171
Redslob, R. 154
Reif, H. 172, 179
Reimann, A. 240, 255
Reinecke, C. 175
Reinhard, W. 154, 248
Reiter, M. 209
Rémond, R. 167
Renz, I. 239
Renzi, W. A. 252
Řepa, M. 179
Retallack, J. N. 166
Révész, L. R. 154
Rhodes, C. J. 75, 82
Richter, H. 148, 162, 165, 170
Rieber, A. J. 194, 214
Rieger, B. 181
Rinke, S. 255
Riotte, T. 228

Rischbieter, J. L. 196
Ritschl, A. 249
Ritter, G. 220 f., 235, 247
Ritter, G. A. 154, 160, 166
Robb, G. 242
Robert, J. L. 241, 258
Roberts, M. 155, 165
Robertson, R. 196
Robinson, R. 200 f.
Rochau, H. A. v. 92 f.
Röder, T. J. 197
Röhl, J. C. G. 162 f.
Römhild, R. 152, 176
Rogan, E. 255
Rohe, K. 200
Rohkrämer, T. 168
Rolf, M. 214
Roosevelt, T. 107
Roper, M. 256
Rose, A. 223, 231–34, 257
Rose, M. B. 240
Rose, S. O. 213
Rosenberg, E. S. 144
Rosenberger, B. 227
Ross, C. 204
Roth, R. 178
Rothauge, C. 147
Rothberg, M. 210
Rothwell, V. H. 252
Rüger, J. 234
Rumpler, H. 248
Ruppenthal, J. 208
Rutkoff, P. M. 167
Saatmann, I. 247
Sachsenmaier, D. 254
Said, E. W. 66 f., 201–03
Salewski, M. 239, 248
Salisbury, R. C. 3rd Marquess of 49, 232
Samson, A. 254
Sanborn, J. A. 246
Sandberg, A. 149
Sanderson, M. 190
Sap, J. W. 155
Sapelli, G. 241, 243
Sauer, W. 206
Savoy, B. 212

Schäfer, H. 241
Schäfer, M. 178, 187
Schaffer, T. 142
Schaper, U. 208
Schapiro, L. 244
Schaser, A. 170
Schedewie, F. 159
Scheidemann, P. 138
Scheil, S. 183
Scherpe, K. R. 211
Schieder, T. 149
Schieder, W. 200, 207
Schiera, P. 155, 166
Schildt, A. 166
Schiller, R. 172
Schinzinger, F. 208
Schlieffen, A. v. 117, 125, 229–31
Schlotzhauer, I. 183
Schmale, J. 189
Schmid, J. 182
Schmidt, C. 194, 222
Schmidt, C. B. 179
Schmidt, G. 199
Schmidt, J. 177, 179
Schnell, F. 258
Schöck Quinteros, E. 169
Schöllgen, G. 162, 218, 220, 231 f., 235 f.
Schönberg, A. 36
Schönberger, C. 164
Schottelius, H. 229
Schraut, S. 170, 178
Schroeder, P. W. 238
Schröder, I. 145
Schröder, S. 230
Schüler, A. 169
Schulz, A. 178
Schulze, S. M. 188
Schulze, T. 181
Schuhmacher, F. 203
Schumann, D. 256
Schumpeter, J. 199
Schwabe, K. 249
Scully, R. 233
Searle, G. R. 156
Sebald, P. 208
Seidel, H. C. 243

Seifert, W. 231
Seton Watson, C. 207
Seymour, C. 249
Shannon, R. 166
Sheehan, J. J. 166
Sieg, K. 212
Sieg, U. 182 f.
Silberstein, G. 250
Simmel, G. 22, 38
Simons, O. 211
Singha, R. 254
Sinn, E. 174
Sked, A. 185
Sluga, G. 185
Smith, L. V. 242, 256
Smith, H. W. 183
Smith, S. A. 158 f., 195
Sösemann, B. 99
Sondhaus, L. 229
Sorel, G. 38 f.
Soutou, G. H. 251
Specht, H. 179
Speitkamp, W. 208
Spencer, H. 38
Spengler, O. 41
Sperber, J. 164
Spivak, G. C. 202
Spranger, A. 170
Spring, D. W. 214
Springborn, A. 235
Sprotte, M. 231
Staliunas, D. 184
Stalmann, V. 166
Standage, T. 213
Stange-Fayos, C. 170
Stanley, H. M. 40
Stead, W. T. 75
Steglich, W. 250
Steinberg, M. D. 246
Steiner, Z. S. 237 f.
Steinmetz, W. 147, 176 f.
Steller, V. 228
Steltzer, H. G. 208
Sternhell, Z. 167
Stevenson, D. 229, 239 f., 250 f., 253
Steymans-Kurz, P. 170

Stites, R. 170
Stolypin, P. 194
Storz, D. 231
Strachan, H. 254
Street-Salter, H. 255
Stresemann, G. 57, 137
Streubel, C. 169
Strindberg, A. 36
Stuchtey, B. 218
Süle, T. 241
Sullivan, L. H. 36
Sunderland, W. 214
Suny, R. G. 215
Sutcliffe, B. 198
Sybel, H. v. 160
Sykes, M. 125
Szeftel, M. 158
Szulc, M. 170
Tabili, L. 176
Tarr, C. 170
Taylor, A. J. P. 217, 250
Tenfelde, K. 192, 243
Tewfik Pascha 77
Thalheimer, S. 229
Thiel, J. 243
Thomas, M. 145, 213
Thompson, A. 145, 213
Thompson, E. P. 153
Thompson, F. M. L. 149
Thompson, A. S. 213
Thompson, J. 157
Thomson, A. 254
Thorpe, A. 166
Tilly, R. H. 191
Tilse, M. 185
Tinker, H. 174
Tipton, F. B. 192
Tirpitz, A. von 100
Tolstoi, L. 36
Toniolo, G. 188
Topik, S. C. 187
Torp, C. 145, 148, 162, 197
Torpey, J. 175
Trepsdorf, D. K. W. 209
Trocki, C. A. 174
Turati, F. 62

Turner, J. 247 f.
Turner, L. C. F. 229
Überegger, O. 255, 258
Uekötter, F. 148
Uhl, K. 177
Ullman, R. H. 252
Ullmann, H. P. 168 f.
Ullrich, H. 154
Ullrich, V. 183, 221, 247, 250, 258
Ulmer, M. 183
Ulrich, B. 258
Ungari, A. 207
Urbanitsch, P. 248
Vanthemsche, G. 205
Vec, M. 197, 227
Venizelos, E. 120
Verhey, J. 241
Verheyen, N. 178
Vicinus, M. 168
Victoria, Queen 73
Viebrock, H. 75
Vincent Smith, J. D. 235
Vitols, S. 187
Vitte, S. 194
Vittorelli, N. 170
Vogel, J. 187
Vogel, U. 168
Volkmann, H.-E. 184, 257
Volkov, S. 171, 183
Vulesica, M. 185
Wagner, P. 172
Wagner, P. 181
Waldeck Rousseau, P. M. 61
Waldersee, A. Graf v. 86
Waldron, P. 157
Walgenbach, K. 211
Walkenhorst, P. 167, 182
Wall, R. 242
Wallach, J. L. 208
Wandruszka, A. 154, 188, 248
Ward, P. 185
Warth, R. D. 252
Watermann, D. 178
Watson, A. 244, 256
Weber, C. 184
Weber, E. 188

Weber, M. 38, 41 f., 178
Weber-Kellermann, I. 172
Webster, R. A. 206
Wegner, B. 253
Wehler, H.-U. 149, 160–162, 164, 191, 198 f., 201, 221, 233
Weichel, T. 178
Weinhauer, K. 244
Weinrich, A. 239
Weinstein, B. 179
Weisbrod, B. 258
Westerhoff, C. 243
Wells, A. 187
Wendt, R. 152 f.
Wicks, E. 155
Wiebe, R. 182
Wiener, M. J. 156, 169
Wienfort, M. 172
Wildman, A. K. 244
Wilhelm II. 47, 51, 88, 95, 98–100, 106, 134, 137 f., 160–63
Willequet, J. 205
Williams, B. 158
Williamson, J. G. 187, 196
Williamson, S. R., Jr. 231
Wilsberg, K. 225
Wilson, A. N. 178
Wilson, K. 212
Wilson, K. M. 231, 237
Wilson, S. 182
Wilson, W. 91, 123 f., 128, 130, 249
Windscheffel, A. 157
Winock, M. 142
Winseck, D. R. 145
Winter, J. M. 239–42, 258
Winterhager, W. E. 250
Wippich, R. H. 217, 231, 233
Wirsching, A. 256
Witte, S. Graf 15
Wohlfart, K. 185
Wolff, K. 169 f.
Woodruff, W. 186
Woolf, V. 37
Wormer, K. 237
Wyman, M. 173
Xu, G. 254

Zala, S. 218
Zamagni, V. 188
Zechlin, E. 220, 233
Zeller, J. 209, 211
Zeman, Z. A. B. 243 f., 247
Ziblatt, D. 167
Ziebura, G. 200, 215
Ziemann, B. 258
Zimmerer, J. 209, 212, 257

Zimmerman, J. D. 170 f.
Zimmermann, J. 240
Zinkina, J. 197
Zipperstein, S. J. 185
Zola, E. 37
Zuber, T. 230
Zumer, F. 187
Zvánovec, M. 184

Ortsregister

Abessinien 81
Adria 232
Adua 49, 81
Afghanistan 85, 96, 105
Afrika, allgemein 15, 66, 68 ff., 71 f.,
　75 f., 77, 79–85, 87, 98, 103, 105,
　112, 123, 129, 151 f., 179, 206, 210,
　235, 254
Ägypten 69, 76–79, 82, 89, 105
Aigun 85
Aisne 125
Albanien 6, 46
Alexandrien 77
Algeciras 106, 108
Algerien 69, 76, 82
Amiens 127
Amsterdam 9, 22, 64
Amur 85
Annam 80
Argentinien 15, 198
Armenien 122 f., 127
Arras 125
Asien/Mittlerer und Ferner Osten, all-
　gemein 10, 15, 66, 68, 72, 84, 96,
　99, 105 ff., 122, 124, 152, 175, 179,
　189, 213 f., 234
Äthiopien 49, 207
Australien 10, 69, 254
Bagdad 129
Balkan/Südosteuropa, allgemein 5, 15,
　20 f., 30, 46, 65, 80 f., 84, 95 f., 99,
　107 ff., 111, 113 ff., 120, 123, 127 f.,
　150 f., 180, 184, 188, 206, 213,
　222 ff., 231, 257 f.
Bardo 76
Belgien 7, 9, 12, 14 f., 18, 46, 55, 67, 72 f.,
　79, 89, 117, 119, 121, 123, 125, 128,
　130, 134, 187, 205, 243
Benin 211 f.
Benin-Stadt 211
Berlin 8 f., 33, 50, 58, 76, 80, 89, 96,
　98 f., 101 f., 107 ff., 111, 116 f., 121,
　130, 138, 162, 219 f., 232, 234
Bielefeld 177

Birmingham 9
Bismarck Archipel 98
Bosnien u. Herzegowina 108 f., 113, 220
Boulogne 121
Brasilien 15
Breslau 9
Brest Litowsk 126 ff.
Briey 121
Brüssel 9, 63
Budapest 9, 55
Bukarest 127 f.
Bukowina 126
Bulgarien 6, 30, 108, 113, 119, 126–129,
　184
Burma 87
Champagne 125 f.
Chefoo 85
Chicago 36
Chile 11
China 11, 69 f., 80, 84–88, 90 f., 96, 98 f.,
　102–105, 119 f., 124, 175, 189, 206,
　208, 254
Compiègne 128
Coronel 129
Cyrenaika 207
Dänemark 15, 30, 46, 65
Dagö 126
Deutschland/Deutsches Reich 5–9, 12–
　18, 20, 22, 25, 27, 29 f., 32, 40, 46 f.,
　49–54, 56 ff., 60, 62, 64 f., 67, 72,
　79 ff., 85, 88–91, 93–98, 100–104,
　106–108, 110, 112 f., 115, 117, 119 ff.,
　123, 125 f., 128, 130–133, 135, 137,
　139, 155, 157, 164–167, 169 ff., 173,
　175, 177 f., 180, 182 f., 185, 187–192,
　204, 206, 208 f., 211 f., 215, 218–
　224, 227, 230, 232–238, 241–244,
　247 f., 250–252, 257 f.
Deutsch-Kamerun 111
Deutsch-Ostafrika 11, 72 f., 82, 129,
　208 f., 254
Deutsch-Südwestafrika 50, 64, 72 f., 79,
　129, 209, 218
Dogali 207

https://doi.org/10.1515/9783111250731-007

Dünkirchen 121
Edinburgh 43
Elsass-Lothringen 51, 79, 94, 123 f., 128, 251
Erfurt 60
Eritrea 81
Estland 127
Falkland Inseln 129
Faschoda 82 f., 217
Fez 88
Finnland 29, 54, 127
Formosa 84
Frankfurt 9, 178
Frankreich 6, 8, 12–15, 17 f., 22, 27, 29 f., 33, 36, 45 f., 48 f., 51, 53 f., 57 f., 61, 64, 67, 69, 72 f., 75–82, 85, 87 ff., 91, 93–96, 100, 102, 104 f., 107 f., 110 f., 114 f., 117, 119–125, 128, 131, 133–136, 153 f., 160, 164 f., 167 f., 170, 173, 175, 180, 182, 188 f., 194, 205, 207, 215 ff., 220, 223, 230, 234, 236, 238, 241–244, 247, 249, 251 f.
Französisch Äquatorialafrika 82
Freiburg im Breisgau 258
Gabun 82
Galizien 126
Gallipoli 129, 254
Gelbes Meer 85
Gotha 60
Griechenland 30, 113, 120, 259
Großbritannien/England 6 f., 9, 12–19, 24 f., 27, 29, 38, 46–49, 53 f., 56–59, 62–67, 69, 73, 75, 77–91, 95 f., 98–108, 110, 112, 114 f., 117, 119–123, 131 ff., 135 f., 150, 155 ff., 160, 164–168, 174 f., 178, 182, 187, 189–192, 205, 212 f., 215 f., 229 f., 232 ff., 237 f., 242 f., 247, 249, 252
Haag 114, 227
Hainfeld 61
Hamburg 22, 162, 219 f., 258
Hawaii 87
Hinterindien/Indochina 80, 83, 87, 254
Hongkong 174
Iberische Halbinsel, allgemein 21

Indien 14, 69, 75 f., 85, 87, 89, 102, 106, 179, 213, 254
Indischer Ozean 151, 174
Indochina 80, 87, 254
Indonesien 69
Iran 90
Irland 150, 156
Isonzo 129
Italien 6, 8 f., 13, 15, 17, 27, 38, 45 f., 48 f., 55–57, 61 f., 64, 67, 76, 79, 81, 88, 110, 114, 119 f., 124, 129, 134 f., 154, 164 f., 169 f., 173, 180, 188 f., 206 ff., 249 f., 252
Jangtse 86, 103
Japan 45, 67, 84 ff., 91, 104, 107, 110, 119, 124 f., 129, 145, 205 f., 214, 231, 250, 255
Jerusalem 129, 201
Jugoslawien 137
Kairo 82
Kaiser Wilhelm Land 98
Kamerun 79, 88, 129
Kanada 10, 174, 212, 254
Kap der Guten Hoffnung 82
Kap Kolonie 83, 98
Kapstadt 82
Karolinen Inseln 98
Khartum 77
Kiautschou/Tsingtau 85, 98, 110, 119, 129, 208
Kiel 138
Köln 9
Kongo 72 f., 80, 82, 88, 112
Konitz 183
Konstantinopel 89, 94, 99, 113, 122, 195
Korea 84, 96, 104
Krim 84, 118, 214
Kuang-chou-wan 85
Kuba 86
Kurland 121 f., 126 f.
Kutel-Amara 129
Laos 87
Leipzig 9
Liaotung 84
Libyen 79, 88, 206 f.
Litauen 121 f., 126 f.

Liverpool 9, 43
Livland 127
London 9, 11, 44, 63, 77, 82, 101–106, 108 ff., 113–115, 120, 130 f., 135, 148, 223, 232, 234, 236
Lüttich 121
Luxemburg 46, 121, 125, 127 f.
Madagaskar 105
Madrid 11
Mailand 9
Mandschurei 84, 86, 103
Marianen 98, 208
Marne 125, 240
Marokko 49, 52, 79, 88, 105 f., 111 f., 207 f., 220, 224, 226, 234
Marshall Inseln 98
Massaua 81
Masurische Seen 126
Mazedonien 107
Mesopotamien 123, 129
Mexiko 90
Midlothian 43 f.
„Mittelafrika" 121
Mitteleuropa, allgemein 15, 21, 28, 30 ff., 46, 65, 121, 134, 147, 150 f., 180, 184, 188, 258
Mittelmeer 94 f., 99, 114 f.
Mittelosteuropa, allgemein 5, 257
Montenegro 5 f., 30, 46, 113, 119, 124
Moon 126
Moskau 9, 31, 138, 159
Mürzsteg 107
Namibia 209
Natal 83
Neue Hebriden 105
Neufundland 104 f.
Neuseeland 69, 198, 254
Niederlande 7, 14 f., 18 f., 30, 46, 67, 69, 89, 119, 136, 155, 205
Nigeria 71, 211
Nil 77, 81 f.
Nordafrika, allgemein 72, 76, 82, 87, 102, 111
Nordamerika, allgemein 2, 11, 15, 105, 185, 227
Nordeuropa, allgemein 28, 65

Norwegen 6, 15, 29, 36, 46, 54
Oranje Freistaat 83
Orient/Naher Osten 99, 122, 202, 213, 255
Ösel 126
Osmanisches Reich/Türkei 5, 30, 44 ff., 70, 76, 78, 87–91, 94, 99, 106–109, 113, 119, 122 ff., 126–129., 139, 166, 170, 184, 195, 208, 214, 252, 254 f., 259
Ostafrika, allgemein 72, 79, 81
Ostasien, allgemein 79, 83–86, 91, 96, 99, 104 f., 107, 124, 235
Österreich-Ungarn/Österreich 5 f., 15, 17, 20, 27, 29 f., 32, 38, 46–50, 55 f., 61 f., 64, 67, 95 f., 99, 107–110, 113–117, 119–129, 131, 136, 139, 165, 170, 174, 180, 184 f., 188 f., 205 f., 219, 222, 229, 231, 237, 243 f., 247, 250, 252
Osteuropa, allgemein 5, 7, 18, 30 ff., 150 f., 159, 171, 175, 180, 184 f., 209, 257 f.
Ostpreußen 126
Palästina 32, 66, 201, 208
Palau Inseln 98
Panama 51
Paris 11, 33, 52, 62, 82, 87, 95 ff., 105 f., 108 f., 117, 125, 130, 173, 218, 223, 227, 236, 251
Pazifik 72, 86 f., 105, 208
Peking 85 f., 91
Persien 70, 85, 96, 105, 113, 208
Persischer Golf 89, 99
Pescadores Inseln 84
Philippinen 72, 87
Polen 29, 121 f., 124, 126 f., 184, 214, 250
Port Arthur 84 f., 107
Portsmouth 107
Portugal 8, 15, 45, 80, 103, 112, 120 f., 205, 235
Potsdam 113
Prag 63
Preußen 20, 33, 54, 93, 126, 137, 139, 183, 185, 215
Puerto Rico 87

Racconigi 115
Rhodesien 82
Riga 9, 126, 185
Rumänien 5, 8, 15, 30, 32, 46, 113, 119, 121, 124, 127, 252
Russland 5 f., 8, 10 f., 15–18, 20 f., 30 f., 36, 44–50, 62, 76, 84 f., 87, 89 ff., 94 ff., 99–102, 104–110, 113 ff., 117, 119–123, 125–128, 131, 135, 138 f., 150, 155, 157–160, 166, 170, 180, 184, 189, 193 ff., 206, 213 ff., 220, 223, 230 f., 234, 236 ff., 244 ff., 248, 250, 252
Saarland 123
Sachalin 107
Saloniki 129
Samarkand 85
Samoa Inseln 98, 103
San Marino 45
Sarajewo 117
Savaii 103
Schottland 44
Schwarzes Meer 94, 115
Schweden 6, 15, 18, 36, 46, 65, 155
Schweiz 8, 13, 15, 18, 27, 45, 54, 119, 136, 138, 155, 173, 245
Seine 97
Senegal 76, 82
Serbien 5, 8, 15, 30, 46, 108 ff., 113, 117, 119, 121, 124 f., 129, 219, 222
Shimonoseki 84
Siam 83, 87, 105
Singapur 174
Skagerrak 129
Skandinavien, allgemein 7, 15, 29, 65, 119
Somaliland 81
Somme 125
Sowjetunion 140, 215, 239
Spanien 6, 8, 11, 15, 46, 87, 98, 119, 155
St. Petersburg/Petrograd 8 f., 85, 97, 106, 108, 113, 117, 123, 126, 138, 159, 223, 236
Stuttgart 183
Sudan 77 f., 82 ff., 102, 105
Südafrika, allgemein 64, 72, 82 ff., 98

Südamerika/Lateinamerika, allgemein 6, 10, 15, 66, 69, 90
Südeuropa, allgemein 7, 18, 150, 175
Südwestafrika 79
Suez(kanal) 76, 82, 129
Syrien 123
Talienwan 85, 107
Tanger 106
Tannenberg 126, 240
Tarnow Gorlice 126
Taschkent 85
Tibet 105
Togo 79, 129, 208
Transvaal 83, 98
Trient 129
Triest 129
Tripolis 207
Tschechoslowakei 137
Tsushima 107
Tunesien 69, 76, 79, 81
Turkestan 85
Uccialli 81
Ungarn 32, 47 f., 55, 137, 154, 219
Ukraine 30, 126 f., 184
Upulo 103
USA 9 f., 12–14, 16 f., 32, 36, 40, 67, 69, 72 f., 80, 86 f., 91, 98, 102 f., 110, 120, 123 f., 130 f., 133 f., 140, 152, 173 ff., 189 f., 192, 201, 205 f., 231, 239, 242, 249, 255
Venezuela 90
Verdun 125
Vereeniging 83
Versailles 128, 218
Verviers 121
Vietnam 80
Warschau 9
Washington 130
Westafrika, allgemein 72, 82, 105
Westeuropa, allgemein 21, 28, 30 ff., 65, 134, 147, 150 f., 159 ff., 180, 184 f., 188, 193, 214
Wei-hai-wei 85
Wien 8, 11, 33, 43, 108 f., 113 f., 116 f., 122, 137, 171, 222 f.
Windsor 103

Wladiwostok 85
Wolfenbüttel 92

Zabern 51
Zürich 143

Sachregister

Die unter den Stichworten „Abkommen", „Friedensschlüsse", „Konferenzen", „Kriege", „Krisen" und „Revolutionen" genannten Ereignisse sind jeweils in chronologischer Reihenfolge aufgeführt.

Abkommen/Verträge
- Vertrag zu Aigun (1858) 85
- Vertrag zu Peking (1860) 85
- Zweibund (1879) 94 f., 99, 105, 108 f., 219
- Vertrag von Bardo (1881) 76
- Dreibund (1882) 94 f., 102, 114, 119
- Rückversicherungsvertrag (1887) 94 f., 97
- Mittelmeerabkommen (1887) 94 f.
- Protektionsvertrag von Uccialli (1889) 81
- Französisch-russische Allianz (1892/ 94) 95 ff., 111, 115, 223, 229
- Ostasiatischer Dreibund (1895) 85
- Siam Abkommen (1896) 87, 105
- Deutsch-englisches Abkommen über die portugiesischen Kolonien (1898 u. 1913) 103, 112, 121, 235
- Sudanvertrag (1899) 82 f., 105
- Samoa-Abkommen (1899) 103
- Windsor-Vertrag (1899) 103
- Jangtse Abkommen (1900) 86, 103
- Französisch-italienisches Mittelmeerabkommen (1900) 114
- Englisch-japanisches Bündnis (1902) 86, 104, 119
- Französisch-italienischer Neutralitätsvertrag (1902) 114
- Mürzsteger Programm (1903) 107 f.
- Entente cordiale (1904) 104–107, 111, 115, 217, 236 ff.
- Englisch-russische Konvention (1907; vgl. auch: „Tripelentente") 105 f., 236 ff.
- Abkommen von Racconigi (1909) 114 f.
- Potsdamer Abkommen (1911) 113
- Marokko-Kongo-Abkommen (1911) 88, 111 f.
- Französisch-britische Militärkonvention (1912) 110 f., 115, 230
- Französisch-russische Marinekonvention (1912) 111, 229
- Abkommen zwischen der Banque Impériale Ottomane u. der Deutschen Bank (1914) 112 f.
- Bagdadbahn-Abkommen (1914) 112
- Vertrag von London (1914) 120
- Deutsch-türkisches Bündnis (1914) 119
- Sykes-Picot-Abkommen (1916) 123

Adel/Aristokratie 10, 19 ff., 23, 37, 58, 158, 172, 179
Administration de la Dette Publique Ottomane 89, 195
Alliierte (1914–18) 119 f., 122 f., 125, 127–130, 133–136, 218 f., 221, 251, 253 f.
Alltag/Alltagsgeschichte 1, 8, 74, 169, 213, 216, 257
Amerikanische Unabhängigkeit 69, 75
Angestellte 22, 28, 177
Anleihen 14, 16, 70, 89, 91, 96, 133, 189, 194 f.
Anthropologie/Ethnologie 40 f., 74, 211
Antisemitismus 4, 31 f., 40, 51, 170 f., 182–185, 210
Arbeiterschaft/Arbeiterbewegung (vgl. Gewerkschaften; Parteien, sozialistische) 3, 19, 21–28, 30, 42, 44, 57, 59–65, 134–138, 153, 167, 173, 176 f., 179, 192, 241–244, 258
Arbeitslosigkeit 25, 42, 65, 241 f.
Architektur 36
Armee (vgl. Militärische Planung/ Rüstung) 20, 84, 86, 88, 91, 113, 247

„Augusterlebnis"/Kriegsbegeis-
    terung 134, 240 f.
Auslandsinvestitionen/Außen-
    handel 12–17, 85, 87, 89, 91, 96,
    121, 133, 144, 186, 189 f., 193–196
Auswanderung/Einwanderung/
    Migration 6, 9 f., 32, 143, 146, 172–
    176, 181, 242
Bagdadbahn 49, 89 f., 99, 112 f.
Banken 17, 19, 22, 92, 189 ff., 195, 214
Beamte (vgl. Bürokratie) 22 f., 242
Bergbau 18 f., 25
Beschleunigung 11, 34, 43, 144, 146, 152
Bevölkerung 3, 5–9, 18
Bildung 3, 7, 13, 21, 26, 28, 31, 33, 52,
    55, 65, 74, 158, 168, 190 f., 194
Bolschewiki 63, 126, 138 f., 244 ff.
Budgetrecht 46, 50
Bündnispolitik allgemein 92, 94 f.,
    100 ff., 104, 109, 114 ff., 119 f., 225,
    229 ff., 238
Bürgertum 3, 19, 21 ff., 26, 28 f., 37, 56,
    58, 73, 100, 153, 160, 171, 177–180,
    227 f.
Bürokratie 20, 22, 65, 74, 190
„Cape-to-Cairo" 82
„Daily-Telegraph-Affäre" 47, 51
Demokratie/Demokratisierung 3, 52–
    55, 58, 66, 146, 148, 162, 164 ff.,
    168, 239, 247
Deutsch-englisches Verhältnis 79, 89,
    102 ff.,106, 111–114, 225, 231–236
Diplomatie/Diplomatischer Dienst 4,
    20, 40, 93, 109, 114, 228, 238
Diplomatiegeschichte 228
Dreyfus-Affäre 51, 64, 182
„Einkreisung" 233
Eisenbahnbau (vgl. Bagdadbahn) 2, 10,
    14 ff., 113, 173
Eliten 2, 7, 10, 20, 38 f., 44, 156, 161, 199
Entspannungsbemühungen/Krisenma-
    nagement vor 1914 91, 111–116,
    225 f., 228, 231, 234, 238
Epochenbewusstsein/Zeitbe-
    wusstsein 34 f., 43, 146, 229, 235
Eurozentrismus 151 ff.

Erdöl 148
Fischer-Kontroverse 199, 219 ff., 250 f.
Flottenbau/Flottenpolitik 49 f., 100 f.,
    106, 110 ff., 129, 167, 229 f., 233,
    237
Fortschrittsoptimismus 41, 43, 148
Frauen/Frauenbewegung 27–30, 44,
    53 f., 73, 135, 154, 168 ff., 177,
    242 f., 258
Freihandel 17, 68 ff., 87, 103, 124, 130 f.,
    136, 199 f.
Friedensbemühungen (1914–1918) 122,
    124, 249 ff.
Friedensschlüsse/Waffenstillstände
– Shimonoseki (Präliminarfriede
    1895) 84
– Chefoo (1895) 85
– Paris (1898) 87
– Peking (1901) 86
– Vereeniging (1902) 83
– Portsmouth (1905) 107
– Mittelmächte Ukraine (1918) 126
– Brest Litowsk (1918) 126 ff.
– Bukarest (1918) 127 f.
– Ergänzungsvertrag Mittelmächte-
    Sowjetrussland (1918) 127
– Compiègne (1918) 126 ff.
– Saint-Germain (1919) 219
– Versailles (1919) 128, 218, 227
– Trianon (1920) 219
Geisteswissenschaften/Kulturwissen-
    schaften 38, 14
Geschlechtergeschichte 3, 28 f., 154,
    168 ff., 203 f., 211 f., 258
Gesellschafts- und Sozial- bzw. Struk-
    turgeschichte VIII, 9, 21, 149, 154,
    158, 176 ff., 221, 232 f.
Gewerkschaften 26 f., 59, 132, 134, 168,
    242 f.
Globalgeschichte/„erste
    Globalisierung" VIII, 2, 16 f., 66 f.,
    142–145, 147, 149, 151 f., 174–177,
    179, 186 f., 196 ff., 213, 239, 249,
    253 ff.
„Große Politik der Europäischen
    Kabinette" 218

Sachregister

Handel (siehe auch Auslandsinvestitionen/Außenhandel) 18 f. 22, 79 f., 168
Handwerker 22, 24, 64, 177, 242
Imperialismus/Kolonialismus
- Allgemein VIII, 4, 67–75, 78, 90 ff., 141, 143, 151 f., 180, 198–205, 217 f.
- Freihandelsimperialismus 68 f., 199 f., 205
- Frühimperialismus 68 f., 200
- Imperialismustheorien 198–203, 215, 217, 232
- informeller Imperialismus/„pénétration pacifique" 14, 70, 85, 88, 90, 92, 99, 190, 200 f., 208
- Kolonialbewegung/koloniale Kultur 40 f., 68, 73 ff., 198, 200–203, 205, 207 f., 211 f., 216 f.
- Kolonialkritik 57, 72 f., 216, 218
- Nationalsozialismus, Beziehung zu 75, 209 f.
Impressionismus 35 f.
Industrie/Industrialisierung/Industriegeselschaft (vgl. Unternehmer) VII, 1, 3, 5, 9, 12 f., 15 f., 18 f., 22–26, 30, 34, 36, 38, 41 f., 59, 62, 64, 67 f., 101, 118, 132, 135, 142, 144, 146, 148, 158, 168, 172 f., 181, 186 ff., 190–196, 242, 245
Internationalismus 5, 144 f., 185, 197, 227 f.
Irrationalismus 37
Jameson Raid 83, 98 f.
Jüdische Geschichte 30 ff., 51, 154, 170 ff., 179, 182–185, 209 ff.
Jugendstil 36
Julikrise *siehe* Krisen/Julikrise
Kirchen/Religionen 3, 26, 32, 41 f., 57, 146, 177, 209, 256
Klassengesellschaft VIII, 19, 26, 59 f., 153, 176 f., 179, 242
Kolonialkriege, allgemein 71 ff., 203, 217 f.
Kommunikation/Medialisierung 1 f., 8, 11, 28, 34, 44, 51 f., 56, 64, 73 f., 97, 100, 106, 111, 116, 118, 133, 142, 153, 157 f., 162, 181, 190, 211, 213, 227, 240
Konferenzen/Kongresse
- Berliner Kongress (1878) 76, 89, 108
- Berliner Afrikakonferenz (1884/85) 80
- Haager Friedenskonferenzen (1899 u. 1907) 114, 227
- Konferenz von Algeciras (1906) 106 ff.
- Londoner Botschafterkonferenz (1912) 113 f.
„Kontinentalblock" 100
Kriege (vgl. Kolonialkrieg, allgemein)
- Siebenjähriger Krieg (1756–63) 102
- Krimkrieg (1853–56) 84, 118, 214
- Russisch-türkischer Krieg (1877/78) 84
- Chinesisch-japanischer Krieg (1894/95) 84 f.
- Abessinien Krieg (1894–96) 49, 81
- Sudan-Krieg (1896–99) 82
- Spanisch-amerikanischer Krieg (1898) 86 f.
- Burenkrieg (1899-1902) 64, 83, 98, 103
- Boxerkrieg (1900) 86, 99, 206
- Russisch-japanischer Krieg (1904/05) 45, 86, 107 f., 125, 213 f., 231
- Herero- und Namakrieg (1904–1907) 50, 64, 72 f., 209 ff., 218
- Maji-Maji-Krieg (1905–1908) 72, 209
- Tripoliskrieg (1911/12) 207
- Balkankriege (1912/13) 111, 113 ff. 224
- Russischer Bürgerkrieg (1918–1920) 259
- Polnisch-russischer Krieg (1920/21) 259
- Griechisch-türkischer Krieg (1920–1922) 259
- Zweiter Weltkrieg (1939–1945) 131, 134, 144, 199, 205, 208 f., 212, 243, 253, 255, 257
Kriegsalltag (1914–1918) 255, 258
Kriegsbild 223 f., 226
Kriegserfahrung (1914–1918) 240, 258 f.
Kriegsschuldfrage 218–221
Kriegswirtschaft (1914–1918) 131 ff., 193, 241 ff., 248 f.

Kriegsziele/Kriegszielpolitik (1914–1918) 120–125, 220, 250–253, 257
Krisen
- „Krieg-in-Sicht"-Krise (1875) 232
- Kongo-Krise (1884/85) 80 f.
- Siam-Krise (1895/96) 82 f.
- Faschoda-Krise (1898) 78, 82 f., 102, 105, 217
- Marokkokrisen (1905 u. 1911) 49, 52, 88, 106 f., 111 f., 207, 220, 224, 226, 234
- Bosnische Annexionskrise (1908/09) 108 f., 113, 220
- Adriakrise (1912) 232
- Julikrise (1914) 2, 109, 113, 115 ff., 199, 221–224, 229 ff., 233
Krisenbewusstsein 33, 41 ff.
Krüger-Telegramm 98 f.
(Neue) Kulturgeschichte 5, 149, 177, 187, 202, 205, 212 f., 221, 223 f., 228
Kunst 33–36, 142, 208, 240, 258
Landbevölkerung/Landwirtschaft 1, 3, 7–10, 17–20, 28, 30, 32, 54, 64, 74, 158 f., 162, 168, 172, 183, 188, 194, 196, 214, 245
Literatur 33–37, 40, 181, 208, 211
Löhne/Lohnentwicklung/Einkommen 13, 19, 24 ff., 30, 52, 55, 65, 135, 175, 189, 191–194, 242 f.
Lokal- u. Regionalgeschichte 5, 8, 16, 20, 26, 65, 74, 134, 149 f., 154, 159, 162, 170, 172, 178, 183–188, 192, 194, 241, 246, 258
Machtpolitik/Realpolitik 85 f., 92 f., 99 f., 114, 116, 207, 214 f., 217, 221, 227
Meerengenfrage 76, 84, 94, 96, 115, 122 f., 128
„Men on the Spot" 68, 71, 78, 204, 209
Mentalitäten 21, 23, 68, 116, 140 f., 146, 198, 203, 224 f., 238, 255
Militärische Planung/Rüstung (vgl. Flottenbau) 50, 109 f. 115, 117, 123 ff., 128, 225, 228–231, 238, 252, 257

Militarismus 40, 51, 160, 228, 252
Minderheiten 30, 136, 172
Mission(ierung) 40, 208
Mittelmächte (1914–18) 119–123, 125–130, 241, 249
Mittelschichten/Mittelstand siehe Bürgertum
„Moderne" VII, 1, 5, 33 f., 41, 43, 141 ff., 145 ff., 149–152, 155, 159, 160 ff., 172, 181 f., 188, 204 f., 254
Monarchie 20, 28, 45–52, 58 f., 97, 136–139, 155, 157–160, 162–165
Monroe-Doktrin 90
Musik 33, 35 f., 44, 181
Nationalismus 4 f. 32, 40, 64, 69, 78, 100, 109, 111, 116, 143 f., 154, 166 f., 170, 180–185, 197, 216, 227
Nationalstaatsbildung/Nationale Frage 48, 56, 61, 124, 143, 180, 184 f., 247 f., 259
Nationalsozialismus/„Drittes Reich" 75, 134, 160 ff., 171, 182 f., 209 ff., 220, 244
Naturwissenschaften 38 ff., 42, 191
Neue Oberschicht 10, 22 f.
Oberste Heeresleitung (OHL) 127, 131, 135 f., 247
Öffentliche Meinung/Öffentlichkeit 1 f., 4, 28, 44, 49–53, 78, 96, 98–102, 109, 111, 116, 124, 134, 155–158, 164, 202, 207, 216 f., 220, 226 f., 233, 238, 241
Orientalische Frage (vgl. auch Bagdadbahn) 49, 90, 224, 236
Parlamente/Parlamentarisierung 3, 28, 45–54, 56, 58, 61 ff., 73, 77, 97, 109 f., 135, 137 f., 154–160, 163 ff., 167, 218, 246 ff.
Parliament Bill 39, 53, 66, 155
Parteien
- Allgemein 29, 44, 51 f., 56, 59, 135, 154, 166, 247 f.
- antisemitische 183
- christliche 47, 56, 73, 166, 248
- konservative 27, 58 f., 155, 166 f.
- liberale 27, 56 ff., 139, 155, 166, 248

- radikale rechte 166 ff., 244
- sozialistische (vgl. auch: Bolschewiki; Sozialdemokratische Partei Deutschlands) 27 f., 59–64, 134 f., 139, 167, 243 ff., 248

Peripherie 200 f., 203, 214 f., 235, 246
Phänomenologie 35
Philosophie 22, 33 ff., 37, 181
Politische Kultur 3 f., 44 f., 93, 140, 154, 157, 165 f., 228
Politische Skandale 47, 51 f., 64, 73, 182, 217 f.
Postcolonial studies VIII, 199, 201 ff., 210
Presse/Medien 1 f., 4, 11, 28, 43 f., 49, 51 f., 56, 64, 74, 97, 109, 116, 133, 153, 158, 211, 227, 234
Prestigepolitik 63, 67, 73, 85, 109, 199, 207, 213, 215 ff.
Protektionismus/Schutzzölle 17, 20, 57, 64, 96, 193, 196
Psychologie/Psychoanalyse 37 f.
Rassentheorien/Rassismus 4 f. 31, 39 f., 68, 73 ff., 154, 167, 175, 181 f., 204, 208, 210 f., 216
Rationalisierungsprozess 41 f., 146, 172
„Raubkunst" 211 f.
Realpolitik *siehe* Machtpolitik
Religionen *siehe* Kirchen
Republik 45 f., 48, 54, 97, 137 f., 216
Revolutionen
- Frankreich (1789) 21
- Russland (1905, 1917) 5, 28, 30, 45, 63, 136, 138 f., 157–160, 243–246, 248, 252
- Türkei (1908) 109
- Portugal (1911) 45
- China (1912) 91
- Deutsches Reich (1848/49, 1918) 63, 92, 138

Sammlungsbewegung *siehe* Verbände
Schlieffenplan 117, 125, 229 ff.
Schule 7, 55, 65, 74, 158
„Septemberprogramm" 121
Soldaten 72, 99, 118, 125, 131, 134, 153, 240, 244, 254–258

Sonderwegsdebatte 160 ff., 165, 177
Sozialdarwinismus 39 f., 116
Sozialdemokratische Partei Deutschlands (SPD) 27 f. 47, 60 f., 63 f., 73, 137 f., 168, 244
Soziale Frage/Sozialpolitik 1, 3, 24–26, 30, 56 f., 59, 64 f., 242
Soziologie 34, 38 f., 41 f.
Stadt/Stadtgeschichte 3, 7 ff., 21, 29, 34, 74, 148, 150, 154, 159, 162, 176, 178, 241
Streikbewegungen 39, 135 f., 138, 153, 156, 159, 241, 244
Suezkanal 76 f., 82, 129
Technik/Technologie 20, 33 f., 41 ff., 52, 118, 142–146, 181, 191 f., 194, 240, 256
Theater 33, 36 f.
„Totaler Krieg" 118 f.
Tourismus 10 f., 40
„Tripelentente" 105 f., 115, 119, 127, 130, 136, 229, 234, 237, 249
Umweltgeschichte 1, 42, 142, 148 f., 204
Universitäten 7, 29, 40, 170, 183
Unternehmer 17, 22, 24, 42, 68 f., 70, 132, 168, 187, 212, 242
Urbanisierung 8 f., 181
Verbände/Vereine 21, 26 f., 29, 44, 52, 59, 100, 132, 134, 149, 164, 166–169, 178, 183 f., 242 f.
Verfassungen 45–50, 53, 55, 57 ff., 136 ff., 154–158, 160–165, 227, 244, 248
Verkehr (vgl. auch Eisenbahnbau) 1, 8, 10, 18, 36, 188, 193, 196
Vierzehn Punkte Wilsons 123 f., 128, 255
Völkerrecht 114, 227 f.
Wachstum 12, 15 f., 186, 189 ff., 193 f., 249
Wahlen/Wahlrecht 3, 20, 28–31, 43 ff., 49 f., 53–64, 75, 137, 139, 148, 154–158, 164 ff., 168 f., 183, 245
Weimarer Republik 161, 248
„Weltpolitik" 98 f., 104, 106, 109, 233

Weltwirtschaft/ökonomische
 Vernetzung 16 f., 143, 181, 186 f.,
 191, 196 f.
Whig History 156
Wirklichkeitsverlust 35
Wirtschaft, allgemein 1, 3, 11 f., 15 f.,
 18 f., 65, 131 ff., 142 f., 150, 186 ff.,
 195–198, 217 f., 242 f., 248 f.
Wirtschaftsgeschichte (hist. Teil-
 disziplin) 11, 150, 187, 193 f.
Wissenschaft 10, 33 ff., 43, 68, 142, 146,
 172, 180 f., 190, 204 ff., 208, 211,
 213
Zabern-Affäre 51
Zweite Internationale 6

Oldenbourg Grundriss der Geschichte

Herausgegeben von Hans Beck, Karl-Joachim Hölkeskamp, Achim Landwehr, Benedikt Stuchtey und Steffen Patzold

Band 1a
Wolfgang Schuller
Griechische Geschichte
6., akt. Aufl. 2008. 275 S., 4 Karten
ISBN 978-3-486-58715-9

Band 1b
Hans-Joachim Gehrke
Geschichte des Hellenismus
4. durchges. Aufl. 2008. 328 S.
ISBN 978-3-486-58785-2

Band 2
Jochen Bleicken
Geschichte der Römischen Republik
6. Aufl. 2004. 342 S.
ISBN 978-3-486-49666-6

Band 3
Werner Dahlheim
Geschichte der Römischen Kaiserzeit
3., überarb. und erw. Aufl. 2003. 452 S., 3 Karten
ISBN 978-3-486-49673-4

Band 4
Jochen Martin
Spätantike und Völkerwanderung
4. Aufl. 2001. 336 S.
ISBN 978-3-486-49684-0

Band 5
Reinhard Schneider
Das Frankenreich
4., überarb. und erw. Aufl. 2001. 224 S., 2 Karten
ISBN 978-3-486-49694-9

Band 6
Johannes Fried
Die Formierung Europas 840–1046
3., überarb. Aufl. 2008. 359 S.
ISBN 978-3-486-49703-8

Band 7
Hermann Jakobs
Kirchenreform und Hochmittelalter 1046–1215
4. Aufl. 1999. 380 S.
ISBN 978-3-486-49714-4

Band 8
Ulf Dirlmeier/Gerhard Fouquet/Bernd Fuhrmann
Europa im Spätmittelalter 1215–1378
2. Aufl. 2009. 390 S.
ISBN 978-3-486-58796-8

Band 9
Erich Meuthen
Das 15. Jahrhundert
4. Aufl., überarb. v. Claudia Märtl 2006. 343 S.
ISBN 978-3-486-49734-2

Band 10
Heinrich Lutz
Reformation und Gegenreformation
5. Aufl., durchges. und erg. v. Alfred Kohler 2002. 283 S.
ISBN 978-3-486-48585-2

Band 11
Heinz Duchhardt / Matthias Schnettger
Barock und Aufklärung
5., überarb. u. akt. Aufl. des Bandes
„Das Zeitalter des Absolutismus" 2015.
302 S.
ISBN 978-3-486-76730-8

Band 12
Elisabeth Fehrenbach
Vom Ancien Régime zum Wiener Kongreß
5. Aufl. 2008. 323 S., 1 Karte
ISBN 978-3-486-58587-2

Band 13
Dieter Langewiesche
Europa zwischen Restauration und Revolution 1815–1849
5. Aufl. 2007. 261 S., 4 Karten.
ISBN 978-3-486-49734-2

Band 14
Lothar Gall
Europa auf dem Weg in die Moderne 1850–1890
5. Aufl. 2009. 332 S., 4 Karten
ISBN 978-3-486-58718-0

Band 15
Gregor Schöllgen/Friedrich Kießling
Das Zeitalter des Imperialismus
5., überarb. u. erw. Aufl. 2009. 326 S.
ISBN 978-3-486-58868-2

Band 16
Eberhard Kolb/Dirk Schumann
Die Weimarer Republik
8., aktualis. u. erw. Aufl. 2012. 349 S., 1 Karte
ISBN 978-3-486-71267-4

Band 17
Klaus Hildebrand
Das Dritte Reich
7., durchges. Aufl. 2009. 474 S., 1 Karte
ISBN 978-3-486-59200-9

Band 18
Jost Dülffer
Europa im Ost-West-Konflikt 1945–1991
2004. 304 S., 2 Karten
ISBN 978-3-486-49105-0

Band 19
Rudolf Morsey
Die Bundesrepublik Deutschland
Entstehung und Entwicklung bis 1969
5., durchges. Aufl. 2007. 343 S.
ISBN 978-3-486-58319-9

Band 19a
Andreas Rödder
Die Bundesrepublik Deutschland 1969–1990
2003. 330 S., 2 Karten
ISBN 978-3-486-56697-0

Band 20
Hermann Weber
Die DDR 1945–1990
5., aktual. Aufl. 2011. 384 S.
ISBN 978-3-486-70440-2

Band 21
Horst Möller
Europa zwischen den Weltkriegen
1998. 278 S.
ISBN 978-3-486-52321-8

Band 22
Peter Schreiner
Byzanz
4., aktual. Aufl. 2011. 340 S., 2 Karten
ISBN 978-3-486-70271-2

Band 23
Hanns J. Prem
Geschichte Altamerikas
2., völlig überarb. Aufl. 2008. 386 S.,
5 Karten
ISBN 978-3-486-53032-2

Band 24
Tilman Nagel
Die islamische Welt bis 1500
1998. 312 S.
ISBN 978-3-486-53011-7

Band 25
Hans J. Nissen
Geschichte Alt-Vorderasiens
2., überarb. u. erw. Aufl. 2012. 309 S.,
4 Karten
ISBN 978-3-486-59223-8

Band 26
Helwig Schmidt-Glintzer
Geschichte Chinas bis zur mongolischen Eroberung 250 v. Chr.–1279 n. Chr.
1999. 235 S., 7 Karten
ISBN 978-3-486-56402-0

Band 27
Leonhard Harding
Geschichte Afrikas im 19. und 20. Jahrhundert
2., durchges. Aufl. 2006. 272 S.,
4 Karten
ISBN 978-3-486-57746-4

Band 28
Willi Paul Adams
Die USA vor 1900
2. Aufl. 2009. 294 S.
ISBN 978-3-486-58940-5

Band 29
Willi Paul Adams
Die USA im 20. Jahrhundert
2. Aufl., aktual. u. erg. v. Manfred Berg
2008. 302 S.
ISBN 978-3-486-56466-0

Band 30
Klaus Kreiser
Der Osmanische Staat 1300–1922
2., aktual. Aufl. 2008. 262 S., 4 Karten
ISBN 978-3-486-58588-9

Band 31
Manfred Hildermeier
Die Sowjetunion 1917–1991
3. überarb. und akt. Aufl. 2016. XXX S.
ISBN 978-3-486-71848-5

Band 32
Peter Wende
Großbritannien 1500–2000
2001. 234 S., 1 Karte
ISBN 978-3-486-56180-7

Band 33
Christoph Schmidt
Russische Geschichte 1547–1917
2. Aufl. 2009. 261 S., 1 Karte
ISBN 978-3-486-58721-0

Band 34
Hermann Kulke
Indische Geschichte bis 1750
2005. 275 S., 12 Karten
ISBN 978-3-486-55741-1

Band 35
Sabine Dabringhaus
Geschichte Chinas 1279–1949
3. akt. und überarb. Aufl. 2015. 324 S.
ISBN 978-3-486-78112-0

Band 36
Gerhard Krebs
Das moderne Japan 1868–1952
2009. 249 S.
ISBN 978-3-486-55894-4

Band 37
Manfred Clauss
Geschichte des alten Israel
2009. 259 S., 6 Karten
ISBN 978-3-486-55927-9

Band 38
Joachim von Puttkamer
Ostmitteleuropa im 19. und 20. Jahrhundert
2010. 353 S., 4 Karten
ISBN 978-3-486-58169-0

Band 39
Alfred Kohler
Von der Reformation zum Westfälischen Frieden
2011. 253 S.
ISBN 978-3-486-59803-2

Band 40
Jürgen Lütt
Das moderne Indien 1498 bis 2004
2012. 272 S., 3 Karten
ISBN 978-3-486-58161-4

Band 41
Andreas Fahrmeir
Europa zwischen Restauration, Reform und Revolution 1815–1850
2012. 228 S.
ISBN 978-3-486-70939-1

Band 42
Manfred Berg
Geschichte der USA
2013. 233 S.
ISBN 978-3-486-70482-2

Band 43
Ian Wood
Europe in Late Antiquity
2020. 288 S.
ISBN 978-3-11-035264-1

Band 44
Klaus Mühlhahn
Die Volksrepublik China
2017. 324 S.
ISBN 978-3-11-035530-7

Band 45
Jörg Echternkamp
Das Dritte Reich. Diktatur, Volksgemeinschaft,
Krieg
2018. 344 S., 2 Karten
ISBN 978-3-486-75569-5

Band 46
Christoph Ulf/Erich Kistler
Die Entstehung Griechenlands
2019. 328 S., 26 Abb.
ISBN 978-3-486-52991-3

Band 47
Steven Vanderputten
Medieval Monasticisms
2020. 304 S.
ISBN 978-3-11-054377-3

Band 48
Christine Hatzky/Barbara Potthast
Lateinamerika 1800–1930
2021, 370 S., 2 Karten
ISBN 978-3-11-034999-3

Band 49
Christine Hatzky/Barbara Potthast
Lateinamerika seit 1930
2021, 416 S., 1 Karte
ISBN 978-3-11-073522-2

Band 50/1
Raimund Schulz/Uwe Walter
Griechische Geschichte ca. 800–322 v. Chr.
Band 1: Darstellung
2022. 278 S., 7 Karten
ISBN 978-3-486-58831-6

Band 50/2
Raimund Schulz/Uwe Walter
Griechische Geschichte ca. 800–322 v. Chr.
Band 2: Forschung und Literatur
2022. 378 S.
ISBN 978-3-11-076245-7

Band 51
Peter-Franz Mittag
Geschichte des Hellenismus
2023. 348 S., 2 Karten
ISBN 978-3-11-064859-1

Band 52
Jörg Requate
Europa an der Schwelle zur Hochmoderne (1870-1890)
2023. 350 S., 3 Karten
ISBN 978-3-11-035937-4

www.ingramcontent.com/pod-product-compliance
Lightning Source LLC
Chambersburg PA
CBHW031750220426
43662CB00007B/352